D1727218

Georges Felten
Diskrete Dissonanzen

Georges Felten

Diskrete Dissonanzen

Poesie und Prosa
im deutschsprachigen Realismus
1850–1900

WALLSTEIN VERLAG

Die Druckvorstufe dieser Publikation wurde vom Schweizerischen Nationalfonds zur Förderung der wissenschaftlichen Forschung unterstützt.

Bibliografische Information der Deutschen Nationalbibliothek
Die Deutsche Nationalbibliothek verzeichnet diese Publikation in der Deutschen Nationalbibliografie; detaillierte bibliografische Daten sind im Internet über http://dnb.d-nb.de abrufbar.

© Wallstein Verlag, Göttingen 2022
www.wallstein-verlag.de
Vom Verlag gesetzt aus der Adobe Garamond und der Thesis
Umschlaggestaltung: Eva Mutter (evamutter.com),
nach einer Idee von Pascale Osterwalder
Druck und Verarbeitung: Hubert & Co, Göttingen
ISBN 978-3-8353-5191-2

Inhalt

Was vor Prosa bloß zurückzuckt, wird Beute der Willkür bloß verordneter Stilisation.

Adorno: *Ästhetische Theorie*

Dank

Das vorliegende Buch beruht auf meiner Habilitationsschrift, die ich im Dezember 2019 an der Universität Zürich eingereicht habe. An seiner Entstehung haben viele Personen in der einen oder anderen Weise mitgewirkt. Ihnen möchte ich an dieser Stelle meinen Dank aussprechen. Den größten Anteil hat sicher Barbara Naumann: An ihrem Lehrstuhl hat sie eine Kultur des Austauschs vorgelebt, die gleichermaßen ungezwungen, genau und inspirierend war. Zu recht unterschiedlichen Zeitpunkten haben Christian Begemann, Doerte Bischoff und Sabine Schneider das Gesamtkonzept kommentiert und entscheidend dazu beigetragen, dass es nach und nach Form angenommen hat. Ebenso herzlicher Dank gebührt den Arbeitskolleg*innen aus Zürich, die einzelne Kapitel akribisch gegengelesen und dabei stets auch sehr grundsätzliche Fragen aufgeworfen haben: Stéphane Boutin, Claudia Keller, Clemens Özelt, Christian van der Steeg. Für wichtige Gespräche, Rückmeldungen zu Vorträgen und Präsentationen danke ich Hans-Georg von Arburg, Niklas Bender, Marc Caduff, Marie Drath, Wolfram Groddeck, Johan Härnsten, Alexander Honold, Wolfgang Hottner, Hugues Marchal, Silvia Meyer-Denzler (für ihre unermüdliche Unterstützung beim Recherchieren jenseits von Google Books & Co.), Klaus Müller-Wille, Dominik Pensel, Guillaume Plas, Hans-Jürgen Schrader, Ralf Simon, Caroline Torra-Mattenklott, Karl Wagner, Sophie Witt und Sandro Zanetti. Auf nochmals andere Weise von A bis Z habe ich meiner Frau, Angela Zoller, zu danken: Nahezu alles ist im Austausch mit ihr ein erstes Mal auf den Prüfstand gestellt worden; immer wieder hat sie mich aber auch daran erinnert, dass es ein Außerhalb der Texte gibt. Heilsam mitgewirkt an diesem letzten Punkt haben zudem meine beiden Söhne Edouard und Arno mit ihrem unbändigen Schalk und Schabernack. Vielleicht – hoffentlich – blitzt ja auch in den folgenden Lektüren hin und wieder etwas davon auf.

Ein Buch will indes nicht bloß konzipiert und geschrieben werden. Es muss auch finanziert und hergestellt werden. Herzlicher Dank deswegen an den Schweizerischen Nationalfonds für die finanzielle Unterstützung sowie an Svenja Frederike Bischoff, die es ohne Wenn und Aber ins Programm des Wallstein Verlags aufgenommen hat. Großer Dank schließlich fürs Korrekturlesen an Franziska Schwarzenbach: Gerade auch in einem Buch namens *Diskrete Dissonanzen* wären allzu viele Tippfehler definitiv fehl am Platz.

Zürich, im August 2022

Einleitung

1. These

Im Gegensatz zu den anderen Strömungen des europäischen Realismus hat sich der deutsche zumindest in seinen programmatischen Schriften stets die Poetisierung des als ›prosaisch‹ begriffenen Realen auf die Fahnen geschrieben, die verklärende Auflösung der in der ›gemeinen Wirklichkeit‹ vorfindlichen Dissonanzen. Nicht von ungefähr wollten ihn denn auch einige seiner Programmatiker (namentlich Arnold Ruge und Otto Ludwig) als genuin *poetischen* Realismus verstanden wissen.[1] Umso erstaunlicher daher, dass das für die Selbstwahrnehmung des deutschsprachigen Realismus so wichtige Begriffspaar von Poesie und Prosa in der jüngeren Forschung, im Zuge der sozialgeschichtlichen, system-, zeichen- und medientheoretischen sowie kulturwissenschaftlichen Paradigmenwechsel um die Jahrtausendwende, eher ein Nischendasein fristete. In den ersten Nachkriegsjahrzehnten war das noch ganz anders: Damals hatte es eine Phase der Hochkonjunktur erlebt. Geradezu symptomatisch bildet sich diese Entwicklung darin ab, dass Wolfgang Preisendanz' Standardwerk *Humor als dichterische Einbildungskraft* aus dem Jahr 1963 (Untertitel: *Studien zur Erzählkunst des poetischen Realismus*) 1985 bis dato zum letzten Mal aufgelegt wurde.

Zu neuen Ehren gelangt ist die Poesie/Prosa-Frage dann aber wiederum in der jüngsten Forschung, in verändertem theoretischem Setting und mitunter weit über die Epoche des literarischen Realismus hinaus. Einschlägig sind in dem Zusammenhang das Realismus-Kapitel aus Moritz Baßlers ›verfahrensgeschichtlicher‹ Untersuchung *Deutsche Erzählprosa 1850–1950*,[2] Franco Morettis Studie über den Prosa-Stil von *Robinson Crusoe* bis Ibsen als Schlüssel zum bourgeoisen Habitus[3]

---

1 Vgl. Ruge: »Idealismus und Realismus im Reiche des Ideals« [1858]. In: Plumpe (Hg.): *Theorie des bürgerlichen Realismus*, 132–134 (bei Ruge ist auch ausdrücklich von einer Auflösung der Dissonanzen die Rede), und Ludwig: *Shakespeare-Studien* [1872], 264–269. Zur Herleitung der Begriffsverbindung aus der skandinavischen Literatur vgl. Bernd: *Poetic Realism in Scandinavia and Central Europe 1820–1895*, 106–121.

2 Vgl. Baßler: *Deutsche Erzählprosa*, 33–90, sowie den ebenfalls von Baßler herausgegebenen Sammelband *Entsagung und Routines*. Zu einer kritischen Auseinandersetzung mit Baßlers Realismus-Kapitel vgl. insbesondere meine *Immensee*- und meine *Frau-Jenny-Treibel*-Lektüre.

3 Vgl. Moretti: *Der Bourgeois*.

sowie verschiedene Anläufe zu einer Theorie bzw. Poetik (literarischer) Prosa.[4]

All diesen Ansätzen, den jüngeren wie den älteren, verdanken meine *close readings* von Theodor Storm, Gottfried Keller, Wilhelm Busch, C.F. Meyer und Theodor Fontane einiges – und weisen methodisch doch eine durchaus eigene Handschrift auf. Um das vielgestaltige *Spannungsverhältnis* von Poesie und Prosa im deutschsprachigen Realismus herauszuarbeiten, ist zunächst die heuristische Unterscheidung fundamental, auf welchen Ebenen das Begriffspaar überhaupt operieren kann:

(1) auf der der Gegenstandsbereiche, die aufgrund der ihnen zugeschriebenen poetischen Qualität der literarischen Darstellung für würdig befunden werden – oder aufgrund ihres allzu prosaischen Charakters eben nicht;
(2) auf der der Darstellungsmodi bzw. Töne (poetisch vs. prosaisch) sowie
(3) auf der der Darstellungsmedien (Vers vs. Prosa).[5]

In den Texten selber sind diese Ebenen in einem schillernden Wechselspiel permanent aufeinander bezogen. Von der Sache her ist also keine Eindeutigkeit gegeben. Deswegen kann auch das Ziel meiner Arbeit nicht darin bestehen, eine solche – etwa über eine säuberlich ziselierte Typologie – herstellen zu wollen: So ginge schlicht ein Gutteil des Witzes der Texte verloren. Stattdessen sind meine ›Mikrolektüren‹ stets bestrebt, das Spannungsverhältnis zwischen Poesie und Prosa von der

---

4 Hier sind neben dem von Astrid Arndt, Christoph Deupmann und Lars Korten herausgegebenen Sammelband *Logik der Prosa* und Susanne Lüdemanns sich von einem Kafka-Text herschreibenden Aufsatz »Ungebundene Rede« vor allem die Arbeiten von Inka Mülder-Bach und Ralf Simon zu nennen. Von Mülder-Bach seien erwähnt: »Das Grau(en) der Prosa«; dies.: »Verjährung ist [...] etwas Prosaisches‹«; dies.: »Poesie als Prosa«, der Sammelband *Prosa schreiben* und die ihr gewidmete Festschrift *Die Farben der Prosa*. Und von Simon: *Die Idee der Prosa*; ders.: »Vorüberlegungen zu einer Theorie der Prosa«, ders.: »Durcheinanderprosa« sowie, überblicksartig, ders.: »Theorie der Prosa«.

5 Üblicher als eine solche Dreiteilung ist die Rede vom Doppelsinn des Prosa-Begriffs (bzw. der Poesie/Prosa-Unterscheidung). Vgl. etwa Mülder-Bach: »Einleitung«, 7. Ausschlaggebend für eine Dreiteilung ist in meinen Augen, dass man von Sachverhalten, die gemeinhin als poetisch gelten, sehr wohl auch in einem prosaischen Ton sprechen kann (und umgekehrt). Eine Trias, die der meinigen recht nahekommt, findet sich bei Lüdemann: »Ungebundene Rede«, 315.

immanenten Poetik des jeweils untersuchten Textes her zu entwickeln, und ordnen es zugleich durch wissensgeschichtliche, mediologische und intertextuelle Bezüge in weitere Zusammenhänge ein – verschreiben sich also einer konstellativen, kulturwissenschaftlich geprägten Literaturgeschichtsschreibung ›von unten‹.

Die These, die es dabei plausibel zu machen gilt, lautet: Im Bewusstsein um die Unzeitgemäßheit metrisch gebundener Rede angesichts einer zusehends technisierten und unübersichtlichen, prosaischen Lebenswelt, in der sich »nichts mehr reimt«,[6] und zugleich aufbegehrend gegen eine als unterkomplex empfundene platte, rein kausal verknüpfte Erzählprosa – prosaische Prosa, wenn man so will –, setzen die Texte des deutschsprachigen Realismus auf alternative ›Bindeformen‹:[7] auf eine Prosa, die aus ihren vielfältigen Rekurrenzverfahren poetische Funken zu schlagen bemüht ist und so jenseits der phänomenalen Oberfläche der Dinge und Ereignisse, von denen sie handelt, auf ›organische‹ Abrundung und humoristisch-versöhnlichen Ausgleich abzielt. Unleugbar geben solch programmatische Poetisierungseffekte in den Texten selber den Ton an – schlichtweg zum Verstummen bringen sie die an den Rand gedrängte Stimme der Prosa jedoch nicht. Vielmehr spielen – und das ist der eigentlich springende Punkt – als prosaisch verrufene und dementsprechend allenfalls marginal artikulierbare Diskurse und Dispositive *strukturell* eine kapitale Rolle, um die poetisierenden Ordnungsmuster zumindest ein Stück weit zu unterlaufen und zu hinterfragen. Signalcharakter kommt dabei oftmals bloß minimalen, aber stets selbstreflexiv aufgeladenen rhetorischen, narratologischen und kompositorischen *Defigurationen* zu. In einer Begrifflichkeit, die aus den Texten selbst abgeleitet ist, ließe sich auch von Ungereimtheiten (Storm), Unförmlichkeiten (Keller), gebrochenen (Keller) bzw. rauen Tönen (Busch), wunderlichen Mischformen (Meyer) oder Mesalliancen (Fontane) sprechen. Quer zu den programmatischen Bekundungen ihrer Verfasser und Erzählinstanzen führen diese diskreten Dissonanzen ein verzerrend-groteskes Moment in die Texte ein. So werden diese

---

6 Althaus: »Prosa«, 278. Wie Wolfgang Hottner unlängst gezeigt hat, lässt sich die Doppelcodierung des Begriffs ›Ungereimtheit‹ bis in die Mitte des 18. Jahrhundert zurückverfolgen, wo ihm in den Debatten um das kosmologische Lehrgedicht eine Schlüsselposition an der Schnittstelle von Ontologie und Poetologie zukommt. Vgl. Hottner: »Ungereimtheit – Poesie und Prosa um 1755«.
7 Wie ergiebig dieser Begriff für eine Theorie der Prosa sein kann, zeigt Mülder-Bach: »Einleitung«, 10f. Vgl. auch die Sektion »Bindeformen der Prosa« im Sammelband *Prosa schreiben* selbst und darin wiederum insbesondere Lüdemann: »Ungebundene Rede«.

von einem Hauch *avancierter* Prosa durchweht,[8] deren ›wilde‹, netz-
werkartige (Un-)Ordnung ihre poetisierende Wohlgeordnetheit mit
einem Schuss Manieriertheit versieht und nahezu unmerklich durchein-
anderwirbelt. Mit einem Wort aus Fontanes Roman *Frau Jenny Treibel*
(1892), der nicht allein aus chronologischen Gründen den Fluchtpunkt
der Arbeit bildet, lässt sich mithin sagen: Stets artikuliert sich in den
untersuchten Texten wenigstens ansatzweise auch ein grundsätzlich
anderer Poesie-Begriff[9] – das, was man, Fontanes Roman ein weiteres
Mal bemühend, ihren »Stich ins Moderne«[10] nennen könnte.

2. Explikation

Dass das Spannungsverhältnis von Poesie und Prosa auf drei Ebenen
zum Tragen kommen kann, mag eine Unterscheidung von primär
heuristischer Natur sein. Expliziert werden muss sie aber trotzdem. So
werden die ersten beiden Ebenen allenthalben in den programmatischen
Schriften des Realismus selber thematisiert. In Übereinstimmung mit
Moritz Baßler, der kürzlich in Erinnerung gerufen hat, wie unumgänglich der Bezug auf die »jeweilige Programmatik der analysier-
ten Literatur« ist, um »literarische Verfahren in ihrer Bedeutung zu
erfassen, also zu semantisieren«,[11] nimmt meine Untersuchung den
damaligen Sprachgebrauch also ernst. Dieser ist maßgeblich von einer
spätestens seit Hegel zum geschichtsphilosophischen Topos gewordenen Unterscheidung geprägt: Der Prosa der modernen bürgerlichen

---

8 Der Begriff ›avancierte‹ bzw. ›fortgeschrittene‹ Prosa findet sich bei Simon
   und hängt dort aufs Engste mit einem Moment des Aus-der-Form-Geratens
   zusammen. Näherhin darunter zu verstehen ist der »Versuch, auf vor der Form
   liegende ›Lebenskomplexität‹ mit jenseits der Form liegender sprachlicher
   Komplexität zu reagieren«, d.h. in einem »Exzess sprachlicher Selbstreferenz«
   zu einem »umfassenden *rewriting* der kulturellen Ordnungsmuster« anzuset-
   zen (Simon: »Theorie der Prosa«, 423, 428 und 421). Ein solcher Prosa-Begriff
   mag in erster Linie überbordend enzyklopädisch-karnevaleske Texte à la
   Rabelais, Jean Paul, James Joyce und Arno Schmidt erfassen. Wie ich zeigen
   möchte, lässt er sich gleichwohl auch fruchtbar machen für die Lektüre von
   Texten, die weniger explizit ›meta-literarisch‹ ausgerichtet sind. Mit seinen
   Arbeiten zu Wilhelm Raabe bahnt Simon denn auch selber den Weg für eine
   solche Auseinandersetzung mit dem deutschsprachigen Realismus. Vgl. etwa
   Simon: »Durcheinanderprosa«, 31–33 und 36.
9 Vgl. Fontane: *Frau Jenny Treibel*. In: ders.: *Große Brandenburger Ausgabe*:
   Das erzählerische Werk, Bd. 14, 80.
10 Ebd., 14.
11 Baßler: *Deutsche Erzählprosa 1850–1950*, 14.

Verhältnisse – gekennzeichnet durch Arbeitsteilung und institutionelle Ausdifferenzierung der Gesellschaft, durch eine doppelte Entmächtigung des Subjekts also gegenüber der ›objektiven‹ Welt – stehe die Poesie des Herzens gegenüber, wo das Subjekt scheinbar »noch ganz bei sich bleiben kann«.[12]

2.1 Gegenstandsbereiche

Simplifizierend schließt der Programmrealismus aus dieser – in den Worten von Karlheinz Barck – »semantischen Signatur des bürgerlichen Zeitalters«,[13] dass sich bestimmte Gegenstandsbereiche aufgrund ihres ›prosaischen‹ Charakters per se als literarisches Darstellungsobjekt disqualifizieren bzw. aufgrund ihres ›poetischen‹ Charakters besonders dazu eignen. Die ältere Forschung hat der deutschsprachigen Spielart des Realismus deswegen im Vergleich zur französischen und englischen immer wieder Modernitätsblindheit bzw. Rückwärtsgewandtheit vorgeworfen.[14]

Ergiebiger als ein solcher Sackgassen-Befund scheint mir, dass das Poesie/Prosa-Framing damals offensichtlich als eine Art – mit Jürgen Link zu sprechen – interdiskursive Schnittstelle fungierte,[15] als ein allgemein verbreitetes diskursives Versatzstück, das es ermöglichte, äußerst heterogene Spezialdiskurse auf analoge Weise lesbar zu machen und zueinander in Bezug zu setzen. Indem ich mir dieses epochentypische Framing kritisch zunutze mache, möchte ich zeigen, dass aus Sicht der Programmrealisten nicht für poesiefähig befundene Themen und Gegenstände in den untersuchten Texten unterschwellig durchaus wirksam sind – und gar geradewegs in ihr poetologisches Zentrum führen, sprich: für ihre implizite Poetik von entscheidender Bedeutung sind. Diese Art Denkfigur ist konstitutiv nicht nur für meine eigene Untersuchung, sondern auch für manch anderes aktuelles Forschungsprojekt zum deutschsprachigen Realismus, insbesondere für Christian Begemanns Gespenster-Studien:[16] Was der Realismus programmatisch

---

12 Plumpe: »Das Reale und die Kunst«, 259. Vgl. Hegel: *Ästhetik*, Bd. 3, 392f.
13 Barck: »Prosaisch – poetisch«, 93.
14 Am prominentesten sicherlich Auerbach: *Mimesis*, 420f. und 478–482.
15 Vgl. Link: »Literaturanalyse als Interdiskursanalyse«.
16 Vgl. Begemann: »›Ein Spukhaus ist nie was Gewöhnliches ...‹«; ders.: »Figuren der Wiederkehr«; ders.: »Gespenster des Realismus«; ders.: »Nachtgespenster – Überlebsel«; ders.: »Realismus und Phantastik«; ders.: »Res und Realismus«, 206–221; ders.: »Spiegelscherben, Möwengeflatter«.

ausschließt – übernatürliche Wesen oder eben die Prosa der modernen Lebenswelt –, sucht die Texte zugleich ebenso untergründig wie hartnäckig heim.

Zu den solcherart als unpoetisch stigmatisierten Diskursen und Dispositiven gehören neben der im 19. Jahrhundert zur wissenschaftlichen Leitdisziplin avancierenden Physiologie auch die Hysterie, die Prostitution, die Abwasserentsorgung sowie die neuen Medien der Zeit à la Telegrafie und Fotografie. Am wenigsten werde ich dabei auf die Fotografie eingehen, ist deren Status doch nicht nur am ausführlichsten, sondern auch am differenziertesten erforscht.[17] All dieser wissens- und medienhistorischen Bezüge zum Trotz ist mein methodischer Zugriff *in fine* jedoch kein genuin diskursanalytischer, sondern ein poetologischer, weil an der immanenten Poetik der jeweiligen Texte interessiert.

In dem Sinn ist mein Vorgehen textnahen strukturalistischen und poststrukturalistischen Ansätzen verpflichtet, die qua *close reading* auf der Nichtidentität der Texte (ihrem nicht reibungslosen Aufgehen in übergeordneten Begrifflichkeiten) beharren, auf ihren rhetorischen, erzähltheoretischen und intertextuellen ›Turbulenzen‹.[18] In entschiedenem Widerspruch zu Baßlers nonchalanter methodischer Maxime,

---

17 Als *state of the art* galt hier lange der materialreiche Befund Gerhard Plumpes: Charakteristisch für den bürgerlichen Realismus sei die diametrale Gegenüberstellung zwischen der Fotografie als einem bloß mechanischen Reproduktionsverfahren und dem eigentlich künstlerischen (›schöpferischen‹) Bestreben, hinter der Oberfläche der faktualen Details die sich dem Sichtbaren entziehende höhere Wahrheit herauszudestillieren (vgl. Plumpe: *Der tote Blick*). Entscheidend nuanciert wurde dieser Befund durch Sabina Beckers Studie *Literatur im Jahrhundert des Auges*. So weist Becker etwa darauf hin, dass die Autoren des Realismus in ihren privaten brieflichen Äußerungen Interesse, mitunter gar Faszination für das neue Medium bekunden (vgl. Becker: *Literatur im Jahrhundert des Auges*, 27–31). Im öffentlichen, ästhetischen Diskurs ist also ganz offensichtlich nicht möglich, was privat durchaus Usus ist. Darüber hinaus hat Becker im Anschluss insbesondere an den Fotografiehistoriker Rolf H. Krauss herausgearbeitet (vgl. Krauss: *Photographie und Literatur*), dass die *Texte* des deutschsprachigen Realismus die Fotografie zwar tatsächlich weniger oft direkt benennen und thematisieren als ihre französischen und englischen Pendants; nichtsdestoweniger weise ihr »Wahrnehmungsdiskurs« eine ganze Reihe »implizite[r] Manifestationen des Fotografischen« und »strukturelle[r] Interferenzen« mit diesem auf (Becker: *Literatur im Jahrhundert des Auges*, 32, 17, 31). Obgleich Becker selbst nicht mit dem Poesie/Prosa-Framing arbeitet, so liegt doch die Nähe ihres Arguments zu meinem auf der Hand.

18 Ich entlehne den Begriff von Wolfram Groddeck, bei dem er auf das autoreflexive Potenzial von Paronomasien gemünzt ist. Vgl. Groddeck: *Reden über Rhetorik*, 139.

»[a]kribische Lektüre realistischer Texte [werde] nur selten belohnt«,[19] setzen meine Mikrolektüren bevorzugt bei auf den ersten Blick völlig nebensächlichen Details an, um von dort aus die gegenstrebigen Tendenzen herauszuarbeiten, die die Texte durchziehen: im Fall von Storms *Immensee* bei den Bienen, die – außer im Titel der Novelle – nur an einer einzigen Stelle denkbar beiläufig Erwähnung finden (vgl. Kap. I); oder bei der kuriosen Vorliebe von Buschs Bildergeschichten für alle Arten von Knetwerk (vgl. Kap. III); oder beim einzigen zu Meyers Lebzeiten publizierten Gedicht, das sich mit neuen Medien befasst (vgl. Kap. IV); oder wenn in *Frau Jenny Treibel* eine Figur en passant nach ihren Digestif-Vorlieben gefragt wird:»Cognac oder Allasch? Oder das Eine thun und das Andere nicht lassen?«[20] (Vgl. Kap. V.)

Dass dies keiner idiosynkratischen Lektürepraxis meinerseits entspricht, sondern einem methodischen Prinzip, das der Verfahrensweise der Texte selber gerecht zu werden versucht, zeigt sich einmal mehr bei Fontane, wenn die auktorial besetzte Figur Wilibald Schmidt in Absetzung von der zeittypischen Faszination für die ›historische Größe‹ eine Lanze fürs »Nebensächliche« bricht: Sofern »was« in ihm »drin steck[e]«, avanciert dieses Schmidt zufolge zur »Hauptsache«.[21] Auf den Begriff gebracht (und gleich auch noch performativ umgesetzt) wird die Verfahrensweise bei Keller: Von »Arabesken«, diesem Rahmenornament, das die – je nach Sichtweise ärgerliche oder faszinierende – Tendenz hat, sich an die Stelle des ›eigentlichen‹ Werks zu setzen, ist sowohl in der Erst- als auch in der Zweitfassung des *Grünen Heinrich* je nur ein einziges Mal die Rede (vgl. Kap. II).[22]

Ein solch prominenter Bezug auf die Arabeske mag zunächst überraschen.[23] Im Bereich der deutschen Literatur verbindet man diese – als

19 Baßler: *Deutsche Erzählprosa 1850–1950*, 28.
20 Fontane: *Frau Jenny Treibel*, 46.
21 Ebd., 80.
22 Vgl. Keller: *Der grüne Heinrich* (1854/55). In: ders.: *Historisch-Kritische Ausgabe*, Bd. 11–12, hier Bd. 12, 148, sowie ders.: *Der grüne Heinrich* (1879/80). In: *Historisch-Kritische Ausgabe*, Bd. 1–3, hier Bd. 1, 353.
23 Alternativ zum Arabesken-Begriff hätte sich auch der des Indizienparadigmas im Sinne von Carlo Ginzburg angeboten, da sich dieses ja ebenfalls »auf Wertloses stützt, auf Nebensächlichkeiten« (Ginzburg: »Spurensicherung«, 16), um daraus weitreichende Schlüsse zu ziehen. Noch attraktiver wirkt das Indizienparadigma dadurch, dass es sich Ginzburg zufolge just zu der Zeit als humanwissenschaftliche »Methode der Interpretation« (ebd.) durchzusetzen beginnt – stellvertretend werden bei ihm Giovanni Morelli, Sherlock Holmes und Sigmund Freud angeführt –, in der die Autoren meines Korpus ihre Texte schrieben. Dennoch werde ich den Begriff im Folgenden nicht verwenden: Zum einen lässt er sich im Gegensatz zu dem der Arabeske nicht aus den von

Darstellungsverfahren ebenso wie als Reflexionsfigur – gemeinhin weniger mit dem Realismus als mit der Zeit um 1800,[24] und dabei wiederum primär mit der Romantik.[25] Quer zu diesem literarhistorischen *common sense* hält es meine Arbeit mit Clemens Brentano: »Ich glaube«, schrieb dieser im Januar 1810 an den Maler Philipp Otto Runge, der gerade dabei war, auch die Arabeskenmalerei in die Epoche der Romantik zu überführen, »man könnte aus den Arabesken und dem Grade ihrer innern, zur Erscheinung heraustretenden Wahrheit treffende Schlüsse *auf die Kunstansicht jeder Zeit* ziehen.«[26]

In meinen Lektüren wird es dementsprechend immer wieder auch darum gehen, die spezifisch realistischen Spielarten der Arabeske herauszuarbeiten und ihre komplexen Bezüge zur entzügelten Arabesken-Kunst der Romantik zu bestimmen, Bezüge, die sich beileibe nicht in bloßer Antithetik erschöpfen. Wie verhält es sich, wird in dem Zusammenhang zu fragen sein, mit der Fantasie, auf die sich der romantische Arabesken-Diskurs so emphatisch beruft – etwa wenn die Arabeske in Friedrich Schlegels *Gespräch über die Poesie* als »älteste und ursprüngliche Form der Fantasie« gepriesen wird[27] – und die im literarischen Realismus aufgrund von dessen programmatischer Hinwendung zur ›äußeren Wirklichkeit‹ immer schon unter Verdacht steht? Und was geschieht unter diesen veränderten Umständen mit der romantischen Utopie des Romans als »wahre[r] Arabeske[]«,[28] als Reflexionsmedium aller anderen Gattungen und Verkörperung der höheren Einheit der Poesie?

mir untersuchten Texten selbst herleiten, und zum anderen erscheint er mir letzten Endes zu umfassend, um der Eigenart des deutschsprachigen Realismus wirklich Rechnung tragen zu können.

24 Vgl. Schneider: »Zwischen Klassizismus und Autonomieästhetik der Moderne«.

25 Vgl. hierzu die grundlegenden Arbeiten von Oesterle: »Arabeske, Schrift und Poesie«, »Arabeske und Roman« sowie »Von der Peripherie ins Zentrum« und Menninghaus: *Lob des Unsinns*, 94–118.

26 Brentano/Runge: *Briefwechsel*, 13 (Brief vom 21.1.1810; Hervorhebung G.F.). Eine solche Historisierung der Arabesken-Kunst des gesamten 19. Jahrhunderts leistet, mit kunsthistorischem Fokus, die Pionierarbeit von Busch: *Die notwendige Arabeske*. Zum Status der Arabeske im deutschsprachigen Realismus finden sich wichtige Vorarbeiten in erster Linie in der Fontane-Forschung, bei Gerhart von Graevenitz und seinen Schülern, punktuell aber auch in der jüngeren Keller-Forschung. Näheres dazu in den entsprechenden Einzelkapiteln.

27 Schlegel: »Gespräch über die Poesie«. In: ders.: *Kritische Ausgabe seiner Werke*, Bd. 2: *Charakteristiken und Kritiken I (1796–1801)*, 284–351, hier 319.

28 Ebd., 337.

2.2 Darstellungsmodi/Töne

›Poetisch‹ vs. ›prosaisch‹ meint im Programmrealismus indes nicht nur die schroffe Gegenüberstellung zweier Gegenstandsbereiche, sondern auch zwei unterschiedliche Darstellungsmodi, also *wie* sich die verhandelten Gegenstände und Sachverhalte in den Texten präsentieren und wie sie dort perspektiviert werden.

In diesem Zusammenhang ist zunächst das in den programmatischen Schriften immer wieder beschworene Verklärungspostulat zu nennen (übrigens ebenfalls eine auf Hegel zurückgehende Denkfigur):[29] So unterscheidet etwa der junge Fontane den »nackte[n], prosaische[n] Realismus«, der das alltägliche Leben in seiner ganzen Kontingenz wiedergebe, vom »echten Realismus«, der dank »poetische[r] Verklärung« und »Läuterung« die »Widerspiegelung alles wirklichen Lebens, aller wahren Kräfte und Interessen im Elemente der Kunst« bewerkstellige.[30] Wie Christian Begemann pointiert, wird auf dem Weg der geradezu epistemologische Anspruch erhoben, qua »Verdichtung, Überhöhung und Steigerung, aber auch Harmonisierung und Glättung von Widersprüchen [...] eine Tiefenschicht von Wesentlichem, Allgemeinem und Gesetzmäßigem [...] unter dem Zufälligen der Erscheinungen« freizulegen.[31]

Charakteristisch für das Verklärungspostulat ist, dass es die eigene Zeichenhaftigkeit – mithin auch die eigene künstliche Gemachtheit – ausklammert und stattdessen vorgibt, die Dinge, wie sie wirklich sind, zu Wort kommen zu lassen. Ein wichtiger Ansatz in der neueren Realismus-Forschung besteht demgegenüber darin aufzuzeigen, wie sich die Texte geradezu obsessiv an Ordnungssystemen und Medialitätsfragen abarbeiten und den Blick damit quer zum programmatischen »Para-

29 Näher ausgeführt wird diese Herleitung bei Plumpe: »Das Reale und die Kunst«, 249–253. Unüberhörbar schwingen im Begriff der Verklärung zudem theologische Konnotationen mit. Vgl. Preisendanz: »Voraussetzungen des poetischen Realismus«, 82f., und Begemann: »Gespenster des Realismus«, 237f.

30 Fontane: »Unsere lyrische und epische Poesie seit 1848« [1853]. In: ders.: *Werke, Schriften und Briefe*, Abt. III: *Aufsätze, Kritiken, Erinnerungen*, Bd. 1: *Aufsätze und Aufzeichnungen*, 236–260, hier 237, 241, 237, 241 und 242. Dieser Aufsatz gilt gemeinhin als das »wohl bedeutendste poetologische Manifest aus [der] Konstituierungsphase des deutschen Realismus« (Sprengel: *Geschichte der deutschsprachigen Literatur 1870–1900*, 99).

31 Begemann: »Einleitung« [II], 17. In aller Prägnanz herausgearbeitet ist der entscheidende Stellenwert, der dem Oberfläche/Tiefe-Diskurs im Programmrealismus zuwächst, erstmals bei Eisele: »Realismus-Theorie«.

digma erzählter Illusion« just auf den *Konstruktionscharakter* der in ihnen verhandelten Wirklichkeit lenken.[32]

An diesen zeichen- und erzähltheoretischen Zugriff auf die Literatur des Realismus knüpfe ich an, mit dem Begriff des Darstellungsmodus weite ich aber zugleich den Fokus, um vermehrt rhetorische Fragen in den Blick zu nehmen.[33] Eine entscheidende Rolle kommt dabei der Analyse von minimalen rhetorischen Entstellungen und der in den Texten interagierenden Tonlagen zu. Theoretisch sind meine Lektüren an der Tonlehre der klassischen Rhetorik[34] ebenso wie an Bachtins Polyphonie-Begriff orientiert (den Bachtin selber bekanntlich allein der Prosa zuerkennt, während er, einem hartnäckigen vulgärromantischen Vorurteil aufsitzend, der Lyrik pauschal Monologizität bescheinigt).[35] So horchen sie auf die mal mehr, mal weniger diskreten prosaischen Zwischentöne bzw. ›Entgleisungen‹ in den Texten selber. Um diese Lese-Effekte historisch abzusichern, sind sie im Rahmen des Möglichen darauf bedacht, auch zeitgenössische Rezeptionszeugnisse anzuführen. Ohne deren Wertungen zu übernehmen – schwankende Vieltönigkeit stand aus programmrealistischer Perspektive ausnahmslos unter Subjektivitätsverdacht[36] –, begreife ich den Widerstreit ›poetischer‹ und ›prosaischer‹ Darstellungsmodi stattdessen als je spezifische polyphone Anordnung unterschiedlicher Schreibweisen.

Gerade in dieser Hinsicht empfängt meine Untersuchung wichtige Impulse von Wolfgang Preisendanz' eingangs erwähnten Studien zum humoristischen Erzählen. Konstitutiv für ein solches ist in Preisendanz'

---

32 Schneider: »Einleitung«, 12. Seine Ursprünge hat dieser Ansatz in der Stifter-Forschung, namentlich bei Begemann: *Die Welt der Zeichen*. Eine wichtige Vorreiterrolle kommt indes auch der Meyer-Forscherin Rosmarie Zeller zu. Vgl. Zeller: »Realismusprobleme in semiotischer Hinsicht«.

33 Eine mit rhetorischer Begrifflichkeit ›unterfütterte‹ Lektüre ist bei meinem Korpus nicht nur grundsätzlich legitim – wie bei jedem anderen Text auch –, sondern lässt sich auch historisch rechtfertigen. Im Widerspruch zum Mythos vom ›rhetorikfernen 19. Jahrhundert‹ hat beispielsweise Dieter Breuer mit Bezug auf zeitgenössische Lehrpläne dargelegt, dass »die Schriftsteller des 19. Jahrhunderts noch alle durch die Schule der rhetorischen Exercitationes gegangen« sind (Breuer: »Schulrhetorik im 19. Jahrhundert«, 150).

34 Vgl. Cicero: *De oratore*, III, 216–219. Komplementär zu meinem Ansatz wird die Prosa im bereits erwähnten Sammelband *Die Farben der Prosa* unter dem Gesichtspunkt einer rhetorischen *Farben*lehre untersucht. Vgl. v.a. Eßlinger/Volkening/Zumbusch: »Die Farben der Prosa. Zur Einleitung«.

35 Vgl. Bachtin: »Das Wort im Roman«.

36 Zu der damit einhergehenden Absetzungsbewegung von den Schreibweisen der Restaurationszeit vgl. Sengle: *Biedermeierzeit*, Bd. 1, Kap.: »Töne (generelle Stillagen)«, 594–647.

Augen nicht ein komischer Kontrast auf der Geschehensebene oder eine ironische ›Ich-Einmischung‹ auf der Ebene des *discours*, sondern ein »Spannungsverhältnis zwischen der Beschaffenheit des Erzählten und der Art des Erzählens«.[37] Unter Letzterem versteht Preisendanz einen »Akt poetischer Verinnigung«, eine »verklärende Innigkeit« durch die Erzählinstanz, wodurch »das äußerlich Existierende«, das »prosaische[]] Leben« – wiewohl in seiner Eigenständigkeit belassen –, zugleich »mit seinem innersten Wesen versöhnt« werde.[38] Diesem allzu harmonischen Fluchtpunkt von Preisendanz' Argument vermag ich mich freilich nicht vorbehaltlos anzuschließen. Hier bewegt sich sein Humorbegriff nämlich in bedenklicher Nähe zu dem des Programmrealismus bzw. geht gar noch über diesen hinaus, insofern dessen Vertreter dem Humor immerhin in einem ersten Moment etwas ›Wildes‹ bescheinigt hatten. So schreibt etwa Julian Schmidt in den *Grenzboten*, einem der wichtigsten publizistischen Organe des Programmrealismus: Aufgrund seiner Vorliebe fürs Detail und seiner Affinität zur »krumme[n] Linie« – Eigenschaften, die er mit der bei Schmidt unerwähnt bleibenden Arabeske teilt – sei der Humor »eine Form der Darstellung, die, wenn sie sich zum Herrn macht, alle Kunst in Wildniß auflöst; die aber, wenn sie sich den höheren Zwecken fügt, die Idealität des Kunstwerks erhöht.«[39] Ohne die programmatische Tendenz der Texte hin zu einer »*Überwindung* des Prosaischen«[40] leugnen zu wollen – in einem ersten Schritt werden meine Lektüren sie vielmehr stets betonen –, gilt es gegenüber Preisendanz darauf hinzuweisen, auf welch vielfältige Weise die Prosa, das Prosaische in ihnen *insistiert*. Damit werden komplexere Spannungsverhältnisse denkbar, die im »Akt poetischer Verinnigung« *selber* Widersprüchlichkeiten und Fragwürdigkeiten – diskrete Dissonanzen – aufscheinen lassen.

Ein ähnlicher Vorbehalt trifft *mutatis mutandis* noch den Teil der jüngeren Realismus-Forschung, der sich im Anschluss an Albert Meier der Untersuchung von Poetisierungseffekten in realistischen Prosatexten verschrieben hat.[41] Zwar verweist man sehr zu Recht darauf, dass die programmatischen Schriften Prosa immer noch (bzw., nach der Parenthese des Vormärz, wieder) primär als Medium der Alltags-

---

37 Preisendanz: *Humor als dichterische Einbildungskraft*, 11.
38 Ebd., 137f.
39 Schmidt: »Englische Novellisten. I. Charles Dickens« [1851], 165.
40 Preisendanz: »Gottfried Keller«, 113 (Hervorhebung G.F.).
41 Vgl. u.a. Meier: »*Immensee*. Die höchsten Forderungen der Kunst«; Korten: *Poietischer Realismus* sowie die Beiträge von Arndt, Deupmann und Korten im bereits erwähnten Sammelband *Logik der Prosa*.

sprache wahrnehmen: So bescheinigt ihr etwa der damals viel gelesene Literaturhistoriker und Kritiker Rudolf Gottschall, »ein zweifelhaftes Kunstgewand« zu sein.[42] Deswegen sei sie, so Meier & Co., gezwungen, sich umso stärker ästhetisch zu legitimieren. Anders gesagt: Es gelte, »im Medium der Prosa umso raffiniertere Poesie zu schaffen«,[43] ohne dabei wohlgemerkt prononcierter Artistik und Selbstreferenzialität zu verfallen. Von dieser auch für mich entscheidenden Prämisse eines permanenten Balanceakts zwischen Fremd- und Selbstreferenz ausgehend, neigen Forscher*innen vom Schlage Meiers indes oftmals dazu, den auktorial formulierten »Anspruch auf Schönheit«[44] allzu sehr in den Vordergrund zu rücken und etwaige Misstöne, wie sie in den Texten anklingen, als bloße Störgeräusche abzutun.

Demgegenüber zeigen meine Lektüren, dass diesen Misstönen – so unmerklich sie mitunter auch sein mögen – eine durchaus ernst zu nehmende grotesk-entstellende Energie innewohnt. Nicht von ungefähr äußert sich diese auch in der (mehr oder minder dezenten) grotesken *Motivik* nahezu aller untersuchter Texte sowie in ihrer Lust am Kalauer, also an der wortspielerischen Verzerrung von »Wortkörper[n]«.[45] Die Wichtigkeit des ganzen Komplexes bezeugen darüber hinaus – ansatzweise bei Storm, vor allem aber bei Keller, Meyer und Fontane – die weitreichenden intermedial-kulturhistorischen Bezüge auf die ›Ursprünge‹ der Ornamentgroteske (und der eng mit dieser verknüpften Arabeske)[46] in der Renaissance.[47]

Der Groteske einen derart prominenten Status zuzuweisen muss, wenn es um den deutschsprachigen Realismus geht, zunächst einigermaßen paradox anmuten.[48] Recht besehen aber berührt sie – sofern man

---

42 Gottschall: »Der neue deutsche Roman« [1854]. In: Ruckhäberle/Widhammer (Hg.): *Roman und Romantheorie des deutschen Realismus*, 183 f., hier 183.

43 Meier: »*Immensee*. Die höchsten Forderungen der Kunst«, 18.

44 Ebd.

45 Groddeck: *Reden über Rhetorik*, 139.

46 Zum Zusammenhang der beiden intermedialen »Geschwisterformationen« vgl., grundsätzlich, Oesterle: »Groteske«, 296. Zu einer idealtypischen Differenzierung zwischen Groteske und Arabeske aus semiotischer Perspektive vgl. Kotzinger: »Arabeske – Groteske«.

47 Zur Ornamentgroteske in der Renaissance vgl., neben der kürzlich erschienenen ›Summe‹ von Maria Fabricius Hansen: *The Art of Transformation*, die klassischen Studien von Dacos: *La découverte de la Domus Aurea et la formation des grotesques à la Renaissance*, Chastel: *Die Groteske* und Morel: *Les grotesques*.

48 Tatsächlich gehen die in den letzten Jahren erschienenen Autoren-Handbücher allenfalls marginal auf den Problemkomplex ein. Wie im Fall der Arabeske gibt es indes auch hier Vorarbeiten. Diskutiert werden diese in den entsprechenden

sie nicht rein motivisch fasst, sondern als ein Darstellungsverfahren, das sich *strukturell* in den Texten niederschlägt und damit integraler Bestandteil von deren immanenter Poetik ist – einen neuralgischen Punkt.[49] Gerade weil sie in fast jeder Hinsicht das genaue Gegenbild eines programmatisch auf Behaglichkeit, Verklärung und Abrundung ausgerichteten Realismus ist, bietet sie sich den Texten gleich mehrfach für eine Reflexion auf den prekären Status der eigenen poetischen Prosa an: Als permanent sich wandelnde, proteusartige Ungestalt besitzt sie erstens eine grundsätzliche Affinität zum notorisch formlosen Darstellungsmedium der Prosa, die sich just deswegen alle anderen literarischen Formen einzuverleiben vermag. Dass die Prosa dabei Gefahr läuft, sich zu ›überfressen‹ und vollends aus der Form zu geraten, deutet auf eine zweite Affinität hin: Als ›monströses‹ Mischwesen entspricht die Groteske dem Hybridcharakter einer Prosa, die eigentlich verklärte Poesie sein will und der doch, wie es im Vorwort der Erstfassung des *Grünen Heinrich* (1854/55) heißt, die eigene »Unförmlichkeit«[50] den Spiegel vorhält. Als Parergon, als rahmendes Beiwerk also, schließlich hat die Ornamentgroteske traditionell einen ähnlich randständigen Status wie die diskreten Dissonanzen in den Texten des deutschsprachigen Realismus – und zugleich vermögen beide gerade von dieser Position aus das ›eigentliche‹ Werk zu dezentrieren und grundlegende Darstellungsprobleme hervorzutreiben, von denen die programmatischen Statements nichts wissen wollen.

2.3 Darstellungsmedien

In Absetzung vom metaphorischen Sprachgebrauch der Programmrealisten fasse ich Poesie und Prosa schließlich als das Gegenüber von gebundener und ungebundener Rede (Vers vs. Prosa) und vermag so auch die lyrische Produktion der Realisten in angemessenem Umfang

Einzelkapiteln. Hingewiesen sei an dieser Stelle lediglich auf Manuela Günters *Stopfkuchen*-Lektüre (insofern Raabe nicht zum Untersuchungskorpus meiner Arbeit gehört). Vgl. Günter: *Im Vorhof der Kunst*, Kap.: »Grotesker Realismus? Raabe«, 262–286.

49 Ebenso unerwartet wie passgenau verifizieren die Texte des deutschsprachigen Realismus mit dieser Wendung hin zur Darstellungsebene Jan Niklas Howes an Foucault anknüpfende These, dass »Monster im neunzehnten Jahrhundert gerade dadurch an Wirkungsmacht […] gewinnen, dass sie unsichtbar werden.« (Howe: *Monstrosität*, 1)

50 Keller: *Der grüne Heinrich* (1854/55). In: ders.: *Historisch-Kritische Ausgabe*, Bd. 11, 14.

in meine Überlegungen einzubeziehen. Dass die Realismus-Forschung diese fast durchweg vernachlässigt hat,[51] erklärt sich zumindest teilweise durch die paradoxe Stellung der Lyrik im damaligen Gattungsgefüge. Da es in Versen verfasst ist, muss sich das lyrische Gedicht zwar nicht wie die Prosa als ästhetisches Gebilde legitimieren. Gut vulgär-hegelianisch steht es bei den Programmrealisten jedoch im Verdacht, sich weniger der Welt zuzuwenden, als mit den Empfindungen des schreibenden Subjekts beschäftigt zu sein. So liest man z. B. bei Julian Schmidt, in der Lyrik gebrauche man »den Gegenstand fast lediglich dazu, eine Reihe brillanter Bilder, Reflexionen, Gefühle daran anzuknüpfen, ohne sich im geringsten darum zu kümmern, ob sie in irgendeinem Verhältnis zum Gegenstand stehen.«[52]

Auf der anderen Seite überrascht das mangelnde Forschungsinteresse an der Lyrik auch wieder. Recht eigentlich als ›Dichter‹ galt ein Schriftsteller damals nämlich erst dann, »wenn er sich im Bereich der Lyrik hervorgetan hatte«.[53] So haben die meisten Vertreter des Realismus als Lyriker debütiert und viele haben den Ausgaben ihrer gesammelten Gedichte – trotz mitunter erheblichen Zweifeln an deren Qualität – über ihr ganzes Schaffen hinweg große Aufmerksamkeit geschenkt. In der Hinsicht eine Ausnahme bilden nur Adalbert Stifter und Wilhelm Raabe, also just die beiden Autoren, die in der neueren Realismus-Forschung die wohl prominentesten Plätze beanspruchen.[54] Im Korpus meiner Arbeit figurieren sie aufgrund dieser kaum nennenswerten lyrischen Eigenproduktion dagegen eben nicht.[55]

51 Zu den signifikanten Ausnahmen zählen Fohrmann: »Lyrik«; Martus/Scherer/ Stockinger (Hg.): *Lyrik im 19. Jahrhundert*; Scherer: »Anti-Romantik (Tieck, Storm, Liliencron)«; Selbmann: *Die simulierte Wirklichkeit*; Stockinger: *Das 19. Jahrhundert*, 81–112, sowie der Sammelband *Lyrik des Realismus*, herausgegeben von Christian Begemann und Simon Bunke.

52 Schmidt: »Kritik der modernen Lyrik« [1852]. In: Plumpe (Hg.): *Theorie des bürgerlichen Realismus*, 291–294, hier 291.

53 Stockinger: *Das 19. Jahrhundert*, 83.

54 Sprechend, dass das kürzlich erschienene *Stifter-Handbuch* so nicht einmal einen eigenen Eintrag zur Lyrik aufweist, während der aus dem *Raabe-Handbuch* – vgl. Schrader: »Lyrik« – denkbar schmal ausfällt.

55 Diese Absenz sollte nicht in dem Sinn missverstanden werden, dass in Stifters und Raabes Texten kein komplexes Widerspiel von Poesie und Prosa am Werk ist. Insbesondere im Fall von Raabe wäre eine solche Behauptung geradezu widersinnig: *Die Chronik der Sperlingsgasse* (1856) und *Die Akten des Vogelsangs* (1896) etwa tragen die Spannung bereits im Titel aus – wobei die Forschung im späteren Werk gemeinhin eine Art Widerruf des Verklärungspostulats ausmacht, das für das frühere noch verbindlich sei (vgl. Sina: »*Die Akten des Vogelsangs*«, 247f.). *Pfisters Mühle* (1884) thematisiert seinerseits die zerstörerischen Auswirkungen der Industrialisierung auf die Natur und wartet

Mit dem Darstellungsmedium Vers kommen neben der Lyrik aber auch die Versepik und das Versdrama ins Spiel. Friedrich Theodor Vischer mochte im 1857 erschienenen Schlussteil seiner *Ästhetik* in der Nachfolge Hegels dekretieren, die »*moderne* Zeit« habe »an die Stelle des Epos […] den Roman gesetzt«;[56] dennoch zeigt die Praxis nicht nur von Publikumsschriftstellern à la Joseph Victor von Scheffel, sondern auch die der Autoren meines Korpus vor allem in ihrer Frühphase, wie wirkmächtig die traditionelle Gattungshierarchie weiterhin war.[57] So hegte Storm eine Zeit lang den Plan, seine 1850 niedergeschriebene Novelle *Ein grünes Blatt* in Hexameter zu übertragen,[58] als eine Art poetisch-realistisches Pendant wohl zu Goethes *Hermann und Dorothea*, und Keller sprach von dem Projekt, aus dem später die Novelle *Romeo und Julia auf dem Dorfe* werden sollte, in einem Brief von Januar 1849 als von einem »epische[n] Gedicht«[59] (tatsächlich liegt von der Eingangsszene ein Entwurf in Versen vor).[60] Mindestens genauso aufschlussreich indes scheint mir, dass abgesehen von Meyers Frühwerken *Huttens letzte Tage* und *Engelberg* keines dieser Projekte über das Stadium des Entwurfs hinausgelangt ist. Ähnliches lässt sich vom Versdrama sagen, an dem sich die Autoren meines Korpus gleichermaßen abgearbeitet haben, ohne je zu Potte zu kommen.

Über die Frage nach der fortbestehenden Geltungskraft der traditionellen Gattungshierarchie hinaus wird so die nach der Zeitgemäßheit des Darstellungsmediums Vers selber aufgeworfen. Bevor sich die Prosa als Darstellungsmedium durchsetzen kann, scheint bei vielen Autoren

zudem mit zahlreichen Verseinlagen auf – aus der Feder fremder Autoren sowie, im Fall des erfolglosen Schriftstellers Felix Lippoldes, von Raabe selber –, verhandelt das Verhältnis von Poesie und Prosa also auch auf der Ebene der Darstellungsmedien. Zu einer genaueren Analyse von Lippoldes' Versen im Gesamtkontext von *Pfisters Mühle* vgl. Detering: »Ökologische Krise und ästhetische Innovation«, 13–24.

56 Vischer: *Ästhetik*, Bd. 3.2.5: *Die Dichtkunst*, 1303 (§ 879).

57 Zu Konjunktur und Spektrum der Versepik in der zweiten Hälfte des 19. Jahrhunderts vgl. Ahlers: *Das deutsche Versepos zwischen 1848 und 1914*; Michler: »Möglichkeiten literarischer Gattungspoetik nach Bourdieu« und Sprengel: *Geschichte der deutschsprachigen Literatur 1870–1900*, 218–237. Zu Scheffels immensem Publikumserfolg, insbesondere seines Versepos *Der Trompeter von Säkkingen* (1853), vgl. Selbmann: *Dichterberuf im bürgerlichen Zeitalter*, 149–169.

58 Vgl. die Rekapitulation der Entstehungsumstände im Herausgeberkommentar zu: Storm: *Sämtliche Werke*, Bd. 1, 1042 f.

59 Brief an Wilhelm Baumgartner vom 28.1.1849, in: Keller: *Gesammelte Briefe*, Bd. 1, 276 f.

60 In extenso zitiert im Herausgeberkommentar zu: Keller: *Sämtliche Werke in sieben Bänden*, Bd. 4, 691 f.

und Werken offensichtlich ein Umweg über den Vers vonnöten: ein förmlicher Prozess der Trauerarbeit. Für diesen Abschied vom Vers lassen sich literatur- und mediensoziologische Gründe geltend machen. So kann man ihn als auf innerliterarische Distinktion bedachte Abwehrreaktion gegenüber der zunehmenden Trivialisierung von Lyrik fassen: Was an Gedichten in Anthologien und Familienblättern massenhaft verbreitet wird, ist in aller Regel nach den immer gleichen Mustern gestrickt, weist also gleich mehrfach quasi mechanische, mithin denkbar ›unpoetische‹ Züge auf.[61] Dazu passt, dass Verse von einer elitären Zeitschrift wie der *Deutschen Rundschau* »entweder nur ausnahmsweise nachgefragt oder [...] grundsätzlich abgelehnt wurden«.[62]

Komplementär zu solchen Zugriffen, die primär auf die Entstehungsbedingungen der Texte im damaligen literarischen Feld fokussieren, kommt es mir auf den hochambivalenten *deuil du vers* an, von dem die Texte *selbst* geprägt sind.[63] Dabei setzen sie durchaus unterschiedliche Akzente: Der poetischen Prosa von Storms frührealistischer Novelle *Immensee* (1849/51) etwa ist er in Gestalt eines intrikaten Abwehrzaubers gegenüber einer auf sinnliche Präsenz bedachten, primär mündlichen Poesie eingeschrieben, während die prosaischen Kippeffekte aus Buschs *Balduin Bählamm, der verhinderte Dichter* (1883) genüsslich genau das aushöhlen, was Storm in seinen lyriktheoretischen Äußerungen als typischer Goethe-Epigone seiner Zeit stets als ›innere Form‹ des Verses beschwört. Zugleich zieht Busch aber auch einen Schlussstrich in *eigener* Sache, handelt es sich bei *Balduin Bählamm* doch um seine vorletzte Bildergeschichte in Versen. In Gestalt von geflügelten Worten führen die Figuren aus *Frau Jenny Treibel* schließlich ihrerseits permanent Zitate aus Versdramen und Balladen im Mund und stellen gar wiederholt ›große Szenen‹[64] aus *Macbeth* und Schillers *Wilhelm Tell* nach. Mit jedem humoristisch-grotesken Reenactment verleibt sich Fontanes Schreibweise so aufs Neue ein Darstellungsmedium ein, das, weil es im gesellschaftlichen Spiel längst zum bloßen Statussymbol degradiert wurde, für sie selbst nicht mehr infrage kommt und auf dessen poetische

---

61 Zu diesen Entwicklungen vgl. Fohrmann: »Lyrik«, 431–443; Häntzschel: »Lyrik-Vermittlung in Familienblättern«, sowie, mit kritischer Distanz zum Trivialitätsbefund und einem stärker praxeologischen Fokus, Lauer: »Lyrik im Verein« und Stockinger: »Lyrik im Gebrauch«.

62 Schrader: »Im Schraubstock moderner Marktmechanismen«, 8.

63 Ich entlehne den Begriff Catriona Seths Überlegungen zur poetischen Prosa aus Madame de Staëls *Corinne ou l'Italie* und zum Prosagedicht insgesamt. Vgl. Seth: »Deuil du vers« sowie meinen eigenen Aufsatz »*Deuil du vers* (bis)«.

64 Zu Begriff und Dramaturgie der ›großen Szene‹ in der Verstragödie des 19. Jahrhunderts vgl. Vogel: *Die Furie und das Gesetz.*

Strahlkraft sie gleichwohl nicht ganz zu verzichten vermag. Univok im Sinne einer bloßen Absetzungsbewegung verläuft dieser epochentypische *deuil du vers* dementsprechend nicht – wovon selbstredend auch der Umstand zeugt, dass keiner der von mir behandelten Autoren das Versemachen schlicht aufgibt.

2.4 Literarhistorische Prämissen

Zum Abschluss dieser allgemeinen methodischen Überlegungen und Begriffsklärungen sei auf die literarhistorischen Vorannahmen meiner Arbeit eingegangen – und darauf, wie diese den Bottom-up-Ansatz meiner Textlektüren mitbegründen.

Da das Verhältnis von Poesie und Prosa beileibe nicht nur im deutschsprachigen Realismus zur Debatte steht, sondern auf eine lange Geschichte zurückblicken kann, hätte man auch versucht sein können, diese als literarhistorischen *grand récit* zu erzählen, dem zufolge sich in der neueren deutschen bzw. westeuropäischen Literatur eine literarische Gattung nach der anderen (Epos/Roman, Drama, Lyrik) von der Bindung an den Vers befreit.[65] Stattdessen greift meine Arbeit einen bestimmten Epochenstil heraus, der dem Verhältnis von Poesie und Prosa in seiner ganzen Vielgestaltigkeit eine beispiellose Schlüsselposition zuweist. Auf Werke anderer Epochen dagegen rekurriert sie nur, wenn in den untersuchten Texten entsprechende intertextuelle Echos anklingen. Mit ihrem konstellativen, ›von unten her‹ operierenden *parti pris* trägt sie also dem Umstand Rechnung, dass die Texte selber die Vorstellung eines linearen Entwicklungsprozesses immer schon ein Stück weit unterlaufen, indem sie ihre Prätexte auf je eigene Weise *neu* ausrichten.

Als wichtige Bezugsgrößen erweisen sich dabei die im 19. Jahrhundert als trocken-prosaisch verpönte Lehrdichtung des 18. Jahrhunderts (insbesondere Albrecht von Hallers *Die Alpen*) sowie umgekehrt die lyrische Prosa der Geßner'schen *Idyllen*, der *Leiden des jungen Werthers* und der Improvisationen aus Madame de Staëls Kultroman *Corinne ou l'Italie*. Zentraler noch ist die Auseinandersetzung mit dem Genre des Prosimetrums, d. h. mit Texten, in denen sich Prosa- und Vers-Partien abwechseln. Neben eher punktuellen Bezügen auf Dantes *Vita Nova* geben in der Hinsicht vor allem *Wilhelm Meisters Lehrjahre* eine

---

65 So in geraffter Form bei Göttsche: »Prosa als Differenzkriterium«; ders.: »Vers als Differenzkriterium« und, mit Bezug auf den französischen Sprachraum, Scepi: *Théorie et poétique de la prose.*

allgegenwärtige Folie ab: der »Untergang« der »heilige[n] Familie der
Naturpoesie«[66] angesichts der in Prosa gehaltenen Aufschreibesysteme
der Turmgesellschaft sowie des Goethe'schen Erzähltextes selbst.[67]
Genauso unentwegt arbeiten sich die untersuchten Texte aber auch –
und um einiges ambivalenter, als man vielleicht meinen könnte – an
den (früh-)romantischen Gegenentwürfen zum *Wilhelm Meister* und
ihren Hybridisierungstendenzen ab: Mehrfach wird so etwa von der
Grotesken-Utopie die Rede sein, die den Eingangstraum aus Novalis'
Heinrich von Ofterdingen beschließt.

Vor dem Hintergrund dieser prononcierten Intertextualität ist auch
mein wiederholter Gebrauch des ›Manier‹-Begriffs zu verstehen. Genau wie die Groteske steht die Manier offensichtlich quer zu programmrealistischen Positionen: Indem sie, so Rüdiger Zymner in seiner
einschlägigen Studie, »das Besondere und Eigenartige im Gegensatz
zum Einfachen, Natürlichen und Allgemeingültigen« betont, rückt
sie die eigene Artistik in den Vordergrund.[68] Stets akzentuiert sie
mithin die Virtuosität des ›Wie‹ gegenüber dem ›Was‹. Groteske und
Manier werden denn auch gern in einem Atemzug genannt und die
Groteske als privilegiertes Genre des historischen Manierismus, also
der bildenden Kunst der Spätrenaissance, bezeichnet.[69] Genau diese
kunsthistoriografische Epochenbezeichnung ist ihrerseits erstmals zu
Beginn des von mir untersuchten Zeitraums nachgewiesen, in dem Jahr,
in dem auch der vierte und letzte Band des *Grünen Heinrich* erschien.
Aus der Taufe gehoben hat sie der Schweizer Kunsthistoriker Jacob
Burckhardt in seinem viel gelesenen *Cicerone*.[70] Mich interessiert daran
weniger die bare zeitliche Koinzidenz, als dass diese auf eine epochentypische Denkfigur hinweist. Mit seiner pejorativen Einschätzung der
manierierten Ästhetik der Spätrenaissance schreibt sich Burckhardt
zwar einerseits unleugbar in eine lange klassizistische Tradition ein, der

66 Schlegel: »Über Goethes Meister«. In: ders.: *Kritische Ausgabe seiner Werke*,
    Bd. 2: *Charakteristiken und Kritiken I (1796–1801)*, 126–146, hier 145 f.
67 Zur prosimetrischen Anlage der *Lehrjahre* vgl. Beil: *Die hybride Gattung*,
    259–383; zur Disziplinarfunktion, die von den Aufschreibesystemen der
    Turmgesellschaft ausgeübt wird, vgl. insb. Pethes: *Zöglinge der Natur*, 298–
    312.
68 Zymner: *Manierismus*, 14. Zu einer solchen Auffassung des Manierismus, die
    diesen grundsätzlich als ein epochenübergreifendes, »in verschiedenen Küns-
    ten vorkommende[s] *Verfahren*[]« fassbar macht, vgl. ebd., 76.
69 Vgl. hierzu etwa Fabricius Hansen: »Maniera and the Grotesque«.
70 Vgl. Burckhardt: *Cicerone*, 994–1003. Näheres dazu insbesondere bei Brede-
    kamp: »Der Manierismus. Zur Problematik einer kunsthistorischen Erfin-
    dung«, 110–114.

›Manier‹ und ›manieriert‹ als polemische Kampfbegriffe dienten.[71] Andererseits entspricht die Vorstellung, die »Schüler der grossen Meister« seien ab ungefähr 1530 »in das verhängnisvolle grosse Erbe derselben« eingetreten,[72] aber eben auch der Selbstwahrnehmung der deutschsprachigen Realisten, »Uebergangsgeschiebe«[73] zu sein. Hier wie dort sieht man sich übergroßen Vorgängern – paradigmatisch: Goethe und Raffael – gegenüber, deren (vermeintlich) auf die harmonische Verbindung von Naturwahrheit und Idealität verpflichtetem Werk nach wie vor Gültigkeit zugesprochen wird, ohne dass es doch so recht zur eigenen Zeit passte und deswegen nach komplexen Umschriften verlangt. Dass die Virtuosität dieser Umschriften im historischen Manierismus ungleich offensiver vertreten wird als im deutschsprachigen Realismus, tut der grundsätzlichen Affinität zwischen beiden Epochenstilen keinen Abbruch. Ganz im Gegenteil: Ist das Paradox einer diskreten *maniera*, die Verknüpfung von programmatischer Verklärung und unterschwelliger Groteske, nicht in gewisser Weise der Gipfel der Manieriertheit?

*

Mit ›literarhistorischen Prämissen‹ meine ich neben dem spezifischen Blickwinkel, aus dem heraus ich das Verhältnis von Poesie und Prosa als epochenübergreifendes Phänomen betrachte, aber auch die Konturierung des Epochenbegriffs ›deutschsprachiger Realismus‹ selbst.[74] Ausschlaggebend dafür ist die Frage, welcher Stellenwert den programmrealistischen Positionen zuzumessen ist. Reduzierten sich die Texte von Storm und Konsorten auf deren Schlagworte, lägen klare Verhältnisse vor. Zum einen um 1850: dort die intrikate Gemengelage der Biedermeier- bzw. Vormärz-Literatur, in der mehrere Epochenstile zum Teil bis in die Werke selber hinein konkurrierend nebeneinander wirken und so von einer übergreifenden Krisenerfahrung genauso wie von weit ausholenden utopischen Bestrebungen künden;[75] hier der ebenso selektive

71 Vgl., ebenso überblicksartig wie detailliert, Link-Heer: »Manier/manieristisch/Manierismus«, 809–815.
72 Burckhardt: *Cicerone*, 994.
73 Keller: *Der grüne Heinrich* (1854/55). In: ders.: *Historisch-Kritische Ausgabe*, Bd. 12, 110.
74 Leitend für die Überlegungen in den folgenden beiden Abschnitten sind die einschlägigen Ausführungen von Christian Begemann in den Einleitungen des von ihm herausgegebenen Realismus-Sammelbands sowie des von ihm zusammengestellten Realismus-Lesebuchs. Vgl. Begemann: »Einleitung« [I], [II] und [III].
75 Vgl. Bunzel/Stein/Vaßen: »›Romantik‹ und ›Vormärz‹ als rivalisierende Diskursformationen der ersten Hälfte des 19. Jahrhunderts«; Frank: *Krise und*

wie verklärende Blick des deutschsprachigen Realismus als Folge der gescheiterten Revolution und als Sich-Arrangieren mit den bestehenden Verhältnissen. Wäre dem so, dann vollzöge sich der »Übergang zum Realismus« tatsächlich in erster Linie »als Entmischung, als Grenzziehung und Ausschluss alles Problematischen, für das vorher keine gute Lösung gefunden werden konnte.«[76] Zum anderen unterschiede sich der deutschsprachige Realismus dann mit ähnlicher Prägnanz von den Strömungen der sogenannt Frühen Moderne, die ihm seit den 1880er-Jahren zunehmend Konkurrenz machen und im Gegensatz zu ihm dezidiert auf Grenzüberschreitungen setzen, auf die ungeschönte Schilderung sozialer Missstände oder die minutiöse Auslotung psychischer Ausnahmezustände.[77]

Der eigentliche Sachverhalt freilich ist um einiges vertrackter. Zwar zeichnen sich die Texte des deutschsprachigen Realismus wesentlich dadurch aus, dass dessen Programmatik »in wie vermittelter Weise auch immer«[78] in sie hineinwirkt. Zugleich aber heißt das nicht, dass sie sich dieser vorbehaltlos verschrieben. Stattdessen problematisieren sie sie auf vielfältige Weise und mobilisieren dabei Darstellungsverfahren, die man eher mit den Epochenschwellen von 1800 bzw. 1900 assoziiert, wo sich nach allgemeiner Lesart die ästhetische Moderne im weiteren bzw. engeren Sinn konstituiert.[79] Charakteristisch für das Verhältnis der Texte des deutschsprachigen Realismus zu programmrealistischen Positionen ist mithin eine je spezifische *Zerreißprobe*: das Widerspiel zwischen dem »›propositionale[n] Wissen‹« der programmrealistischen Begrifflichkeit, wie es sich insbesondere in den Kommentaren und

Experiment sowie Titzmann: »Zur Einleitung: ›Biedermeier‹«. Zur Frage der Prosa bzw. der Gedichteinlagen in Prosatexten des Biedermeier vgl. Oesterle: »Die Idee der Poesie ist die Prosa‹« und Frank: »Dichtung in Prosa(ischen Zeiten)«.

76 Frank: »Auf dem Weg zum Realismus«, 43.

77 Exemplarisch durchdekliniert wird dieser Ansatz bei Titzmann: »›Grenzziehung‹ vs. ›Grenztilgung‹« und Wünsch: »Vom späten ›Realismus‹ zur ›Frühen Moderne‹«.

78 Begemann: »Einleitung« [III], 26.

79 Aus gutem Grund hat denn auch gerade die jüngere Forschung die *fuzzyness* des Epochenstils ›deutschsprachiger Realismus‹ in den Blick genommen. Zum Komplex ›Realismus und Moderne‹ vgl. Simon: »Übergänge« und zu dem von Realismus und Romantik vgl. Christoph Gardians Habilitationsprojekt »Romantischer Realismus. Zur Kontinuität des Romantischen in der Literatur des 19. Jahrhunderts«. Beispielhaft daraus hervorgehoben sei der Aufsatz von Gardian: »Reduzierte Romantik«. Zur ästhetischen Moderne als Langzeitepoche mit verschiedenen Epochenschwellen vgl., immer noch grundlegend, Jauß: »Der literarische Prozeß des Modernismus«.

Wertungen der Erzählinstanzen artikuliert, und dem »performativen Wissen‹ einer selbstreflexiven literarischen Praxis«,[80] wie es der je spezifischen Gefügtheit der Texte abzulesen ist, also der ihnen eingeschriebenen immanenten Reflexion. Um diesem Widerspiel gerecht zu werden, scheint mir erneut ein Bottom-up-Ansatz in ganz besonderer Weise geeignet. Und zwar nicht allein auf der Ebene der Einzeltextanalyse, sondern gerade auch auf der des Epochenstils: Indem ich von der immanenten Poetik des jeweils untersuchten Textes ausgehe, ergibt sich über die Querbezüge zwischen den Texten sowie ihren jeweiligen Intertexten ein epochenkonstitutives Schreibmuster, das wesentlich komplexer ist, als es die expliziten programmatischen Aussagen ihrer Verfasser und publizistischen Mitstreiter vermuten lassen.

3. Synopsis

Die Kapitelstruktur der Arbeit orientiert sich an den behandelten Autoren und ist im Wesentlichen chronologisch ausgerichtet. So gibt sie der Eigenlogik der besprochenen Texte in angemessener Weise Raum, macht aber auch Schwerpunktverlagerungen zwischen früh- und spätrealistischem Schreiben kenntlich.

In diesem Sinn ist das erste Kapitel der Schreibweise des jungen Theodor Storm gewidmet. Es heißt: »Die Kunst des Zwischentons«. Zum Auftakt wird Baudelaires berühmtes Großstadt-Sonett *À une passante* (1860/61) mit *Begegnung* (1842), einem schlichten Vierzeiler des frühen Storm, konfrontiert. Als gemeinsame Bezugspunkte dienen dabei eine Schlüsselszene aus Dantes *Vita Nova* und, sicherlich etwas unerwarteter, der zeitgenössische Physiologie-Diskurs. Spannbreite und Grenzen der Lyrik des deutschsprachigen Realismus werden damit gleich zu Beginn paradigmatisch ausgemessen. So zeigt sich, dass die grundlegenden Befunde dieser scheinbar konträren Schreibweisen so weit nicht auseinanderliegen – wie sie damit umgehen, aber sehr wohl: Insbesondere zum Gattungshybrid des Prosagedichts, als dessen ›Opusfantasie‹ Baudelaires Sonett lesbar ist, stoßen die Texte des deutschsprachigen Realismus ungeachtet ihres *deuil du vers* nie vor.

Das zweite Teilkapitel zu Storm befasst sich mit der prosimetrischen Novelle *Immensee*, dessen berühmte zweite Fassung von 1851 Storm

---

80 von Graevenitz: »*Contextio* und *conjointure*, Gewebe und Arabeske«, 232.

selber als »Perle deutscher Poesie«[81] betrachtete, während sein Studienfreund Tycho Mommsen die erste, 1849 publizierte noch als »eitel Prosa«[82] abgekanzelt hatte: ›Poesie‹ und ›Prosa‹ bildeten also schon damals Eckpunkte der Diskussion. Im Mittelpunkt meiner Lektüre steht hier die poetologische Doppelfunktion der titelgebenden Bienen. Einerseits verkörpern diese die Poetisierung des Realen, wie sie der Protagonist im Rückblick auf seine unerfüllt gebliebene Jugendliebe vornimmt. Andererseits fördern sie aber auch die Fragwürdigkeit eines solch selektiven und idyllisch verbrämenden Zugriffs zutage, dessen (mit einem Wort des Textes selber) ›Ungereimtheiten‹, und damit auch den ›wilden‹ Subtext von Storms Novelle: ihre Prosa im avancierten Sinn.

Wesentlich handgreiflicher als beim frühen Storm sind die Misstöne – und dementsprechend auch die Auseinandersetzung mit der Groteske – im Werk Gottfried Kellers, um das es im zweiten Kapitel gehen wird. Den Auftakt macht ein Teilkapitel zu *Das Tanzlegendchen*, dem Abschlusstext der *Sieben Legenden* (1872). In meiner Analyse greife ich die seit Karl Philipp Moritz' *Versuch einer deutschen Prosodie* auch im deutschen Sprachraum geläufige Analogisierung von Prosa und Gehen bzw. von Poesie und Tanzen auf, um Kellers Text – alternativ zur gängigen (religions-)anthropologischen Lesart – strikt poetologisch zu lesen. Die christliche Heilsbotschaft gegen den Strich bürstend, stellt *Das Tanzlegendchen* der indefiniten Vertagung des Tanzes/der Poesie ins Jenseits transzendenter Sinnversprechen den Anspruch entgegen, diese als Pas de deux mit der Prosa in seinem materialen Hier und Jetzt zu realisieren – als ebenso prekäre wie rückhaltlose »Lust«[83] am Text.

Im Mittelpunkt des zweiten Teilkapitels steht die Erstfassung des *Grünen Heinrich*. Dort plädiere ich dafür, die »Unförmlichkeit«, die Keller seinem eigenen Roman im Vorwort selbstkritisch unterstellt, vor dem Hintergrund des zeitgenössischen Arabesken- und Grotesken-Diskurses zu verorten. Analog zu den Bildern des Protagonisten, die aufgrund von dessen überbordender Fantasie immer wieder zu Grotesken ausarten, ist auch in Kellers *eigener* Schreibweise ein entstellendes Moment am Werk. Schier unaufhaltsam nämlich wuchert ihre auf organizistisch-arabeske Symmetrie- und Abrundungseffekte bedachte poetische Prosa auf den unterschiedlichsten Ebenen in Grotesk-

81 Zit. nach dem Herausgeberkommentar zu *Immensee* in: Storm: *Sämtliche Werke*, Bd. 1, 1021.
82 Ebd., 1038.
83 Keller: *Sieben Legenden*. In: ders.: *Historisch-Kritische Ausgabe*, Bd. 7, 331–427, hier 333 und 421.

›Unförmliches‹ aus. Gegen den Strich gelesen – d. h. gegen den Wortlaut des »Vorworts« –, erweist sich Kellers Text damit als ein durchaus avanciertes Poesie-Prosa-Hybrid: Auf der Suche nach Darstellungsverfahren in Einklang mit den neuen Zeitläuften experimentiert er in der Manier grotesker Figuren, die sich bis zum Platzen mit Essen vollstopfen, unablässig mit Erzählmustern aus der literarischen Tradition und macht so gerade die notorische Formlosigkeit des Darstellungsmediums Prosa zur Grundlage seiner eigenen, spätzeitlichen Poetizität.

Das Kapitel zu *Balduin Bählamm, der verhinderte Dichter* steht als drittes von insgesamt fünfen im nicht bloß arithmetischen Zentrum der Untersuchung. Dieser prominente Status mag zunächst überraschen, wird Busch in übergreifenden Untersuchungen zum deutschsprachigen Realismus doch sonst – wenn überhaupt – eher beiläufig behandelt. Zum Teil liegt diese relative Marginalität sicherlich daran, dass Busch nach wie vor als weniger kanonisch gilt als die anderen hier untersuchten Autoren. Es gibt aber auch sachlichere Gründe, weswegen Busch nicht so recht ins gängige Gesamtbild vom deutschsprachigen Realismus passt: Wie ich zeigen möchte, artikuliert der physiologisch-groteske Realismus seiner Bildergeschichten geradezu unverblümt, was in den anderen Werken lediglich als untergründige Gegenstimme anklingt. Exemplarisch werde ich dies anhand von Buschs vorletzter Bildergeschichte darlegen, die sich als selbstreflexive Rückwendung auf die gesamte Bildergeschichten-Produktion aus seiner Feder lesen lässt.

Zum einen fasse ich Buschs prosanahe Knittelverse als (mit einem Wort aus *Balduin Bählamm* selber) ›verquere‹[84] *réécriture* eines Prosatextes, der gemeinhin als Inbegriff lyrischer Prosa gilt: der *Leiden des jungen Werthers*. In karikaturartiger Überzeichnung verkörpert Buschs Protagonist – hauptberuflich Büroschreiber und zugleich Möchtegern-Lyriker – das Unzeitgemäße pseudo-poetischer Naturschwärmerei im Zeitalter von Bürokratie, Eisenbahn und Massenproduktion. Ins Pessimistische gewendet, schreibt sich Buschs Bildergeschichte zum anderen aber auch in die aufklärerische Tradition des im Programmrealismus als prosaisch geltenden Genres der Lehrdichtung ein. Insbesondere führt sie dabei einen intrikaten intertextuellen Dialog mit Albrecht von Haller, dem Verfasser des wohl berühmtesten Lehrgedichts deutscher Sprache, der zugleich ein Pionier auf dem Gebiet der Sinnesphysiologie war. In einer Art serieller Experimentalanordnung werden Bählamms

---

84 Vgl. Busch: *Balduin Bählamm, der verhinderte Dichter*. In: ders.: *Die Bildergeschichten*, Bd. 3, Sp. 420–496, hier Sp. 464.

poetische Höhenflüge damit stets aufs Neue auf den Boden der Tatsachen zurückgeworfen.

Das vierte Kapitel nimmt seinen Ausgang bei C.F. Meyers Telegrafie-Gedicht *Hohe Station* (1873/82). Dieses widmet sich ausdrücklich einem markanten Medienwechsel des 19. Jahrhunderts und widerspricht damit eigentlich bereits dem gängigen C.F. Meyer-Bild als primär ›historischem‹ Schriftsteller. Auch kontrastiert das in der ersten Hälfte des Gedichts dargelegte Bergidyll nicht einfach mit den ebenso dramatischen wie lakonischen Nachrichtendepeschen aus der zweiten Hälfte. Wie mein medientheoretisch informiertes *close reading* zeigt, konstituiert sich das Sprechen des lyrischen Ich vielmehr von Beginn an – und von ihm selber unbemerkt – im Echoraum einer immer schon vorauszusetzenden Telegrafie. Auf diese Weise avanciert *Hohe Station* vom bloßen Kuriosum zu einem Schlüsseltext von Meyers Lyrik, zu ihrem medienhistorischen Apriori.

Von *Hohe Station* aus gelangt das Kapitel aber auch zu einer Neubewertung von Meyers ›ureigener‹ Domäne: seiner historischen Novellistik. Ohne dass dies in den Texten selbst artikuliert würde, entpuppen sich die *news bites*, die in *Hohe Station* auf das Ich eindringen, nämlich als entscheidende Stichwortgeber für die Renaissance-Novelle *Die Versuchung des Pescara* (1887). Meyers Lieblingsepoche wird damit ganz und gar als Kind des 19. Jahrhunderts lesbar. Auch in der Hinsicht also plädiert das Kapitel dafür, die ›Autorenlegende‹ vom Aktualitätsverächter C.F. Meyer zumindest zu nuancieren. In der Novelle selbst zeigt sich dies insbesondere am Gegenspieler des auktorial besetzten Protagonisten, dem Mailänder Kanzler Girolamo Morone: Dessen permanente Maskenspiele sowie sein exaltiertes Gebärdenspiel sind zwar ausdrücklich kulturhistorisch über die Commedia dell'Arte codiert und stehen damit in Einklang mit programmrealistischen Forderungen. Bei näherem Hinsehen entpuppen sich die grotesken Verrenkungen dieses »Kanzler Proteus«[85] aber als die eines männlichen Hysterikers. Untergründig zeigt sich Meyers Renaissance damit von einer Krankheit geprägt, die wie keine andere mit dem letzten Drittel des 19. Jahrhunderts verbunden ist.

Von der Figurenkonstellation und der Geschehensebene lässt sich auf die der *écriture* schließen, auf den Konflikt zweier Schreibweisen, die beide auf ihre Weise bestrebt sind, plane, sequenzielle Erzählprosa in Poesie zu überführen. Während die eine, quantitativ überwiegende, im

---

85 Meyer: *Die Versuchung des Pescara*. In: ders.: *Historisch-kritische Ausgabe*, Bd. 13, 149–275, hier 171.

Zeichen einer auf ›Erlösung‹ bedachten Hymnik des Erhabenen steht – *genus sublime* –, operiert die andere *sub limine*: Von ihrer marginalen Position aus unterminiert sie die Sinngewissheiten der ersten in burleskgrotesker Manier durch ›*proteische*‹ Wortspielereien, die auch vor durchaus *Pro*saischem nicht zurückschrecken: *Versuchung*, mit dem Titel der Novelle gesprochen, von Meyers Text, deren Subversivität und Wildheit restlos zu erliegen seine explizite Programmatik ihm jedoch verbietet.

Das Fontane-Kapitel steht wie gesagt nicht nur aus chronologischen, sondern auch aus systematischen Gründen am Schluss meiner Untersuchung. Anders als man vielleicht erwarten könnte, liegt der Fokus dabei nicht auf Fontanes lyrischem Spätwerk. Dessen Prosanähe hat die Forschung insbesondere dank der Pionierarbeiten von Karl Richter wiederholt und überzeugend aufgezeigt,[86] sodass ich dem nur wenig Neues hinzuzufügen vermocht hätte.[87] Anders verhält es sich mit den zahlreichen Lektüren von *Frau Jenny Treibel oder Wo sich Herz zum Herzen find't*. So dreht sich das Schlusskapitel denn auch vornehmlich um diesen Berliner Gesellschaftsroman. Das Begriffspaar von Poesie und Prosa spielt darin schon allein wegen des Untertitels eine entscheidende Rolle, zitiert dieser doch den Schlussvers eines Gedichtes, das den Text leitmotivisch durchzieht. Auch greifen die Figuren im Verlauf ihrer unablässigen Gespräche wiederholt auf verschiedene Varianten des Poesie/Prosa-Framings zurück. In der ihm eigenen Ironie unterläuft der Text freilich die von den Figuren behaupteten Grenzziehungen und entwirft sozusagen in deren Rücken ein wesentlich intrikateres Verhältnis von Poesie und Prosa, eine ›andere‹ Poesie: so wie sich die Schreibweise des späten Fontane auch in anderer Hinsicht oft nicht zwischen zwei eigentlich konträren Optionen entscheidet, sie stattdessen interagieren lässt und die dabei entstehenden Mischverhältnisse aus ironisch-reflexiver Distanz beobachtet.

---

86 Vgl. Richter: »Altersbewußtsein und Alterslyrik«; ders.: »Das spätere Gedichtwerk«; ders.: »Nachwort«.
87 Gleichwohl erlaube ich mir, auf eine frühere Publikation von mir zu verweisen, die sich mit den Enumerationen in Fontanes Alterslyrik beschäftigt. Vgl. Felten: »Comptes d'apothicaire?« Auch wenn der Bezug zur Poesie/Prosa-Problematik in diesem Aufsatz nicht ausdrücklich thematisiert wird, so scheint er mir im Rückblick doch auf der Hand zu liegen: Aufgrund ihres allzu nüchternen, geradezu spröden Duktus ist die Aufzählung wie kein anderes rhetorisches Verfahren mit dem Ruf des Prosaischen behaftet; zugleich jedoch steht sie immer kurz davor, in magische Inkantation umzuschlagen – bildet also eine Art Indifferenzpunkt zwischen Prosa und Poesie. Zu den Listen in Fontanes späten Gedichten vgl. auch, unter dem Stichwort ›Wirklichkeitszerfall‹, Begemann: »Res und Realismus«, 182–205.

Anders als in der Erstfassung des *Grünen Heinrich* stehen in *Frau Jenny Treibel* denn auch Arabeske und Ornamentgroteske in keinem unauflöslichen Spannungsverhältnis zueinander. Stattdessen benennen sie unterschiedliche Momente ein und desselben Schreibverfahrens, die entscheidend zu dessen spezifischer Poetizität beitragen: Akzentuiert die Arabeske das Spielerische und Marginale, so die Groteske die Heterogenität dessen, was in den Konversationen der Figuren, aber auch in Fontanes Plauderprosa selbst – also auf der Textebene – zueinander in Bezug gesetzt wird. Anders auch als die realistische Arabesken-Kunst Gottfried Kellers ist die des späten Fontane nicht bestrebt, sich von naturhafter Organizität herzuschreiben. Die Leitmetaphern für ihre spezifisch »verbogene«[88] und in dem Sinn aus der Form geratene Poetizität gewinnt Fontanes Roman-Prosa vielmehr aus der strukturellen Beschaffenheit denkbar prosaischer moderner, großstädtischer ›Verkehrsnetzwerke‹ wie der Rohrpost oder dem damals brandneuen Berliner Abwassersystem. Als Kläranlage begriffen, führt Letzteres gar das programmrealistische Verklärungsgebot in grotesker Buchstäblichkeit ad absurdum. Hellsichtig markiert Fontanes Text so, dass sich der Epochenstil des literarischen Realismus eigentlich überlebt hat – ohne dass er doch selber vollends mit ihm zu brechen vermag. Mit anderen Worten: Er treibt die Spannungen, die für den deutschsprachigen Realismus insgesamt konstitutiv sind, endgültig in die Aporie. *Point of no return.*

---

88 Fontane: *Frau Jenny Treibel*, 6.

I. Die Kunst des Zwischentons
Zur Schreibweise des jungen Theodor Storm

1. *Regards croisés.* Über Storms *Begegnung,* Baudelaires
À une passante, das physiologische Wissen nachromantischer
Liebeslyrik und deren *deuil du vers*[1]

Wohl geblendet von wirkmächtigen dichtungstheoretischen Positionen
à la Hegel, welche die Fokussierung auf das ›empfindende Gemüt‹,
›Innerlichkeit‹ und das »Sich*aussprechen des Subjekts*« zum Wesen von
Lyrik überhaupt hypostasieren,[2] hat die Literaturgeschichtsschreibung
lange mit erstaunlicher Beharrlichkeit darüber hinweggesehen, wie
vielfältig die Beziehungen zwischen Wissenschaften und Versdichtung
im 19. Jahrhundert eigentlich waren. Erst die jüngere Forschung hat
begonnen, dieses Zerrbild zu korrigieren,[3] und betont, wie sehr die
damalige Lyrik als ›Reflexionsmedium‹ gerade auch von naturwissenschaftlichen Neuerungen fungierte.[4]

An diese Befunde möchte ich anknüpfen und zeigen, dass die im
19. Jahrhundert zur wissenschaftlichen Leitdisziplin avancierende Physiologie an der nachromantischen Lyrik entscheidend ›mitschrieb‹. Das
ist zumindest erstaunlich: Wie Philipp Sarasin betont, hat der physiologische Diskurs die »moderne Art des Sprechens über den eigenen

---

1 Meine vergleichende Lektüre von Baudelaire und Storm basiert auf einem
Aufsatz, der für das vorliegende Buch von Grund auf überarbeitet wurde. Vgl.
Felten: »Physiologie als Poetologie«.
2 Hegel: *Ästhetik,* Bd. 3, 322. Einschlägig auch ebd., 415–418. Völlig zu Recht
erinnern Christian Begemann und Simon Bunke daran, dass auf diese Weise
eigentlich »sehr junge[] Paradigmen«, namentlich die der goethezeitlichen
»Ausdrucks-, Erlebnis- und Stimmungslyrik«, zu »überhistorische[n]
Wesenheiten« stilisiert wurden (Begemann/Bunke: »Krisenphänomene«,
14).
3 Vgl. Hufnagel/Krämer (Hg.): *Das Wissen der Poesie;* Louâpre/Marchal/
Pierssens (Hg.): *La poésie scientifique, de la gloire au déclin;* Müller-Tamm:
»Prosa, Lyrik, Lebensbild. Literarische Wissenschaft um 1850«. Als wichtige Pionierarbeit wäre auch zu nennen Selbmann: *Die simulierte Wirklichkeit,* Kap.»Du Grab der Poesie‹. Naturwissenschaft in der Lyrik«,
95–105.
4 Zur Lyrik des 19. Jahrhunderts als ›Reflexionsmedium‹ »einer im Umbruch
befindlichen Kultur« vgl., grundsätzlich, Martus/Scherer/Stockinger: »Einleitung. Lyrik im 19. Jahrhundert«, 15–23, hier 16.

Körper – den Körper des Subjekts« – zwar maßgeblich geprägt,[5] im damals dominanten Sprachgebrauch jedoch ist er denkbar prosaisch konnotiert. In dem Sinn liest man etwa in der von Karl Gutzkow herausgegebenen Wochenzeitschrift *Unterhaltungen am häuslichen Herd* über die Reduktionsleistungen der neueren Chemie:

> Die Chemie hat [...] den Menschen selbst zur eigensten, materiellen Selbsterkenntniß so zersetzt und zerlegt, daß von der poetischsten Menschenexistenz, und wäre sie die eines Goethe oder Napoleon, nichts übrigblieb als Fett-, Faser-, Käse- und Zuckerstoff, Eiweiß und Kochsalz.[6]

Um die Streubreite dieses Phänomens zu unterstreichen, von dem mein Wilhelm-Busch-Kapitel dann noch einmal auf ganz andere Weise Zeugnis ablegen wird, beziehe ich mich hier exemplarisch auf zwei Dichter, die man gewöhnlich als Antipoden präsentiert: auf Theodor Storm, der sich in seinen lyriktheoretischen Äußerungen stets emphatisch auf einen goethezeitlichen Erlebnislyrik-Begriff berief, und Baudelaire, in dem man gemeinhin den Gründungsvater ›der‹ modernen Lyrik erblickt.[7] Als Textbasis dienen zwei Gedichte, die sich aufgrund ihrer thematischen Ähnlichkeit für einen Vergleich anbieten: Das berühmte Sonett *À une passante* und der schlichte Vierzeiler *Begegnung*, ein nahezu unbekanntes Gedicht des frühen Storm,[8]

---

5 Sarasin: *Reizbare Maschinen*, 18.
6 Anon.: »Ein – Kochbuch nach Moleschott und Liebig.« In: *Unterhaltungen am häuslichen Herd* 35 (1856), 560. Zit. nach: Rohe: *Roman aus Diskursen*, 169.
7 In einem wichtigen Aufsatz hat bereits Heinrich Detering zu bedenken gegeben, dass Storms Gedichte »unter dem immer noch goethezeitlichen Anschein [...] mit der Dichtung der fernen Nachbarn Baudelaire oder Nietzsche mehr zu tun haben, als ihrem Verfasser vermutlich lieb gewesen wäre.« (Detering:»›Der letzte Lyriker‹«, 38) Detering macht diese Affinität vor allem daran fest, wie sich »der *Modus* des Erlebnisses« in Storms lyrischer Praxis »gewissermaßen unter der Hand und ohne Kommentar« – also quer zu den lyriktheoretischen Äußerungen – wandelt (ebd., 27). Komplementär dazu stehen in meiner vergleichenden Lektüre andere Aspekte im Mittelpunkt: Interferenzen mit dem zeitgenössischen Physiologie-Diskurs und das Phänomen des *deuil du vers.*
8 Nahezu unbekannt insofern, als es im kürzlich erschienenen *Storm-Handbuch* keinerlei Erwähnung findet – vgl. das Werkregister in: Demandt/Theisohn (Hg.): *Storm-Handbuch*, 399 – und m.W. auch sonst nicht Eingang in die Storm-Forschung gefunden hat. Prominent platziert dagegen ist es in der Auswahl Storm'scher Gedichte, die Gunter Grimm für den Reclam Verlag zusammengestellt hat. Vgl. Storm: *Gedichte*, 5.

schildern beide die flüchtige Begegnung eines männlichen Ich mit einem geliebten weiblichen Du und den Blickkontakt, den die beiden Akteure im Vorübergehen austauschen – eine der Grundsituationen der europäischen Liebeslyrik spätestens seit Dantes *Vita Nova*.[9] Storms Gedicht aus dem Jahr 1842, das erst posthum veröffentlicht wurde, variiert den Topos wie folgt:

Begegnung

Das süße Lächeln starb dir im Gesicht,
Und meine Lippen zuckten wie im Fieber,
Doch schwiegen sie – auch grüßten wir uns nicht,
Wir sahn uns an und gingen uns vorüber.[10]

Und Baudelaires Sonett, das zunächst 1860 in der Zeitschrift *L'Artiste* erschien, bevor es, minimal abgeändert, in die 1861er-Ausgabe der *Fleurs du Mal* aufgenommen wurde und dort in der neu eingerichteten Sektion der »Tableaux parisiens« steht:

À une passante

La rue assourdissante autour de moi hurlait.
Longue, mince, en grand deuil, douleur majestueuse,
Une femme passa, d'une main fastueuse
Soulevant, balançant le feston et l'ourlet;

Agile et noble, avec sa jambe de statue.
Moi, je buvais, crispé comme un extravagant,
Dans son œil, ciel livide où germe l'ouragan,
La douceur qui fascine et le plaisir qui tue.

Un éclair ... puis la nuit! – Fugitive beauté
Dont le regard m'a fait soudainement renaître,
Ne te verrai-je plus que dans l'éternité?

9 Zu diesem Traditionszusammenhang von Dante über Petrarca hin zu Baudelaire vgl. Warning:»Imitatio und Intertextualität«, aber auch bereits Starobinski:»Le regard des statues«, 490f.
10 Storm: *Sämtliche Werke*, Bd. 1, 221.

Ailleurs, bien loin d'ici! trop tard! *jamais* peut-être!
Car j'ignore où tu fuis, tu ne sais où je vais,
Ô toi que j'eusse aimée, ô toi qui le savais![11]

Die unterschwellige Präsenz physiologischen Wissens ist in den zwei
erotisch getönten Gedichten kein Selbstzweck; vielmehr führen die
Wissensdiskurse geradewegs in ihr poetologisches Zentrum und lassen
an ihnen eine Tendenz zutage treten, die für große Teile der postromantischen Lyrik kennzeichnend ist: das Einwandern des Prosaischen in die Poesie im Sinne einer produktiven Hybridisierung zweier
Schreibweisen. Noch in dem Punkt übrigens erweisen die beiden Texte
der *Vita Nova* Reverenz. Aufgrund seiner prosimetrischen Anlage
verhandelt Dantes Werk das Verhältnis von Poesie und Prosa nämlich
seinerseits auf der Ebene der Darstellungsmedien, über die intrikaten
Echos zwischen dem in Prosa gehaltenen Lebensbericht und den darin
eingelassenen Gedichten, die just in dem Kapitel ihren Anfang nehmen,
in dem auch die Grußszene erzählt wird.[12]

Erst vor diesen gemeinsamen Bezugspunkten vermag sich das, was
die spezifische Modernität von Baudelaires Gedicht ausmacht, genauer
abzuzeichnen. Während *Begegnung* es bei diskreten Zwischentönen

11 Baudelaire: *Les Fleurs du Mal* [1861]. In: ders.: *Œuvres complètes*, Bd. 1, 1–134,
hier 92f. Hier in Simon Werles Übersetzung:

An eine Passantin

Betäubend scholl um mich der Straße lautes Toben.
Groß, schlank, in hoheitsvoller Trauer Prachtgewand,
Schritt eine Frau vorbei; mit prunkgewohnter Hand
Hielt schwenkend sie Besatz und Saum erhoben;

Geschmeidig, stolz; dem einer Statue glich ihr Bein.
Ich selber sog, verkrampft und wie im Bann des Wahns,
Im Himmel ihres Augs, der fahlen Wiege des Orkans,
Die Süße, die berückt, und Lust, die tötet, ein.

Ein Blitz … Dann Nacht! O Schönheit im Vorübergehen
Von der ein Blick im Nu mir Neugeburt verlieh,
Werd ich erst in der Ewigkeit dich wiedersehen?

Woanders, weit von hier! Zu spät! Vielleicht gar *nie*!
Wohin du fliehst, bleibt mir, mein Ziel dir unerahnt.
O dich hätt ich geliebt – o dich, die es erkannt!

Baudelaire: *Die Blumen des Bösen*, 267.
12 Vgl. Dante: *Vita Nova*, Kap. III, 8–13.

belässt, die die Sprecherposition des Ich lediglich subkutan zu erschüttern vermögen und den prosaischen Kern der geschilderten Begebenheit allenfalls erahnen lassen – dessen physiologische ›Wahrheit‹ –, kehrt *À une passante* alles, was bei Storm unausgesprochen bleibt, ebenso resolut wie ostentativ nach außen, agiert es gleichsam aus: durch das dezidiert großstädtische Setting, durch die Hysterisierung der männlichen Sprecherposition innerhalb eines physiologischen Experimentaldispositivs, aber auch dadurch, dass die Passantin als Verkörperung einer *poésie en prose* gelesen werden kann, als ebenso utopischer wie melancholischer Vorschein auf die Prosagedichte aus *Le Spleen de Paris*. Insofern mit dieser Opusfantasie[13] ein eigentümlicher *deuil du vers* verbunden ist, entsteht allerdings zugleich wiederum ein unerwarteter Resonanzeffekt zwischen dem Prosagedicht Baudelaire'scher Prägung und Storms poetischer Prosa, wie sie sich paradigmatisch in der frühen Novelle *Immensee* artikuliert. So unterschiedlich das Poesie-Verständnis der beiden auch sein mag: Als nur noch bedingt zeitgemäßes gerät das Darstellungsmedium des Verses bei dem einen wie dem anderen in die Krise.

1.1   Galvanische Zuckungen: eine poetologische Versuchsanordnung

Dass Baudelaires anti-bourgeoise Gedichte irritieren, ist auf den ersten Blick nicht mehr als ein Gemeinplatz. Irritatibilität bzw. Reizbarkeit ist indes auch ein Kernkonzept der Physiologie,[14] und genau *solche* Irritationen werden dem Lesepublikum in *À une passante* – ebenso wie in Storms Vierzeiler – vor Augen geführt. So fungiert der Blickkontakt zwischen dem männlichen Ich und dem weiblichen Du in beiden Fällen als eine Art physiologischer Reiz, der beim Gegenüber heftigste körperliche Erregung auslöst:»[M]eine Lippen zuckten wie im Fieber« (V. 2), liest man bei Storm; dieser quasi-pathologischen Reaktion entsprechen, in übersteigerter Form, die krampfhaften Zuckungen des Ich aus *À une passante*:»Moi, je buvais, crispé comme un extravagant« (V. 6).

13   Der Begriff ›Opusfantasie‹ geht auf Peter von Matt zurück (vgl. von Matt:»Die Opus-Phantasie«). Anders als von Matt verstehe ich darunter indes kein Moment aus dem kreativen Prozess – ein Moment, das mit den ›Ich-Fantasien‹ des realen Autors interagiert und in dem sich die Wirkmacht literarischer Vorbilder sowie des imaginären Lesers als »Personifikation der sozialen Normen, unter denen der Autor schreibt« (ebd., 201), auf komplexe Art miteinander verschränken –, sondern ein Textphänomen: die einem bestimmten Text eingeschriebene Fantasie eines zukünftigen, kommenden Werks. (Bei von Matt wird dieser Aspekt nur am Rande erörtert, vgl. ebd., 208 f.)

14   Vgl. etwa Sarasin: *Reizbare Maschinen*, 54–56 und passim.

Völlig zu Recht deutet die Baudelaire-Forschung diese theatralen Verrenkungen mitunter als Symptome einer männlichen Hysterie.[15] Mir kommt es an dieser Stelle indes weniger auf die Implikationen eines solch medizinischen Befundes an – im C.F. Meyer-Kapitel werde ich mich eingehender mit der männlichen Hysterie und deren poetologischem Störpotenzial im Rahmen einer poetisch-realistischen Schreibweise befassen – als darauf, dass Baudelaires Gedicht auf dessen physiologische Grundlagen reflektiert und sie sich poetologisch zunutze macht. Aufschlussreich ist in der Hinsicht vor allem das erste Terzett: Fasst man den »éclair« (V. 9) als meteorologische Metapher für den »regard« (V. 10) der unbekannten Passantin, der das Ich plötzlich wieder zum Leben erweckt (lediglich in Klammern sei angemerkt, dass diese Inszenierung einer Wiedergeburt einen weiteren Bezug zu Dantes *Vita Nova* knüpft), fasst man den »éclair« mithin als *coup de foudre* im wortwörtlichen Sinn, dann erscheint die elektrische Entladung des Blitzes geradezu als lebensspendendes Prinzip.[16] In dieser Lektüre spräche das Gedicht – was bei einem eingefleischten ›Spiritualisten‹ wie Baudelaire[17] zunächst überraschen mag – eine Grundüberzeugung physiologischen Denkens aus: »›Reizbarkeit‹ beziehungsweise die Sensibilität der verschiedenen Gewebe galt seit der Aufklärung für lange Zeit als die tiefste Ursache und zugleich Kennzeichen des Lebendigen.«[18]

Tatsächlich evoziert das Setting aus *À une passante* eine der berühmtesten (und kontroversesten) naturwissenschaftlichen Experimentalanordnungen überhaupt, die im zweiten Drittel des 19. Jahrhunderts mit Carlo Matteucci und Emil Du Bois-Reymond in verändertem theoretischen Setting zu neuen Ehren kommt: Luigi Galvanis Versuche aus den 1780er-Jahren, Froschpräparate durch elektrische Entladungen, insbesondere durch methodisch herbeigeführte Blitzeinschläge

---

15 Vgl. Westerwelle: »Die Transgression von Gegenwart im allegorischen Verfahren«, 82. Zu Baudelaires poetologischer Denkfigur des *poète hystérique* vgl. dies.: *Ästhetisches Interesse und nervöse Krankheit*, 8–23, sowie, mit ausführlichen Verweisen auf Baudelaires medizinisches Hintergrundwissen, Née: »Baudelaire et l'hystérie en son temps«.

16 Meine Ausführungen sind zwei Aufsätzen verpflichtet, die den zentralen Stellenwert der Elektrizität bzw. ihres naturphilosophischen Imaginären für Baudelaires Poetik herausarbeiten. Während *À une passante* dort indes nur ein Beispiel unter vielen ist, versuche ich, das Augenmerk primär auf dieses eine Gedicht zu legen und dessen poetologischer Eigenwilligkeit Rechnung zu tragen. Vgl. Bérat-Esquier: »La beauté convulsive« und von Koppenfels: »Baudelaires Batterien«.

17 Zu Baudelaires Spiritualität als »*lieu d'écriture*« vgl. den Essay von Masson: »Sur la ›spiritualité‹ baudelairienne«, hier 79.

18 Sarasin: *Reizbare Maschinen*, 20.

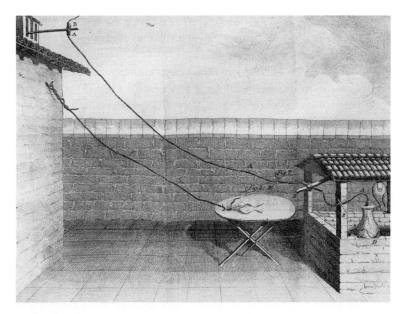

Abb. 1: Galvani: *Abhandlung über die Kräfte der thierischen Elektrizität auf die Bewegung der Muskeln* (1791, dt. 1793), Bildtafel II. Bayerische Staatsbibliothek, Res/Anat. 173 m, urn:nbn:de:bvb:12-bsb00006413-7.

(Abb. 1), zum Zucken zu bringen, sodass sie vorübergehend zu neuem Leben zu erwachen scheinen. Galvani zufolge liefern seine Experimente den Nachweis einer spezifisch tierischen Elektrizität, die jedwedem lebenden Organismus innewohne.[19] Genauso vitalisierend wirkt auf das Ich aus Baudelaires Sonett der Blick der Unbekannten, bevor es, wie die Ausrufesätze und der abgehackte Stil im Schlussterzett vorführen, unter Konvulsionen erneut in die ihm eigene »nuit« (V. 9) zurücksinkt.[20] Die Volte zwischen den narrativ-deskriptiv ausgerichteten Quartetten

19 Zum wissenshistorischen Zusammenhang, insbesondere zur Kontroverse zwischen Galvani und Alessandro Volta, vgl. Pera: *The Ambiguous Frog.* Zur Rekonzeptualisierung der ›tierischen Elektrizität‹ bei Du Bois-Reymond vgl. Rothschuh: »Von der Idee bis zum Nachweis der tierischen Elektrizität«, 38 f.

20 Susan Bloods auf den ersten Blick etwas weit hergeholter Vorschlag, den Stil aus dem Schlussterzett in Analogie zum Morse-Code zu fassen (vgl. Blood: »The Sonnet as Snapshot«, 258 f.) erscheint um einiges plausibler, wenn man sich vor Augen führt, dass das Medium der Telegraphie im physiologischen Denken des 19. Jahrhunderts in Analogie zu Nervenströmen gedacht wurde. Vgl. Sarasin: *Reizbare Maschinen,* 344–353, sowie, weiter unten, meine Lektüre von C. F. Meyers Gedicht *Hohe Station.*

(»Une femme passa«, V. 3) und deren Auslegung in den beiden Terzetten (»Ô toi«, V. 14) wäre dementsprechend hintersinnig als eine *voltaische* zu lesen.

À une passante als Versuchsanordnung, als »expérience physiologique«, wie es im Prosagedicht *Une mort héroïque* heißt?[21] Bekräftigt wird eine solche Hypothese durch den Kontext der »Tableaux parisiens«, in den das Sonett eingebettet ist. Das Folgegedicht, *Le squelette laboureur*, hebt an mit dem Halbvers »Dans les planches d'anatomie« (»Auf Stichen, die Sezierkunst lehren«), verbleibt also im Bereich des wissenschaftlichen Umgangs mit lebendig-toten Körpern, genauer: im Bereich der *Darstellung* solcher Praktiken. Wie die anatomischen Zeichner an der Grenze zwischen Kunst und Wissenschaft agieren – »Dessins auxquels la gravité / Et le savoir d'un vieil artiste, / [...] / Ont communiqué la Beauté« (»Gravüren, denen die beflissene Müh / Des Zeichners und sein Kunstvermögen / [...] / Der Schönheit Anmutung verlieh«) –,[22] so auch Baudelaires Gedichtpraxis.

Im Gegensatz zu *Le squelette laboureur*, im Gegensatz aber auch zum Vorgehen Galvanis, ist *À une passante* indes nicht als Experiment an *fremden* Körpern, sondern als Selbstversuch des Ich angelegt. Dementsprechend nimmt das Oxymoron »le plaisir qui tue« (V. 8), mit dem das zweite Quartett aufhört, nicht allein den auf Ovid zurückgehenden und insbesondere von Petrarca wirkmächtig weitergesponnenen, also *innerliterarischen* Topos von der Liebe als *dulce malum* wieder auf. Buchstäblich gelesen, bezeichnet es vielmehr auch die Doppelrolle des Ich innerhalb des Experiments, zerrissen zwischen der Lust der wissenschaftlichen Beobachtungsinstanz und den tödlichen Auswirkungen, denen es als Versuchsobjekt ausgesetzt ist. Eine solche Konstellation erinnert stark an die aus einem anderen Gedicht der *Fleurs du Mal*, das mit *L'héautontimorouménos* überschrieben ist: »Je suis la plaie et le couteau!« (»Ich bin die Wunde und des Messers Stich!«)[23] Selbstredend bezieht sich der Titel dieses Gedichts primär auf das gleichnamige Theaterstück von Terenz. Ich möchte aber mehr als einen Zufall darin sehen, dass Goethe den Sinnesphysiologen Jan Purkyně, dessen bahn-

21 Baudelaire: *Une mort héroïque*. In: ders.: *Le Spleen de Paris*. In: ders.: *Œuvres complètes*, Bd. 1, 319–323, hier 320 / *Der Spleen von Paris*, 353: »physiologisches Experiment«. Zu diesem Prosagedicht vgl. die wichtigen Überlegungen von Niklas Bender, die ebenfalls physiologische und ästhetische Fragen engführen (Bender: »Die Objektivität der modernen Lyrik«, v. a. 76–82).
22 Baudelaire: *Le squelette laboureur*, V. 5–8. In: ders.: *Les Fleurs du Mal*, 93 / *Die Blumen des Bösen*, 269.
23 Baudelaire: *L'héautontimorouménos*, V. 21. In: ebd., 79/225.

Abb. 2: Elektrischer Kuss.
Kupferstich von Joseph
Gerstner (um 1800).
Deutsches Museum,
München, Archiv, BN09340.

brechende Forschungen zu subjektiven Licht- und Farberscheinungen
seine eigene *Farbenlehre* eigentlich in vielerlei Hinsicht fortführten, einmal als »heautontimorumenische[n]«[24] Geist bezeichnet und von dessen
Experimentalpraxis – Purkyně selbst nannte sie ›Heautognosie‹, also
Selbsterkenntnis – behauptet, sie laufe »auf Selbstqual und Selbstver-
nichtung hinaus[]«.[25] Wie der Wissenschaftshistoriker Michael Hagner
erörtert, moniert Goethe damit nicht allein, dass die ›physiologische
Psychologie‹[26] seines eigenwilligen Schülers auf einer experimentellen
Selbstbeobachtungspraxis beruht, die »durch ein ausgeklügeltes Trai-
ning [...] der Unordnung der subjektiven Wahrnehmungen nach und

---

24 Gestrichener Passus aus einem Brief an den Grafen Sternberg vom 12.1.1823
   (Goethe: *Briefe, Tagebücher und Gespräche*, Bd. 10, 1099).
25 Brief an Hegel vom 17.8.1827 (ebd., 507f.).
26 Vgl. Jan Purkyně: »Vorlesung zur Physiologischen Psychologie«, zit. nach:
   Hagner: »Psychophysiologie und Selbsterfahrung«, 256.

nach Regelmäßigkeit und Gestalt«[27] zu verleihen vermag, sondern auch, dass sie gefährliche Restbestände romantischer Experimental-Metaphysik mit sich schleppt.[28] So hatte insbesondere der Physiker Johann Wilhelm Ritter, Weggefährte von Novalis und Schelling, den eigenen Augapfel, aber auch Zunge, Nase usf. in zahlreichen Selbstversuchen unter Strom gesetzt, um den Galvanismus als das in der ganzen Natur wirksame, letztgültige Prinzip auszuweisen – und dabei das Augenlicht verloren.[29]

Das ist der durchaus spekulationsfreundliche wissensgeschichtliche Horizont, in den sich die Selbstquälereien des Ich aus *À une passante* einschreiben,[30] womöglich vermittelt über die bereits im 18. Jahrhundert beliebte (Salon-)Attraktion der *venus electrificata* (Abb. 2)[31] oder über E. T. A. Hoffmanns *homines electrificati*,[32] eines Autors also, dessen Bedeutung für Baudelaire kaum überschätzt werden kann. Ganz in dem Sinn spricht ein Notat der zu Baudelaires Lebzeiten unpubliziert gebliebenen *Fusées* denn auch – im Rückgriff auf ein meteorologisches Bildfeld, das sich so auch in *À une passante* findet – von »[j]ouissances *spirituelles et physiques* causées par l'orage, l'électricité et la foudre«, also von »*geistigen und körperlichen* Genüssen, verursacht durch Gewitter, Elektrizität und Blitzeinschlag«.[33]

Die Anleihen, die Baudelaires Sonett bei der naturwissenschaftlichen und -philosophischen Experimentalpraxis macht, sind ihrerseits wiederum Teil einer umfassenderen *poetologischen* Versuchsanordnung. Durchblicken lässt dies bereits der emphatische Gebrauch des Verbs *tenter* (»versuchen« bzw. »wagen«) in dem Brief, in dem Baudelaire dem Herausgeber der *Revue française* gegenüber den Ansatz umreißt, der den ersten Gedichten der »Tableaux parisiens« zugrunde liege: »c'est le

27 Hagner: »Psychophysiologie und Selbsterfahrung«, 252.
28 Vgl. auch den auf Anfang November 1827 datierten Entwurf eines Briefes an Varnhagen von Ense (Goethe: *Briefe, Tagebücher und Gespräche*, Bd. 10, 560).
29 Zu J. W. Ritters Experimentalphysik vgl. insb. Gamper: *Elektropoetologie*, 152–199.
30 Ähnlich leitet auch von Koppenfels Baudelaires elektrisches Imaginäres aus dem der frühromantischen Naturphilosophie her. Vgl. von Koppenfels: »Baudelaires Batterien«, 307–309.
31 Zu diesem Phänomen vgl. Gaderer: »Liebe im Zeitalter der Elektrizität«, 44f. Zu dessen Fortwirken im zweiten Drittel des 19. Jahrhunderts vgl. die Beschreibung des »baiser électrique« bei Pelletier: *Amusemens et récréations de société*, 40.
32 Zum Elektrizitätsdiskurs bei E. T. A. Hoffmann vgl. insb. Gaderer: *Poetik der Technik.*
33 Baudelaire: *Fusées*. In: ders.: *Œuvres complètes*, Bd. 1, 649–666, hier 657 (Hervorhebung und Übersetzung G. F.).

premier numéro d'une nouvelle série *que je veux tenter* (»Es handelt sich um den Auftakt zu einer neuen Reihe, *an der ich mich versuchen will*«).[34] Welche literarästhetische Neuerung bei diesem Versuch auf dem Spiel steht – die Erweiterung des herkömmlichen Poesieverständnisses auf als ›prosaisch‹ verschriene Bereiche des modernen Lebens –, unterstreicht Baudelaire unmittelbar im Anschluss, wenn er gleichsam aus der Perspektive seiner klassizistischen Kritiker hinzufügt: »et je crains bien d'avoir simplement réussi à dépasser les limites assignées à la Poésie.« (»Und ich fürchte stark, dass es mir schlicht gelungen sein könnte, die der Poesie zugewiesenen Grenzen zu überschreiten.«)[35]

Die Voraussetzungen der »bestimmte[n] provozierte[n] Erfahrung«[36] – laut Michael Gamper das grundlegende Spezifikum eines Experiments –, die im Gedicht ihren Gang nehmen wird, legt sinnigerweise der erste Vers des Sonetts dar: »La rue assourdissante autour de moi hurlait.« Durch das Vorziehen der Präpositionalgruppe »autour de moi« – ein syntaktischer Kunstgriff, der per se einen Poetizitätseffekt generiert[37] und dementprechend von vornherein den Anspruch unterstreicht, »les limites assignées à la Poésie« auf das moderne Großstadtgeschehen hin zu überschreiten – wird das Ich ebenso typografisch wie lautlich (»*rue*«/»*hur*lait«) ins lärmige Straßengeschehen hineinversetzt und zugleich davon abgehoben.[38] Dies gilt gerade auch in sensorischer Hinsicht, sofern man die Betäubung des Ich (»La rue *assourdissante*«) denn beim Wort nimmt und als Anästhesierung des Gehörsinns fasst, die es umso empfänglicher macht für die visuellen Reize der Vorübergehenden, auf denen der Fokus in den Versen danach liegt.[39]

34 Brief an Jean Morel von Ende Mai 1859 (Baudelaire: *Correspondance I. 1832–1860*, 583; Hervorhebung und Übersetzung G.F.).
35 Ebd.
36 Gamper: »Experiment«, 253. Dass die Begegnung mit der Passantin zufällig erfolgt, widerlegt nicht den Experimentalcharakter des gesamten Hergangs. Wie insbesondere Christoph Asendorf gezeigt hat, *fordert* die spezifische Disposition des Flaneurs in der Menge den Zufall vielmehr *heraus*, ist auf ihn hin gespannt. Vgl. Asendorf: *Batterien der Lebenskraft*, 44. Zur *Provokation* schockartiger Energieschübe durch »die Versenkung in die Zustände des *ennui* und des *spleen*« vgl. auch von Koppenfels: »Baudelaires Batterien«, 314.
37 Zu Baudelaires Vorliebe für derartige syntaktische Inversionen vgl. Sandras: »La prose du poème«, 60.
38 Zu einem ähnlichen Schluss kommt, von anderen Textphänomenen ausgehend, auch Westerwelle: »Die Transgression von Gegenwart im allegorischen Verfahren«, 63–65.
39 In *À une passante* ist die Funktion der Menge demnach eine grundsätzlich andere als im Essay *Le Peintre de la vie moderne*, der in der Baudelaire-Forschung gerne undifferenziert als Parallelstelle herangezogen wird: »So

Auffällig an diesen ist, dass die Vorübergehende darin als Handlungssubjekt nur eine untergeordnete Rolle spielt. Unter der Fülle an Details, die das Ich präzise festhält, geht sie gleichsam unter: Der Hauptsatz »Une femme passa« (V. 3) ist von adverbialen Bestimmungen genauso umstellt wie das Ich vom Straßenlärm.

Sicherlich kann man in dieser Aufzählung und in dem durch sie bewirkten Zeitlupeneffekt eine rhythmische Entsprechung zur Feierlichkeit erkennen, die das Einherschreiten der Passantin bereits von der Semantik her (»majestueuse«, »fastueuse«, »noble«) nahelegt. Der Fußgängerin wird so die Würde einer jener »Statuen der Antike« verliehen, »die auf wundersame Weise beseelt leben, gehen, sehen«, von denen im bereits zitierten Prosagedicht *Une mort héroïque* die Rede ist (»les meilleures statues de l'antiquité, miraculeusement animées, vivantes, marchantes, voyantes«).[40] Im Sinn der hier vorgeschlagenen Lesart zeichnet sich in den vom Ich protokollierten Eindrücken aber auch eine wesentlich ambivalentere Tendenz ab, mit der sich in vergleichbarer Weise die Vertreter der physiologischen Reiztheorie auseinanderzusetzen hatten. Die Irritabilitätslehre trieb nämlich die

radikale Betonung der Individualität so weit [...], dass ein autonomes Subjekt als gleichsam vor allen Eindrücken und Einflüssen präexistierendes, einheitliches Zentrum seiner Selbst nur noch als Grenzbegriff adressierbar war [...] Dieser Körper war ganz und gar ein ›eigener‹ – aber er war ›enthauptet‹, und seine Organe oder gar ›Maschinen‹ drohten ein Eigenleben zu führen.[41]

Dem entspricht in Baudelaires Sonett, dass sich die deskriptiven Details nicht in das formale Korsett des ersten Quartetts bannen lassen, sondern in einer Art autonomem Wuchern über dieses hinaus drängen. Wohl nicht von ungefähr erscheint auch Baudelaires Passantin als eine ›enthauptete‹ – Gesichtspartien werden zunächst gar keine beschrieben, und noch ihr Blicken ist reduziert auf das pure Sehorgan (»son

vereinigt der Liebhaber des All-Lebens sich mit der Menge, als träte er mit einem ungeheuren Vorrat an Elektrizität in Verbindung.« (Baudelaire: *Sämtliche Werke/Briefe*, Bd. 5, 222f. / *Œuvres complètes*, Bd. 2, 692) Im Gedicht fungiert nicht die Menge als Elektrizitätsreservoir, sondern die Frau, die sich von dieser abhebt; die Menge bzw. der ohrenbetäubende Lärm der Straße stellt lediglich die Bedingungen für den Ablauf des Experiments her.

40 Baudelaire: *Une mort héroïque*, 321 / *Der Spleen von Paris*, 355. Zu einer solchen Lesart vgl. etwa Leroy: *Le mythe de la passante. De Baudelaire à Mandiargues*, 13.

41 Sarasin: *Reizbare Maschinen*, 86.

œil«, V. 7), dem nicht erst durch die nachgeordnete Orkanmetapher, sondern bereits dadurch, dass es in der Einzahl steht, ein bedrohlich-faszinierendes Eigenleben zugesprochen wird.[42] Erscheint der Subjektstatus der Passantin mithin gefährdet, so gilt dies ungleich stärker noch für das Ich. Nur als von außen gereiztes erwacht es zu neuem Leben: »Dont le regard m'a fait soudainement renaître« (V. 10). Auch seine bangen Fragen, ob es das weibliche Du in der »éternité« (V. 11) oder vielleicht gar nie mehr (»*jamais* peut-être«, V. 12) wiedersehen wird, bekommen angesichts meiner Hypothese, es unterwerfe sich im Gedicht einer Art Selbstexperiment, eine zusätzliche Bedeutung: Wie die der Physiologie zugrunde liegende Irritabilitäts-lehre *nolens volens* einen »*Under-cover*-Materialismus«[43] impliziert, der die Rede von einer unsterblichen Seele eigentlich erübrigt, erschrickt das Ich in den Terzetten vor der Möglichkeit – und berauscht sich zugleich daran –, dass sich das Unendlichkeitsversprechen als Trug herausstellen könnte. Das Gedicht wäre demnach auch in dem Sinn ein experimentelles, als sich das Ich darin einer Erfahrung mit denkbar ungewissem Ausgang ausgesetzt sieht: nicht nur ein Versuch, sondern auch eine Versuchung, eine *tentation*.

1.2 »›*Symptomatische*‹ *Behandlung« eines lyrischen Topos*

Ein Pendant zu dieser Verabschiedung des Unsterblichkeitsgedankens lässt sich bei Storm erkennen. Der Materialismus operiert in dessen Lyrik tatsächlich zumeist *under cover*. Nur in Ausnahmefällen tritt er offen zutage, wie etwa in diesen auf 1848 datierten, zu Lebzeiten jedoch bezeichnenderweise unter Verschluss gehaltenen Gedichtzeilen:

[…] was wir Leib und Seele nennen,
So fest in eins gestaltet kaum,
Es löst sich auf in Tausendteilchen
Und wimmelt durch den Raum.[44]

Dergleichen ist im Gedicht *Begegnung* scheinbar nicht zu finden. Hellhörig macht indes die Aussparung der Präposition ›an‹ im Schluss-

---

42 Zur näheren Bestimmung der Qualität dieses Blicks unter dem Gesichtspunkt der Melancholie, vgl. Starobinski: »Le regard des statues«, v.a. 488–496.
43 Sarasin: *Reizbare Maschinen*, 64.
44 Storm: *Wie wenn das Leben wär nichts Andres*, V. 5–8. In: ders.: *Sämtliche Werke*, Bd. 1, 253.

vers:»und gingen uns vorüber« (V. 4). Diese Ellipse ist mehr als ein bloßer Kunstgriff, der es erlaubt, das Metrum – einen fünfhebigen Jambus mit abwechselnd männlicher und weiblicher Kadenz – bis zuletzt einzuhalten: Liest man das Pronomen »uns« als *dativus ethicus*, verlagert sich der Aussagegehalt vom banalen, rein räumlichen Aneinander-Vorbeigehen zu einem semantisch überdeterminierten zeitlichen Füreinander-Vergehen. Was Benjamin von Baudelaires *À une passante* gesagt hat – dargestellt werde »eine Liebe nicht sowohl auf den ersten als auf den letzten Blick«[45] –, trifft *mutatis mutandis* demnach auch auf Storms Vierzeiler zu.

Genau genommen, besagte dies bereits der erste Vers:»Das süße Lächeln *starb* dir im Gesicht«. In der Tat erweist sich das Bild, mit dem das Gedicht anhebt – wohl nicht von ungefähr einen ähnlichen Dativgebrauch nach sich ziehend wie der Schlussvers –, im Rückblick nicht länger als konventionelle Metapher an der Grenze zum Klischee, als buchstäblich tote Metapher, sondern deutet auf den realen Tod voraus. In der flüchtigen Begegnung wird das Gesicht des unerreichbar bleibenden geliebten Du zur *facies hippocratica*.

Überspielt wird diese Gewissheit des Unwiederbringlichen freilich durch die Regelmäßigkeit des Metrums, sodass man über die eigentliche Abgründigkeit des Gedichts zunächst hinwegliest. Einen ähnlich trügerisch ›poetischen‹ Effekt generiert das Reimschema: Indem sich im Vierzeiler ein männlicher und ein weiblicher Reim *kreuzen*, wird die auf der Geschehensebene bloß punktuelle Begegnung des männlichen Ich und des weiblichen Du formal auf Dauer gestellt. Derartige Spannungen sind kennzeichnend für Storms Gedicht. Zwischen dem prosaischen *factum brutum* des Nie-mehr-Wiedersehens bzw. des Todes und dessen poetisierender Überformung entscheidet sich *Begegnung* zwar in aller Regel für Zweiteres, vermag die prosaischen Zwischentöne dabei jedoch nie vollends zum Verstummen zu bringen. Während sich die Todesgedichte des mittleren und späten Storm auch formal der Prosa annähern (am ausgeprägtesten sicherlich *Geh nicht hinein* aus dem Jahr 1879),[46] versucht das vorliegende – diese, wie man mit einer poetologi-

---

45 Benjamin: *Über einige Motive bei Baudelaire.* In: ders.: *Gesammelte Schriften,* Bd. I.2, 605–653, hier 623.

46 Vgl. Storm: *Sämtliche Werke,* Bd. 1, 93 f. Zu *Geh nicht hinein* vgl., immer noch lesenswert, Martini:»Ein Gedicht Theodor Storms«. Zum ambigen Status des Todes in Storms Lyrik vgl., allerdings ohne Bezug auf *Begegnung,* Wünsch: »Leben im Zeichen des Todes«. Zu den Prosa-Tendenzen in Storms Lyrik vgl. (ebenfalls ohne Bezug auf *Begegnung*) Scherer:»Anti-Romantik (Tieck, Storm, Liliencron)«, 210–216.

schen Wendung des Titels sagen könnte, frühe *Begegnung* von Poesie und Prosa – ungleich stärker, die konventionelle poetische Fassung zu bewahren.

Damit entspricht die Art und Weise, wie sich die Stimme des Ich im Gedicht artikuliert, genau dessen Verhalten auf der Handlungsebene: Um Fassung ringt ja auch dieses. So führt insbesondere der dritte Vers vor, dass die Unterdrückung der (wieder?) aufflammenden Leidenschaft dem männlichen Ich nicht auf Anhieb gelingt. Im Grunde meinen der erste Halbvers (»Doch schwiegen sie«) und der zweite (»auch grüßten wir uns nicht«) nämlich das Gleiche: Zweimal also muss das Ich ansetzen, damit die Überwindung glückt – und spart dabei jeweils sich selbst als Handlungssubjekt aus. Das erste Mal schweigen seine »Lippen«, das zweite Mal ist bereits von einem einvernehmlichen Schweigen des ›Wir‹ die Rede, von einem Kollektivsubjekt, das ein *gemeinsames*, im Wortsinn zu verstehendes *Ent-Sagungs*-Schicksal teilt: »auch grüßten wir uns nicht, / Wir sahn uns an und gingen uns vorüber«. Wie genau das Ich sich dabei selbst zu fassen kriegt, bleibt – für den deutschsprachigen Realismus durchaus epochentypisch – ungesagt.[47] Stummes Zeugnis von seinem Ringen legt allein der Gedankenstrich zwischen den beiden Halbversen ab. Zugleich überspielt das Satzzeichen die im Hiatus »ie/ au« lauernde Dissonanz – und vermag sie doch nicht restlos zu tilgen: »Doch schwiegen sie – auch grüßten wir uns nicht«.[48]

Die volle Tragweite dieses denkbar diskreten Wechsels der Töne erschließt sich vor dem Hintergrund des zeitgenössischen populärwissenschaftlichen Hygienediskurses, in dem sich neue physiologische und ältere humoralpathologische Vorstellungen zur Sexualität auf vielfache Weise überlagern. Wie Philipp Sarasin gezeigt hat, begannen die Hygieniker ungefähr ab 1840 – just in der Zeit also, als Storms Gedicht entstand – »zunehmend die Gefahr des Reizes, das notwendige Gleichgewicht und die Mitte der Gesundheit zu betonen«.[49] Ganz in dem Sinn markiert der Fiebervergleich aus dem zweiten Vers (»Und meine Lippen zuckten wie im Fieber«) die unwillkürliche Reaktion des Ich als etwas Pathologisches: Die Begegnung mit der unerreichbaren Geliebten ist

---

47 Zur schweigsamen, heroisch-stoischen Selbstbeherrschung als unhinterfragtem ›männlichem‹ Wert in der damaligen Literaturproduktion vgl. Titzmann: »Die Konzeption der ›Germanen‹ in der deutschen Literatur des 19. Jahrhunderts«, 138–142.

48 Den besonderen Stellenwert, der dem Gedankenstrich bei Storm zukommt, hat als Erster (wenngleich mit Bezug allein auf die Novellistik) Theodor W. Adorno betont. Vgl. Adorno: »Satzzeichen«, 108 f.

49 Sarasin: *Reizbare Maschinen*, 226.

nicht einfach nur schmerzhaft, sondern erregt das Ich offensichtlich aufs Höchste und bedroht zugleich seine Integrität. Im physiologischen und zugleich pathologisch besetzten ›Zucken‹ der Lippen zeichnet sich damit – wiederum denkbar diskret – das Schreckgespenst Sexualität ab, dieser vermeintlich prosaische, weil allzu körperliche und krude Aspekt eines Liebesverhältnisses. Auch dies ist typisch für den Hygienediskurs des langen 19. Jahrhunderts, wurde, so Sarasin, der als »Bedrohung des Subjekts« aufgefasste »Exzess« damals doch »konsequent nach dem Muster der sexuellen Überschreitung« gedacht:

> nicht mehr gemäß der Logik des christlichen Verbots der Unkeusch-
> heit und noch nicht psychoanalytisch als innerer Konflikt verstan-
> den: Mäßigkeit und Unmäßigkeit, Kontrolle und Exzess waren
> [...] Kategorien einer Technologie des Selbst, die ihre Normen vom
> Körper her definierte.[50]

Im Fall von Storms Vierzeiler: in Gestalt einer Fieberkrise, deren Ausbruch es zu verhindern gilt, der es Herr zu werden gilt.

Der Fiebervergleich bringt aber noch einen weiteren Aspekt von Storms Gedicht auf den Punkt: Da die näheren Umstände der Begegnung völlig ausgespart bleiben – handelt es sich um die Begegnung zweier Liebender, deren Verbindung durch soziale Umstände verunmöglicht wird, um eine unerwiderte Liebe des Ich oder gar um die zufällige Begegnung zweier Unbekannter wie bei Baudelaire? –, avanciert potenziell jedes Detail zum *Symptom*. Durch seine vielen Leerstellen implementiert der Text seine Leser*innen also nachgerade als Hermeneutiker*innen und Analytiker*innen. Ganz im Sinn der komplexen Geständniskultur, die den Sex in der westlichen Moderne gerade deswegen umgibt, *weil* er als gefährlich gebrandmarkt wird, wächst den Leser*innen von Storms Gedicht die Aufgabe zu, das Geheimnis, das seinem rätselhaften Bekenntnischarakter vermeintlich eingeschrieben ist, zum Sprechen zu bringen bzw. »die Wahrheit«, wie Foucault schreibt, »dieser dunklen Wahrheit zu sagen: die Enthüllung des Geständnisses muss durch die Entzifferung seines Gehalts verdoppelt werden.«[51] Bei einem schon von seinem Überlieferungsstatus her derart privaten Gedicht wie *Begegnung* – zu Storms Lebzeiten unveröffentlicht geblieben, hat sein Verfasser es gleichwohl die ganze Zeit über aufbewahrt – bietet sich dafür sicherlich in erster Linie eine biogra-

---

50 Ebd., 452.
51 Foucault: *Der Wille zum Wissen*, 86 (abgeänderte Übersetzung).

fische Folie an. Dementsprechend ist im DKV-Herausgeberkommentar zu lesen, viele Gedichte aus jener Zeit seien von Storms »Jugendliebe zu Bertha von Buchan geprägt«,[52] während der Stellenkommentar zu *Begegnung* gar mit einer ganzen Reihe Storm'scher Tagebuchaufzeichnungen aufwartet, die zum Teil bis in den Wortlaut hinein an das Gedicht anklingen.[53] Unerwähnt bleibt in dieser biografistischen Reduktion freilich, dass der vermeintliche *petit fait vrai* seinerseits immer schon literarisch überformt ist: im spezifischen Fall von *Begegnung* durch *Vita Nova*, war Bertha von Buchan bei der ersten Begegnung mit Storm doch genau wie Dantes Beatrice noch ein Kind.[54]

Mir kommt es denn auch weniger auf die Aufschlüsselung der vermeintlichen Symptome an (ein solcher Zugriff schreibt die Funktionslogik des Gedichts letzten Endes fort, anstatt sie zu analysieren) als auf Storms symptomale Schreibweise an sich. Zumindest in späteren Jahren hatte Storm selbst davon durchaus ein Bewusstsein. So grenzt er sich in einem Brief vom 15.11.1882 an den Dichterkollegen Paul Heyse von der psychologisierenden Novelle und deren »Motiviren vor den Augen des Lesers« ab, um eine Lanze für seine eigene, auf Aussparungen setzende Darstellungsweise zu brechen, die er als »›symptomatische[]‹ Behandlung« verstanden wissen will.[55] Aufschlussreich daran ist nicht nur, dass Storm an dieser Stelle selber mit dem medizinischen Begriff operiert, den ich für die Lektüre von *Begegnung* fruchtbar zu machen versucht habe, sondern dass er durch den Gebrauch von Anführungszeichen zugleich Distanz signalisiert. In der Tat erblickt Storm in dem Darstellungsverfahren nicht etwa ein Indiz für eine untergründige Prosaisierung seines Schreibens; vielmehr erhebt er es – ganz im Gegenteil – zum »einzigen wahren *poetischen* Jacob«.[56] Als Kommentator seines eigenen Werks sieht Storm also nur die Seite, die von den Diskursregelungen des Programmrealismus her ›zulässig‹ ist. Meine Lektüre dagegen – im Kapitel zu *Immensee* werde ich ausführlich auf die durchaus ambivalenten Implikationen von Storms Aussparungsstil zurückkommen – versteht sich als Plädoyer dafür, beide Dimensionen zusammen zu denken, sprich: die Interferenzen zwischen den Stimmen der Poesie und der Prosa herauszuarbeiten.

52 So Dieter Lohmeiers einführender Kommentar zur betreffenden Abteilung der nachgelassenen Gedichte in: Storm: *Sämtliche Werke*, Bd. 1, 919.
53 Vgl. ebd., 943 f.
54 Zur Kindheitsliebe als poetologischer Denkfigur bei Storm, vgl. grundsätzlich, v.a. als Auseinandersetzung mit der Romantik, Detering: *Kindheitsspuren*.
55 Storm/Heyse: *Briefwechsel*, Bd. 3, 37.
56 Ebd. (Hervorhebung G.F.)

1.3 Opusfantasie poème en prose *und* deuil du vers

Im Vergleich zu Storms Vierzeiler ist in Baudelaires Sonett nicht Mäßigung, sondern Verausgabung Programm. Die Spasmen des Ich (»crispé comme un extravagant«, V. 6) sprechen hier für sich, und von der erotischen Aufladung des Auges weiß man nicht erst seit Georges Batailles *Histoire de l'œil*. Auch kehrt Baudelaires Sonett die für den Hygienediskurs der Moderne typische geschlechtliche Codierung der Körper kurzerhand um: Nicht die Frau erscheint als höchst sensitives Wesen, das seine Nerven nicht im Griff hat, sondern das männliche Ich. Umgekehrt erscheint die unbekannte Passantin als Inbild idealer Männlichkeit, als Verkörperung »jener männlichen Selbstregierung, die für die Hygieniker des 19. Jahrhunderts« – aber auch, wie hinzuzufügen wäre, für ein Gedicht à la *Begegnung* – »die einzige Möglichkeit darstellte, als körperliches Subjekt ›autonom‹ zu sein«.[57] Indem Baudelaires Vorübergehende ihre Trauer beherrscht, erweist sich diese in den Augen des Ich als erhabene: »douleur majestueuse« (V. 2).

Zugleich ist aufgrund der Ich-Perspektive des Gedichts klar, dass es sich beim Orkan, von dem es am Ende des zweiten Quartetts heißt, er sei keimhaft im Auge der Passantin enthalten (»Dans son œil, ciel livide où germe l'ouragan«), und der sich zu Beginn des ersten Terzetts in Gestalt eines Blitzes im Ich entlädt (»Un éclair ...«), eigentlich um eine Männer*fantasie* handelt. So entpuppt sich die vordergründige Unterwürfigkeit des Ich als eine an die Libertinage des 18. Jahrhunderts anschließende Spielart von »auto*sadisme*«.[58] Mir kommt es indes weniger auf eine derartige ideengeschichtliche Herleitung des erotischen Settings von *À une passante* an als darauf, wie es sich zum Diskurs der damaligen Hygieniker verhält. Wie Philipp Sarasin betont, wird der Sex diesen nämlich gerade »dort unheimlich, wo er sich nicht auf der Ebene des Körpers, sondern der Vorstellung abspielt, die die Organe ›reizt‹«.[59] Genau dort setzt Baudelaires Gedicht an und irritiert sein bürgerliches Lesepublikum, indem es eine zufällige Begegnung zwischen Mann und Frau auf offener Straße, einen bloßen Augenkontakt als Sexualakt imaginiert, als ebenso anonyme wie elektrisierende *passade*. Diskreter zwar als in einem Notat aus den *Fusées*, das ebenfalls auf das Wortfeld der Elektrizität zurückgreift: Von Gliedmaßen ist dort die Rede, deren

---

57 Sarasin: *Reizbare Maschinen*, 28.
58 Ich entlehne den Begriff der klassischen Untersuchung von Blin: *Le Sadisme de Baudelaire*, 37 (Hervorhebung G. F.).
59 Vgl. Sarasin: *Reizbare Maschinen*, 415.

Muskeln im Liebeskampf »hervortreten und sich verkrampfen *wie unter der Einwirkung einer galvanischen Batterie*« (»ces membres dont les muscles jaillissent et se roidissent *comme sous l'action d'une pile galvanique*«).[60] Aber immer noch in einer Drastik, die im Rahmen des deutschsprachigen Realismus unvorstellbar wäre: Das Schlusskapitel der vorliegenden Arbeit wird zeigen, dass derartige Irritationseffekte noch in den Zoten, zu denen sich die alten Männer aus Fontanes späten Berlin-Romanen so gerne hinreißen lassen – in ihren Assoziationen etwa zwischen modernem Abwassersystem, Prostitution und Erotik –, stets im Modus augenzwinkernden Humors abgeschwächt werden. Baudelaires Gedicht erschöpft sich aber nicht im *épater-le-bourgeois*-Gestus. Die auf Provokation angelegte Männerfantasie führt vielmehr zugleich ins poetologische Zentrum des Textes, endet die Beschreibung der Passantin (»Une femme passa«) doch mit deren imaginärer Verwandlung in ein Kunstwerk: »Agile et noble, avec sa jambe de *statue*.« Zweifelsohne ist diese Metamorphose lesbar als dichterische Umsetzung der ästhetischen Theorie, die Baudelaire zum gleichen Zeitpunkt im Essay *Le Peintre de la vie moderne* (1863) entwirft. In den Worten Karlheinz Stierles: »Im arretierenden Blick wird die Flüchtige zur antiken Statue, das Momentbild selbst ist in der Erinnerung und in der Sprache, die die Erinnerung festhält, zu statuarischer Dauer verwandelt, die Moderne zur Antike geworden.«[61]

Das Gedicht setzt Baudelaires Theorie der Moderne jedoch nicht einfach nur passgenau um. Es besitzt auch eine poetologische Eigenlogik, aus der heraus es eine Art Opusfantasie des *poème en prose* entwirft. Eine entscheidende Funktion kommt dabei den Keimen des Orkans zu, die das Ich im Auge der Passantin erblickt. Indem es in diesem wie aus einer Art kastalischem Quell trinkt (»Moi, je buvais […] / Dans son œil«), stilisiert es die Passantin zu einer modernen Muse[62] und macht die Keime des Orkans als Nukleus des Gedichts selber entzifferbar, als Andeutung des entfesselten Pneumas, das den Text *von Beginn an* durchweht. In der Tat ist der ohrenbetäubende Straßenlärm aus Vers 1 ohne Weiteres als das Toben eines Orkans begreifbar, zumal der »ouragan« auch auf lautlicher Ebene in den Eingangsvers hineinweht: »La rue assou*rdissante* aut*our* de moi h*ur*lait.« Ein Seitenblick auf ein früheres Gedicht der »Tableaux parisiens« – das nicht minder berühmte *Le*

---

60 Baudelaire: *Fusées*, 651 (Hervorhebung und Übersetzung G. F.).
61 Stierle: *Der Mythos von Paris*, 805.
62 Zur Passantin als Muse vgl. auch, mit etwas anderem Akzent als die vorliegende Lektüre, Thorel-Cailleteau: »La Muse des derniers jours«, 98 f.

Cygne – bekräftigt diese Hypothese. Was sich in *À une passante* primär über die Lautstruktur realisiert, schlägt sich dort ungleich expliziter in der Semantik nieder:»la voirie / Pousse un sombre ouragan dans l'air silencieux«(»da [...] die Reinigung der Wege / Die stille Luft mit einem düsteren Sturm durchhallt«).[63] Wegen dieses Querverweises muss das Orkan-Bild im Auftaktvers von *À une passante* also gar nicht eigens artikuliert zu werden, um dennoch in ihm mitzuschwingen.

Selbstreflexiv ist am Orkan aus *À une passante* zudem, dass sich eines der beiden textilen Details, die dem Ich bei der Begegnung ins Auge springen – als Webstücke sind sie per se poetologisch konnotiert –, wie eine Variation auf »ouragan« anhört:»l'ourlet« (V. 4).[64] Nicht von ungefähr reimt sich dieser sinnigerweise am äußersten Rand des ersten Quartetts stehende ›Saum‹ denn auch höchst raffiniert auf das Verb »hurlait« aus Vers 1. Benjamins Bemerkung,»[d]ie Erscheinung« der Vorübergehenden werde dem Ich »durch die[] Menge [...] zugetragen«,[65] lässt sich so gesehen weniger an der Handlungsstruktur des Gedichtes verifizieren als an dessen lautlichen Äquivalenzen, an seiner spezifischen *Textur*. (Eine solche Lektüre scheint mir übrigens durchaus der von Benjamin selbst zu entsprechen: Wer Benjamin einen allzu literatursoziologischen Zugriff auf *À une passante* unterstellt, muss nämlich über den Eingangsbefund hinweglesen:»Keine Wendung, kein Wort macht in dem Sonett *À une passante* die Menge namhaft.« Seine Volte – »Und doch beruht der Vorgang allein auf ihr« – begründet er dann interessanterweise mit einem Vergleich, der dem gleichen meteorologischen Bildfeld entstammt wie der »ouragan« aus Baudelaires Sonett:»wie die Fahrt des Segelschiffs *auf dem Wind* beruht.«[66] Der Anspruch meiner Lektüre besteht so gesehen im Ausbuchstabieren dessen, was diesem Benjamin'schen Vergleich in Baudelaires Text zugrundeliegt.)

Welcher Luftstoß durchzieht das Gedicht nun aber derart im Modus nicht des sanften poetischen Hauchs, sondern des grollenden Orkans? *Qu'est-ce qui passe, qu'est-ce qui se passe* in diesem Gedicht? Nichts Geringeres, möchte ich behaupten, als dass die Passantin eine bis

63 Baudelaire: *Le Cygne*, V. 15 f. In: ders.: *Œuvres complètes*, Bd. 1, 86 / *Die Blumen des Bösen*, 245.

64 Selbstverständlich lassen sich diese textilen Details auch im Sinn von Baudelaires Gedanken zur Mode lesen. Vgl. etwa Stierle: *Der Mythos von Paris*, 793–799.

65 Benjamin: *Über einige Motive bei Baudelaire*, 623.

66 Ebd., 622 (Hervorhebung G. F.).

dato unerhörte Verbindung von Poesie und Prosa figuriert.[67] Präzise verkörpert sie nämlich die beiden Topoi, über die die Opposition von Poesie und Prosa gerne metaphorisch konfiguriert wird: Tanzen und Gehen.[68] Im Gegensatz zum Darstellungsmedium des Verses schreitet der *sermo pedestris*,[69] die zu Fuß gehende Rede der Prosa – zumindest etymologisch gesprochen – immer nur voran: *prorsus* bedeutet ja so viel wie »nach vorne gewendet«. Genauso wenig wie sich Baudelaires Vorübergehende nach dem Ich umblickt, dreht auch die Prosa sich um. Andererseits hat die Passantin – »d'une main fastueuse / Soulevant, balançant le feston et l'ourlet« (V. 3 f.) – aber eben *auch* etwas von einer lasziven Tänzerin, zumal ihre Gestik auch grammatikalisch, durch den Gebrauch des Partizip I (»Soulevant, balançant«), etwas Schwebendes verliehen bekommt. Der früheste Beleg für die Gegenüberstellung von Prosa/Gehen vs. Poesie/Tanz findet sich bei François de Malherbe, dem Begründer der klassischen französischen Verskunst, überliefert in einem Brief seines

67 Ich spreche von ›Figuration‹ und nicht von ›Symbol‹ oder ›Allegorie‹, weil sich die Passantin auch in der Hinsicht als Hybrid präsentiert: So verbindet sie zentrale Merkmal des Symbols – man denke an das augenblickhafte Aufblitzen einer (sogleich verlorenen) Totalität:»Un éclair … puis la nuit!« – und der Allegorie, insofern sich deren Bedeutung einer allgemein verbreiteten Auffassung zufolge nicht auf einen Schlag, sondern in der Zeit, *Schritt für Schritt*, enthüllt. In den Worten Georg Friedrich Creuzers, dessen extrem einflussreiche Studie *Symbolik und Mythologie der alten Völker* (1810–12) Baudelaire in französischer Übersetzung lesen konnte, hört sich das so an:»In einem Augenblicke und ganz gehet im Symbol eine Idee auf, und erfaßt alle unsere Seelenkräfte. Es ist ein Strahl, der in gerade Richtung aus dem dunkelen Grunde des Seyns und Denkens in unser Auge fällt, und durch unser ganzes Wesen fährt. Die Allegorie lockt uns aufzublicken, und nachzugehen dem Gange, den der im Bilde verborgene Gedanke nimmt. Dort ist momentane Totalität; hier ist Fortschritt in einer Reihe von Momenten.« (Creuzer: *Symbolik und Mythologie der alten Völker*, 541) Zu einer Überblicksdarstellung von Creuzers Symboltheorie vgl. Todorov: *Théories du symbole*, 253–256; zum Bezug von Baudelaire und Creuzer vgl. Maillard:»L'Allégorie Baudelaire«, 38 f. Maillard geht indes genauso wenig auf *À une passante* ein wie Labarthes Monumentalstudie *Baudelaire et la tradition de l'allégorie*. Das ist durchaus in der Sache begründet, eignet sich das Gedicht doch, insofern es die herkömmliche Gegenüberstellung von ›Symbol‹ und ›Allegorie‹ durchkreuzt, denkbar schlecht als Anschauungsmaterial für *einen* der beiden Pole.
68 Gleich ein ganzer Katalog an Nachweisen für den Topos findet sich bei Hytier: »Autour d'une analogie valéryenne«.
69 Die Wendung vom *sermo* bzw. der *musa pedestris* findet sich prominent bei Horaz, reicht aber zurück bis in die griechische Antike. Vgl. Horaz: *Sermones*, II.6, V. 17, und ders.: *De arte poetica*, V. 95. In: ders.: *Sämtliche Werke*, 392 und 545, sowie die jeweiligen Herausgeberkommentare.

Schülers Racan, der, mutmaßlich 1656 verfasst, just drei Jahre vor der Entstehung von Baudelaires Gedicht zum ersten Mal veröffentlicht wurde.[70] Ob Baudelaire den Brief kannte, muss dahingestellt bleiben; die Alexandriner aus den *Fleurs du Mal* auf jeden Fall schreiben immer wieder gegen die von Malherbe instituierte klassizistische Norm an. In *À une passante* zeigt sich das am ausgeprägtesten im ersten Vers des zweiten Quartetts:»Agile et noble, avec sa jambe de statue.« Ein erstes formales Korsett sprengt dieser Vers, insofern er einen Satz zu Ende führt, der im Quartett davor begonnen hat. Ein zweites, indem er mit einem *enjambement interne* aufwartet, das sich nonchalant über die eigentlich obligate Zäsur nach der sechsten Silbe hinwegsetzt und so einen prosanahen Rhythmus generiert:»Agile et noble, avec | sa jambe de statue«.[71] Geradezu kalauernd stellt der Vers den Regelverstoß gegen die klassische Metrik zu allem Überdruss gar noch als solchen aus, hat er doch ausgerechnet eine »jambe« zum Thema.»Agile et noble«, die beiden Charakteristika der »jambe«, werden dementsprechend lesbar als implizite Selbstbeschreibung von Baudelaires Gedicht, das in just diesem Vers das ›Edle‹ der geschlossenen poetischen Form – die Klassizität von Sonett und Alexandriner – mit der ›Beweglichkeit‹ der Prosa verknüpft.

Im Gedicht selbst, im Medium des Verses, scheint eine solche Hybridisierung von Poesie und Prosa indes nicht dauerhaft umsetzbar. So jedenfalls fasse ich den Ausruf»Ailleurs, bien loin d'ici!« – den Halbvers also, der eine nochmalige Begegnung zwischen dem Ich und der Passantin imaginiert – als impliziten poetologischen Verweis auf das moderne Prosagedicht, dessen ›Erfindung‹ man Baudelaire gemeinhin zugutehält.[72] Tatsächlich präsentiert sich die epiphanieartige Erscheinung der Vorübergehenden geradezu als Verkörperung des »Wunder[s] einer poetischen Prosa« (»*miracle* d'une prose poétique«), den *À Arsène Houssaye* programmatisch beschwört, also der Text,

---

70 Vgl. Racan: *Œuvres complètes*, Bd. 1, 339.

71 Diese Art von Prosa-Effekt notiert bereits die Pionierarbeit von Albert Cassagne, ohne dabei indes just diesen Vers als Beispiel anzuführen. Vgl. Cassagne: *Versification et métrique de Ch. Baudelaire*, 39–52. Zu solch prosodischen Prosa-Effekten bei Baudelaire vgl. auch die differenzierte Analyse von Sandras: »La prose du poème«, 60–62.

72 Gleichwohl versteht es sich von selbst, dass das Baudelaire'sche *poème en prose* – weit davon entfernt, eine *creatio ex nihilo* zu sein –, eine lange und komplexe Vorgeschichte hat. Vgl. etwa Leroy: *La poésie en prose française du XVIIe siècle à nos jours*; Vincent-Munnia: *Les premiers poèmes en prose*; dies./Bernard-Griffiths/Pickering (Hg.): *Aux origines du poème en prose français (1750–1850)*.

mit dem Baudelaires posthum erschienene Prosagedichtsammlung *Le Spleen de Paris* üblicherweise eingeleitet wird.[73] Allein schon aufgrund ihrer apostrophischen Titelstruktur sind Sonett und Widmungstext aufeinander bezogen, genauso wie der imaginäre Ursprung der mirakulösen »prose poétique« in *À Arsène Houssaye* an einem Ort lokalisiert wird, der dem der »rue assourdissante« aus *À une passante* in vielem nahekommt: »C'est surtout de la fréquentation des villes énormes, c'est du croisement de leurs innombrables rapports que naît cet idéal obsédant.« (»Vor allem aus dem ständigen Kontakt mit den Riesenstädten, aus dem Ineinander ihrer zahllosen Beziehungen erwächst dieses Ideal gleich einer fixen Idee.«)[74]

Mehr noch: Beiden Texten ist das Wortfeld des Unermesslichen gemeinsam, insofern den »villes énormes« und den »innombrables rapports« aus *À Arsène Houssaye* in *À une passante* die Selbstcharakterisierung des Ich als »extravagant« (V. 6) entspricht. So wie das Sprecher-Ich durch die Begegnung mit der Passantin etymologisch-poetologisch gesprochen *aus der Bahn* konventioneller lyrischer Verspoesie *geworfen* wird (*extra-vagari*), aber eben erst »[a]illeurs« die radikalen Konsequenzen daraus zieht, so lässt sich das Wortfeld des Unermesslichen im Widmungstext als immanente Reflexion auf die in den Prosagedichten vollzogene Verabschiedung von Vers und Metrum, also von der *abgemessenen* Rede, begreifen: »Tout se passe«, bemerkt Hugues Marchal in dem Sinn zu *À Arsène Houssaye*, »comme si le vers, discours réglé et cadencé, paraissait incapable de représenter dans sa structure profonde une modernité devenue *innombrable* et énorme (c'est-à-dire, étymologiquement, ›hors norme‹).«[75]

Beide ›Urszenen‹ des Baudelaire'schen Prosagedichts verorten die Verabschiedung vom herkömmlichen Definitionsmerkmal der Poesie mithin in der sie umgebenden äußeren Wirklichkeit einer entfesselten großstädtischen Moderne. Zumindest in *À une passante* wird diese Neuerung jedoch nicht einfach vorbehaltlos bejaht. So wenigstens lese ich den »grand deuil« (V. 2), in dem die Passantin einherschreitet. Da der genaue Gegenstand ihrer Trauer ungenannt bleibt, ist sie in der

---

73 Baudelaire: *À Arsène Houssaye*. In: ders.: *Le Spleen de Paris*, 275 f., hier 275 (Hervorhebung G. F.) / *Der Spleen von Paris*, 227. Der Text war der ersten von insgesamt drei Lieferungen Prosagedichte vorangestellt, die zwischen August und September 1862 in der von Houssaye herausgegebenen Zeitschrift *La Presse* erschienen. Diese zwanzig Prosagedichte bilden den Grundstock jeder Ausgabe von *Le Spleen de Paris*.
74 Ebd., 276/229.
75 Marchal: *La poésie*, 89.

Forschung wiederholt als Melancholikerin identifiziert worden – am überzeugendsten wohl bei Juana Christina von Stein, die jüngst materialreich nachgewiesen hat, dass die Passantin aufgrund der Attribute, mit denen sie im Gedicht versehen wird, als »Neubearbeitung frühneuzeitlicher Personifikationen der Melancholie«, als moderne »Dame Melencolie« begriffen werden muss.[76] Von Stein deutet dies als Reflexion auf die Erscheinungsbedingungen von Schönheit in der Moderne, auf deren konstitutive Flüchtigkeit: »Fugitive beauté« (V. 9).[77] Komplementär dazu fasst meine Lektüre die Trauerkleidung der Passantin als Figuration eines *deuil du vers*. Wie Catriona Seth in ihrer Lektüre von Madame de Staëls *Corinne ou l'Italie* – ein Roman, von dem im Fontane-Kapitel noch ausführlich die Rede sein wird – gezeigt hat, ist eine solche Trauer dem Genre des Prosagedichts von Haus aus eingeschrieben:

Le poème s'affirme comme prose, mais en laissant entendre qu'il est hanté par le vers, qu'il s'est échappé, mais est encore lié par les contraintes qu'il rejette et regrette à la fois. Qu'importe si son message est joyeux, et il peut l'être, il garde au fond de lui un deuil, une mémoire, une cicatrice.[78]

So gelesen, hält sich Baudelaires Gedicht nicht nur zugute, »d'avoir [...] dépassé les limites assignées à la Poésie«, sondern erinnert zugleich an den Verlust, mit dem dieser literarästhetische Fortschritt, dieses Voran- und Überschreiten, erkauft wird.

Zugleich reflektiert der »grand deuil« der Passantin, dass Baudelaires eigene Praxis des Prosagedichts gegenüber dem von ihr verkörperten »idéal« – der Ausdruck fällt ausdrücklich in *À Arsène Houssaye* – bzw. gegenüber der imaginären Urszene des Genres, deren momenthaft aufblitzende Schönheit *À une passante* zum Gegenstand hat, stets defi-

---

76 von Stein: *Melancholie als poetologische Allegorie*, 132 und 126. Zu den zahlreichen Belegstellen, unter denen Miltons *Il Penseroso* eine Schlüsselrolle zukommt, vgl. ebd., 126–146.

77 Vgl., *en détail*, ebd., 146–159. Insbesondere in der deutschsprachigen Baudelaire-Forschung wird der »grand deuil« der Passantin gerne auch als Allegorie melancholischer Zeiterfahrung *tout court* gelesen, als das Betrauern des eigenen Dahinscheidens (*passer*) noch in einem Moment intensivster Gegenwärtigkeit: »daß Vergegenwärtigen ein Abschiednehmen bedeutet, ist der emphatische Bedeutungsgehalt von *À une passante*.« (Bohrer: *Abschied – eine Theorie der Trauer*, 180f., vgl. auch Westerwelle: »Die Transgression von Gegenwart im allegorischen Verfahren«, 71–76.)

78 Seth: »Deuil du vers«.

zient bleiben muss.[79] So trinkt das Ich in *À une passante* zwar aus dem Auge der Unbekannten; anders als diese verwandelt es sich aber nicht in eine lebende Statue, sondern umspielt die Hauptfigur des Gedichts im Modus einer Ornamentgroteske als deren karikaturartig verzerrte Replik: »*crispé* comme un extravagant«.[80] Auch darin unterscheidet sich Baudelaire von den Vertretern des literarischen Realismus auf der anderen Seite des Rheins: dass die Groteske bei ihm nicht zwischen den Zeilen anklingt, sondern integraler programmatischer Bestandteil seiner Ästhetik ist. Man denke nur an seine Übertragungen von Poes *Tales of the Grotesque and Arabesque* sowie an die Charakterisierung seiner Prosagedichtsammlung als einer »gewundenen Phantasie« (»tortueuse fantaisie«), in der »alles [...] im Wechsel und auf Gegenseitigkeit Kopf und Schwanz zugleich ist« (»tout [...] y est à la fois tête et queue, alternativement et réciproquement«).[81] Kaum eine Studie zu *Les Fleurs du Mal* und, mehr noch, zu *Le Spleen de Paris* kommt dementsprechend ohne Bezug auf diese Schlüsselkategorie aus.[82]

*

Demgegenüber präsentiert sich der *deuil du vers* in seiner Storm'schen Variante – dessen poetische Prosa – als eine Art Apotropaion, als zwiespältige Distanzierung von einem Darstellungsmedium und Poesie-Ideal, deren Tage aus nüchtern-realistischer Perspektive ebenso gezählt sind, wie weiterhin eine immense Faszinationskraft von ihnen ausgeht. Ablesen lässt sich dies weniger am Vierzeiler *Begegnung*, auf den sich meine bisherigen Überlegungen bezogen haben, als an zwei ominösen Begegnungen, in die der Protagonist aus *Immensee* verstrickt wird, aus der Ende der 1840er-Jahre entstandenen Novelle also, die im Zentrum des folgenden Unterkapitels stehen wird. Als Student trifft Reinhardt so einmal auf ein »Zithermädchen mit feinen zigeunerhaften Zügen«,[83] dessen verführerischem Lockgesang er um ein Haar verfällt:

79 In seiner Einleitung zum Gedichtwerk von Maurice de Guérin, einem Wegbereiter des Prosagedichts im modernen, Baudelaire'schen Sinn, hat Marc Fumaroli in diesem Aspekt ein Wesensmerkmal des Genres selber ausgemacht: »Le propre du poème en prose, c'est de se donner comme le reflet imparfait, allusif, d'une œuvre idéale absente« (Fumaroli: »Préface«, 53).

80 Als karikaturartiges Echo der Hieratik der lebenden Statue legt auch Jean Starobinski die Verkrampftheit des Ich aus. Vgl. Starobinski: »Le regard des statues« 493 f.

81 Baudelaire: *À Arsène Houssaye*, 275/227.

82 Vgl., besonders elaboriert, Swain: *Grotesque Figures*.

83 Storm: *Immensee*. In: ders.: *Sämtliche Werke in vier Bänden*, Bd. 1, 295–328, hier 304 f. Seitenangaben zu *Immensee* stehen fortan zwischen Klammern im Lauftext.

Heute, nur heute
Bin ich so schön;
Morgen, ach morgen
Muß Alles vergehn!
Nur diese Stunde
Bist du noch mein;
Sterben, ach sterben
Soll ich allein. (305)

Zwar wird dieser Gesang von einer sinnlich-heidnisch-nichtbürgerlichen Verführerin angestimmt, von einer Instanz mithin, die in Storms frührealistischem Text eigentlich Punkt für Punkt als fremd markiert ist. Ebenso aber, wie es auf der Figurenebene untergründige Bezüge zwischen dem Zithermädchen und ihrer vorgeblichen Antipodin, Reinhardts Jugendliebe Elisabeth, gibt,[84] ist auch der Gesang der jungen Frau Storms eigener Poetik nicht einfach äußerlich. Ganz im Gegenteil: Zum einen wird das Gedicht im Gegensatz zu den anderen Einlagen in *Immensee* bar jeder schriftlichen Fixierung ausschließlich mündlich vorgetragen. Zum anderen wartet es aufgrund seiner stupenden Äquivalenzendichte mit einer Musikalität auf, die – ohne einem a-referenziellen Klangzauber zu verfallen – ihresgleichen sucht. Mit anderen Worten: Das vermeintlich kunstlose und doch höchst raffiniert gebaute Gedicht entspricht geradezu der Quintessenz des Lyrikverständnisses, das Storm selbst zeitlebens vertreten hat.[85] Ganz in dem Sinn schreibt er Ende 1852 in einem Brief an Hartmuth Brinkmann, das *Lied des Harfenmädchens* – so ist das Stück in seinen *Gedichten* übertitelt – sei, »vielleicht, das schönste und tiefste der ganzen Sammlung«.[86]

Nur am Rande sei angemerkt, dass die in einem Ratskeller spielende Szene lesbar ist als frührealistische Replik auf die Venusberg-Episoden aus den in jenen Jahren nicht nur bei Heine und Wagner äußerst beliebten *Tannhäuser*-Adaptionen. Dafür spricht insbesondere, dass die Antipodin des Storm'schen Zithermädchens denselben Namen trägt – Elisabeth – wie die Gegenspielerin der Venus bei Wagner. Tatsächlich ist Storms Begeisterung für Wagners Wartburg-Oper verbürgt und trug ihm im ›Rütli‹, dem literarischen Verein, auf den im Fontane-Kapitel noch zurückzukommen sein wird, den ›Necknamen‹ »Tannhäuser« ein. Vgl. hierzu, allerdings ohne Bezug auf *Immensee*, Helmer: »Storm und das literarische Berlin«, 22. Zur *Tannhäuser*-Mode im 19. Jahrhundert vgl., ebenfalls ohne Bezug auf *Immensee*, Tebben: *Tannhäuser. Biographie einer Legende*, 40–150.

84 Vgl. etwa Lukas: »Die fremde Frau‹«, 167–169.
85 Vgl. hierzu die überblicksartige Darstellung bei Petersen: »Zum lyrischen Grundverständnis Storms«.
86 Storm/Brinkmann: *Briefwechsel*, 76 (Brief vom Brief vom 10.12.1852). In der Storm-Forschung ist es durchaus üblich, das Zithermädchen als »Inkarnation

In der Novelle ist das Gedicht denn auch ohne Weiteres selbstreflexiv lesbar. Die Auftaktverse »Heute, nur heute / Bin ich so schön« künden nämlich nicht bloß in vollendeter Melancholie und Verführungskunst von der vergänglichen körperlich-sinnlichen Schönheit der Sängerin. Sie meinen darüber hinaus auch die Unzeitgemäßheit eines Poesie-Ideals, das in den gegenwärtigen, bürgerlich-prosaischen Verhältnissen dem Untergang geweiht ist: »Morgen, ach morgen / Muß alles vergehn!« Mit einem solch geschichtsphilosophischen Index versehen wird das Lied vor allem über den Aufführungskontext. Denn bevor die junge Sängerin ihre Verse an den Bürgerssohn Reinhardt adressiert, weigert sie sich beharrlich, für einen »junge[n] Mann von junkerhaftem Äußern« (305) zu singen: Die Zeiten des Standes, den dieser verkörpert, sind definitiv vorbei. Um dem Verdikt der eigenen Anachronizität zumindest auf Zeit (»nur heute«) zu entkommen, bleibt der Poesie nichts anderes übrig, als sich ans Bürgertum zu halten.

Weiter bekräftigt wird meine poetologische Lesart im vorletzten Kapitel von *Immensee*, als Reinhardt viele Jahre später einer »in Lumpen gehüllt[en]« jungen Bettlerin »mit verstörten schönen Zügen« begegnet (325), die ihn an die Sängerin aus seiner Studentenzeit erinnert:

Er rief einen Namen aus, aber sie hörte es nicht mehr; mit gesenktem Haupte, mit über der Brust gekreuzten Armen schritt sie über den Hof hinab.

Sterben, ach sterben
Soll ich allein!

Ein altes Lied brauste ihm in's Ohr, der Atem stand ihm still, dann wandte er sich ab und ging auf sein Zimmer. (326)

In Gestalt der Bettlerin entpuppt sich die lyrische Poesie, der Reinhardt einst beinahe erlegen wäre, als buchstäblich brotlose Kunst.[87]

der von [Reinhardt] so verehrten Poesie« (Börner: *Mädchenknospe – Spiegelkindlein*, 93) zu lesen, als »Option zu einem freien, jedoch gefährdeten und einsamen Künstlertum«, vor der Storms Protagonist in seiner epochentypischen Bürgerlichkeit letzten Endes aber zurückschrecke (Fasold: »*Immensee* (1849)«, 133). Indem die Forschung primär von der Figurenebene aus argumentiert, übersieht sie die genuin poetologischen Implikationen des Settings auf der Ebene von Storms *Text*.

87 Bereits Eckart Pastor erblickt in der »nochmals auftretende[n] Zigeunerin mit ihren ›verstörten‹ Zügen und ›verirrten Augen‹, eine ›Symbolgestalt der Poesie«« (Pastor: *Die Sprache der Erinnerung*, 66). Der Befund ist freilich gleich in mehrfacher Hinsicht ungenau: So lässt Storms Text zum einen offen, ob es sich in beiden Fällen um dieselbe Figur handelt – ein wichtiges Indiz

Diesen Sachverhalt hält Storms Text aber nicht nüchtern-realistisch fest. Wie vor allem die »gekreuzten Arme[]« der Bettlerin suggerieren, setzt er ihn vielmehr als *Passions*geschichte in Szene. Auch verläuft diese weniger fortschrittlich-linear – vom antiquierten Darstellungsmedium des Verses zu dem der Prosa – als in eigenwilligen Chiasmen, also Über*kreuz*bewegungen: Wenn die Bettlerinnen-Szene in Prosa ausbuchstabiert, worum die im Lied des Zithermädchens erklingende Stimme der lyrischen Poesie von Beginn an wusste, dann setzt sich das neue, zeitgemäße Darstellungsmedium zwar geradezu programmatisch an die Stelle des alten – ausdrücklich ist im eben zitierten Passus ja von einem »alte[n] Lied« die Rede. Zugleich jedoch wird der lyrischen Poesie damit noch einmal eine prophetische Kraft zugestanden, der gegenüber – unabhängig davon, wie sehr sie in tragischer Ironie auf die Überholtheit des eigenen Mediums hinausläuft – das epische Präteritum der Prosa buchstäblich das Nachsehen hat.

Immensee ist denn auch weniger bestrebt, das eine Darstellungsmedium schlicht gegen das andere auszuspielen, als die poetische Energie des einen, nunmehr unzeitgemäß gewordenen, ins andere eingehen und darin in veränderter Gestalt fortwirken zu lassen. Intrikat wird auch diese *translatio* in der Bettlerinnen-Szene ins Bild gesetzt. Dort wendet sich Reinhardt am Ende zwar von der jungen Bettlerin ebenso wie vom »alte[n] Lied« ab, das ihm bei ihrem Anblick ins Ohr braust. Zugleich jedoch klingt in seiner Körperbewegung die *versura* an, die Kehrtwende am Ende der Verszeile, das formale Unterscheidungskriterium mithin zwischen dem Darstellungsmedium des Verses und dem der Prosa:[88] Hinweis darauf, dass Storms Erzählprosa den Anspruch erhebt, die äußerlich-formale Wendung der Versrede in die eigene ›innere Form‹ hineinzunehmen (so wie sich Reinhardt im Anschluss an die fragliche Szene in sein Zimmer, also ins Interieur, zurückzieht).

Dass dieser veränderte, vom Darstellungsmedium des Verses entkoppelte Poesie-Begriff noch mit anderen Umbrüchen einhergehen könnte, lassen bereits die »*verstörten* schönen Züge[]« der jungen Bettlerin

---

dafür, dass es weniger auf die handelnden Figuren als solche ankommt als darauf, was sie verkörpern. Zum anderen geht Pastor der Frage nicht weiter nach, ob sich diese Verstörung der »›Symbolgestalt der Poesie‹« auch in irgendeiner Weise auf Storms Text auswirkt. In diesem anklingende Misstöne führt er stattdessen ausschließlich auf Reinhardts Dilettantismus zurück, der unentschieden zwischen einem bürgerlichen und einem künstlerischen Leben hin- und herschwanke.

88 Zum Begriff *versura* vgl. Agamben: *Idee der Prosa*, 23 f.

erahnen,[89] die im vorletzten Kapitel der Novelle an die Stelle der – in den Worten des jungen Reinhardt –»schönen, sündhaften Augen« (305) des Zithermädchens treten. Wie wenig dieser neue Poesie-Begriff entgegen anderwärtiger programmatischer Bekundungen in harmonischer Schönheit aufgeht und stattdessen von *Störmomenten* durchsetzt ist, zeigt sich insbesondere an den zahlreichen – mit einem Wort des Textes selber – ›Ungereimtheiten‹ (vgl. 319), die die Darstellung von Reinhardts Verhältnis zur zweiten weiblichen Hauptfigur kennzeichnen. Auf deren Analyse möchte ich mein Augenmerk deswegen im Folgenden richten.

2. Summen, Wühlen. Bienen und Idyllik in Theodor Storms *Immensee*[90]

Bienen, Idyllik und Poetologie gehen beim frühen Storm eine enge Verbindung ein. Aufzeigen ließe sich das etwa an den beiden Mittagsgedichten *Abseits* (1847) und *Sommermittag* (1854) – Ersteres ein faszinierendes *rewriting* von Vergils erster Ekloge[91] unter den Vorzeichen des poetischen Realismus – sowie an den Novellen *Immensee* (1849/51), *Ein grünes Blatt* (1854)[92] und *Im Schloß* (1862). In der späten Novelle *Zur Chronik von Grieshuus* (1884) erfährt die Konstellation dann noch einmal ein kurzes, aber denkbar martialisches Revival. Auf den ersten Blick mag es erstaunen, aus dieser Reihe ausgerechnet *Immensee*, neben dem späten *Schimmelreiter* (1888) wohl Storms berühmtestes Werk, herausgreifen zu wollen. Zwar trägt das titelgebende Toponym die Biene in seinem Namen, in der Novelle selber jedoch taucht sie lediglich an einer einzigen, scheinbar völlig nebensächlichen Stelle auf. Kein

---

89 Zu einer ausführlicheren Lektüre dieses physiognomischen Details vgl., vor dem intertextuellen Hintergrund von Mignons Ableben in *Wilhelm Meisters Lehrjahren*, meinen Aufsatz »Deuil du vers (bis)«.

90 Beim vorliegenden Unterkapitel handelt es sich um die erweiterte und überarbeitete Fassung meines gleichnamigen Aufsatzes aus dem von Sabine Schneider und Marie Drath herausgegebenen Sammelband *Prekäre Idyllen*. Vgl. Felten: »Summen, Wühlen«.

91 Mit Ernst Robert Curtius sei daran erinnert, dass »bis zur Goethezeit […] alle lateinische Bildung« mit der Lektüre dieses Textes begann (Curtius: *Europäische Literatur und lateinisches Mittelalter*, 197). Zum zentralen Status des Lateinunterrichts in Storms schulischer Sozialisation vgl. Jackson: *Theodor Storm, Dichter und demokratischer Humanist*, 47f.

92 Zur Verbindung von Idyllik und Bienen in dieser Novelle vgl. Laumont: »Todesbilder und Heilsgeschichten«, 252f. und Lee: *Erinnerung und Erzählprozess in Theodor Storms frühen Novellen*, 76f.

Wunder also, wenn sich die Storm-Forschung bislang herzlich wenig für sie interessiert hat.[93] Demgegenüber plädiert meine Lektüre dafür, in der Biene einen zentralen poetologischen Aktanten zu erkennen: Einerseits fungiert sie als Signatur für die Poetisierung des Realen, für die Verklärung der Beziehung zwischen dem Protagonisten Reinhardt Werner und seiner Jugendliebe Elisabeth, wie sie sich in den tableauartigen, mit intertextuellen Reminiszenzen aus der Idyllentradition gesättigten Kapiteln – in *eidyllia* im doppelten Wortsinn also[94] – niederschlägt. (Indem meine Formulierung offenlässt, wem diese Verklärung eigentlich zuzuschreiben ist, trägt sie der Unschärfe Rechnung, die das Erzähl-Dispositiv der Novelle kennzeichnet: In der Binnengeschichte fungiert der junge Reinhardt als Reflektorfigur, ohne dass jedoch stringent aus seiner Perspektive erzählt würde. Als Erzählinstanz kommt entweder Reinhardts gealtertes – wenn man so sagen kann – Alter Ego aus der Rahmengeschichte infrage, aus dessen Erinnerung heraus sich die Binnengeschichte entwickelt, oder, da es sich bei der Binnengeschichte um eine Er- und keine Ich-Erzählung handelt, dieselbe heterodiegetische Erzählinstanz wie in der Rahmengeschichte. Ohne dass sie immer *en détail* auseinanderzudividieren wären, wirken alle drei Instanzen an der Verklärung mit; so bekommt diese einen gleichsam objektiven Charakter zugesprochen – als ob sie das ›Wesensgesetz‹ der diegetischen Welt selber wäre.[95])

Andererseits jedoch gehen mit dieser Verklärung, die immer auch einer Poetisierung des *Darstellungsmediums* Prosa gleichkommt, stets mehr oder minder diskrete Dissonanzen bzw. ›Ungereimtheiten‹ einher. Unter der harmonisierenden Oberfläche verweisen diese auf einen ungleich beunruhigenderen, ›wilderen‹ Subtext, auf die (symbolische)

---

93 Allzu assoziativ und punktuell bleibt der Bienen-Bezug dementsprechend bei Fasold:»*Immensee* (1849)«, 134.
94 Dass die Herleitung *eidyllion* = ›kleines Bild‹ sprachhistorisch nicht haltbar ist, ändert nichts an ihrer Wirkmächtigkeit über die Jahrhunderte hinweg. Vgl. Böschenstein-Schäfer: *Idylle*, 2–4. Wie zuerst Alois Wierlacher gezeigt hat, lässt sich das tableauartige Komposition zugleich auch vor dem Hintergrund der zeitgenössischen Novellentheorie eines Georg von Reinbeck verorten. Vgl. Wierlacher:»Situationen«. Zum Verhältnis von Idylle und Novelle bei Storm vgl. Theisohn:»Erdbeeren«, 167–169 und 179.
95 Zur konstitutiven Ambiguität des Erzähl-Dispositivs von *Immensee*, die man als Interpret*in – anders als das in der Forschung noch bis vor Kurzem gang und gäbe war – besser nicht einseitig auflösen sollte, vgl. Meier:»*Immensee*. Die höchsten Forderungen der Kunst«, 26–28, und Detering: *Kindheitsspuren*, 70 und 77.

Gewalt, die insbesondere der Frauenfigur Elisabeth im Zuge dieser Verklärung angetan wird:[96] in Reinhardts Jugenddichtungen und seinem Handeln, aber eben auch in seiner selektiven Erinnerung. Insbesondere reflektieren die ›Ungereimtheiten‹ so auf die Ambivalenzen, die der – für die Zeit zwischen Klassik/Romantik und Realismus typischen – ›petrarkistischen‹ *Schreibszene* der Novelle inhärent sind.[97] Insofern der Biene auch in dem Zusammenhang eine entscheidende Rolle zukommt, sprengt sie die Begrenztheit der idyllischen Tableaus, an deren Konstituierung sie doch so maßgeblichen Anteil hat, und lässt in der *écriture* von *Immensee* einen Hauch ›avancierter‹ Prosa im Sinne einer Schreibweise ›jenseits von Form‹ (Ralf Simon) durchschimmern.[98]

In dieser doppelten Gestalt, die im Text stets nur indirekt aufscheint, eignet der Biene in *Immensee* ein genuin humoristischer Zug. Figuration von verklärender Poesie *und* ›ungereimter‹ Prosa, trägt die Storm'sche Biene am eigenen Leib aus, was Wolfgang Preisendanz als Haupteigenschaft humoristischen Erzählens herausgearbeitet hat: das »Spannungsverhältnis zwischen der Beschaffenheit des Erzählten und der Art des Erzählens«.[99] Preisendanz, der Storms Texten im Übrigen wenig bis gar keinen Humor bescheinigt,[100] mag selber dazu neigen, den Pol des Poetischen und das Versöhnliche zu sehr zu betonen, und für die Ambivalenzen der verklärenden Verfahren in großen Teilen unempfänglich bleiben. Wie ich bereits in der allgemeinen Einleitung betont habe, stellt das jedoch nicht die *prinzipielle* Triftigkeit und Fruchtbarkeit seines Ansatzes infrage. So ist ein Moment des Misstönigen und Agonalen ja bereits in dem von Preisendanz verwendeten Ausdruck ›Spannungsverhältnis‹ angelegt – seine Modellierung ist dementsprechend ernster, wörtlicher zu nehmen, als er es selbst tut.

96 Wesentliche Einsichten zu Elisabeths Opferstatus verdanken meine Ausführungen Raimund Belgardt: »Dichtertum als Existenzproblem«; Mareike Börner: *Mädchenknospe – Spiegelkindlein*, 76–111, und Stefani Kugler: »Meine Mutter hat's gewollt‹.«

97 Zur ›petrarkistischen‹ Anlage von *Immensee* vgl. bereits Meier: »*Immensee*. Die höchsten Forderungen der Kunst«, 31. Zu den verschiedenen Varianten dieser künstlerisch produktiven ›Fernliebe‹ vgl. Begemann: »Kunst und Liebe«.

98 Zu den Merkmalen ›avancierter‹ Prosa zählt Simon denn auch ausdrücklich die Durchkreuzung der narrativen Form durch die Darstellung (und nicht etwa die bloße Implikation) der Schreibszene, aus der diese hervorgeht. Vgl. Simon: »Vorüberlegungen zu einer Theorie der Prosa«, 134–137.

99 Preisendanz: *Humor als dichterische Einbildungskraft*, 11.

100 Vgl. ebd., 7.

2.1 Ein weißer Fleck in der Landschaft: Obstbaumblüte/Rhizom

Zum Einstieg – der Ausdruck ist, wie noch zu zeigen sein wird, im literalen Sinn zu verstehen – bietet sich der Passus ungefähr in der Mitte des Textes an, in dem tatsächlich von Bienen die Rede ist. Als Reinhardt an einem sonnigen Frühlingsnachmittag zum Gut Immensee wandert, auf das ihn sein Schulfreund Erich eingeladen hat (ohne dass dessen Frau Elisabeth davon Kenntnis hätte), eröffnet sich ihm kurz vor Ankunft ein Panorama, das sein Reiseziel als einen mit allen topischen Versatzstücken versehenen idyllischen Rückzugsort entwirft:

> Tief unten lag der See, ruhig, dunkelblau, fast ringsum von grünen, sonnbeschienenen Wäldern umgeben; nur an einer Stelle traten sie auseinander und gewährten eine tiefe Fernsicht, bis auch diese durch blaue Berge geschlossen wurde. Quer gegenüber, mitten in dem grünen Laub der Wälder, lag es wie Schnee darüber her; das waren blühende Obstbäume, und daraus hervor auf dem hohen Ufer erhob sich das Herrenhaus, weiß mit roten Ziegeln. Ein Storch flog vom Schornstein auf und kreiste langsam über dem Wasser. (315)[101]

Moritz Baßler hat diesen Passus und seinen unmittelbaren Ko-Text kürzlich aus gutem Grund zum Paradebeispiel für realistisch-metonymisches Erzählen auserkoren.[102] Aus dem Rahmen fällt dabei indes gleich in mehrfacher Hinsicht der einzige Vergleich: »wie Schnee«. Sicher kann man ihn als reines Sprachklischee abtun (›weiß wie Schnee‹), das veranschaulicht, wie Reinhardts Blick kurzzeitig irritiert wird, bevor er in einem zweiten Moment den korrekten Referenten

---

101 Typisch idyllisch sind neben den Attributionen des Ortes selbstredend auch der von außen kommende Wanderer sowie die an diesen aus dem Herzen des Idylls ergehende Einladung.
    Für die aufwändig gestaltete Separatausgabe der Novelle von 1856 wünschte sich Storm übrigens eine auf dem Titelblatt figurierende Illustration genau dieser Szene. Vgl. Eversberg: »Anhang. Zeitgenössische Illustrationen«, 124f. Damit konnte das Lesepublikum, bevor es sich überhaupt auf den Text einließ, Immensee bzw. *Immensee* als Idyll im pseudo-etymologischen Wortsinn, als kleines Bild, durch Reinhardts Augen hindurch wahrnehmen. Zur spezifischen Lesehaltung, die diese Bilderpolitik induziert, vgl. Stockinger: »Storms *Immensee* und die Liebe der Leser«, 203.
102 Vgl. Baßler: *Deutsche Erzählprosa 1850–1950*, 19–22. Zur Affinität von Realismus und Metonymie vgl., immer noch grundlegend, Jakobson: »Über den Realismus in der Kunst«.

(»blühende Obstbäume«) erkennt.[103] Nichtsdestoweniger konnotiert der Schnee-Vergleich unweigerlich Kälte – angesichts des »warmen Frühlingsnachmittag[s]« (314), an dem die Szene spielt, doch etwas verwunderlich. Er führt also nicht nur rhetorisch, sondern auch atmosphärisch einen diskreten Misston in die harmonische Szenerie ein.[104] Damit aber nicht genug. Wirft man einen Blick auf die Landschaft, in die der Schnee-Vergleich eingebettet ist, hat man zunächst den Eindruck, das bildliche Sprechen würde ›realistisch‹ über eine metonymische Herleitung entschärft: über das räumliche Kontiguitätsverhältnis der Bäume um Gut Immensee und der Bergkette dahinter. Nur weisen diese Berge – anders als man im Frühjahr ja durchaus erwarten könnte – keinerlei Schneereste auf: Ausdrücklich ist vielmehr von ihrer »blaue[n]« Farbe die Rede, die wie eine Art chromatisches Echo auf das »[D]unkelblau« des Sees antwortet. Inmitten der konzentrischen Kreise, aus denen sich das Landschaftsbild zusammensetzt (See/Wälder/Berge), macht der Schnee-Vergleich damit kurzzeitig eine eigentümlich verstörende Leerstelle auf, bevor diese mit blühenden Obstbäumen überschrieben wird, die ungleich besser ins frühlingshafte Idyll passen.

Dank eines weiteren, durchaus vergleichbaren Auf/Zu vermag dieses Störphänomen weiter konturiert zu werden: »[N]ur an einer Stelle« ›auseinandertretend‹, geben die Wälder eine »tiefe Fernsicht« frei, die jedoch alsbald von der dahinter liegenden Bergkette »geschlossen« wird.[105] Diese Parallelstelle legt den Analogieschluss nahe, mit dem weißen Fleck in den ansonsten grünen Wäldern tue sich kurzzeitig ein Blick in die ›Tiefe‹ des Textes auf, die die Geschlossenheit des restlichen, idyllischen Tableaus zumindest ansatzweise aufbricht. Dass damit ein grundlegendes Funktionsprinzip des Textes selber benannt und immanent reflektiert sein könnte, bestätigen die letzten Sätze des Abschnitts: Just bevor Reinhardt seinen Weg fortsetzt, macht er »das Spiegelbild des Herrenhauses […] auf dem Wasser« (315) aus. Hier spiegelt sich also buchstäblich (Gut) Immensee im Immensee – zumal kurz darauf auch der evokative Name des Guts bzw. der Titel der Novelle aufgeschlüsselt wird. Der Weg, auf dem Reinhardt nunmehr entlangschreitet, wird

---

103 In etwa so argumentiert denn auch Baßler, der m. W. als Einziger überhaupt auf diesen Vergleich eingeht. Vgl. ebd., 22.
104 Zur grundsätzlichen Affinität von Vergleich und humoristischem Erzählen vgl. Preisendanz: *Humor als dichterische Einbildungskraft*, 328.
105 Nur am Rande sei angemerkt, dass die solcherart abgedichtete Landschaft Albrecht Koschorkes These von der »Schließung des Horizonts« in der postromantischen Literatur des Vormärz und des Realismus passgenau verifiziert. Vgl. Koschorke: *Die Geschichte des Horizonts*, 218–326.

nämlich von den »blühende[n] Obstbäume[n]« gesäumt, die er vorhin
aus der Ferne gesehen hatte, und ausgerechnet von diesen heißt es, sie
seien »voll summender, wühlender Bienen« (ebd.). Indem die delikat
modulierte ›ü‹-Assonanz den Text an dieser Stelle selber zum ›Summen‹
bringt, bekommt man den Eindruck, die vormalige Dissonanz – der
weiße Fleck in der Landschaft – habe sich mit dem Auftauchen der
Bienen vollends in Wohlklang aufgelöst.

Mit fast schon Heine'scher Ironie[106] zeigt der Text indes zugleich,
wie prekär diese Poetisierung ist und dass sie jederzeit ins Prosaische
umschlagen kann. So werden die Bienen ja nicht bloß als »summende[]«
beschrieben, als naturhaft musikalische Wesen also, sondern auch als
»wühlende[]«, beseelt von ihrem sprichwörtlichen Fleiß. Bestätigung
findet diese poetologische Lesart gleich im nächsten Satz. Dieser beschreibt das Auftauchen von Erich, den allein schon die braune Farbe
seines Überrocks – Erichs Lieblingskleidungsstück, über das sich
Reinhardt bereits in ihrer gemeinsamen Jugend lustig gemacht hatte
(vgl. 307) – als durch und durch bodenständige Figur ausweist: »Ein
stattlicher Mann in braunem Überrock kam dem Wanderer entgegen.«
(315) Zwar wird Erichs Erscheinung zumindest ansatzweise poetisiert,
indem sowohl sein »Überrock« als die im Folgesatz erwähnte »Mütze«
(ebd.) in die ›ü‹-Assonanz einbezogen werden. Umgekehrt kontaminiert
Erichs Erdenschwere aber eben auch die Bienen, insofern sie mit dem
für ihre Zierlichkeit ungewohnten Verb ›wühlen‹ bedacht werden. So
hat bereits Fritz-Rüdiger Sammern-Frankenegg festgestellt, die Bienen
entsprächen aufgrund ihrer Emsigkeit genauestens Erichs »intensive[m]
und geschäftige[m] Bemühen[], das in der Kultivierung der Natur dem
Erwerb nutzbringender Ware dient«.[107]

In der Folge gewinnt dieser prosaische Aspekt mehr und mehr die
Überhand (und drängt die Bienen völlig aus dem Bild): Schon als Reinhardt danach gefragt hatte, wo der Weg nach Immensee entlangführe,
hatte man ihm geantwortet: »Immer gerad'aus« (314); dass sich dahinter

---

106 Storm hat Heine nachweislich intensiv rezipiert und sehr geschätzt. Allzu viel
   Kredit auf Storms Selbstaussagen gebend, ist es für die Forschung indes eine
   ausgemachte Sache, er habe »nicht die spezifisch modernen Züge an Heine«
   wahrgenommen, wie es etwa in Dieter Lohmeiers Herausgeberkommentar zu
   Storms lyrischem Werk heißt, »sondern fast ausschließlich die romantisch-
   liedhaften« (Storm: *Sämtliche Werke*, Bd. 1, 746).
107 Sammern-Frankenegg: *Perspektivische Strukturen einer Erinnerungsdichtung*, 116. Sammern-Frankenegg kommt im Übrigen das Verdienst zu, als
   Erster aufgezeigt zu haben, welch entscheidenden Stellenwert scheinbar
   nebensächliche Details und Wendungen in *Immensee* besitzen. Vgl. ebd., 56
   und passim.

ein poetologischer Doppelsinn verbirgt, der ›Prosa‹ als die immer geradeaus gehende Rede (*prorsus*) etymologisch beim Wort nimmt, bestätigt sich, als Erich, nachdem er stolz die generationenübergreifende wirtschaftliche Expansion des Guts hat Revue passieren lassen, seine Lebensmaxime zum Besten gibt: »So kommt man immer ein Bißchen weiter.« (316) Nicht von ungefähr auch ist Erichs ganzer Stolz eine »Spritfabrik« (ebd.), d. h., wie ein Blick in den Herausgeberkommentar lehrt, eine »Kartoffel- oder Kornbranntweinbrennerei«:[108] Geist reduziert sich bei ihm offenkundig darauf, was man aus der Scholle destillieren kann.

Das Verb ›wühlen‹ lässt indes noch eine andere Lesart zu, die die Bienen nicht rundweg unter dem Fleiß subsumiert, mit dem sie sprichwörtlich assoziiert werden, und sie stattdessen in Verbindung bringt mit einem ›avancierteren‹ Prosa-Begriff: Suggeriert das Verb in seinem vollen Wortsinn nicht, hier grabe sich ein Tier unter die Erde? Dass dies tatsächlich auf manche Bienenarten zutrifft, ist bereits im Schlussgesang von Vergils *Georgica* nachzulesen, dem »berühmteste[n], weit über die Antike hinaus folgenreichste[n] Werk zum Bienenwesen«.[109] Johann Heinrich Voß' zu Storms Lebzeiten einschlägige Übersetzung von Vergils Lehrgedicht bemüht in dem Zusammenhang denn auch just das Paradigma des Wühlens: »Oft, wo die Sage nicht teuscht, war tief in gegrabenen Löchern / Unter der Erd' ihr häuslich Gewühl«.[110]

Macht man dementsprechend Ernst mit dem leicht dissonanten Ausdruck, so *verwandeln* sich die Blüten, die die Bienen umschwirren, in eine Art Bau. Wie meine weitere Lektüre plausibel zu machen versucht, wird hier tatsächlich der Zugang gelegt zu einem verästelten Bausystem, das den gesamten Text untergründig durchzieht. (Auf ein solches Mehrebenen-Prinzip verweist ja bereits der Umstand, dass der Passus in einem Kapitel steht, das denselben Namen trägt wie die Novelle selbst.) An erzählstrategisch wichtigen Stellen tritt dieses Bausystem an der Textoberfläche hervor und spielt jeweils humoristisch den Blütenbesuch einer Biene durch.

Unversehens rückt Storms Novelle damit in die Nähe des Ordnungssystems, das Deleuze und Guattari einst ›Rhizom‹ genannt haben: Auch dieses weist »vielfältige Zugangsmöglichkeiten« auf und verbindet, indem es »ganz unterschiedliche Zeichenregimes« bemüht, »einen beliebigen Punkt mit einem anderen beliebigen Punkt«.[111] Die eigentümliche

108 Storm: *Sämtliche Werke*, Bd. 1, 1032.
109 Dutli: *Das Lied vom Honig*, 63.
110 Vergil: *Landbau*. *III–IV Gesang*, 685 (= IV, 42 f.).
111 Deleuze/Guattari: *Tausend Plateaus*, 20 und 36.

Nähe erhellt auch, wenn man an einige der Beispiele aus dem Tierreich denkt, anhand derer Deleuze und Guattari ihren Ansatz veranschaulichen: die Symbiose von Wespe und Orchidee, Bienenschwärme, Kafkas *Bau*.

Das – wie Deleuze und Guattari gesagt hätten – ›Biene-Werden‹ von Storms Text steht freilich nicht allein im Zeichen des untergründigen Rhizoms. Parallel dazu partizipiert Storms ›apistische‹ Novelle an einem organizistischen, funktionalen Textmodell, das sich einer »harmonischen Entwicklung der Form«[112] verschreibt und das Deleuze und Guattari ausgerechnet in das Bild des ›Wurzel-Baums‹ gefasst haben (so wie Storms Bienen eben auch in den Blüten von Obstbäumen summen). Die Breschen, welche die apistischen Momente in den linearen Fortgang der Handlung schlagen – in die Erzählprosa im platten Wortsinn –, und die alternativen Verbindungen, die sie dadurch knüpfen, laufen dementsprechend stets *zugleich* auf eine ›De-‹ und eine ›Reterritorialisierung‹ des Textes hinaus, auf untergründig-verstörendes Wühlen und – sicherlich dominanter – poetisierende Blüten-Lese.[113] Auf dieses Zugleich weist, näher besehen, denn auch schon das Asyndeton »summende[], wühlende[]« hin, indem es die beiden zumindest in einem latenten Spannungsverhältnis zueinander stehenden Tätigkeiten der Bienen lakonisch nebeneinander anordnet.

*

112 Ebd., 365 (abgeänderte Übersetzung).
113 Wenn ich das Rhizomhafte an Storms Novelle als ›untergründig‹ und als ›Subtext‹ bezeichne oder von der ›Tiefe‹ des Textes spreche, ist damit nicht gemeint, es handle sich hierbei um den ›eigentlichen‹ Sinn von *Immensee* – würde so doch eine hermeneutische Tiefendimension eingeführt, die dem ›flachen‹ Modell des Rhizoms entgegenstünde: »Ein Rhizom [...] läßt sich nicht übercodieren, es verfügt über keine zusätzliche Dimension, die zur Anzahl seiner Linien hinzukommen könnte« (ebd., 18 f.). Die von mir bemühte Beschreibungskategorie der Tiefe ist dementsprechend eine Verlegenheitslösung (gerade auch angesichts der entscheidenden Rolle, die die Oberflächen-/Tiefen-Metaphorik im Programmrealismus spielt, wäre vielleicht die Wendung ›zwischen den Zeilen‹ treffender gewesen, da sie das Rhizomhafte auf der Signifikanten-Ebene, in der Materialität des Textes, situiert). Nichtsdestoweniger scheint sie mir insofern ihre Berechtigung zu haben, als das Rhizom *in der diegetischen Welt* von *Immensee* stets unter der Oberfläche der Dinge situiert ist: Zu denken ist vor allem an das Wurzelgeflecht der Wasserlilie (s. u.), aber eben auch an die Bedeutungsimplikationen des Verbs ›wühlen‹. Gleichermaßen kommen ja auch Deleuze und Guattari nicht ganz um die ›Tiefe‹ herum, wenn sie zunächst auf das Rhizom als botanisches Phänomen zu sprechen kommen und es einen »unterirdische[n] Strang« (ebd., 16) nennen.

Zum Abschluss dieser ersten Mikrolektüre sei auf den Begriff ›Ungereimtheit‹ näher eingegangen. Dessen Doppelvalenz macht sich nicht erst Storms Text zunutze. Sie war bereits Dreh- und Angelpunkt der Debatten, die sich um 1750 am Status der physikotheologischen Lehrdichtung entzündeten: Stets war dabei »die Frage nach der Ordnung des Kosmos eng mit der Frage nach poetisch-prosodischer Ordnung verbunden«.[114] In *Immensee* klingt die Konstellation von damals umso mehr nach, als Storms Novelle ihrerseits von Wissensdiskursen und Anspielungen auf die Lehrdichtung – in erster Linie auf die *Georgica* – durchwirkt ist.

An dieser Stelle geht es mir indes primär um eine *immanente* Herleitung des Begriffs ›Ungereimtheit‹. Da er am Ende exakt jenes Kapitels eingeführt wird, das mit der Schilderung von Gut Immensee einsetzt, bildet er bereits in kompositorischer Hinsicht ein Pendant zum weißen Fleck in der Landschaft. Bei einem Abendspaziergang glaubt Reinhardt nämlich, »eine weiße Frauengestalt« (319) zu erblicken – erneut irritiert also etwas Weißes seinen Blick. Die Gestalt scheint »jemanden [zu] erwarte[n]« (ebd.), wendet sich bei Reinhardts Herannahen aber ab: Elisabeth? Oder eine – um im Bild zu bleiben – Blüte von Reinhardts Fantasie? Reinhardt selbst zieht diese verschiedenen Möglichkeiten in Betracht, schreckt vor einer Realitätsprüfung aber zurück: »[E]r ging bei seiner Rückkehr nicht in den Gartensaal, nur um Elisabeth nicht etwa durch die Gartentür hereintreten zu sehen.« (Ebd.) Wenn Reinhardt nun all das »nicht reimen« (ebd.) kann, so ist dies zunächst im Kontrast zu den in der Jugendzeit spielenden Kapiteln zu verstehen, welche den ersten Teil der Binnengeschichte einnehmen. Dort hatte Reinhardt nämlich geradezu umstandslos jede in seinen Augen wichtige Begegnung mit Elisabeth ohne deren Wissen in gereimte Verse zu übertragen vermocht und solcherart die »weißen Blätter« (300) eines kleinen Pergamentbandes nahezu zur Hälfte mit Gedichten gefüllt.

Auf Gut Immensee gelingt Reinhardt diese Poetisierung des Realen im Medium der Literatur offenkundig nicht mehr – dass er mittlerweile vom Verfassen eigener Gedichte zum Sammeln der »im Volke lebenden Reime und Lieder« (318) übergegangen ist, bekommt angesichts dessen Symptom-Charakter. Genauso wenig wie der Text aber mag er vollends auf Poesie-Effekte verzichten und zieht dem prosaischen ›Fakten-Check‹ die poetisierende Unbestimmtheit vor – um den Preis, dass daraus kein bedeutungsschwangeres Symbol erwächst, sondern eine rätselhafte Leerstelle aufgeht. Wie die rhetorische Figur des Schnee-

---

114 Hottner: »Ungereimtheit – Poesie und Prosa um 1755«, 132.

Vergleichs de-figuriert diese diskret die vordergründige Poesie des
Textes, entstellt sie zur Prosa im rhizomatischen Sinn. Auch aus diesem Grund ist es mithin nicht einfach kontingent, dass die Novelle,
die Storm einmal als »Perle deutscher Poesie« bezeichnete[115] – die in
ihr dominierende Verklärungstendenz damit sicherlich auf den Punkt
bringend –, selber mehrheitlich in Prosa gehalten ist, in einem Darstellungsmedium also bar jeden Reims, sondern integraler Bestandteil ihrer
sonstigen ›Ungereimtheiten‹.

2.2 Ein Nachtstück in poetisch-realistischer Manier

Bekräftigt wird die doppelte poetologische Lesart, die ich im voran-
gehenden Abschnitt herausgearbeitet habe, durch das nächtliche Gegenstück zu den Bienen, die sich tagsüber auf den blühenden Obstbäumen
am Ufer des Sees tummeln. Gemeint ist die Szene, in der Reinhardt in
den Immensee steigt, um eine einsame weiße Wasserlilie »in der Nähe
zu sehen« (322). Nach größerer Anstrengung als vermutet (»es war, als
ob die Entfernung zwischen ihm und der Blume dieselbe bliebe«, 323),
scheint er das Objekt seiner »Lust« (322) schließlich zu erreichen:

> Endlich war er der Blume so nahe gekommen, daß er die silbernen
> Blätter deutlich im Mondlicht unterscheiden konnte; zugleich aber
> fühlte er sich wie in einem Netze verstrickt, die glatten Stengel lang-
> ten vom Grunde herauf und rankten sich an seine nackten Glieder.
> Das unbekannte Wasser lag so schwarz um ihn her, hinter sich hörte
> er das Springen eines Fisches; es wurde ihm plötzlich so unheimlich
> in dem fremden Elemente, daß er mit Gewalt das Gestrick der Pflan-
> zen zerriß und in atemloser Hast dem Lande zuschwamm. (323)

Bei seiner Rückkehr ins Herrenhaus erklärt er Erich und Elisabeths
Mutter, der sein nächtliches Ausbleiben offensichtlich merkwürdig
vorkommt:

> »[I]ch wollte die Wasserlilie besuchen; es ist aber nichts daraus
> geworden.«
> »Das versteht wieder einmal kein Mensch!« sagte Erich. »Was Tau-
> send hattest Du denn mit der Wasserlilie zu tun?«

115 Zit. n. dem Herausgeberkommentar zu *Immensee* in Storm: *Sämtliche Werke*,
Bd. 1, 1021 (Brief vom 27.3.1859 an seine Eltern).

»Ich habe sie früher einmal gekannt«, sagte Reinhardt; »es ist aber schon lange her.« (Ebd.)

Wenn Reinhardt die Wasserlilie im Wortwechsel mit Erich anthropomorphisiert und dieser – als Inbegriff eines prosaischen Gemüts – nur Bahnhof versteht, dann macht der Text unmissverständlich deutlich, dass Reinhardt hier im Modus des Poetischen spricht: In melancholischer Verklärung stilisiert er das missglückte Mitternachtsbad zum Analogon seiner unerfüllt gebliebenen Liebe zu Elisabeth.

Zumindest auf den ersten Blick steht der Text dabei mit Reinhardt im Bund. Unterstrichen wird die Bedeutsamkeit der Badeszene zunächst durch die erzählstrategische Positionierung ihrer Auslegung: dadurch, dass Reinhardts Worte an einem Kapitelende stehen. Hervorgehoben wird die Szene vor allem aber auch durch das Schlusskapitel, insofern sie dort noch einmal – als einzige Reminiszenz an die Binnengeschichte – vor dem inneren Auge des alten Reinhardt auftaucht:

Allmählich verzog sich vor seinen Augen die schwarze Dämmerung um ihn her zu einem breiten dunklen See; ein schwarzes Gewässer legte sich hinter das andere, immer tiefer und ferner, so fern, daß die Augen des Alten sie kaum erreichten, schwamm einsam zwischen breiten Blättern eine weiße Wasserlilie. (328)

Poetisch verklärt schließlich wird die mehrfach hervorgehobene Szene durch ihren apistischen Einschlag: Nimmt man Reinhardts anthropomorphisierendes Sprechen von der Wasserlilie zum Anlass, das Toponym ›Immensee‹ seinerseits nicht länger metonymisch im Sinne eines Sees zu lesen, dessen Ufer von Bienen wimmeln, sondern metaphorisch, dann verwandelt sich der badende Reinhardt plötzlich selber in eine Biene, die die Seerose zu befruchten versucht. Zu dieser Lesart passt, dass sich Reinhardt im anschließenden Wortwechsel mit Erich und Elisabeths Mutter des Verbs ›besuchen‹ bedient: »[I]ch wollte die Wasserlilie besuchen«. Sicherlich bereitet der Ausdruck die Anthropomorphisierung aus dem folgenden Satz vor – zugleich jedoch war und ist er in der Botanik gang und gäbe, wenn von der Blütenbestäubung durch Insekten die Rede ist.[116]

---

116 Zumindest insofern sich die Botanik damals überhaupt mit dem Thema beschäftigte. Die Insektenbestäubung wurde erstmals durch Joseph Gottlieb Kölreuter (1777) und Christian Konrad Sprengel (1793) beschrieben. Auch wenn deren Werke in der ersten Hälfte des 19. Jahrhunderts auf relativ wenig Resonanz stießen – erst mit Darwin sollte sich dies, vor allem was

Ohnehin wäre es nicht zum ersten Mal, dass sich Reinhardt in einer imaginären Transposition seines Verhältnisses zu Elisabeth zu einem Flügelwesen stilisierte: Schon in seinem allerersten eigenen Gedicht hatte er sich als junger Adler in Szene gesetzt, der gelobt, die – man ahnt es schon: weiße – Taube Elisabeth einst gegen die graue Krähe, i.e. den Schulmeister, zu verteidigen (vgl. 299). Ausdrücklich heißt es denn auch von der Wasserlilie aus der nächtlichen Badeszene, sie weise »große[] blanke[] Blätter« (322–323) auf. Anders als bei den weißen Obstbaumblüten ist damit aufgrund der Polysemie von ›Blatt‹ der Bezug zu den »weißen Blätter[n]« (300), die der junge Reinhardt mit seinen Gedichten über Elisabeth beschreibt, unmittelbar gegeben.

*

Bezeichnend für den *Nachtstück*-Charakter der Badeszene ist indes, dass das untergründig-›wühlende‹ Moment hier – anders als sonst in der Novelle – wesentlich ausgeprägter ist als das poetisierende. Tatsächlich ist die Selektivität, auf der Reinhardts Poesie-Effekt beruht, in diesem Fall kaum zu übersehen: So wie in der Schlussvision des alten Reinhardt lediglich von den »breiten Blättern« einer »weiße[n] Wasserlilie« die Rede ist, das gefahrvolle Wurzelgeflecht dagegen ausgespart bleibt, so verharrt der junge im Gespräch mit Erich und der Mutter ähnlich evasiv an der – durchaus buchstäblich zu verstehenden – Oberfläche. Die Forschung hat an dieser ›Ungereimtheit‹ denn auch nicht vorbeigesehen und in ihr eine Verdichtung von Reinhardts ambivalentem Begehren erkannt: Während Elisabeth ihn durch ihre (weiße) Jungfräulichkeit – und ihr Kindsein – geradezu magisch anziehe, schrecke er zugleich immer wieder vor der Möglichkeit einer körperlichen Vereinigung mit ihr zurück und töte sie dabei, so wie er bei seiner panischen Kehrtwende das Wurzelgeflecht der Wasserlilie zerreißt, innerlich zusehends ab.[117]

Sprengel angeht, grundlegend ändern –, so fanden ihre Beobachtungen doch beispielsweise Eingang in Gustav Fechners viel gelesenes Buch *Nanna, oder über das Seelenleben der Pflanzen* (vgl. 215–240), publiziert ein Jahr vor der ersten Fassung von *Immensee*. Zur Rezeption von Sprengel vgl. Wagenitz: »Sprengels *Entdecktes Geheimniss der Natur im Bau und in der Befruchtung der Blumen* aus dem Jahre 1793 und seine Wirkung«.

117 So insbesondere die Lesart von Börner: *Mädchenknospe – Spiegelkindlein*, 101–103. Mit etwas anderen Akzentuierungen operiert Wolfgang Lukas, indem er auch das Zithermädchen aus dem Ratskeller ins Spiel bringt. Vgl. Lukas: »›Entsagung‹ – Konstanz und Wandel eines Motivs in der Erzählliteratur von der späten Goethezeit zum frühen Realismus«, 140f., sowie ders.: »Die fremde Frau«, 168–170.

Damit schärft die Szene den Blick für andere, in denen derselbe Mechanismus am Werk ist – aber eben um einiges unmerklicher. Von einer analogen, ihrem Verfasser aber offenkundig entgehenden Ironie war so bereits Reinhardts erstes Gedicht gekennzeichnet: Für eine Taube ist ein ausgewachsener Adler ja allemal gefährlicher als eine Krähe.[118] Ähnliches gilt für das – in den Text der *Immensee*-Novelle selbst nicht eingegangene – Märchen von den drei Spinnfrauen, das Reinhardt Elisabeth in ihrer Kindheit immer und immer wieder erzählt (vgl. 297). Darin erspart das resolute Eingreifen des jungen Protagonisten dessen Braut am Ende zwar die, wie es in Storms eigener, aus dem Jahr 1845 datierender Version dieses Märchens heißt,»Mißgestaltungen«,[119] von denen die drei alten Spinnfrauen durch ihre lebenslange Arbeit gezeichnet sind. Dass der jungen Frau eine solche Entstellung aber überhaupt als Los winkt, ist die Schuld des Bräutigams selbst. Als Bedingung dafür, dass er in die Hochzeit einwilligt, verlangt er von dem Mädchen nämlich gleich dreimal, innert kürzester Zeit Unmengen an Flachs zu verspinnen.[120]

Denkbar diskret nimmt ihrerseits die Szene, in der Reinhardt Elisabeth in seiner Studentenzeit Botanikunterricht erteilt, den problematischen Status der Sexualität vorweg, der sich in der Badeszene wiederum ausgerechnet in einem pflanzlichen Detail niederschlägt: im Wurzelgeflecht unter der Seeoberfläche, dessen Existenz Reinhardt, wiewohl naturwissenschaftlich versiert, offensichtlich nicht in Betracht gezogen hatte. Auf die Idee mit dem Botanikunterricht kommt Reinhardt damals nämlich überhaupt erst, weil sich ihm ein eigentlicher *discours amoureux* nicht einstellen will:»Wenn sie allein zusammen saßen, entstanden Pausen, die ihm peinlich waren und denen er dann ängstlich zuvorzukommen suchte. Um während der Ferienzeit eine bestimmte Unterhaltung zu haben, fing er an Elisabeth in der Botanik zu unterrichten«(310). Ironischerweise kehrt der Sexus dann aber im Zuge just dieses Ausweichmanövers in verschobener Form wieder: Um die eingesammelten Blumen gemäß der Linné'schen Taxonomie korrekt einzuordnen, zählen Elisabeth und Reinhardt fortan unermüdlich »Staubfäden«(311), begutachten also permanent Reproduktionsorgane.

---

118 Auf diesen nicht intendierten ironischen Nebensinn wird erstmals verwiesen bei Sammern-Frankenegg: *Perspektivische Strukturen einer Erinnerungsdichtung*, 126f.

119 Storm: *Geschichten aus der Tonne* [1845]. In: ders.: *Sämtliche Werke*, Bd. 4, 268–278, hier 273.

120 Zur intrikaten Geschlechterpoetik dieses Märchens vgl. auch Theisohn: »*Geschichten aus der Tonne* (1845)«, 270.

Eine ähnliche ›Ungereimheit‹ unterläuft Reinhardt in Sachen Botanik auch im Anschluss an die Badeszene, auf seinem letzten gemeinsamen Spaziergang mit Elisabeth. Ein Büschel Heidekraut pflückend, ruft er ihr in Erinnerung, sie habe ihm einst diese seine Lieblingsblume ins Poesiealbum gelegt, und fügt als scheinbar vollendeter Melancholiker hinzu, das Exemplar von damals sei heute verwelkt. Mit dem *frischen* Heidekraut in der Hand spricht er zugleich buchstäblich durch die Blume[121] den Wunsch aus, diese verwelkte Vergangenheit neu zu beleben. Dabei entgeht ihm freilich ein entscheidendes Detail: So erinnert der Name der Blume – bezeichnend für seine Blindheit fragt Reinhardt Elisabeth gar selber danach:»Es ist eine Erica« (324) – an den seines Rivalen Erich und führt mithin ausgerechnet den Aktanten ein, der seinem um einige Jahre zu spät kommenden Antrag in Elisabeths Augen »voll Tränen« (ebd.) unwiderruflich im Weg steht. Anstatt den poetischen Wunschtraum ins Leben zu überführen, gerät ihm das vorgebliche Symbol Heidekraut damit zu einer ›Ungereimtheit‹, wie sie im Buche steht: Ironischerweise liegt die Erica aus der Kinderzeit ja ausgerechnet zwischen den mit Versen beschriebenen Blättern seines Pergamentbandes.

All diese Querbezüge zeigen, wie stringent Storms Text gerade auch als rhizomatischer geknüpft bzw., wie man mit Blick auf das Märchen von den drei Spinnfrauen sagen kann, gesponnen ist. Zur besonderen Komplexität der Badeszene gehört, dass sie noch diesen Aspekt der Novelle präzise reflektiert. Nicht nur, weil der Vergleich der Wasserlilien-Stängel mit einem »Netze« sowie der Ausdruck »Gestrick« unweigerlich den Topos vom Text als Gewebe ins Spiel bringen. Sondern auch, weil es in der Botanik seit Beginn des 19. Jahrhunderts üblich ist, insbesondere solch verwickelte Wurzelgeflechte eben als Rhizom zu bezeichnen.[122] Nimmt man hinzu, dass die Novelle selbst den Namen des Sees trägt, in den Reinhardt steigt, so werden die Leser*innen durch diese poetologische Aufladung der Badeszene folglich genau wie in der Obstbaumblütenszene mit den ›realen‹ Bienen eingeladen, *Immensee*

---

121 Wie Mörikes *Maler Nolten* und viele andere Texte des 19. Jahrhunderts zehrt *Immensee* auf abgründige Weise von der vorgeblich aus dem Orient stammenden Blumensprache, deren, wie Isabel Kranz schreibt, »zentrale Fiktion« darin bestand, dass es einen »Geheimcode« gebe, der es Liebenden erlaube, ihre Gefühle ohne verräterische Worte über die bloße Zusammenstellung von Blumensträußen auf universell gültige Weise zum Ausdruck zu bringen (Kranz: *Sprechende Blumen*, 8).

122 Der Begriff wurde 1789 eingeführt und hat sich mit Heinrich Friedrich Links 1807 erschienenen *Grundlehren der Anatomie und Physiologie der Pflanzen* allgemein durchgesetzt. Vgl. Wagenitz: *Wörterbuch der Botanik*, 277.

als Text zu begreifen, der unter seiner harmonisierenden Oberflächen-
struktur eine ungleich intrikatere Tiefendimension aufweist.

*

So ist die Badeszene gerade auch als apistische nicht nur idyllisch eingefärbt – als naturhafte Begegnung einer Biene und einer Blüte –, sondern
auch im Traditionszusammenhang der Groteske verankert.[123] Zum
einen, weil erotisch aufgeladene Mensch-Tier- bzw. Mensch-Pflanzen-
Hybride seit jeher zu deren bevorzugten Motiven gehören (Abb. 3).
Zum anderen aber auch, weil der Badeszene, obwohl als tatsächliche
Begebenheit präsentiert, ganz im Sinn der toposartigen Verbindung von
Groteske und Traum[124] eine imaginäre Dimension eignet: Wasserlilien
blühen nachts nämlich überhaupt nicht[125] – eine ›Ungereimtheit‹, die
bei dem fachlich bewanderten Reinhardt einmal mehr aufhorchen lassen sollte.

Dass der Zusammenhang von Groteske und Fantasie bei Storm ganz
anders bewertet wird als in der (Früh-)Romantik, machen die Anklänge
an eine Passage deutlich, die wie kaum eine andere die Wahrnehmung
dessen prägte, was als ›romantisch‹ gilt, und die in der Eigenschaft
auch, wie noch zu zeigen sein wird, an entscheidender Stelle in Kellers
Grünen Heinrich hineinspielt. Die Rede ist vom Eingangstraum aus
Novalis' *Heinrich von Ofterdingen*. Dieser wartet bekanntlich nicht
nur mit einem erotisch aufgeladenen Bad auf, sondern mündet zudem
in die hochsinnliche Vision eines Blumen-Mädchen-Hybrids,[126] in
der die Forschung den utopischem Vorschein einer (Wieder-)Ver-
einigung all dessen ausgemacht hat, was in der Realität des Roman-

---

123 Bei Storm mag ein solcher Bezug auf die Groteske noch mehr überraschen
als bei andern Vertretern des deutschsprachigen Realismus. Dies liegt freilich
eher am gängigen Storm-Bild als an der tatsächlichen Faktur seiner Texte. Wie
produktiv sich diese mit der Groteske auseinandersetzen, hat die Forschung
bisher am Beispiel der Novellen *Eine Malerarbeit* (1867) und *Der Herr Etatsrat* (1881) aufgezeigt. Genau wie *Immensee* wartet Letztere übrigens sowohl
auf der *histoire-* als auf der *discours*-Ebene (aber ungleich expliziter) mit
Mensch-Insekten-Hybriden auf. Zu den Zusammenhängen von Groteske und
Eine Malerarbeit bzw. *Der Herr Etatsrat* vgl. Keck: »Groteskes Begehren
und exzentrische Deklamationen«, 119–133, bzw. Detering: »Entomologische Verwandlungen«.
124 Zu diesem Topos vgl. etwa die Zusammenstellung bei Chastel: *Die Groteske*,
54–57.
125 Darauf verweist bereits Lee: *Erinnerung und Erzählprozess in Theodor
Storms frühen Novellen*, 59f.
126 Vgl. Novalis: *Heinrich von Ofterdingen*. In: ders.: *Werke, Tagebücher und
Briefe Friedrich von Hardenbergs*, Bd. 1, 237–418, hier 241f.

Abb. 3: Männliche Groteskenfigur mit Flügeln, Stachel (?), Pansfüßen und Blume. Raffael und Giovanni del Udine: Detail eines Pilasters aus den Loggien des Vatikan (1517–1519). Aus: Zamperini: *Les grotesques*, 120.

auftakts noch getrennt ist.[127] Von solch utopischem Elan ist bei Storm dagegen keine Spur: So kippt das anfängliche »Lust«-Moment (322) der Storm'schen Groteske spätestens in dem Augenblick in etwas zutiefst Beängstigendes, Beunruhigendes, in dem sich das Wurzelgeflecht in Reinhardts Wahrnehmung mit dämonischem Eigenleben auflädt: »[D]ie glatten Stengel *langten vom Grunde herauf* und *rankten sich*

---

127 Präzise vor dem Hintergrund der Groteskenmalerei verortet wird der Eingangstraum aus *Heinrich von Ofterdingen* bei Best: »Vom ›blauen Blümchen‹ zur ›blauen Blume‹«, 297–300. Als Gegenentwurf zur Novalis-Stelle gelesen wird die Badeszene bereits bei Kuchenbuch: *Perspektive und Symbol im Erzählwerk Theodor Storms*, 70f., und Pastor: *Die Sprache der Erinnerung*, 68f. (Beide Male freilich ohne Bezug auf den Traditionszusammenhang der Groteske.) Zur in *Immensee* formulierten Kritik am romantischen Künstlertypus vgl. auch Anton: *Selbstreflexivität der Kunsttheorie in den Künstlernovellen des Realismus*, 44–63.

an seine nackten Glieder.«[128] Anders gesagt: Reinhardt kommt hier nicht nur sein problematisches Verhältnis zur Sexualität in die Quere, sondern schlicht und ergreifend auch die eigene Fantasie (während Heinrich von Ofterdingens Traum unmittelbar vor dessen Höhepunkt durch eine Intervention *von außen* unterbrochen wird).

Paradigmatisch zeigt sich hier mithin, wie zweischneidig-prekär das Verhältnis des deutschsprachigen Realismus zur Fantasie ist. Zwar baut der Text Reinhardt gerade aufgrund von dessen Hang, sich nicht mit dem Realen in seiner prosaischen Erscheinungsform zu bescheiden, sondern es kraft der eigenen Einbildung poetisch zu verklären, zu einer Identifikationsfigur auf. Mit der Wasserlilien-Szene setzt der Text aber zugleich auch ein Stück weit Reinhardts Gegenspieler Erich ins Recht, für den eine Wasserlilie schlicht eine Wasserlilie ist, und kein menschliches (oder dämonisches) Wesen: »Das versteht wieder einmal kein Mensch!« (323) Ja, durch die Art und Weise, wie sich die Badeszene in den Traditionszusammenhang der Groteske einschreibt, legt sie gar in ungewohnter Deutlichkeit die monströs-deformierende *Kehrseite* von Reinhardts Verklärungsbestrebungen bloß.

Auch in der Hinsicht gibt die Badeszene die untergründige Lektürefolie für den restlichen Text ab. Ungleich diskreter als dort kippen auch sonst idyllische oder märchenhafte Versatzstücke wiederholt in die Groteske. Ein gutes Beispiel dafür liefert die Szene auf Gut Immensee, in der Reinhardt Elisabeth – als immer noch »weiße, mädchenhafte« (317) Gestalt beschrieben – zum ersten Mal wiedersieht: »Sie stand auf und ging den Eintretenden entgegen; aber auf halbem Wege blieb sie *wie angewurzelt* stehen und starrte den Fremden unbeweglich an.« (Ebd., Hervorhebung G. F.) In einem ersten Schritt bietet es sich an, diesen Vergleich mit Reinhardts eigener Dichtungstheorie in Verbindung zu bringen. Dieser zufolge werden poetische Erzeugnisse »nicht gemacht« (320), sondern »wachsen« (ebd.) pflanzenhaft »im Walde« (304).[129] So entsteht der Eindruck, Elisabeth trete Reinhardt, insofern er sie als

---

128 Zum grotesken Charakter von Pflanzendarstellungen im Sinne eines »undurchdringliche[n], unentwirrbare[n] Geschlinge[s]«, in dessen »un-heimliche[r] Lebendigkeit […] die Natur gleichsam selber die Bereiche zwischen Tier und Pflanze aufgehoben hat«, vgl. Kayser: *Das Groteske in Malerei und Dichtung*, 135.

129 Die Forschung liegt sicher nicht falsch, wenn sie immer wieder darauf hinweist, dass diese Dichtungstheorie derjenigen des Autors Storm in großen Teilen entspreche und maßgeblich von Herders Überlegungen zur Naturpoesie bzw. dem Volkslied zehre. Nur ist damit nicht einmal im Ansatz geklärt, welche Funktion dieser organizistischen Poetik innerhalb von *Immensee* selber zukommt.

verwunschene Pflanze wahrnimmt, als ein Stück Poesie *in nuce* (bzw. *in radice*) entgegen, das cs aus Erichs prosaisch-bürgerlichem Bannkreis zu befreien gilt. Denkt man an das Gedicht zurück, das Reinhardt einst zur Verteidigung Elisabeths gegen den Schullehrer geschrieben hatte, zeigt sich, dass die Konstellation schon damals die gleiche war – nur dass sie dort, in Gestalt von Reinhardts Versen, ausdrücklich auf dem Gebiet der Dichtung durchgespielt worden war.

So weit, so gut – was aber hat dies mit der Groteske zu tun? Der Zusammenhang ist, wie gesagt, denkbar filigraner Natur und wird von den unmittelbar davor erwähnten »Syringenbäumen« (317) nahegelegt. Wie der DKV-Herausgeberkommentar erläutert, mag darunter primär Flieder zu verstehen sein.[130] In einem durch das Idyllengenre überdeterminierten Kontext schwingt in dem Wort aber auch unweigerlich ein Anklang an die keusche Nymphe Syrinx mit: Auf der Flucht vor dem lüsternen Pan, diesem genuin grotesken Mischwesen mit halb menschlichen, halb tierischen Zügen, wurde Syrinx in Schilfrohr verwandelt, woraus ihr brüskierter Verfolger wiederum den Rohstoff für die nach ihm benannte Flöte bezog.[131] Präsent-absent schwingt derselbe mythologische Intertext im Übrigen auch in der nächtlichen Badeszene mit, und zwar im Umweg über die botanische Nomenklatur. Als Reinhardt Elisabeth in seiner Studentenzeit Botanikunterricht erteilte, achtete er stets darauf, dass sie die »lateinischen Namen« (311) korrekt aussprach. Fühlt man sich angesichts dessen eingeladen, auch einmal den Gattungsnamen der Wasserlilie nachzuschlagen, offenbart sich Erstaunliches: Dieser lautet nämlich *nymphea*. Vor dieser mythologischen Folie erscheint der Pflanzenvergleich »wie angewurzelt« aus der Wiedersehensszene zwischen Reinhardt und Elisabeth unwillkürlich in einem etwas anderen, zwiespältigeren Licht als bisher: Wenn Elisabeth sich in dem Moment, in dem sie ihren Jugendfreund wiedererkennt, unter dessen Blick wie die Nymphe Syrinx in ein pflanzenartiges Wesen verwandelt, dann fällt Reinhardt nämlich weniger der Part des hehren Befreiers zu als der des lüsternen Pan.[132]

---

130 Vgl. Storm: *Sämtliche Werke*, Bd. 1, 789.

131 Vgl. etwa Hederich: *Gründliches mythologisches Lexikon*, Sp. 2276.

132 An dieser Ambivalenz sieht Pastor vorbei, wenn er ausschließlich dem »versteinerten Bürgerleben[]«, das Elisabeth an der Seite von Erich führe, die Schuld an ihrer Verwunschenheit gibt (Pastor: *Die Sprache der Erinnerung*, 66). Ex negativo macht Pastors Lektüre zudem deutlich, wie essenziell es ist, nicht an die Bildlichkeit des Textes zu rühren, sondern, von dieser ausgehend, dessen immanente Poetik zu entwickeln.

Angesichts dieses Schillerns zwischen märchenhaftem Befreiungsplot und Wild-Unheimlichem (der Ausdruck fällt ja explizit in der nächtlichen Badeszene) verwundert es nicht, dass die Beschreibung des Herrenhauses, in die die Erwähnung der »Syringenbäume[]« eingebettet ist, ihrerseits eminent apistisch aufgeladen ist. So schließt sich an die »beide[n] *Flügel*« des Hauses eine »hohe Gartenmauer« an, hinter der »man die Züge dunkler Taxuswände« sieht; diese doppelte Einhegung erinnert umso mehr an den Wald- und Bergkreis um Gut Immensee herum, als »*blühende[]* Zweige« – die der »Syringenbäume[]« eben – sie »hin und wieder« überwinden und »in den Hofraum *hinunter*hängen.« (317, Hervorhebungen G. F.) Insofern diese Blüten anders als die der Obstbäume nicht die Gestalt eines einmaligen weißen Flecks einnehmen, sondern den Taxus intermittierend durchbrechen, verweisen sie gar darauf, was genauso intermittierend in dessen paronomastischem Pendant – dem Text – aufscheint: das Apistische eben mit seiner intrikaten poetologischen Doppel-Valenz.

2.3 Allem Abschied voran

Als sich Reinhardt am Ende der Binnengeschichte für immer von Elisabeth verabschiedet, bricht diese Doppeltheit in vielfältiger Modulation erneut auf:

> Er ging über den Flur der Tür zu; dann wandte er sich noch einmal. Sie stand bewegungslos an derselben Stelle und sah ihn mit toten Augen an. Er tat einen Schritt vorwärts und streckte die Arme nach ihr aus. Dann kehrte er sich gewaltsam ab und ging zur Tür hinaus. – Draußen lag die Welt im frischen Morgenlichte, die Tauperlen, die in den Spinngeweben hingen, blitzten in den ersten Sonnenstrahlen. Er sah nicht rückwärts; er wanderte rasch hinaus; und mehr und mehr versank hinter ihm das stille Gehöft, und vor ihm auf stieg die große weite Welt. (327)

Auffällig sind zunächst die Anklänge an die Wasserlilien-Szene: das Ausstrecken der Arme, die »gewaltsam[e]« Kehrtwende. Elisabeth verharrt ihrerseits »an derselben Stelle«, so wie Reinhardt beim Schwimmen den Eindruck gehabt hatte, »als ob die Entfernung zwischen ihm und der Blume« allen Anstrengungen zum Trotz »dieselbe bliebe« (323). Darüber hinaus erinnert Elisabeths ›Bewegungslosigkeit‹ aber auch an das Wiedersehen der beiden auf Gut Immensee – dort war sie ja als

»unbeweglich« (317) beschrieben worden –, nur dass dies damals in den Vergleich »wie angewurzelt« (ebd.) gekleidet worden war, sie sich aus Reinhardts Perspektive also durchaus noch als lebendiger Organismus präsentierte, während ihr nunmehr »tote[] Augen« bescheinigt werden.[133]

Allerdings liegen dieses letale Moment und dessen untergründige Gewalt im Text nicht offen zutage, sondern sind immer schon poetisch überformt: Ähnlich wie Orpheus vermag zwar auch Reinhardt seine verlorene »tote[]« Geliebte nicht zu neuem Leben zu erwecken (es sei daran erinnert, dass der Orpheus/Eurydike-Mythos den zweiten Hauptteil des Schlussgesangs der *Georgica* einnimmt, der ansonsten ganz im Zeichen der Bienen steht). In auffälligem Kontrast aber zum tragischen Ende des Orpheus-Mythos scheint Reinhardt einem geradezu heiteren neuen Lebensabschnitt entgegenzugehen, da die auf den Gedankenstrich folgende Beschreibung der Außenwelt ganz im Zeichen eines Neuanfangs steht: »im frischen Morgenlichte«; »in den ersten Sonnenstrahlen«; »vor ihm auf stieg die große weite Welt«.

Wie schon im Vierzeiler *Begegnung* erweist sich der Gedankenstrich hier erneut als *Trenn*strich: Er tilgt jegliche Reminiszenz an das zerrissene Wurzelgeflecht der Wasserlilie und lässt an die Stelle von dessen bedrohlichem Unterwasser-»Netz« (323) »Spinngewebe[]« mit in der Sonne blitzenden Tauperlen treten. Kaum zufällig handelt es sich bei all diesen deskriptiven Partikeln um topische Dichtungsmetaphern: So steht das Spinnengewebe für ein in sich geschlossenes und ungleich harmonischeres Textmodell als das wild vor sich hin wuchernde Rhizom der Wasserlilie, während mit der Verbindung von Perle und Tau bzw. von Perle und Blitz zwei bis in die Antike zurückreichende Inspirationsmetaphern anklingen.[134] Mit Reinhardts Aufbruch in »die große weite Welt« scheint ihm also auch das zu gelingen, was ihm in seiner Beziehung zu Elisabeth auf Gut Immensee verwehrt blieb: dass die Poesie ins Leben übertritt.

Diskret ironisch relativiert wird dieser allzu verklärende Schluss der Binnengeschichte indes dadurch, dass Reinhardt »nicht rückwärts« sieht, sondern, wie man es ihm schon auf dem Hinweg empfohlen hatte, »[i]mmer gerad'aus« (314) geht. Unversehens gerät er damit selber zu einer Figuration der stets nur voranschreitenden Prosa: de-

---

133 Zu dieser fatalen Entwicklungslogik vgl. auch, aber ohne Bezug auf den botanischen Subtext, Belgardt: »Dichtertum als Existenzproblem«, 81 f., und Börner: *Mädchenknospe – Spiegelkindlein*, 89 f.

134 Aufgearbeitet ist die Geschichte dieser Topoi bei Ohly: »Tau und Perle« und dems.: »Die Geburt der Perle aus dem Blitz«.

zenter Hinweis darauf, dass sein weiterer Lebensweg vielleicht doch weniger poetischen als prosaischen Charakters sein wird. Wesentlich expliziter in diesem Punkt war die 1849 im *Volksbuch auf das Jahr 1850 für Schleswig, Holstein und Lauenburg* publizierte Erstfassung der Novelle. Ausführlich schildert diese, wie sich Reinhardt nach dem Verlassen von Gut Immensee allmählich »in den Gang des täglichen Lebens ein[ ]reiht«, ein Amt übernimmt, heiratet und Vater wird: »[S]o ging Alles seinen wohlgeordneten Gang«; nur hin und wieder sei späterhin noch »der Zwiespalt zwischen Gegenwart und Erinnerung bei ihm« aufgebrochen.[135] Nicht nur lässt sich die auffällige *figura etymologica* ›Gang‹/›gehen‹ als Anspielung auf die Prosa als *sermo pedestris* lesen. Unüberhörbar schwingt in diesen Sätzen auch ein berühmter Passus aus Hegels *Ästhetik* mit, in dem der Gehalt des modernen Romans als »Erziehung des Individuums an der vorhandenen Wirklichkeit« bestimmt wird; diese »Lehrjahre« endeten, so Hegel, jeweils damit, dass »sich das Subjekt die Hörner abläuft, mit seinem Wünschen und Meinen sich in die bestehenden Verhältnisse und die Vernünftigkeit derselben hineinbildet, in die Verkettung der Welt eintritt und in ihr sich einen angemessenen Standpunkt erwirbt«, kurzum: Es werde »ein Philister so gut wie die anderen auch«.[136] Zusammen mit der *figura etymologica* führt diese Hegel-Reminiszenz mithin vor Augen, wie sich das Verhältnis von Poesie und Prosa in Reinhardts weiterem Leben umkehrt. Dafür hatte Storms Studienfreund Tycho Mommsen offensichtlich ein genaues Gespür, notierte er doch an den Rand ausgerechnet jenes Abschnitts der Erstfassung den vernichtenden Kommentar: »Da haben wir des Pudels Kern, eitel Prosa!«[137] Storm sah sich dadurch veranlasst, den Passus in der überarbeiteten Fassung zu streichen und das Prosaische nur mehr als augenzwinkernd-melancholische ›Ungereimtheit‹ einzuführen – ohne es freilich ganz zu tilgen und damit ebenso ›eitler‹ Poesie zu verfallen.

Die Streichung des besagten Abschnitts hat aber noch eine andere wichtige Konsequenz: Durch sie entsteht nunmehr der Eindruck, der Spaziergang, von dem der gealterte Reinhardt im Incipit der Novelle zurückkommt, sei genau derselbe wie der, zu dem sein junges Alter Ego am Ende der Binnengeschichte aufbricht.[138] Diese zyklische Anlage der

---

135 Zit. nach Storm: *Immensee. Texte (1. und 2. Fassung)*, 66.
136 Hegel: *Vorlesungen über die Ästhetik*, Bd. 2, 220.
137 Zit. nach dem Herausgeberkommentar zu *Immensee* in: Storm: *Sämtliche Werke*, Bd. 1, 1038.
138 Auf diesen Schlaufen-Effekt erstmals verwiesen hat einmal mehr Sammern-Frankenegg: *Perspektivische Strukturen einer Erinnerungsdichtung*, 45–62. Dass damit auch eine »Wiedergängerstruktur« in *Immensee* implementiert

Novelle wird noch durch weitere Neuerungen aus der überarbeiteten Fassung angedeutet: So tragen das erste und das letzte Kapitel, die beiden mithin, in denen sich die Rahmenhandlung abspielt, denselben Titel – »Der Alte« (295 und 327) –, wohingegen die Erstfassung noch gänzlich ohne Zwischentitel ausgekommen war, sich mithin als durchgehender Prosatext präsentierte.

Mit dem Knüpfen dieser Schlaufe gehen Bedeutungseffekte einher, die ebenso weitreichend sind wie subtil: Einerseits wird so auf den für die Idyllik konstitutiven zyklischen Zeitrhythmus angespielt, in dem insbesondere Kindheit/Jugend und Alter *et vice versa* ineinander übergehen.[139] Andererseits überführt Storms Novelle, indem das Ende der Binnengeschichte über die poetologisch aufgeladene Bildlichkeit des Gehens auf den Anfang des Textes zurückgewendet wird, das ihr überwiegend zugrunde liegende Darstellungsmedium der Prosa in Poesie, die – als Versrede verstanden – immer schon in sich gewendet ist. (Im Lauf der nächsten Kapitel werden wir dieser Text- und Lesefigur noch mehrmals begegnen, in Zusammenhang vor allem mit Gottfried Kellers *Das Tanzlegendchen* und C.F. Meyers *Die Versuchung des Pescara*). Für eine solch poetologische Lesart spricht auch Storms Werkpolitik: Die überarbeitete Fassung seiner Novelle, d.h. diejenige, die eine Kapitelstruktur und keinen durchgehenden Text mehr aufweist, publiziert er nämlich erstmals in dem Band *Sommergeschichten und Lieder*, in dem Gedichte und Prosatexte ohne erkennbares Ordnungsprinzip – also gleichwertig – nebeneinanderstehen. Allein schon aus dem Grund verdient es die Novelle, so genau wie ein Gedicht gelesen zu werden.

2.4 Blütenstaub (Spätlese)

Nicht von ungefähr ist denn auch just die Rückkehr des gealterten Reinhardt im Incipit der Novelle in höchstem Maß apistisch aufgeladen:

> An einem Spätherbstnachmittage ging ein alter wohlgekleideter Mann langsam die Straße hinab. Er schien von einem Spaziergange nach Hause zurückzukehren; denn seine Schnallenschuhe, die einer vorübergegangenen Mode angehörten, waren bestäubt. Den langen

wird, die die Referenz der in der Binnengeschichte erzählten »Wahrnehmungsereignisse« suspendiert, zeigt Elisabeth Strowick: »›Eine andere Zeit‹«, 56–60.

139 Zu dieser spezifischen Zeitlichkeit der Idylle vgl. insbesondere Bachtin: *Chronotopos*, 161.

Rohrstock mit goldenem Knopf trug er unter dem Arm; mit seinen dunklen Augen, in welche sich die ganze verlorene Jugend gerettet zu haben schien, und welche eigentümlich von den schneeweißen Haaren abstachen, sah er ruhig umher oder in die Stadt hinab, welche im Abendsonnendufte vor ihm lag. – Er schien fast ein Fremder; denn von den Vorübergehenden grüßten ihn nur Wenige, obgleich Mancher unwillkürlich in diese ernsten Augen zu sehen gezwungen wurde. (295)

Auf eigentümlich humoristische Weise erinnert dieser heimkehrende Spaziergänger an eine Biene: Während sein »lange[r]«, unter den Arm geklemmter »Rohrstock« als Pendant des Bienenstachels fungiert – auf den zugleich auch, von der Signifikanten-Ebene her, seine ›abstechende‹ Haarfarbe hinweist –, so sind seine Schnallenschuhe »bestäubt« wie die ›Pollenhöschen‹ einer vom Ausflug zurückkehrenden Biene.[140] Dass dieses Partizip mehr meint als den (zutiefst prosaischen) Straßenstaub, der sich während des Spaziergangs auf Reinhardts Schuhen angesammelt hat, bekräftigt eine spätere Stelle, an der ein »bestaubtes Dintenfaß« (309) Erwähnung findet. Dort ist tatsächlich nur Staub im Spiel, zugleich ist dort aber auch das poetologische Moment, weil sich dieser Staub ausgerechnet auf einem Tintenfass angehäuft hat, ungleich expliziter als im Incipit.

Weiter spezifizieren lässt sich die Bienenanalogie mit Blick auf den Intertext der *Georgica*. Vergil unterscheidet dort eine »edlere«, »mit Gold' und ähnlichen Tropfen gesprenkelt[e]« Bienenart, der man »süßen Honig« abpressen könne, und eine, die »wustvoll« umherstarre, »wie ein Wanderer lechzend / Kommt aus tiefem Sand', und Staub mit trockenem Munde / Ausspeit«.[141] Als abseits vom Kollektiv lebende(r) Einsiedler(biene), schlägt der gealterte Reinhardt – »Er schien fast ein Fremder«, heißt es ja von ihm – einerseits nach der laut Vergil unedleren Art. Unschwer ist in dieser Singularität eine Vorwegnahme der Erdbeeren-Sequenz aus der Binnengeschichte zu erblicken: Im Gegensatz zu allen anderen Kindern gelingt es dem jugendlichen

---

140 Zur Art und Weise, wie der Blütenstaub am Körper der bestäubenden Insekten hängen bleibt, vgl. – allerdings ohne Verwendung des Ausdrucks ›Pollenhöschen‹ – die zeitgenössische Beschreibung bei Fechner: *Nanna, oder über das Seelenleben der Pflanzen*, 217f. Dass der Terminus damals gleichwohl geläufig war, zeigt ein Blick in die Erstfassung des *Grünen Heinrich*, wo einmal von den »Höschen der Bienen« die Rede ist. Vgl. Keller: *Der grüne Heinrich* (1854/55). In: ders.: *Historisch-Kritische Ausgabe*, Bd. 12, 345.
141 Vergil: *Landbau. III–IV Gesang*, 689 (= IV, 96–101).

Reinhardt dort nicht, dem Auftrag des bürgerlich-patriarchalischen »Proviantmeister[s]« (300) Genüge zu tun und in emsiger Beflissenheit möglichst viele Walderdbeeren für die gesamte Ausflugs-»Gesellschaft« (ebd.) einzusammeln.[142] Genauso bezeichnet der Signifikant ›Stock‹ in der Eingangssequenz von *Immensee* keinerlei Kollektiv, sondern fungiert in Gestalt eines Rohrstocks als Indiz für Reinhardts solitäre Wanderer-Existenz.

Andererseits eignen dem gealterten Reinhardt aber auch Züge der Bienensorte, die Vergil als die edlere preist – man denke nur an den *goldenen* Knopf seines Spazierstocks. Wie es sich für einen ›realistischen‹ bzw. post-idealistischen Text gehört – nicht von ungefähr umgibt das ganze Incipit ein Nimbus von Spätzeitlichkeit (»An einem Spätherbstnachmittage«; »ein alter [...] Mann«; »vorübergegangene[] Mode«) –, mag die Erzählinstanz zwar ihrerseits nicht mehr ohne Weiteres Zugriff auf das Innenleben des Protagonisten haben, der eine von ihr unabhängige Existenz führt. Nichtsdestoweniger suggeriert sie, wenn sie von Reinhardts »dunklen Augen« spricht, »in welche sich die ganze verlorene Jugend gerettet zu haben schien«, Storms Protagonist trage im Gegensatz zu Vergils Wanderbienen nicht einfach schnöden Staub nach Hause, sondern Substanzielleres, ja, diese Jugenderinnerungen seien der eigentliche Blütenstaub, den er mit sich führe: resignative Umschrift frühromantischer Utopie-Entwürfe à la *Heinrich von Ofterdingen*, denen zufolge der Traum ins Leben überzutreten und mit diesem zur höheren Einheit der Poesie zu verschmelzen vermag. Kaum zufällig erinnert der Staub auf Reinhardts Schuhen so denn auch von ferne an den Titel von Novalis' *Blütenstaub*-Fragmenten.

Eigentlich entscheidend für mein Argument aber ist, dass das Incipit von *Immensee*, apistisch gelesen, im Hinblick auf die Binnengeschichte mit einer besonderen poetologischen – wenn man so sagen kann – Pointe aufwartet. So sei zunächst in Erinnerung gerufen, dass sich die Binnengeschichte aus kurzen, szenenartigen Kapiteln mit evokativen Titeln zusammensetzt, zwischen denen, wie die Kritik seit jeher bemerkt hat, kausale Verbindungen und psychologische Motivierungen auf eigentümliche Weise ausgespart bleiben. Dass diese Ellipsen maßgeblich zur Poetisierung von Storms Novelle beitragen, hat m.W. als Erster Wolfgang Preisendanz zu bedenken gegeben.[143] Mit Bezug auf

---

142 Dieses Kapitel steht im Mittelpunkt von Philipp Theisohns Lektüre, die mit Johann Heinrich Voß' *Luise* zudem einen weiteren Intertext aus dem Gattungszusammenhang der Idylle ins Spiel bringt. Vgl. Theisohn: »Erdbeeren«.

143 Vgl. Preisendanz: »Gedichtete Perspektiven in Storms Erzählkunst«.

das Bienen-Paradigma lässt sich dieser Befund weiter präzisieren: Die spezifische Faktur der Binnengeschichte wird nunmehr lesbar als eine Art Blütenlese aus Reinhardts Kindheit und Jugend und der gealterte Reinhardt selbst als eine Biene, die von einer Blüte zur nächsten fliegt, die Prosa des Realen dabei zur suggestiven Poesie der Erinnerung verklärend.[144] Das Denkbild, seit Lukrez und Seneca ein Gleichnis für schöpferische *imitatio*,[145] war Storm auf jeden Fall vertraut: So schreibt er am 17. Dezember 1854 an seine Mutter, er habe sich *Im Sonnenschein*, seine neueste, soeben zusammen mit zwei Texten aus der Entstehungszeit von *Immensee* erschienene Erzählung – Fontane gegenüber charakterisiert er sie übrigens als »in Szene gesetzte Lyrik«[146] –, im »Sommer auf [s]einen Mittagsspaziergängen bienenartig zusammengelesen«.[147]

Die These lässt sich auch immanent stützen: nicht nur weil sich Reinhardt ja bereits in seinem allerersten Gedicht zu einem Flügelwesen stilisiert und weil er einen ausgeprägten Hang zum Sammeln hat,[148] sondern weil er schon als Jugendlicher ein Album mit Gedichten anlegt, zu denen ihm Elisabeth, ohne selber davon zu wissen, »Veranlassung« (300) gibt. Eine Gedicht-Anthologie im präzisen metaphorischen Wortsinn, eine Blumen-Lese also, ist das damalige Album zwar nicht, denn es trifft keine Auswahl; dafür kommen in ihm ganz konkret (›realistisch-metonymisch‹ sozusagen) Gedichte und Blumen zusammen: eine Maiblume aus Reinhardts eigener Hand sowie die ominöse Erica aus der von Elisabeth (vgl. 311 f.).

Immensee übernimmt dieses Textmodell des jungen Reinhardt auch insofern, als die evokativen Kapitelüberschriften der Novelle ein ums andere Mal auf dessen Jugendgedichte verweisen. Damit saugen sie sozusagen deren poetische Energie in sich auf – und behaupten zugleich

---

144 Damit verifiziert meine *Immensee*-Lektüre auch Gerhard Plumpes am Beispiel von *Ein Doppelgänger* (1886) gewonnenen Befund, dass die Rahmen-Dispositive, mit denen Storms Novellen arbeiten, wesentlich zur Poetisierung des Binnengeschehens beitragen. Vgl. Plumpe: »Gedächtnis und Erzählung«, 78 f.

145 Vgl. von Stackelberg: »Das Bienengleichnis. Ein Beitrag zur Geschichte der literarischen *Imitatio*«.

146 Zit. nach dem Herausgeberkommentar zu *Im Sonnenschein* in: Storm: *Sämtliche Werke*, Bd. 1., 1055 (Brief vom 24.7.1854 an Fontane).

147 Zit. nach ebd., 1054 (Brief vom 17.12.1854 an seine Eltern).

148 Zu Reinhardts vielfältigen Sammeltätigkeiten vgl. Lee: *Erinnerung und Erzählprozess in Theodor Storms frühen Novellen*, 46–50. Vor dem Hintergrund des zeitgenössischen ethnografischen Diskurses werden diese verortet bei Neumann: »Wandern und Sammeln«.

von der Prosa, die sie betiteln, diese überbiete Reinhards Verslyrik aus Jugendtagen noch an poetischer Strahlkraft. Bei den Kapitelüberschriften handelt es sich in der Regel um verkappte Verszitate, während die nach dem immer gleichen narrativen Muster gestrickten und dementsprechend prosaisch anmutenden Gedichttitel, die Reinhardt in seiner Jugend ersonnen hatte, nicht wiederverwertet werden: »›Als sie vom Schulmeister gescholten war.‹ ›Als sie sich im Walde verirrt hatten.‹ ›Mit dem Ostermärchen.‹ ›Als sie mir zum erstenmal geschrieben hatte‹; in der Weise lauteten fast alle.« (312)[149]

Die Kapitelüberschriften aus *Immensee* treten aber nicht bloß zu Reinhardts jugendlich-dilettantischen Gedichtproduktionen in ein agonales Verhältnis. Um einiges grundsätzlicher setzen sie sich darüber hinaus mit dem literarhistorischen Modell auseinander, für das Reinhardts Jugendverse paradigmatisch stehen. Recht besehen, entspricht deren repetitive Titelstruktur nämlich mancher Gedichtüberschrift aus der Feder von Johann Christian Günther: *Als er ungefehr auf dem Kirchhofe mit seiner Leonore zusammen kam* oder *Als Leonore sich endlich zum Lieben bewegen ließ*.[150] Reinhardts Jugendverse evozieren mithin genau jenen frühneuzeitlichen Dichter, in dem man nicht zuletzt aufgrund von Goethes gewichtigem Votum aus *Dichtung und Wahrheit* einen Wegbereiter der sogenannten Erlebnislyrik zu erblicken beliebte[151] und damit – im Verständnis zumindest von Storm und vieler seiner Zeitgenossen – von Lyrik *tout court*. Als Storm ein paar Jahre nach Erscheinen von *Immensee* die Gedicht-Anthologie *Deutsche Liebeslieder seit Johann Christian Günther* (1859) herausgibt, unterstreicht denn auch bereits deren Titel Günthers Status als ›Diskursivitätsbegründer‹.

Wie ambivalent die Storm'sche Variante des *deuil du vers* ist, deutet sich schon im Spannungsverhältnis zwischen der Konstellation aus *Immensee* und dem programmatischen Titel der Anthologie an. Deutlicher noch wird sie, wenn man einen näheren Blick auf Storms lyriktheoretische Äußerungen wirft. Einmal abgesehen von seiner melancholischen Selbststilisierung zum »letzte[n] Lyriker«[152] beschwören

---

149 Bereits Börner weist auf den »ausnehmend prosaischen Charakter« von Reinhardts Gedichtüberschriften hin (Börner: *Mädchenknospe – Spiegelkindlein*, 81).

150 Vgl. Günther: *Werke*, 795 und 801.

151 Vgl. Goethe: *Aus meinem Leben. Dichtung und Wahrheit*. In: ders.: *Sämtliche Werke. Briefe, Tagebücher und Gespräche*, Abt. I: *Sämtliche Werke*, Bd. 14, 7–852, hier 290 und 433.

152 So Storm in einem Brief an Alfred Biese vom November 1884 (zit. nach dem Herausgeberkommentar zu Storm/Schmidt: *Briefwechsel*, Bd. 2, 216). Eine

diese stets die vorgeblich zeitlose Gültigkeit eben jenes Modells von Verslyrik, als dessen Überbietung die Kapiteltitel aus *Immensee* angelegt sind. Als Storm den mit ihm befreundeten Literaturhistorikern Alfred Biese und Erich Schmidt zu Beginn der 1880er-Jahre darlegt, wie seine frühe Novellistik mit seiner Lyrik zusammenhänge, spricht er denn auch nicht etwa von ›Trauerarbeit‹ oder von ›Agonalität‹, sondern greift auf eine harmonisch-organizistische Wachstumsmetapher zurück: »Meine Novellistik ist aus meiner Lyrik erwachsen.«[153] Ein vergleichbares Bild findet sich sehr wohl auch in *Immensee*: So behauptet Reinhardt einmal, Lieder im vollen Wortsinn würden »gar nicht gemacht; sie wachsen, sie fallen aus der Luft, sie fliegen über Land wie Mariengarn« (320). Nur lassen sich die Grenzgänge zwischen Vers und Prosa in *Immensee* eben nicht auf eine goethezeitlich angehauchte Metamorphosenlehre reduzieren: Die Gemengelage aus der Novelle ist um einiges komplexer, vielschichtiger als die programmatische Position ihres Verfassers und ihres Protagonisten.

*

Nach diesen eher grundsätzlichen Überlegungen aber zurück zu den Echos zwischen der Rahmen- und Binnengeschichte von *Immensee* und der Poetisierungsstrategie, die damit einhergeht. Im Gegensatz zu seinem jugendlichen Pendant muss der gealterte Reinhardt nicht befürchten, dass Elisabeth anders auf seine poetischen Konstrukte reagiert als von ihm erwartet: Errötend hatte sie damals die Gedichte gelesen und Reinhardt den Band anschließend kommentarlos zurückgegeben; als Gegengabe hatte sie ihm lediglich sein »Lieblingskraut« (312) hineingelegt, von dem die Leser*innen erst ein paar Kapitel später erfahren – der Selektivität von Reinhardts Erinnerung sei Dank –, dass es sich ausgerechnet um eine »Erica« (324) handelte. Ohne realen Widerpart vermag der gealterte Reinhardt dagegen nunmehr ganz und gar ungehindert in seinen melancholisch eingefärbten Erinnerungen zu schwelgen: Petrarca lässt grüßen.

Dass sich dabei dennoch die eine oder andere ›Ungereimtheit‹ ergibt, gehört zur Ironie von Storms Text, der in Verklärung eben nicht aufgeht. Diskret deutet die Rahmengeschichte auf diese unmerklichen

---

ähnlich lautende Formulierung findet sich in einem ein halbes Jahr früher geschriebenen Brief an Erich Schmidt. Vgl. ebd., 97 (Brief vom 13.7.1884).

153 Ebd., 57 (Brief vom 1.3. 1882). Zu einer differenzierten Einschätzung des Briefzitats vgl. auch, mit etwas anderen Akzenten als in meiner Lektüre, Petersen: »Storms novellistische Erzählkunst als Reflexionsmedium der lyrischen Sprachkrise in der zweiten Hälfte des 19. Jahrhunderts«.

Verzerrungen und Entstellungen voraus, insofern gerade in ihr die Anspielungen auf den Traditionszusammenhang der Groteske ihren Anfang nehmen. So weckt die humoristische Stilisierung des alten Reinhardt zu einer Biene nicht nur verklärend-poetische Konnotationen; beim Wort genommen, präsentiert sie diesen zugleich als ein Tier-Mensch-Hybrid, wie sie für die Groteske typisch sind. Auch weist der Umstand, dass Reinhardt Eigenschaften sowohl der »edlere[n]« als auch der »wustvoll[en]« der bei Vergil beschriebenen Bienen besitzt, darauf hin, dass vermeintlich Unvereinbares in ihm zusammenkommt. Schließlich liegt der Bezug zur Groteske auch deswegen nahe, weil diese traditionell als Rahmenornament angelegt ist und von ihrer Randposition aus mit dem ›eigentlichen‹ Werk interferiert, dessen vorgebliche Eigenständigkeit auf vielfältige Weise stört. In vergleichbarer Weise rahmt auch das Eingangskapitel aus *Immensee* die Binnengeschichte und weist in Gestalt von Reinhardts »*Rohr*stock« (Hervorhebung G.F.) auf deren ›Ungereimtheiten‹ bzw. *lapsus calami* voraus – zumal das Utensil ganz konkret an einem Schreibfehler beteiligt ist: Es wird ja in einem Atemzug mit einem Ausdruck genannt (›bestäubt‹), der sich später in einer abweichenden Schreibung (›bestaubt‹) wiederfindet.

Überhaupt kann die Gegenstrebigkeit, die die Schreibweise von *Immensee* kennzeichnet, am Beispiel von Reinhardts Rohrstock geradezu exemplarisch aufgezeigt werden. Zum einen lässt der gealterte Reinhardt so Züge des antiken Pan, dieser Groteskenfigur *par excellence*, erkennen, wie sie auch beim jungen wiederholt durchschimmern: Bekanntlich klagt Pan sein Liebesleid auf einer Flöte aus Schil*frohr*, gefertigt aus dem Material, in das die lüstern von ihm verfolgte Nymphe verwandelt wurde – genauso wie Elisabeth Reinhardt als Rohmaterial für *seine* Erinnerungsdichtung dient. Zum anderen – und vor allem – macht ihn sein Rohrstock aber auch zu einem Wiedergänger des Tityrus aus Vergils erster Ekloge: »Du, Tityrus«, redet Meliboeus diesen zum Auftakt an, »lehnst dich zurück, beschirmt von der weitverzweigten Buche, und übst auf feinem *Schilfrohr* ein ländliches Lied. [D]u [...], Tityrus, liegest seelenruhig im Schatten und lehrst die Wälder, ›Schöne Amaryllis‹ zu antworten.«[154] In der antiken Dichtung werden Pan und die arkadischen Schäfer denn auch immer wieder zueinander in Bezug gesetzt.[155] In seiner Doppeltheit reaktiviert Storms Text mithin eine komplexe Gemengelage, von der eine allzu schematische und beschauliche Lesart des Idyllen-Genres nichts wissen will.

---

154 Vergil: *Bucolica*, 7 (= I, 1f. und 3f., Hervorhebung G.F.).
155 Vgl. etwa ebd., 69 (= VIII, 24).

Die Gemeinsamkeiten zwischen dem gealterten Reinhardt und Tityrus, auch er übrigens nicht mehr der Jüngste – Meliboeus intituliert ihn als »Alter« (*senex*)[156] –, gehen indes noch weiter, wenn man sich den weiteren Verlauf des Auftaktkapitels von *Immensee* ansieht. Zu Hause betritt Reinhardt nämlich ein »heimlich[es] und still[es]« (295) Zimmer, das allein schon aufgrund dieser beiden Epitheta zum idyllischen Rückzugsort prädestiniert ist, nimmt dort in einem »*Lehn*stuhl« (*recubans*) Platz, um – so mutmaßt die Erzählinstanz – »von seinem Spaziergange auszuruhen« (*lentus*) (296). Diese Transposition der südländischen Hirtenlandschaft der Antike ins moderne bürgerliche Interieur reflektiert der Text auch geografisch, insofern das Auftaktkapitel aufgrund architektonischer Bezeichnungen wie »Pesel« (295) eindeutig in Norddeutschland spielt, der gealterte Reinhardt jedoch mit »etwas südlichem Akzent« (ebd.) spricht.

Der eigentliche Clou jedoch erfolgt erst am Ende des Kapitels, als es wie im berühmten Schlussvers von Vergils erster Ekloge »allmählich dunkler« (296) wird:[157]

Wie er so saß, wurde es allmählich dunkler; endlich fiel ein Mondstrahl durch die Fensterscheiben auf die Gemälde an der Wand, und wie der helle Streif langsam weiter rückte, folgten die Augen des Mannes unwillkürlich. Nun trat er über ein kleines Bild in schlichtem schwarzen Rahmen. »Elisabeth!« sagte der Alte leise; und wie er das Wort gesprochen, war die Zeit verwandelt; *er war in seiner Jugend.* (Ebd.)

Die Forschung geht in der Regel (stillschweigend oder ausdrücklich) davon aus, das Bild, das Reinhardt den Ausruf »Elisabeth!« entlockt, sei ein Porträt der Geliebten.[158] So, wie Tityrus' Gesang bei Vergil die Wälder lehrt, »›Schöne Amaryllis‹ zu antworten«, so bringt Reinhardts Ausruf offenbar die Leser*innen der Novelle dazu, ›Schöne Elisabeth‹ zurückzurufen. Storms Text indes entzieht sich einer solch eindeutigen Zuordnung. Keinerlei Angaben zum Bildmotiv liefernd, ist lediglich von einem »kleine[n] Bild in schlichtem schwarzen Rahmen« die Rede.

Dafür ist das Syntagma in anderer Hinsicht gleich mehrfach poetologisch codiert und instituiert die Idylle zur transzendentalen Wahrneh-

---

156 Ebd., 10 f. (= I, 46).
157 Vgl. ebd., 14 f. (= I, 83).
158 Das gilt noch für eine so komplexe Lesart wie die von Theisohn: »Erdbeeren«, 178 f.

mungskategorie der in der Binnengeschichte erzählten Begebenheiten. Signalwirkung kommt zunächst dem Ausdruck ›Rahmen‹ zu, steht er doch in der *Rahmen*handlung der Novelle. Derart für die selbstreflexive Dimension des Syntagmas hellhörig gemacht, ist im »kleine[n] Bild« unschwer eine Verdeutschung des altgriechischen *eidyllion* auszumachen, aus dem traditionell der Name des Idyllengenres hergeleitet wird. Auf dieses verweist schließlich auch das Epitheton ›schlicht‹, das seit Vergils *humilis* die Stilebene von Idyllen kennzeichnet.[159]

Die aperçuartigen Kapitel der Binnengeschichte von *Immensee* erscheinen damit wie eine vor dem inneren Auge des gealterten Reinhardt gleichsam von selber ablaufende Reihe formaler *eidyllia*, die dieser auch inhaltlich im Rückgriff auf die verschiedensten Muster der Idyllentradition poetisch verbrämt. Nicht von ungefähr ist die den Gemälden gegenüberliegende Wand »fast mit Repositorien und Bücherschränken bedeckt« (296): Buchstäblich mit der Weltliteratur im Rücken blickt Reinhardt auf das kleine unscheinbare Bild vor ihm.[160] In dieses intertextuelle Spiel ist denn auch bereits das Setting des Eingangskapitels selbst einbezogen, insofern es gleich mehrfach an das Rahmen-Dispositiv einer Idylle aus der Feder von Salomon Geßner, dem wirkmächtigen Erneuerer des Genres im 18. Jahrhundert, anklingt:

Izt schließt uns der stürmende Winter ins Zimmer, und Wirbelwinde durchwühlen den silbernen Regen der Floken; Izt soll mir die Einbildungskraft den Schaz von Bildern öfnen, die sie in dem blumichten Lenz und in dem schwülen Sommer und in dem bunten Herbst sich gesammelt; aus ihnen will ich izt die schönsten wählen, und für dich, schöne Daphne! in Gedichte sie ordnen [...].[161]

Freilich ist auch dieses Verfahren nicht ohne Kehrseite. Die Anspielungen auf die Idyllentradition mögen noch so sehr dazu dienen, den poetischen Charakter von Reinhardts Rückblenden ebenso wie von Storms Prosa zu bekräftigen; zugleich jedoch erinnert ihr schieres Ausmaß nicht allein an die schöpferische *imitatio*, für die die Biene seit der Antike literarästhetisch steht, sondern trägt auch latent groteske Züge. Einen ähnlich unablässigen Bezug auf die literarische Tradition

---

159 Vgl. Vergil: *Bucolica*, 36f. (= IV, 2), sowie den Herausgeberkommentar, ebd., 278.
160 Zur Storm'schen Schreibweise als einer ›bibliothekarischen Gedächtnistopografie‹ vgl., grundsätzlich, Lepper: »›Alles Antiquaria‹«.
161 Geßner: *Lycas, oder die Erfindung der Gärten* [1756]. In: ders.: *Idyllen*, 39f., hier 39.

moniert Fontane denn auch in seinen Lebensabschnittserinnerungen *Von Zwanzig bis Dreißig* (1898) am damaligen Habitus von Storm selbst: »Er hatte [...] die Neigung, alles aufs Idyll zu stellen und sich statt mit der Frage: ›Thut man das?‹ oder: ›Ist das convenable?‹ nur mit der Frage zu beschäftigen: ›Entspricht das Vossens Luise oder dem redlichen Thamm oder irgend einer Szene aus Mörikes *Maler Nolten* oder aus Arnims *Kronenwächtern*?‹« Die Gefahr eines intertextuellen Überfressens mag in *Immensee* weniger ausgeprägt sein als beispielsweise im *Grünen Heinrich*, wo sie über die ›Unförmlichkeits‹-Chiffre denn auch zumindest über die Bande reflektiert wird – gleichwohl ist sie integraler Bestandteil der ebenso unzähligen wie unmerklichen Entstellungen, die den Text auf Schritt und Tritt kennzeichnen.

Wie diese zustande kommen, zeigt plastisch wiederum die Szene aus dem Eingangskapitel, in der Reinhardts Blick auf das Bild vor ihm fällt. Erwähnt die Erzählinstanz von diesem nur einen »schlichte[n] schwarzen Rahmen«, so muss den Leser*innen die Bildmitte notgedrungen wie eine Leerstelle vorkommen, wie ein weißes Blatt, auf das Reinhardt seine inneren Bilder von (sich und) Elisabeth projizieren wird – so wie er schon als Jugendlicher die »weißen Blätter« (300) seines Pergamentbandes mit Gedichten über Elisabeth gefüllt hatte, so auch, wie Elisabeth in der Binnengeschichte zumeist in weißer Kleidung erscheint und die Leser*innen damit diskret ihren Status als Projektionsfläche für Reinhardts höchst selektive Erinnerungsschrift vor Augen führt.

2.5 Verklärende Erinnerung: Sommergeschichte und Verhaltenslehre der Kälte

Damit erscheint aber auch die Landschaftsbeschreibung, mit der meine Lektüre eingesetzt hat, in nochmals etwas anderem Licht – und zwar nicht nur deshalb, weil wir es im Eingangskapitel mit herbstlichem Mondlicht, im »Immensee«-Kapitel dagegen mit Frühlingssonnenstrahlen zu tun haben.

Die zwei Szenen hängen nämlich bereits deswegen zusammen, weil sich Reinhardt in beiden Fällen beim Anblick eines bestimmten (gemalten bzw. Landschafts-)Bilds zu einer Interjektion verleiten lässt: »Elisabeth!« bzw. »Immensee!«[162] Mir geht es freilich weniger um diesen Echo-Effekt als um den weißen Fleck, den beide *eidyllia* in ihrer Mitte aufweisen: im Incipit das nicht genannte Bildmotiv, im

---

162 Zu diesem Echo-Effekt vgl. auch Fasold: »*Immensee* (1849)«, 133.

»Immensee«-Kapitel der »Schnee«-Vergleich, der alsbald zugunsten von »blühende[n] Obstbäume[n] voll summender, wühlender Bienen« überschrieben wird. ›Schnee‹ findet sich als bildliche Rede nämlich auch im Auftaktkapitel: in Gestalt von Reinhardts »schneeweißen Haaren«, von denen »seine dunklen Augen, in die sich die ganze verlorene Jugend gerettet zu haben schien, [...] eigentümlich [...] abst[e]chen«. Wohl nicht von ungefähr über ein apistisch konnotiertes Verb (›ab-stechen‹) miteinander verbunden, stehen das ›schneeweiße Haar‹ und die ›dunklen Augen‹ des Protagonisten unverkennbar für zwei grundverschiedene Zeitregimes: für das unaufhaltsame Vergehen der (Lebens-)Zeit auf der einen Seite – triste Prosa – und, auf der anderen, für das mit poetischer Energie aufgeladene Präsens der Erinnerung.

Der kursiv gesetzte Satz am Schluss des Auftaktkapitels, an der Schnittstelle also zwischen Rahmen- und Binnengeschichte, betont diesen Präsenz-Effekt programmatisch: »*[E]r war in seiner Jugend*«. Erscheint in diesem Augenblick »die Zeit verwandelt« (296), so nicht allein deswegen, weil Reinhardt damit plötzlich in seine Jugend versetzt wird – und sich nicht etwa bloß in diese versetzt *sieht* –, sondern auch, weil in der Binnengeschichte ein gänzlich anderes Zeit*regime* wirksam ist: der *temps retrouvé* der verklärenden Erinnerung.[163]

Aber auch in diesem poetischen Präsenz-Effekt geht die Novelle nicht restlos auf. Maßgeblich dafür sorgen die eingangs erwähnten Ambiguitäten des Erzähl-Dispositivs. Was Heinrich Detering als »narrative Unschlüssigkeit« von *Immensee* bezeichnet,[164] möchte ich so als weitere, diskrete ›Ungereimtheit‹ fassen, die den allzu harmonischen Charakter des Textes zumindest ein Stück weit infrage stellt – zumal diese »narrative Unschlüssigkeit« nicht zuletzt dadurch zustande kommt, dass sich die Binnengeschichte als Er- und nicht als Ich-Erzählung präsentiert, Reinhardts Gegenspieler auf der Plot-Ebene also auch in narratologischer Hinsicht als Störenfried (›Er/ich‹) fungiert.

Liest man den schneeweißen Fleck in der idyllischen Landschaft um Gut Immensee vor dem Hintergrund des Auftakt-Kapitels und dem schneeweißen Haar des gealterten Reinhardt, so ruft er den Leser*innen jenseits des von der Landschaftsbeschreibung ausgehenden Präsenz-Effektes (›Hypotypose‹ heißt in dem Fall das Zauberwort aus der

---

163 Auch Strowick spricht in diesem Zusammenhang von einem »Zeitsprung«, fasst die Rede von der ›verwandelten Zeit‹ jedoch weniger als *temps retrouvé* denn als »Déjà-vu«, in dem die, wie es im ersten Abschnitt von *Immensee* heißt, »verlorene Jugend« aufgrund der Wiedergängerstruktur des gesamten Textes weiterhin verloren bleibe (Strowick: »›Eine andere Zeit‹«, 60).

164 Detering: *Kindheitsspuren*, 77.

Trickkiste der Rhetorik) diskret das andere, ungleich prosaischere Zeitregime ins Gedächtnis: dass all dies längst vergangen ist. Explizit als Zeit-Bild gefasst wird die Landschaft um Gut Immensee im Übrigen bereits im Text selber, wenn Reinhardt bei seinem letzten Spaziergang mit Elisabeth – obgleich selber zu dem Zeitpunkt noch ein »junger Mann« (314) – melancholisch feststellt, »hinter jenen blauen Bergen liegt unsere Jugend« (325).

Kein Zufall auch, dass sich in diesem schneeweißen Fleck in der Landschaft das Zeitregime der Vergänglichkeit und die stets weiß gekleidete Leerstelle Elisabeth begegnen: Nur deswegen kann der gealterte Reinhardt ganz in seiner Jugendzeit aufgehen, in der Poesie seiner Erinnerung schwelgen, weil ihm nicht die reale Elisabeth, sondern ein (inneres) Bild von ihr vor Augen steht. Dieses Ausschlussverhältnis zwischen poetischer Verklärung und bürgerlich-prosaischer Alltagsbeziehung, wie es für einen Großteil der Erzählliteratur des deutschsprachigen Realismus charakteristisch ist,[165] wird in der Novelle noch an anderer Stelle virulent: So vermag Reinhardt im entscheidenden Moment der Jugendgeschichte, als sich die (un-)schuldige Kinder- und Poetenliebe in ein festes, bürgerliches Eheverhältnis hätte überführen lassen können, Elisabeth gegenüber »sich des erlösenden Wortes nicht bewußt« (312) zu werden; als einsamer Alter im Lehnstuhl dagegen trifft er angesichts des kleinen Bildes vor ihm auf Anhieb das Zauberwort, das »die Zeit verwandelt« (296). Einen anderen Aspekt dieser ›Fernliebe‹ hebt eine auf den ersten Blick bloße Übergangsszene aus dem Auftaktkapitel hervor. Als Reinhardt von seinem Spaziergang heimkehrt, kommt er an der Loge seiner Haushälterin vorbei – genauer gesagt: an einem »Guckfenster« –, hinter dem »das Gesicht einer alten Frau sichtbar« (295) wird. Ironisch führt diese zutiefst prosaische Kontrafaktur des mit poetischer Energie aufgeladenen Bildes, auf das Reinhardt kurz darauf andächtig (»mit gefalteten Händen«, 296) blicken wird, vor Augen: Als reale Person wäre Elisabeth in der Erzählgegenwart der Rahmengeschichte genauso alt wie Reinhardts Haushälterin.

Elisabeths »tote[] Augen« (327) aus der Abschiedsszene sind dementsprechend auch in genau dem Sinn lesbar. Grundvoraussetzung dafür, dass aus *Immensee* eine, wie Storm später im Rückblick schreibt – und ihm dabei just ein Motiv aus der Abschiedsszene in die Feder rutscht –, »*Perle* deutscher Poesie« werden kann, ist, dass Elisabeth als reale Person

---

165 Dementsprechend bildet es den Dreh- und Angelpunkt von Baßlers ›Strukturmodell‹ des deutschsprachigen Realismus. Vgl. Baßler: *Deutsche Erzählprosa 1850–1950*, 53–58. Als Paradebeispiel führt Baßler übrigens gerade die *Immensee*-Stelle an, auf die ich mich im nächsten Satz beziehe.

vergeht. In seinen Erörterungen zum jahrhundertealten Nexus von Perle und Dichtung legt Friedrich Ohly dar, wie die klassische Inspirationsmetapher, die in der Perle das Ergebnis einer göttlichen Intervention in Gestalt eines Tautropfens oder eines Blitzes erblickte, unter dem Druck neuer naturwissenschaftlicher Erkenntnisse ebenso wie aufgrund von innerliterarischen Verschiebungen im 19. Jahrhundert mehr und mehr der Vorstellung einer »Parthenogenese der Künste«, einer »Geburt aus eigenem Leiden« wich:[166] Für Storms Lesehorizont sowie für den seines zeitgenössischen Publikums ist diese neuartige Konstellation von Perle, Schmerz und Poesie mithin konstitutiv. So ist sie denn auch in *Immensee* zu finden, obgleich nicht ungefiltert an der Textoberfläche, sondern einmal mehr in dessen Untergrund: Just auf seiner letzten Bootsfahrt mit Elisabeth erblickt Reinhardt auf deren Hand einen »feinen Zug geheimen Schmerzes« (325) – diese Beobachtung mit den blitzenden (Tau-)Perlen aus der Abschiedsszene zu verknüpfen bleibt jedoch dem ›wühlenden‹ Blick der Leser*innen vorbehalten. Den Weg weist ihnen Elisabeths Reaktion: Als sie Reinhardts Blick auf ihrer Hand ruhen fühlt, lässt sie diese »über Bord in's Wasser gleiten« (ebd.), bringt sie also an der (Text-)Oberfläche zum Verschwinden und überführt sie ausgerechnet in das Element, in dem auch das untergründige Rhizom der Wasserlilie haust.

Im Vergleich zu der von Ohly herausgearbeiteten Konstellation sind die Bezüge zwischen den einzelnen Momenten bei Storm damit nicht nur ungleich filigraner geknüpft (kaum zufällig hängen die Tauperlen bei ihm in einem Spinnengewebe), sie weisen auch zumindest eine signifikante Verschiebung auf: Die Poesie von *Immensee* entspringt nicht den Qualen und Schmerzen des Protagonisten, sondern denen der weiblichen Hauptfigur, die Reinhardt durch sein (Nicht-)Handeln ausgelöst hat. Storm mag die überarbeitete Fassung der Novelle erstmals in einem Band namens *Sommergeschichten und Lieder* veröffentlichen; ihrer Poesie liegt – es sei an den Schnee-Vergleich aus der Landschaftsbeschreibung erinnert – immer auch eine Verhaltenslehre der Kälte zugrunde.

Diese Ambivalenz lässt sich schließlich auch am Spinnennetz festmachen, in dem die Tauperlen in der Abschiedsszene blitzen. Ausdrücklich als ›Gewebe‹ bezeichnet, bringt dieses auf den ersten Blick zwar ein ausgewogeneres Textmodell ins Spiel als das vor sich hin wuchernde Rhizom der Wasserlilie, genauso wie die blitzenden Tauperlen die Szene zunächst mit maximaler poetischer Energie aufzuladen scheinen. Textimmanent ruft das »Spinngewebe« indes auch das Märchen von den drei Spinnfrauen auf, das der zehnjährige Reinhardt Elisabeth zum x-ten Mal erzählen will

166 Ohly: »Tau und Perle«, 285.

und nur nach deren lauthalsem Protest »stecken lassen« (297) muss. (Der Bezug zwischen den beiden Szenen drängt sich umso mehr auf, als sie einander, durch ihre Positionierung im ersten bzw. letzten Kapitel der Binnengeschichte, spiegelbildlich entsprechen.) Als Zuhörerin mag Elisabeth damit dem Los entkommen, aufs Neue mit der Schilderung grotesk deformierter weiblicher Körper traktiert zu werden: »breite Lippen«, »entsetzlich lange Nase«, ein Körper so »gewaltig breit«, »daß er auf drei Stühlen nicht Platz hatte«, heißt es diesbezüglich in aller Drastik in Storms eigener Version des Märchens, die er, wie bereits erwähnt, nicht in *Immensee* selbst, sondern separat, in den *Geschichten aus der Tonne* zum Besten gegeben hat.[167] Nichtsdestoweniger bespukt das Märchen fortan gerade als ›stecken gelassener‹ Subtext Reinhardts Verhalten.

Zwischen den Zeilen zeigt so insbesondere das letzte Kapitel der Binnengeschichte, wie er Elisabeth Entstellungen geradezu auf den Leib schreibt: In der Bootsszene dient ihm ihre »blasse Hand« nämlich als imaginäre Schreibunterlage für einen eigenen (angelesenen) Text: »Er sah auf ihr *jenen* feinen Zug geheimen Schmerzes, der sich *so gern* schöner Frauenhände bemächtigt, die Nachts auf krankem Herzen liegen.« (325, Hervorhebungen G. F.)[168] So gesehen, bringt der Überdruss der fünfjährigen Elisabeth (»Ach [...] das weiß ich ja auswendig; Du mußt auch nicht immer dasselbe erzählen«, 297) ungewollt die Schreibszene auf den Punkt, die für *Immensee* insgesamt bestimmend ist: Ob Elisabeth will oder nicht, Reinhardt (und mit ihm die Erzählinstanz) ›entspinnt‹ ihr gegenüber tatsächlich permanent die gleichen Geschichten, wobei ihr neben dem Part der zu Errettenden stets auch, ohne dass sich Reinhardt dessen auch nur annähernd bewusst zu sein scheint, der der Leidtragenden zufällt.

Last but not least hat das am Ausgang der Binnengeschichte stehende Bild vom Spinnengewebe aber auch so seine Tücken, wenn man im intertextuellen Untergrund ›wühlt‹: So führen die *Georgica* unter den Gegenspielern der Bienen insbesondere »die laurende Spinn« an, weil diese »ihr lockeres Garn [...] um' die Pforte« – also vor den *Ausgang* des Bienenstocks – hänge:[169] Unausgesprochen läuft die Biene als Storm'sches Emblem der Poesie also Gefahr, sich in diesem selber hochpoetisch aufgeladenen Netz auf fatale Weise zu verheddern. Da sage noch einer, Storm habe für Heine'sche Ironie keinen Sinn gehabt.

---

167 Storm: *Sämtliche Werke*, Bd. 4, 272 f.
168 Zu diesem stilistischen Verfahren der *exophore mémorielle*, die auf ein Wissen anspielt, das Erzählinstanz und Leser vorgeblich teilen, dieses ›Wissen‹ aber recht eigentlich erst im Verweis selber konstituiert, vgl., am Beispiel eines Balzac-Textes, Herschberg-Pierrot: *Stylistique de la prose*, 258 f.
169 Vergil: *Landbau. III–IV Gesang*, 701 (= IV, 246 f.).

II. ›Vielfach gebrochene Töne‹
Zur Prekarität des Poetischen in Gottfried Kellers Prosa

Im letzten, 1857 erschienenen Band seiner *Ästhetik* hat der Hegel-Schüler Friedrich Theodor Vischer verschiedene Szenarien skizziert, wie der Roman »der Poesie auf d[]em Boden der Prosa ihr verlorenes Recht wieder« zu erringen vermöge. Das bekannteste davon besteht in der »Aufsuchung der grünen Stellen mitten in der eingetretenen Prosa«, also im Ausfindigmachen von poetischen Enklaven, die noch nicht restlos von den prosaischen Verhältnissen um sie herum vereinnahmt worden sind. Als Beispiele schweben Vischer »Revolutionszustände«, »herumziehende Künstler, Zigeuner, Räuber u. dgl.« vor.[1]

Dass solch naturale Metaphorik à la Vischer nicht frei von Tücken ist, hat Keller in seinen parallel zur Erstfassung des *Grünen Heinrich* entstandenen Gotthelf-Rezensionen bereits zehn Jahre vorher dargelegt. Eine Auerbach-Stelle zitierend, die übrigens auch in Storms *Immensee* ihre Spuren hinterlassen hat,[2] denkt er nämlich gleich zu Beginn der ersten Besprechung über die Schwierigkeiten nach, mit denen sich selbst ernannte Volksschriftsteller konfrontiert sehen, wenn sie nicht nur über, sondern auch für das Volk schreiben wollen:

> Die Verlobten gingen miteinander über die Wiese, da raufte Reinhard jene Pflanzen aus, und zeigte Lorle den wundersam zierlichen Bau des Zittergrases und die feinen Verhältnisse der Glockenblume; »Das gehört zu dem Schönsten was man sehen kann«, schloß er seine lange Erklärung. »Das ist eben Gras«, erwiderte Lorle, und Reinhard schrie sie heftig an. »Wie du nur so was Dummes sagen kannst, nachdem ich schon eine Viertelstunde in dich hineinrede.«
> Diese gute Stelle kommt vor in Auerbach's »Frau Professorin«. Sie machte mich augenblicklich stutzen. Wie, dachte ich, sollte diese Stelle am Ende bezeichnend sein für die ganze Dorfgeschichten-Literatur? »Das ist eben Gras!« Sollte das Volk vielleicht den Schilderungen seines eigenen alltäglichen Lebens einen ähnlichen Titel geben,

---

1 Vischer: *Ästhetik*, Bd. 3.2.5: *Die Dichtkunst*, 1305 (§ 879).
2 Zum intertextuellen Bezug zwischen *Immensee* und Auerbachs Novelle vgl. Lukas: »Die ›fremde Frau‹«.

nachdem wir Gebildeten und Studirten schon eine Viertelstunde und länger in dasselbe hineingeredet haben?[3]

Mit dem bloßen *Aufsuchen* grüner Stellen ist es für Keller also offensichtlich nicht getan, wenn man, von außen kommend, die Poesie darlegen will, die den Lebensumständen des einfachen Volkes vermeintlich inhärent ist. So kommt er zum Schluss, »derjenige Volksdichter, der ein gemachtes Princip braucht um arbeiten zu können«, tue am besten daran, »die Würde der Menschheit im Volke aufzusuchen und sie demselben in seinem eigenen Thun und Lassen nachzuweisen.«[4] Von einer solchen Konzeption der »Volkspoesie«[5] als, wie es Dominik Müllers Herausgeberkommentar pointiert, »eine Art Selbstgespräch des Volkes«[6] findet sich ein Reflex auch im vierten und letzten Band des *Grünen Heinrich*, in den sogenannten Heimkehrträumen des Protagonisten. Diesen Passus und seinen Bezug zum doppelten Romanende möchte ich zum Einstieg etwas ausführlicher analysieren: Exemplarisch lässt sich so die Spannung aufzeigen zwischen einem auf Verklärung bedachten Poesie-Begriff, wie er sich bei Keller explizit insbesondere in Form von Erzählerkommentaren artikuliert, und dem manierierten Eigen-Sinn seiner Schreibweise, die dieser Programmatik immer wieder zuwiderläuft, sie bricht und auf die fragwürdige Gewalt hin befragt, die ihr unausgesprochen zugrunde liegt.[7]

Völlig mittellos geworden, erträumt sich der grüne Heinrich in der deutschen Hauptstadt, in die er einst gezogen war, um sich zu einem rechten Maler heranzubilden, seine Rückkehr in die schweizerische Heimat:

> Er war jetzt unten bei der Brücke angekommen; das war aber nicht mehr die alte hölzerne Brücke, sondern ein marmorner Palast, wel-

---

3 Keller: »Jeremias Gotthelf« [1849]. In: ders.: *Historisch-Kritische Ausgabe*, Bd. 15, 67–88, hier 67.
4 Ebd., 69.
5 Ebd.
6 Müller: »Überblickskommentar. Kellers Gotthelf-Rezensionen«. In: Keller: *Sämtliche Werke in sieben Bänden*, Bd. 7: *Aufsätze, Dramen, Tagebücher*, 764–767, hier 764.
7 Dass bei Keller eine Spannung zwischen Programm und Umsetzung vorliegt, ist keine Erkenntnis erst der jüngeren Forschung. Auf seine Weise hat dies bereits Emil Staiger zu bedenken gegeben (vgl. Staiger: *Die Zeit als Einbildungskraft des Dichters*, 174f.), während Gerhard Kaiser die Formel geprägt hat: »Gerade die im Roman nicht formulierte Position ist die des Romans.« (Kaiser: *Das gedichtete Leben*, 211)

cher in zwei Stockwerken eine unabsehbare Säulenhalle bildete und
so als eine niegesehene Prachtbrücke über den Fluß führte. »Was
sich doch Alles verändert und vorwärts schreitet, wenn man nur
einige Jahre weg ist!« sagte Heinrich, als er gemächlich in die weite
Brückenhalle hineinritt. Während das Gebäude von außen nur in
weißem, rothem und grünem Marmor glänzte, allerdings in den herrlichsten Verhältnissen und Gliederungen, waren die Wände inwendig
mit zahllosen Malereien bedeckt, welche die ganze fortlaufende
Geschichte und alle Thätigkeiten des Landes darstellten. Hirten und
Jäger, Bauern und Pfaffen, Staatsmänner, Künstler, Handwerker,
Schiffer, Kaufleute, Gemsjäger, Mönche, Jünglinge und Greise, alle
waren in ihrem Wesen kenntlich und verschieden und doch sich alle
gleich und traten in den dargestellten Handlungen ungezwungen zusammen in den bestimmtesten und klarsten Farben. Die Malerei war
einfach, hatte durchaus den Charakter der alten soliden Freskomalerei, aber alle Abwesenheit von gebrochenen Farben und den Künsten
des Helldunkels ließ die Bilder nur umso klarer und bestimmter
erscheinen und gab ihnen einen unbefangenen und munteren Anstrich. Auch verstand sie alles Volk, das auf der Brücke hin und her
wogte, und während sie so durch einen guten und männlichen Styl
für den Gebildeten erfreulich blieben, wurden sie durch jene Künste
nicht ungenießbar für den weniger Geschulten; denn die Bedeutung
der alten Freskomalerei liegt in ihrer tüchtigen Verständlichkeit und
Gemeingenießbarkeit, während die Vorzüge der neueren Malerei ein
geübtes Auge erfordern und das Volk sich den Teufel um gebrochene
Töne kümmert.

Das lebendige Volk, welches sich auf der Brücke bewegte, war aber
ganz das gleiche, wie das gemalte und mit demselben Eines, wie es
unter sich Eincs war, ja viele der gemalten Figuren traten aus den
Bildern heraus und wirkten in dem lebendigen Treiben mit, während
aus diesem manche unter die Gemalten gingen und an die Wand
versetzt wurden. Diese glänzten dann in um so helleren Farben, als
sie in jeder Faser aus dem Wesen des Ganzen hervorgegangen und
ein bestimmter Zug im Ausdrucke desselben waren. Ueberhaupt sah
man Jeden entstehen und werden und der ganze Verkehr war wie ein
Blutumlauf in durchsichtigen Adern.[8]

8 Keller: *Der grüne Heinrich* (1854/55). In: ders.: *Historisch-Kritische Ausgabe*,
   Bd. 11–12, hier Bd. 12, 337f. Angaben zur ›historischen‹ Band- und Kapi-
   telnummer sowie zur entsprechenden Seite aus der HKKA stehen fortan im
   Fließtext zwischen Klammern – in diesem Fall entspräche das der Notation:
   IV.7, 337f. Auf diese Weise können die Zitate schnell und einfach in der

In der deutschen Hauptstadt ist Heinrich mit voller Wucht damit konfrontiert worden, wie abstrakt und unübersichtlich die Verhältnisse in einer modernen, arbeitsteilig organisierten Gesellschaft sind und in welchem Maß der Imperativ des Markts auch auf den Kunstbetrieb übergegriffen hat.[9] Ganz anders der Heimkehrtraum: Hier vermittelt der träumende Heinrich den alten Topos vom Staatskörper mit dem physiologischen Wissen seiner Zeit, welches ihm seit seinen Anatomie-Studien in der Hauptstadt vertraut ist (vgl. IV.2, 241–243),[10] und entwirft so ein organizistisches Gesellschaftspanorama. In diesem stehen alle in lebendigem Austausch miteinander und wirken am »Wesen des Ganzen« mit, indem sich ihre Tätigkeiten wechselseitig ergänzen.[11] Wie die listenartige Aufzählung »Hirten und Jäger, Bauern und Pfaffen, Staatsmänner, Künstler, Handwerker, Schiffer, Kaufleute, Gemsjäger, Mönche, Jünglinge und Greise« nahelegt, sind gerade auch die Künstler vollwertige Mitglieder des harmonischen Sozialgefüges. Mehr noch: Ihnen kommt eine entscheidende Vermittlerrolle zu – die künstlerische *Darstellung* des ›Volks‹ –, die es diesem ermöglicht, sich überhaupt als solches zu begreifen, sich seiner selbst als Ganzes zu versichern.

Damit auch dieser »Verkehr« möglichst reibungslos vonstattengeht, bedarf es dem Traumbericht zufolge eines bestimmten »Styl[s]«, der die »Gemeingenießbarkeit« des Werks sowohl für den Laien als für den Spezialisten verbürgt. Einfachheit prägt ihn, und er arbeitet mit den »bestimmtesten und klarsten Farben«. Ausführlich wird darüber hinaus bestimmt, was er *nicht* ist: antiklassizistische Manier, eine Kunst, die ihre eigene Artistik in den Vordergrund rückt. »Künste[] des Helldunkels«, scharfe Hell-Dunkel-Kontraste also, haben in ihm nämlich ebenso wenig zu suchen wie »gebrochene[] Farben«.[12] Dass diese an anderer Stelle mit einem durchaus mehrdeutigen Ausdruck

Gesamtkomposition des Romans eingeordnet werden. Dass dadurch die Angabe zur jeweiligen Bandnummer der HKKA verlorengeht, scheint mir verkraftbar.

9 Vgl. hierzu die immer noch erhellenden kontextualisierenden Lektüren von Rohe: *Roman aus Diskursen*, v.a. 29–52 und 191–207.

10 Vgl. Müller: *Wiederlesen und weiterschreiben*, 242f.

11 Claudia Keller hat den Brückentraum dementsprechend metapoetisch als »Reflexion auf das epische Erzählen« gedeutet, »das mit zyklischer Ewigkeit verbunden ist«, und der »negative[n] Unendlichkeit« gegenübergestellt, in die der träumende Heinrich als modernes Künstler-Individuum verstrickt bleibt. Vgl. Keller: »Im Strudel der Einsamkeit«, 146 und 148.

12 Der Begriff ›Manier‹ mag an dieser Stelle nicht explizit fallen. Neben den erwähnten Darstellungsverfahren (Hell-Dunkel-Kontraste und ›gebrochene‹ Farben) spricht aber auch die ›Styl‹-Vokabel dafür, dass Kellers Text hier mit der Manier als Negativfolie operiert. Zum gut verbürgten Konkurrenzver-

als »gebrochene *Töne*« bezeichnet werden, belegt den transmedialen Charakter des hier vertretenen Kunstbegriffs, öffnet ihn hin zu Musik und sprachlichen Kunstwerken, also zur Literatur:[13] Das Fresko des Brückentraums wird damit lesbar als Gradmesser für den Volkspoesie-Charakter von Kellers eigenem Roman.

In dem Kapitel, das Heinrichs tatsächliche Heimkehr in die Schweiz schildert, scheint die im Traum entworfene Staatsutopie denn auch auf dem besten Weg, reale Gestalt anzunehmen. Die Erzählinstanz überbietet Heinrichs Traumvision dort nämlich noch an Fortschrittsoptimismus. Für sie birgt das eidgenössische Basler Schützenfest, an das es den Protagonisten auf dem Rückweg verschlägt, ›keimhaft‹ (vgl. IV.14, 454) ein historisches Großereignis, das über die eigentliche, mit Heinrichs Tod endende Romanhandlung hinausgeht: die revolutionäre Umwandlung des alten Schweizer »Staatenbundes in einen Bundesstaat« (ebd., 455).[14] Kaum zufällig ist so auch das festliche Basel in denselben grün-rot-weißen Farben geschmückt wie die Prachthalle aus dem Traum (vgl. ebd., 453).[15]

Apodiktische Grenzziehungen und Ausschlussverfahren charakterisieren im Traumkapitel indes nicht allein den volksnahen »Styl«. Vielmehr steht die »Abwesenheit von gebrochenen Farben und den Künsten des Helldunkels« durchaus in Einklang mit der sozialen Realität, an der dieser seinen Gegenstand findet. Denn mit vermeintlich zwielichtigen Gestalten wird kurzer Prozess gemacht:

> In dem geschliffenen Granitboden der Halle waren verschiedene Löcher angebracht mit angepaßten Granitdeckeln, und was sich Geheimnisvolles oder Fremdartiges in dem Handel und Wandel

hältnis zwischen ›Stil‹ und ›Manier‹ vgl., mit Bezug auf einschlägige Stellen bei Vasari, Diderot und Goethe, Link-Heer: »Manicra«.

13 Um den Passus auch auf andere Künste zu beziehen, hätte es dieser Modulierung freilich nicht unbedingt bedurft. Sowohl die Musik als auch die (Prosa-)Dichtung bedienen sich von alters her chromatischer Metaphern zum Zwecke der Selbstbeschreibung. Vgl. Eßlinger/Volkening/Zumbusch: »Die Farben der Prosa«.

14 Diese erzählchronologische Besonderheit hat in aller Deutlichkeit zuerst Dominik Müller herausgearbeitet. Vgl. Müller: *Wiederlesen und weiterschreiben*, 255–258. Zu Heinrichs eigenem Fortschrittsoptimismus als Frucht seiner Rechtsstudien in der deutschen Hauptstadt vgl. Rohe: *Roman aus Diskursen*, 174–184. Wie die Rede vom ›Keimhaften‹ zeigt, ist dieser Fortschrittsdiskurs seinerseits nicht frei von organizistischen, naturalen Einschlägen. Daran sieht Rohes Gegenüberstellung eines historischen Fortschrittsdenkens und einer naturalen Zyklik vorbei. In dem Punkt ist Kaiser präziser. Vgl. Kaiser: *Das gedichtete Leben*, 247–249.

15 So auch Rohe: *Roman aus Diskursen*, 186.

erblicken ließ, wurde durch diese Löcher mit einem großen Besen hinabgekehrt in den unten durchziehenden Fluß, der es schleunig weit wegführte. (IV.7, 338)

Die ›Einheit‹ des von Heinrich fantasierten Volkskörpers ist also nicht einfach gegeben, sondern muss immer wieder aufs Neue gewaltsam hergestellt werden.[16] Tragische Ironie dieses sozialhygienischen Fantasmas: Mit ihm macht der träumende Heinrich den ideologischen Bezugsrahmen auf, den er (und die Erzählinstanz im stillschweigenden Verbund mit ihm) am Ende als tödliches Verdikt an sich selber vollstrecken wird. Weil er seine Mutter zu Hause nicht mehr lebend antrifft und er sich ihren Tod aufgrund der immer wieder hinausgezögerten Rückreise selber zuschreibt, habe »er die unmittelbare Lebensquelle, welche ihn mit seinem Volke verband, vernichtet« und damit »kein Recht und keine Ehre, unter diesem Volke mitwirken zu wollen, nach dem Worte: Wer die Welt verbessern will, kehre erst vor seiner Thür.« (IV.15, 465) Nicht von ungefähr knüpft Heinrichs Schlusssentenz damit bis in die Bildlichkeit des Kehrens hinein an die Traumszene an.[17]

Auf der Ebene des Plots setzt das doppelte Romanende die Gesellschaftsfiktion aus dem Heimkehrtraum also passgenau um. Zugleich nimmt es mit Heinrichs Tod aber eben auch das in die künstlerische Darstellung auf, was sich in der Prachthalle zwar stillschweigend ereignet, aber keinen Eingang ins erbauliche Fresko findet: die (Selbst-)Eliminierung alles Devianten qua Verinnerlichung der bürgerlichen Tüchtigkeitsnorm. Der Schlusssatz, auf Heinrichs Grab sei »ein recht frisches und grünes Gras gewachsen« (ebd., 470), mag dieses Skandalon in ein organizistisches Bild kleiden: Variierend nimmt er den »Blutumlauf«-Vergleich aus der Traumszene wieder auf und lässt so buchstäblich Gras über das Ganze wachsen.[18] Auch ist diese ›grüne Stelle‹ am Ende von Kellers Roman mit Bezug auf Vischers *Ästhetik* lesbar, die »Re-

16 Auf diesen Punkt hat m.W. bislang allein Rohe aufmerksam gemacht. Vgl. ebd., 189. Welche Implikationen dies für den Schluss der Erstfassung hat, führt Rohe jedoch nicht aus. Stattdessen begnügt er sich mit dem – freilich wertvollen – Hinweis, dass die Granitdeckel in der Altersfassung getilgt seien: Schließlich müsse »die Brücke der ›Identität‹ [dort] auch eine zum Kompromiß der Beamtenexistenz sein« (ebd., Anm. 63).

17 Zu diesem Verdikt als Zusammenführung beider für Heinrichs Werdegang charakteristischen Entwicklungslinien, die ansonsten stets getrennt verhandelt werden (zunehmende Verschuldung *und* gelingende Bildung), vgl. Müller: *Wiederlesen und weiterschreiben*, 74f.

18 Mit der sprichwörtlichen Redensart operiert auch Peter Sprengels Lektüre des Romanschlusses, kontextualisiert sie jedoch vor allem im Rückgriff auf

volutionszustände« ja ausdrücklich als Beispiel für Poesie-Reservate anführt:[19] Noch in seinem tragischen Untergang verbürgt Heinrich die naturwüchsige Poetizität des politischen Umbruchs in der Schweiz.

All dies ändert jedoch nichts daran, dass schon der Kontrast zwischen den beiden Romanenden vom »Styl« her genau den manierierten Darstellungsprinzipien entspricht, die die Volkskunst-Utopie explizit ausschließt: »gebrochene Töne« und »Künste[] des Helldunkels«. Die auf Verklärung und Aussöhnung bedachte zeitgenössische Kritik hat an dieser Dissonanz denn auch nicht vorbeigelesen. In seiner 1874/1881 erschienenen Studie über das Werk Gottfried Kellers vergleicht etwa Vischer die Erstfassung des *Grünen Heinrich* mit einer »musikalischen Komposition [...], deren Finale darin besteht, daß der Musiker plötzlich die Saiten in Stücke reißt«.[20]

Explizit artikuliert wird die widersprüchliche Umsetzung der programmatischen Passagen aus Heinrichs Heimkehrträumen an keiner Stelle: Gerade die Erzählinstanz ist aufgrund ihres patriotischen Fortschrittsoptimismus ja viel zu sehr voreingenommen, um dies auch nur ansatzweise leisten zu können.[21] Immanent reflektiert der Text aber sehr wohl den Verstoß gegen die »Kunst-Regula« (I.5, 101), die er sich selbst auferlegt hat. Ebenso offen wie stillschweigend stellt er ihn aus, indem er auf den letzten Seiten wiederholt Bezüge knüpft zu den Darstellungsverfahren, die aus dem Volkskunst-Programm ausdrücklich verbannt sind. So entwirft er zum einen ein intrikates *chassé-croisé* von ›Helldunklem‹, wenn es von Heinrich, nachdem er sich »im Sterbegemach der Mutter« ›verborgen‹ hat, heißt: »[S]eine Augen *drangen den Sonnenstrahlen nach*, welche über die Dächer *in die dunkle Wohnung streiften*« (IV.15, 469, Hervorhebungen G.F.). Zum anderen operiert der Text gleich mehrfach mit dem Paradigma des Brechens:

> So war nun der Spiegel, welcher sein Volk wiederspiegeln wollte, zerschlagen und der Einzelne, welcher an der Mehrheit mitwachsen wollte, *gebrochen*. (Ebd., 465, Hervorhebung G.F.)

ein zeitgenössisches Bonmot zur gewaltsamen Niederschlagung der Berliner Märzrevolution. Vgl. Sprengel: »›Wuchs Gras darüber‹«.
19 Vischer: *Ästhetik*, Bd. 3.2.5: *Die Dichtkunst*, 1305 (§879).
20 Vischer: »Gottfried Keller«, 203.
21 Dass im Übrigen bereits die *Darstellung* des Basler Schützenfests um einiges ambivalenter ist, als die programmatischen Aussagen der Erzählinstanz vermuten lassen, ist herausgestellt insbesondere bei Müller: *Wiederlesen und weiterschreiben*, 308.

Wenn ihr bloßer durch ihn verschuldeter Tod [d.h. der der Mutter] sein äußeres Leben und Wirken, auf das er nun alle Hoffnung gesetzt hatte, fortan unmöglich machte, so *brach* in dieser Nacht die Thatsache sein innerstes Leben, daß sie endlich mußte geglaubt haben, ihn als keinen guten Sohn zu durchschauen, und es fielen ihm ungerufen jene furchtbaren Worte ein, welche Manfred von einem durch ihn vernichteten blutsverwandten weiblichen Wesen spricht:

Nicht meine Hand, mein Herz das *brach* das Ihre (ebd., Hervorhebungen G.F.).

Glück wie Unglück mich *zerbricht*. (Ebd., 468, Hervorhebung G.F.)

[S]ein Leib und Leben *brach* und er starb in wenigen Tagen. (Ebd., 469, Hervorhebung G.F.)

Aus dem insistierenden Wiederholen ein und desselben Lexems ebenso wie aus der irritierenden Ununterscheidbarkeit zwischen Figuren- und Erzählerrede (ganz zu schweigen von den eindeutig als Fremdzitat markierten Versen) erhellt die übergeordnete diskursive Dimension der Gewalt, die sich am Ende an Heinrich vollstreckt. Auf der Ebene des *discours* wird Heinrichs durchaus noch vorhandener Lebenswille so gleich mehrfach gebrochen. Ablesen lässt sich dieser bezeichnenderweise just an den Sonnenstrahlen, denen Heinrichs Augen ›nachdringen‹: »[S]eine Blicke glaubten auf dem goldenen Wege, der zu einem schmalen Stückchen blauer Luft führte, die Geliebte und das verlorene Glück finden zu müssen.« (Ebd.)

Erst durch das Aufbieten einer geballten diskursiven Übermacht mithin vermag die komplexe Eigenlogik der Figur Heinrich Lee im Namen eines höheren gesellschaftlich-organizistischen Zusammenhangs ins Grab befördert zu werden.[22] Vischer pointiert diese untergründige Gewalttätigkeit auf seine Weise, wenn er Kellers Realismus mit implizitem Bezug auf die Granitdeckel aus der Prachthalle attestiert, er drücke seinem Lesepublikum mit »Unerbittlichkeit […] die Nase auf den *Granitgrund* der Realität«:[23] auf die gewaltsamen Ausschlussverfahren also,

---

22 Die hier vorgeschlagene Lektüre nimmt ein Argument Müllers auf, der anders als ich jedoch nicht von der Faktur des Textes her argumentiert, sondern produktionsästhetisch: »Daß dieser Schluss als unmotiviert kritisiert wurde, kann damit erklärt werden, daß sich der Romanheld – gerade dank dem, was von seinem Autor auf ihn übergegangen war – zu einer so vielschichtigen Figur entwickelt hatte, daß nicht mehr so rasch der Stab über ihn gebrochen werden kann.« (Müller: »*Der grüne Heinrich (1879/80)*«, 38f.)

23 Vischer: »Gottfried Keller«, 156 (Hervorhebung G.F.).

die allzu harmonischen Gesellschafts- und Kunst-Vorstellungen unausgesprochen zugrunde liegen, wie sie der Programmrealismus ebenso
kultiviert wie der Gotthelf-Rezensent Keller. »Es wäre die Aufgabe des
Dichters gewesen«, hält dieser nämlich den *Uli*-Romanen vor,

> allfällige eingeschlichene Roheiten und Misbräuche im poetischen
> Spiegelbild abzuschaffen und dem Volk eine gereinigte und veredelte
> Freude wiederzugeben, da es sich einmal darum handelt in der ge-
> meinen Wirklichkeit eine schönere Welt wiederherzustellen durch
> die Schrift.[24]

Umgekehrt sind meine Überlegungen nicht in dem Sinn zu verstehen,
dass das Ende des *Grünen Heinrich* keinerlei Spuren von Verklärung
aufwiese. Das Gegenteil ist der Fall. Besondere Beachtung verdient in
diesem Zusammenhang neben dem bereits erwähnten Gras auf Heinrichs Grab das Lied eines alten Fährmanns und Fischers, dem Heinrich
kurz vor seinem Tod beim Spazieren begegnet. Die Forschung inter-
pretiert diesen gerne als Charon-Figur, weil er Heinrich erzählt, er
habe dessen Mutter in jungen Jahren zweimal über den Fluss befördert:
Damit kündige er Heinrichs Wiedervereinigung mit der Mutter im Tod
an.[25] Zu diesem allegorischen Aspekt gesellt sich ein poetologischer.
Mit seinem Schlussvers »Glück wie Unglück mich zerbricht« ist das
vom Fischer/Fährmann gesungene Lied nämlich weit mehr als bloß *ein*
Versatzstück aus dem Paradigma des Brechens, das für die letzten Ro-
manseiten so bestimmend ist: Insofern es die fatalen Konsequenzen un-
rechtmäßigen Handelns zum Thema hat – in der Zweitfassung ist es gar
ausdrücklich mit »Verlornes Recht, verlornes Glück« überschrieben –,[26]
also genau der Situation entspricht, in der sich Heinrich seiner eigenen
Auffassung zufolge nach dem Tod der Mutter befindet, versieht es die
Härte von dessen Verdikt in der Art eines antiken Orakelspruchs mit
höheren poetischen Weihen. Zu dieser Beobachtung passt, dass der alte
Ferge über dem Singen und Erzählen zugleich »seine glänzenden Netze
zusammenrafft[]« (ebd., 467). Unwillkürlich wird er damit zu einem
Alter Ego der Autor-Instanz, die hier gleichermaßen darauf bedacht ist,
das Gewebe des eigenen Textes als ein ›glänzendes‹ ›zusammenzuraffen‹,

---

24 Keller: »Jeremias Gotthelf«, 83.
25 Vgl. insbesondere Kaiser: *Das gedichtete Leben*, 148 f.
26 Keller: *Der grüne Heinrich* (1879/80). In: ders.: *Historisch-Kritische Ausgabe*,
Bd. 1–3, hier Bd. 3, 258. Dass das textidentische Gedicht dort anders gerahmt
ist – nicht als Gesang eines Fischers, sondern als Niederschrift der Mutter in
jungen Jahren –, möge hier beiseite bleiben.

sprich: zu einem in seiner Tragik stimmigen Abschluss zu bringen und so, mit Cornelia Zumbusch (und Quintilian) zu sprechen, »die Prosa in glanzvolle Kunstprosa« bzw. »poetische[] Prosa« zu verwandeln.[27]

Wie ich zu zeigen versucht habe, gelingt ihr dies jedoch nur bedingt: Zusammen mit seiner vorgeblich hehren volkspoetischen Utopie buchstabiert der Text vielmehr zugleich auch deren dunkle Unterseite aus. Nach der Fertigstellung des *Grünen Heinrich* ist es denn auch gerade dessen Schluss, der Keller immer wieder umtreibt – wie, um einen anderen Vers aus dem Lied des Fährmanns zu bemühen, der »versteinten Unruh' Bild« (ebd., 468) –, bis er den ganzen Roman schließlich mehr als zwanzig Jahre später von Grund auf überarbeitet.[28]

*

In der von ihm selber verfassten Jugendgeschichte kommt Heinrich einmal auf seine autodidaktischen Musizierkünste zu sprechen und meint, dass er bei der »weichere[n]« Tonart im Gegensatz zur »härteren« stets »langsam und vorsichtiger« spiele, »so daß diese Stellen gar melancholisch und vielfach gebrochen sich zwischen den übrigen Lärm verflochten.« (II.6, 344) Insofern dieser Selbstkommentar, in musikalischem Zusammenhang durchaus ungewöhnlich, mit dem materialen Bild der Verflochtenheit (*textum*) arbeitet,[29] lädt er dazu ein, ihn von der Person Heinrich Lee auf den Text zu übertragen, der dessen Rufnamen zum Titel hat. Tatsächlich sollten die programmatischen Statements insbesondere der Erzählinstanz in ihrer diskursiven Penetranz nicht über die subtilen ›Brechungen‹ hinwegtäuschen, die sich erst ›langsamen‹, die spezifische Materialität des Textes in den Blick nehmenden Mikrolektüren erschließen und maßgeblich verantwortlich sind für die melancholische Grundstruktur von Kellers ›verflochtener‹ Schreibweise.[30] In seiner Lektüre

27 Zumbusch: »Grauer Grund«, 97. Ein punktueller Bezug auf die Fergen-Szene findet sich ebd., 95. Zum Glanz der Rede als bis in die Antike zurückzuverfolgender rhetorischer Topos vgl. ebd., 96.

28 Zu Kellers Umarbeitungsplänen, mit denen er sich freilich bereits *während* der Niederschrift der Erstfassung herumträgt, vgl. den Herausgeberkommentar in: Keller: *Der grüne Heinrich. Apparat 1.* In: ders.: *Historisch-Kritische Ausgabe*, Bd. 19, 48–55 sowie die dazugehörigen Briefdokumente.

29 Auf diese Merkwürdigkeit verweist auch Loosli: *Fabulierlust und Defiguration*, 92 f.

30 Wie Martina Wagner-Egelhaaf, die der Keller-Forschung in der Hinsicht maßgebliche Impulse gegeben hat, begreife ich die Melancholie »als Reflexionsstruktur der Texte [...] und nicht als subjektive Befindlichkeit des Autors oder einer literarischen Figur.« (Wagner-Egelhaaf: *Die Melancholie der Literatur*, 409) Ihre Lektüre von Heinrichs Flötenspiel rückt übrigens ebenfalls die »Materialität der Signifikanten« (ebd., 459) in den Mittelpunkt, macht dies

des Gedichtzyklus *Aus Berlin* (1854) hat Peter Villwock diese prägnant als »unaufhebbare Zweideutigkeit« zwischen verklärendem Schein und kalter Klarsicht charakterisiert: »Die Welt ist schön *und* entsetzlich.«[31] Wohl nicht ganz zufällig ist dieser Zyklus denn auch just an dem »Ort der Moderne«[32] angesiedelt, von dem aus sich der Verfasser des Vorworts des *Grünen Heinrich* an sein Publikum richtet: in »Berlin« eben (14).

Diese prekäre Spannung möchte ich im Folgenden beispielhaft mit Blick auf den ambivalenten Status von Arabeske und Groteske in der Erstfassung des *Grünen Heinrich* veranschaulichen. Schon im Passus über Heinrichs Flötenspiel scheinen diese beiden Figuren auf, im arabesken Bild der ›Verflochtenheit‹ und als der jugendliche Autobiograf seine Musikkünste als »*wildgewachsene* Fertigkeit« (II.6, 343, Hervorhebung G.F.) bezeichnet. Eine Art Vorgeschmack bieten aber auch die Widersprüche zwischen der programmatischen Abwertung manierierter Darstellungsverfahren im Brückentraum und der diskreten Manieriertheit des Romanschlusses: Wie in der allgemeinen Einleitung dargelegt, weist nämlich gerade die Ornamentgroteske eine besondere Affinität zum *historischen* Manierismus auf.

Zwischen die vorliegende Einleitung und die nähere Auseinandersetzung mit Kellers Romanerstling möchte ich indes eine poetologische Lektüre von *Das Tanzlegendchen* (1872) einschieben. Diese Abweichung von der Werkchronologie erlaube ich mir von der Komposition des *Grünen Heinrich* her zu begründen: Aufgrund ihrer »Tanzlust«[33] und der leidensvollen Dressur, mit der ihr diese ausgetrieben wird, ist Musa, die Protagonistin aus *Das Tanzlegendchen*, bekanntlich eine Art Alter Ego des Meretlein, der Hauptfigur also aus dem ersten novellistischen Einschub des *Grünen Heinrich*.[34] Im hochgradig selbstreflexiven Abschlusstext der *Sieben Legenden* wird das aufgrund seines übernatürlichen Einschlags allzu ›poetisch‹ konnotierte Genre der Legende raffiniert auf den Boden der Prosa zurückgeholt, ohne dabei freilich ins rundweg Prosaische zu kippen; vielmehr wird die Prosa auf Schritt und

---

m.E. jedoch im Gegensatz zu Loosli ungenügend am Text selber fest bzw. überspringt in ihrer Argumentation entscheidende Zwischenschritte.

31 Villwock: »Gottfried Kellers Berliner Gedichte«, 119 und 118.
32 So der Untertitel von Villwocks Aufsatz.
33 Keller: *Sieben Legenden*. In: ders.: *Historisch-Kritische Ausgabe*, Bd. 7, 331–427, hier 421. (Seitenangaben zu den *Sieben Legenden* fortan im Fließtext in Klammern.)
34 Zu den Affinitäten zwischen Musa und Meretlein vgl. etwa Henkel: »Gottfried Kellers *Tanzlegendchen*«, 115. Zum neuralgischen Status der »Meretlein«-Novelle innerhalb der Gesamtkomposition von Kellers Roman vgl. insbesondere Menninghaus: *Artistische Schrift*, 61–90.

Tritt »kunstgerecht[]« (422) trans-›figuriert‹ (vgl. 421) bzw., um einen Schlüsselausdruck aus dem hellsichtigen Vorwort zu gebrauchen, in Poesie ›gewendet‹ (vgl. 333). Diesem Balanceakt wird meine Lektüre im Folgenden auf die Sprünge zu kommen versuchen.

1. (Um-)Wendung. Pas de deux von Poesie und Prosa in *Das Tanzlegendchen*[35]

1.1 À sauts et à gambades: *Moritz, Mignon – Musa*

Dass die Gegenüberstellung von Tanzen und Gehen klassischerweise dazu dient, das Oppositionspaar von Poesie und Prosa metaphorisch zu konfigurieren, habe ich bereits in meiner Lektüre von *À une passante* erwähnt. Spätestens seit Karl Philipp Moritz' *Versuch einer deutschen Prosodie* (1786) ist der Topos auch in der deutschen Literatur angekommen. Im Gegensatz zu der auf das Vermitteln von Sinn ausgerichteten Prosa eilt die Poesie Moritz zufolge nicht »über die unbedeutenden Silben weg«, sondern lässt, »so viel wie möglich, eine jede erst gehörig austönen, ehe sie zu der folgenden schreitet.« Damit biege die in der Poesie wirksame Empfindung »*die Rede gleichsam wieder in sich selbst zurück*«, genauso wie die »Leidenschaft [...] der hüpfenden Freude [...] *den Gang in sich selbst zurück*[dränge]«:

> [D]ie einzelnen Fortschritte unterscheiden sich nun nicht mehr dadurch, daß sie immer näher zum Ziele bringen, sondern sie sind sich unter einander alle gleich, weil das Gehen nicht mehr nach irgend einem Ziel gerichtet ist, sondern mehr *um sein selbst willen* geschieht. Da nun auf die Weise die einzelnen Fortschritte eine *gleiche Wichtigkeit* erhalten haben, so ist der Hang unwiderstehlich, *das seiner Natur nach gleich gewordene abzumessen und einzuteilen*; auf die Weise ist der *Tanz* entstanden.[36]

Pointiert formuliert: Indem die Versfüße den Fokus auf die Klangqualität der Sprache legen, bringen sie diese zum Tanzen.[37]

---

35 Das vorliegende Unterkapitel ist die überarbeitete und erweiterte Version eines Aufsatzes, der 2015 unter demselben Titel in der Zeitschrift *Variations* erschien.
36 Moritz: *Werke*, Bd. 2, 903–905 (Hervorhebungen im Original).
37 Zu Moritz' *Versuch einer deutschen Prosodie* vgl. die nach wie vor erhellenden Ausführungen von Hans-Joachim Schrimpf: »Vers ist tanzhafte Rede«. Vgl. auch Todorov: *Théories du symbole*, 190f.

Zu den Texten, die sich von Moritz' Analogie herschreiben, gehört ausdrücklich etwa Schillers Elegie *Der Spaziergang*.[38] Als augenzwinkernde Hommage an die Ausführungen aus dem *Versuch einer deutschen Prosodie* lässt sich aber auch die berühmte »Eiertanz«-Szene[39] aus *Wilhelm Meisters Lehrjahren* begreifen. Ein solcher Bezug liegt schon allein deswegen nahe, weil Goethes Begegnung mit Moritz bekanntlich entscheidenden Anteil an der Neuausrichtung des gesamten Romanprojekts hatte.[40] Vor allem aber lädt Goethes Text selbst dazu ein, da sich Mignons Tanz aufgrund seiner durchweg poetologisch lesbaren Beschreibung wie ein, mit Ulrich Beil zu sprechen, »Lied ohne Worte«[41] ausnimmt:

Künstlich abgemessen schritt sie [...] auf dem Teppich *hin und her*, und legte *in gewissen Maßen* die Eier *auseinander*, dann rief sie einen Menschen herein, der im Hause aufwartete und Violine spielte. [...] Unaufhaltsam, wie ein Uhrwerk, lief sie ihren Weg, und die sonderbare Musik gab dem *immer wieder von vorne anfangenden und losrauschenden Tanze* bei jeder Wiederholung einen neuen Stoß.[42]

Fortgeschrieben wird diese intermittierende Traditionslinie auch in Gottfried Kellers *Das Tanzlegendchen*. Im Abschlusstext der 1872 veröffentlichten *Sieben Legenden*, mit denen sich Keller allerdings nachweislich bereits seit der zweiten Hälfte der Fünfzigerjahre beschäftigte, stechen insbesondere die Bezüge zu den *Lehrjahren* ins Auge. In erster Linie gilt dies für die Parallelen zwischen Musa, der, wie es im Eingangssatz heißt, »Tänzerin unter den Heiligen« (421), und der am Ende der *Lehrjahre* ebenfalls zu einer Art Heiligen verklärten Mignon. Zumindest in der Handschriftenfassung von 1857/58 findet sich darüber hinaus auch ein Verweis auf das zweite prominente Mitglied aus Goethes »heilige[r] Familie der Naturpoesie«.[43] Just in dem Satz nämlich, der die grundlegende Opposition von Gehen und Tanzen einführt – »selbst wenn sie zum Altare ging, so war es mehr ein liebliches Tanzen als ein Gehen« (421) –, hat Keller die Wortgruppe »zu nennen« getilgt, indem er eine Harfe darüber zeichnete (Abb. 4).

38 Vgl. Schrimpf: »Vers ist tanzhafte Rede«, 392f.
39 Goethe: *Wilhelm Meisters Lehrjahre*. In: ders.: *Sämtliche Werke. Briefe, Tagebücher und Gespräche*, Abt. I: *Sämtliche Werke*, Bd. 9, 355–992, hier 456.
40 Vgl. etwa Schings: »Wilhelm Meisters Geselle Laertes«, v.a. 224f.
41 Beil: *Die hybride Gattung*, 349.
42 Goethe: *Wilhelm Meisters Lehrjahre*, 469 (Hervorhebungen G.F.).
43 Schlegel: »Über Goethes Meister«, 146.

Abb. 4: Ausschnitt der ersten Seite des *Tanzlegendchens* (Niederschrift von 1857/58). Zentralbibliothek Zürich, Ms GK 14a (https://doi.org/10.7891/e-manuscripta-76681), S. 16 oben, Public Domain Mark.

Goethes *Lehrjahre* tragen den Konflikt von Poesie und Prosa über die Opposition von gebundener und ungebundener Rede aus, indem sie die sehnsüchtigen Gedichte Mignons und des Harfners den in Prosa gehaltenen Aufschreibesystemen der Turmgesellschaft – aber auch der des Erzähltextes selbst – gegenüberstellen. Das ohne die geringste Gedichteinlage auskommende *Tanzlegendchen* dagegen nimmt ihn im Rückgriff auf das Oppositionspaar von Tanzen und Gehen ganz ins Darstellungsmedium der Prosa hinein. So signalisiert bereits die Wahl des Darstellungsmediums, dass Kellers Schreibsituation eine grundlegend andere ist als die um 1800: Den fortgeschrittenen ›prosaischen‹ Verhältnissen ist die Prosa – gerade bei einem Genre, das, wie die Legende, per se ›poetisch‹ konnotiert ist – offensichtlich angemessener als das Prosimetrum. In einem Brief an den Schriftstellerkollegen Ferdinand Freiligrath hebt Keller denn auch ausdrücklich hervor, dass die umfangreiche Sammlung Ludwig Theoboul Kosegartens aus dem Jahr 1804, die ihm gleichsam als Schreibunterlage für sein *rewriting* gedient hat, »in Prosa u Versen«[44] abgefasst ist – wohingegen sich in *seinem* Legenden-Zyklus wie selbstverständlich nur Prosatexte finden.

Derart poetologisch gelesen, wird Kellers Text seinerseits zu einem subtilen ›Eiertanz‹ zwischen der beschönigenden und versöhnlichen Verklärung, wie sie der Programmrealismus einfordert, und dem schnöden Prosaismus, wie ihn dieser dem ›Naturalismus‹ vorwirft. Diese Frage nach dem angemessenen Ton setzt erneut die ins Manuskript

---

44 Zit. nach: Keller: *Historisch-Kritische Ausgabe*, Bd. 23.2, 375 (Brief vom 22.4.1860).

von 1857/58 hineingezeichnete Harfe ins Bild: Als wichtigster Grund-
lagentext für die bis weit ins 19. Jahrhundert wirksame Lehre der
rhetorischen Tonlagen gilt nämlich eine Stelle aus Ciceros *De oratore*,
an der einer der Dialogpartner die vom Gemüt bewegte menschliche
Stimme mit gespannten Saiten (*chordae*) vergleicht, »die entsprechend
der jeweiligen Berührung reagieren, hoch und tief, schnell und gemes-
sen, laut und leise.«[45]

1.2 Hic caelum, hic salta (cum figuris)

Sicherlich fällt die Gegenüberstellung von Tanzen und Gehen im Eingangsabschnitt des *Tanzlegendchens* weniger ins Gewicht als die zwischen sinnlichem Tanz und asketischem Beten, auf die die bisherige
Forschung vornehmlich abgehoben und damit geradezu zwangsläufig
eine (religions-)anthropologische Lesart vorgeschlagen hat: Bei einem
eingefleischten Feuerbachianer wie Keller gibt es dafür ja auch gute
Gründe.[46] Aufgrund ihres Topos-Charakters suggeriert die Opposition
von Gehen und Tanzen indes, dass komplementär zur dominierenden
Lesart von Beginn an auch eine poetologische Komponente als Hinter-
grundstimme mitschwingt.[47]

45 Cicero: *De oratore*, III, 216. Zum Status der rhetorischen Tonlehre in der ersten Hälfte des 19. Jahrhunderts (in der eben auch Keller sozialisiert wurde) vgl.
   Sengle: *Biedermeierzeit*, Bd. 1, Kap.: »Töne (generelle Stillagen)«, 594–647.
   Ohne diese rhetorikgeschichtlichen Bezüge herzustellen, betont Christine
   Renz den »spielerisch-leichte[n]«, »dem vorgegebenen [Legenden-]Inhalt un-
   angemessenen Ton[]« (Renz: *Gottfried Kellers »Sieben Legenden«*, 241) und
   liefert damit wichtige Impulse für meine eigene Lektüre.
46 Vgl. dazu insbesondere Amrein: »›Als ich Gott und Unsterblichkeit entsagte‹«,
   224–232.
47 Selbstredend hat die Forschung nicht völlig an der selbstreflexiven Dimension
   des *Tanzlegendchens* vorbeigesehen – wenn eine Heilige namens Musa und
   die heidnischen Musen die Hauptfiguren bilden, drängt sich eine solche Perspektive ja auch förmlich auf. Hingewiesen sei in diesem Zusammenhang vor
   allem auf den wegbereitenden Aufsatz von Arthur Henkel, der sich allerdings
   weniger mit den genuin poetologischen Implikationen des Textes abgibt, als
   dass er aufs große Ganze ›der‹ Kunst abzielt; so erhebt er etwa »Musas Tanz
   zur Chiffre von Kunst überhaupt im christlichen Aeon« (»Gottfried Kellers
   Tanzlegendchen«, 115); sprechend auch, wie Henkel eingangs zwar die Frage
   einer »Poetik der ›schwebenden‹ Prosa« ins Spiel bringt, diese jedoch ausdrücklich zugunsten einer »konventioneller[en]« (ebd., 109) Problemstellung
   beiseite schiebt. Meine Überlegungen versuchen, dieser Frage im Anschluss an
   die bereits zitierte Studie von Renz konsequenter nachzugehen.

Eine Fortsetzung findet dieses poetologische Moment gleich im nächsten Abschnitt, als Musa mit dem ihr erscheinenden König David »den kunstgerechtesten Tanz« (422) aufführt:

> [E]ines Tages, als sie sich allein in der Kirche befand, konnte sie sich nicht enthalten, vor dem Altar einige Figuren auszuführen [...]. Sie vergaß sich dabei so sehr, daß sie bloß zu träumen wähnte, als sie sah, wie ein ältlicher aber schöner Herr ihr entgegen tanzte und ihre Figuren so gewandt ergänzte, daß beide zusammen den kunstgerechtesten Tanz begingen. (421 f.)

Mit dem gleich zweimal gebrauchten, mehrsinnig lesbaren Ausdruck ›Figur‹ macht die Erzählinstanz auf die spezifische Rhetorizität dieses im Medium eines Textes geschilderten Tanzes aufmerksam.[48] Tatsächlich greift die Erzählinstanz denn auch just an der Stelle, die den Tanz als »kunstgerechtesten« ausweist, auf eine Wortfigur zurück, die das zentrale poetologische Verb ›gehen‹ sinnfällig abwandelt: Musa und König David führen ihren Tanz nicht einfach aus, sondern ›begehen‹ ihn. Indem *Das Tanzlegendchen* auf diese Weise seine textuelle Dimension anklingen lässt, erhebt es implizit den Anspruch, *selber* dem Prädikat der ›Kunstgerechtigkeit‹ zu entsprechen: Beständig ist es bestrebt, Gehen/Prosa in Tanz/Poesie hinüberspielen zu lassen – ohne jedoch seinen prosaischen Ausgangscharakter restlos zu tilgen, sich selber als Prosa zu verleugnen. Das Verb ›begehen‹ konnotiert ja nicht nur gehobene Feierlichkeit, sondern bewahrt zugleich, auf der Signifikanten-Ebene, eine Erinnerung an das Gehen, von dem sich der Tanz zwischen Musa und David im buchstäblichsten Sinne herschreibt.

Musa dagegen wähnt bereits jetzt »im Himmel herumzuspringen« (422), schwelgt in *poésie pure*. Anders gesagt: Handlungs- und Darstellungsebene driften im gleichen Maße auseinander, wie sich Musa von David dazu verleiten lässt, auf Erden fortan ihrer Leidenschaft zu entsagen und nur noch Buße zu tun, um nach ihrem Tod »die ewige Seligkeit in einem unaufhörlichen Freudentanze zu verbringen« (ebd.). Aber

---

48 Der Begriff der Figur steht im Mittelpunkt der *Tanzlegendchen*-Lektüre von Gabriele Brandstetter. Vgl. Brandstetter: »de figura«. Während Brandstetter den Figuren-Begriff in all seinen Facetten herausarbeitet – von der bildlichen Darstellung über seine musik- und tanzgeschichtlichen Dimensionen hin zur christlich-dogmatischen Figuraldeutung –, bleibt die rhetorische Komponente jedoch seltsam unterbeleuchtet. Zum vielfältigen Status der Figur bei Keller vgl., grundsätzlich, mit Bezug auf den *Grünen Heinrich* und den *Landvogt vom Greifensee*, Torra-Mattenklott: *Poetik der Figur*, 157–231.

noch ist es nicht ganz so weit: Während David Musa mit den »Takten einer [...] unerhört glückseligen, überirdischen Tanzweise« (423) bei-zukommen vermag – also »mit der Verheißung eines immerwährenden meta-physischen Tanzes«[49] –, stoßen seine theologischen *Argumente* bei ihr auf taube Ohren. Dafür ist die kleine Tänzerin doch zu sehr ›Realistin‹ – Kind aus Kellers Zeit – und kontert mit utilitaristischen Einwürfen, die man, wie die Erzählinstanz selber in augenzwinkernder Doppeldeutigkeit suggeriert, nicht anders als ›bodenständig‹ bezeichnen kann: »[D]ieser Erdboden schiene ihr gut und zweckdienlich, um darauf zu tanzen« (ebd.). Ohne dass Musa dessen gewahr zu werden scheint, entlarvt ihr Zaudern gar Davids eigentlichen, zutiefst prosaischen An-trieb: Es »erfordere [...] einen raschen Entschluß«, mahnt der König an; »wolle sie nicht, so gehe er weiter; denn man habe im Himmel noch einige Tänzerinnen von nöten.« (Ebd.) Der geschmeidige David erscheint plötzlich als gewiefter Impresario, der Musa einen mehr als zweifelhaften Vertrag schmackhaft zu machen versucht,[50] und der Himmel als ein Varieté-Betrieb, der die Unterhaltung, nach der es ihn gelüstet, offensichtlich nicht selbst zu gewährleisten imstande ist.[51]

Hinter diesem Setting steckt mehr als eine bloß karnevaleske Ver-kehrung konventioneller theologischer Vorstellungen. Zunächst zeigt ein Blick auf Kosegartens Vorlage, dass dort gerade die im Himmel herrschende Autarkie das entscheidende Argument lieferte, um dem tanzwütigen »Fräulein von ritterbürtigem Geschlecht« seine Leiden-schaft auszureden:

49 Brandstetter: »de figura«, 240. In der Forschung ist es üblich, an dieser Stelle einen Bezug zu Kleists *Über das Marionettentheater* zu knüpfen. Tatsächlich wird sich die leichtfüßige Musa erst durch diese himmlische Musik ihrer Erdenschwere bewusst: »[S]ie merkte, daß ihr Leib viel zu schwer und starr sei für diese Weise« (Keller: *Sieben Legenden*, 423). Im Gegensatz zum Kleist'schen Gedankenexperiment jedoch wird Musas natürliche Grazie durch die Reflexion nicht unwiderruflich zerstört, sondern muss über bestimmte asketische Disziplinartechniken weiterhin fortwährend gebändigt werden, um die in Aussicht gestellte überirdische Leichtigkeit im Himmel nicht aufs Spiel zu setzen. Damit scheint mir die bei Keller verhandelte Problemlage doch eine grundsätzlich andere und die Engführung mit Kleists Text eher irreführend als erhellend.

50 Vgl., ähnlich, Stamer: »Tanz/Legende«, der allerdings bei dieser durch und durch prosaischen Perspektive stehenbleibt.

51 Aus dem Grund scheint mir denn auch Marianne Schullers These, es sei recht eigentlich »*das Fehlen der Unvollkommenheit* [...], das den himmlischen Schauplatz in einen Ort der Trauer verwand[le]« – so plausibel dies angesichts des Endes des *Tanzlegendchens* sein mag –, für den Text als ganzen nur bedingt Gültigkeit beanspruchen zu können (Schuller: »*Sieben Legenden* (1872)«, 100; Hervorhebung G. F.).

Es stehet geschrieben, daß die Seligen im Himmel sollen die volle Genüge haben in allem was sie begehren. Gesetzt nun, sie überkämen eine Begierde zu tanzen, und es wäre im Himmel kein Tanz, so hätten sie nicht die volle Genüge, sondern es gebräche ihnen ein Ding, dessen sie begehrten, das wäre gegen das klare Wort Gottes. Als das das Fräulein hörte, gelobte sie dem Mönch, daß sie das Tanzen lassen wolle, Gotte und seiner lieben Mutter zu Lieb.[52]

Poetologisch gefasst: Indem Kellers Text das Dispositiv der Vorlage in sein Gegenteil wendet, zeigt er, dass das Ende der Klassik auch am Himmel nicht spurlos vorübergegangen ist; der Glaube an eine vollkommene Autonomie der Kunst wäre aus realistischer Perspektive Ausdruck unzeitgemäßer Kunstreligion und von vornherein unglaubwürdig.

Ganz auf das Autonomiepostulat verzichten mag der Text indes nicht. Davon zeugt insbesondere der ungewöhnlich viel Platz einnehmende Seitenblick, den die Erzählinstanz während des Tanzes zwischen Musa und David auf die Engelsmusikanten aus dem Tross des biblischen Königs wirft. Diese lassen sich die

Notenhefte von ebensoviel steinernen Engelsbildern halten, welche sich als Zierat auf dem Chorgeländer fanden; nur der Kleinste, ein pausbäckiger Pfeifenbläser, machte eine Ausnahme, indem er die Beine übereinander schlug und das Notenblatt mit den rosigen Zehen zu halten wußte. Auch war der am eifrigsten (422).

Aufschlussreich an dieser explizit als Ornament (»Zierat«) markierten Passage ist primär der aus der Reihe tanzende Engelsknabe, die Figur also, die in dieser in den Text eingelassenen Marginalie wiederum selbst eine Randposition einnimmt. Im Gegensatz zu den anderen Engelsmusikanten, die sich auf äußeren »Zierat« abstützen – *ornatus* nennt man bekanntlich auch als bloß schmückendes Beiwerk begriffene Redefiguren –, setzt der »pausbäckige[] Pfeifenbläser« mit seiner artistischen Verrenkungstechnik primär auf sich selbst und verweist so, qua Allegorie, auf die hohe Selbstbezüglichkeit des Textes. Die These lässt sich auch kunsthistorisch stützen: Seit Leon Battista Albertis berühmter Abhandlung *Della pittura*

<hr>

52 Zit. nach: Keller: *Historisch-Kritische Ausgabe*, Bd. 23.2, 455 f. Auf diese Abwandlung verweist auch Renz: *Gottfried Kellers »Sieben Legenden«*, 245 und 247, deutet die Nicht-Autonomie des Himmels aber allein im Sinne eines Mangels an »Leben und Welt.« (Ebd., 246)

(1435/36) – ein Werk, das dem ausgebildeten Maler Gottfried Keller nicht unbekannt gewesen sein dürfte – werden derart verdrehte Körperdarstellungen nämlich geradezu toposhaft mit einem selbstreflexiven Index versehen, als Ausdruck der überhitzten, vom Vorbild der Natur sich entfernenden Einbildungskraft des Künstlersubjekts.[53] So entpuppt sich der Engelsknabe aus dem *Tanzlegendchen* als entfernter Verwandter jener Putti, die, in ähnlich verdrehter Gestalt den Gesetzen der Schwerkraft spottend, die Ornamentgrotesken des 16. Jahrhunderts bevölkern.[54] Zugleich jedoch ist der Engelsknabe auch als selbstironisches Autoporträt des realen, bekanntlich kleinwüchsigen Autors Gottfried Keller lesbar[55] – und damit an die außertextuelle Wirklichkeit rückgebunden.

Schalkhaft zeichnet Keller in dieser Marginalie mithin nichts Geringeres als das Emblem seines diskret manierierten poetischen Realismus. Sie bildet das augenzwinkernde und damit vor dem Richterstuhl des Programmrealismus auch explizit artikulierbare Pendant des ungleich offensiver vom Traditionszusammenhang der Groteske zehrenden, zu Kellers Lebzeiten aber bezeichnenderweise unveröffentlicht gebliebenen Gedichts *Die Mazze* aus dem Jahr 1844. Schon auf der Handlungsebene wartet dieses mit einem verstörenden Hybrid auf, in Gestalt einer »Esche« bzw. »Birke«, der »ein rohes Menschenantlitz […] eingeprägt« wird.[56] Vor allem aber wimmelt Kellers Manuskript nur so von grotesken Randzeichnungen (Abb. 5). Dass es in diesen um die Reflexion von Kellers eigener Autorschaft geht, hat bereits Wagner-Egelhaaf betont: Unübersehbar okkupiert der Name ›Keller‹ den oberen Seitenrand, als, »wie die Mazze im Gedicht, aus Holz gefertigtes Namensemblem«.[57] Recht eigentlich entscheidend für meinen Querbezug ist indes erst die Figur am linken Seitenrand, deren untere, schnurlinienförmige Extremitäten den Anfangsbuchstaben von Kellers Namen berühren: Wie die Beine des Engelsknaben aus dem *Tanzlegendchen* sind auch die Gliedmaßen dieser gezeichneten Randfigur markant ›übereinander geschlagen‹.

*

53 Vgl. Summers: »Contrapposto: Style and Meaning in Renaissance Art«, v.a. 339f.
54 Vgl. Fabricius Hansen: *The Art of Transformation*, 119f. und 325–339.
55 Dies ist nicht das einzige Auto(r)porträt, das sich in einem scheinbar nebensächlichen Detail einer der Legenden versteckt. Vgl., mit Bezug auf *Die Jungfrau und der Teufel*, Muschg: *Gottfried Keller*, 106.
56 Keller: *Die Mazze*, V. 7 und 9f. In: ders.: *Historisch-Kritische Ausgabe*, Bd. 17.1, 514–519. Zur Aufschlüsselung des Ausdrucks ›Mazze‹ und zu dessen realhistorischem Hintergrund vgl. Fibicher: »Mazze«.
57 Wagner-Egelhaaf: *Die Melancholie der Literatur*, 430.

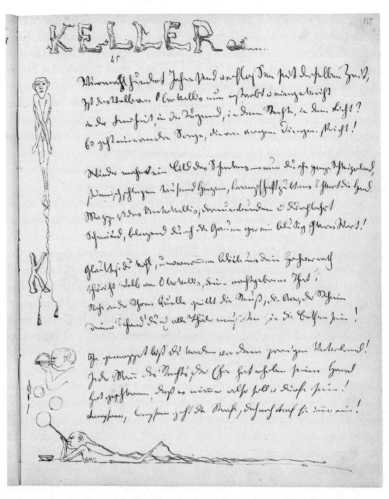

Abb. 5: Keller: *Die Mazze* (1844), Seite 3 des Manuskripts. Zentralbibliothek Zürich, Ms GK 4 (https://doi.org/10.7891/e-manuscripta-75527), S. 125, Public Domain Mark.

Nach dieser Abschweifung zu Kellers textinterner Abschweifung aber wieder zurück zum *Tanzlegendchen* selbst. Nicht ohne autoreflexiven Witz ist, bei aller offenkundigen Sympathie, die die Erzählinstanz Musa entgegenbringt, und bei aller Poetisierung, die ihr Leidensweg erfährt, auch die Darstellung ihrer Bußübungen. Deren »härteste« besteht »darin, die Glieder still und steif zu halten« (424), was Musa so schwer fällt, dass sie sich schließlich »die feinen Füßchen mit einer leichten Kette zusammenschmieden« (ebd.) lässt. Der Verzicht aufs Tanzen schlägt um in völlige Immobilität: »Sie lag beständig auf ihrem Bettchen von Moos und schaute voll Sehnsucht in den Himmel, und sie glaubte schon die goldenen Sohlen der Seligen durch das Blau hindurch tanzen und schleifen zu sehen.« (425) Während das Adverb ›be-ständig‹ noch an Musas ehemals aufrechten Gang erinnert und der Untergrund, auf dem sie gebettet ist, qua Paronomasie (›Moos‹/›Musa‹) auf den naturhaften Zustand verweist, in den sich ihre Gebeine nach ihrem Tod, um eine berühmte Stelle aus dem *Grünen Heinrich* anzuführen, »buchstäblich« ›auflösen‹ werden (I.4, 64), richtet sich ihr Blick auf das Jenseits der Signifikanten (»durch das Blau hindurch«) und meint schon jetzt zur in Aussicht gestellten Sinnesfülle durchzustoßen.

Die Doppelperspektive des Textes lässt sich anhand eines Vergleichs, den die Erzählinstanz zu Beginn desselben Abschnitts zieht, weiter präzisieren. Er greift bereits selbst auf das Wortfeld des Durchsichtigen zurück, stattet dieses aber mit einer ganz anderen Valenz aus als die sehnsüchtig in den Himmel blickende Musa. So heißt es, Musa sei »gegen Ende des dritten Jahres [...] fast so dünn und durchsichtig wie ein Sommerwölkchen geworden« (424). So wenig das verklärende Moment des Vergleichs von der Hand zu weisen ist, so klar setzt sich die Erzählinstanz zugleich von Musas halluzinatorischem Durchblick in die Transzendenz ab: Ihr geht es um die spezifische Qualität des Diaphanen, und nicht um das, was dahinterliegt. Beiläufiger – und zugleich prägnanter – kann man den verkappten Theologismus programmrealistischer Verklärungsbestrebungen eigentlich nicht auf die Schippe nehmen.[58]

Die Kette an Musas Füßen – ein Detail, das man bei Kosegarten vergeblich sucht und das dementsprechend von vornherein aufhorchen lassen sollte – verweist ihrerseits nicht nur auf die radikale Konsequenz, mit der die Protagonistin ihre Leidenschaft fürs Tanzen abtötet, son-

---

58 Einen ähnlichen, aber um einiges weitschweifigeren Spaß wird sich Busch mit der Denkfigur der Verklärung im *Balduin Bählamm* erlauben. Vgl. dazu meine Ausführungen im Busch-Kapitel.

dern hat angesichts der im Text inszenierten Äquivalenz von Tanz und Poesie auch bedeutsame poetologische Implikationen: Wie »leicht[]« (424) die Kette auch immer sein mag, so pervertiert sie doch den Topos von der Poesie als gebundener Rede zur gefesselten. Insofern wird die Büßerin Musa hienieden zur allegorischen Zerrgestalt dessen, was sie sich im Himmel zu sein erhofft.

Als Musa schließlich »ihren Geist auf[gibt]« (425) – die Redensart changiert bezeichnenderweise zwischen »hochsprachl. Euphemismus« und »makabrer Blasphemie«[59] –, ›springt‹ die Kette »mit einem hellen Klange entzwei«, woraufhin Musa selbst »in den offenen Himmel« ›springt‹ (ebd.). Der gleich zweifache Rückgriff auf das Verb ›springen‹ unterstreicht noch einmal die tiefe Verbundenheit zwischen Musa und ihrer Fußfessel und inszeniert die Himmelfahrt als lang ersehnte Befreiung. Unverkennbar ist andererseits aber auch der Parodie-Charakter dieser Himmelfahrt: So lässt sich die sinnenfreudige Assunta-Ikonografie unschwer mit der Feuerbach'schen Projektionstheorie in Einklang bringen und damit als Plädoyer der Erzählinstanz für die Freuden des Diesseits begreifen.[60] Angesichts dieser Zwiespältigkeit muss man sich fragen, ob der »helle Klang«, mit dem die Kette zerspringt, auf die himmlische Musik vorausweist oder ob das pervertierte Sym-bol der Poesie mit der Himmelfahrt nicht etwa endgültig einer wortwörtlich dia-bolischen Logik unterworfen wird, also als diskrete Dissonanz zu werten ist. Ähnlich doppelbödig ist ja auch die Präzisierung, dass Musa »augenblicklich tanzend sich in den tönenden und leuchtenden Reihen *verlor*« (ebd., Hervorhebung G.F.).[61] An dieser Stelle endete *Das Tanzlegendchen* in der handschriftlichen Fassung von 1857/58. Auch für *uns* Gelegenheit, vorläufig Bilanz zu ziehen.

---

59 So die allgemeine Charakterisierung bei Röhrich: *Das große Lexikon der sprichwörtlichen Redensarten*, Bd. 1, 525.

60 So bei Renz: *Gottfried Kellers »Sieben Legenden«*, 236–241. Zum ikonografischen Programm, auf das Kellers Text hier abhebt, vgl. Henkel: »Gottfried Kellers *Tanzlegendchen*«, 114.

61 Nur am Rande sei darauf hingewiesen, dass mit der Rede von »den tönenden und leuchtenden Reihen« neben der Musik (›tönend‹) auch die bildenden Künste (›leuchtend‹) aufgerufen werden. Musa situiert sich dementsprechend nicht nur an der Schnittstelle von Poesie und Prosa, sondern auch an der *zwischen* den Künsten. Der Tanz der himmlischen Heerscharen ist, genauso wie *Das Tanzlegendchen* selbst, ein durch und durch intermediales Ereignis – dies *en détail* aufzuzeigen würde allerdings über meine Problemstellung weit hinausführen.

1.3 Poetik der (Um-)Wendung

Indem er die christliche Heilsbotschaft gegen den Strich bürstet, stellt der Text der permanenten Vertagung des Tanzes und der Poesie den Anspruch entgegen, diese als Pas de deux mit der Prosa in seinem Hier und Jetzt zu realisieren. In den Bewegungen seiner Wort- und Sinnfiguren, die der Materialität der Signifikanten und deren konstitutiver Mehrdeutigkeit mehr trauen als eindeutigen Sinnversprechungen, gelangt der Text zu einer eigentümlichen Balance zwischen erdgebundenem Witz und Verklärung.

Diese performative Anlage des Textes instituiert den Tanz als Lesefigur. Nichts anderes – nämlich dass Kellers Prosa *als* Tanz zu lesen ist – suggeriert denn auch bereits der Titel *Das Tanzlegendchen* selber. Im Gegensatz zu den Titeln der anderen sechs Legenden verweist dieser nämlich explizit auf die Gattungsbezeichnung ›Legende‹, die wortwörtlich übersetzt eben ›das zu Lesende‹ bedeutet.[62] Genauso programmatisch spielt auch das hintersinnige Vorwort zu den *Sieben Legenden* auf die etymologische Bedeutung der Gattungsbezeichnung an: »*Beim Lesen* einer Anzahl Legenden wollte es dem Urheber vorliegenden Büchleins scheinen […]« (333, Hervorhebung G.F.). Tatsächlich sind Kellers Legenden allesamt Lesefrüchte aus (dem) Kosegarten bzw. »Kosegärtchen«, um den scherzhaften Diminutiv aufzunehmen, den Keller in dem bereits erwähnten Brief an Freiligrath verwendet.[63]

Während Musas »Tanzlust« (421) gewaltsam unterdrückt wird, huldigt *Das Tanzlegendchen* zusammen mit den anderen Legenden einer, wie es im Vorwort weiter heißt, »mehr profanen Erzählungslust« (333). In der »kirchliche[n] Fabulierkunst« will der »Verfasser« deren palimpsestartige »Spuren« ausgemacht haben, sodass ihn selber »die Lust« zu ihrer »Reproduktion« überkommen habe (ebd.). Dass ›Lust‹ demnach sowohl mit Tanzen als mit Erzählen in Verbindung gebracht wird, spricht nicht nur für eine Engführung von Tanz und Poetologie, sondern meint auch, dass sich der »Verfasser« – in diametralem Gegensatz übrigens zu dem strenggläubigen Pfarrer, der als Erzähler der Meretlein-Novelle fungiert – genau dem verschreibt, was Musa ausgetrieben wird: der Lust am Tanz/Text.

Auf den unterschiedlichsten Ebenen entwirft der Text so, wie ich im Folgenden zeigen möchte, eine Poetik der (Um-)Wendung und vollzieht damit im Darstellungsmedium der Prosa den Grundgestus

---

62 Vgl., ähnlich, Brandstetter: »de figura«, 244.
63 Zit. nach: Keller: *Historisch-Kritische Ausgabe*, Bd. 23.2, 375.

der Poesie: die *versura*. Die Lesefigur beschränkt sich dabei mitnichten auf den Einzeltext *Das Tanzlegendchen*, sondern ist über den gesamten Zyklus verstreut. So bekommen etwa die *Bekehrungen*, von denen die an der Schnittstelle zwischen heidnischer Antike und Christentum angesiedelten Legenden künden, vor dem Hintergrund der hier vorgeschlagenen Lektüre eine poetologische Bedeutung, die die ursprünglich heilsgeschichtliche ironisch abwandelt. Ähnliches ließe sich vom Spiel mit den Geschlechterrollen sagen – etwa Marias vorübergehendem *gender crossing* in *Die Jungfrau als Ritter* –, das in fast allen Legenden eine tragende Rolle spielt.[64]

Das eigentliche Stichwort für die Hypothese, in den *Sieben Legenden* sei eine Poetik der (Um-)Wendung am Werk, liefert wiederum eine Stelle aus dem Vorwort: »[D]er Verfasser [spürte] die Lust zu einer Reproduktion jener abgebrochen schwebenden Gebilde« – gemeint sind die Beispiele »profane[r] Erzählungslust«, die »fragmentarisch[]« zwischen Kosegartens religiös getönten Legenden anklingen –, »wobei ihnen freilich zuweilen das Antlitz nach einer anderen Himmelsgegend *hingewendet* wurde, als nach welcher sie in der überkommenen Gestalt schauen.« (333, Hervorhebung G.F.) Die Stelle wird in der Regel rein religionskritisch ausgelegt. Poetologisch lesbar ist sie aber schon deswegen, weil das vom Verfasser gebrauchte Bild, den überkommenen Legenden sei im Zuge ihrer Umschrift das Antlitz umgewendet worden, eine ähnlich raffinierte Körpertorsion impliziert wie die des hochgradig selbstreflexiven Engelsmusikanten aus dem *Tanzlegendchen*, der sein Notenblatt dank seiner Verrenkungskünste mit den eigenen Zehen zu halten vermag. In dem Sinn lässt sich denn auch das Paradigma des Abgebrochenen (»abgebrochen schwebende[] Gebilde«) nicht nur so lesen, dass Kellers *Sieben Legenden* an die »Spuren einer ehemaligen mehr profanen Erzählungslust« anknüpfen; vielmehr nimmt es auch die subtilen *Brechungen* vorweg, mit denen Kellers Sammlung – ihr spezifischer Legendenton – immer wieder aufwartet. Zusammen mit den Bewegungsverben ›schweben‹ und ›hinwenden‹ kündigt die Anthropomorphisierung der Legendenvorlagen (»Antlitz«; »Gestalt«) zudem das Wortfeld des Tanzes an, das im letzten Text des Zyklus dann auch auf der Ebene des Plots eine eminente Rolle spielt: Über die Isotopie des

---

64 Zum Spiel mit den Geschlechterrollen und der Praxis des Kleidertauschs vgl. die sich an mythologischen Erzählmustern und Ritualen orientierende Lektüre von Anton: *Mythologische Erotik in Kellers »Sieben Legenden« und im »Sinngedicht«*, 41–76, sowie die in kritischem Dialog mit Judith Butler stehende Lektüre von Downing: »Double Takes: Genre and Gender in Gottfried Keller's *Sieben Legenden*«.

Tanzes schließt sich Kellers Legenden-Zyklus damit zu einem Reigen (*kýklos*) zusammen und wendet sich, mit Karl Philipp Moritz gesprochen, in diskreter Maniertheit als Poesie in sich selbst zurück.[65]

Von einer reversen Logik zeugt überdies bereits ganz konkret das Manuskript der Erstfassung, das sich – bei Keller eine Ausnahme – erhalten hat. Der Autor scheint ihm also einen gewissen Aussagewert zugemessen zu haben. In der Erstfassung sind die Legenden noch in einer anderen Reihenfolge angeordnet und auf vier Konvolute verteilt: Das *Tanzlegendchen* (hier noch ohne den definiten Artikel) beschließt das erste dieser Konvolute, welches zudem die *Legende der Eugenia* (*Eugenia* in der Endfassung) sowie die *Legende von der Maria Stellvertreterin* (*Die Jungfrau und die Nonne* in der Druckfassung) umfasst. Für meine Belange ist vor allem bemerkenswert, dass das *Tanzlegendchen* auf der letzten Seite des Konvoluts beginnt,[66] in Umkehrung der üblichen Schreib- und Leserichtung also gewissermaßen *von hinten nach vorne* geschrieben ist. An den oberen linken Seitenrand – sprich: bei der Seitenzählung – hat Keller sogar eigens den Vermerk »rückwärts« angefügt,[67] damit man gleich weiß, in welcher Reihenfolge die Manuskriptseiten des *Tanzlegendchens* denn nun zu lesen sind (Abb. 4 oben links).

Aus der Druckfassung ist diese Spielerei freilich verschwunden – bis auf ein unscheinbares Detail, über das man in der Regel allzu schnell hinwegliest. Die Rede ist vom Motto des *Tanzlegendchens*, das zwei

---

65 Für die zyklische Anlage der *Sieben Legenden* sei auch auf Polheim: »Die zyklische Komposition der Sieben Legenden Gottfried Kellers« verwiesen. Der vor mehr als hundert Jahren verfasste Aufsatz wartet mit nach wie vor wertvollen, allerdings zumeist rein formalen Einsichten auf – so etwa mit überraschenden Bezügen zwischen *Das Tanzlegendchen* und *Die Jungfrau und die Nonne* sowie *Dorotheas Blumenkörbchen*, vgl. 759–763.
Insofern das Vorwort in den Prä-Texten der *Sieben Legenden* »die Spuren einer ehemaligen mehr profanen Erzählungslust *oder Novellistik* zu bemerken« meint (333, Hervorhebung G. F.), wird die Rede von der ›Hinwendung nach einer anderen Himmelsrichtung‹ noch in einem anderen Sinn poetologisch lesbar als in dem von mir vorgeschlagenen: als Bezug auf den Wendepunkt als eines der zentralen Versatzstücke der Novellentheorie des 19. Jahrhunderts. In genau dem Sinn liest Torra-Mattenklott die unzähligen Wendungen am Ende der Zweitfassung des *Grünen Heinrich* als Einlagerung eines novellistischen Prinzips in den Roman. Vgl. Torra-Mattenklott: *Poetik der Figur*, 211 f.
66 Zu diesem Kuriosum vgl. auch Morgenthaler: »*Sieben Legenden*. Der Zyklus als Werk«, 122–124. Den eigentlich poetologischen Hintersinn der reversen Schreibweise erkennt Morgenthaler jedoch nicht.
67 Eigenartigerweise fehlt dieser Vermerk in der diplomatischen Transkription der Handschrift.

Stellen aus dem alttestamentarischen Buch Jeremia (31,4 und 31,13) miteinander verschaltet:

> Du Jungfrau Israel, du sollst noch fröhlich pauken, und herausgehen an den Tanz. – Alsdann werden die Jungfrauen fröhlich am Reigen sein, dazu die junge Mannschaft, und die Alten miteinander.
> Jeremia 31.4.13. (421)

An diesem Motto interessiert mich weniger der offensichtliche thematische Bezug zur nachfolgenden Legende als die Schreibweise des Stellennachweises, setzt die Ziffernfolge »31.4.13« das Prinzip der Umwendung bzw. der reversen Zyklik doch auf kleinstmöglichem Raum passgenau um.

Stilistisch kommt Kellers Pas de deux von Poesie und Prosa, seiner spezifischen Tonlage, einem wahren Drahtseilakt gleich. Eine besondere Gefahr bildet dabei das Abrutschen in den Prosaismus. In seiner kritischen Würdigung der *Sieben Legenden* glaubt Theodor Fontane denn auch just hierin das Grundproblem des Zyklus zu erkennen: »Alle diese Legenden fallen in ihrem humoristisch-spöttischen und zugleich liberalisirenden G. Keller-Ton völlig aus dem Legendenton heraus und verstimmen mich, aller Kunst des Vortrags ungeachtet, durch etwas ihnen Perverses, Widerspruchsvolles, ›Schiefgewickeltes‹.«[68] Fontane sieht sich deswegen gar veranlasst, das im Vorwort gebrauchte Bild der Umwendung zu korrigieren: »Richtiger wäre vielleicht die Bemerkung gewesen, ›daß er ihnen, wie eben so vielen Tauben, den Kopf umgedreht habe.‹«[69] Indem Fontane das Bild mehrmals *über*dreht (»Perverses«; »Schiefgewickeltes«; ›den Kopf umdrehen‹), verfällt ironischerweise er *selber* dem Prosaismus, den er Keller vorhält, und schießt so an der spezifischen Manieriertheit von Kellers legendarischer Schreibweise vorbei.[70]

Keller wusste offenbar sehr wohl, dass sein stilistischer Balanceakt nur bei einem Werk von begrenztem Inhalt zu gelingen vermochte, schreibt er doch am Ende des Vorworts: »Der ungeheure Vorrat des

---

68 Zit. nach: Keller: *Historisch-Kritische Ausgabe*, Bd. 23.2, 427.
69 Ebd.
70 Auch bei Peter von Matt schärft Fontanes Fehllektüre den Blick für die Eigenart der *Sieben Legenden*. Fontanes Kritik an der mangelnden Eindeutigkeit des Zyklus, der zwischen wahrhaftiger Frömmigkeit und aufklärerischer Parodie hin- und herschwanke, treibe ex negativo deren Modernität hervor. Eine Modernität, die von Matt primär in einer auf den unterschiedlichsten Textebenen wirksamen »Hybridisierung des Unvereinbaren« verortet (von Matt: »Wetterleuchten der Moderne«, 23). Die Hybridisierung von Poesie und Prosa findet dabei freilich keine Erwähnung.

Stoffes ließe ein Ausspinnen der Sache in breitestem Betriebe zu; allein nur bei einer mäßigen Ausdehnung des harmlosen Spieles dürfte demselben der bescheidene Raum gerne gegönnt werden, den es in Anspruch nimmt.« (333) Andernfalls liefe sein *rewriting* des Legenden-Genres Gefahr, seinen ›spielerischen‹ Charakter einzubüßen und, wenn man mit Blick auf die von Keller selbst gebrauchte Textil-Metaphorik so sagen darf, zur Masche zu verkommen. Die *Sieben Legenden* sind denn auch sein mit Abstand kürzester Erzählzyklus.

Dem *Tanzlegendchen* indes hat Keller bei der Fertigstellung des Druckmanuskripts durchaus mehr Raum zugestanden: Gleich zweimal hat er einen neuen Schluss angehängt, den zweiten gar nachdem das Werk bereits in den Satz gegangen war.[71] Und diese Codas haben es in sich, sind sie doch voll neuer, unerwarteter Wendungen und rücken, indem sie auf der Handlungsebene den Fokus vom Tanz zum Gesang verschieben, die Frage nach dem richtigen Ton nun auch ausdrücklich ins Zentrum.

1.4   Pas de deux sans trois: *Dreifaltigkeit als Textprinzip*

Oberflächlich betrachtet, wird der lineare Erzählfluss zwar nicht aufgekündigt; dafür mutet einigermaßen überraschend an, dass die bisherige Hauptfigur mehr und mehr in den Hintergrund gedrängt wird und stattdessen die Musen – »ihr[] heidnische[r] Plural«[72] – in die Protagonistinnenrolle schlüpfen. Musa ›verliert sich‹ also nicht nur, wie es im Schlusssatz der ersten Fassung heißt,»in den tönenden und leuchtenden Reihen« (425) der tanzenden Himmelsscharen, sondern auch zwischen den Textzeilen.

Auch scheint sich die Erzählinstanz herzlich wenig darum zu kümmern, dass sie mit der Präzisierung, »[i]m Himmel [sei] eben hoher Festtag« (ebd.), impliziert, dass es dort nicht immer so feierlich zugeht, sprich: dass König David Musa einen Bären aufband, als er ihr in Aussicht stellte,»die ewige Seligkeit in einem *unaufhörlichen* Freudentanze zu verbringen« (422, Hervorhebung G.F.). Offensichtlich ist der Erzählinstanz nicht daran gelegen, das katholisch konnotierte Genre der Legende als, wie Luther zu kalauern pflegte, »Lügende«[73] zu entlarven:

---

71 Vgl. den Herausgeberkommentar in: Keller: *Historisch-Kritische Ausgabe*, Bd. 23.2, 17.
72 Henkel: »Gottfried Kellers *Tanzlegendchen*«, 110.
73 Zit. nach: Kunze: »Legende«, 391.

Im Zentrum des *Tanzlegendchens* stehen je länger, je weniger konfessionelle Scharmützel und Religionskritik denn poetologische Fragen. Die Forschung legt in der Regel den Fokus auf den symmetrischen Aufbau der Legende, der »mit seinen beiden Schauplätzen den Jenseitsträumen im Diesseits die Diesseitsträume im Jenseits gegenüberstell[e]« und damit eine »wechselseitige Relativierung von diesseits- und jenseitsbezogenem Leben«[74] vornehme. In der Tat stimmen die Musen, denen Maria in Aussicht gestellt hat, »für immer im Paradiese bleiben [zu] könn[]en« (426) – bis dato waren sie nur an Festtagen zur »Aushülfe« (ebd.) zugelassen – zum Dank einen Lobgesang an, der bei den Himmelsbewohner*innen ungeahnte Reaktionen auslöst: »[I]n diesen Räumen klang er so düster, ja fast trotzig und rauh, und dabei so sehnsuchtsschwer und klagend, daß erst eine erschrockene Stille waltete, dann aber alles Volk von Erdenleid und Heimweh ergriffen wurde und in ein allgemeines Weinen ausbrach.« (427) Während sich Musas »Sehnsucht« – der Ausdruck fällt im ersten Teil der Legende gleich zweimal (vgl. 423 und 425) – auf die Schwerelosigkeit im himmlischen Paradies richtet, hat die Sehnsucht der Himmelsbewohner*innen die Erde zum Ziel.

Diese Anordnung lässt sich trefflich als melancholisch getönte Parodie auf das von den Kirchenvätern entwickelte Deutungsschema der Figura lesen: Wie Erich Auerbach ausführt, operiert die Figuraldeutung nach dem Muster von »Vorbedeutung und Erfüllung«,[75] indem sie bestimmte Ereignisse aus dem Alten Testament »als prophetische *figura* für Christi Erscheinen«[76] begreift. So verweist bereits die nicht zu übersehende Namensähnlichkeit zwischen Musa und den Musen darauf, dass dieses Verfahren – religionskritisch gewendet – die Tiefenstruktur von Kellers Text auf entscheidende Weise bestimmt.[77]

Ohne die Triftigkeit dieser Thesen in Abrede stellen zu wollen, möchte ich dafür plädieren, *Das Tanzlegendchen* nicht wie sonst üblich in zwei, sondern in drei Abschnitte zu unterteilen. Dass diese Einschnitte mit den von Keller vorgenommenen Erweiterungen zusammenfallen, ist an sich kontingent. Entscheidend ist, was im Text vonstattengeht. Und dieser liest sich so, als ob Keller nicht einfach zwei neue Schlüsse angehängt habe – zuerst einen hoffnungsfrohen, dann einen melancholischen –, sondern als ob die erste Fassung des *Tanzlegendchens* unter veränderten

---

74 So Dominik Müllers Herausgeberkommentar in Keller: *Sämtliche Werke in sieben Bänden*, Bd. 6, 831.
75 Auerbach: »Figura«, 68.
76 Ebd., 70.
77 Ausführlicher dazu Brandstetter: »de figura«, v. a. 232f. und 242f.

Vorzeichen zweimal *neu* geschrieben worden wäre. Dieses Prinzip des *rewriting* erinnert an die beiden Fassungen des *Grünen Heinrich*, instituiert *Das Tanzlegendchen* einmal mehr aber auch zur Meta-Legende: Während die *Sieben Legenden* allesamt Neufassungen von Kosegartens Prä-Texten sind, wird dieses Verfahren im Fall des *Tanzlegendchens* gleichsam potenziert und in den Text selbst hineingenommen.

Der hier vorgeschlagenen Lesart zufolge erscheint die erste Coda wie eine Neuauflage des ersten Teils, in der die Musen in genau die Aktantenposition rücken, die vordem Musa zukam: Wie dieser wird auch den neun Schwestern ein dauerhafter Platz im Himmel in Aussicht gestellt. Nicht von ungefähr tauchen beim Festessen nach Abschluss der »Tänze und Gesänge« (426) denn auch erneut König David und seine »Musikbübchen« (ebd.) auf. Das gesellige Festessen im Himmel steht indes kontrastiv zu Musas einsamem Fasten und hebt so einen wichtigen Unterschied zwischen diesen beiden Teilen des *Tanzlegendchens* hervor: Obwohl den Musen im Gegensatz zu Musa keine Verzichtleistungen auferlegt werden, scheint ihre Aufnahme in den Himmel nur eine Frage der Zeit, weil sich Maria persönlich für sie verbürgt.

Folgt man der hier vorgeschlagenen Lektürehypothese, so wechseln die Musen die Aktantenposition in der zweiten Coda. Sie sind nun nicht mehr analog zu Musa zu fassen, sondern in exakter spiegelbildlicher Entsprechung zu der von Maria auf die Erde gesandten himmlischen Delegation, die Musa im ersten Teil die Leichtigkeit des Himmelstanzes schmackhaft machen soll. Denkbar schmerzhaft rufen die neun Emissärinnen aus der Unterwelt den Himmelsbewohner*innen ja *deren* vergangenes Erdendasein in Erinnerung. Ganz im Sinn der von mir herausgearbeiteten Poetik der (Um-)Wendung dreht die zweite Coda des *Tanzlegendchens* den ersten Teil also von der Aktantenstruktur her um: Sie überführt den Prosatext der Legende auf makrostruktureller Ebene in Poesie, indem sie dessen fortschreitenden Gang, wie Moritz sagen würde, in sich selber zurückdrängt.[78]

---

78 Spätestens mit dieser strukturellen Umkehrung sind die Ähnlichkeiten zwischen Kellers *Tanzlegendchen* und Kleists Legende *Die heilige Cäcilie oder Die Gewalt der Musik* kaum mehr zu übersehen: Wie Barbara Naumann herausgearbeitet hat, ist bei Kleist eine musikalische Poetik im Sinne einer »Poetik der reinen Bewegung« (»Inversionen. Zur Legende des Geschlechts in Kleists Erzählung *Die heilige Cäcilie*«, 131) am Werk, die im Verlauf des Textes sämtliche Handlungszusammenhänge nach dem Muster von Parallele und Inversion gestaltet, genauso wie sie sämtliche zu Beginn geltenden symbolischen Ordnungssysteme buchstäblich umwendet und umkehrt. Fast möchte man meinen, Kellers *Tanzlegendchen* schreibe nicht nur Kosegartens Legendentexte neu,

Wer will, mag in der im *Tanzlegendchen* waltenden *ars combinatoria* damit noch in einem weiteren Sinn eine Meta-Legende erblicken: Auf spielerische Weise nimmt sie nämlich André Jolles' berühmte These vorweg, wonach eine Legende »das ›Historische‹ in seine Bestandteile« zerbreche, um diese anschließend in einer vom »Wert der Imitabilität [...] bedingten Reihenfolge wieder auf[zubauen]«.[79] Mit dem augenzwinkernd blasphemischen Nebeneffekt freilich, dass dieses *reassembling* bei Keller nicht vom »Wert der Imitabilität« (im Sinn der *imitatio Christi*) bestimmt ist, sondern, wie im Folgenden zu zeigen ist, im Zeichen eines hochgradig poetologischen Trinitätsspotts steht.[80]

Schon wenn Keller Kosegartens Legenden im Brief an Freiligrath einen »einfältiglichen Styl[]«[81] attestiert, ist man angesichts des ternären Aufbauprinzips des *Tanzlegendchens* versucht, das Bild fortzuspinnen und Kellers Legenden als ›drei-faltige‹ auszuweisen. Auch in diesem Fall indes ist das Wortspiel bereits im *Tanzlegendchen* selber angelegt und weist sowohl eine religionskritische als eine poetologische Pointe auf. So rekurriert die Erzählinstanz im allerersten Satz ebenso wie zu Beginn der ersten Coda auf kirchliche Autoritäten, um das Erzählte zu beglaubigen:

> Nach der Aufzeichnung des heiligen Gregorius war Musa die Tänzerin unter den Heiligen (421).
> [A]n Festtagen [...] war es, was zwar vom heiligen Gregor von Nyssa bestritten, von demjenigen von Nazianz aber aufrecht gehalten wird, Sitte, die neun Musen, die sonst in der Hölle saßen, einzuladen (425 f.).

Damit ist die erste Coda vom Erzählerkommentar her klar als Neuansatz markiert. Auf der Hand liegt auch die religionskritische Dimension dieses autoritativen Bezugs, haben sich Gregor von Nyssa und Gregor von Nazianz doch nirgends über den etwaigen Verbleib der Musen im Himmel ausgelassen.[82] Zugleich öffnet sich der Bezug auf die kirchli-

---

sondern auch Kleist, indem es dessen Schrift *Über das Marionettentheater* und seine Version der Cäcilien-Legende miteinander verschaltet.

79 Jolles: *Einfache Formen*, 40.

80 Den Ausdruck ›Trinitätsspott‹ entlehne ich Gerhard Kaiser, bei dem er auf die Seldwyler Novelle *Die drei gerechten Kammmacher* gemünzt ist. Vgl. Kaiser: *Das gedichtete Leben*, 157.

81 Zit. nach: Keller: *Historisch-Kritische Ausgabe*, Bd. 23.2, 375.

82 Mit diesem Befund gibt sich die Kellerforschung ausnahmslos zufrieden und verkennt damit, dass es bei dem Verfahren nicht nur um das Parodieren theologischer Beglaubigungspraktiken geht.

chen *auctores* so – d. h., gerade weil er ironisch gebrochen ist und damit nicht ernsthaft in einem theologischen Sinn gelesen werden kann – für eine poetologische Lesart: für die Frage, wie die Instanz geartet ist, die Kellers Text auktorial verbürgt. In dem Zusammenhang kommt wiederum die Dreifaltigkeit ins Spiel, sind Gregor von Nyssa und Gregor von Nazianz doch maßgeblich dafür bekannt, im vierten Jahrhundert an der Ausarbeitung und Konsolidierung des Trinitätsdogmas mitgewirkt zu haben.[83] Poetologisch gelesen, wird mit diesem religionsgeschichtlichen *clin d'œil* mithin die auktoriale Instanz des Textes selbst, dessen »Verfasser«, wie sie sich im Vorwort nennt, als dreifaltige markiert.

Zusätzlich bekräftigen lässt sich die Hypothese von einem dreifaltigen Textprinzip durch den Umstand, dass bei den herangezogenen *auctores* die gleiche variative Signifikantenlogik waltet wie bei den Hauptfiguren. Während die heidnischen Musen Musa in der ersten Coda als Protagonistinnen ablösen, spaltet sich der Name des »heiligen Gregorius«, mit dem man zunächst wohl Papst Gregor I., alias ›Gregor der Große‹, assoziiert, in diejenigen von Gregor von Nyssa und Gregor von Nazianz: Aus Eins mach' Drei.

Deutet man das Dreifaltige auf diese Weise, muss auch eine in der Forschung immer wieder vorgenommene schroffe Gegenüberstellung differenziert werden: die zwischen den Musen als dem Sprachrohr der Kunst und der vermeintlich genauso sinnen- wie kunstfeindlichen »allerhöchste[n] Trinität« (427), welche den Gesang der Musen »mit einem lang hinrollenden Donnerschlage zum Schweigen […] bring[t].« (Ebd.)[84] Ebenso wie die Trinität dafür sorgt, dass »das ganze Paradies« nicht »aus der Fassung ger[ä]t« (ebd.), zieht auch der – *nomen est omen* – »Ver*fasser*« nach der zweiten Coda einen Schlussstrich unter *Das Tanzlegendchen* und verhindert so, dass dieses seinerseits »aus der Fassung ger[ä]t«: Die dritte Fassung bleibt die letztgültige.

Allerdings nimmt die auktoriale Instanz nicht bloß die Position der Trinität ein, sondern ebenso die der Musen, führt also zusammen, was auf der Handlungsebene getrennt bleibt.[85] Der Geschlechtertausch

---

83 Einen zugleich kirchengeschichtlichen und theologischen Einblick in die diesbezüglichen Debatten gewährt etwa Dünzl: *Kleine Geschichte des trinitarischen Dogmas in der Alten Kirche*, v. a. 114–120 und 143 f. Wie bei seinem genauso ungläubigen Zeitgenossen Flaubert, der sich in den 1870er-Jahren bekanntlich ebenfalls erfolgreich als Legendenautor versucht hat, sollte man auch Kellers religionsgeschichtliche Kenntnisse nicht unterschätzen.

84 Vgl. etwa Henkel: »Gottfried Kellers *Tanzlegendchen*«, 117 f., und Renz: *Gottfried Kellers »Sieben Legenden«*, 246 f.

85 Vgl., ähnlich, aber mit einem stärker genderkritischen Einschlag, Amrein: »›Süsse Frauenbilder zu erfinden, wie die bittre Erde sie nicht hegt!‹«, 21.

bzw. die Hybridisierung der Geschlechter wird im *Tanzlegendchen* also nicht wie in den anderen Legenden des Zyklus auf der Handlungsebene, sondern tiefenstrukturell von der auktorialen Instanz selbst vollzogen. Walter Benjamins – wohlgemerkt nicht auf die *Sieben Legenden* gemünzte – These, das Sinnbild der bärtigen Aphrodite sei eine der wichtigsten Denkfiguren in Kellers Werk, erweist damit einmal mehr seine Triftigkeit.[86]

Erneut lässt sich in dem Zusammenhang überdies die »Gregor«-Chiffre fruchtbar machen, bezeichnet man den einstimmigen liturgischen Gesang doch gemeinhin als ›gregorianischen‹. Demgegenüber ist *Das Tanzlegendchen* wesentlich polyphon, mehrstimmig – wie der Gesang, den die Musen im Himmel anstimmen: »Sie teilten sich in zwei Hälften von je vier Stimmen, über welche Urania eine Art Oberstimme führte, und brachten so eine merkwürdige Vokalmusik zuwege.« (427) Auffälligerweise geht die Erzählinstanz dabei mit keinem Wort auf den Inhalt des Lobgesangs ein, sondern charakterisiert allein dessen Klangqualität: »[D]ie Musen [...] stellten sich zusammen und begannen sänftlich ihren Gesang, der bald gar mächtig anschwellte. Aber in diesen Räumen klang er [...] düster, ja fast trotzig und rauh« (ebd.). Der von den Musen gesungene Hymnus erscheint demnach – um die Formel wiederaufzunehmen, mit der Ulrich Beil Mignons Eiertanz charakterisiert – wie ein »Lied ohne Worte«. Mit der Konsequenz, dass so die spezifischen ›Klang‹-Qualitäten des Textes selbst in den Fokus geraten – *dessen* »merkwürdige Vokalmusik«, wie sie sich insbesondere in der paronomastischen Reihung ›Musa‹/›Moos‹/›Musen‹ niederschlägt. Tatsächlich lesen sich die poetologischen Implikationen des Musengesangs wie eine Variation darauf, was bereits die ›Musa‹/›Moos‹-Paronomasie verhandelte: Ebenso lustvoll wie melancholisch, »sänftlich« und doch »trotzig«, wird in beiden Fällen Akteur*innen, die sich in himmlischer Seligkeit wähnen und in immaterieller Poesie zu schwelgen vermeinen, ›das Antlitz nach einer anderen Himmelsrichtung gewendet‹ und so – im Modus poetischer Prosa – ihre Herkunft aus gemeinhin als prosaisch konnotierter Erdgebundenheit in Erinnerung gerufen. Kaum zufällig werden die Himmelsbewohner*innen denn auch in genau dem Augenblick, in dem sie »außer Fassung« geraten, über eine Periphrase charakterisiert, die einmal mehr das poetologisch konnotierte Paradigma des Gehens aufruft: »alles, was je auf grünen Wiesen *gegangen*

---

86 Vgl. Benjamin: »Gottfried Keller. Zu Ehren einer kritischen Gesamtausgabe seiner Werke«. In: ders.: *Gesammelte Schriften*, Bd. II.1, 283–295, hier 291 und 293.

oder gelegen« (ebd., Hervorhebung G. F.). Auch in dem Sinn rückt sich Kellers Schreibweise mithin ins Zeichen des Dreifaltigkeitsprinzips: indem sie jenseits der vermeintlichen Dichotomie von Poesie und Prosa eine *dritte*, ebenso prekäre wie lustvolle Position einnimmt, von der aus sie bestrebt ist, den einen Pol mit dem anderen zu vermitteln.

Welchen *misreadings* ein solches Unterfangen ausgesetzt ist, zeigt nicht allein die mürrische Besprechung aus der Feder von Fontane (wobei, wie in meiner *Frau-Jenny-Treibel*-Lektüre exemplarisch zu zeigen sein wird, die ebenso nonchalante wie hochartifizielle Plauderprosa aus Fontanes eigenen Romanen und deren heimliches poetologisches Motto ›Das Eine thun und das Andere nicht lassen‹[87] dem Pas de deux von Poesie und Prosa der Keller'schen Legenden um einiges näher ist, als man angesichts der Rezension zunächst anzunehmen geneigt ist). Ebenso zeigt sich das an der Art und Weise, wie die Himmelsbewohner*innen auf den Gesang der Musen reagieren. So bedenken die Musen ganz offensichtlich nicht, dass es nicht genügt, »die *Form* der im Himmel üblichen feierlichen Choräle« (427; Hervorhebung G. F.) zu übernehmen, um als nicht-himmlische Wesen dort auch die gewünschte Wirkung zu erzielen. Diesen Fauxpas suchen die Legenden des als ungläubig verschrienen Autors Keller zu vermeiden, indem sie in die poetisch konnotierte »Form« der Heiligenlegende hineinziehen, was den Musen unwillkürlich passiert – den Umschlag vom ›Sänftlichen‹ ins ›Rauhe‹ –, und Poesie und Prosa so humoristisch-melancholisch in der Balance halten. Ungeachtet von Fontanes Grummeln gehören die *Sieben Legenden* folgerichtig zu den Werken Kellers, die beim zeitgenössischen Publikum am meisten Anklang fanden.[88]

Ganz anders sehen die Verkaufszahlen dafür bei dem Text aus, dem ich mich nunmehr zuwenden möchte. Bezeichnenderweise wird die Erstfassung des *Grünen Heinrich* von ihrem Verfasser denn auch bereits im Vorwort nicht etwa unter dem Stichwort der ›Form‹, sondern unter dem der »Unförmlichkeit« verhandelt – und mutet insbesondere gerade deswegen auf Anhieb ungleich ›avancierter‹ an als die virtuose Gestaltung des späteren Legenden-Zyklus. *Dessen* raffinierte Brechungen erschließen sich erst auf den zweiten bzw., wie man vielleicht besser sagen sollte, dritten Blick.

---

87 Fontane: *Frau Jenny Treibel*, 46.
88 Vgl. den Herausgeberkommentar in: Keller: *Historisch-Kritische Ausgabe*, Bd. 23.2, 18–20.

2. *A Novel of the Arabesque and Grotesque*
Zur »Unförmlichkeit« des *Grünen Heinrich* (1854/55)

2.1 *Problemstellung: Groteske versus Arabeske?*
Handlungs- versus Darstellungsebene?

Die beiden Ornamenttypen ›Arabeske‹ (im Sinne eines vegetabilischen Linienspiels) und ›Groteske‹ (im Sinne von verschlungenen Mensch-Tier- bzw. Mensch-Pflanzen-Hybriden) sind traditionell ebenso eng miteinander verknüpft, wie sie in Konkurrenz zueinander stehen.[89] »Im Unterschied zur harten Fügung, den Heterogenitäten und kalkulierten Brüchen der Hybridformation Groteske«, pointiert Günter Oesterle die Problemlage idealtypisch, »präsentiert sich die Arabeske mit Anmut, weicher Fügung und Bewegung in Analogie zu organischem Wachstum.«[90] Die entsprechenden architekturtheoretischen, bildkünstlerischen sowie, seit Montaigne,[91] auch literarischen Debatten um diese vorgeblichen ›Beiwerke‹ sind für das künstlerische Selbstverständnis seit der Renaissance von zentraler Bedeutung, weil es in ihnen stets um die Legitimität bzw. Illegitimität (bestimmter Modi) der Einbildungskraft geht.[92] Genau damit ist zugleich auch ein Grundproblem aus Kellers *Grünem Heinrich* benannt, insofern dessen Protagonisten ungeachtet aller guten »realistischen« Vorsätze (II.5, 327), sich »ganz an die Natur zu halten« (III.1, 19), permanent das Überbordende seiner Fantasie in die Quere kommt.

Auch wenn Keller zu den wenigen Vertretern des deutschsprachigen Realismus gehört, die von der Forschung wiederholt in den Horizont der Groteske gerückt wurden – angefangen mit Wolfgang Kaysers Lektüre von *Die drei gerechten Kammmacher*[93] –, so bedarf ein derart

89 Eine erste Fassung der folgenden Überlegungen habe ich im Rahmen des Zürcher Kongresses »Welt wollen. Gottfried Kellers Moderne (1819–1890)« vorgetragen. Dafür sei dem Organisationsteam unter der Leitung von Frauke Berndt und Philipp Theisohn noch einmal herzlich gedankt.
90 Oesterle: »Groteske«, 296.
91 Vgl. Nakam: »Montaigne maniériste«.
92 Vgl. Oesterle: »Von der Peripherie ins Zentrum«, 30.
93 Vgl. Kayser: *Das Groteske in Malerei und Dichtung*, 9–12 und 82–94. Als weitere ›Pioniertexte‹ seien genannt Jennings: »Gottfried Keller and the Grotesque« und Preisendanz: *Poetischer Realismus als Spielraum des Grotesken*. Für meine Lektüre waren – für diesen Problemzusammenhang ebenso wie für den der Arabeske – zudem folgende Arbeiten besonders wichtig: Wagner-Egelhaaf: *Die Melancholie der Literatur*, Kap.: »Still-Leben oder Nature morte. *Der grüne Heinrich* (1854/55; 1879/80), 416–474, v.a. 428–430 (über den Zusammenhang von Groteske, Melancholie und Humor); Torra-Mattenklott:

fundamentaler Bezug, wie ich ihn hier vorschlage, doch einer ausführlicheren Begründung. Dazu sei zunächst ein Blick auf Heinrichs spezifischen Donquichottismus geworfen. So etwa entstellt sich ihm bei seinem allerersten Zeichenversuch unter freiem Himmel ein »gewaltiger Buchbaum« zu einem »lächerliche[n] Zerrbild«, das ihn »wie ein Zwerg aus einem Hohlspiegel« angrinst (II.2, 251f.). Entscheidend ist, dass die Groteske nicht erst im missglückten Endprodukt ins Spiel kommt, als Folge von Heinrichs mangelhaften zeichnerischen Fertigkeiten. Vielmehr evoziert die Buche für Heinrich bereits eingangs einen »König aus alter Zeit, der den Feind zum Einzelkampfe aufruft« (ebd., 251). Nimmt man diesen Vergleich als Indiz für die imaginative Aufladung von Heinrichs Wahrnehmung beim Wort – begreift man ihn also als Mensch-Pflanzen-Hybrid –, dann zeigt sich, dass Heinrichs Zeichnen immer schon im Zeichen der Groteske steht.[94]

In einem landläufigeren Sinn grotesk sind darüber hinaus die Motive, an die der proto-industrielle Kupferstecher Habersaat seinen Lehrling Heinrich verweist und auf die dessen Fantasie bereitwillig anspricht: »hohle zerrissene Weidenstrünke, verwitterte Bäume und abentheuerliche Felsgespenster [...] mit den bunten Farben der Fäulniß und des Zerfalles« (II.5, 324f.). Gleiches gilt schließlich für das »wunderliche« (I.7, 151) Wachsfigurenkabinett, das Heinrich, ganz im Bann der theosophisch veranlagten Trödlerin Frau Margreth, nach dem Vorbild einer anatomischen Sammlung anlegt. Dabei kombinieren zumindest einige von Heinrichs »Geschöpfe[n]« (ebd.) Menschen- und Pflanzenartiges: »In langen schmalen Kölnischwasserflaschen, denen ich die Hälse abschlug, baumelten eben so lange schmächtige Gesellen an ihrem Faden, in kurzen dicken Salbengläsern hausten knollenartige Gewächse.« (Ebd.)

Dem floralen Linienspiel der Arabeske verpflichtet ist seinerseits der Rahmen, mit dem Heinrich das Porträt seiner Jugendliebe Anna versieht:

Jeden Tag betrachtete ich Anna verstohlen oder offen und verbesserte danach das Bild, bis es zuletzt ganz ähnlich wurde. Es war in ganzer Figur und stand in einem reichen Blumenbeete, dessen hohe Blüthen

---

Poetik der Figur, Kap.: »Gottfried Kellers Lebenslinien«, 157–231 (wobei Torra-Mattenklott den Begriff der Arabeske allerdings eher punktuell ins Spiel bringt und stattdessen zentral mit dem der Figur arbeitet); Honold: »Der Sinus des Erzählens«, 68f. und 77–81 (zum ›Liniendenken‹ von Kellers Roman auf den Ebenen von *histoire* und *discours*), und Keller: »Im Strudel der Einsamkeit«.

94 Zu dieser Szene vgl. auch meine weiterführende Lektüre weiter unten, im Abschnitt 2.6.

und Kronen mit Anna's Haupt in den tiefblauen Himmel ragten; der obere Theil der Zeichnung war bogenförmig abgerundet und mit Rankenwerk eingefaßt, in welchem glänzende Vögel und Schmetterlinge saßen, deren Farben ich noch mit Goldlichtern erhöhte. Alles dies, sowie Anna's Gewand, welches ich phantasievoll bereicherte, war mir die angenehmste Arbeit während vieler Tage, die ich im Wald zubrachte (II.7, 371).

Im Gegensatz zu Heinrichs Grotesken »erregt[]« dieses Bild, obgleich durchaus unheilschwanger[95] und nicht ohne unfreiwillig parodistische Züge romantischer Kunstreligiosität,[96] »die Bewunderung aller ländlichen Beschauer«: »Alles entsprach dem phantasiereichen Sinne der Leute, welche ihre Augen an den mannigfaltigen Gegenständen vergnügten.« (Ebd., 379)

Ist aus solchen Stellen die Gegenüberstellung zwischen einer ursprünglich ›guten‹, arabesken und einer ›schlechten‹ – weil hypertrophen –, grotesken Variante der Einbildungskraft, zwischen klassizistischem Ideal und romantisch-maniertem Exzess abzuleiten? Eine von Heinrich selber vorgenommene begriffliche Differenzierung legt dies nahe. So greift er, als er im Anschluss an die sogenannte Flurschützen-Episode zwischen einer »bösartige[n] weltliche[n] Eitelkeit« und einer »guten und schönen« unterscheidet, auf Sprachbilder zurück, die, näher besehen, auf der Opposition ›Groteske‹ vs. ›Arabeske‹ beruhen:

[D]ie gute und schöne Eitelkeit, als die *zierliche Vervollkommnung oder Ausrundung* unseres Wesens, indem sie *alle Keimchen zum Blühen bringt*, die uns brauchbar und annehmlich machen für die äußere Welt, ist zugleich der beste und feinste Richter und Regulator ihrer selbst und treibt uns an, das Gute und Wahre, was wir auch sonst vorbringen würden, *ohne häßliche Manier* [!], *ohne Aufgeblasenheit und Schnörkelei* zu vertreten, und so veredelt sie sich von selbst zum guten Geschmack, welcher seinerseits wieder nichts anderes als

95 Weil Heinrich Annas Gesicht »fast gar nicht modellirt« (II.7, 379), dieses also »gleichsam zweidimensional« bleibt (Kaiser: *Das gedichtete Leben*, 101), nimmt das Bild die Szene vorweg, in der Heinrich durch die Glasscheibe, die in den über und über mit Blumen bedeckten Sarg eingelassen ist, das »weiße zarte Gesicht« der toten Anna erblickt (III.3, 95). Zu den narzisstischen Begehrensdynamiken, die hier am Werk sind, vgl., wenngleich ohne Bezug auf die Blumenornamentik, Kaiser: *Das gedichtete Leben*, 101 f.
96 Vgl. Müller: *Vom Malen erzählen*, 280 f.

die Gesundheit und das Vernünftige selbst ist. (IV.8, 363, Hervorhebungen G.F.)

Auch bei manchen von Heinrichs intellektuellen Aha-Erlebnissen würde man fündig. In dem von Goethe übersetzten *Leben des Benvenuto Cellini*, das Heinrich, als er von seinem dreißigtätigen Goethe-Marathon berichtet, als »seltsam glänzende[n] Stern[]« eigens hervorhebt (III.1, 16), konnte er beispielsweise lesen:

[W]ir haben in Italien gar verschiedene Arten [laubwerkartige Verzierungen anzufertigen, G.F.] und die Künstler selbst arbeiten verschieden. So ahmen die Lombarden den Epheu und wilden Wein nach, deren schöne Ranken sehr angenehm zu sehen sind. Die Florentiner und Römer dagegen haben mit noch weit mehr Geschmack gewählt; denn sie bilden den Akant, mit seinen Blättern und Blumen, die sich auf verschiedene Weise herumschlingen, und zwischen gedachten Blättern werden gewisse Vögel und verschiedene Tiere angebracht, woran man erst sehen kann, wer guten Geschmack habe. [...]
Solche Arbeiten werden von den Unkundigen Grottesken genannt; welche Benennung sich von den Neueren herschreibt, indem die aufmerksamen Künstler, in Rom, in manchen unterirdischen Höhlen, dergleichen Zierraten fanden [...]. Die Benennung aber ist nicht eigentlich. Denn wie die Alten sich vergnügten, Monstra zusammen zu setzen, indem sie die Gestalten der Ziegen, Kühe und Stuten verbanden, so sollten auch diese Verbindungen verschiedener Pflanzen und Blätterarten Monstra und nicht Grottesken genannt werden.[97]

Zwar billigt Cellini beiden Ornamentarten guten Geschmack zu. Der Ausdruck ›Monstra‹ lässt indes auch eine andere Wertigkeit zu – zumal wenn man bedenkt, dass Heinrich sich damit brüstet, wie sehr die Goethe-Lektüre seine »Anschauung vom Poetischen« verändert habe: »[I]n Bezug auf Manches, was ich bisher poetisch nannte, lernte ich nun, daß das Unbegreifliche und Unmögliche, das Abenteuerliche und Ueberschwängliche nicht poetisch sind« (III.1, 17f.).[98]

97 Goethe: *Leben des Benvenuto Cellini*. In: ders.: *Sämtliche Werke. Briefe, Tagebücher und Gespräche*, Abt. I: *Sämtliche Werke*, Bd. 11, 9–526, hier 66f. Zum zentralen Stellenwert von Cellinis Lebensbeschreibung für das ›Bilderdenken‹ in der Literatur des 19. Jahrhunderts vgl. Schneider: »Die Vision des Benvenuto Cellini«.
98 Dass Heinrichs Goethe-Bild damit *literarhistorisch* gesehen unterkomplex ist, steht auf einem anderen Blatt. Ironischerweise schlägt sich Goethes Schreib-

Als weiterer Bezugstext wäre die berühmte sinnesphysiologische Studie *Über die phantastischen Gesichtserscheinungen* (1826) des Goethe-Adepten Johannes Müller zu nennen. Müller findet zwar nur indirekt, dafür aber umso nachhaltiger in Kellers Roman Eingang. Zu Müllers wichtigsten Schülern gehörte nämlich Jakob Henle,[99] dessen Heidelberger Anthropologie-Vorlesung bei Keller bekanntlich einen solchen Eindruck hinterließ, dass sie Pate stand für die Veranstaltung, die Heinrich in der deutschen Hauptstadt besucht (vgl. IV.2, 231–239). Entscheidend für mich ist, dass Müller fordert, die Fantasie solle sich an die Gestaltungsprinzipien halten, nach denen die Natur verfährt:

> Die Phantasie erscheint in ihrer höchsten Vollendung, wenn sie ihre Formen nach denselben Gesetzen verwandelt, als die Natur selbst in der Metamorphose der Formen verfährt, in einer unendlichen Mannigfaltigkeit von Formen ein Wesentliches in anderen Beziehungen darstellend, als künstlerische Phantasie, als anschauender Sinn des Naturforschers. [...]
> Wenn deine Phantasie nach den Begriffen der Formen thätig ist, so fällt es dir nicht ein, Flügel dem Pferde anzudichten, die Menschengestalt mit dem Rumpf des vierfüßigen Thiers zu verbinden; das ist der künstlerischen Phantasie, die mit Einem sich Alles ändern sieht, ein Widerspruch.[100]

Bei Müller genauso wenig wie in Goethes Metamorphosenlehre fallen zwar die Ausdrücke ›Arabeske‹ und ›Groteske‹. Bereits für Goethes Malerfreund Tischbein aber lag die Assoziation auf der Hand – und wurde so auch von Goethe selber in einer Art Postskriptum zur Zweitpublikation seiner Abhandlung *Die Metamorphose der Pflanzen* für die Nachwelt festgehalten.[101]

---

weise in punkto innere Bilder nämlich mit durchaus vergleichbaren Schwierigkeiten herum wie Kellers jugendlicher Protagonist. Vgl. Schneider: »Sehen in subjektiver Hinsicht?«

99 Zu diesem biografisch-akademischen Nexus vgl. Georg Grubers Darstellung von Henles Vita in der *Neuen deutschen Biographie*.

100 Müller: *Über die phantastischen Gesichtserscheinungen*, 101 f. und 104.

101 Vgl. Goethe: »Schicksal der Druckschrift«. In: ders.: *Sämtliche Werke. Briefe, Tagebücher und Gespräche*, Abt. I: *Sämtliche Werke*, Bd. 24, 418–425, hier 419 f. Zu Tischbeins *misreading* vgl. Baumgartner: »Goethes *Metamorphose der Pflanzen* und die Arabeske bei Tischbein, Runge und Goethe«, 212 f., und Lichtenstern: *Die Wirkungsgeschichte der Metamorphosenlehre Goethes*, 38–45. Zum komplexen Verhältnis von Goethes Metamorphosenlehre

Spuren dieser goethezeitlichen Sichtweise weist in Kellers Roman etwa die Metapher von der »Blume des Auges« (IV.2, 237) auf, die sich just in Zusammenhang mit Heinrichs Anatomie-Studien in der deutschen Hauptstadt findet:

> Das Licht hat [...] den Sehnerv gereift und ihn mit der Blume des Auges gekrönt, gleich wie die Sonne die Knospen der Pflanzen erschließt [...]. Das Licht hat den Gesichtssinn hervorgerufen, die Erfahrung ist die Blüthe des Gesichtssinnes und ihre Frucht ist der selbstbewußte Geist (ebd.).

Bezeichnenderweise ist Heinrich während seiner Universitätsstudien denn auch – Dominik Müller hat darauf hingewiesen – »vorübergehend auf verblüffende Weise von seinem ›Spiritualismus‹ geheilt«.[102]

Ein Blick auf ein weiteres Verzierungswerk aus Heinrichs Hand zeigt freilich, wie prekär eine solch programmatische Gegenüberstellung von ›guter‹ Arabeske und ›schlechter‹ Groteske ist. Bei der Dekoration seines Malerateliers auf dem mütterlichen Dachboden geht es nämlich um einiges wilder zu als auf seinem Anna-Porträt:

> Die runden Fensterscheiben wurden klar gewaschen, vor dieselben auf ein breites Blumenbett, mit der Mutter Beihülfe ein kleiner Garten gepflanzt und inwendig die Pfosten sowie die nächste Wand mit Epheu bezogen, zu welchem im Sommer noch blühende Schling-pflanzen kamen, so daß das helle große Fenster von einem grünen Urwald umgeben war. (II.5, 334)

Geht man mit Wolfgang Kayser davon aus, dass das »undurchdringliche, unentwirrbare Geschlinge mit seiner unheimlichen Lebendigkeit, in der die Natur gleichsam selber die Bereiche zwischen Tier und Pflanze aufgehoben hat«, bereits »an sich« grotesk wirkt[103] – man erinnere sich an die »unheimlich[e]«[104] Wasserlilien-Szene aus *Immensee* –, dann führt der Übergang von Heinrichs »kleine[m] Garten« über das »Epheu« hin zu den »Schlingpflanzen« und dem »grünen Urwald« geradezu beispielhaft vor, wie das Wucherungsprinzip der Arabeske in der Erstfassung von Kellers *Grünem Heinrich* immer schon deren groteske Entstellung

---

zu grotesker Ornamentik und Körperlichkeit vgl. Wyder: »Der groteske Körper«.

102 Müller: *Wiederlesen und weiterschreiben*, 155.
103 Kayser: *Das Groteske in Malerei und Dichtung*, 135.
104 Storm: *Immensee*, 323.

in sich birgt. Wie ich im vorliegenden Kapitel zeigen möchte, trifft dies nicht allein auf Heinrich zu, also auf die Handlungsebene des Romans, sondern genauso auch auf dessen Darstellungsebene: In *beiden* Fällen klaffen »Theorie und Praxis himmelweit« auseinander (III.4, 125).

Als Kronzeuge ließe sich in dem Zusammenhang Walter Benjamin anführen, insofern er (ohne Bezug freilich auf den *Grünen Heinrich*, sondern ganz allgemein) von den »bauchigen Arabesken« des Keller'schen Vokabulars spricht:[105] Weil Benjamin damit die vegetabilisch konnotierte Arabeske mit dem Unterleib, also einer der privilegierten Körperregionen grotesker Kunst, verbindet, kondensiert er in einer Formel, was für die Schreibweise der Erstfassung des *Grünen Heinrich* charakteristisch ist: das Umschlagen, eben, von der kunstvollharmonischen Arabeske in die, wie es im Vorwort der Erstfassung heißt, »Unförmlichkeit« (14) der Groteske.[106]

*

Bevor ich diese These mit Bezug insbesondere auf das Verhältnis zwischen dem Rahmen- und dem Binnenteil von Kellers Roman näher ausführe, möchte ich den Komplex von Arabeske und Groteske noch von einer etwas anderen Warte aus angehen. So hat der Kunsthistoriker Werner Busch den arabesken Tendenzen der Malerei und Illustrationsgrafik des 19. Jahrhunderts *Notwendigkeit* unterstellt, weil sich die Arabeske bzw. die in ihrem Linienspiel geleistete Vereinigung von Organizität und Abstraktion als poetische »Reflexionsform« der spezifisch

---

105 Benjamin: »Gottfried Keller«, 287. Auch Hofmannsthal scheint von der Bedeutung der Arabeske für Kellers Schreibweise ein präzises Bewusstsein gehabt zu haben. So wartet der selber in mehrfacher Hinsicht als parergonal markierte Auftaktabschnitt seines dialogisch gestalteten Keller-Essays mit einschlägiger pflanzlicher Ornamentik auf. Ins Groteske hinüberspielen lässt Hofmannsthal diese freilich nicht. Angesichts dieser Einseitigkeit verwundert es denn auch nicht, wenn einer der Gesprächspartner betont, wie sehr er an Kellers Werken »die Kraft« bewundere, »die allem, selbst dem Albernsten, selbst dem Gemischtesten, noch eine *Form* gibt, vermöge deren es für einen Augenblick lebt und leuchtet.« (Hofmannsthal: »Unterhaltung über die Schriften von Gottfried Keller«, 100, Hervorhebung G.F.) Wie zu zeigen ist, wird dieses »Gemischteste[]« zumindest in der Erstfassung des *Grünen Heinrich* ganz anders bewertet als bei Hofmannsthal: als groteske Unform.

106 Entscheidende Impulse empfängt die gegenstrebige Dynamik meiner Grundthese insbesondere von Theo Looslis Untersuchung zum Status des Fantastischen in Kellers Werk. So weist Loosli nach, wie die zunächst karikierende und satirische Stoßrichtung fantastisch-defigurierender Darstellungsmodi bei Keller immer wieder in den Hintergrund gerät und der Darstellungsmodus darob selber »Eigenwertigkeit« erlangt (Loosli: *Fabulierlust und Defiguration*, 367).

Abb. 6: Philipp Otto Runge: *Der Tag* (1807). Radierung und Kupferstich (zweite
Auflage). 72 × 47 cm (Blatt). Hamburger Kunsthalle, Kupferstichkabinett.
© bpk | Hamburger Kunsthalle | Elke Walford.

modernen Abstraktions- und funktionalen Differenzierungsprozesse – der um sich greifenden prosaischen Zustände also – geradezu aufdränge.[107] Dabei unterscheidet Busch drei historisch aufeinanderfolgende Arabeskentypen: Der erste, naturmystisch-spekulative der Frühromantik, der vor allem mit dem Werk von Philipp Otto Runge verbunden ist, lasse, indem er Disparates ebenso metamorphotisch wie spannungsvoll miteinander verbinde, in seiner Überschreitungsbewegung noch einmal »die verlorene Totalität aufleuchten«[108] (Abb. 6); der zweite, verkörpert etwa durch Adolph Menzel und Wilhelm von Kaulbach, reflektiere kritisch auf die Insuffizienzen der Historienmalerei in postheroischen Zeiten (zentral dabei die Krise des verweisenden Attributs),[109] während der dritte, rundweg affirmative, die unanschaulichen Verhältnisse des Industriezeitalters und deren Widersprüche organizistisch überspiele (Abb. 7).[110]

Unschwer lassen sich auch von diesem Zugriff aus Bezüge zum *Grünen Heinrich* knüpfen, zumal dessen Verfasser als Maler und mehr noch aufgrund eines zweijährigen Studienaufenthalts in der damaligen Kunstmetropole München mit den namhaften Vertretern dieser arabesken Bildkunst bestens vertraut war. Auf den ersten Blick sind die beiden Momente, die Busch zufolge für die Arabeske konstitutiv sind, bei Keller allerdings einander *gegenübergestellt*. So moniert die Erzählinstanz die »ungeheure Abstraction« der modernen Lebensverhältnisse, in denen sich die Menschen nicht mehr »unmittelbar« selber »von der Natur« ernähren und wo die eigene Arbeit nicht aufgrund ihres inneren Wertes vergütet wird, sondern durch die undurchschaubaren Launen

---

107 Vgl. Busch: *Die notwendige Arabeske*, 13.

108 Ebd., 43. Zur spezifischen Temporalität, die der romantischen Arabeske deswegen eignet, vgl. auch Gibhardt: *Nachtseite des Sinnbilds*, 111–113.

109 Vgl. Busch: *Die notwendige Arabeske*, 24–30, 75–89 und 114–125.

110 Vgl. ebd., 125–131. Ein weiterer, medienreflexiver Aspekt der Arabeske, den Gerhart von Graevenitz am Beispiel der Auftaktpassagen einiger Romane von Fontane herausgearbeitet hat, möge hier einstweilen beiseite bleiben. In der Tat kann das, was von Graevenitz in seinem Aufsatz »Memoria und Realismus« zeigt – dass die arabesken Momente besagter Romananfänge lesbar sind als intrikater Reflex auf die arabeske Gestaltung der Deckblätter der Familienblätter und Rundschauen, in denen sie zuerst erschienen sind, und damit auf deren spezifische memorielle Funktion –, so nicht auf die Erstfassung des *Grünen Heinrich* zutreffen. Als Keller an dessen Incipit schrieb, gab es diese ›Bildungspresse‹ noch gar nicht. Anders verhält es sich im Fall von C. F. Meyers 1887 veröffentlichter Renaissance-Novelle *Die Versuchung des Pescara*. Vgl. dazu meine Ausführungen in Kap. IV.

Abb. 7: Eugen Napoleon Neureuther: *Maschinenfabrik und Gießerei Klett & Co.* (1858).
Öl auf Leinwand. 2,11 × 1,38 m. Historisches Archiv der MAN Augsburg. © Historisches
Archiv der MAN Augsburg.

des Markts (IV.4, 269).[111] Heinrichs Hang zum, wie es einmal heißt,
»abstracte[n] Phantasiren« (IV.3, 256) liegt insofern nicht allein in seiner Individualbiografie begründet, sondern weist durchaus auch einen
zeittypischen Einschlag auf; ironischerweise führt dies indes nicht dazu,
dass sich seine Bilder besonders gut verkauften. Dazu bedarf es einer
wesentlich marktgerechteren Legierung von arabeskem Linienspiel,
Abstraktion und Einbildungskraft als beim Eigenbrötler Heinrich Lee:
Beredt ist in dem Zusammenhang insbesondere, wie ein im Takt der
Mode produzierender »Fabrikant von bunten und bedruckten Tü-
chern«, auf denen »Blumen, Sterne und Linien durcheinander« geworfen werden, Heinrich eine Ausbildungsstelle in seinem Unternehmen
mit dem Argument schmackhaft zu machen versucht, er dürfe »aus der
reichen Natur die wunderbarsten und zierlichen Gebilde *abstrahiren*,
welche meine Konkurrenten zur Verzweiflung bringen!« (II.3, 272f.,
Hervorhebung G.F.)

All diesen Abstraktheiten stellt die Erzählinstanz gut programmrealistisch »die unmittelbare Anschauung [der] Dinge« gegenüber (ebd., 255),

111 Zum Status der Abstraktheit in Kellers Roman vgl. insbesondere die genaue
Wortfeld-Analyse bei Torra-Mattenklott: *Poetik der Figur*, 187–189.

die »unmittelbare Kenntniß der Faser und der Textur der Wirklichkeit«
(ebd., 255f.), welche sie als »organisch-nothwendige[s] Gewebe[]« (ebd.,
256) verstanden wissen will (man beachte die durchgehend textile Metaphorik, durch die die Stelle geradezu als Replik auf das Credo des Schweizer Tuchherstellers erscheint). Dementsprechend organizistisch fasst die
Erzählinstanz denn auch den der eigenen »Dichtung« zugrunde liegenden
»Phantasie«-Begriff, wenn sie diese zum Auftakt als »grüne[s] Reis« (I.1,
17) bezeichnet: Hier wird, mit Cornelia Zumbusch zu sprechen, »eine
poetische Produktivkraft« beschworen, die »nicht *nach* der Natur, sondern *wie* die Natur zu schaffen versteht«.[112] Ebenso organizistisch wird
die Erzählinstanz am Ende über Heinrichs Grab »ein recht frisches und
grünes Gras« (IV.15, 470) wachsen lassen, den Ritter von der abstrakten
Gestalt Heinrich Lee damit genau jenem »festen Boden der Mutter Natur« zuführend, den »künstliche abstracte Existenz[en]« ihrer eigenen
Diagnose zufolge längst unter den Füßen verloren haben (IV.4, 269).

Wie zu zeigen sein wird, geht der Text in dieser schematischen Gegenüberstellung von Abstraktheit und Organizität aber nicht auf. Um einiges
differenzierter als die notorisch unzuverlässige Erzählinstanz verschreibt
er sich in der als poetisch-realistisches Manifest lesbaren Brunnen-Szene
aus dem Auftaktkapitel einem komplexen Begriff poetischer Prosa: Dieser
weist sehr wohl auch Momente von Abstraktheit (A-Signifikanz) auf – ist
also in diesem vermittelten Sinn von der Prosa der bestehenden Verhältnisse gezeichnet – und operiert zudem im Zeichen einer geschwungenen
Bewegungskurve, die man nicht anders als arabesk nennen kann.

Das ist aber eben nur die eine Seite: Genau besehen, resultiert die für
die Erstfassung des *Grünen Heinrich* charakteristische Schreibweise
aus der Spannung zwischen dieser programmatisch auf Verklärung und
Humor bedachten arabesk-poetischen und einer grotesk-›unförmlichen‹
Prosa. Was der offizielle Romandiskurs im Vorwort als Unzulänglichkeit eines Erstlingswerks verstanden wissen will, ist als das eigentliche
Movens von Kellers Schreibweise zu bestimmen, das sich – aller poetisch-realistischer Einhegungsbestrebungen zum Trotz – insbesondere
in der wuchernden Eigendynamik rebusartiger Wortspiele und anderer
»Gestaltenwechsel« (III.6, 162) Bahn bricht. Auch in diesem Punkt lässt
sich an Benjamins Keller-Lektüre anknüpfen, bescheinigt er dessen Prosa
doch, sie weise stets einen »kleinen Bodensatz von Nonsens« auf.[113]

Dass es bei diesen Wucherungen weniger um die partikulare Schreibsituation eines Romandebütanten als um ein grundlegendes, epochenty-

112 Zumbusch: »Grauer Grund«, 79.
113 Benjamin: »Gottfried Keller«, 290.

pisches Darstellungsproblem geht, macht der Text, wie zum Abschluss zu zeigen sein wird, in einigen verkappten Repliken auf das Vorwort deutlich. In ihnen reflektiert Kellers Romanprosa das, was man im Anschluss an Ralf Simon deren »formlose Form« nennen könnte,[114] als eine Art poetologische Versuchsanordnung: Im Bewusstsein ihrer eigenen Spätzeitlichkeit und damit der Inadäquatheit überkommener Erzählmuster und Gattungen, verleibt sie sich solche in Ermangelung einer verbindlichen neuen Erzählform dennoch permanent ein, versucht, sie unter poetisch-realistischen Vorzeichen umzuschreiben – und führt in der »Unförmlichkeit«, zu der sie sich dabei entstellt, vor Augen, wie wenig sich diese ausufernde Formenvielfalt noch in die dynamische Einheit einer harmonisch geschwungenen literarischen Arabeske bannen lässt. Sie verhält sich mithin *strukturell* wie eine typisch groteske Figur, die, mit entsprechenden Konsequenzen für die eigenen leiblichen Konturen, Essen nur so in sich hineinschlingt.[115]

2.2 (Par-)Ergon Kritzelei

Ihr heimliches und doch nachgerade mit Händen zu greifendes Emblem findet die eben umrissene Anordnung in Kellers sogenannten Berliner Schreibunterlagen (Abb. 8 und 9). Deren irritierendes Wirrwarr aus ornamentalen Schnörkeln, exzessiven Wort- bzw. Namensspielereien und grotesken Figuren gibt in jeder Hinsicht die Grundierung von Kellers Texten ab: Immer wieder aufs Neue *überschreiben* diese die Unterlagen, halten so deren unbändig monströse Energie aus dem offiziellen, autorisierten Werk heraus – und können doch nicht verhindern, dass sie es untergründig heimsuchen. Ablesen lässt sich das ebenso an den Brechnungen und Verzerrungen in den Texten selbst wie an dem merkwürdigen lebensgeschichtlichen Detail, dass Keller die beiden Doppelbögen im Gegensatz zu den meisten seiner Manuskripte über die Jahrzehnte seines Schaffens hinweg nie weggeworfen hat, ihnen damit, wie Dominik Müller einmal zu bedenken gegeben hat, zumindest offiziösen Werkcharakter zugestehend.[116]

---

114 Simon: *Die Idee der Prosa*, 53 und passim.
115 Eine ähnliche Dynamik hat Manuela Günter in Raabes *Stopfkuchen* aufgezeigt. Vgl. Günter: *Im Vorhof der Kunst*, 265–269.
116 Vgl. Müller: »Bildende Kunst«, 316. Die anspruchsvollste Lektüre einer der beiden Doppelbögen findet sich immer noch bei: Villwock: »Betty und Gottfried«.

Abb. 8: Gottfried Keller: Die erste sogenannte Berliner Schreibunterlage (ca. 1855). 65,8 × 55,5 cm. Zentralbibliothek Zürich, Ms GK 8b (https://doi.org/10.7891/e-manuscripta-16073), Public Domain Mark.

Zum *Grünen Heinrich* stehen die beiden Schreibunterlagen insofern in einem privilegierten Verhältnis, als die »kolossale[] Kritzelei« (IV.1, 221), also jenes Werk, an dem Heinrich gegen Ende seines Aufenthalts in der deutschen Hauptstadt während vieler Wochen ebenso »gedankenlos[]« wie mit »löblichste[m] Fleiß« arbeitet (ebd., 220), evidente Bezüge zu ihnen aufweist. Wenn ich zum Auftakt der eigentlichen Roman-Analyse just die »kolossale[] Kritzelei« in den Blick nehmen möchte, dann liegt das indes nur zum Teil an dieser Affinität. Meine Prioritätensetzung hat nämlich noch andere Gründe: So möchte ich zeigen, dass die Kritik, die romanimmanent im Zeichen von Arabeske und Groteske an Heinrich geübt wird, am Beispiel der »kolossalen Kritzelei« ihren wohl pointiertesten Ausdruck findet. In besonderer Prägnanz reflektiert wird auf jenen Seiten *last but not least* aber auch – gemäß der Einsicht von Martina Wagner-Egelhaaf, der zufolge im *Grünen Heinrich* »die *Bilder* des Textes« stets »zugleich Bilder des *Textes*« sind[117] – das fundamentale *Darstellungsproblem* des Romans selber.

Erhellend für die Arabesken-Problematik ist zunächst ein Blick auf die narrative, ›psychografische‹ Rahmung der Kritzelei durch die Erzählinstanz. Bevor sie Heinrichs »melancholischen Müßiggang[]« (ebd., 219) in der Kritzelei kulminieren lässt, die sie als »Irrgänge[] einer zerstreuten, gramseligen Seele« verstanden wissen will (ebd., 220), macht sie eine erste »Spur« (ebd., 219) davon in der Zeichnung einer Efeuranke aus, die an der Außenwand von Heinrichs Zimmer zu sehen ist:

[V]on der Fensternische herab hing zerrissen und verdorrt eine große Epheuranke. Auf der kahlen Mauer, wo der Epheu früher in die Höhe gewachsen, sah man dieselbe Ranke mit Kohle höchst sorgfältig und reinlich nachgezeichnet, nämlich nach den Umrissen des Schattens welchen der Epheu einst in der frühen Morgensonne auf die Mauer geworfen hatte. (Ebd.)

Die vielen arabesken Momente dieser Zeichnung – das Efeumotiv ebenso wie ihr parergonaler, randständiger Status und zugleich das Umspielen der Grenze zwischen außen und innen – fungieren in Kontrast zur überbordenden Lebendigkeit der Dachbodendekoration in der Schweizer Heimat als Symptom für Heinrichs zunehmenden

---

117 Wagner-Egelhaaf: *Die Melancholie der Literatur*, 418.

Abb. 9: Gottfried Keller: Detailansicht
der zweiten sogenannten Berliner
Schreibunterlage (ca. 1855). Maße
insgesamt: 34,5 × 29 cm (weißer
Doppelbogen). Zentralbibliothek Zürich,
Ms GK 8c (https://doi.org/10.7891/
e-manuscripta-87107), Public
Domain Mark.

Rückzug aus der Außenwelt, für seine schwermütige Abkapselung ins
bloß Selbstbezügliche.[118]

In der »kolossalen Kritzelei« setzt sich diese Bewegung weiter fort
und nimmt damit in den Augen der Erzählinstanz grotesk-monströse
Züge an: Hier wuchert, suggeriert sie, das rahmende Beiwerk buchstäblich ins Werk selber hinein und usurpiert so dessen Stelle. Sprechend
ist bereits, wie sich im Lauf der Bildbeschreibung die Semantik des
Ausdrucks ›Rahmen‹ verschiebt: Zunächst spricht die Erzählinstanz
von einem »wenigstens acht Fuß lange[n] und entsprechend hohe[n]
Rahmen […], mit grauem Papiere bespannt, der auf einer mächtigen
Staffelei im vollen Lichte stand« (ebd., 220), gebraucht den Ausdruck

118 Dass die Szene mit der Schattenmalerei zugleich einen griechisch-römischen
Ursprungsmythos der Malerei zitiert, zeigen Torra-Mattenklott: *Poetik der
Figur*, 189–191, und Zumbusch: »Grauer Grund«, 84, Anm. 25.

also im Sinne von ›Stütze‹ oder ›Gestell‹. Kurz darauf jedoch heißt es, ein »unendliches Gewebe« bedecke »den größten Theil des Rahmens« (ebd.). Genauso wie in der ein paar Seiten später zu findenden Wendung vom »Gekritzel auf dem Rahmen« (ebd., 225) meint der Ausdruck nunmehr also qua metonymischer Verschiebung die Zeichenunterlage selber.

Worin genau aber besteht dieses vor sich hin wuchernde Parergon? Ein Blick auf den von der Erzählinstanz nachgezeichneten Entstehungsprozess der Kritzelei hilft hier weiter. Begonnen wurde die Kritzelei ursprünglich als Landschaftsdarstellung. An ihrem unteren Rand ist »mit Kohle ein Vordergrund angefangen und einige Föhrenstämme, mit zwei leichten Strichen angegeben, stiegen in die Höhe« (ebd., 220). Dann jedoch ist das Ganze ins Abstrakte umgeschlagen: »An eine gedankenlose Kritzelei, welche Heinrich in einer Ecke angebracht, um die Feder zu proben, hatte sich nach und nach ein unendliches Gewebe von Federstrichen angesetzt«, bis dieses »wie ein ungeheures graues Spinnennetz« über »den ganzen übrigen leeren Raum […] zu hangen« scheint (ebd.).[119]

In ihrer Entgrenzungsdynamik liest sich Heinrichs Kritzelei wie der genaue Gegenentwurf zu den klassizistischen Einhegungsverfahren, mit denen Eugen Napoleon Neureuther, der wohl bekannteste Arabesken-Maler der damaligen Zeit,[120] auf einem seiner Werke operiert. Es setzt an bei einem achsensymmetrisch am unteren Bildrand platzierten Spinnennetz, in dem wie bei Keller dessen althergebrachte melancholische Valenz anklingt,[121] überführt dieses in abstrakt-kalligrafische Schnörkel, aus denen sich dann wiederum eine üppige, aber aufgrund des geometrischen Grundaufbaus durch und durch gebändigte Vegetation im Zeichen des Lichtgottes Apoll entwickelt (Abb. 10).[122] Anders

---

119 Sozusagen im Gefolge der psychografischen Lektüre der Erzählinstanz wurde dieses Bild vor allem von der psychoanalytisch orientierten Keller-Forschung wiederholt in Bezug gesetzt zur Spinnaktivität von Heinrichs Mutter, um so die »Verknotungen« (IV.1, 220) im Seelenhaushalt des Klein-Ödipus Heinrich Lee herauszupräparieren. Vgl. insbesondere Kaiser: *Das gedichtete Leben*, 61–65, 189 und passim.

120 Zu Neureuther vgl. insbesondere Busch: *Die notwendige Arabeske*, 55–75 und 125–128; Ludwig: *Eugen Napoleon Neureuther und die Illustrations-Grotteske* sowie Reinisch: *Poesie der Poesie*, 161–299.

121 Zum traditionsreichen Zusammenhang von Spinnennetz und Melancholie vgl. etwa Bredekamp: »Grillenfänge von Michelangelo bis Goethe«, 173f. Zu dessen spezifischer Konfiguration im *Grünen Heinrich* und, näherhin, in der Kritzelei vgl. Wagner-Egelhaaf: *Die Melancholie der Literatur*, 461–464.

122 Zu einer näheren Analyse dieses Bildes vgl. Busch: *Die notwendige Arabeske*, 60.

Abb. 10: Eugen Napoleon Neureuther: *Die Tageszeiten* (1826).
Federlithografie. 34 × 24,7 cm. Kunsthalle Bremen, Kupferstichkabinett.
© Kunsthalle Bremen – Die Kulturgutscanner – ARTOTHEK.

als auf Neureuthers Arabesken-Bild bilden Organizität und Abstraktheit in Heinrichs Kritzelei keine spannungsvolle Einheit, wo das eine
metamorphotisch aus dem anderen hervorginge. Vielmehr wird hier
ein eigentlich vegetabilisches Bildmotiv durch ein anderes, abstraktes
förmlich *überschrieben*,[123] das, an den äußersten Rand des geplanten
Bildes verbannt, auf diesem nicht einmal in Erscheinung hätte treten
sollen: »An eine gedankenlose Kritzelei, welche Heinrich *in einer Ecke*
angebracht, um die Feder zu proben«.

Dass die Erzählinstanz der Kritzelei grotesk-monströse Züge bescheinigt, zeigen ihrerseits der Vergleich mit einem »*ungeheure[n]*
graue[n] Spinnennetz« – nicht von ungefähr schwingt im Farbwert
›grau‹ implizit auch der Affekt des Grauens mit[124] –, sowie die Metapher vom »Labyrinth«, in dessen Zentrum bekanntlich das Tier-
Mensch-Hybrid Minotauraus haust (ebd., Hervorhebungen G.F.).
Maßgeblich befördert wird dieser Effekt aber auch durch die im Adjektiv ›un-geheuer‹ anklingende grundsätzliche Negativität der Kritzelei: durch ihre Unabschließbarkeit (»ein *unendliches* Gewebe von
Federstrichen«) und ihre A-Signifikanz (»*unsinnige[s]* Mosaik«, ebd.,
Hervorhebungen G.F.). Nimmt man all diese Wertungen zusammen,
dann macht die Erzählinstanz nichts anderes, als das für die Romantik
maßgebliche Arabeskenverständnis aus Friedrich Schlegels *Gespräch*
über die Poesie unter realistischen Vorzeichen programmatisch als Irr-
weg darzustellen. Bei Schlegel bricht die bis anhin auf den Status eines
rahmenden Beiwerks beschränkte Arabeske bekanntlich gleichermaßen,
mit Winfried Menninghaus zu sprechen, »von den Rändern der Werke
in deren Zentrum ein, ja wird geradezu zum Wesen des Werkes selbst als
einer unendlichen ironischen Reflexion.«[125] Das solcherart entstehende
»Chaos« feiern Schlegel und seine frühromantischen Mitstreiter als
»schöne Verwirrung der Fantasie« und die Arabeske selber als »älteste
und ursprüngliche Form der menschlichen Fantasie«,[126] die Ausdrücke
›Arabeske‹ und ›Groteske‹ dabei bezeichnenderweise nahezu synonym

123 Den Schriftcharakter der »kolossalen Kritzelei« hat Barbara Naumann herausgearbeitet, indem sie diese als Hybrid zwischen Bild und Schrift gedeutet
hat. Vgl. Naumann: »Körperbild, Seelenschrift und Skulptur«, 90–94. In der
Tat ist die »Schilffeder« (IV.1, 220), mit der Heinrich vor sich hin kritzelt,
ebenso Schreib- wie Zeicheninstrument.

124 Vgl. zu diesem Problemkomplex Inka Mülder-Bachs phänomenale *Sand-*
mann-Lektüre: »Das Grau(en) der Prosa«.

125 Menninghaus: *Lob des Unsinns*, 112.

126 Schlegel: »Gespräch über die Poesie«. In: ders.: *Kritische Ausgabe seiner*
Werke, Bd. 2: *Charakteristiken und Kritiken I (1796–1801)*, 284–351, hier
319.

gebrauchend. Ein halbes Jahrhundert später vermag die Keller'sche Erzählinstanz in einem vergleichbaren »Wirrsal« (ebd.) nur mehr etwas Ungeheuerliches zu erblicken: die Kopfgeburt eines melancholischen Einzelgängers, der mehr und mehr den Bezug zur Außenwelt verliert. Etwas anders wiederum wird die Kritzelei im Arabesken-Diskurs des 19. Jahrhunderts verortet, als Heinrichs Malerfreund Erikson mit seiner Verlobten und einem befreundeten Paar unangekündigt im Atelier auftaucht. Im Gegensatz zur Erzählinstanz überformt er den a-signifikanten Charakter des Werks nicht im Rückgriff auf mythologisierende Metaphern, die dessen grotesken Zug hervorkehren, sondern rückt die »Abstraction« jenseits »alles Gegenständlichen« (ebd., 222) *selbst* in den Mittelpunkt seines ironischen Bildkommentars. Mit unverhohlenem Sarkasmus gibt er vor, darin eine adäquate Replik auf die modernen, auch und gerade vor dem Kunstbetrieb nicht haltmachenden Abstraktionsprozesse auszumachen.

Einen präziseren Bezug zur Arabesken-Diskussion knüpft er aber erst mit seinen Anleihen bei der Kant'schen Autonomieästhetik.[127] Wenn er das Werk in satirischer Überspitzung als Einlösung der klassizistisch-idealistischen Forderung nach einer »freien und für sich bestehenden Welt des Schönen« preist, »welche durch keine Realität, durch keine Tendenz getrübt werden dürfe« (ebd.), bezieht er sich nämlich implizit auf die Unterscheidung, die Kant in der *Kritik der Urteilskraft* zwischen einer »freie[n]« und einer »bloß anhängende[n]« Schönheit getroffen hatte:

Es gibt zweierlei Arten von Schönheit: freie Schönheit *(pulchritudo vaga),* oder die bloß anhängende Schönheit *(pulchritudo adhaerens).* Die erstere setzt keinen Begriff von dem voraus, was der Gegenstand sein soll; die zweite setzt einen solchen und die Vollkommenheit des Gegenstandes nach demselben voraus. Die ersteren heißen (für sich bestehende) Schönheiten dieses oder jenes Dinges; die andere wird, als einem Begriffe anhängend (bedingte Schönheit), Objekten, die unter dem Begriffe eines besonderen Zwecks stehen, beigelegt. Blumen sind freie Naturschönheiten. Was eine Blume für ein Ding sein soll, weiß außer dem Botaniker schwerlich sonst jemand, und selbst dieser, der daran das Befruchtungsorgan der Pflanze erkennt,

---

127 Dass Eriksons Bildkommentar auf Topoi der idealistischen Ästhetik zurückgreift, ist Gemeingut der Keller-Forschung. Den Bezug zur Arabeske jedoch knüpfen m. W. allein (und auch sie eher *en passant)* Naumann: »Körperbild, Seelenschrift und Skulptur«, 86 f., sowie Zumbusch: »Grauer Grund«, 82 f.

nimmt, wenn er darüber durch Geschmack urteilt, auf diesen Na-
turzweck keine Rücksicht. Es wird also keine Vollkommenheit von
irgend einer Art, keine innere Zweckmäßigkeit, auf welche sich die
Zusammensetzung des Mannigfaltigen beziehe, diesem Urteile zum
Grunde gelegt. [...] So bedeuten die Zeichnungen à la grecque, *das
Laubwerk zu Einfassungen oder auf Papiertapeten* usw. für sich
nichts; sie stellen nichts vor, kein Objekt unter einem bestimmten
Begriffe, und sind freie Schönheiten.[128]

Eindrücklich hat Menninghaus gezeigt, wie Kant damit, »ohne den
Begriff direkt zu verwenden, eine förmliche Philosophie der Arabeske«
formuliert.[129] Im Gegensatz zum traditionell als ästhetische Norm geltenden menschlichen Körper, der Kant zufolge stets einen Begriff von
seiner Zweckmäßigkeit, »mithin einen Begriff seiner Vollkommenheit«
voraussetzt,[130] avanciert die zweckfreie, a-signifikante Arabeske so in
der Tat zum Paradebeispiel eines Kunstschönen, das den Anforderun-
gen eines reinen ästhetischen Urteils aufs Genaueste entspricht.

Bei aller begrifflichen Unschärfe von Eriksons Kritik – so vermengt
Heinrichs Freund A-Signifikanz und Gegenstandslosigkeit und übersieht
offensichtlich, dass die Kritzelei die für Kant entscheidende Differenz von
Rand und Zentrum kassiert[131] – ist ihre Stoßrichtung, zumal sie durch
den weiteren Verlauf der Handlung zusätzlich bekräftigt wird, doch klar:
Sie entspricht derjenigen aus *Kallias, oder über die Schönheit.* Dort zeigt
sich Schiller, immerhin der Lieblingsautor von Heinrichs Vater, gleich
eingangs irritiert, dass »eine arabeske und was ihr ähnlich ist, als Schönheit
betrachtet, reiner sei[n soll] als die höchste Schönheit des Menschen«.[132]
Noch im »Kritzelei«-Kapitel nimmt Kellers Text eine vergleichbare an-
thropozentrische Re-Justierung vor wie Schiller mit seinen Schriften zur

---

128 Kant: *Kritik der Urteilskraft,* § 16, 83 f. (Hervorhebung im letzten Abschnitt
   G.F.)
129 Menninghaus: *Lob des Unsinns,* 100.
130 Kant: *Kritik der Urteilskraft,* § 16, 84.
131 Wie Menninghaus nachweist, vermag die Arabeske in Kants Augen nur
   aufgrund ihres parergonalen Status das freie Spiel der Gemütskräfte in Bewegung zu versetzen. Vgl. Menninghaus: *Lob des Unsinns,* 105–107. Erst die
   Romantiker lassen die Arabeske dann in einer Überbietung des Kant'schen
   Ansatzes ins Zentrum der Werke einwandern. Wenn meine Darstellung die
   Begriffsgeschichte von ›Arabeske‹ um 1800 also in umgekehrter Reihenfolge
   behandelt, so deswegen, weil sie sich an der Logik von Kellers Text orientiert
   und eben keine Begriffsgeschichte betreibt.
132 Schiller: *Kallias, oder über die Schönheit.* In: ders.: *Werke und Briefe in zwölf
   Bänden,* Bd. 8, 276–329, hier 278.

ästhetischen Bildung des Menschen, sich damit selbst als späten Adressaten von Schillers an Gottfried (!) Körner gerichteten *Kallias*-Briefen einsetzend. Nach dem Streitgespräch mit Erikson fällt Heinrichs Blick nämlich auf die »Gypsfigur des borghesischen Fechters« (ebd., 226): Hatte diese bislang unbeachtet »in einer Ecke« (ebd., 219) gestanden – war also ihrerseits reduziert auf den Status eines bloßen Beiwerks –, wird sie Heinrich nunmehr zum Muster »kundige[r] Nachahmung der menschlichen Gestalt« (ebd., 227) und veranlasst ihn zum Studium der Anthropologie. Der solipsistische Bann seiner Fantasietätigkeit scheint gebrochen.[133]

In mehrfacher Hinsicht also ist die Disqualifizierung von Heinrichs Kritzelei über die zeitgenössische Arabesken-Diskussion vermittelt. Im Fokus der Kritik steht dabei stets die Figur ›grüner Heinrich‹ als Urheber des ungeheuerlichen Werks. Zugleich jedoch lässt sich diese Kritik, sofern man mit Barbara Naumann in Rechnung stellt, dass die Kritzelei eigentlich ein »Hybrid [...] zwischen Bild und Schrift« ist,[134] poetologisch wenden im Sinne einer *Selbst*kritik am Roman *Der grüne Heinrich*. Aufschlussreich sind in der Hinsicht insbesondere die frappanten Echos zwischen Heinrichs Kritzelei und der Kritik, die der Verfasser im Vorwort an seinem Roman übt. So wie der Protagonist in einer Ecke anfängt draufloszukritzeln, »um die Feder zu *proben*«, woraufhin das Gebilde eine nicht mehr zu bändigende Eigendynamik entwickelt und sich zu etwas »*[U]ngeheure[m]*« auswächst, so bezeichnet der Verfasser seinen Roman als »erste[n] *Versuch*«, bei dem ein eigentlich als »Episode« gedachter Teil – Heinrichs Jugendgeschichte – über dem Schreiben unversehens immer größere Ausmaße angenommen und auf dem Weg maßgeblich zur »*Unförmlichkeit*« des Romanganzen beigetragen habe (14, Hervorhebungen G.F.). Damit wäre die auf der Handlungsebene als Skandalon und Sackgasse markierte Kritzelei von der Keller'schen Schreibweise her betrachtet weniger deren radikal Anderes als eine Tendenz, die ihr selber alles andere als fremd ist, aber eben quer zur eigenen, poetisch-realistischen Programmatik steht.

Was die Kritzelei-Szene selber angeht, so wird diese Hypothese durch Naumanns Feststellung bekräftigt, dass Eriksons Kritik an Heinrichs Werk ironischerweise von ihrer Darbietung her – in »ihrem wortreichen Strömen, im Fortgang vom einen aufs Nächste« – »eine der Zeichnung Heinrichs analoge Form der Grenzenlosigkeit und der

---

133 Zu diesem Wendepunkt vgl. insbesondere Geppert: *Der realistische Weg*, 406–410, und Naumann: »Körperbild, Seelenschrift und Skulptur«, 96–115.
134 Ebd., 91. Auch dies im Übrigen ein Topos des Arabesken-Diskurses um 1800. Vgl. hierzu v.a., mit Bezügen auf die islamisch-orientalische Tradition, Behnke: »Romantische Arabesken«, 107–111.

Gegenstandsflucht« aufweist.[135] Diesen Befund gilt es im Folgenden mit Blick auf den Gesamtroman und vor dem Hintergrund des zeitgenössischen Arabesken- und Grotesken-Diskurses zu erhärten. Thetischer formuliert: Als symmetrisches, in sich geschlossenes und abgerundetes Arabeskenbild angelegt, ufert der Roman in verschiedenster Hinsicht zur ›unförmlichen‹ Groteske aus.

2.3   Arabeske Marginalienkunst in der Nachfolge Albrecht Dürers

Wer diese arabesk-groteske Lektürehypothese selbst allzu manieriert findet, mag sich zunächst durch den Befund bestätigt fühlen, dass man das Wort ›grotesk‹ auf den mehr als 900 Seiten der Erstfassung vergeblich sucht und bei ›arabesk‹ sage und schreibe ein einziges Mal fündig wird (vgl. III.6, 148).[136] Näher besehen ist eine solch einmalige Erwähnung – dazu noch in einem scheinbar nebensächlichen Zusammenhang – aber durchaus sinnig: Verschmitzt setzt Kellers Text so das parergonal-randständige Moment der Arabeske mit genuin literarischen Mitteln um.

Sobald man die Stelle etwas genauer im Textzusammenhang verortet, wird zudem klar, wie hochgradig selbstreflexiv sie ist. Sie ist Teil der Schilderung des realhistorisch verbürgten Maskenzugs, bei dem mehrere Hundert Künstler aus der deutschen Hauptstadt zunächst die Nürnberger »Bürger-, Kunst- und Gewerbswelt« (III.5, 127) des 15. Jahrhunderts, sodann Kaiser Maximilian I. mitsamt seiner Ritterschaft und in einem dritten, abschließenden Tross einen »mittelalterlichen Mummenschanz« (ebd., 127) historisch akkurat zu neuem Leben erwecken. Im Zentrum des Festzugs steht die Szene, in der der Kaiser Albrecht Dürer, den »besten Sohn« (ebd., 126) der Stadt, und mit ihm die »ganze [...] Künstlerschaft« (ebd., 149) »mit Ehren und Wappen bekleidet[]« (ebd., 126). Die Forschung hat in dieser Szene in erster Linie eine Gegenüberstellung zwischen dem als »Ideal-Selbstbild des Künstlers«[137] zu begreifenden erfolgreichen »Bürger-Handwerker-Künstler-Unternehmer«[138] – sowie, wie zu ergänzen wäre, »Sohn« – Dürer und dem erfolglosen Dilettanten Heinrich erblickt.

---

135 Naumann: »Körperbild, Seelenschrift und Skulptur«, 87.
136 Hier wie auch sonst in diesem Kapitel gilt: Keine meiner Mikrolektüren wäre möglich gewesen ohne den digitalen Paralleldruck beider Fassungen (https://www.gottfriedkeller.ch/GH/GH_Parallel.htm) und die dazugehörige Suchfunktion.
137 Wagner-Egelhaaf: *Die Melancholie der Literatur*, 450.
138 Kaiser: *Das gedichtete Leben*, 212.

Mich interessiert an dieser zentralen Szene selbstredend eher das Drumherum. Unmittelbar vor dem feierlichen Akt wird nämlich der Dürer-Schüler »Hans Spring in Klee« (III.6, 148) erwähnt, dem die Erzählinstanz ›Kunstreichtum‹ »im Malen auf Pergament, in zierlich goldschimmernden und azurblauen Arabesken und Figuren« (ebd., 148) bescheinigt. In diesem einen Punkt geht die Erzählinstanz über Kellers im Text ausdrücklich erwähnte Vorlage (vgl. ebd., 151) hinaus:[139] Allein schon damit also wird die Bedeutsamkeit der Stelle diskret markiert.

Für die subtile Nähe, die der Text auf dem Weg zwischen Dürer und Arabeske herstellt, gibt es gerade im 19. Jahrhundert eine durchaus reale, kunsthistorische Legitimationsgrundlage. Maßgeblich zur damaligen »Randzeichnungsmode« beigetragen hat nämlich die lithografische Wiedergabe von Dürers Marginalia zum Gebetbuch von Kaiser Maximilian, vorgelegt im Jahr 1808 durch Nepomuk Strixner unter dem Titel *Albrecht Dürers christlich-mythologische Handzeichnungen* (Abb. 11).[140] Wichtigen Anteil an dieser Mode hatten wiederum zwei begeisterte Besprechungen von Strixners Steindrucken durch Goethe. Darin hebt dieser zunächst hervor, wie die Randzeichnungen den ansonsten »ernsten Künstler« Dürer von einer unerwartet »anmutige[n], heiter[en], humoristisch[en] und über alle Erwartung gewandt[en]« Seite zeigen,[141] knüpft sodann einen Bezug zu den Loggien des Vatikan,[142] deren Ausmalung durch Raffael und Giovanni da Udine als Paradebeispiel für die zähmend-klassizistische Anverwandlung der antiken Groteskenmalerei in der Renaissance galt, und geht schließlich explizit auch auf die »arabesken Zierrathen« ein, die Dürers ›christlich-mythologische‹ Figuren umspielen.[143]

---

139 Zum Status dieser Vorlage aus der Feder von Rudolf Marggraff vgl. Hess: »Die Vergangenheit als Traum«, 265–267.

140 Reinisch: *Poesie der Poesie*, 17. Zu den Auswirkungen von Strixners Lithografien auf die Arabesken-Praxis im 19. Jahrhundert vgl. auch Busch: *Die notwendige Arabeske*, 57. Zu einer kunsthistorischen Einordnung von Dürers Original-Randzeichnungen vgl. Teja Bach: »Albrecht Dürer – Figuren des Marginalen«, 134–145.

141 Goethe/Meyer: [Nepomuk Strixner: Albrecht Dürers christlich-mythologische Handzeichnungen, 1808]. In: Goethe: *Sämtliche Werke. Briefe, Tagebücher und Gespräche*, Abt. I: *Sämtliche Werke*, Bd. 19, 378–385, hier 379. Zur Inzidenz der Dürer'schen Randzeichnungen auf Goethes eigenes Schaffen, insbesondere auf die Schlussszene des *Faust*, vgl. Anderegg: »Am Ende eine Groteske?«

142 Vgl. Goethe/Meyer: [Nepomuk Strixner: Albrecht Dürers christlich-mythologische Handzeichnungen], 380.

143 Ebd., 383.

Abb. 11: *Albrecht Dürers christlich-mythologische Handzeichnungen.*
Lithografien von Johann Nepomuk Strixner nach den Randzeichnungen
im Gebetbuch von Kaiser Maximilian. [München]: [Lithographische Presse
Alois Senefelder], 1808, Blatt 7. Graphische Sammlung ETH Zürich.

Subtil ist der Bezug zwischen Dürer und Arabeske aber eben nicht nur wegen seines *fundamentum in re*, sondern auch textimmanent. So wie sich die Arabeske als Bildmotiv um ein in der Mitte platziertes Sujet rankt, so erwähnt Kellers Text die Arabeskenkunst am Rand der feierlichen Wappenübergabe an Dürer, am Rand also des scheinbar zentralen, bedeutungsvollen Ereignisses. Auch assoziiert er sie nicht direkt mit dem Meister, sondern mit einem seiner Schüler, anders gesagt mit jemandem aus seinem *Umkreis*. Zugleich ermöglicht gerade diese letzte Verschiebung, die grotesk-monströse Dimension von Dürers Randzeichnungen zugunsten einer Arabesken-Praxis zu überschreiben, die, indem sie den Fokus auf ›Zierlichkeit‹, ›goldenen Schimmer‹ und ›Azurblau‹ legt, dem Verklärungspostulat des poetischen Realismus ungleich stärker entgegenkommt. Bis in die Mikrostruktur des Textes hinein wird das parergonale Moment der Arabeske damit performativ umgesetzt und vorgeführt, wie »kunstreich« (ebd., 148) Kellers Schreibweise *selbst* ist. Und zwar weit über diese eine Stelle hinaus: Weil der Titel von Kellers Text ebenso wie dessen Protagonist mit dem besagten Dürer-Schüler Hans Spring in Klee nicht nur die Initiale ›H‹ teilen, sondern wie dieser auf eigenwillige Weise auch mit dem Grünen im Bunde stehen, bringt sich *Der grüne Heinrich* insgesamt als arabeskes Kunstwerk in der Nachfolge Dürers ins Spiel: als poetische Roman-Arabeske.

*

Solch humoristische *clins d'œil* waren durchaus epochentypisch. So besaß Keller – wohl noch aus seiner eigenen Münchner Zeit – eine von Eugen Napoleon Neureuther angefertigte Radierung aus dem Jahr 1841, die sich genau dieses Moments des realen Münchner Künstlerfests vom 17. Februar 1840 im Arabesken-Modus annimmt, und hängte diese später, Zeichen einer anhaltenden Wertschätzung, über seinen Zürcher Schreibtisch (Abb. 12).[144] Trotz der einen oder anderen humoristischen, zaghaft grotesken Brechung überwiegt in Neureuthers Darstellung eine affirmative Tendenz: In Einklang mit dem realen Fest, das das angesehene *Kunst-Blatt* als »poetische[] Auferstehung«[145] der Ehrung Dürers und seiner Nürnberger Künstlerkollegen durch Kaiser Maximilian apostrophierte, benutzt Neureuthers Gedenkblatt nach bewährtem

---

144 Vgl. Weber: *Gottfried Keller Landschaftsmaler*, 138f. Für eine Lektüre des Künstlerfests aus dem *Grünen Heinrich* wird Neureuthers Darstellung herangezogen auch bei Wagner-Egelhaaf: *Die Melancholie der Literatur*, 446–451, sowie bei Hess: »Die Vergangenheit als Traum«.

145 *Kunst-Blatt* 21 (1840), 96. Zit. nach Hess: »Die Vergangenheit als Traum«, 258.

typologischen Muster das historische Sujet, um die Protektion der gegenwärtigen Münchner Künstler durch Ludwig I. zu zelebrieren.[146] Auch der Erzählinstanz aus dem *Grünen Heinrich* ist eine gewisse verklärende Tendenz nicht fremd. Gut lässt sich dies insbesondere an der zeittypischen Semantik des Traums zeigen. So betont die Erzählinstanz gleich eingangs in einer Art Vorwegnahme der Staatsutopie aus dem Brückentraum, wie im »vielhundertfältige[n] Zusammenthun« des Festes »Jeder ein lebendiger Theil des Ganzen war und das Leben des Ganzen in jedem Einzelnen pulsirte [...] und eine kurze Nacht sich selber zur Wirklichkeit träumte« (III.5, 126). Wie Dominik Müller festhält, fasst die Erzählinstanz das Künstlerfest mithin als, »wenn auch nicht die politische, so doch die ästhetische Verwirklichung der Träume von einer historischen (statt einer geografischen) Heimat.«[147] Der genuin arabeske Charakter dieser Anordnung wird deutlich, wenn man die Figurenkonstellation aus dem in der deutschen Hauptstadt spielenden Romanteil einbezieht. Dessen männliche Hauptfiguren, also der Schweizer Heinrich Lee, der Holländer Ferdinand Lys und der Däne Erikson, stammen nämlich allesamt »*vom äußersten Saume* deutschen Volksthumes« (III.4, 107, Hervorhebung G.F.), während ihr erotisches Begehren – gerade auch während des Künstlerfests – auf weibliche Figuren aus dem bezeichnenderweise einmal »Reich der *Mitte*« (ebd., Hervorhebung G.F.) genannten Deutschland gerichtet ist.

Genauso sprechend ist, wie die Erzählinstanz das Gegensatzpaar ›prosaisch‹ vs. ›poetisch‹ einsetzt. Mit unverhohlener Genugtuung konstatiert sie, es sei »nicht ein Schuh von moderner *prosaischer* Kleidung im Saale« (III.6, 164; Hervorhebung G.F.). Lobende Erwähnung findet demgegenüber, dass im Zug »einige venetianische Patricier und Maler, als Gäste gedacht, *poetisch* in ihre wälschen, purpurnen und schwarzen Mäntel gehüllt« (ebd., 152f.; Hervorhebung G.F.), einherschreiten. Dieses letzte Detail ist auch deswegen bemerkenswert, weil es Anlass zu einer Abschweifung ins Imaginäre gibt, die man nicht anders als arabeskenartig bezeichnen kann. So führt die Erzählinstanz aus, wie die »venetianische[n] Patricier und Maler [...] die Vorstellungskraft auf die Lagunenstadt und von da in's ungemessene Weite an die Küsten der alten und neuen Welt« lenken, »um von da wieder zurückzukehren zur spitzbogigen Wunderstadt im Festlande.« (Ebd.) Nicht von ungefähr lässt sich diese Digression zudem – über die florierenden Handelsbe-

---

146 Ich übernehme damit Hess' Lesart des realen Künstlerfests und des Gedenkblatts. Vgl. ebd., 258–261, 268–270 und 277–285.
147 Müller: *Wiederlesen und weiterschreiben*, 252.

Abb. 12: Eugen Napoleon Neureuther: *[Gedenkblatt zum Münchner Künstlerfest 1840]* (1841). Radierung. 53,6 × 41,8 cm. Zentralbibliothek Zürich, GKN 214 (https://doi.org/10.3931/e-rara-75090), Public Domain Mark. Aus dem Nachlass von Gottfried Keller.

ziehungen zwischen Nürnberg und Venedig hinaus – als Anspielung auf Dürers folgenreichen Aufenthalt in der Lagunenstadt begreifen, verdankte er diesem doch einen Teil der Motive, die später in die Randzeichnungen zu Kaiser Maximilians Gebetbuch eingingen.[148]

Arabeskenhafter noch präsentiert sich der von der Erzählinstanz folgerichtig als »Traum im Traume« (III.5, 127) bezeichnete dritte Teil des Zugs: ein aus mythologischen und märchenhaften Gestalten zusammengesetzter »mittelalterliche[r] Mummenschanz« (ebd.).[149] Indem dieser auch nach Beendigung des offiziellen Festzugs »nicht satt« wird, »sich in neue Mährchen umzubilden und seine einzelnen Theile fabelhaft zu vermischen« (III.6, 165), potenziert er eine Eigenschaft des ganzen Umzugs, der, in sich selber zurückgebogen, als unendliche Metamorphose und damit auch strukturell als Traumgebilde angelegt ist: »[D]enn dem nachhinkenden Narren auf dem Fuße folgte wieder der glänzende Anfang; wieder gingen die Zünfte, das alte Nürnberg, Kaiser und Reich und die Fabelwelt vorüber, und so zum dritten Male, bis aller Augen sich an dem Gestaltenwechsel gesättigt hatten.« (Ebd., 162) Auf diese Weise überträgt die Schilderung aus dem *Grünen Heinrich* Neureuthers bildkünstlerische Komposition geradezu passgenau ins literarische Medium: Wie Günter Hess' Bildlektüre herausarbeitet, ist der Mummenschanz auf dem Gedenkblatt nämlich »so in den Vordergrund gerückt, dass mit dem Bergkönig, dem wilden Hornrufer und den wimmelnden Fabelwesen das ganze Arrangement einen märchenhaften Traumcharakter annimmt«.[150]

*

Zugleich jedoch zieht die Keller'sche Darstellung des Maskenzugs dieses Bild träumerisch arabesker Poesie fern jedes modernen Prosaismus gleich mehrfach in Zweifel. So trägt die Traum-Semantik bereits auf der Handlungsebene des *Grünen Heinrich* ungleich ambivalentere Züge als in den Beschreibungen des realen Festzugs, da sich Heinrichs Maler-Freund Lys im Verlauf des Fests »wie ein Träumender« (ebd., 161) zu einer fatalen amourösen Verirrung hinreißen lässt.[151] Auch präsentieren sich die Teilnehmer*innen der »Mummerei« (ebd., 158), insofern

---

148 Diese Herleitung gehört zu den Topoi der Dürer-Forschung. Für ein frühes Beispiel vgl. etwa Valentin Scherers 1902 erschienene Studie *Die Ornamentik bei Albrecht Dürer*, passim.

149 Zur Affinität von Arabeske und Märchen vgl. Oesterle: »Arabeske und Roman«, 238–240, und Menninghaus: *Lob des Unsinns*, 114f.

150 Hess: »Die Vergangenheit als Traum«, 278.

151 Ausführlicher hierzu etwa Loosli: *Fabulierlust und Defiguration*, 241–244.

ihre Kostüme mit vielfältigstem Laubwerk verziert sind (vgl. III.6, 158–161), nicht nur als arabeskenhaft verzierte Fabelwesen, sondern – zumindest ansatzweise – auch als leibhaftige Grotesken. Nicht von ungefähr tummelt sich in diesem Teil des Festzugs denn auch »alles, was die Künstlerschaft an übermüthigen Sonderlingen, Witzbolden, seltsamen Lückenbüßern und Kometennaturen in sich hegt[]« (ebd., 158), im landläufigen Sinn groteske Existenzen also, zu denen maßgeblich auch Heinrich und seine Freunde zählen. Der Groteske zuzuordnen sind schließlich auch die mehrfachen Anleihen der Erzählinstanz beim Wortfeld der Völlerei – so etwa, wenn es vom Mummenschanz heißt, dass dieser im Anschluss an den eigentlichen Umzug »*nicht satt wurde, sich in neue Mährchen umzubilden*« (ebd., 165).

Dem könnte man entgegnen, diese Ambivalenz tangiere weniger die Darstellungs- als die Geschehensebene. Gestützt wird eine solche Einschränkung auf den ersten Blick durch die Gegenüberstellung zwischen dem Maler, der während des Festzugs Dürer mimt, und dem Malerdilettanten Heinrich. Während der eine dem berühmten Dürer'schen Selbstbildnis in Christus-Pose buchstäblich bis aufs Haar gleicht – ihm fallen die »hellen Ringellocken [...] zu beiden Seiten gleich gescheitelt« (III.6, 149) auf die Schultern –, kommt der andere als dessen Zerrbild daher, weil er die zu seinem »laubgrüne[n] Narrenkleid« gehörende Schellenkappe mittels eines »Geflecht[s] von Stachelpflanzen und Stechpalme« zu einer »grünende[n] Dornenkrone« umfunktioniert hat (ebd., 161). Auch Heinrich stilisiert sich demnach als Christus-Nachfolger, aber eben nicht als gleichermaßen selbstgewisser und demütiger *alter deus* à la Dürer,[152] sondern als närrische Karikatur eines Schmerzensmanns, deren Nähe zur Groteske gleich in mehrfacher Hinsicht augenfällig ist. Sinnigerweise lässt sich der Dürer-Part demgegenüber mit der Arabeske in Verbindung bringen. Wenn die »hellen Ringellocken« dem Dürer-Darsteller »zu beiden Seiten gleich gescheitelt« auf die Schultern fallen, kann man sich dabei an die spiegelsymmetrische Anordnung von Arabesken-Bildern erinnert fühlen. Von der Erzählinstanz wird diese Assoziation insofern bestätigt, als sie just den »geringelten Haaren« eine Eigenschaft zuspricht – »anmuthige[n] Schalk« (ebd., 149) –, die ansonsten, wie etwa der Schlegel'sche Ausdruck »witzige[] Spielgemälde« zeigt,[153] toposartig mit arabeskem Rankenspiel in Verbindung gebracht wird.

---

152 Zu Dürers Selbstbildnis vgl. etwa Busch: »Die Autonomie der Kunst«, 183–188.
153 Schlegel: »Gespräch über die Poesie«, 330f.

Zu Beginn des zweiten der beiden Festzugskapitel hatte die Erzählinstanz dargelegt, dass sich ihre Zeitgenossen an der mangelnden Fülle
und Gestalthaftigkeit der eigenen Epoche nur »rächen« könnten, wenn
sie »die verborgene Zukunft in muthmaßenden Zerrbildern lächerlich
mach[t]en« (ebd., 138). Nimmt man diese Überlegung beim Wort und
bedenkt man, dass das nächste Kapitel Heinrichs »kolossale[r] Kritzelei« gewidmet ist, in der Erikson sarkastisch eine adäquate Replik auf
die vorherrschenden abstrakten Verhältnisse der Moderne erblickt,
dann wird Heinrichs Christus-Karikatur so lesbar, dass sie eben »die
verborgene Zukunft« der (gegenständlichen) Malerei als groteske Pas-
sionsgeschichte aufscheinen lässt. Tatsächlich heißt es von Heinrichs
Verkleidung, er wisse selbst nicht genau anzugeben, »[w]as er damit
wollte« (ebd., 161): Hinweis der Erzählinstanz, dass das, was hier auf
dem Spiel steht, die Person Heinrich Lee übersteigt. An Heinrichs Verkleidung wird eine Epochendiagnose gestellt und nicht etwa eine rein
individualbiografische Verirrung gebrandmarkt. Kaum zufällig werden
neben Heinrich denn auch seine beiden Freunde dem Malerberuf mehr
oder minder unmittelbar im Anschluss an das Künstlerfest entsagen.

Ironischerweise fällt das Odium des Grotesken darüber hinaus aber
eben auch auf die Darstellung des Festzugs zurück, also auf Kellers
eigenen Text. Obwohl deren Detailreichtum und Weitschweifigkeit
dem historistischen Geschmack der zeitgenössischen Kritik eigentlich
hätte entgegenkommen sollen,[154] fühlte sich gar ein dem Roman so
wohlgesonnener Rezensent wie Karl August Varnhagen von Ense be-
müßigt, mit Bezug auf die beiden Festzugskapitel von »scheinbare[n]
Auswüchse[n]« zu sprechen,[155] diesen also zumindest latent grotesk-
monströse Züge zu bescheinigen. Wie im Folgenden zu zeigen sein
wird, ist diese ausufernde Darstellung des Festzugs weniger ein einmaliger Ausrutscher als eine Spiegelung bzw., wie man aufgrund des
heraldischen Kontextes vielleicht eher sagen sollte: eine *mise en abyme*
der grotesken »Unförmlichkeit« des gesamten Romans.[156] Programmatisch mag sich dieser einer Arabeskenkunst in der Nachfolge Dürers
verschreiben; in seinem konkreten Vollzug macht er sich der gleichen
Narreteien schuldig wie sein Held im Schellenkleid. Wie dieser ist er

---

154 Zum Künstlerfest als »Ausschnitt [...] aus der aktuellen kulturellen Praxis des
Historismus« vgl. insb. Grätz: *Musealer Historismus*, 336–360, hier 338, und
Hess: »Die Vergangenheit als Traum«.

155 Zit. nach dem Herausgeberkommentar in: Keller: *Sämtliche Werke in sieben
Bänden*, Bd. 2, 963.

156 So auch (aber ohne Bezug auf die ›Unförmlichkeits‹-Chiffre) Wagner-Egelhaaf: *Die Melancholie der Literatur*, 447f.

nun einmal ein Kind des prosaischen 19. Jahrhunderts und keines der mit einem poetischen Nimbus versehenen Renaissance.

*

Wie einige Stellen aus den Festzugskapiteln bezeugen, hat der Text von dieser Spannung durchaus ein gewisses Bewusstsein. So legt er etwa die Widersprüche bloß, in die sich die Möchtegern-Meistersänger im Anschluss an den eigentlichen Festzug verstricken. Mit »pomphaften, malerischen und *poetischen* Ankündigungen« (ebd., 166, Hervorhebung G. F.) umschreiben diese ihre jeweilige Darbietungsweise: die »glatte[] Seidenweise«, die »rothbackete[] Oepfelinweise«, die »Strohhalmweise«, die »Schreibpapierweise«, die »Stechpalmweise« usw. (Ebd., 165 f.) Dem gegenüber steht der immer gleiche »grämliche[] Leierton« (ebd., 166) der tatsächlich vorgetragenen Knittelverse, also deren sprichwörtliche Nähe zur Prosa.[157] Diese Diskrepanz mag unter den Teilnehmenden zwar für großes Gelächter sorgen, zeigt aber zugleich, dass sich das Poesie-Verständnis, das man den historischen Meistersängern unterstellt, nicht umstandslos auf die Zeit um 1850 übertragen lässt.

Stärker noch wird ein transhistorischer Poesie-Begriff in der zentralen Szene problematisiert, in der Dürer das Wappen überreicht bekommt:

> Einzeln ging jetzt ein schöner Edelknabe mit dem Wappen, das in himmelblauem Felde drei silberne Schildchen zeigt, und von Maximilian dem großen Meister für die ganze geehrte Künstlerschaft gegeben worden ist. Der Sinn dieses Wappens dürfte sich am einfachsten in den Begriff von Tafeln oder Schilderei auflösen. Hätten die Maler selbst es bestimmen dürfen, so würden sie wahrscheinlich in hergebrachtem Sinne eine Trophäe der bekannten Malergeräthschaften gewählt haben; der wappenkundige und *poetische* Kaiser aber wußte das einfache Besondere in die einfachste allgemeine sinnige Form zu kleiden. (Ebd., 149, Hervorhebung G. F.)

›Poetisch‹ ist das für die Künstlerschaft bestimmte Wappen zunächst deswegen, weil es nicht platt mimetisch ist: Es zeigt gerade keine »Malergeräthschaften«. Vielmehr operiert es mit »einfachste[n] allgemeine[n]« und gleichwohl »sinnige[n] Form[en]« – »drei silberne[n] Schildchen«

157 Zum prosaischen Status des Knittelverses vgl. auch meine Ausführungen zu Wilhelm Busch im folgenden Kapitel.

167

»in einem himmelblauen Feld« –, die ihre Bedeutung im Rückgriff auf den arbiträren, aber allgemein bekannten Code der Heraldik preisgeben. Über diesen verfügt die Erzählinstanz selber jedoch ganz offensichtlich nicht mehr: »Der Sinn dieses Wappens *dürfte* sich am einfachsten in den Begriff von Tafeln oder Schilderei auflösen«, mutmaßt sie lediglich und gesteht damit implizit ein, dass sie eine andere Sprache spricht als damals. Das wiederum aber besagt, dass auch der Poesie-Begriff, den sie dem Kaiser unterstellt, für sie eigentlich keine Geltung mehr haben kann: Kaum zufällig wird dieser denn auch einmal als »letzte[r] Ritter« tituliert (III.5, 126), als Repräsentant mithin eines längst untergegangenen heroischen Zeitalters.

Zu einem ähnlichen Befund gelangt, wer die konflikthafte Begegnung, zu der es während des Künstlerfests zwischen Heinrich und dem realen König kommt, vor dem Hintergrund der im Festzug nachgestellten Wappenübergabe liest. In der fraglichen Szene nimmt Heinrich nämlich Revanche dafür, dass ihm dieser an seinem ersten Abend in der Hauptstadt die Mütze vom Kopf geschlagen hatte: »Warum gaffen Sie mich an und grüßen nicht?«, hatte ihm der König damals herausfordernd zugerufen (I.3, 59). Es liegt nahe, diese erste Begegnung politisch zu deuten, zumal Heinrich bereits unmittelbar nach dem Grenzübertritt Ähnliches widerfahren war. In einem Wirtshaus hatten ihm damals königliche Beamte die Mütze mit demselben Argument vom Kopf geschlagen (vgl. I.4, 49f.): In der Hauptstadt übernimmt dies der König selber und führt dem demokratisch-republikanisch gesinnten Schweizer Neuankömmling damit die Willkür einer monarchischen Staatsform am eigenen Leib vor. Als Heinrich nun während des Fests den königlichen Logensaal durchquert, fordert er den Monarchen auf, ihm die Kopfdeckung doch erneut herunterzuschlagen. Wohl weil dies bei Heinrichs »Dornenkrone« (III.6, 161) nur mit einigen Schmerzen einherginge, lässt der König es wohlweislich bleiben und sieht seinen Kontrahenten – den eigentlichen (Narren-)König des Festes – lediglich »betroffen an« (ebd., 163).[158]

Die Konstellation hat aber auch einen poetologischen Hintersinn. Schon Keller selber lässt ihn in einem Brief an seinen Verleger anklingen, als dieser »die königliche Ohrfeigen Anecdote« streichen will:[159] Der Szene komme, so Keller in seiner Entgegnung, eine wichtige kompositorische Funktion zu, »um den ersten *prosaischen* Eindruck zu-

158 Zu Heinrich als Narrenkönig vgl. auch Wagner-Egelhaaf: *Die Melancholie der Literatur*, 449.
159 Brief von Eduard Vieweg an Keller (12.1.1853). Zit. nach: Keller: *Der grüne Heinrich. Apparat 1*, 235.

sammenzufassen, welchen das autoritätsmäßige Deutschland auf einen jungen Idealisten machte, welcher das Land des Geistes und der *Poesie* gesucht hatte.«[160] Warum Heinrich den König auf offener Straße nicht sogleich als solchen erkennt, lässt sich in der Tat nur dann schlüssig erklären, wenn man annimmt, dass dieser nicht in königlichem Gewand, sondern in bürgerlichem, also den gegenwärtigen Verhältnissen gemäßem Habit – bzw. in den Worten der Festzugsbeschreibung: in »moderner prosaischer Kleidung« (ebd., 164) – auf ihn zukommt.[161] Mit dem herausfordernden Blick, den der Narr Heinrich dem König beim Maskenzug zuwirft, entlarvt er mithin (offensichtlich ohne selbst ein genaueres Bewusstsein davon zu haben) den Scheincharakter des gesamten Fests. Dessen auf märchenhafte Traumpoesie bedachte offizielle kulturpolitische Botschaft – die harmonische Allianz von Politik und Kunst – erweist sich als pseudo-poetisches, eskapistisches Wunschdenken eines ebenso prosaischen wie von agonalen Strukturen bestimmten Zeitalters: als geschichtsvergessenes Schwelgen in der Vergangenheit. Die Groteske entpuppt sich unversehens als Wahrheit der Arabeske.

Ein eingehenderer Blick auf die Gesamtkomposition des Romans wird es ermöglichen, diesen aus den bisherigen *close readings* gewonnenen Befund weiter zu bekräftigen.

2.4 Eine Roman-Arabeske in Schieflage

Dass Kellers Roman eine wohlkalkulierte Rahmenstruktur aufweist, hat bereits Gerhard Kaiser herausgestellt:

> Die Kreiskomposition der Erstfassung des Mutter-Sohn-Romans beginnt mit dem Abschied von der Mutter und rundet sich mit der Vereinigung von Mutter und Sohn im Grabe, wobei die erste Begegnung mit der Grafenfamilie als verzögerndes Moment vor der Ankunft in der Kunststadt wirkt, die zweite Begegnung mit dem Grafen als verhängnisvolle Verzögerung der Heimkehr.[162]

---

160 Brief von Keller an Vieweg (28.4.1853). Zit. nach: ebd., 242 (Hervorhebungen G.F.).

161 Vgl. hierzu auch Kaiser: *Das gedichtete Leben*, 232: »Der Staat ist so abstrakt und funktionell geworden, daß man ihn leichter in seinen Funktionären, den Beamten, erkennen kann als in seinem Herrscher, der in der Repräsentativstraße seiner Residenz wie ein Flaneur in einer Theaterkulisse herumschlendert.«

162 Ebd., 96.

Dominik Müller hat diese symmetrische Anordnung von Romananfang und Ende weiter präzisiert,[163] während vor allem Frauke Berndt auf die Spiegelungseffekte innerhalb des Binnenteils – zwischen der in der Ich-Form dargebotenen Jugendgeschichte und dem heterodiegetisch erzählten Künstlerroman – hingewiesen hat.[164] Beispielhaft seien hier die Spiegelung von Heinrichs vermeintlich so konträren Jugendlieben Anna und Judith in Agnes und Rosalie, den Geliebten von Heinrichs Münchner Künstlerfreunden Lys und Erikson, sowie die Echos zwischen den festlich-karnevalistischen Höhepunkten beider Teile, dem Tell- und dem Künstlerfest, genannt.[165]

Diese beiden Kompositionsmerkmale – ausgeklügelte Rahmenstruktur und achsensymmetrische Gesamtanordnung – teilt Kellers Roman mit dem in der Druckgrafik des 19. Jahrhunderts vorherrschenden Arabesken-Typus. In der Tat arbeitet dieser nicht nur mit Spiegelungseffekten zwischen Rahmenleiste und Binnensujet sowie zwischen linker und rechter Rahmenleiste, sondern reflektiert aufgrund seiner achsensymmetrischen Gesamtanordnung auch stets den Binnenteil in sich selbst. Sozusagen in Reinform lässt sich dies an Philipp Otto Runges *Zeiten*-Zyklus (1802–07) studieren (Abb. 6), der für das Genre genauso stilbildend wurde wie die lithografischen Reproduktionen von Dürers Randzeichnungen.[166] Als weiteres Beispiel bietet sich einmal mehr aber auch Neureuthers Gedenkblatt an: Ihm dient die Achsensymmetrie dazu, die Komplementarität von Künstler und Kaiser, Dürer und Maximilian zu inszenieren.[167]

Der »Unförmlichkeit« des *Grünen Heinrich*, die Keller im Vorwort gleich zweimal zu entschuldigen bittet, wächst vor diesem Hintergrund eine ganz neue Tragweite zu. Bekanntlich führt Keller diese maßgeblich darauf zurück, dass einer der »zwei [...] Bestandtheile« des Romans (die »Selbstbiographie des Helden«) im Vergleich zu dem in der deutschen Hauptstadt spielenden (Keller nennt ihn »den eigentlichen Roman«) »zu breit« geraten sei (14). Die bisherige Forschung hat diese Selbstkritik als Spielart des Bescheidenheitstopos gelesen – als taktische, wenn nicht gar

---

163 Vgl. Müller: *Wiederlesen und weiterschreiben*, 41.
164 Vgl. Berndt: *Anamnesis*, 198–200. Zu den Spiegelungseffekten im *Grünen Heinrich* und der textimmanenten Reflexion darauf vgl. auch Keller: »Im Strudel der Einsamkeit«, 151f.
165 Zu Letzteren vgl. auch Wagner-Egelhaaf: *Die Melancholie der Literatur*, 447–449.
166 Vgl. Busch: *Die notwendige Arabeske*, 49–55.
167 Zu Runges Einfluss auf Neureuther und zugleich zu dessen verändertem Arabesken-Verständnis vgl. ders.: »Eugen Napoleon Neureuther in Runges Bahnen«, 333–338.

ironische Vorwegnahme und damit Neutralisierung möglicher Kritik von außen – und sie mit der normativen Romantheorie in Zusammenhang gebracht, die sich, an der klassizistischen Dramenform orientiert, um 1850 durchsetzt.[168] Entscheidend ist für die Forschung dementsprechend der Gattungskonflikt zwischen Autobiografie und Roman.[169] Komplementär dazu plädiere ich dafür, den Ausdruck »Unförmlichkeit« auch als Sprach*bild* ernst zu nehmen. So gelesen, artikuliert der Verfasser mit seiner Selbstkritik, dass die geplante, wohlaustarierte symmetrische Grundanordnung seines Textes – seine Roman-Arabeske also – im Lauf des Schreibprozesses buchstäblich unter der Hand zu einer grotesken »Ungestalt«[170] ausgeartet ist.[171] Der Bezug dieser »Unförmlichkeit« zum grotesk Difformen drängt sich umso mehr auf, als der Verfasser sie auf die missglückte und dementsprechend irritierende Hybridisierung zweier literarischer Genres zurückführt – so wie für die Groteske nun einmal verstörende Mischwesen konstitutiv sind.

*

Warum aber Roman-Arabeske und nicht einfach, wie bei Kaiser, »Kreiskomposition« oder, wie bei Berndt, »Triptychon«?[172] Müsste dazu nicht auch der Auftakt des *Grünen Heinrich*, der im Roman die gleiche funktionale Stelle einnimmt wie die pflanzlich-ornamentale

168 Vgl. hierzu die präzise Kontextualisierung bei Rothenbühler: *Der grüne Heinrich*, 37–43.
169 Zu diesem Gattungskonflikt vgl. insbesondere Schneider: »›Poesie der Unreife‹«. Schneiders subtile Lektüre ist m. E. freilich insofern inkonsequent, als sie bereits im heterodiegetisch erzählten Romanauftakt ähnlich digressiv-regressive Züge herausarbeitet wie später in der Jugendgeschichte und dennoch am Gegenüber von Selbstbiografie und Roman festhält – anstatt in der Tendenz zur »Unförmlichkeit« ein Problem von Kellers Text *insgesamt* zu erkennen. Genau dies versucht meine Lektüre zu leisten.
170 Die Gleichung ›groteske Gestalt‹ = ›Ungestalt‹ findet sich etwa in Kants Vorarbeiten zur *Kritik der Urteilskraft*. Vgl. Menninghaus: *Lob des Unsinns*, 35. Nochmals eine andere Bedeutungsnuance des Ausdrucks ›Unförmlichkeit‹ – »etwas ›Zwangloses‹ […] als Gegensatz etwa zur ›Förmlichkeit‹ im sozialen Umgang« – rückt bei Wolfram Groddeck in den Vordergrund. Vgl. Groddeck: »›Eine gewisse Unförmlichkeit‹«, 37.
171 Von einem »grotesken Mißverhältnis[] von Rahmen und Einschub« spricht m. W. ansonsten nur (freilich erneut ohne Bezug auf die ›Unförmlichkeits‹-Chiffre) Wagner-Egelhaaf: *Die Melancholie der Literatur*, 467. Vom wichtigen Befund, »[z]u sehr [sei] das, was ins Schrift-Bild gebannt werden soll, für den auktorialen Erzählrahmen unabgetan« (ebd.), geht sie dann jedoch – ohne sich näher auf die Eigenwertigkeit der Erstfassung einzulassen – zu den Veränderungen über, die Keller bei der Umarbeitung vornimmt.
172 Kaiser: *Das gedichtete Leben*, 96, und Berndt: *Anamnesis*, 198.

Randleiste auf einem Arabesken-Bild, mit einer prononciert vegetabilischen Ornamentik operieren? Ein näherer Blick auf das erste Kapitel sollte hier Aufschluss bieten.

Tatsächlich wird man schon auf der allerersten Seite fündig, als es anlässlich der Beschreibung der Stadt Zürich vom Seeufer heißt, dass die »reichschimmernden Dörfer in Einem zusammenhängenden Kranze sich verschlingen, gegen Zürich hin« (I.1, 15). Die Kranz-Metapher präsentiert die Stadt mithin als Ausgangs- und Endpunkt einer um den See herum angeordneten topografischen Rahmenarabeske, sodass der Text bereits hier – bezeichnenderweise an einer Stelle, wo sich die Ufertopografie »im Wasser *spiegel[t]*« (ebd., Hervorhebung G. F.) – sein eigenes arabeskes Darstellungsprinzip reflektiert.

Etwas später zeichnet die Erzählinstanz dann ein Panorama, das nicht nur aufgrund der neuerlichen Kranz-Motivik, sondern auch wegen der Bildspender arabeske Ornamentik evoziert: Die »weite schneereine Alpenkette«, präzisiert sie, liege »wie ein[] Lilienkranz auf einem grünen Teppich« (ebd., 17). In der unmittelbar daran anschließenden zweiten Stadtbeschreibung, die die Erzählinstanz ausdrücklich als »eingebildete« (ebd.) verstanden wissen will, werden die beiden ›Kränze‹ aus der ersten (Dörfer am Seeufer und Alpenpanorama) dann gleichsam miteinander verbunden – »die mächtige Gletscherwelt« senke sich, »im Kranze um den See herum, zum flacheren Gebirge herab« (ebd., 18) –, bevor zum Abschluss dann von den »riesenhaften Burglinden« die Rede ist, »welche ewig grün ihre Aeste zu einem mächtigen Kranze verschlingen hoch über der Stadt« (ebd.).

Als integraler Bestandteil dieses Arabesken-Dispositivs ist auch die Allegorie von der »persönliche[n] Schutzgöttin des Landes« (ebd., 17) zu werten, auf welche die erste Stadtbeschreibung zuläuft.[173] Wenn Zürich als »größere edle *Rosette*« des »krystallene[n] Gürtel[s]« bezeichnet wird, den Rapperswil auf der einen Seite, und Baden auf der anderen beschließen (ebd., Hervorhebung G. F.), dann ist das Wortfeld des Floralen auch dort präsent. Mit einer solchen Verknüpfung von Arabeske und allegorischer Verkörperung befindet sich Kellers Text damals in guter Gesellschaft, warten doch viele zeitgenössische Arabesken-Bilder mit vergleichbaren Arrangements auf. Wie Gerhart von Graevenitz am Beispiel von Menzels sogenanntem *Heckmann-Diplom* (1869) gezeigt hat, lässt sich der »Sehnsucht nach ganzheitlichen, selbstevidenten Ver-

---

173 Zu dieser Allegorisierung vgl. auch, mit Bezug auf den Bildtypus der anthropomorphen Karte, Torra-Mattenklott: *Poetik der Figur*, 163–169.

körperungen [...] dessen, was längst nur noch in Teilen existiert«, auf dem Weg nämlich höchst effektiv Ausdruck verleihen.[174]

Späte Bestätigung gleichsam findet meine Lektürehypothese in der Rahmenhandlung von Kellers *Züricher Novellen*, entstanden in der zweiten Hälfte der 1870er-Jahre, als auch die Pläne, den *Grünen Heinrich* umzuarbeiten, endlich konkretere Form annahmen. Dort zeichnet der jugendliche Herr Jacques nämlich »eine *kranzartige* Schilderei von Landeswappen, Fahnen, Waffen, Musikinstrumenten, Büchern, Schriftrollen, Erdglobus, Eulen der Minerva, Lorbeer- und Eichenzweigen u. dgl.«, in deren »inner[m] Raume [...] in großen Lettern die Aufschrift: ›Zürcher Ehrenhort‹« prangt.[175] Unverhohlen parodiert diese kuriose Einfassung das Lob der Stadt Zürich, mit dem Kellers ›Jugendroman‹ im Modus der Arabeske anhebt.[176] Folgerichtig bezeichnet Keller denn auch genau die Novelle, zu der diese Szene aus der Rahmenhandlung der *Züricher Novellen* hinleitet, in einem Brief einmal als »kleine Arabeske«.[177]

Überhaupt leistet der doppelte Roman-Auftakt der Erstfassung des *Grünen Heinrich* – Beschreibung zuerst der realen Stadt Zürich und sodann einer »eingebildete[n]« – in der Sichtweise der Erzählinstanz genau die gleiche Grenzziehung wie eine Rahmenarabeske in den Augen von deren autonomieästhetischen Befürwortern um 1800: »Als Kunst der Grenze«, schreibt Menninghaus mit Bezug auf Kant,

soll der arabeske Rahmen die Identität des Kunstwerks, das Feld seiner Autonomie bestätigen und bestärken. [...] Der arabeske Rahmen leistet diese Grenzziehung, indem er als ein Zwitter von Innen und

---

174 von Graevenitz: *Ängstliche Moderne*, 109. Die Affinität von Arabeske und Allegorie ist indes nicht nur zeitgeistbedingt, sondern grundsätzlicher Natur. Denn für beide ist ein spezifisches Prinzip von Zweiteilung konstitutiv, das eine nicht-lineare Temporalität der Lektüre nach sich zieht: bei der Arabeske ist es das Verhältnis von Rahmenleiste und Binnensujet; bei der Allegorie das von buchstäblichem und übertragenem Sinn. Ausführlicher hierzu, mit Bezug auf die Frühromantik, Gibhardt: *Nachtseite des Sinnbilds*, 107–127.

175 Keller: *Züricher Novellen*. In: ders.: *Historisch-Kritische Ausgabe*, Bd. 6, 120 (Hervorhebung G. F.).

176 Zu diesem liminalen Städtelob vgl. etwa Kaiser: *Das gedichtete Leben*, 234.

177 Keller: *Gesammelte Briefe*, Bd. 3.1, 487 (Brief vom 13.2.1877). Am Rande sei bemerkt, dass dieses Schreiben ausgerechnet an den Zürcher Schriftstellerkollegen Conrad Ferdinand Meyer gerichtet war, der sich, wie in Kapitel IV zu zeigen sein wird, auf dem Gebiet von Arabeske und Groteske ebenfalls bestens auskannte: Hier sind Experten also gleichsam unter sich.

Außen die Innen-Außen-Differenz am äußeren Rand des Kunstwerks eigens darstellt.[178]

Tatsächlich rechtfertigt die Keller'sche Erzählinstanz ihr Vorgehen damit, dass die Beschreibung des realen Zürich den Leser*innen »das Gefühl der Wirklichkeit« vermittelt habe und so »dem Bedürfnisse der Phantasie« bei der Beschreibung der imaginären umso »größerer Spielraum« (I.1, 17) gewährt werden könne. Auch Kellers Werk artikuliert mithin an seinem äußersten Rand die eigene »Innen-Außen-Differenz« und affirmiert so den poetischen Eigenwert der in ihm entworfenen Fiktion.

Betont wird der spezifisch arabeske Charakter dieser Nahtstelle überdies durch den vegetabilischen Vergleich, mit dem die Erzählinstanz ihre Romanfiktion einführt: »[W]ie in einen Blumenscherben« werde sie nunmehr in die »eingebildete« Stadt »das grüne Reis einer Dichtung [...] pflanzen« (ebd.). Insofern deren Protagonist das Grüne seinerseits im Namen trägt, wird er ebenfalls als Teil des organisch-arabesken Gesamtarrangements ausgewiesen[179] – und zugleich diskret von diesem abgehoben: Zwar wird das *epitheton ornans* aus Heinrichs Rufname auf der Handlungsebene über die grüne Tracht motiviert, in die er tagaus, tagein gekleidet ist (vgl. I.7, 138); insofern das Grüne auf den ersten Seiten des Romans mehrheitlich vegetabilisch konnotiert ist, suggeriert der titelgebende Rufname aber auch, dass der Stoff, aus dem Heinrich Lee gewebt ist, buchstäblich der der Groteske ist.

Dieser vielleicht etwas assoziativ anmutende Befund lässt sich sowohl romanimmanent als intertextuell erhärten. So rufen die »weisen Erzieher« angesichts der »Räthsel«, die ihnen das Verhalten des jungen Heinrich aufgibt: »Dieses ist *ein seltsames Gewächs*, man weiß nicht viel damit anzufangen!« (Ebd., 144, Hervorhebung G.F.) Mit unverhohlener Ironie lässt der Text damit die Lehrerfiguren, ohne dass diese es merkten,

---

178 Menninghaus: *Lob des Unsinns*, 100.
179 Im frühesten Entwurf des Roman-Auftakts hatte die Erzählinstanz Pflanzenmetaphorik und Protagonist gar noch enger aufeinander bezogen – um den Preis freilich einer Äquivokation zwischen Figur und erzählter »Geschichte«: »[Nun] möchte ich [...] in dies liebe Nest, wie in einen Blumenscherben, das schwache Reis meiner Geschichte einsetzen und pflanzen, daß es aufwachse und ranke um diese und jene Freundesbrust. Es wird nur Einen kurzen Sommermonath durch grünen und nur eine Knospe tragen, die vor ihrem Entfalten abfällt!« (Keller: *Der grüne Heinrich. Apparat 2.* In: ders.: *Historisch-Kritische Ausgabe*, Bd. 20, 472)

die Wahrheit des Rebus Heinrich Lee aussprechen. Dass Keller solche
Späße beileibe nicht fremd waren, zeigt ein Blick auf Heinrichs burlesken Namensvetter John Kabys – also Johann Kohl(-kopf) – aus der Seldwyler Novelle *Der Schmied seines Glückes* (1865/73), an deren Beispiel
Wolfgang Preisendanz die grundlegende Affinität von Kellers Schreibweise zu Groteske (und Arabeske) herausgearbeitet hat.[180] Den Bezug
zwischen dieser schwankartigen Novelle und Kellers »Lebensbuch«[181]
wird subtil auch dessen Zweitfassung hervorstreichen, in Gestalt eines
Vergleichs zwischen Albertus Zwiehans Totenschädel, den Heinrich
als eine Art Doppelgänger permanent mit sich herumschleppt, und eben
einem »Kohlkopf«.[182] Aufhorchen lassen sollte dabei indes auch, dass
das Erzähler-Ich der Wandertasche, in die Heinrich den Totenschädel
an dieser Stelle der Zweitfassung zwängt, im selben Atemzug »ein
unförmliches Aussehen« attestiert:[183] Just in dem Augenblick, in dem
das Erzähler-Ich die groteske Valenz von Heinrichs Rufnamen evoziert,
greift es also auch den Ausdruck auf, mit dem im Vorwort der Erstfassung der Romantext selber (ab-)qualifiziert wurde. Augenzwinkernd
macht das Erzähler-Ich der Zweitfassung damit auf die grundsätzliche
Instabilität der im Incipit der Erstfassung gezogenen Grenze zwischen
Roman-Arabeske und groteskem Protagonisten aufmerksam.

In der Tat wird die Grenzziehung denn auch bereits dort, im Auftaktkapitel der Erstfassung selbst, permanent unterlaufen: Die Kränze,
die die Erzählinstanz allenthalben in der Landschaft auszumachen
meint, mögen den arabesken Charakter ihres Unterfangens bekräftigen. Zugleich aber werden sie wiederholt in einem Atemzug mit dem
mehrdeutigen Verb ›verschlingen‹ genannt: So liest man, um die fraglichen Stellen ein zweites Mal im genauen Wortlaut anzuführen, dass
die »reichschimmernden Dörfer in Einem zusammenhängenden Kranze
sich verschlingen« und dass die »riesenhaften Burglinden […] ihre Aeste
zu einem mächtigen Kranze *verschlingen*«. Offensichtlich weist das
virtuos-souverän gehandhabte arabeske Flechtverfahren also zugleich
eine bedrohlich monströse Dimension auf.

180 Vgl. Preisendanz: *Poetischer Realismus als Spielraum des Grotesken*. Zum
   Namen ›John Kabys‹ vgl. ebd., 5.
181 Keller: *Gesammelte Briefe*, Bd. 3.1, 421 (Brief vom 25.6.1878 an Theodor
   Storm).
182 Keller: *Der grüne Heinrich* (1879/80), Bd. 3, 127. Ebenfalls geknüpft wird
   dieser Bezug bei Kaiser: *Das gedichtete Leben*, 26. Zu Zwiehan als Heinrichs
   Doppelgänger vgl. ebd., 123–125, und Wagner-Egelhaaf: *Die Melancholie der
   Literatur*, 460f.
183 Keller: *Der grüne Heinrich* (1879/80), Bd. 3, 127.

Ganz zu schweigen davon, dass der empathische Rückgriff auf das Begriffspaar von Wirklichkeit und Fantasie in der Aufeinanderfolge der beiden liminalen Stadtbeschreibungen, vom Rest des Romans her gelesen, einigermaßen befremdlich anmutet. Wie Sabine Schneider völlig zu Recht bemerkt, verortet sich der Erzähler, dem »im Folgenden immer wieder die Aufgabe zukommt, die ›Unverantwortlichkeit der Einbildungskraft‹ seiner Hauptfigur zu kritisieren«, so nämlich »*selbst* in der unverantwortlichen Sphäre der Einbildung und ihren grünschillernden Traumwelten und Illusionen.«[184] Wer dieser Merkwürdigkeit mit der Unterscheidung zwischen einer ›guten‹ und einer ›schlechten‹ Spielart der Einbildungskraft beizukommen versucht – hier, auf der Ebene des Erzähldiskurses, die souveräne Arabesken-Kunst der Erzählinstanz; dort, auf der des Plots, das groteske Wuchern von Heinrichs Imagination –, sieht sich bereits durch den vorgeblich wirklichkeitsgetreuen Teil des Roman-Auftakts desavouiert. So heißt es, für einen aus Rapperswil kommenden Schiffspassagier steige die Stadt Zürich »*wie ein Traum* aus den blauen Wassern« des Sees (ebd., 17, Hervorhebung G.F.): Die Erzählinstanz verfällt hier also selbst in den träumerischen Wahrnehmungsmodus, den sie später immer wieder dem grünen Heinrich vorhalten wird.[185]

Grundsätzlicher gewendet: Die beiden Stadtbeschreibungen, mit denen Kellers Text anhebt, mögen zunächst zwar im Sinne eines autonomieästhetischen Verständnisses arabesker Rahmung als programmatische Instituierung der Differenz von Realem und Imaginärem lesbar sein; zugleich jedoch ist im Text eine Gegenbewegung am Werk, die ein subtiles »Irritationsspiel zwischen Empirie und Einbildungskraft« zur Folge hat.[186] Ich entlehne diese Formel von Günter Oesterle, bei dem sie auf die spätromantische Arabeskenkunst E.T.A. Hoffmanns gemünzt ist. Bei einem Text mit poetisch-realistischem Anspruch erwartet man dergleichen wohl kaum, und doch hängt der Irritationseffekt aufs Engste mit genau diesem Anspruch zusammen. Um nicht in den Verdacht zu geraten, eine *rein* imaginäre Stadt zu beschreiben, sprich: um deren realistische Dimension zu betonen, ist der Text darauf angewiesen, Korrespondenzen zwischen ihr und dem realen Zürich herzustellen: Ebenso wie die eingebildete Stadt mit »Realitätseffekte[n]« aufzuwarten hat,[187] hat das reale Zürich umge-

---

184 Schneider: »›Poesie der Unreife‹«, 68, Hervorhebung G.F.
185 So auch Schneider. Vgl. ebd., 67.
186 Oesterle: »Arabeske, Schrift und Poesie«, 90.
187 Schneider: »›Poesie der Unreife‹«, 67.

kehrt proto-poetische Züge zu tragen. Das Problem liegt also in der Wurzel.

Damit nicht genug: Auch insofern, als die Erzählinstanz mit ihrer detailverliebten Beschreibung den eigentlichen Auftakt der Roman-handlung retardiert – bezeichnend insbesondere, wie sie das Alpenpanorama quer zur Fahrtrichtung des Schiffs von Zürich nach Baden *im Rückblick* entwirft –, verhält sie sich auf der *discours*-Ebene genauso wie Heinrich auf der der *histoire*. Denn als dieser ein paar Seiten später, am Morgen seiner Abreise in die Künstlerstadt, ein erstes Mal auftritt, liest man:»[A]uf der Mitte der Brücke, von wo man unter den dunklen Bogen des Gebälkes *die schönste Aussicht über den glänzenden See hin genießt*, selbst über dem Wasser schwebend, *vergaß er seinen Beruf*« (ebd., 21 f., Hervorhebungen G. F.).

Zusätzlich hervorgehoben wird diese Stelle durch den nicht so recht passenden Ausdruck ›Beruf‹, der im Herausgeberkommentar von Thomas Böning und Gerhard Kaiser schlicht mit »Absicht« ›übersetzt‹ ist.[188] Vom Plot her gedacht, mag dies durchaus schlüssig sein: In einer Neuauflage »sein[es] liebste[n] Knabenspiel[s]« rennt Heinrich in der besagten Szene nämlich einer Blume nach, die er auf der einen Seite des Flusses in eine »verborgene Quelle« geworfen hat, damit die Wasserlei-tung sie in den »großen Stadtbrunnen« auf der andern befördern kann (ebd., 21). Und eben genau diesen Plan vergisst Heinrich angesichts des ästhetisch ansprechenden Blicks, der sich ihm von der Brücke aus bietet. Nichtsdestoweniger wirkt die Emphase des Ausdrucks ›Beruf‹ in einem derart spielerischen Kontext ein wenig fehl am Platz und lädt dementsprechend zu einer poetologischen Lektüre ein: Markiert die Erzählinstanz so etwa nicht geradezu programmatisch den auktorial-überlegenen Status, zu dem *sie* sich gegenüber dem träumerisch saum-seligen Heinrich ›berufen‹ fühlt?

Ironischerweise vergisst aber eben auch sie wiederholt diesen ihren Beruf: Wie Dominik Müller herausgearbeitet hat, »schwankt« ihre Ein-stellung gegenüber Heinrich stets »zwischen überlegener Distanz und Identifikation«.[189] Ein gutes Beispiel dafür liefert nicht von ungefähr just die Art und Weise, wie sie in einem zweiten Moment ihre anfängli-che Beurteilung von Heinrichs Verweilen auf der Brücke revidiert. Dort nimmt sie den auktorialen Indikativ (»vergaß er seinen Beruf«) zuguns-ten einer Modalisierung (›scheinen‹) zurück und wechselt damit in die

---

188 Keller: *Sämtliche Werke in sieben Bänden*, Bd. 2, 1048.
189 Müller: *Wiederlesen und weiterschreiben*, 8. Vgl. die näheren Erörterungen ebd., 5–21.

Position einer außenstehenden Beobachtungsinstanz: »So spielte dieser Jüngling wie ein Kind mit der Natur und schien seine bevorstehende, für seine kleinen Verhältnisse bedeutungsvolle Abreise, ganz zu vergessen.« (Ebd., 22) Auch *diese* Rahmung – also die Einstellung, aus der heraus vom grünen Heinrich erzählt wird – ist mithin alles andere als stabil.

*

Ohnehin lohnt es sich, eingehender auf diese Szene zu sprechen zu kommen, weil sie mit Brunnen und Quelle eine Motivik zitiert, die auch für viele Arabesken-Bilder des 19. Jahrhunderts von buchstäblich zentraler Bedeutung ist. Paradigmatisch hat Werner Busch anhand von Runges Arabesken-Bild *Der Tag* (1802–07) aufgezeigt, wie die gesamte Komposition einem auf dem unteren Teil der Symmetrieachse platzierten Fischmaul entspringt (Abb. 6a). Er hat darin einen naturmystischen »Ursprungsort« ausgemacht, »hinter den es nicht weiter zurückgeht, hinter dem das Unbegreifliche sich eröffnet, von dem aus sich jedoch das Leben entfaltet«, und ihn folglich als »Schlüssel zum Verständnis der ganzen Arabeske« bezeichnet.[190] Bei Neureuther, führt Busch weiter aus, möge der naturmystische Zug dem »Signum« einer ungleich »begrenzte[re]n Realität« weichen, nichtsdestoweniger bezögen auch viele seiner Arabesken-Bilder ihre innere Dynamik von eben einem solchen »Entstehungspunkt« aus.[191] Es verwundert also nicht, wenn sich auch auf Neureuthers Gedenkblatt zum Münchner Künstlerfest ein Quellenmotiv findet (Abb. 12a). Freilich nicht unten auf der Symmetrieachse – dort jagen die als Narren verkleideten Genien von Kunst und Handwerk drei Frösche aus dem Bild bzw. machen ihnen den Garaus[192] –, sondern in der linken Rahmenleiste, funktional analog also zur Platzierung der Keller'schen Brunnen-Szene am Beginn der Rahmenhandlung. Geht die strukturelle Korrespondenz aber nicht noch weiter? Sprich: Bildet die Brunnen-Szene nicht ihrerseits den Quellpunkt der Roman-Arabeske, als die sich das Incipit und die achsensymmetrische Gesamtanordnung des *Grünen Heinrich* entwerfen?[193] Der folgende Abschnitt wird versuchen, genau diese Vermutung plausibel zu machen.

190 Busch: *Die notwendige Arabeske*, 60 und 62.
191 Ebd., 62.
192 Vgl. hierzu die Bildlektüre von Reinisch: *Poesie der Poesie*, 264–266.
193 Auf den modellhaften Charakter der Brunnen-Szene ist in der Forschung bereits verschiedentlich hingewiesen worden. Vgl. Geppert: *Der realistische Weg*, 276f.; Honold: »Der Sinus des Erzählens«, 80f.; Torra-Mattenklott: *Poetik der Figur*, 170, und Keller: »Im Strudel der Einsamkeit«. Bei niemand-

Abb. 6a: Runge: *Der Tag*, Detail.

Abb. 12a: Neureuther:
*[Gedenkblatt zum Münchner
Künstlerfest 1840]*, Detail.

2.5 Prosa I: Knabenmorgenblütenträume, poetisch-realistisch auseinandergepflückt

In der Brunnen-Szene reflektiert sich Kellers Text, so die These, buchstäblich im Rücken des Protagonisten als poetisch-realistische Roman-Arabeske. Indem er diese auf natural-physiologischem Weg herleitet, ist er bestrebt, den ›fantastischen‹ Arabesken- und Groteskenbegriff seiner romantischen Vorgänger einzuhegen. Wie zu zeigen sein wird, gelingt jedoch auch diese Bändigung nur unvollständig; deutlicher als sonst zeigt sich hier gar die Gewaltsamkeit und damit auch die Fragwürdigkeit, die der poetisch-realistischen Programmatik eignet.

dem spielt dabei indes die Arabeske eine Rolle. Wie ich argumentiert auch Torra-Mattenklott qua Allegorese, wendet mithin ein Auslegungsverfahren an, das im Roman-Auftakt selbst zum Einsatz kommt. Anders als Torra-Mattenklott geht es mir jedoch weniger darum, wie die Brunnen-Szene die Handlung des Romans in allegorischer Verdichtung vorwegnimmt, als darum, wie der Text hier auf die eigenen Darstellungsverfahren und seine literarhistorische Position reflektiert.

Damit sich mein *close reading* besser mitvollziehen lässt, sei der Textausschnitt zum Auftakt in voller Länge zitiert. Unmittelbar vor seiner Abreise in die deutsche Hauptstadt wirft Heinrich vom »Felsenberg« aus einen »letzten Blick« (I.1, 19) auf seine Heimatstadt auf der anderen Seite des Flusses:

> Das einzige Geräusch kam noch vom großen Stadtbrunnen, dessen vier Röhren man durch den Flußgang hindurch glaubte rauschen zu hören; die vier Strahlen glänzten hell, ebenso was an dem steinernen Brunnenritter vergoldet war, sein Schwertknauf und sein Brustharnisch, welch letzterer die Morgensonne recht eigentlich auffing, zusammenfaßte und sein funkelndes Gold wunderbar aus der dunkelgrünen Tiefe des Stromes herauf widerscheinen ließ. Dieser reiche Brunnen stand auf dem hohen Platze vor dem noch reicheren Kirchenportale und sein Wasser entsprang auf dem Berge diesseits des Flusses, auf welchem Heinrich jetzt stand. Es war früher sein liebstes Knabenspiel gewesen, hier oben ein Blatt oder eine Blume in die verborgene Quelle zu stecken, dann neben den hölzernen Röhren hinab, über die lange Brücke, die Stadt hinauf zu dem Brunnen zu laufen und sich zu freuen, wenn zu gleicher Zeit oben das Zeichen aus der Röhre in das Becken sprang; manchmal kam es auch nicht wieder zum Vorschein. Er pflückte eine eben aufgehende Primel und eilte nach der Brunnenstube, deren Deckel er zu heben wußte; dann eilte er die unzähligen Stufen zwischen dem wuchernden Epheugewebe hinunter, über den Kirchhof, wieder hinunter, durch das Thor über die Brücke, unter welcher die Wasserleitung auch mit hinüber ging. Doch auf der Mitte der Brücke, von wo man unter den dunklen Bogen des Gebälkes die schönste Aussicht über den glänzenden See hin genießt, selbst über dem Wasser schwebend, vergaß er seinen Beruf und ließ das arme Schlüsselblümchen allein den Berg wieder hinaufgehen. Als er sich endlich erinnerte und zum Brunnen hinanstieg, drehte es sich schon emsig in dem Wirbel unter dem Wasserstrahle herum und konnte nicht hinaus kommen. Er steckte es zu dem Federchen auf seiner Mütze und schlenderte endlich seiner Wohnung zu durch alle die Gassen, in welche überall die Alpen blau und silbern hineinleuchteten. (Ebd., 21 f.)

Schon allein dadurch, dass der Treppenweg von »wuchernde[m] Epheugewebe« gesäumt ist, wird die Szene als integraler Bestandteil des arabesken Gesamtsettings ausgewiesen. In der ersten Beschreibung des Wegs zwei Seiten davor ist die Anspielung gar noch eindeutiger, weil hier auch von arabesken-typischen Windungen die Rede ist: »[Ü]ber die Gräber hin führt der Weg [...], sich durch epheubewachsene Nagelfluhe emporwindend, auf den Berg« (ebd., 19).

Anschaulich ins Bild gesetzt wird die hohe selbstreflexive Qualität der Szene primär über die komplexe Widerspiegelungsbewegung zwischen der Morgensonne, dem goldenen Brustharnisch des Brunnenritters und dessen »funkelnde[m]« ›Widerschein‹ »wunderbar aus der dunkelgrünen Tiefe herauf«. Mit der Überblendung von Gold und Grün zitiert der Text eine für das 19. Jahrhundert insgesamt gängige Poesie-Chiffre[194] und wendet sie sinnfällig auf das eigene Schreibprogramm an: In der Folge des Romans soll das *dunkle* Schicksal, das den *grünen* Heinrich erwartet, in, wie es an einer späteren Stelle mit ausdrücklichem Bezug auf das für den Programmrealismus so wichtige Verklärungspostulat heißt, »*sonnige[r]* Verklärung« (IV.7, 326, Hervorhebung G.F.) zur Darstellung gebracht werden.[195] Nicht von ungefähr weist der Stadtbrunnen denn auch genauso viel Röhren auf wie der Roman Bände: vier.[196] Kaum zufällig auch liest sich dieser Passus wie die Umsetzung eines programmatischen Diktums aus einem Brief, den Keller zur selben Zeit an den befreundeten Literarhistoriker Hermann Hettner sendet: »[N]ach allbekannter Erfahrung«, schreibt Keller dort, treibe »der Humor oft auf dem dunklen Grunde der größten Trauer seine lieblichsten Blüten«.[197]

Es spricht für die selbstironische Klarsichtigkeit von Kellers poetischem Realismus, dass in diesem Reflexionsprozess ausgerechnet

194 Vgl. hierzu den gelehrten Aufsatz von Müller-Tamm: »Das goldene Grün« und Kellers eigenen publizistischen Beitrag, den er parallel zum letzten Band des *Grünen Heinrich* zu Papier gebracht hat: »Das goldene Grün bei Goethe und Schiller«. In: ders.: *Historisch-Kritische Ausgabe*, Bd. 15, 132–135. Aufschlussreich auch die differenzierende Lektüre von Zumbusch: »Grauer Grund«, v.a. 95.

195 Zu einer etwas anderen Lesart dieses Glänzens aus dunkler Tiefe herauf, als »Tribut an romantische Szenen der Verführung«, vgl. Honold: »Der Sinus des Erzählens«, 78.

196 Diesem textimmanenten Befund steht der editionsphilologische gegenüber, dem zufolge Keller bis November 1852 – also bis kurz vor Abschluss des zweiten Bandes – davon ausgegangen sei, der Roman werde *drei* Bände umfassen. Vgl. Kellers Brief vom 3.11.1852 an Vieweg in: Keller: *Der grüne Heinrich. Apparat 1*, 230f. Auflösen lässt sich dieser Widerspruch, wenn man die Bandanzahl, die Keller seinem ungeduldigen Verleger kommuniziert, nicht für bare Münze nimmt, sondern als Teil seiner anderwärtig bestens belegten Hinhaltetaktik: Wenn man seinem Verleger schreibt, zwei von drei geplanten Bänden seien so gut wie abgeschlossen, klingt das allemal besser, als wenn man zugeben muss, dass man noch nicht einmal in der Hälfte ist.

197 Keller/Hettner: *Der Briefwechsel*, 10 (Brief vom 29.5.1850).

eine Ritterfigur als entscheidendes Relais fungiert. Eindrücklich hat Wolfgang Rohe gezeigt, wie das leitmotivartig in Kellers Roman ein-geflochtene Rittertum für einen autonomen, heroischen Handlungstyp steht, der in einer von den abstrakten Gesetzlichkeiten des Marktes be-stimmten Gesellschaftsordnung als hoffnungslos überholt gelten muss. Folglich entlarve sich Heinrich, wenn er sich wiederholt über diesen Bezugsrahmen definiert, als moderner Ritter von der traurigen bzw. tragikomischen Gestalt.[198]

Die Brunnen-Szene selbst nimmt Rohe freilich nicht in den Blick, obwohl die ganze Ritter-Serie mit ihr überhaupt erst anhebt. Damit überliest er zugleich deren poetologische Volte: Quer zum Hegel'schen Narrativ vom Ende der Kunst, dem Rohes Argument implizit folgt, bekennt sich der Text mit der selbstreflexiv aufgeladenen Figur des Brunnenritters sowie dessen ›*Wider*scheinen‹ zur Anachronizität des *eigenen* Verfahrens. Er mag zu einer Zeit abgefasst sein, in der sich, wie es am Ende der Zürcher Stadtbeschreibung heißt, ein »Schienenweg« durch die »Grundfelsen« der Badener »Burgruine« »[]bohrt«, auf der einst »ein deutscher Kaiser [...] erschlagen wurde« (I.1, 17) – zu einer Zeit also, in der eine ungleich abstraktere Gewalt vorherrscht als in der blutig-heroischen Vergangenheit. Seinen Poesie-Anspruch gibt er dennoch nicht preis.

Konsequenterweise verläuft die Leitung, die das Medium abgibt für das *reenactment* von Heinrichs »liebste[m] Knabenspiel«, denn auch *quer* zum Mainstream, zum Fluss, an dessen Ufern seine Vaterstadt liegt.[199] Genauso fügt sich ins Bild, dass Heinrichs Spiel just einer Blume, also dem Poesie-Symbol schlechthin, eine zentrale Rolle zu-weist. Dass dieser, über ihre Funktion in Heinrichs Kinderspiel hinaus, ein entscheidender Part auch in dem selbstreflexiven Spiel zukommt, das der Text hier in Heinrichs Rücken veranstaltet, wird spätestens dann klar, als die Erzählinstanz sie ein »Zeichen« nennt. Ausdrück-lich spricht sie ihr so eine genuin semiotische, also über sich selbst hinausweisende Qualität zu. Dem humoristischen Anstrich der ganzen Szene entspricht schließlich, dass es sich bei der fraglichen Blume um ein »*Schlüssel*blümchen« handelt: Buchstäblich durch die Blume wird so ihre Schlüsselrolle, ebenso aber auch die der Szene insgesamt betont.

---

198 Vgl. Rohe: *Roman aus Diskursen*, 126 und 192–197, aber auch Kaiser: *Das gedichtete Leben*, 169–171, und Pestalozzi: »›Blüh' auf, gefrorner Christ [...]‹«, 82f.

199 Zu dieser Überkreuzstellung vgl. auch, aber mit anderem Akzent, Keller: »Im Strudel der Einsamkeit«, 153f.

Damit sei freilich nicht behauptet, der Text rede einer »Reichsun-
mittelbarkeit der Poesie« das Wort, wie sie der späte Keller in einem
berühmten Brief an seinen Schriftstellerkollegen Paul Heyse für sich in
Anspruch nehmen wird:

> Im stillen nenne ich dergleichen die Reichsunmittelbarkeit der Poe-
> sie, d. h. das Recht, zu jeder Zeit, auch im Zeitalter des Fracks und
> der Eisenbahnen, an das Parabelhafte, das Fabelmäßige ohne weiteres
> anzuknüpfen, ein Recht, das man sich nach meiner Meinung durch
> keine Kulturwandlungen nehmen lassen soll.[200]

Vielmehr geht der in der Brunnen-Szene ins Bild gesetzte Poesie-Begriff zu der prosaischen Wirklichkeit um 1850 als Gegenstandsbereich
ebenso auf Distanz, wie er sich buchstäblich von ihr herschreibt. Mit
anderen Worten: Er setzt exakt das um, was Keller in einem nicht minder berühmten Brief aus der Entstehungszeit des *Grünen Heinrich* einmal die »Dialektik der Kulturbewegung« genannt hat.[201] So vermeidet
die Erzählinstanz zunächst die prosaischen Konnotationen, die mit der
Thematisierung einer Wasserleitung um 1850 einhergehen könnten, als
die Frage nach der *hygiène publique* in europäischen Großstädten eine
immer dringlichere Angelegenheit wird.[202] Ausdrücklich ist nämlich
von »*hölzernen* Röhren« die Rede, also von etwas gleichsam Natur-
wüchsigem. Zugleich unterstreicht dieser bioästhetische Poetisierungs-
effekt den Realismus-Anspruch von Kellers Text, sofern man – wie der
Romaneingang ja selbst nahelegt – Zürich als Vorbild für Heinrichs
Vaterstadt veranschlagt: Bis ins 19. Jahrhundert hinein wurden Was-
serleitungen dort, wie der Historiker Jean-Daniel Blanc zu berichten
weiß, »meistens aus längs aufgebohrten Baumstämmen erstellt.«[203]
Erst Mitte der 1860er-Jahre entschied die Stadt Zürich, anstelle dieser
sogenannten Teuchelleitungen »künftig nur noch gusseiserne Rohre zu
verwenden.«[204]

Dennoch kommt in der Brunnen-Szene des *Grünen Heinrich* die
Prosa ins Spiel: nicht über die Materialität des Dargestellten, sondern

---

200 Keller: *Gesammelte Briefe*, Bd. 3.1, 57 (Brief vom 27.7.1881).
201 Keller/Hettner: *Der Briefwechsel*, 115 (Brief vom 26.6.1854).
202 Vgl. hierzu, überblicksartig, Lenger: *Metropolen der Moderne*, 162–167.
    Diesen prosaischen Aspekt und seine grotesk-skatologische Dimension wird
    insbesondere Fontanes spätrealistischer Berlin-Roman *Frau Jenny Treibel* in
    den Blick nehmen. Vgl. infra, Kap. V.
203 Blanc: *Die Stadt und das Wasser*, 101.
204 Ebd., 103.

über die der Darstellungsverfahren. Ihrer Etymologie zufolge ist die Prosa bekanntlich die immer nur voranschreitende Rede. Einen leisen Anklang an diese Etymologie und damit einen diskreten Hinweis auf den Prosa-Charakter der Wasserleitung vermag man aus der Präzisierung der Erzählinstanz herauszuhören, dass diese unter der Brücke »auch mit hinüber *ging*«. Geradezu zum Analogon der Prosa prädestiniert ist die Keller'sche Wasserleitung überdies durch ihren linearen Charakter.[205]

Ein klassischer Fall von Überinterpretation? Nein, spielt das Paradigma des Gehens doch beileibe nicht nur an dieser einen Stelle in die Brunnen-Szene hinein. So macht das Kompositum »Flußgang« auf die untergründige Affinität der zwei eigentlich quer zueinander verlaufenden Wasserströme im Zeichen der Prosa aufmerksam. Vor allem aber wird das »Schlüsselblümchen« bei seiner ersten Erwähnung noch als »auf*gehende* Primel« bezeichnet und mit dem Anlaut ›Pr-‹ gar eine weitere Affinität zur Prosa suggeriert. Was als »Schlüsselblümchen« ins Brunnenbecken ›springt‹, ist mithin kein ur-sprünglich Poetisches. Vielmehr ist dieses buchstäblich aus dem (Wort-)Material der Prosa gebildet und wird erst im Durchgang durch die Leitung, durch seine Gestaltung im (Darstellungs-)Medium der Prosa, zu einem solchen. Seine untergründig prosaische Herkunft bleibt dem Schlüsselblümchen dabei weiterhin eingeschrieben, heißt es doch von ihm, es müsse »allein den Berg wieder hinauf*gehen*.«

Kurzum: Analog zu ihrer komplexen Lichtstrahl-Dramaturgie entwirft die Brunnen-Szene ihren realistischen Poesie-Begriff nicht als direkte Widerspiegelung der abstrakt-prosaischen Lebenswelt um 1850, sondern innerliterarisch als hochgradig vermittelten *Effekt* von Prosa, indem sie die *verba*, das künstlerische Material, selber als *res* behandelt. Nicht von ungefähr kommt eine vergleichbare Herleitung des Poetischen aus der spezifischen Rhetorizität der Prosa im späteren Verlauf des Romans genau dort zur Sprache, wo Heinrich programmatisch darlegt, wie sich sein Poesie-Begriff unter dem Eindruck seiner Goethe-Lektüre gewandelt hat: »[S]chon im Aristoteles« könne man ersehen, »daß seine stofflichen Betrachtungen über die prosaisch-politische Redekunst zugleich die besten Recepte auch für den Dichter sind.« (III.1, 18) Entscheidend an diesem materialen Begriff einer poetischen Prosa ist, dass sie bei aller Selbstreferenzia-

---

205 Auch dies unterscheidet sie wiederum von der Modellierung des städtischen Wasserversorgungssystems beim späten Fontane: Dieses ist stets als Netzwerk angelegt.

lität zugleich stets den konventionellen Bedeutungsgehalt der Wörter und damit auch deren Fremdreferenzialität im Auge behält bzw., in den Worten des Goethe-Lesers Heinrich Lee, »daß die sogenannte Zwecklosigkeit der Kunst nicht mit Grundlosigkeit verwechselt werden darf.« (Ebd.)

So weit das Programm, das selbstredend jedwede groteske Verzerrung ausschließt: »[I]n Bezug auf Manches, was ich bisher poetisch nannte, lernte ich nun, daß das Unbegreifliche und Unmögliche, das Abenteuerliche und Ueberschwängliche nicht poetisch sind« (ebd.). Um die Umsetzung dieser Programmatik ist es indes um einiges schwieriger bestellt. Davon zeugt bereits Heinrichs verträumtes Innehalten auf der Brücke zu Beginn des Romans (von der Handlungschronologie her spielt diese Szene ja *nach* seiner Goethe-Lektüre). Ebenso zeugt davon die »kolossale[] Kritzelei« (IV.1, 221), der Erikson wie gezeigt just ihre »Abstraction« jenseits »alles Gegenständlichen« (ebd., 222) vorhalten wird. Es ist dementsprechend nur konsequent, wenn beide Szenen über präzise Querbezüge miteinander verbunden sind: Insofern die Erzählinstanz die »kolossale[] Kritzelei« als »*Wirr*sal« (ebd., 220) bezeichnet, das Heinrich »in dunklem *Selbstvergessen*« (ebd., 221) angefertigt habe, dann erscheint diese als das monströs-»ungeheure[]« (ebd., 220) Pendant der initialen Brunnen-Szene, in der die Schlüsselblume ja eben deswegen in einen »*Wirbel*« (I.1, 22, Hervorhebungen G.F.) hineingezogen wird, weil Heinrich *selbstvergessen* auf der Brücke verweilt. Kurzum: Während Heinrich hier wie dort hinter den Poesie-Begriff zurückfällt, den er unter dem Eindruck seiner Goethe-Lektüre in der Selbstbiografie entwickelt hatte, ist Kellers Text bestrebt, diese Programmatik just in der Brunnen-Szene auf komplexe Art und Weise fortzuschreiben und damit für sich selbst zu reklamieren.[206]

＊

[206] Mit Wolfgang Preisendanz lassen sich derartige Doppelperspektiven, bei denen es zu einer »Spannung zwischen Eigengesetzlichkeit und poetischer Bedeutung des Erzählten« kommt, als paradigmatisch für eine ›objektiv‹-humoristische Schreibweise herausstellen. Vgl. hierzu insbesondere sein Keller-Kapitel aus *Humor als dichterische Einbildungskraft*, 143–213. Auf die Brunnen-Szene geht Preisendanz jedoch nicht ein. Das liegt daran, dass er vornehmlich mit der zweiten Fassung des Romans arbeitet, deren durchgehend »autobiographische Erzählstruktur, das Spannungsverhältnis zwischen erlebendem und erzählendem Ich«, der humoristischen Erzählweise kongenial entspreche. Der gleiche Befund gilt für den Aufsatz, den er dem *Grünen Heinrich* im Besonderen gewidmet hat. Vgl. Preisendanz: »Keller: Der grüne Heinrich«, v.a. 159–178 (beide Zitate ebd., 165 und 170).

Zu dieser Absetzbewegung des Textes gegenüber dem Protagonisten gesellt sich, wie eingangs angedeutet, eine intertextuelle gegenüber Heinrich Lees romantischem Namensvetter Heinrich von Ofterdingen und damit gegenüber ›der‹ Romantik überhaupt. Wie ich im Folgenden zeigen möchte, versteht sich die Blumen-Brunnen-Szene aus dem *Grünen Heinrich* als manifestartige Umschrift der ›Ur-Szene‹ romantischen Erzählens, die schon in meiner *Immensee*-Lektüre eine wichtige Rolle gespielt hat. Bei Keller wird die im Traum von der blauen Blume entworfene Grotesken- und Arabesken-Utopie, welche Traum und Wirklichkeit in einer höheren Einheit zusammenführt, gleich in mehrfacher Hinsicht unter realistischen Vorzeichen revoziert: durch die Kopplung von Poesie und bürgerlichem Arbeitsethos sowie durch die entschärfende Rückübersetzung ›fantastischer‹, arabesk-grotesker Verwandlungsprozesse in naturale, physiologische.

Den programmatischen Charakter beider Szenen legt bereits ihre Platzierung im jeweiligen Romanganzen nahe, steht doch die eine wie die andere im erzählstrategisch exponierten Eingangskapitel. Analog auch ihre Verortung in der jeweiligen Handlungschronologie: Beide gehen der Abreise des jugendlichen Protagonisten aus seiner Heimatstadt mehr oder minder unmittelbar voran. Vergleichbar sind schließlich die Modellierung des jeweiligen Hauptakteurs und des landschaftlichen Settings sowie der Handlungsablauf innerhalb der Szenen selbst. So etwa präsentieren sich beide Heinriche als Wiederauferstehungsfiguren (von wohlgemerkt konträrer Faktur): »Er durchlebte ein unendlich buntes Leben; starb und kam wieder«[207] – in diesen Worten wird der erste Teil des Traums bei Novalis zusammengefasst, der damit zugleich das utopische Prinzip unendlicher Wandlung einführt. Heinrich Lee begegnen wir für seinen Teil zum ersten Mal an einem »Ostermorgen« oberhalb eines »Kirchhof[s]« (I.1, 19), wie er – sozusagen als Inbegriff des »poetische[n] Wiedergänger[s] überlebter und abgestorbener Weltanschauungen«[208] – allein durch einen »weitgedehnten prächtigen

---

207 Novalis: *Heinrich von Ofterdingen.* In: ders.: *Werke, Tagebücher und Briefe Friedrich von Hardenbergs,* Bd. 1, 237–418, hier 241.
208 So eine freilich nicht auf den grünen Heinrich, sondern auf eine anti-romantische Denkfigur des Programmrealismus insgesamt gemünzte Formulierung Christian Begemanns im Handbuch *Phantastik.* Vgl. Begemann: »Deutschland«, 100. Einer der Gewährsleute, die Begemann für diese Denkfigur anführt, ist übrigens Friedrich Theodor Vischer, der m. W. als Erster auf den Redivivus-Charakter von Kellers Romanprotagonist aufmerksam gemacht hat. Vgl. Vischer: »Gottfried Keller«, 142 f.

Buchenwalde« (ebd.) geht. Genauso will es Heinrich von Ofterdingen zum Auftakt des zweiten Teils seines Traums vorkommen, »als ginge er in einem dunkeln Walde allein.«²⁰⁹ Dabei verschlägt es ihn in einen »in den Felsen gehauenen Gang[]«. An dessen Ende wird er »einen mächtigen Strahl gewahr, der wie aus einem Springquell bis an die Decke des Gewölbes stieg, und oben in unzählige Funken zerstäubte, die sich unten in einem großen Becken sammelten; der Strahl glänzte wie entzündetes Gold«.²¹⁰ Dieses in geheimnisvoller Tiefe angesiedelte Setting holt das Keller'sche gut realistisch ans Tageslicht: in Gestalt der hell glänzenden Wasserstrahlen des großen Stadtbrunnens, den Heinrich Lee vom *Felsen*berg aus in den Blick nimmt und dessen Ritter unmittelbar auf die Epoche verweist, in der Novalis' Roman angesiedelt ist. Spuren des ebenso mystisch wie (auto-)erotisch aufgeladenen Bades, das Heinrich von Ofterdingen in dem Becken unter Tage nimmt, sucht man im Romanauftakt des *Grünen Heinrich* dagegen vergeblich. Für einen Passus, der sich geradezu manifestartig die Umsetzung poetisch-realistischer Prämissen auf die Fahnen geschrieben hat, ist eine solche Reserviertheit *in eroticis* freilich nur folgerichtig.

Zum Höhepunkt kommt das Ganze dann in einem je spezifischen – mit dem jungen Goethe zu reden – ›Knabenmorgenblütentraum‹. In den Schlaf sinkend – wir haben es also, um den Begriff aufzunehmen, mit dem die Erzählinstanz aus dem *Grünen Heinrich* den Mummenschanz-Teil des Maskenzugs metaphorisierend bedenken wird, mit einem »Traum im Traume« (III.5, 127) zu tun –, findet sich Heinrich von Ofterdingen in einer Gebirgslandschaft wieder (»Dunkelblaue Felsen mit bunten Adern erhoben sich in einiger Entfernung«²¹¹), wo ihn eine unmittelbar neben einer Quelle stehende Blume geradezu magisch anzieht. Als er sich ihr nähern will, fängt sie an, »sich zu bewegen und zu verändern […]; die Blätter wurden glänzender und schmiegten sich an den wachsenden Stengel, die Blume neigte sich nach ihm zu, und die Blüthenblätter zeigten einen blauen ausgeweiteten Kragen, in welchem ein zartes Gesicht schwebte.«²¹² Die Blume verwandelt sich mithin in eine leibhaftige Groteske. Wie Otto F. Best gezeigt hat, konzentriert sich gerade darin das utopische Moment von Heinrichs Traum: Was in der realen Gegenwart getrennt ist, in mythischer Vorzeit aber in lebendigem Austausch stand – »Ich hörte einst von alten Zeiten reden; wie da die

---

209 Novalis: *Heinrich von Ofterdingen*, 241.
210 Ebd.
211 Ebd., 242.
212 Ebd.

Thiere und Bäume und Felsen mit den Menschen gesprochen hätten«,[213] geht es Heinrich kurz vor dem Einschlafen durch den Kopf –, setzt die Traumproduktion in spannungsvoller Einheit als Versprechen einer zukünftigen Wiedervereinigung ins Bild.[214]

Dass Heinrich von Ofterdingen im entscheidenden Augenblick, also unmittelbar bevor er die sich ihm zuneigende Menschenblume berühren kann, von seiner Mutter geweckt wird, tut dieser utopischen Dynamik keinen Abbruch. Im Gegenteil: Wäre seine Sehnsucht, deren ersten Keim die Erzählung eines Fremden in ihn eingepflanzt hatte,[215] bereits im Traum gestillt worden, geriete das Ganze unter den Verdacht des bloß Partikularen und Imaginären. Erst indem die Erfüllung zunächst ausbleibt, eröffnet sich überhaupt die Möglichkeit, dass sich die Geschehnisse gleichsam auf anderen Wirklichkeitsebenen in gesteigerter Form wiederholen und diese damit die höhere Objektivität der Traumvision verbürgen. Insbesondere gilt dies für die Begegnungen mit Mathilde in Augsburg sowie, nach deren frühem Tod, im Jenseits; ebenso aber auch für die mit Zulima. Aus dem Orient bzw. aus »*Arabischen* Gegenden« entführt, vermittelt diese Heinrich einen Eindruck vom sagenumwobenen Ursprungsland der Poesie, indem sie dessen »*romantische*[] Schönheiten« besingt[216] – und macht damit zugleich auf das arabeske Grundprinzip von *Novalis'* romantischem Poesieverständnis aufmerksam.

Waren die bisher herausgearbeiteten Absetzungsbewegungen von Kellers Text gegenüber der romantischen Folie eher punktueller Natur, so geht das poetisch-realistische *rewriting* mit dem ›Knabenmorgenblütentraum‹ aufs Ganze, da es den für Novalis entscheidenden Nexus von Traum und Dichtung aufkündigt. Heinrich von Ofterdingens Traum von der blauen Blume ist als erste Etappe auf seinem Weg zum vollwertigen Dichter angelegt. Heinrich Lee dagegen schließt sich durch seinen Tagtraum auf der Brücke gerade von dem realistischen Poesie-Begriff aus, den die Erzählinstanz auf der Darstellungsebene einzulösen beansprucht. Mehr noch: Indem Kellers Protagonist seinen ursprünglich gefassten Plan zugunsten eines träumerischen Innehaltens vergisst, wird der harmonische Ablauf in der äußeren Wirklichkeit auf beinahe fatale Weise gestört. Ohne Hilfe von außen käme das von Heinrich vergessene »Schlüsselblümchen« aus dem »Wirbel unter dem Wasserstrahle« näm-

213 Ebd., 240.
214 Vgl. Best: »Vom ›blauen Blümchen‹ zur ›blauen Blume‹«, 297–300.
215 Vgl. Novalis: *Heinrich von Ofterdingen*, 240. Dass es die blaue Blume damit nie als Original, sondern immer nur als Übersetzung gibt, ist herausgearbeitet bei Babel: *Translationsfiktionen*, 74–76.
216 Novalis: *Heinrich von Ofterdingen*, 283 (Hervorhebungen G.F.).

lich nicht mehr hinaus: Figuration einer schlechten, geradezu monströ-
sen Unendlichkeit, und insofern poetisch-realistischer Gegenentwurf
zur unendlichen Steigerungsdynamik des arabeskenartigen Erzählens à
la Novalis bzw. der Romantik insgesamt, für die dessen Text paradigmatisch steht.

Zur Absage an die romantische Utopie im Namen eines ernüchter-
ten Realismus, der gleichwohl nicht bereit ist, voll und ganz auf den
Poesie-Begriff zu verzichten, passt weiterhin, dass die Verkörperung
der Poesie in einem leibhaftigen Blumen-Mensch-Hybrid, wie sie sich
bei Novalis findet, bei Keller zu einem klar als uneigentliche Rede, als
bloß rhetorische Personifikation erkennbaren »arme[n] Schlüsselblümchen« heruntergestuft wird. Dass die potenziell katastrophalen Folgen
von dessen Herumwirbeln mit der adverbialen Bestimmung »emsig«
schöngeredet werden (»[es] drehte [...] sich schon emsig in dem Wirbel
unter dem Wasserstrahle herum und konnte nicht hinaus kommen«),
entspricht seinerseits nicht nur dem auf Verklärung bedachten Anstrich
der restlichen Szene, sondern ist erneut Teil des intrikaten intertextuellen Agons mit Novalis' Text. Ebenso wie das Blümchen-Diminutiv
geht die Emsigkeit dort nämlich auf das Konto von Heinrichs Vater.
Immerfort »emsig«[217] weiterarbeitend, erklärt dieser seinem Sohn, den
das nächtliche Traumerlebnis auch am Morgen danach noch umtreibt:
»Träume sind Schäume«.[218] Den Traum vom »blaue[n] Blümchen«,[219]
den er einst selber als junger Mann geträumt hat – in seinem Mund
signalisiert der Gebrauch des Diminutivs eindeutig Geringschätzung –,
deutet er dementsprechend pragmatisch als Vorschein seiner heutigen
proto-bürgerlichen Existenz. Mit dieser präzisen Anspielung bekennt
sich Kellers poetischer Realismus also selbst zum Handwerklich-Bür-
gerlichen – wie denn auch die Stelle, an der das Attribut des Emsigen
zum ersten Mal im *Grünen Heinrich* Verwendung findet, das »Treiben«
(I.1, 15) des »emsige[n] Volke[s]« (ebd., 16) lobend hervorhebt. Vorschein, all dies, auf die nicht minder programmatische Brückensequenz
aus Heinrichs Heimkehrtraum und den dort zelebrierten, lebendigen
Austausch zwischen Poesie und geschäftigem Volk.

Anders als der Protagonist Heinrich Lee, der sich von den eigenen
Träumereien überwältigen lässt, beansprucht diese Poetik überdies,
noch die als ›abstrakt‹ geltende Fantasie auf eine ›reale‹ Grundlage zu
setzen. Unwillkürlich evoziert die Bahn nämlich, die die Schlüsselblume

217 Ebd., 243.
218 Ebd.
219 Ebd., 247.

als »Zeichen« auf ihrem – es sei daran erinnert: efeuumrankten – Weg von der Brunnenstube oben auf dem Felsenberg über die Brücke bis hin zum Wirbel im Stadtbrunnen beschreibt, eine arabeske Linie, die, gezeichnet, in etwa so aussähe (Abb. 13):

Abb. 13: Bewegungskurve des
Schlüsselblümchens (Zeichnung G. F.)

In Laurence Sternes *Tristram Shandy* wird der Textfluss (und damit die von ihm generierte Realitätsillusion) bekanntlich wiederholt durch derartige Schnörkel unterbrochen. Auch wird so die digressive Dynamik, die für den Text insgesamt bestimmend ist, im Medium des Bildes reflektiert und zugleich fortgeschrieben. Nicht zuletzt aufgrund solch prononciert selbstreflexiver Darstellungsverfahren avancierte Sternes Roman zu einem der wichtigsten Referenztexte für Friedrich Schlegels Arabeskenpoetik.[220] Aus dem gleichen Grund lässt ihm Keller in seiner programmrealistisch angehauchten Gotthelf-Rezension dagegen nur eine sehr ambivalente Würdigung zukommen.[221] Einer vergleichbaren Reserve ist auch die Brunnen-Szene aus dem *Grünen Heinrich* verpflichtet, wartet sie doch mitnichten mit einem grafischen Einschub auf. Stattdessen schreibt sie die arabeske Bewegungskurve des Schlüsselblümchens mit genuin realistischem Witz in die »eingebildete« (I.1, 17) Wirklichkeit selber ein: programmatische Signatur von Kellers poetischer Prosa, als deren »Zeichen« das Schlüsselblümchen fungiert.

*

220 Vgl. Schlegel: »Gespräch über die Poesie«, 330–332. Zu den Gemeinsamkeiten und Unterschieden von Sternes und Schlegels Arabesken-Poetik vgl. Menninghaus: *Lob des Unsinns*, 112.
221 Vgl. Keller: »Jeremias Gotthelf« [1851]. In: ders.: *Historisch-Kritische Ausgabe*, Bd. 15, 88–97, hier 90. Zur Absetzung des Sterne'schen Humors vom Keller'schen vgl. auch Kaiser: *Das gedichtete Leben*, 21 f.

Indes ist nicht einmal diese manifestartige Szene frei von grotesk-entstellenden Momenten (wie diskret auch immer diese sein mögen). Stets gehen die Verzerrungseffekte dabei aus der selbstreflexiven Dimension der Szene hervor, da die Verfahren, auf denen das autoreflexive Moment beruht, wiederholt eine beunruhigende, vor sich hin wuchernde Eigendynamik entwickeln. Heinrichs untergründiger Hang zum ›Spintisieren‹ (vgl. IV.14, 450), dem die Erzählinstanz in ihren Kommentaren stets so kritisch gegenübersteht, erweist sich dementsprechend als ein Charakteristikum auch von Kellers eigenem Text.

So ist die Brunnen-Szene gleich mehrfach von rebusartigen Wortspielereien durchwirkt, die das poetisch-realistische Programm von ihrem Aussagegehalt her zwar stützen, dieses aber zugleich aufgrund ihres Funktionsprinzips zumindest tendenziell unterminieren. Gerade die Arbeit am Material der Sprache, die so maßgeblich zur Poetisierung von Kellers Prosa beiträgt, weist damit immer auch eine groteske Kehrseite auf, eine entstellende Eigendynamik, die sich – auch wenn sie diese inhaltlich bekräftigt – nicht ohne Weiteres in den Dienst einer poetisch-realistischen Programmatik nehmen lässt. Ich habe bereits darauf hingewiesen, dass Heinrichs *reenactment* seines einstigen Lieblingsspiels allein schon deswegen als Schlüsselszene markiert ist, weil in ihm ausgerechnet einem »Schlüsselblümchen« (I.1, 22) eine entscheidende Rolle zukommt. Bliebe es bei dieser einen selbstreflexiven Wortspielerei, wäre es sicherlich übertrieben, hier ein dem Rufnamen ›grüner Heinrich‹ vergleichbares Rebus mit prinzipiell grotesken Zügen – ein Hybrid aus Schlüssel und Blume – zu wittern. Nun weist aber ein ähnlicher Kalauer darauf hin, dass die Brunnen-Szene den gesamten Roman *in nuce* enthält. Dort, wo Heinrich am Ende die Schlüsselblume befestigt, prangt von Beginn an nämlich die Feder eines »*Nuß*häher[s]« (ebd., 19, Hervorhebung G.F.). Damit aber nicht genug: Insofern sich der grüne Heinrich hier buchstäblich mit *fremden* Federn schmückt, gibt Kellers gleichnamiger Romantext nämlich einmal mehr nachgerade durch die Blume zu verstehen, dass in der Brunnen-Szene mehr als sonst noch andere Texte in ihn hineinspielen.

Just diese intertextuelle Dimension der Brunnen-Szene bzw. ihrer unmittelbaren Fortsetzung trägt denn auch ihrerseits maßgeblich zum ›Spintisieren‹ von Kellers Text bei. Schreibt die Brunnen-Szene selber *Heinrich von Ofterdingen* unter poetisch-realistischen Vorzeichen um, so geht das Ganze in der darauffolgenden Szene insofern von vorne los, als diese den unheimlichen Grotesken-Begriff à la E.T.A. Hoffmann mit realistisch-objektivem Humor auseinanderdividiert. Als Bezugstext dient dabei *Der goldene Topf*, der, wie Caroline Torra-Mattenklott gezeigt hat, noch an anderer Stelle als Negativfolie in Kellers Roman hineinspielt.[222] Nachdem Heinrich das Blümchen aus dem Brunnen gefischt und an seiner Mütze befestigt hat, schlendert er

> endlich seiner Wohnung zu durch alle die Gassen, in welche überall die Alpen blau und silbern hineinleuchteten. Jedes Bild, klein oder groß, war mit diesem bedeutenden Grunde versehen: vor der niedrigen Wohnung armer Leute stand Heinrich still und guckte durch die Fensterlein, die, einander entsprechend, an zwei Wänden angebracht waren, quer durch das braune Gerümpel in die blendende Ferne, welche durch das jenseitige Fenster der Stube glänzte. Er sah bei dieser Gelegenheit den grauen Kopf einer Matrone nebst einer kupfernen Kaffeekanne sich dunkel auf die Silberfläche einer zehn Meilen fernen Gletscherfirne zeichnen und erinnerte sich, daß er dieses Bild unverändert gesehen, seit er sich denken mochte. (Ebd., 22)

Im *Goldenen Topf* verwandelt sich eine alte Frau leibhaftig in eine Kaffeekanne: »*[I]ch* war ja die Kaffeekanne, hast du mich denn nicht erkannt?«, fragt die bösartige Hexe ihr Gegenüber dort im Nachhinein.[223] Gut realistisch-metonymisch spaltet Kellers Text das fantastische Hybridwesen – *embodiment* einer kühnen Metapher – in seine Einzelbestandteile auf und ordnet sie *nebeneinander* an: hier den »grauen Kopf einer Matrone«, und daneben »eine[] kupferne Kaffeekanne«. Diese Zusammenstellung von Heterogenem mag immer noch kurios anmuten,[224] fantastisch-unheimlich aber ist sie nicht mehr. Zugleich jedoch bleibt das – wie es sprechenderweise heißt – »Bild« dem Genre der Ornamentgroteske verpflichtet, insofern seine Räumlichkeit insbesondere aufgrund der »Silberfläche« der Alpen im Hintergrund zwischen Fläche und Tiefendimension changiert und damit genretypisch »verschiedenartige[] räumliche[] Logiken«[225] miteinander kombiniert. Groteske Züge trägt das von Heinrich erblickte »Bild« nicht zuletzt aber auch deswegen, weil es zwei im damaligen Kunstsystem eigentlich scharf voneinander getrennte Bildgattungen – Landschafts- und Genre-

---

222 Vgl. Torra-Mattenklott: *Poetik der Figur*, 200–207.

223 Hoffmann: *Der goldene Topf*, 265.

224 Zum unterschiedlichen Status des Kuriosen in Romantik und Realismus vgl., allgemein, Oesterle: »Eingedenken und Erinnern des Überholten und Vergessenen«.

225 Zu dieser Charakteristik der Ornamentgroteske vgl. Bauer: *Rocaille*, 4 und passim.

malerei – übereinanderblendet[226] und damit einem strukturell analogen Kompositionsprinzip gehorcht wie Kellers ›unförmlicher‹ Roman in seiner Gesamtheit.

Problematisch ist nun weniger das Bild an sich (da es eindeutig über Heinrich fokalisiert ist, könnte man es ja als Symptom allein von dessen traumhaftem Wahrnehmungsmodus werten[227]) als die Vervielfältigungsdynamik, in die es eingebunden ist. Indem Kellers Prosa selber von einem (wie dezent auch immer angedeuteten) Mensch-Blumen-Hybrid übergeht zu einem Kaffeekannengesicht (wie realistisch entschärft dieses auch immer daherkommen mag), wuchert sie ihrerseits lustvoll-grotesk vor sich hin und scheint dabei einmal mehr genau wie ihr Protagonist, der »wie ein Kind mit der Natur« spielt (ebd., 22) und dabei »seinen Beruf« (ebd., 21) vergisst, ihr narratives Telos – ihren Erzähler-»Beruf« – vorübergehend aus den Augen zu verlieren.

*

Beschließen möchte ich meine Beobachtungen zum arabesken Charakter der Brunnen-Szene mit einem eingehenderen Blick auf die Querverbindungen zwischen der ›Rahmenleiste‹ von Kellers Roman und dem Binnenteil, also der Jugendgeschichte. Zu aufschlussreichen Resonanzen kommt es dabei insbesondere zwischen der Brunnen-Szene und dem Incipit der Jugendgeschichte. Beide Stellen sind bereits deswegen aufeinander bezogen, weil in ihnen von Friedhöfen die Rede ist: Beim *reenactment* seines einstigen Lieblingsspiels läuft Heinrich über den Friedhof oberhalb seiner Vaterstadt, während der Auftakt der Jugendgeschichte ausführlich den Dorffriedhof schildert, auf dem Heinrichs Vorfahren begraben liegen. Als solche verweisen die beiden am Beginn des Romans stehenden Szenen zugleich auf dessen Ende voraus: Heinrich wird dort auf genau dem Friedhof begraben, über den er zum Auftakt läuft, und auf seinem Grab wird ähnlich »grünes Gras« (IV.15, 475) sprießen wie »das grünste Gras« (I.4, 64) auf denen seiner Vorfahren. Vor allem zwischen dem Incipit der Jugendgeschichte und dem Romanende hat die Forschung oft Bezüge geknüpft und daraus subtile Lektüren über Kellers melancholische Schreibweise im Zeichen

---

226 Zu dieser Vermengung vgl. Schneider: »›Poesie der Unreife‹«, 69. Die Keller-Forschung hat vornehmlich die »eigentümliche Modernität« (Geppert: *Der realistische Weg*, 276) dieses »merkwürdig surreale[n] Stilleben[s]« (Schneider: »›Poesie der Unreife‹«, 69) betont. Mir kommt es, komplementär dazu, auf dessen Verortung im Traditionszusammenhang der Groteske an, auf die spezifisch realistische Transformation, der diese hier unterzogen wird.

227 So Schneider: »›Poesie der Unreife‹«, 69.

geradezu ›naturgeschichtlicher‹ Vergänglichkeit und Zyklizität entwickelt.[228]

Im Sinne meiner übergeordneten Fragestellung möchte ich das Augenmerk eher auf die in den drei Fällen zu beobachtenden Transformati-
onsprozesse von Menschlichem in Pflanzliches richten. Bemerkenswert
sind bereits die Analogien zwischen dem Setting der Brunnen-Szene
und dem der Friedhofsschilderung zum Auftakt der Jugendgeschichte:
In dem einen Fall entspringt ein anthropomorphisiertes Blümchen einer
unter einem Friedhof durchlaufenden hölzernen Wasserleitung; in dem
anderen wächst ein üppiger »Blumenwald« aus der Friedhofserde, in
der sich die zwischen »vier Tannenbretter[n]« ruhenden »Gebeine[]
der vorübergegangenen Geschlechter« allmählich – geradezu aqua-
tisch – ›auflösen‹ (I.4, 64). Hinzu kommt: Während die Brunnen-Szene
die frühromantische Grotesken-Utopie aus *Heinrich von Ofterdingen*
realistisch depotenziert und dabei insbesondere die von Novalis' Protagonist geträumte, aber nichtsdestoweniger leibhaftige Verwandlung
von Pflanzlichem in Menschliches in bloß anthropomorphisierende
Rede überführt, präsentiert sich die Transformation in den beiden
Friedhofsszenen (in umgekehrter Richtung als bei Novalis verlaufend,
revocatio also auch darin) ungleich handgreiflicher als realer organischer
Zersetzungs- und Umwandlungsprozess. An die Denkfigur von der
»Erde als dem verschlingenden und *zugleich* lebensspendenden Prinzip« anknüpfend, das Bachtin zufolge den Kern jeder genuin grotesken
Kunst ausmacht,[229] wird die als abgehoben fantastisch verschrie-
ne Groteske bei Keller damit auf eine physiologische Grundlage gestellt,
ihr ungeregeltes Wuchern gleichsam naturgesetzlich gebändigt.

Zugleich unterstreicht Kellers Text mit der Rede vom »Blumenwald«, der »in göttlicher Unordnung und Ueberfülle« über den Gräbern
von Heinrichs Vorfahren »wucher[e]« (ebd.), dass diese physiologische
Grundierung nicht als Prosaisierung – im Sinn etwa der krud materialistischen Vorschläge von Kellers Zeitgenosse Jakob Moleschott,
Friedhöfe aufgrund ihres Nährgehalts als Ackerland zu verwenden[230] –
misszuverstehen ist, sondern im Gegenteil als *Potenzierung* des Poetischen begriffen werden muss: Im Kompositum »Blumenwald« werden
ja gleich zwei als hochgradig ›poetisch‹ geltende Signifikanten zusammengeführt. Unwillkürlich fühlt man sich bei der Lektüre der besagten

---

228 Vgl., besonders prägnant, Schneider: »Poesie der Unreife«, 76f.
229 Bachtin: *Rabelais und seine Welt*, 71.
230 Zu diesem und ähnlich gearteten Vorschlägen vgl. Rohe: *Roman aus Dis-*
kursen, 190.

Friedhofsschilderung denn auch an den berühmten Brief erinnert, in dem Keller seinem Freund Wilhelm Baumgartner von seinem Heidelberger Feuerbach-Erlebnis berichtet: »Für mich ist die Hauptfrage die: Wird die Welt, wird das Leben prosaischer und gemeiner nach Feuerbach? Bis jetzt muß ich des bestimmtesten antworten: Nein! im Gegenteil, es wird alles klarer, strenger, aber auch glühender und sinnlicher.«[231] ›Parallelstellen‹ wie diese, in denen der Verfasser des *Grünen Heinrich* in eigenem Namen spricht, ermöglichen es mithin, den *programmatischen* Charakter der Friedhofsschilderung zu betonen.

Die blühenden Friedhofspassagen nehmen aber nicht nur eine poetisch-realistische Umcodierung der Groteske vor. Sie tragen auch wesentlich zum arabesken Gesamtarrangement des *Grünen Heinrich* bei. Ende und Anfang des Romans werden so nämlich nicht einfach kreisförmig zusammengeschlossen, in dem Sinn, dass sich Kellers Erzählprosa zu ›in sich zurückdrängender‹ Poesie à la Moritz transfiguriert.[232] Denn genauer besehen, verzweigt sich das Romanende vielmehr zu einem *doppelten Schnörkel*, der einerseits zum Auftaktkapitel des, wie es im Vorwort heißt, »eigentlichen Roman[s]« (14) und andererseits zu dem der Jugendgeschichte führt. Auch in dieser makrostrukturellen Hinsicht ist der Rahmen des *Grünen Heinrich* demnach als Arabeske angelegt, genauso wie er, indem er selbst in die Binnengeschichte ›hineinwächst‹, den Roman insgesamt als ›organisches‹ Ganzes ausweisen soll.

Ganz ohne verstörende Zwischentöne kommt freilich auch diese poetisch-realistische Umcodierung der Groteske nicht aus: Indiz dafür, dass sich deren irritierendes Potenzial doch nicht so ohne Weiteres überschreiben lässt. Das zeigt sich am »[W]uchern« der Blumen genauso wie an dem auf sie gemünzten Substantiv »Wirrsal« (I.4, 65); wie bereits erwähnt, findet der Ausdruck nämlich ausgerechnet bei der Beschreibung der »kolossalen Kritzelei« erneut Verwendung (vgl. IV.1, 220). Hellhörig macht zudem die Präzisierung, die neuen Gräber müssten jeweils »in den Blumenwald *hineingehauen* werden«, und »nur der Todtengräber kenn[e] genau die Gränze in diesem Wirrsal, wo das frisch umzugrabende Gebiet anfängt.« (I.4, 64f., Hervorhebung G.F.) Wenn der Totengräber die Umrisse der neuen Gräber nur mit roher Gewalt abzustechen vermag, dann lässt der Text durchschimmern – spricht also einmal mehr durch die Blume –, dass auch *seine* ausgeklügelte Rahmenstruktur, die ja insbesondere dazu dient, Heinrichs abrupten Tod

231 Keller: *Gesammelte Briefe*, Bd. 1, 275 (Brief vom 28.1.1849).
232 Vgl. oben, Kap. II.1.

einer organzistischen, poetisch-realistischen Programmatik gefügig zu machen, von Gewaltmomenten durchwirkt ist. Zum Auftakt des vorliegenden Kapitels habe ich das exemplarisch anhand des Paradigmas des Brechens aufgezeigt, das auf den Schlussseiten des Romans in auffälliger Häufung vorkommt.

Die ambivalente Besetzung der Friedhofsnatur hat bislang vor allem die psychohistorisch orientierte Forschung in den Blick genommen und darin – mit Bezug auf die Wendung von der »Mutter Natur« (IV.4, 269) – ein Indiz für Heinrichs Inzestwünsche, die dieser zugleich als Bedrohung empfinde, erkennen wollen.[233] Meine poetologische Lektüre schlägt dagegen vor, das unbändige »Wirrsal« der Friedhofsflora mit der »Unförmlichkeit« in Verbindung zu bringen, die Keller dem eigenen Werk im Vorwort bescheinigt. Einmal mehr erscheint diese so nicht als kontingenter Nebeneffekt des Schreibens, sondern als deren eigentliches, aber eben uneingestandenes, untergründiges Movens: als Formlosigkeit höheren Grades, in der sich ein ursprünglich wirr Wucherndes – in der Friedhofsschilderung mit der »göttliche[n] Unordnung« der Natur selber gleichgesetzt – aller Einhegungsversuche zum Trotz *als Textprinzip* geltend macht.

Zu einer solchen These passt, dass der Dreischritt Wirrnis/Einhegung/Unförmlichkeit genau der Bewegung entspricht, die Ralf Simons Überlegungen zur »Ästhetikgeschichte von Baumgarten bis Hegel«[234] zufolge – einem Theoriekontext also, in den sich auch der *Grüne Heinrich* einschreibt – charakteristisch für die »doppelte Figur« der Prosa ist:[235] Einerseits reagierten, so Simon, »die ästhetischen Formen [...] auf das Problem einer überreichen Wahrnehmung«.[236] Bei Baumgarten findet sich für diese »primäre[] Verdichtungserfahrung«[237] gar das Bild des Waldes (*silva*),[238] mit dem ja auch der Keller'sche »Blumenwald« operiert. Andererseits führe dieses »antreibende Moment der Unordnung« aber eben auch über das »Reich der Formen« hinaus zu einer »nicht mehr Form zu nennende[n] Versammlung der Formen«:[239] zu einer sich permanent selbst reflektierenden »formlosen Form«,[240] die

---

233 Am subtilsten immer noch Kaiser: *Das gedichtete Leben*, 51f. und 58–61.
234 So der Untertitel von Simon: *Die Idee der Prosa*.
235 Simon: »Begriff und Idee der Prosa«, 428.
236 Ebd., 427.
237 Simon: *Die Idee der Prosa*, 16.
238 Vgl. Baumgarten: *Aesthetica*, §564. Vgl. hierzu en détail Simon: *Die Idee der Prosa*, Kap.: »Baumgarten«, 23–54.
239 Simon: »Begriff und Idee der Prosa«, 428.
240 Simon: *Die Idee der Prosa*, 53 und passim.

Simon ›fortgeschrittene Prosa‹ nennt und als deren privilegierten Ort
die Ästhetiken um 1800 den Roman ausgemacht haben, also wiederum
genau die Gattung, der auch Kellers ›unförmlicher‹ *Grüner Heinrich*
zugehört. Dieser Spur – der Affinität der ›Unförmlichkeits‹-Chiffre
nicht nur zur grotesken Ungestalt, sondern auch zum notorisch formlosen Darstellungsmedium der Prosa – möchte ich im folgenden Abschnitt denn auch etwas genauer nachgehen.

2.6 Prosa II: Ringen um Form. Experimentelle Debüts unter Spätgeborenen

Die beiden Problemkomplexe, auf die ich die ›Unförmlichkeits‹-Chiffre
beziehe – Groteske und Prosa –, stehen nicht unverbunden nebeneinander, sondern hängen aufs Engste zusammen. Zu den beliebtesten
Motiven grotesker Kunst gehören bekanntlich Figuren, die mit unbän-
digem Appetit gesegnet sind. Mit einer derart gefräßigen Figur wartet
Der Grüne Heinrich zwar nicht auf.[241] Den Traditionskomplex selbst
aber ruft er sehr wohl auf, wenn auf der an Sonn- und Feiertagen reich
gedeckten Tafel von Heinrichs Oheim denkbar Disparates zusammenkommt:

> hier ein gebratener Vogel, dort ein Fisch, einige rothe Krebse oder
> ein feines Salätchen. Alter Wein stand in kleineren Flaschen, uralte
> Ziergläser der verschiedensten Form dabei; die Löffel waren von
> Silber und das übrige Besteck bestand aus den Trümmern früherer
> Herrlichkeit, hier ein Messer mit einem Elfenbeinhefte, dort eine
> komisch gezackte Gabel mit Emailgriff. Aus dem Gewimmel die-
> ser Zierlichkeiten ragte das ungeheure Brot wie ein Berg empor
> (II.6, 356).

Auch muss sich Heinrich, dem solcher Überfluss aufgrund der Spar-
samkeit seiner Mutter ganz und gar neu ist, bei den Anlässen die un-

---

241 Anders als die Kalendergeschichte *Die mißlungene Vergiftung* (1847), die
in der Forschung als Kellers allererste Prosa-Veröffentlichung gilt. Da sie
anonym erschien, standen ihr im Literatursystem um 1850 nun einmal
größere Spielräume offen als einem autorisierten Text. Vgl. Keller: *Die
mißlungene Vergiftung.* In: ders.: *Historisch-Kritische Ausgabe*, Bd. 14,
187–192. Zu den Fressexzessen aus *Die mißlungene Vergiftung*, vgl.,
mit weiterführenden Literaturhinweisen, Villwock: »Verstreute Prosa«,
148f.

ablässigen Foppereien seiner Tischgenossen gefallen lassen, die auf den grotesken Prinzipien von Verkehrung und Vertauschung beruhen: »So hielt mir [...] ein Knecht einen Schinken her und bat mich, ihm diesen Taubenflügel zu zerlegen, da ich so geschickt sei; ein Anderer hielt mich für vortrefflich geeignet, den Rückgrat einer Bratwurst zu benagen.« (Ebd., 356f.)

Ein unmäßiger Esser vom Typ Gargantuas zählt wie gesagt zwar nicht zum Personal des *Grünen Heinrich*. Dafür verhält sich Kellers Prosa *strukturell* analog zu einer solchen aus dem Leim gehenden Figur: Weit über das hinaus, was im Vorwort von ihrer »Unförmlichkeit« verlautet, resultiert diese genau besehen daraus, dass sie sich auf der Suche nach einer verbindlichen poetisch-realistischen Erzählform unablässig überkommene Erzählmuster und -genres einverleibt. Obwohl feststeht, dass diese den neuen Zeiten eigentlich nicht mehr recht angemessen sind, führen sie in ihnen also gleichwohl ein, mit Aby Warburg zu sprechen, eigentümliches Nachleben. Von der Komplexität dieses Darstellungsproblems vermittelt das Vorwort lediglich ein ungefähres Bild, da es bloß zwei Gattungen erwähnt (Selbstbiografie und Roman) und deren ›unförmliche‹ Verbindung als letzten Endes kontingente literarästhetische Defizienz eines Erstlingswerks zu entschuldigen bittet. Wie ich im Folgenden zeigen möchte, finden sich demgegenüber im Text zahlreiche Szenen, die wie undeklarierte Repliken auf diese ›offizielle‹ Sichtweise lesbar sind – nicht von ungefähr haben sie denn auch fast alle eine *Erstbegegnung* zum Thema. Um einiges differenzierter als das Vorwort reflektieren sie die »Unförmlichkeit« von Kellers Prosa als *epochentypisches* Darstellungsproblem und bekennen sich so zu deren tentativem, experimentellem Charakter.

*

Einen ersten Einblick in die Problemlage vermittelt Heinrichs erster Zeichenversuch *en plein air*. Ich bin auf diese Szene bereits weiter oben zu sprechen gekommen. Dort habe ich herausgestellt, dass Heinrich sein Bildmotiv – einen »gewaltige[n] Buchbaum mit reichem Stamme und prächtigem Mantel und Krone« – von Anfang an imaginativ als Groteske auflädt, da ihm der Baum, bevor er den Stift überhaupt angesetzt hat, als Mensch-Pflanzen-Hybrid vor Augen tritt: »wie ein König aus alter Zeit, der den Feind zum Einzelkampfe aufruft« (II.2, 251). Unberücksichtigt gelassen habe ich dabei, dass diese agonale Konstellation zugleich auch einen spezifischen Gattungskontext aufruft: den des Epos. Als gleichsam zeithistorischer Beleg dafür lässt sich Friedrich Theodor Vischers Reaktion auf diese Szene anführen, wenn er das

Setting mit einem Halbvers aus der *Äneis* auf den Punkt bringt: »impar congressus Achilli«.[242]

Vor diesem poetologischen Hintergrund lesbar ist auch das »lächerliche[] Zerrbild«, das Heinrich am Ende seines Zeichenversuchs »wie ein Zwerg aus einem Hohlspiegel« anzugrinsen scheint (ebd., 252). Bereits die Bezeichnung von Heinrichs Bildgegenstand als »*Buch*baum« lädt ja dazu ein, die Szene insgesamt auf das Buch zu beziehen, das wir Leser*innen gerade in Händen halten.[243] Genauso macht das Bild des Hohl*spiegels* zumindest implizit auf eine mögliche selbstreflexive Dimension des zerrbildhaften Endprodukts aufmerksam.[244] Tatsächlich entsprechen die von Heinrich beklagte »Formlosigkeit der einzelnen Striche« sowie die »in's Ungeheuerliche, besonders in die Breite« wachsende Gestalt auf dem Papier – mit dem Resultat, dass sich Heinrich schließlich einem »unförmlichen Klumpen« gegenübersieht (ebd.) – bis in die Wortwahl hinein der »redseligen Breite« (13) und vor allem der »Unförmlichkeit« (14), die das Vorwort dem Roman selber bescheinigt. Dessen realer Verfasser mag sich ähnlich geärgert haben wie Heinrich über seine erste Studie nach der Natur – »Ich sah nichts mehr, als Eine grüne Wirrniß und das Spottbild auf meinen Knieen« (II.2, 252) – und die vorgebliche ästhetische Insuffizienz des *Grünen Heinrich* der eigenen Unerfahrenheit angekreidet haben: »[I]ch lernte über der Arbeit besser schreiben«, heißt es bekanntlich im Vorwort (13). Anders der Romantext: Quer zur autobiografischen, aufs Individuelle abhebenden Lesart aus dem Vorwort reflektiert er die eigene »Unförmlichkeit« im »Hohlspiegel« der missglückten Zeichenszene gattungsgeschichtlich: als Groteske in Prosa, sprich: als das »Zerrbild«, zu dem sich das Epos im modernen Roman entstellt, insofern es, obwohl den herrschenden prosaischen Verhältnissen nicht mehr angemessen, dessen Imaginäres offensichtlich weiterhin bespukt. Genau in diesem Sinn wird denn auch Heinrich selbst den Gattungsframe ›Epos‹ am anderen Ende des Ro-

---

242 Vischer: »Gottried Keller«, 168. Vgl. Vergil: *Äneis*, I, 475.

243 So auch Naumann: »Körperbild, Seelenschrift und Skulptur«, 81. Naumanns poetologische Lektüre der Zeichenszene legt den Schwerpunkt auf die Prägnanz und Deutlichkeit, mit der Kellers Prosa von Heinrichs fantasmatischer Wirrnis erzählt. Mir ist es komplementär dazu darum zu tun, Letztere als ein Moment von Kellers Prosa selber zu bestimmen.

244 Von seiner Grundstruktur her findet sich das hier entwickelte Argument auch bei Wagner-Egelhaaf: *Die Melancholie der Literatur*, 422. Bei ihr liegt der Fokus jedoch weniger auf dem Problem der »Unförmlichkeit« als auf der Dilettantismus-Frage und auf der »melancholische[n] Zeichenhaftigkeit« des Bildes (ebd., 220), das nicht länger auf sein Vor-Bild hin transparent ist, sondern dem Produzenten sein *eigenes* verzerrtes Spiegelbild zurückwirft.

mans aufrufen, als er Dortchen Schönfund (vermeintlich) das erste Mal begegnet: »[W]elch' *närrische Odysseen* sind dies im neunzehnten Jahrhundert christlicher Zeitrechnung!« (IV.9, 371, Hervorhebung G. F.)[245]

*

An Stellen wie diesen greift Kellers Text die epochentypische Epigonalitätsfrage auf. Dabei geht er jedoch weit über deren gängige, rein negativ-kulturkritische Formulierung hinaus, wie sie in ihm selbst dem niederländischen Maler Ferdinand Lys in den Mund gelegt wird: »[W]ir sind bloßes Uebergangsgeschiebe. Wir achten die alte Staats- und religiöse Geschichte nicht mehr und haben noch keine neue hinter uns, die zu malen wäre, das Gesicht Napoleon's etwas ausgenommen« (III.4, 110f.).[246]

Tatsächlich wird die Problemlage einmal mehr im Rahmenteil um einiges komplexer dargestellt, in einer Szene, in der es zudem erneut um eine Erstbegegnung geht. Als Heinrich am Abend seiner Ankunft in der deutschen Hauptstadt ein erstes Mal durch deren Straßen streift, werden die Gebäude um ihn herum wie folgt geschildert:

Heinrich hatte sich aus dem Lärm verloren in eine lange und weite Straße, welche ganz von mächtigen neuen Gebilden besetzt war. Steinerne Bildsäulen standen vor ernsten byzantinischen Fronten, die still und hoch in den dunkelnden Himmel hinauf stiegen, bald dunkelroth gefärbt, bald blendend weiß, Alles wie erst heute und zur Mustersammlung für lernbegierige Schüler aufgestellt. Da und dort verschmelzten sich die alten Zierarten und Formen zu neuen Erfindungen, die verschiedensten Gliederungen und Verhältnisse stritten sich und verschwammen in einander und lösten sich wieder auf zu neuen Versuchen; es schien, als ob die tausendjährige Steinwelt auf ein mächtiges Zauberwort in Fluß gerathen, nach einer neuen Form gerungen hätte und über dem Ringen in einer seltsamen Mischung wieder erstarrt wäre. (I.3, 59)

245 Zu den Transformationen des Epischen im *Grünen Heinrich* vgl., grundlegend, auch Keller: »Im Strudel der Einsamkeit«, 148–152.

246 Diese rein negative Sicht, die Epigonalität als ein künstlerisch lähmendes Verdikt begreift, hat lange auch die literaturwissenschaftliche Auseinandersetzung mit dem Problem geprägt. Zu einer Umwertung entscheidend beigetragen haben – indem sie im Gegenteil die literarästhetische Produktivität von Epigonalität herausarbeiten – die Studien von Kamann: *Epigonalität als ästhetisches Vermögen* und Meyer-Sickendiek: *Die Ästhetik der Epigonalität*. Deren Leitthesen fühlen sich auch meine Ausführungen verpflichtet.

Die Forschung liest diese Stelle in der Regel als Abrechnung mit der auf Repräsentation und Pomp bedachten historistischen Baupolitik Ludwigs I. in München und will sie dementsprechend als allegorisch verbrämte Kritik an der monarchischen Staatsform verstanden wissen, mit der sich der Republikaner Heinrich in Deutschland konfrontiert sehe:

> Die angestrengten Bemühungen eines von außen reglementierenden monarchischen Regiments führen in Erstarrung, weil dieser Staat in der Tiefe starr ist. Altes und Neues sind in ihm nicht in der fruchtbaren und lebendigen Weise verschmolzen, daß sich im Neuen ein verjüngtes Altes, im Alten keimhaft ein Neues darstellt.[247]

Wirft man einen genaueren Blick auf die Architektur von Heinrichs Vaterstadt, um die es dieser gängigen Lesart zufolge ja eigentlich besser bestellt sein müsste, konstatiert man, dass dort, insbesondere was Heinrichs Vaterhaus angeht, ein durchaus vergleichbarer Mischstil vorherrscht: »Das Haus [...] war ein hohes altes bürgerliches Gebäude, dessen unterstes Geschoß noch in romanischen Rundbogen, die Fenster der mittleren im altdeutschen Styl und erst die zwei obersten Stockwerke modern doch regellos gebaut waren.« (I.1, 25f.)

Dass diese Stilmischung im Gegensatz zur deutschen Repräsentationsarchitektur der Gegenwart historisch gewachsen ist, stellt den Befund als solchen nicht infrage. Ganz im Gegenteil: Heinrichs umtriebiger Vater hatte das Haus nämlich einst in der Absicht gekauft, »ein neues an dessen Stelle zu setzen; da es aber von alterthümlicher Bauart war und an Thüren und Fenstern viele schöne Ueberbleibsel künstlicher Arbeit trug, so konnte er sich schwer entschließen, es einzureißen« (I.5, 82f.). Hüben wie drüben wohnt man mithin – und zwar unabhängig vom tatsächlichen Baujahr der Gemäuer – in »alten Zierarten und Formen«, die sich, obgleich durch einen Beschleunigungsschub geradezu mythischen Ausmaßes in Bewegung versetzt (»als ob die tausendjährige Steinwelt auf ein mächtiges Zauberwort in Fluß gerathen«), nicht ohne Weiteres durch etwas Neues ersetzen lassen. Vielmehr insistieren sie als

---

247 Kaiser: *Das gedichtete Leben*, 247. Zahlreiche Zeitzeugnisse zur Baupolitik Ludwigs I. finden sich bei Grätz: *Musealer Historismus*, 386–394. Dabei verrechnet die Autorin m.E. etwas vorschnell die in Kellers Roman geschilderte Hauptstadt mit dem realen München jener Jahre: So zahlreich die Anklänge auch sein mögen – dadurch, dass der Name ›München‹ nicht fällt, besteht der Text auf der Eigenlogik seiner Fiktion und öffnet sich für andere, nicht-dokumentarische Lesarten.

»Ueberbleibsel« in den »neuen Erfindungen« und generieren dadurch »seltsame Mischung[en]«.

Kaum zufällig erinnert diese Konstellation stark an die Art und Weise, wie Keller das Epigonalitätsproblem in einem seiner parallel zum *Grünen Heinrich* abgefassten Briefe an Hermann Hettner umreißt. Darin bringt er die beschränkte Halbwertszeit der »Meisterdichtungen Goethes und Schillers« mit »dem riesenschnellen Verfall der alten Welt« in Verbindung und kommt zum Schluss: Es sei »der wunderliche Fall eingetreten, wo wir jene klassischen Muster auch nicht annähernd erreicht oder glücklich nachgeahmt haben und doch nicht mehr *nach ihnen zurück*, sondern nach dem unbekannten Neuen streben müssen, das uns so viele Geburtsschmerzen macht.«[248]

Dementsprechend lese ich die Beschreibung der historistischen Prachtarchitektur, die Heinrich an seinem ersten Abend in der deutschen Hauptstadt entdeckt, weniger politisch als poetologisch. (Nicht von ungefähr wird diese denn auch einmal durchaus zweideutig als »*Kunst*stadt« [III.6, 187, Hervorhebung G. F.] bezeichnet.) Die Analogie zwischen Heinrichs Situation und der des Verfassers Keller ist in der Tat frappant: So wie sich Heinrich zum ersten Mal in einer modernen Großstadt zurechtfinden muss (seine Schweizer Heimatstadt hatte er demgegenüber noch problemlos überblicken können[249]), so versucht sich Keller, dem Publikum allenfalls durch ein paar Gedichte bekannt – überschaubare, kleinere Formen also –, mit dem *Grünen Heinrich* zum ersten Mal an der modernen Großgattung ›Roman‹.

Derart als Allegorie von Kellers Text gelesen, legt die Beschreibung des Straßenzugs im Sinn eines »Ringen[s]« »nach einer neuen Form«, das letzten Endes zu einer »seltsamen Mischung« führt, nahe, dass die »Unförmlichkeit« des *Grünen Heinrich* recht besehen selbst aus einer experimentellen »Versuch[s]«-Anordnung hervorgeht.[250] Tatsächlich

248 Keller/Hettner: *Der Briefwechsel*, 46 (Brief vom 4.3.1851). Vgl. die eingehende Erörterung dieser Briefpassage bei Begemann: »Roderers Bilder – Hadlaubs Abschriften«, 35 f.

249 Diese Gegenbildlichkeit der beiden Stadtbeschreibungen betont auch Hess: »Die Bilder des grünen Heinrich«, 379.

250 Ein ähnlich tentatives Moment rückt Hans Vilmar Geppert in den Mittelpunkt seiner monumentalen Lektüre von Kellers Roman, indem er zeigt, wie in der Erstfassung des *Grünen Heinrich* permanent neue Wirklichkeitsentwürfe »entwickelt, erprobt, differenziert, verworfen, wieder aufgenommen, transformiert, reflektiert und so fort« werden (Geppert: *Der realistische Weg*, 264). Einen präzisen Bezug zwischen diesem »experimentelle[n] Wirklichkeitsbezug« (ebd., 265) und der im Vorwort des *Grünen Heinrich* beklagten »Unförmlichkeit« knüpft Geppert jedoch nicht. Signifikanterweise fasst er

fällt der Ausdruck ebenso im Vorwort wie in der Beschreibung der historistischen Prachtarchitektur (vgl. 14 und I.3, 59). Seine volle semantische Tragweite entfaltet er zwar erst beim zweiten Mal, während er im Vorwort, wenn vom »ungewissen Stern jedes ersten Versuches« die Rede ist, noch ganz im Bann des Bescheidenheitstopos verbleibt. Dieser aber ist bekanntlich *cum grano salis* zu nehmen und der Ausdruck ›Versuch‹ dementsprechend auch im Licht der späteren Stelle lesbar. Welche »alten Zierarten und Formen« aber kommen in Kellers Roman-»Versuch« denn nun genau zusammen? Beileibe nicht nur die, auf die das Vorwort den Fokus legt, d.h. Roman und Selbstbiografie (mit Goethes *Wilhelm Meister* und Rousseaus *Confessions* als konkreten Bezugspunkten[251]). In ihm »verschmelz[]en« auch unzählige andere Gattungen, Schreibweisen und Intertexte – von Homers Epik über den *Don Quijote*, die analytische Tragödie,[252] die barocke Spruchdichtung,[253] Gessners *Idyllen*,[254] Schillers *Tell*,[255] Goethes *Märchen*,[256] die Romanutopien der Romantik, das grandiose Landschaftspanorama aus dem Incipit von Manzonis *I promessi sposi*[257] bis hin zu Rudolf Marggraffs Gedenkbuch über das Münchner Künstlerfest und den naturwissenschaftlichen, anthropologischen und rechtshistorischen Diskursen aus Kellers Schreibgegenwart. In ihrer kaum übersehbaren Vielfalt tragen sie alle zur »Unförmlichkeit« des Romans bei.[258] Einmal mehr erweist sich der grüne Heinrich dabei als Analogon des Romans, der seinen Namen trägt: Genauso wie Heinrichs

Heinrichs erste Begegnung mit der deutschen Hauptstadt, sein Deambulieren in ihr, denn auch ausschließlich als »Wirklichkeitskrise«, in der die bisher gültigen Ordnungs- und Sinnkriterien des Protagonisten, aber auch der Erzählinstanz angesichts einer als regellos empfundenen Welt versagten (vgl. ebd., 300–303).
251 Zu den *Wilhelm-Meister*-Bezügen vgl. etwa Kaiser: *Das gedichtete Leben*, passim, und Stocker: *Theorie der intertextuellen Lektüre*, 122–144. Zu denen auf die *Confessions* vgl. Meyer-Sickendiek: *Die Ästhetik der Epigonalität*, 144–164.
252 Vgl. Schneider: »Formprobleme in der Prosa der Verhältnisse«, 298f.
253 Vgl. Pestalozzi: »Blüh' auf, gefrorner Christ [...]«« und Groddeck: »Eine gewisse Unförmlichkeit««, 52–54.
254 Vgl. Heller: »Ein Verhältnis zum Ganzen««.
255 Zum in der Jugendgeschichte aufgeführten Tellspiel vgl. insbesondere Rohe: *Roman aus Diskursen*, 53–84.
256 Vgl. Kauffmann: »Phantastische Austauschprozesse« und Keller: »Im Strudel der Einsamkeit«.
257 Vgl. Honold: »Der Sinus des Erzählens«.
258 In einem kürzlich erschienenen Aufsatz führt Sabine Schneider die »Unförmlichkeit« von Kellers Roman ebenfalls auf die vielen in ihn hineinspielenden Gattungen zurück. Ausschlaggebend ist für sie dabei, dass die *Zeitordnungen*, denen diese Gattungen verpflichtet sind, einander widerstreiten und eben

grüne Kleider aus den »Röcke[n]« seines früh verstorbenen Vaters geschneidert sind und wie diese im Lauf der Jahre »kein Ende nehmen zu wollen sch[ei]nen« (I.7, 138), genauso ist auch Kellers Roman von ›Vater‹-Texten durchwirkt, an denen er sich unablässig abarbeitet und die er unter poetisch-realistischen Vorzeichen umzuschreiben bestrebt ist.

Zu dieser Lesart, die die Prosa des *Grünen Heinrich* strukturell in die Nähe der Groteske rückt, passt, dass die Prachtstraße, durch die Heinrich an seinem ersten Abend in der deutschen Hauptstadt spaziert, auf ein alles überragendes architektonisches Detail zuläuft, das unverkennbar grotesk-arabeske Züge trägt: »Wie zum Spotte ragte tief im Hintergrunde eine colossale alte Kirche im Jesuitenstyle über alle diese Schöpfungen empor und die tollen Schnörkel und Schlangenlinien derselben schienen in dem schwachen Mondlichte auf und nieder zu tanzen.« (I.3, 59) Wie dem sprachgeschichtlich interessierten Keller bekannt gewesen sein dürfte, ist der Ausdruck ›Schlangenlinie‹ eine Wortschöpfung von Albrecht Dürer. In Ergänzung zum geraden Strich und zur Kreislinie galt diesem die Schlangenlinie als Paradebeispiel »sowohl für die Naturnähe wie auch für die Freiheit der Formen«.[259] Unter dem Namen *figura serpentinata* wanderte der Begriff in Paolo Lomazzos wirkmächtigen *Trattato dell'arte della pittura* (1584) und an die Florentiner Kunstakademie, wo er zum Inbegriff bewegter Schönheit avancierte.[260] Spätestens seit der Romantik wird die Schlangenlinie – genau wie im Zitat aus dem *Grünen Heinrich* – topisch mit den »Schnörkel[n]« der Arabeske in einem Atemzug genannt,[261] die, wie ich gezeigt habe, in Kellers Roman wiederum in unmittelbarer Nähe zu Dürer ausdrücklich Erwähnung findet. Insofern sich die Romantik die produktive Anverwandlung der Dichtungen und Kunstwerke der Vergangenheit auf die Fahnen geschrieben hatte, galt die Arabeske dort als das Stilmittel schlechthin, um, wie Günter Oesterle ausführt, »produktionsästhetisch die Gefahr« zu bannen,

> aus dem Übermaß historischer Kunstformen und Stoffe in Eklektizismus und Historismus zu verfallen. Ihre Fähigkeit ist, vergangene, erstarrte Kunstformen, Motiv- und Bildfelder in ein verjüngtes, quasi

---

deswegen ›Wirrnis‹ generieren. Vgl. Schneider: »Formprobleme in der Prosa der Verhältnisse«, 305 f.

259 Bredekamp: »Die Unüberschreitbarkeit der Schlangenlinie«, 206. Vgl. auch von Graevenitz: *Das Ornament des Blicks*, 19.

260 Vgl. Sabine Mainberger: *Experiment Linie*, 27–41.

261 Vgl. Oesterle: »Arabeske, Schrift und Poesie«, 90.

ornamentales, das Heteronome gleichwohl bewahrendes vielstimmiges Ensemble einzuschmelzen.[262]

Sie leistet der romantischen Theoriebildung zufolge mithin genau die utopische Synthetisierung, die ihr in der Keller-Passage verwehrt bleibt: Lediglich räumlich und ironisch (»[w]ie zum Spotte«) erhebt sie sich dort über den historistischen Mischstil, hat in ihrer Unverbundenheit ihre eigentliche Integrationskraft also eingebüßt. Damit, so meine poetologische Lesart dieser Stelle, reflektiert der Text kritisch auf den eigenen Anspruch, Heinrichs zum Grotesk-Ungestalten tendierende Fabulierlust ebenso wie die für ihn selber charakteristische intertextuelle Schreibweise auf der *Darstellungsebene* mit souveränem Humor arabesk zu überformen. Indem er den »Schnörkel[n] und Schlangenlinien« das Adjektiv ›toll‹ zugedenkt, macht er gar in der Arabeske selber ein Moment von Verrückung und grotesker Entstellung aus. Anders als im Vorwort, das wohl aufgrund seines ›offiziellen‹ Charakters geltenden ästhetischen Normen ungleich stärker verhaftet bleibt, bekennt sich der Text hier auf dem Umweg einer architektonischen Allegorie zur eigenen »Unförmlichkeit«: zu einem »Ringen« um Form, dessen Endresultat sich gerade nicht in bewegt-harmonischer Schönheit präsentiert, sondern in grotesk-hybrider Ungestalt.

Weiter präzisieren lässt sich dieser Befund, wenn man in Betracht zieht, dass die »Schnörkel und Schlangenlinien« ausgerechnet eine Jesuitenkirche zieren. Wiederholt nimmt der Roman nämlich just diesen Orden wegen seiner »Casuistik« (IV.3, 258) aufs Korn, wegen seiner spitzfindigen Argumentationen also, die vor allem den Jesuiten selber zugutekomme. So gesehen, formuliert der Text hier implizit den Anspruch, als ›unförmliche‹ Kunst wahrhaftiger zu sein als eine, die, an einer vorgeblich zeitlosen ästhetischen Norm ausgerichtet, auf Wesenhaftigkeit und Verklärung bedacht ist und sich dabei ›jesuitisch‹ in die eigene Tasche lügt. In diesem präzisen Sinn erhebt die ›unförmlich‹-groteske Prosa des *Grünen Heinrich* hier Einspruch gegen die poetische Prosa, der sich der Roman programmatisch verschreibt.

*

Bekräftigt wird eine solche Lesart des *Grünen Heinrich* durch eine weitere, erneut scheinbar ganz und gar marginale Schlangen-Sequenz. Wohl nicht ganz zufällig findet sie sich in dem Kapitel, in dem Dürer

---

262 Ebd., 97. Vgl. dazu insbesondere Schlegel: »Gespräch über die Poesie«, 318 f. und 337.

ausdrücklich Erwähnung findet und befasst sich mit einem Tableau vivant genau der Skulptur, deren Wiederentdeckung gerne eine tragende Rolle bei der Herausbildung des manierierten Serpentinata-Stils der Spätrenaissance zugeschrieben wird.[263] Die lebenden Bilder, die im Anschluss an den offiziellen Teil des großen Künstlerfests aufgeführt werden, beschließt nämlich eine Laokoon-Gruppe: »Dann stellte Erikson den Laokoon vor durch mächtige Papierschlangen mit zwei jungen Narren verbunden.« (III.6, 170)[264]

Entgegen der damals dominierenden, auf Winckelmann zurückgehenden Lesart der Skulptur präsentiert sich das Tableau nicht als klassizistisch gebändigte Darstellung größten Leidens, sondern, der »Faschingszeit« (III.5, 126) angemessen, als dessen grotesk-karnevaleske Kontrafaktur. Wegen der »zwei jungen *Narren*« natürlich, die am Tableau vivant mitwirken, aber auch weil Erikson, in seiner Laokoon-Rolle gefangen, mit ansehen muss, wie seine Geliebte »fast gewaltsam von Ferdinand weggezogen« (III.6, 170) wird: eine schwankartige Szene von unfreiwilliger Komik, die zugleich nicht ohne tragische Anklänge ist. Sinnigerweise tritt Erikson selbst denn auch nicht als hehrer trojanischer Priester auf, sondern behält seine Kostümierung als »wilder Mann« (ebd., 160 und 170) an: Ob bewusst oder nicht macht er sich damit eine – kunsthistorisch verbürgte – Variante des Laokoon-Sujets zu eigen, die, wie Georges Didi-Huberman gezeigt hat, dessen ungebändigt archaisches Substrat in Erinnerung ruft.[265] Als Ganzes, d.h. als Tier-Mensch-Hybrid, weist die Skulpturengruppe ja bereits von sich aus eine gewisse Affinität zur Groteske auf.[266]

Bedenkt man überdies, dass die Schlangen des Keller'schen Tableau vivant aus der Schreibunterlage *Papier* gefertigt sind und dass Laokoon Priester des *Dichter*gotts Apoll war, dann lässt sich sagen: Ganz und gar nebenbei figuriert Eriksons Verstrickung im Schlangenknäuel das ›Ringen um Form‹, das für die eigentliche Schreibszene von Kellers Text

---

263 Vgl. etwa Bousquet: *La peinture maniériste*, 118. Explizit ans Tageslicht befördert wird dieser archäologiegeschichtliche Kontext freilich erst in der Zweitfassung des *Grünen Heinrich*. Von der ebenfalls nachgestellten Niobidengruppe heißt es nämlich, diese habe »zur Zeit Maximilians noch in der Erde« gelegen (Keller: *Der grüne Heinrich* (1879/80), Bd. 2, 196).

264 Eingehender behandelt werden die Tableaux vivants in meinem Essay »Knotenpunkt Papierschlange«.

265 Vgl. Didi-Huberman: *Das Nachleben der Bilder*, 249–255.

266 Vgl. Scheidweiler: *Maler, Monstren, Muschelwerk*, 253, vor allem aber Didi-Hubermans präzise Beobachtung, der zufolge sich die Schlangen der Laokoon-Gruppe »fast wie eine ›Übermuskulatur‹ der drei Figuren« ausnehmen (Didi-Huberman: *Das Nachleben der Bilder*, 250).

Abb. 12b: Neureuther: *[Gedenkblatt zum Münchner Künstlerfest 1840]*, Detail.

charakteristisch ist, sprich: wie sich die souverän-arabeske Gestaltung der tragischen Geschichte von Heinrich Lee im Schreibprozess zur Groteske entstellt.

Einmal mehr adaptiert Kellers literarische Darstellung des Künstlerfests damit auch Neureuthers bildkünstlerische: Auch auf dem Gedenkblatt ist am Rand und zugleich in zentraler Position auf der Mittelachse des Gesamtbildes ein wilder Mann zu sehen, dessen Ausmaße das ›offizielle‹ Bildsujet der Wappenübergabe förmlich verblassen bzw. in den Hintergrund treten lassen (Abb. 12b).

*

In einem vorletzten Schritt möchte ich von den Schlangenlinien der Jesuitenkirche und des Laokoon übergehen zur »Spirallinie« (IV.6, 310), die Heinrich, nunmehr völlig verarmt, in einem dunklen Hinterzimmer der deutschen Hauptstadt im Akkord auf Fahnenstangen malt. Verschafft hat ihm diese Arbeit ein Trödler, dem er seine gesamte Bildermappe verkauft hat. Ungeachtet seiner kuriosen äußeren Erscheinung erweist sich dieser als durchaus geschäftstüchtig: Weil die Braut des Kronprinzen in Kürze feierlich Einzug in die deutsche Hauptstadt halten wird, hat er erkannt, dass »Fahnen in unseren und den Landesfarben der Braut [...] die nächsten zwei Wochen die gesuchteste Waare sein« werden (ebd.). Mit seiner repetitiven, geradezu maschinellen Arbeit ist Heinrich zweifelsohne am künstlerischen Nullpunkt angekommen;

zugleich jedoch wird dem notorischen Träumer just darob *erstmals* der »Werth« (ebd., 312) eigener Arbeit bewusst:

> Unablässig zog er dieselbe [Linie, G.F.], gleichmäßig, rasch und doch vorsichtig, ohne zuletzt einen Klecks zu machen, einen Stab ausschießen zu müssen oder einen Augenblick zu verlieren durch Unschlüssigkeit oder Träumereien, und während sich so die umwundenen Stäbe unaufhörlich anhäuften und weggingen, während ebenso unaufhörlich neue ankamen, um welche alle sich dasselbe endlose Band hinzog, wußte er doch jeden Augenblick, was er geleistet, und jeder Stab hatte seinen bestimmten Werth. Er brachte es in den ersten Tagen so weit, daß ihm der ganz verdutzte Alte am Abend jedesmal nicht weniger als zwei Kronenthaler auszahlen mußte. Erst sperrte er sich dagegen und schrie, er hätte sich verrechnet; als aber Heinrich mit einer ihm ganz neuen Beharrlichkeit erklärte, so ginge es nicht, und ihm nachwies, daß er froh sein müsse, so viel liefern zu können, indem ihn Heinrich's erworbene Fertigkeit nichts anginge, gab sich der Alte mit einer gewissen Achtung und forderte ihn auf, nur so fortzufahren, denn die Sache sei bestens im Gange. (Ebd.)

»Endlich ein Maler! Endlich der Maler ein Bürger!«, kommentiert Gerhard Kaiser diese *success story*,[267] deren didaktischen Charakter der Trödler selbst mit einer allegorischen Deutung der Spirallinie vorweggenommen hatte: »So recht, mein Söhnchen! dies ist die wahre Lebenslinie; wenn Du die recht accurat und rasch ziehen lernst, so hast Du Vieles gelernt!« (Ebd., 311) Das fast schon märchenhafte Setting hat freilich den einen oder anderen Schönheitsfehler. Am Tag des Einzugs selbst erwachsen Heinrich »politische[] Bedenken«, als überzeugter »Republikaner« an solch monarchischem »Unsinn« mitgewirkt zu haben, und als er deswegen aus der Stadt in die Natur flieht, scheinen ihn die Naturelemente »aufzurufen zur Treue gegen sich selbst und zum Widerstand gegen jedes unnatürliche Joch« (ebd., 314f.): zum Einspruch also gegen die Brotarbeit beim Trödler, zu dem er denn auch tatsächlich nicht mehr zurückkehrt.

Caroline Torra-Mattenklott hat die gesamte Fahnenstangen-Sequenz kürzlich als realistische Revision der utopischen Initiationsszene aus E.T.A. Hoffmanns *Goldenem Topf* gelesen: Aus den arabesken Schnörkeln und Ornamentgrotesken, die der Student Anselmus in Hoffmanns

---

267 Kaiser: *Das gedichtete Leben*, 218.

»Märchen aus der neuen Zeit«[268] kopiert – in Liebe zur Tochter seines
Auftraggebers entbrannt, die auf den klingenden Namen Serpentinata
hört –,[269] sei bei Keller, so Torra-Mattenklott, eine »geometrisch kon-
struierte[] Spirale geworden«, die Heinrich »keine ästhetische, sondern
eine lebenspraktische Lehre« vermitteln solle.[270] Auch zerfalle,

> [w]as sich im *Goldnen Topf* auf wunderbare Weise zu einem Ganzen
> fügte – Poesie, Natur, Arbeit, Liebe, Leichtigkeit, Reichtum und die
> Befreiung aus den beengenden bürgerlichen Verhältnissen –, [...]
> im *Grünen Heinrich* zu einem Archipel isolierter Bedürfnisse und
> Möglichkeiten, von denen jede einzelne abstrakt bleibt, weil sie nur
> auf Kosten der übrigen realisiert werden kann.[271]

Ich lese die Sequenz etwas weniger resignativ. Dazu sei zunächst noch
einmal ein Blick auf Heinrichs ›Bekehrung‹ in der Natur vor den Toren
der Stadt geworfen. Zweimal modalisiert die Erzählinstanz ihre Schilderung dort im Rückgriff auf das Verb ›scheinen‹: »Der rauschende
Fluß, die rauschenden Bäume, die balsamische Luft [...] *schienen* ihn
aufzurufen zur Treue gegen sich selbst [...], und *schienen* zu singen«
(ebd., 315). Diskret, aber unmissverständlich zeigt sie damit, dass sie
Heinrichs vulgärromantische Stilisierung der Naturelemente zu Antipoden fremdbestimmter Arbeit nicht für bare Münze nimmt und
geht in realistischer Skepsis auf Distanz zum Romanhelden. Gleichwohl lässt sie die *Emphase* des vermeintlich von den Naturelementen
angestimmten Lieds unangetastet, wodurch sich dieses für eine Lesart öffnet, die dessen demaskiertem Urheber Heinrich offensichtlich
entgeht:

268 So lautet bekanntlich der Untertitel von Hoffmanns Text. Vgl. Hoffmann:
    Der goldene Topf, 229.
269 Zum Arabesken-Diskurs im *Goldenen Topf*, vgl., maßgeblich, Oesterle:
    »Arabeske, Schrift und Poesie«.
270 Torra-Mattenklott: *Poetik der Figur*, 204.
271 Ebd., 205. Wohl aufgrund dieses negativen Befunds fragt Torra-Mattenklott
    nicht danach, ob mit der Arabeske etwa auch ein grundlegendes Struktur-
    prinzip von Kellers Text benannt sein könnte. Ihrer Lektüre zufolge trifft
    das so erst auf die Zweitfassung des *Grünen Heinrich* zu: Im Anschluss an
    Dominik Müller (und zugleich über diesen hinausgehend) bescheinigt sie der
    »Spirallinie« hier nunmehr »Modellcharakter« für den gesamten Text (ebd.,
    211, vgl. Müller: *Wiederlesen und weiterschreiben*, 61). Noch skeptischer fällt
    der Befund bei Wagner-Egelhaaf aus, weil sie den Arabesken-Bezug an dieser
    Stelle ganz und gar ausblendet. Vgl. Wagner-Egelhaaf: *Die Melancholie der
    Literatur*, 462.

Siehe, wir rauschen, wehen und fließen, athmen und leben und sind
alle Augenblicke da, wie wir sind und lassen uns nichts anfechten.
Wir biegen und neigen uns, leiden und lassen es über uns dahin brausen und brausen selbst mit und sind doch nie etwas Anderes, als das
was wir sind! Wir gehen unter und leben doch, und was wir leben,
das sorgen wir nicht! Im Herbst schütteln wir alle Blätter ab, und
im Lenz bekleiden wir uns mit jungem Grün; heute verrinnen wir
und scheinen versiegt und morgen sind wir da und strömen einher,
und ich, der Wind, wehe wohin ich muß und thue es mit Freuden,
ob ich auf meinen Flügeln Rosengerüche trage oder die Wolken des
Unheils! (Ebd.)

Ungeachtet der von Heinrich aufgemachten Antithetik betonen die
Naturelemente aus seiner Prosopopöie gleichsam selbst – so meine
Lesart –, was sie alles mit der Spirallinie teilen, die Heinrich vorher im
Akkord gemalt hat und von der er im Anschluss an sein Naturerlebnis
nichts mehr wissen will. So erinnert die immer gleiche Zyklik der
Jahreszeiten an die sich »ohne Abschweifung und Ungleichheit« (ebd.,
311) um die Fahnenstange »drehend[e]« Linie, und die Biegsamkeit der
Bäume (»Wir biegen und neigen uns«) an deren Geschwungenheit. Die
Rede des Trödlers von der Spirallinie als »wahre[r] Lebenslinie« (ebd.)
wäre dementsprechend wesentlich tiefgründiger als Heinrich, der bei
der erstbesten Gelegenheit wieder in seine alten Verhaltensmuster zurückfällt, wahrhaben will: Analogon eines ökonomisch erfolgreichen,
aufstrebenden Lebens in den abstrakten Verhältnissen der Moderne
und zugleich Figuration organisch-naturhafter Prozesse. Arabeske im
vollen Wortsinn eben.

Tatsächlich waren bereits die von Heinrich gemalten Spirallinien
alles andere als ein schematischer Gegenentwurf zu Natur und Fantasie: Von »*himmelblaue[r]* Farbe« (ebd., 310, Hervorhebung G.F.),
hatten sie ihren Urheber zu manch imaginärer Reise ins Blaue hinein
eingeladen, ohne ihn dabei jedoch – und das ist entscheidend – von der
eigentlichen Arbeit abzulenken:

Heinrich drehte unverdrossen seinen Stab, und zwar so sicher und
geläufig, daß er dabei ein ganzes Leben durchdrehte und auf der sich
abwickelnden blauen Linie eine Welt durchwanderte, bald traurig
und verzagt, bald hoffnungsvoll, bald heiter und ausgelassen, die
schnurrigsten Abenteuer erlebend. (Ebd., 312)

Nichtsdestoweniger gehen weder das Fahnenstangen-Kapitel noch der Roman insgesamt in dieser hehren arabesken Programmatik auf – auch und gerade weil sie hier einer Figur in den Mund gelegt wird, die, insofern sie leitmotivartig als ›Männchen‹ bezeichnet wird (vgl. ebd., 299, 300, 306, 307, 315), von ähnlich kleinwüchsiger Statur ist wie Gottfried Keller selbst. Der Text lässt es sich denn auch nicht entgehen, im Rahmen eines ins Fahnenstangen-Kapitel eingelassenen, slapstickartigen Intermezzos das eigentlich Grotesk-Unförmliche am selbst ernannten Arabeskentheoretiker vorzuführen: Als Heinrich dem Trödler einmal im Übermut die Zipfelmütze vom Kopf schlägt, tritt auf dessen »kahle[m] Schädel […] eine seltsame Erhöhung oder runder Wulst zu Tage, ein hügelartiger Auswuchs des Knochens, und auf dieser einsam ragenden Extrakuppe ein stehen gebliebenes Wäldchen grauer Haare, was einen höchst lächerlichen Anblick gewährte.« (Ebd., 307) Genauso wie Heinrich dem Trödler die Mütze »blitzschnell wieder auf[]setzt« und damit dessen »Geheimniß und […] schwache Seite« (ebd.) wieder verhüllt, genauso blitzt mit diesem Hybrid von Menschlichem und Pflanzlichem, mit dieser Groteske im präzisen kunsthistorischen Wortsinn also, für einen Augenblick erneut das auf, was der Verfasser, als er im Vorwort kurz den Deckel gelüftet hatte, die »Unförmlichkeit« (14) des eigenen Werks genannt hatte.

*

In ihrer Ganzheit betrachtet, weisen all diese ›inoffiziellen‹ Repliken auf das »Unförmlichkeit[s]«-Verdikt aus dem Vorwort eine zusätzliche Pointe auf, die die für den *Grünen Heinrich* charakteristische Verknüpfung von Groteske und ›avancierter‹ Prosa in nochmals anderer Hinsicht unterstreicht. Indem sie alle vom Vorwort als ihrem gemeinsamen Paradigma zehren, dieses jedoch auf je spezifische Weise variieren, bilden sie in dieser Äquivalenz bzw. Selbstähnlichkeit eine kurios vor sich hin wuchernde Serie, deren Poetizität *selbst* groteske Züge trägt: strukturelles Analogon von Heinrichs Sammelbestrebungen, die insbesondere in der Jugendgeschichte bekanntlich immer wieder ins Monströse ausarten. Man denke nur an seine Mineralien- und Insektensammlung, die in einem Blutbad endende Menagerie sowie die bereits eingangs erwähnte anatomische Sammlung von Wachsmännchen (vgl. I.7, 144–151).

Die kurioseste all dieser Sammlungen aber bilden die Heimkehrträume, die Heinrich am Ende seines Aufenthalts in der deutschen Hauptstadt träumt. Wie die Forschung wiederholt dargelegt hat, kehrt in deren permanentem »Gestaltenwechsel« (IV.7, 327) eine Vielzahl an Szenen aus der restlichen Romanhandlung eigentümlich verzerrt wieder.[272] Für mein Argument besagt das, dass auf diesen rund zwanzig Seiten auch die groteske Dynamik von Kellers Text insgesamt ihren Höhepunkt erreicht. Deswegen sei hier, am Schluss meiner Überlegungen zur Erstfassung des *Grünen Heinrich*, zumindest schlaglichtartig darauf eingegangen.

Während der offizielle Romandiskurs bestrebt ist, die groteske »Unförmlichkeit« des Werks dem als Romanschriftsteller debütierenden Verfasser bzw., innerfiktional, dem jugendlichen Autobiografen Heinrich Lee anzukreiden – sie also auf einen ärgerlichen, aber eigentlich kontingenten Nebeneffekt reduziert –, drängt sie im Traumkapitel nicht nur motivisch an die Textoberfläche, sondern wird mit dem Bild des »Gestaltenwechsel[s]« auch explizit als dessen Strukturprinzip benannt. Diese enthüllende Qualität reflektiert immanent die Traumszene, in der Heinrichs Traum-Ich, vor dem Haus seiner Mutter angelangt, nicht dessen Fassade zu sehen bekommt, sondern »das nach außen gekehrte Inwendige eines altbestandenen reichen Hauses« (ebd., 347): Auch wir Leser*innen bekommen in diesem Kapitel Einblick hinter die Kulissen.

Gehen diese »närrischen Täuschungen« (ebd., 350) aber nicht eigentlich alle, so ließe sich einwenden, aufs Konto des träumenden Heinrich? Schließlich bemerkt die Erzählinstanz am Ende der Traum-Sequenz, dessen »verlangende Phantasie« ›male‹ sich »das Ersehnte« – die Heimkehr ins Vaterland und zur Mutter – hier aufs Üppigste ›aus‹ (ebd., 349). Mit Bezug auf die Handlungsebene ist die Triftigkeit dieses Erzählerkommentars schwer zu leugnen. Von der Darstellungsebene her besehen aber ist er nur die halbe Wahrheit: Als heterodiegetische hätte es der Erzählinstanz ja durchaus freigestanden, die närrischen Blüten von Heinrichs Fantasie raffend oder bloß in exemplarischen Auszügen darzulegen; stattdessen protokolliert sie sie in voller Ausführlichkeit und macht sie damit zu einem Konstituens des Textes selbst.[273]

---

272 Zu den zahlreichen Querbezügen zwischen den Träumen und der restlichen Romanhandlung vgl. aus der jüngeren Forschung etwa Janßen: »Gottfried Kellers Ökonomie des Traums«. Nach wie vor lesenswert bleibt in der Hinsicht aber auch Kaiser: *Das gedichtete Leben*, Kap.: »*Der grüne Heinrich* oder der Ich-Schreiber«, passim.

273 Dieses narratologisch geschulte Argument entlehne ich Wolfram Groddeck: »›Traumcomposition‹«, 223. Als Beleg für den quasi-wissenschaftlichen Charakter von Kellers realistischer Traumpoetik gewertet wird diese Ausführlichkeit bei Rohe: *Roman aus Diskursen*, 216. Zu den zeitgenössischen Traum-Diskursen, die in das Kapitel hineinspielen, vgl. neben ebd., 208–226, auch Janßen: »Gottfried Kellers Ökonomie des Traums«, 174–180.

Dementsprechend kann ich Wolfram Groddeck nur zustimmen, wenn er das »geflügelte Bienenpferd« (ebd., 345), auf dem Heinrichs Traum-Ich eine Zeit lang durch die Lüfte schwebt, mit Verweis auf das »altgediente Dichterross« Pegasus eine »übermütige Allegorie der Dichtung Gottfried Kellers« – und eben nicht nur von Heinrichs Fantasie – nennt.[274] Groddecks Befund bedarf indes einer Ergänzung: Poetologisch aufgeladen ist der fliegende Untersatz von Heinrichs Traum-Ich nicht allein deswegen, weil er an Perseus' geflügeltes Ross erinnert. Sondern auch, weil er die Züge einer Biene aufweist, eines Tiers also, das, wie meine *Immensee*-Lektüre in Erinnerung gerufen hat, in der Hinsicht ebenfalls auf eine lange Tradition zurückblicken kann. Genauso wie die Biene den Honig aus vielen unterschiedlichen Blüten zusammen-›liest‹, genauso nehmen sich Heinrichs Träume ja buch-stäblich wie eine *Anthologie* der restlichen Romanhandlung aus. Als hybrides Mischwesen zweier eminent poetologischer Tiere antwortet damit auch das »geflügelte Bienenpferd« auf das ›Unförmlichkeits‹-Verdikt aus dem Vorwort: Eigentliches, wenngleich uneingestandenes *Kompositionsprinzip* seiner Romanprosa ist die Groteske.

Zugleich lässt sich anhand des »geflügelten Bienenpferd[s]« einmal mehr aufzeigen, wie präzise sich Kellers Text im Traditionszusammen-hang der Groteske verortet. In Anlehnung an den Bannspruch, den Horaz in seiner *Ars Poetica* über die künstlerische Darstellung monströ-ser Mischwesen hatte ergehen lassen,[275] zirkulierte im 16. Jahrhundert nämlich ein Synonym für ›Groteske‹, das gleichermaßen als Charak-terisierung der Heimkehrträume des gescheiterten Malers Heinrich Lee dienen könnte: *sogni della pittura*.[276] Die deutsche Entsprechung ›Malerträume‹ mag Keller aus Johann Fischarts eigenwilliger Über-tragung von Rabelais' *Pantagruel* (1575/1582) gekannt haben.[277] Wie einem Brief an Hermann Hettner zu entnehmen ist, las er dieses Para-debeispiel grotesker Literatur, welches, wie das von Fischart ersonnene Kompositum »Grubengrotteschisch[]«[278] zeigt, ebenfalls genau um die Traditionszusammenhänge weiß, in das es sich einschreibt, während er

---

274 Groddeck: »›Traumcomposition‹«, 235. Zu einer Lektüre des Bienenpferds als Allegorie auf die »Poesie des Kapitalismus« vgl. Kaiser: *Das gedichtete Leben*, 228 f. Darüber hinaus ist die Pegasus-Chiffre, insofern das Pferd dem Rumpf der enthaupteten Medusa entspringt, auch ein zentrales Versatzstück von Kaisers Lektüre des *Grünen Heinrich* als »Mutter-Sohn-Schuld-Roman« (ebd., 42). Vgl. ebd., 61.
275 Vgl. Horaz: *Ars Poetica*, V. 1–9.
276 Vgl. Kanz: *Die Kunst des Capriccio*, 100–103.
277 Vgl. Fischart: *Geschichtklitterung*, 69.
278 Ebd., 65.

am vierten und letzten Band des *Grünen Heinrich* arbeitete.[279] Just in diesem finden auch die Heimkehrträume des Protagonisten ihren Platz.

2.7 Epilog: Ausblick auf die Zweitfassung

Mit der Zweitfassung des *Grünen Heinrich* wollte Keller bekanntlich die »Unförmlichkeit« der ersten beheben. Es überrascht deswegen zunächst, dass der für diese maßgeblich verantwortliche Problemkomplex von Arabeske und Groteske auch die Altersfassung durchwirkt. Zwar ist dadurch, dass der Roman neu nicht mehr mit Heinrichs Abreise aus seiner Vaterstadt, sondern gleich mit der Jugendgeschichte anfängt, die mit so vielen arabesken Momenten aufwartende ›linke Rahmenleiste‹ der Erstfassung verschwunden: die doppelte Stadtbeschreibung, deren vielfache vegetabilische Überformung sowie die programmatische Brunnen-Szene. Auch ist der Ausdruck ›Arabeske‹ den Kürzungen zum Opfer gefallen, die Keller bei der Schilderung des Künstlerfests vorgenommen hat.

Dafür findet dieser neu in der Jugendgeschichte Verwendung, in Zusammenhang mit Heinrichs Konfirmationsfest: Als die Gemeinde das »ehemalige[] Lieblings- und Weihnachtslied« des Vaters anstimmt, singt Heinrich

> es für meinen Vater laut und froh mit, obgleich ich Mühe hatte, den richtigen Ton zu halten; denn rechts stand ein alter Kupferschmied, links ein gebrechlicher Zinngießer, welche mich mit den seltsamsten Arabesken von der rechten Bahn zu locken suchten und dies um so lauter und kühner, je standhafter ich blieb.[280]

Die Anklänge an den Kontext, in dem der Ausdruck in der Erstfassung fiel, sind unüberhörbar: Hier wie dort handelt es sich um einen festlichen Anlass, hier wie dort werden Kunst und Handwerk miteinander verbunden. Insofern bestätigt – *konfirmiert* – die Zweitfassung das arabeske Prinzip der ersten; wie die Umplatzierung des Ausdrucks ›Arabeske‹ und die damit einhergehende Schwerpunktverlagerung von der ›großen‹ Kunst (Dürer, Meistersinger) zur Kleinkunst nahelegt,[281] verschiebt sie es aber zugleich.

279 Vgl. Keller/Hettner: *Der Briefwechsel*, 113 (Brief vom 26.6.1854).
280 Keller: *Der grüne Heinrich* (1879/80), Bd. 1, 353.
281 Zu dieser Veränderung des Fokus in der Zweitfassung vgl., allgemein, Müller: *Wiederlesen und weiterschreiben*, 222.

Dies en détail aufzuzeigen, würde den Rahmen des vorliegenden Kapitels vollends sprengen. Ich begnüge mich deswegen mit ein paar wenigen skizzenhaften Andeutungen. Aufschlussreich wäre etwa eine genauere Analyse der versch(r)obenen Wiederaufnahme der Brunnen-Szene im »Aquäduktum«-Intermezzo[282] der Zwiehan-Novelle, die von der Handlungschronologie her an derselben Stelle steht wie die Brunnen-Szene in der Erstfassung, also unmittelbar vor Heinrichs Abreise in die deutsche Hauptstadt; auf der *discours*-Ebene dagegen ist sie an einem Ort platziert, der – als Ursprungssigle – auch für viele Arabesken-Bilder des 19. Jahrhunderts von entscheidender Bedeutung ist: in unmittelbarer Nähe zur *Symmetrieachse* des Romans. Damit wird Heinrichs Alter Ego Albertus Zwiehan nicht nur aufgrund der Anfangsbuchstaben seines Namens – A und Z – als Alpha und Omega der Zweitfassung des Romans lesbar.

Genauso wichtig wäre es, das Verhältnis dieser arabesken Momente zu den vielen grotesk-»karnevalesken Spiegelfigur[en]«[283] zu bestimmen, die in der Zweitfassung neu hinzukommen – zumal eine davon, der sogenannte Schlangenfresser,[284] die für den gesamten Problemkomplex so wichtige Schlange in ihrem Namen trägt. Als These sei in den Raum gestellt, dass das, was dem Text der Erstfassung auf der Darstellungsebene quer zur eigenen Programmatik widerfährt – das Kippen der vegetabilischen Arabeske ins Abstrakte und Groteske –, nunmehr insofern ›entdramatisiert‹ wird, als der Text gleichsam akzeptiert, dass sich das eine von dem anderen nicht lösen lässt. Durchaus ähnlich wie in Fontanes Altersroman *Frau Jenny Treibel* (vgl. Kap. V) meinen beide in der Zweitfassung unterschiedliche Aspekte ein und desselben Schreibverfahrens.

Ihr eigentliches Emblem findet diese Tendenz der überarbeiteten Fassung in der Fassadenbemalung eines Hauses aus der deutschen Hauptstadt (von der die Erstfassung selbstredend noch nichts weiß). Die selbstreflexive Valenz des besagten Hauses wird durch einen Kommentar der Erzählinstanz nahegelegt. Diesem zufolge bildet es nämlich »einen kleinen Turm oder vielmehr ein schlankes Monument, wie etwa Künstler vergangener Jahrhunderte mit besonderer Liebe *für sich selber erbaut* haben.«[285] Zusätzlich betont wird der poetologische Status des Hauses dadurch, dass es sich »auf einem kleinen Seitenplatze«

---

282 Keller: *Der grüne Heinrich* (1879/80), Bd. 2, 108.
283 Müller: »*Der grüne Heinrich* (1879/80)«, 50.
284 Vgl. Keller: *Der grüne Heinrich* (1879/80), Bd. 2, 94–99.
285 Keller: *Der grüne Heinrich* (1879/80), Bd. 2, 170 (Hervorhebung G. F.).

befindet:[286] Es zeichnet sich also paradoxerweise gerade durch seine Randständigkeit aus. Die Fassadenbemalung setzt sich ihrerseits aus mehreren Gemälden zusammen, die jeweils oberhalb der Fenster platziert sind, und deren »Einfassung[en]« wiederum sind, »in die Höhe laufend«, »unter sich mit Zierrat verbunden«. Das ganze Arrangement liest sich mithin wie die architektonische Transposition des Konzepts, das Strixners Lithografien von Dürers Gebetsbuch-Marginalia zugrunde liegt: Anders als im Original ranken sich diese nämlich nicht um den Gebetsbuchtext, sondern um einen leeren Rahmen (Abb. 11). Vollends hellhörig macht schließlich das Thema, das die Keller'schen »Mauergemälde« (ein Ausdruck, der nicht von ungefähr an ›Steindruck‹ erinnert) unablässig variieren:

> Das untere Gemälde über dem ersten Fenster enthielt den Perseus, wie er die Andromeda von dem Drachen befreit, dasjenige über dem zweiten Fenster den Kampf des heiligen Georg, der die lybische Königstochter aus der Gewalt des Lindwurmes erlöst, und auf die spitze Giebelmauer war der Engel Michael gemalt, der zu gunsten der Jungfrau über der Hausthüre ebenfalls ein Ungeheuer mit der Lanze niederstieß.[287]

Aufgrund ihrer Zyklizität und Serialität sowie des Lindwurm-Motivs evoziert die Fassadenbemalung als *Gesamtbild* unweigerlich den Hydra-Mythos. So wie dieser für jeden abgeschlagenen Kopf zwei nachwachsen, so reflektiert Kellers Text hier das Erstellen der Altersfassung ironisch-melancholisch als Herkulesaufgabe, wo jeder Versuch, die »Unförmlichkeit« der Erstfassung zugunsten einer reineren – wenn man so will: ›jungfräulicheren‹ – Poesie zu überwinden, zum Scheitern verurteilt ist. Stets kehrt das grotesk Monströse sogleich an anderer, übergeordneter Stelle wieder. Am pointiertesten schlägt sich dies sicherlich in der strukturellen Ironie nieder, dass *Der grüne Heinrich*, insofern er in zwei Fassungen vorliegt, noch in *dieser* Hinsicht ein eigentümlich irritierendes Hybrid, in den Worten von Dominik Müller: »ein einziges [Buch] und ein doppeltes ist«.[288]

Von hier aus lässt sich der Bogen zurückschlagen zu Albertus Zwiehan, dem vermeintlichen Alpha und Omega der Zweitfassung, und den

---

286 Ebd.

287 Ebd. Zu einer primär auf die Figurenkonstellation aus dem Liebesplot bezogenen Lektüre der Fassadenbemalung vgl. Müller: *Wiederlesen und weiterschreiben*, 230.

288 Müller: »*Der grüne Heinrich (1879/80)*«, 40.

vielen anderen grotesken Spiegelfiguren des grünen Heinrich, die im Verbund mit diesem einen Reigen sozial *randständiger* Figuren bilden, und von dort aus ein Bezug herstellen zur politischen Dimension des Romans. Während die Realisierung des demokratischen Ideals durch die Gründung des Schweizerischen Bundesstaats in politischer Hinsicht das zentrale Signifikat der Erstfassung bildet, werden diese Ereignisse, wie insbesondere Dominik Müller gezeigt hat,[289] in der Zweitfassung sehr viel skeptischer beurteilt. Insofern die überarbeitete Version diesen emphatischen Bezugspunkt mithin kappt, könnte man sie *insgesamt* als arabesk-groteskes Rahmenornament charakterisieren, das sich ironisch-melancholisch um eine leer bleibende Mitte rankt.

Eine nähere Begründung all dieser Hypothesen ist, wie gesagt, innerhalb der vorliegenden Arbeit nicht zu leisten. Das Unterfangen sei damit aufgeschoben. Gegebenenfalls bis ich einst, nachdem ich mit den unverkauften Exemplaren *ihrer* ersten Fassung einen Winter lang den Ofen geheizt habe, eine Zweitfassung davon anfertige.

---

289 Vgl. Müller: *Wiederlesen und weiterschreiben*, Kap. 4: »Heinrich und die ›Mehrheit‹«, 239–311.

III. Pulverisierung der Poesie?
Über Wilhelm Buschs *Balduin Bählamm,*
der verhinderte Dichter

Weil sich *Balduin Bählamm, der verhinderte Dichter* (1883) vom
Thema her mit einer der beiden Künste auseinandersetzt, die in Buschs
Bildergeschichten stets zusammenspielen, eignet diesem Werk auf ungleich evidentere Weise als andern ein selbstreflexiver Zug. Und weil
Busch mit *Balduin Bählamm* zum vorletzten Mal das von ihm so
maßgeblich geprägte Genre der Bildergeschichte bedient, beinhaltet
dieses selbstreflexive Moment immer auch einen Rückblick auf das
eigene Œuvre. Abgesehen von der im Auftaktkapitel dargebotenen,
stets *cum grano salis* zu lesenden *ars poetica* liegt dieses Moment freilich
in den seltensten Fällen offen zutage. Diskret, aber nichtsdestoweniger
höchst virtuos klingt es zwischen den Zeilen an, stets im Rücken der
Erzählinstanz mit ihrem »naiv-hartnäckigen Glauben an das Wahre–
Gute–Schöne«.[1]

Dazu ein paar Beispiele, die zugleich zu meiner eigentlichen Fragestellung hinführen werden: Was die Apposition aus dem Titel in aller
Ausdrücklichkeit expliziert – das Funktionsprinzip, dem Bählamm
in der Bildergeschichte selbst in unzähligen Variationen unterworfen
sein wird –, erschließt sich bei näherem Hinhören bereits aus dessen
Namen. Bählamms dem eigenen Selbstverständnis nach zu höheren
Dichterweihen berufener schöner Seele – seiner *belle âme* also[2] – fällt
in grotesker Paronomasie vorab immer schon das wenig euphonische
Geblök (»Bäh[]«) des Schafs bzw. ›Lamms‹ ins Wort.

Ausagiert wird das semantische Potenzial von Bählamms Name
aber auch auf der Plotebene: wenn im neunten Kapitel ein Ziegenbock,
ein Artverwandter des Lamms also, den zum Dichten aufs Land ge-

---

1   Willems: *Abschied vom Wahren–Schönen–Guten,* 203. Willems' grundsätzli-
    chen Befunden dazu, wie die Bildergeschichten immer wieder die Position der
    biederen Erzählinstanz ironisch unterlaufen, in den permanenten Stilbrüchen
    die Brüchigkeit ihrer Position aufzeigen, ohne dabei selber eine überlegen-
    überhebliche Warte einzunehmen, sondern skeptizistisch in der ›Selbstironie
    des Darstellens‹ verharren, kann ich nur beipflichten, vgl. ebd., 77f., 107, 180f.
    und passim. Aus genau dem Grund, führt Willems weiter aus, könne die »äs-
    thetische Finesse« der Bildergeschichten auch »nicht auf brillante Weise nach
    außen treten« (ebd., 188f.).
2   Auf dieses Wortspiel hat zuerst Poncin: *Germanité de Wilhelm Busch,* 121f.,
    aufmerksam gemacht.

flüchteten Protagonisten auf die Hörner nimmt. Zugleich lässt sich die Episode als ein Stück immanenter Gattungsreflexion begreifen: Bereits Gert Ueding hat darauf hingewiesen, dass hier ein »Requisit[] der traditionellen Idyllenschwärmerei«[3] gegen seine Vereinnahmung durch den Möchtegern-Dichter Bählamm aufbegehre. Präziser noch: Da die Episode nicht mit einem Lamm, sondern einer Ziege aufwartet und den Fokus somit vom Schafs- zum Bocksfüßigen verschiebt, reflektiert sie zugleich auch die ›satyrische‹ Behandlungsweise, den die Bilderge-schichte dem Idyllen-Genre insgesamt angedeihen lässt.

Einspruch erhebt der Familienname des Protagonisten aber nicht allein gegen dessen ›bald-igen‹ Durchbruch zur Poesie, wie ihn der Vorname ›Bald-uin‹ zunächst noch trügerisch in Aussicht stellen mag. Auch Bählamms vorgebliche Ausnahmeerscheinung straft er Lügen: Indem ›Bählamm‹ an ein durch und durch domestiziertes Herdentier anklingt, werden die Bestrebungen von Buschs Titelheld als triviales Massenphänomen ausgewiesen, als der Eskapismus eines x-beliebigen »Büreau«-Angestellten[4] und Familienvaters – prosaische Verhältnisse der modernen bürgerlichen Welt, wie sie im Buche stehen – in die ebenso klischierten wie verkitschten Gefilde der Naturschwärmerei. Alles andere als ein Einzelfall ist Bählamm denn auch in *literarhisto-rischer* Perspektive: Wie Hans-Jürgen Schrader gezeigt hat, sind die »verhinderten Virtuosen« in der nachromantischen Literatur vielmehr geradezu Legion.[5]

*

Präzise verortet die Bildergeschichte diese Konstellation – den Um-stand also, dass sich Bählamms scheinbar weltfremdes Poetentum recht eigentlich von der Prosa der Moderne herschreibt – in den ›Verkehrs‹-, d. h. den Transport- und Kommunikationsrevolutionen ihrer Zeit.[6]

---

3 Ueding: *Wilhelm Busch. Das 19. Jahrhundert en miniature*, 293.
4 Busch: *Balduin Bählamm, der verhinderte Dichter*. In: ders.: *Die Bilderge-schichten*, Bd. 3, Sp. 420–496, hier Sp. 428 (V. 144) und Sp. 496 (V. 642).
5 Vgl. Schrader: »Naive und sentimentalische Kunsterzeugung«, 147–152.
6 Zur damals üblichen Verwendung des Ausdrucks ›Verkehr‹ im Sinne eines »Dispositivs der räumlichen Beförderung von Personen, Gütern und Nach-richten« vgl. Schabacher: »Rohrposten«, 191 f.
   Im Gegensatz zu den meisten anderen Interpreten unterstelle ich Buschs Werk mithin keinen überhistorischen Pessimismus à la Schopenhauer, genauso wenig wie ich es von einer ideengeschichtlichen, literatursoziologischen oder sozial-psychologischen Warte aus mit einem historischen Index versehe. Stattdessen gehe ich davon aus, dass dieser Index auf je spezifische Weise in die Einzel-werke selber eingelassen und als solcher aus ihnen zu entwickeln ist.

Sinnbildhaft verdichtet sich die Ironie von Bählamms Situation nämlich ausgerechnet während der Zugfahrt ins ›Gelobte Land‹ des Dorfidylls. Zunächst wird ein scheinbar durch und durch eskapistisches Szenario aufgemacht: Gerade als das ›maschinelle Ensemble‹ Eisenbahn jedwede gegenständliche Kontur der durchquerten Landschaft auflöst,[7] schickt sich Bählamm an, im vorgeblich geschützten Innenraum der eigenen Seele Inspiration für seine Dichtung zu finden:

> Der Wald, die Wiesen, das Gefilde,
> Als unstet wirbelnde Gebilde,
> Sind lästig den verwirrten Sinnen.
> Gern richtet sich der Blick nach innen.[8]

Bei diesem Unterfangen wäre Bählamm auch beinahe Erfolg beschieden – »Bald [!] auch fühlt Bählamm süßbeklommen / Die herrlichsten Gedanken kommen«[9] –, geriete ihm nicht der Stopp an einer Bahnstation, die getaktete Zeit des Fahrplans also, dazwischen: »Ein langer Pfiff. – Da hält er schon / Auf der [...] Bahnstation.«[10] Ohne größere Überraschung findet sich die Eisenbahn damit in der Rolle des Störenfrieds wieder. Bei näherem Hinsehen indes verkompliziert sich die Sachlage: Eigentlich sind die »herrlichsten Gedanken«, dank derer Bählamm den Verzerrungen des ›Eisenbahnraums‹ zu entkommen vermeint, nämlich *selbst* Effekt des ›maschinellen Ensembles‹, werden sie durch dessen Vibrationen doch überhaupt erst »aufgescheucht«:

> Ein leichtes Rütteln, sanftes Schwanken
> Erweckt und sammelt die Gedanken.
> Manch Bild, was sich versteckt vielleicht,
> Wird angeregt und aufgescheucht.[11]

Hinterfragt wird in der Episode freilich nicht nur Bählamms Verhalten, sondern auch das der Erzählinstanz. So mag es zunächst verwundern,

---

7 Zum Begriff des maschinellen Ensembles vgl. Schivelbusch: *Geschichte der Eisenbahnreise*, 21–25. Zur Neuordnung des Raums durch die Eisenbahn vgl. ebd., 35–42.
8 Busch: *Balduin Bählamm*, Sp. 442 (V. 253–256). Zu dieser Stelle als Ansatz einer ›modernen‹ Wahrnehmungspoetik vgl. auch Selbmann: *Die simulierte Wirklichkeit*, 132f.
9 Busch: *Balduin Bählamm*, Sp. 442 (V. 261f.)
10 Ebd. (V. 263f.)
11 Ebd. (V. 257–260).

dass Bählamm, weit entfernt, sich über den für ihn doch zur Unzeit kommenden Halt aufzuregen, diesen vielmehr »ersehnt[]«.[12] Was eine Inkongruenz auf der Plot-Ebene zu sein scheint, macht zwischen den Zeilen auf die Fragwürdigkeit des Erzähldiskurses aufmerksam. Recht besehen, entlarvt die Stelle so nämlich die geradezu idyllische Verbrämung der Zugfahrt durch die Erzählinstanz (»Ein leichtes Rütteln, sanftes Schwanken«) als poetisierende ›Polsterung‹ der lästigen Erschütterungen und Vibrationen, denen ein Passagier damals gerade in der billigsten, nur mit Holzbänken ausgestatteten 3. Klasse ausgesetzt war.[13] (Dass Bählamm just dort Platz genommen hat, daran lassen die Zug-Bilder, auf denen gleich mehrfach eine römische »III« zu sehen ist, keinen Zweifel.)

Noch dezidierter verortet sich die Bildergeschichte im Verkehrszusammenhang ihrer Epoche, wenn es unmittelbar davor von den ›vorübertanzenden‹ »Telegraphenstangen« heißt, sie seien »[d]urch Drath verknüpft zu einem Ganzen«:[14] Damit wird dem Telegrafennetz, als »integrierte[m] Element des maschinellen Ensembles Eisenbahn«,[15] präzise die Stelle zugewiesen, die in der Goethe-Zeit – vor den Transport- und Kommunikationsrevolutionen des 19. Jahrhunderts – der nautischen Metapher des ›roten Fadens‹ zukam. Ungleich expliziter – nicht gebrochen durch den »naiv-hartnäckigen Glauben« einer biederen Erzählinstanz »an das Wahre–Gute–Schöne« – hatte bereits ein Gedicht aus *Kritik des Herzens* (1874) diesen Sachverhalt benannt:

[W]ir leben jetzt
In der Depeschenzeit
Und Schiller, käm er heut zurück,
Wär auch nicht mehr so breit.[16]

*

Es gehört zu den Ironien der Busch-Rezeption, dass die ältere Forschung zu mutmaßen pflegte, Bählamm würde wegen mangelnder

---

12 Ebd. (V. 264)
13 Zu diesen Vibrationen und ihrer Pathologisierung vgl. Schivelbusch: *Geschichte der Eisenbahnreise*, 106–112.
14 Busch: *Balduin Bählamm*, Sp. 442 (V. 252 und 250).
15 Schivelbusch: *Geschichte der Eisenbahnreise*, 33.
16 Busch: *Der Hausknecht in dem »Weidenbusch«*, V. 6–10. In: ders. *Werke*, Bd. 2, 495. Zum Status der Telegrafie im deutschsprachigen Realismus vgl. näherhin, infra, Kap. IV.

persönlicher Begabung am Dichten gehindert, dass sie also von einer vergeistigten Dichtungskonzeption ausging, die die Bildergeschichte selber beständig aufs Korn nimmt. Demgegenüber ist sich die neuere Forschung einig, dass *Balduin Bählamm, der verhinderte Dichter* ein ungleich grundlegenderes Problem mit satirischem Impetus verhandelt. Dass dem so ist, legt insbesondere eine Szene aus dem achten Kapitel nahe. In vieldeutiger Wiederaufnahme eines Worts aus dem Titel verkündet Zahnarzt Schmurzel dort nämlich, nachdem es ihm trotz größter Anstrengung nicht gelungen ist, Bählamms schmerzenden Zahn zu ziehen: »Das Hinderniß liegt in der Wurzel«.[17]

Als eigentliche Zielscheibe von Buschs Spott identifiziert Gottfried Willems die bildungsbürgerliche Doxa des ›Wahren–Schönen–Guten‹, wie sie in Friedrich Theodor Vischers *Ästhetik* genauso zum Ausdruck komme wie im »epigonalen Ästhetizismus« und »prätentiösen Kunstidealismus [...] des wilhelminischen Kunstbetriebs«, den Busch am Beispiel der Münchner Kunstszene um Emanuel Geibel, Paul Heyse, Richard Wagner und Franz von Lenbach aus nächster Nähe habe studieren können.[18] Die Triftigkeit dieser Hypothese lässt sich immanent insbesondere daran festmachen, dass Buschs Protagonist gerade auf dem Bild, auf dem er das erste Mal zu sehen ist, markant an ein (damals) prominentes Mitglied des Münchner Dichterkreises »Die Krokodile« erinnert: an den Dichter, Kritiker und Möchtegern-Maler Julius Grosse.[19]

Gegenüber diesem im weitesten Sinn soziologischen Ansatz möchte ich in den folgenden beiden Unterkapiteln nach den literarischen Intertexten fragen, die in Buschs vorletzter Bildergeschichte anklingen und über die die diese ihre eigene literar- sowie bildästhetische Position konturiert. Im ersten Unterkapitel werde ich von der Referenz auf Werthers schwärmerischen Landschaftsbrief vom 10. Mai ausgehen, die den Beginn des sechsten *Bählamm*-Kapitels durchwirkt.[20] Zu Recht

---

17 Busch: *Balduin Bählamm*, Sp. 482 (V. 528).
18 Willems: *Abschied vom Wahren–Schönen–Guten*, 220, 19 und 215.
19 Vgl. dazu den – freilich recht biografistisch ausgerichteten – Herausgeberkommentar in: Busch: *Die Bildergeschichten*, Bd. 3, Sp. 1149–1153.
20 Zuerst herausgearbeitet bei Marxer: *Wilhelm Busch als Dichter*, 61f. Marxer begreift den Protagonisten aus Goethes Briefroman indes völlig ungebrochen von einer kunstreligiösen Warte aus: Er ist ihm Inbegriff des »Künstlers, der im Gefühl unendlicher Innigkeit in der vom alliebenden Vater durchströmten Natur aufgeht« (ebd., 62), während der Büro-Angestellte Bählamm in seiner für die ältere Forschung repräsentativen Sichtweise »lediglich Anspruch auf eine Ebene [erhebe], welcher er fremd ist, welcher er fremd bleibt, weil er ihr niemals angehört hat und niemals wird angehören können.« (Ebd., 61)

hat Michael Hetzner klargestellt, dass damit weniger *Die Leiden des jungen Werthers* selbst parodiert werden als die »sentimental verflachte Erscheinungsform der ›Naturidylle‹« bzw. des »empfindsame[n] Naturerlebnis[ses]« in der »Unterhaltungsliteratur des 19. Jahrhunderts«, für die Goethes Briefroman unfreiwillig die Blaupause lieferte.[21] Diesen punktuellen Forschungsbefund gilt es zu erweitern: Wie insbesondere Karl Robert Mandelkow herausgearbeitet hat, wird Goethe im jungen, auf die Sicherstellung einer glorreichen Vorgeschichte bedachten Kaiserreich mehr und mehr zum »zeitenthobenen, harmonischen und über jede Kritik erhabenen Dichterheros« stilisiert, wozu maßgeblich auch die »erst jetzt einsetzende monumentale Philologisierung Goethes« gehört.[22] Buschs Ausruf »Widerwärtig, diese Goethe-Schwärmer und [-]Philologen!«[23] in einem Gespräch mit seinem Neffen Hermann Nöldeke zeigt, wie genau und mit wie viel Unbehagen er diesen Goethe-Kult registriert hat.

Als groteske Wertheriade persifliert sein *Balduin Bählamm* diese Monumentalisierung nach allen Regeln der Kunst. Wie Gottfried Keller einmal in auffälliger zeitlicher Nähe zu Buschs Bildergeschichte bemerkt hat, zeitigte der Goethe-Kult den geradezu perversen Nebeneffekt, dass zwar permanent und in den höchsten Tönen über den ›Weimarer Klassiker‹ gesprochen, dieser selbst jedoch kaum mehr gelesen wurde.[24] Demgegenüber verwurstet Buschs *Balduin Bählamm* Goethes Briefroman mit ebenso respektlosen wie präzisen intertextuellen Bezügen und liest ihn damit erfrischend anders und neu.

Jenseits ihres parodistischen Einschlags schärft Buschs Bildergeschichte damit den Blick für genuin groteske Momente in Goethes *eigenen* Werken, für einen Aspekt also, den seine damaligen Verehrer geflissentlich ausblendeten und der erst in den letzten Jahren in den Fokus der Forschung gerückt ist.[25]

Im Gegensatz zu seinen gründerzeitlichen Beweihräucherern konnte Goethe selber solchen *rewritings* in Text und Bild durchaus etwas abgewinnen. So ist in Eckermanns *Gesprächen mit Goethe* festgehalten, mit welcher Begeisterung der greise Dichter im Jahr 1831 auf eine *histoire*

21 Hetzner: *Gestörtes Glück im Innenraum*, 16 f.
22 Vgl. Mandelkow: *Goethe in Deutschland*, Bd. 1, 201–285, hier 201 und 204.
23 Hermann Nöldeke: »Aus Gesprächen mit Wilhelm Busch«, 185.
24 Vgl. Keller: *Gesammelte Briefe*, Bd. 4, 280 (Brief an Ludwig Geiger vom 11.3.1884).
25 Vgl. Kunz/Müller/Winkler (Hg.): *Figurationen des Grotesken in Goethes Werken*.

en estampes aus der Feder von Rodolphe Töpffer reagiert, die eindeutig als *Faust*-Parodie angelegt ist:

> Das Heft, welches in leichten Federzeichnungen die Abenteuer des Doktor *Festus* enthielt, machte vollkommen den Eindruck eines komischen Romans und gefiel Goethen ganz besonders. »Es ist wirklich zu toll! rief er von Zeit zu Zeit, indem er ein Blatt nach dem andern umwendete; es funkelt Alles von Talent und Geist! Einige Blätter sind ganz unübertrefflich!«[26]

Im Zeichen des 18. Jahrhunderts wird auch das zweite Unterkapitel stehen. Es befasst sich mit der Frage, wie seinerseits Albrecht von Hallers – für die Lehrdichtung der Aufklärung modellbildendes – Langgedicht *Die Alpen* in Buschs vorletzte Bildergeschichte hineinspielt. Es wird zu zeigen sein, dass *Balduin Bählamm* auf dem Weg ein literarisches Genre reflektiert, das für die Struktur von Buschs Bildergeschichten insgesamt konstitutiv ist.

Als gemeinsamer Nenner zwischen den beiden Bezugstexten und *Balduin Bählamm* fungiert, dass sie das Problem von ›verhindertem‹ Künstlertum verhandeln und zugleich – was für meine Belange entscheidender ist – das (zu ihrer Zeit jeweils vorherrschende) Verhältnis von Poesie und Prosa auf spezifische Weise zur Disposition stellen. Vor diesem Hintergrund treten die poetologischen Grundanliegen von Buschs Bildergeschichte, wie ich im Folgenden zeigen möchte, mit besonderer Prägnanz hervor: die Aushöhlung der sogenannt ›inneren Form‹ des Verses durch den als prosanah verschrienen Knittelvers und die Persiflage pseudo-poetischer Verklärungstendenzen durch Prosaismen jeder Couleur. Wie das zwar ironisch gebrochene, aber nichtsdestoweniger versöhnliche vorletzte Kapitel der Bildergeschichte zeigt, gelingt diese vielgestaltige Pulverisierung der Poesie indes nicht restlos. Auch für Busch selbst liegt das »Hinderniß« mithin »in der Wurzel«. Seine Groteske mag sich an den äußersten Grenzen des deutschsprachigen Realismus bewegen, übertreten tut es diese aber nicht. Sie verhandelt bloß ungleich drastischer, was in den anderen Texten mal mehr, mal weniger unmerklich anklingt.

٭

---

26 Eckermann: *Gespräche mit Goethe*, 731 (Eintrag vom 4.1.1831). Zu Toepffer vgl. insb. Kaenel: *Le métier d'illustrateur*, 217–298.

In einem späten, an einen (allzu?) wissbegierigen Literaturwissenschaftler gerichteten Brief hat sich Busch selbst gegen eine solche Poetik des (parodistischen) *rewriting* verwahrt und zur Begründung angeführt, er habe die Verse seiner Bildergeschichten immer erst im Anschluss an die Zeichnungen angefertigt:

> Sehr geehrter Herr Doctor!
> Auf Ihre liebenswürdige An= und Ausfrage erlaub ich mir ergebenst zu erwidern, daß mir von Ihrem berühmten Landsmann [Fr. Th. Vischer, G.F.] nur die parodistische Fortsetzung des Göthe'schen Faust in die Hände fiel; eine Art des Humors, die mir niemals sympathisch war. Meine Hauptsachen sind Bildergeschichten, d.h. zuerst wurden die Zeichnungen gemacht und dann die Verse hinzu geschrieben. So viel ich weiß, ging ich dabei stets meiner eigenen Nase nach; nun aber nachträglich zuzusehn, ob Ähnlichkeiten mit Andern vorkommen, das wollen wir doch lieber den litterarischen Polizisten überlaßen, deren Beruf es ist, solche Haussuchungen vorzunehmen.[27]

Diesem Autor-Kommentar m.E. allzu eilfertig gefolgt ist insbesondere Gottfried Willems,[28] obwohl sich das Einverleiben fremder Texte doch gerade in Willems' eigenem Sinn als materialbezogener Gegenentwurf begreifen lässt zur »schöngeistigen Vorstellungswelt des epigonalen Ästhetizismus«[29] und der dort betriebenen Zelebration des *poeta vates*. Buschs Werke sind in der Hinsicht denn auch konsequenter als seine späte briefliche Äußerung: Geradezu programmatisch – und zugleich in einer Art Paraphrase des *Grünen Heinrich* – entwirft etwa das Gedicht *Erneuerung* (1904) eine derartige ›Secondhand‹-Ästhetik. Darin geht es zunächst um eine Mutter, die ihrem Sohn eine neue Jacke aus einem alten Frack des Vaters zurechtschneidert, bevor die Schlussverse dann zum entscheidenden poetologischen Vergleich ansetzen:

> Grad so behilft sich der Poet.
> Du liebe Zeit, was soll er machen?
> Gebraucht sind die Gedankensachen
> Schon alle, seit die Welt besteht.[30]

---

27 Busch: *Sämtliche Briefe*, Bd. II, 226 (Brief vom 17.8.1904).
28 Vgl. Willems: *Abschied vom Wahren–Schönen–Guten*, 218f. und 231f.
29 Ebd., 220.
30 Busch: *Erneuerung*, V. 17–20. In: ders.: *Werke*, Bd. 4, 307.

Zweifel an der Triftigkeit von Buschs brieflichem Selbstkommentar mögen gerade auch bei einer Bildergeschichte erlaubt sein, die einen epigonalen (Möchtegern-)Dichter zum Protagonisten hat. Zumal dieser im bürgerlichen Leben nicht einfach nur Büro-Angestellter, sondern »Schreiber« ist,[31] den lieben, langen Tag also mit *Abschreiben* zubringt. Augenzwinkernd macht die Bildergeschichte so auf ihren *eigenen* Status als intertextuelle Nachschrift aufmerksam – und zwar umso mehr, als Bählamm damit derselben Tätigkeit nachgeht wie die *copistes* Bouvard und Pécuchet aus Flauberts gleichnamigem, 1881 (d.h. zwei Jahre vor *Balduin Bählamm*) posthum veröffentlichtem Roman. Auch sonst sind Bählamm, Bouvard und Pécuchet aus dem gleichen Holz geschnitzt. Nicht nur weil ihre Namen allesamt an domestizierte Herdentiere anklingen, sondern weil Flauberts Möchtegern-Gelehrte bei jedem ihrer Vorstöße in die Welt des Wissens genauso kläglich Schiffbruch erleiden wie Buschs Möchtegern-Lyriker. Zudem weist die zyklische Struktur beider Werke Ähnlichkeiten auf, kehrt der geknickte Bählamm am Ende doch genau wie Bouvard und Pécuchet zu seiner Schreiber-Tätigkeit zurück. Noch die eklatantesten Unterschiede lassen gemeinsame Grundvoraussetzungen erkennen. Im Gegensatz zu Bouvard und Pécuchet ist Bählamm zwar jeglicher enzyklopädischer Anspruch fremd: Dichtung ist für ihn in erster Linie aus ›wahren‹ Empfindungen hervorgehende Gelegenheitsdichtung – »Der Dichter [...] schwärmt und dichtet«,[32] heißt es einmal. Umgekehrt interessieren sich Flauberts Protagonisten zwar für eine Vielzahl an literarischen Genres (vorzüglich für solche, die eine gewisse Gelehrsamkeit implizieren), für Lyrik dagegen überhaupt nicht. Aber zeigen sie nicht gerade dadurch, dass sie dasselbe Grundverständnis von Lyrik haben wie Bählamm, derselben vulgärromantischen *idée reçue* aufsitzen wie er?

Ob *Bouvard et Pécuchet* tatsächlich für *Balduin Bählamm* Modell gestanden hat – Buschs Briefe zeugen davon, wie genau er die literarische Produktion seiner Zeit zur Kenntnis genommen hat – oder ob beide nicht vielmehr von einer gemeinsamen satirischen Traditionslinie zehren, möge hier dahingestellt bleiben. Stattdessen möchte ich einen grundlegenden Befund der Flaubert-Forschung fruchtbar machen für meine Lektüre von Buschs Bildergeschichte: Es wäre allzu simplifizierend, im Beruf des *copiste* bzw. Schreibers schlicht eine satirische Pointe zu erblicken, ein Zerrbild des ›wahren schöpferischen Dichters‹ bzw. des ›revolutionären Wissenschaftlers‹. Wie Busch war

---

31 Busch: *Balduin Bählamm*, Sp. 427 (V. 132).
32 Ebd., Sp. 469 (V. 446).

solch vulgärromantische Genie-Ästhetik bekanntlich auch Flaubert denkbar fremd. In Anbetracht der Tatsache, dass Flaubert während der Arbeit an seinem Roman selber unzählige Exzerpte aus Hunderten von Büchern aus den unterschiedlichsten Wissensgebieten angefertigt hat, die er dann in komprimierter Form in den eigentlichen Romantext hat einfließen lassen bzw. einbauen wollte, kommt man nicht umhin, dem Abschreiben auch eine eminent *poetologische* Valenz beizumessen. Im Folgenden möchte ich zeigen, dass Ähnliches für *Balduin Bählamm, der verhinderte Dichter* gilt – hoffentlich ohne dabei zu dem von Busch geschmähten »litterarischen Polizisten« zu mutieren, der alles positivistisch-verbissen nach Diebesgut durchstöbert, sondern indem ich mich einlasse auf das Spiel des Textes, seiner Bilder und das, was in ihnen nach-hallt.

*

Ein objektiver Zufall bekräftigt mich in diesem Unterfangen, lässt sich die Verbindung von Goethes *Werther* und Hallers *Alpen* doch auch philologisch erhärten: unabhängig von Buschs Bildergeschichte und doch zugleich als handfester Prätext davon. In den *Werther*-Ausgaben des 19. Jahrhunderts – insbesondere in der *Ausgabe letzter Hand*, aus der ich im Folgenden denn auch zitieren werde – war es nämlich üblich, Goethes Romanerstling die später entstandenen *Briefe aus der Schweiz* zur Seite zu stellen:³³ Während deren erste Abteilung aus einem *Werther*-›Prequel‹ besteht, wartet die zweite im Kontrast dazu mit autobiografischen Briefen auf, in denen der vom Überschwang des Sturm und Drang geläuterte Schweiz-Reisende Goethe immer wieder implizit Bezug nimmt auf Hallers Pionierwerk. In dieser Verbindung gibt Goethes Postskriptum zu seinem berühmten Erstlingsroman Buschs eigenem *rewriting* also geradezu die Richtung (wenn auch nicht den Ton) vor.

---

33 Vgl. den Herausgeberkommentar in: Goethe: *Sämtliche Werke. Briefe, Tagebücher und Gespräche*, Abt. I: *Sämtliche Werke*, Bd. 16, 728.

1. *Werther* »verqueer«
   Eine groteske *réécriture* von Goethes lyrischer Prosa[34]

In einem ebenso material- wie ertragreichen Aufsatz vertritt Claudia Stockinger die These, das »literarische, vornehmlich das lyrische Schreiben des 19. Jahrhunderts [geschehe] unter den Bedingungen des Schreibens *nach* Goethe.«[35] Als wichtigste Modalitäten dieses epigonal-agonalen Schreibens arbeitet Stockinger die Anlehnung an den liedhaften Ton von Goethes frühen Gedichten,[36] den emphatischen Bezug auf die ›Erlebnisdichtung‹,[37] aber auch die melancholisch-parodistische Brechung[38] heraus.

Meine Überlegungen zu Buschs *Balduin Bählamm, der verhinderte Dichter* knüpfen an diese wichtigen Befunde an. So arbeitet sich die Bildergeschichte punktuell an Goethes früher liedhafter Lyrik ab: Im Namen des Bauernmädchens Rieke etwa, um deren Gunst Bählamm sich bemüht, klingt ein Echo auf Friederike Brion an. Der eigentliche Clou besteht indes darin, dass die in Knittelversen gehaltene Bildergeschichte lesbar ist als ›verquere‹ *réécriture* eines Prosatextes, dessen Schilderungen empfindsamen Naturerlebens wie kaum ein anderer von der Unterhaltungsliteratur des 19. Jahrhunderts ausgeschlachtet und sentimental verwässert wurde: der *Leiden des jungen Werthers* eben.[39] Unter den zahlreichen Inversionen, denen Goethes Romanerstling in Buschs Spätwerk unterzogen wird, ist dabei für meine Belange vor allem diejenige zentral, die Goethes lyrische Prosa in prosaische Verse verkehrt.

1.1 Kraftverwandlung: Vers/Prosa, et retour

Es gehört zu den Topoi der Literaturkritik des 19. Jahrhunderts, in Goethes *Werther* einen Schlüsseltext für das Verhältnis von Poesie und Prosa auszumachen. So ist etwa in Theodor Mundts 1837 erschienener

---

34 Das folgende Unterkapitel ist weitgehend textidentisch mit meinem Aufsatz »Pulverisierung der Poesie«.
35 Stockinger: »Paradigma Goethe?«, 95.
36 Vgl. ebd., 100–109.
37 Vgl. ebd., 102, 116–122.
38 Vgl. ebd., 109–114 (mit alleinigem Bezug auf Lenau).
39 Den als Werther-Kalauer lesbaren Ausdruck ›verquer‹ entlehne ich Buschs Bildergeschichte selbst. Vgl. Busch: *Balduin Bählamm*, Sp. 464 (V. 401).

Kunst der Prosa von der »höchsten poetischen Steigerung der Prosa«[40] die Rede. Gemeint ist damit zunächst, die oftmals lyrische Schreibweise des Romans habe das Darstellungsmedium der Prosa bzw. die im 18. Jahrhundert eher mit Unterhaltung denn mit Dichtung im emphatischen Sinn assoziierte Gattung des Prosaromans[41] zum ersten Mal in der Geschichte der deutschen Literatur als wahrhaft ›dichterische‹ – als ›poesie-fähige‹ mithin – ausgewiesen. Warum das Werk überhaupt in Prosa und nicht in Versen abgefasst ist, wird damit begründet, dass Werthers von Empfindungen übervolles und damit eigentlich zum Lyrischen prädestiniertes Herz an den, wie er selber am 24. Dezember 1771 an seinen Freund Wilhelm schreibt, »fatalen bürgerlichen Verhältnisse[n]«[42] zugrunde gehe, die ihrerseits spätestens seit Hegel stereotyp als ›prosaische‹ bezeichnet werden:

> Der Werther hätte, ungeachtet seiner hohen poetischen Grundlage, nicht in Versen geschrieben werden können, das Element der Prosa, das seine Stellung zur bürgerlichen Wirklichkeit des Jahrhunderts festhält, ist ein nothwendiges in ihm. Die lyrischen Fluctuationen dieser Prosa bezeichnen aber ebenso treffend den gebrochenen Zustand, in dem sich Individualität und Wirklichkeit damit gegen einander abzeichnen.[43]

Als Busch selber in der drei Jahre nach *Balduin Bählamm* entstandenen autobiografischen Schrift *Was mich betrifft* die Lektüre von Goethes Briefroman empfiehlt, hebt er primär dessen »herz- und sonnenwarme Prosa«[44] hervor. Die Charakterisierung mag weniger schillernd ausfallen als bei Mundt, erklärt aber ebenfalls eine spezifische Modulierung des Prosa-Begriffs zum zentralen Moment von Goethes Text. Gleich im nächsten Satz, als Busch den »unverwelklichen Scherz« des *Don Quijote* preist, erhält man indes auch einen Einblick in die Kippver-

---

40 Mundt: *Kunst der deutschen Prosa*, 358 f. Vgl. hierzu auch Fülleborn: »*Werther – Hyperion – Malte Laurids Brigge*«, 89 f.

41 Vgl. Jäger: *Empfindsamkeit und Roman*, 103–109. Jäger weist indes auch darauf hin, dass dieser gängige literarhistorische *récit* nicht der realen literarhistorischen Entwicklung entspricht, sondern erst nachträglich als solcher konstruiert wurde – was insbesondere zur Folge hatte, dass die über Pierre Daniel Huet vermittelte und bis in die Mitte des 18. Jahrhunderts hinein zu beobachtende Wertschätzung des Prosaromans als nicht-versifiziertes Heldenepos ausgeblendet wurde.

42 Goethe: *Leiden des jungen Werthers*, 96.

43 Mundt: *Kunst der deutschen Prosa*, 359.

44 Busch: *Was mich betrifft*. In: ders.: *Werke*, Bd. 4, 147–157, hier 157.

fahren, die in seiner Wertheriade permanent zum Einsatz kommen: In Buschs empfindsamem Möchtegern-Dichter Bählamm steckt auch ein Ritter von der traurigen Gestalt, der überkommenen Literaturkonzepten nachhängt.

Bevor ich näher auf diese Kippverfahren eingehe, möchte ich zunächst einen Blick auf das Verhältnis von Prosa und Vers in Goethes Briefroman selber werfen. Vor allem in den berühmten Landschaftsbriefen vom 10. Mai und vom 18. August spielt Klopstocks Hymnenstil bekanntlich massiv in Werthers Schreiben hinein: Goethes Briefroman überträgt hier also sehr konkret Verse in Prosa. Noch dazu die Verse jenes Autors, dessen Name in der ebenso berühmten Gewitter-Szene wie ein Codewort zwischen Lotte und Werther fungiert und bei beiden heftigste Empfindungen auslöst: »[I]ch sah ihr Auge thränenvoll, sie legte ihre Hand auf die meinige, und sagte – Klopstock! – Ich erinnerte mich sogleich der herrlichen Ode, die ihr in Gedanken lag, und versank in dem Strome von Empfindungen, den sie in dieser Losung über mich ausgoß.«[45]

Nimmt man den Namen ›Werther‹ in seiner ganzen Vieldeutigkeit ernst – das Steigerungssuffix ›-er‹ sowie seine lautliche Nähe zu ›Wert(h)‹, mit ein wenig gutem Willen aber auch zu ›Vers‹ –, erweist sich die eben skizzierte Vers/Prosa-Übertragung als zentrales Versatzstück eines auf Steigerung und Überbietung angelegten Schreibprogramms. Diesem geht es nicht allein darum, die Romanprosa im Rückgriff auf Klopstocks Verskunst literarisch aufzuwerten – und damit Klopstocks eigenes Verdikt auf den Kopf zu stellen: »Wenn man alle Stufen des prosaischen Ausdrucks hinauf gestiegen ist; so kömmt man an die unterste des poetischen«.[46] Auf dem Spiel steht vielmehr auch, den Vers in seiner Funktion als Gefühlsgenerator noch zu überbieten.

---

45 Goethe: *Leiden des jungen Werthers*, 36 (Brief vom 16. Juni).
46 Klopstock: »Von der Sprache der Poesie«, 1018. Die von Klopstock vorgenommene Hierarchisierung besagt nicht, dass die Versdichtung bei ihm selber nicht von der Prosa zu zehren vermag. So hat Winfried Menninghaus in seiner Lektüre von Klopstocks metrischen Schriften gezeigt, dass dessen Bestimmung der Dichtung als Bewegung (*movere*) weniger auf rhetorische Sinnfiguren abhebt – wie das traditionell der Fall ist und in Klopstocks Schriften zur Poetik auch so dargestellt wird – als auf die Bewegung der Worte selber qua Metrum und Rhythmus; die »antike Legitimation [dafür finde er] paradoxerweise vorrangig in philosophischer und oratorischer Prosa« (»Dichtung als Tanz«, 133). Für die spezifische Prosanähe von Klopstocks neuartigen Versdichtungen hatte das zeitgenössische Publikum übrigens durchaus ein Sensorium: Im 51. Literaturbrief etwa bezeichnet Lessing die *Ode über die Allgegenwart Gottes* als »künstliche Prosa«, »in alle kleinen Teile ihrer Perioden aufgelöset, deren jeden man als einen einzeln Vers eines besondern Sylbenmaßes betrachten

Eine Rezension aus der Feder von Wilhelm Heinse belegt, dass *Die Leiden des jungen Werthers* damals auch tatsächlich in dem Sinn gelesen wurden: Der Briefroman lasse mitunter »den Petrarca unter sich, in dessen Gedichten man alles heftige Leiden und heilige Entzücken von Liebe vereinigt findet, was vor und nach ihm empfunden worden ist«.[47]

Eine Schlüsselstelle nimmt in dem Zusammenhang der im Brief vom 18. August allgegenwärtige Terminus ›Kraft‹ ein. Dazu darf man ihn freilich nicht allein in einem naturphilosophischen Sinn begreifen. Vielmehr ist er – vor dem Hintergrund spätaufklärerischer Wirkungsästhetik, wo er den alten rhetorischen *energeia*-Begriff übersetzt[48] – auch poetologisch zu wenden. Träumte Werther einst davon, »in der eingeschränkten Kraft [s]eines Busens [...] einen Tropfen der Seligkeit des Wesens zu fühlen, das alles in sich und durch sich hervorbringt«,[49] so hat er von den »unergründlichen Kräfte[n]«[50] dieses Wesens nunmehr eine völlig gegenteilige Meinung: »[D]ie verzehrende Kraft, die in dem All der Natur verborgen lieg[e]«, reiße alles »in den Strom«[51] mit fort, hinab »in den Abgrund des ewig offenen Grabes«.[52] Während also der Traum des Maler-Dilettanten Werther von einem »unmittelbaren Zugang«[53] zum Kraftquell der Natur scheitert, erweist sich die Schreibweise des *Romans* – gleichsam im Rücken des Protagonisten – als ästhetisches »Widerspiel«,[54] das die als zerstörerisch empfundenen Naturkräfte produktiv zu wenden vermag: So erhebt die *oratio soluta*

---

kann.« (Lessing: *Briefe, die neueste Literatur betreffend 1759–1765*. In: ders.: *Werke und Briefe in zwölf Bänden*, Bd. 4, 617–623, hier 620.)

47 Zit. nach Fülleborn: »*Werther – Hyperion – Malte Laurids Brigge*«, 89.

48 Vgl. hierzu, mit Bezug auf Herder, Zumbusch: »es rollt fort« sowie – mit Blick auf die Bestrebungen, den sogenannten Kanzleistil zu reformieren – Vogel: »Zeremoniell und Effizienz«.

49 Goethe: *Leiden des jungen Werthers*, 75 (Brief vom 18. August).

50 Ebd., 74.

51 Ebd., 76.

52 Ebd., 75.

53 Thüring: *Das neue Leben*, 69. Ich übernehme hier in Teilen die Argumentation von Maike Arz (*Literatur und Lebenskraft*, 116–128) und Thüring (*Das neue Leben*, 63 f. und 69–71), die den Kraft-Begriff ebenfalls in den Mittelpunkt ihrer *Werther*-Lektüre rücken. Einen Bezug zur Prosa/Vers-Problematik stellen sie jedoch nicht her.

54 Zu diesem Begriff des Widerspiels vgl. eine zwei Jahre vor den *Leiden des jungen Werthers* verfasste Rezension aus der Feder von Goethe und Merck, die bis in den Wortlaut hinein Werthers Brief vom 18. August vorwegnimmt: Goethe: [*Beiträge zu den Frankfurter gelehrten Anzeigen vom Jahr 1772*]. In: ders.: *Sämtliche Werke. Briefe, Tagebücher und Gespräche*, Abt. I: *Sämtliche Werke*, Bd. 18, 99.

des Romans den Anspruch, die *Entbindung* der Kräfte – der kraftvollen Affekte –, die Klopstocks sogenannte freie Rhythmen mit der Verabschiedung des Reims und eines einheitlichen Metrums freizusetzen begonnen hatten, noch weiter voranzutreiben.[55]

Als *mise en abyme* dieses poetologischen Steigerungsverfahrens sowie von dessen affektökonomischen Implikationen ist – unter erneuter Mobilisierung der Elementargewalt Wasser – genau die Szene lesbar, in der sich Werther und Lotte von der Lektüre seiner Prosa-Übertragung der Ossian-»Gesänge«[56] überwältigen und hinreißen lassen: »Ein Strom von Thränen, der aus Lottens Augen brach, und ihrem gepreßten Herzen Luft machte, hemmte Werthers Gesang. Er warf das Papier hin, faßte ihre Hand, und weinte die bittersten Thränen. [...] Die Bewegung beyder war fürchterlich.«[57] Jenseits der Ironisierung von Werthers allzu identifikatorischem Leseverhalten ist die Szene auch ein poetologisches Statement, da die Vers/Prosa-Übertragung, um die es auf der Ebene des Erzählgeschehens geht, beim lesenden Protagonisten-Paar just die Rührung generiert, die sich der fiktive Herausgeber in seinen einleitenden Sätzen von den Briefen insgesamt verspricht: »Ihr könnt seinem Geiste und seinem Charakter eure Bewunderung und Liebe, seinem Schicksale eure Thränen nicht versagen.«[58]

---

55 Damit trifft sich meine Lektüre einmal mehr mit Ralf Simons rein literatursemiotischer (und dementsprechend ohne affektökonomische Implikationen auskommender) Bestimmung des Prosa-Begriffs: In ihrer avanciertesten Ausprägung komme die Prosa, so Simon, einer »Übersteigung der Lyrik« gleich, insofern die – als Index ihrer Poetizität verstandene – Selbstbezüglichkeit der Prosa im Gegensatz zu der der Lyrik nicht an die »Redundanz« der Vers-Form gehalten sei und stattdessen »jegliche[] Form (und jenseits von Form)« »dekonstruktiv« zu ›durchqueren‹ vermöge. Simon: »Lichtenbergs Engführung von Prosa und Vers«.

56 Sprechenderweise überspielt der Ausdruck ›Gesänge‹, dass Werther nicht die Verse des gälischen (Pseudo-)Originals übersetzt haben kann, sondern nur deren Prosa-Übertragungen durch James Macpherson: Die *Fragments of Ancient Poetry* enthalten ja nur den englischen Text.

57 Goethe: *Leiden des jungen Werthers*, 175 f. Arz perspektiviert die Ossian-Lektüre zwar ebenfalls im Sinne einer »Kräfteübertragung« (*Literatur und Lebenskraft*, 124), fasst diese jedoch primär als quasi vampiristischen Akt: »Werther hat sich an Lotte gestärkt, hat rücksichtslos und selbstsüchtig ›Lebensbalsam und Kraft‹ in sein ›Herz gesaugt‹« (ebd., 125, mit Zitaten aus Werthers Abschiedsbrief).

58 Goethe: *Leiden des jungen Werthers*, 3. Zu den emotionalen Identifikationsangeboten, die von diesen *Werther*-Stellen ausgehen, vgl., in Absetzung von der gängigen Ironie-These, Bender: »Lesen und Lieben im Zeitalter der Aufklärung«, 58–66, sowie Wirth: *Die Geburt des Autors aus dem Geist der Herausgeberfiktion*, 234–241 und 247–270.

Buschs Bildergeschichte *Balduin Bählamm, der verhinderte Dichter* verkehrt dieses Überbietungsprogramm in sein Gegenteil: Im *Balduin Bählamm* ist konsequente Reduktion angesagt. Besonders beredt ist in diesem Zusammenhang der Beginn des sechsten Kapitels, der sich wie eine Parodie des Landschaftsbriefs vom 10. Mai liest:

In freier Luft, im frischen Grün,
Da wo die bunten Blümlein blühn,
In Wiesen, Wäldern, auf der Haide,
Entfernt von jedem Wohngebäude,
Auf rein botanischem Gebiet,
Weilt Jeder gern, der voll Gemüth.

Hier legt sich Bählamm auf den Rücken
Und fühlt es tief und mit Entzücken,
Nachdem er Bein und Blick erhoben:

Groß ist die Welt, besonders oben!

Wie klein dagegen und beschränkt,
Zeigt sich der Ohrwurm, wenn er denkt.

Engherzig schleicht er durch das Moos,
Beseelt von dem Gedanken bloß,
Wo's dunkel sei und eng und hohl,
Denn da nur ist ihm pudelwohl.

Grad wie erwünscht und sehr gelegen
Blinkt ihm des Dichters Ohr entgegen.

In diesen wohlerwärmten Räumen,
So denkt er, kann ich selig träumen.[59]

An die Stelle der an Klopstocks freien Rhythmen geschulten »Wenn«-
Periode tritt hier der holprige strenge Knittelvers, der wie kein anderes
Metrum seit jeher im Ruch steht, im Grunde genommen nur »gereimte
Prose«[60] zu sein. Buschs Knittelvers wird so gar als poetologischer
Kalauer lesbar, der den höhere geistige Poesie verheißenden Dichter-
namen Klopstock auf dessen wortwörtliche Bedeutung ›Klopf-Stock‹
reduziert: In aller Regel wird der Ausdruck ›Knittelvers‹ nämlich von
›Knüttel‹, also ›Knüppel‹, hergeleitet. Wie vertraut Busch mit dieser
Etymologie war, zeigt einer seiner Sprüche aus dem Nachlass: »Dem
Esel, störrisch im Geschäfte, / Verleiht der Knittel neue Kräfte.«[61]
Poetologisch muss der Kalauer aber auch deswegen genannt werden,
weil er auf den Begriff bringt, was Buschs Verse unablässig auf der
Geschehensebene durchspielen – oder gibt es dafür etwa einen tref-
fenderen Ausdruck als ›Slapstick‹? (Auf ähnliche Weise ins Prosaische
gewendet wird der für Lotte und Werther noch so hehre Dichtername
›Klopstock‹ übrigens auch mehrmals bei Buschs Zeitgenosse und Wahl-
verwandtem Theodor Fontane. So etwa in *Frau Jenny Treibel*: »[E]s
sind das so die scherzhaften Widerspiele, die das Leben erheitern«, sinniert der Mann der Titelheldin dort über Namen, die zu ihren Trägern

59 Busch: *Balduin Bählamm*, Sp. 432 f. (V. 357–376).
60 Adelung: *Grammatisch-kritisches Wörterbuch der hochdeutschen Mundart*,
 Bd. 2, 1675 (Eintrag »Knüttelvers«).
61 Busch: *Nachhülfe*. In: ders.: *Die Bildergeschichten*, Bd. 3, Sp. 662 f.

in eklatantem Widerspruch stehen: »Klopstock war Dichter, und ein Anderer, den ich noch persönlich gekannt habe, hieß Griepenkerl ...«[62] Bonmotartiger lässt sich wohl kaum pointieren, dass die Dichtung in der zweiten Hälfte des 19. Jahrhunderts unwiderruflich im Zeitalter der Prosa angekommen ist.)

Ins Visier von Buschs *réécriture* gerät neben dem Metrum aber auch Werthers hymnischer Ton zur Feier des »Allmächtigen«. An seine Stelle tritt eine ironische Lakonik, die gerade in dem wie ein Oden-Pastiche anhebenden Vers am sinnfälligsten zum Tragen kommt: »Groß ist die Welt, besonders oben!« Schwung verheißen zunächst die schwebende Betonung zum Auftakt sowie die ins Kosmische ausgreifende Bedeutungsfülle des Mastersignifikanten ›Welt‹. Empfindlich gestört wird dieser Schwung indes bereits durch die Kopula ›ist‹: Eine mögliche Dynamisierung des Welt-Raums, wie sie im *Werther* etwa durch aktivische Bewegungsverben à la ›dampfen‹, ›weben‹, ›wimmeln‹ usw. geleistet wird,[63] konterkariert sie aufgrund ihres buchstäblich fest-stellenden Charakters von vornherein. Ganz im Sinn von Albrecht Koschorkes These von der »Schließung des Horizonts« in der postromantischen Literatur des Vormärz und des Realismus[64] setzt der syntaktische Einschnitt nach der zweiten Hebung diese Arretierung dann unüberhörbar auf rhythmischer Ebene, die Spezifizierung »besonders oben« auf der der Semantik fort: Die für den Erhabenheitsdiskurs typische Wechselwirkung zwischen betrachtendem Subjekt und betrachtetem Objekt (hier: der Unermesslichkeit des Himmels) wird bei Busch einseitig aufgelöst zugunsten einer statischen räumlichen Bestimmung. Geradezu schulmeisterlich gibt deren pseudo-explikativer Darbietungsgestus (»besonders«) überdies zu verstehen, dies sei der Weisheit letzter Schluss.[65] Bestens in dieses Bild passt denn auch, dass mit der penetranten »o«-Assonanz die hymnische Partikel schlechthin – die Interjektion »Oh« – grafisch in eine Reihe leerer Kreise überführt wird, in Signifikanten, die nur noch auf die eigene innere Leere verweisen.[66]

---

62 Fontane: *Frau Jenny Treibel*. In: ders.: *Große Brandenburger Ausgabe: Das erzählerische Werk*, Bd. 14, 25.

63 Zu diesem epochentypischen Stilmerkmal vgl. die nach wie vor maßgeblichen Überlegungen bei Langen: »Verbale Dynamik in der dichterischen Landschaftsdarstellung des 18. Jahrhunderts«.

64 Vgl. Koschorke: *Die Geschichte des Horizonts*, Kap. V, 218–326.

65 Vgl., ähnlich, wenngleich ohne Bezug auf den Erhabenheitstopos, Marxer: *Wilhelm Busch als Dichter*, 68 f.

66 Zu Kippmomenten zwischen Bild und Schrift bei Busch vgl. – ohne eingehenderen Bezug auf *Balduin Bählamm* – die m.E. freilich oftmals etwas weit hergeholten, weil allzu assoziativen kultur- und kunstwissenschaftlichen

Ein solch reduktionistisches Vorgehen, wie Busch es in seinem *Balduin Bählamm* betreibt, musste für jeden Goethe-Verehrer ein Schlag ins Gesicht sein. Die Bildergeschichte selbst hat davon durchaus ein Bewusstsein. Dies belegt eine Szene ganz am Ende des sechsten Kapitels, in welcher der Werther-Epigone Bählamm beim Bauernmädchen Rieke abblitzt und von dieser eine schallende Ohrfeige versetzt bekommt:

Hier strotzt die Backe voller Saft;
Da hängt die Hand, gefüllt mit Kraft.
Die Kraft, infolge von Erregung,
Verwandelt sich in Schwungbewegung.
Bewegung, die in schnellem Blitze
Zur Backe eilt, wird hier zu Hitze.
Die Hitze aber, durch Entzündung
Der Nerven, brennt als Schmerzempfindung
Bis in den tiefsten Seelenkern,
Und dies Gefühl hat Keiner gern.

Ohrfeige heißt man diese Handlung;
Der Forscher nennt es Kraftverwandlung.[67]

Indem Buschs Text die Ohrfeige im umständlichen Stil naturwissenschaftlicher Lehrbücher als »Kraftverwandlung« konfiguriert, parodiert er nicht nur die spätestens in den 1840er-Jahren zur allgegenwärtigen Leitkategorie avancierte Thermodynamik;[68] präzise benennt er zugleich das affektökonomische Moment, das in den *Leiden des jungen Werthers* die Überführung des Verses in Prosa antreibt.

Überlegungen bei Börnchen: *Poetik der Linie*. Ergiebiger scheint mir die primär auf *Hans Huckebein, der Unglücksrabe* abhebende Lektüre von Barbara Naumann: »Klecks, Punkt, Schluss«. Naumann zeigt dort, dass die vielen Tüpfel und Kleckse in Buschs Zeichnungen aufgrund ihrer Tintenschwärze stets Zeichen sind, »die zu lesen *und* zu sehen geben« (»Klecks, Punkt, Schluss«, 252) und in dieser Eigenschaft immer auch den sowohl schreibenden als zeichnenden Autor Busch ins Spiel bringen, Autorschaft verhandeln.
67 Busch: *Balduin Bählamm*, Sp. 468 (V. 421–434).
68 Vgl. Rabinbach: *Motor Mensch*. Zur Prävalenz des Kraft-Paradigmas im 19. Jahrhundert und seinen Ambivalenzen vgl. auch Brandstetter/Windgätter (Hg.): *Zeichen der Kraft*.

1.2 Von grotesken Körpern und einigen prosaischen Wahrheiten

Wie *Immensee*, *Das Tanzlegendchen* und *Der grüne Heinrich* ruft auch Buschs *Balduin Bählamm* den Traditionszusammenhang der Groteske auf. Bei Busch richtet sich das Interesse indes weniger auf die subtilen Funktionsweisen der Ornamentgroteske als auf Konzeptionen grotesker Körperlichkeit, wie Bachtin sie paradigmatisch in seiner Rabelais-Studie herausgearbeitet hat. Was in den anderen Texten von einer Randposition aus destabilisierend in die Texte hineinwirkt, steht bei Busch demnach immer schon im Zentrum.

So verkehrt insbesondere Buschs *réécriture* des Werther'schen Landschaftsbriefs vom 10. Mai die empfindsamen Schlüsselbegriffe ›Seele‹, ›Gemüt‹ und ›Herz‹ in bloße Physis, mitunter gar ins Triebhafte: Vom Gebaren des Ohrwurms, dem es – ironischerweise in strikter Analogie zu Bählamms Bestreben – letzten Endes allein darum zu tun ist, an einem geeigneten Ort zu »träumen«,[69] heißt es etwa, er sei »*[b]eseelt* von dem Gedanken bloß«: ›Beseelung‹ und fixe Idee fallen so in eins. Ähnlich beredt ist das Zeugma »Nachdem er Bein und Blick erhoben«. Im Verbund mit der ›b‹-Alliteration »Bein«/»Blick« kündigt es den für die empfindsamen Landschaftsschilderungen des 18. Jahrhunderts charakteristischen Nexus zwischen der Erhebung von Blick und Seele auf,[70] um den nach oben gehenden Blick stattdessen als rein körperlichen Impuls zu markieren.

Auch wird Bählamms Ohr, »des Dichters Ohr«, nicht als gleichsam körperloses Organ von ätherischen Klangwellen affiziert, sondern erscheint primär als materiell-leiblicher Hohlraum: als eine Körperöffnung, welche – mit Bachtin zu sprechen – »die glatte Oberfläche, die den [›zivilisierten‹, G.F.] Körper abschließt und als einzelnen und vollendeten begrenzt«, aufbricht und so »die Welt« ganz konkret »in den Körper eindringen« lässt.[71] Bei Werther hingegen beschränkte sich dieses Durchdringen auf ein vergeistigtes Fühlen, stets an der Grenze zudem zur uneigentlichen bildlichen Rede: »[W]enn ich die unzähligen unergründlichen Gestalten der Würmchen, der Mückchen, näher an meinem Herzen fühle, und fühle die Gegenwart des Allmächtigen [...], [...] wenn[] [...] die Welt um mich her und der Himmel ganz in

---

69 Zu den nivellierenden Implikationen dieser Analogie für Bählamms ›abgehobenes‹ Dichtungsverständnis vgl. Willems: *Abschied vom Wahren–Schönen–Guten*, 103 f.

70 Zu diesem Nexus vgl. Koschorke: *Die Geschichte des Horizonts*, 247.

71 Bachtin: *Rabelais und seine Welt*, 359, 361, 76.

meiner Seele ruhn«.[72] Darüber hinaus zerstückelt die auf den Zeichnungen zu beobachtende *close-up*-Technik geradezu den Körper des Dichters, nimmt ihm also auch in der Hinsicht seinen fertigen und abgeschlossenen Charakter. Genauso konsequent ist schließlich, dass die erste dieser Zeichnungen Werthers Notat, er sei »so ganz in dem Gefühle von ruhigem Daseyn *versunken*«,[73] allzu wörtlich ins Bild setzt.

All diese Verkehrungen lassen sich vor dem Hintergrund programmrealistischer Positionen als Prosaismen begreifen. Wenn die Programmrealisten die ›Verklärung‹ des als prosaisch verstandenen Realen einfordern, schlagen sie nämlich exakt den entgegengesetzten Weg ein wie Buschs Bildergeschichte: Wiederholt beschwören sie ein kunstreligiös eingefärbtes Apotheosen- bzw. Auferstehungsszenario, in dem das kontingent Leibliche zugunsten des Geistig-Seelischen überwunden werden müsse. Bei Otto Ludwig etwa, der den Begriff ›poetischer Realismus‹ ja entscheidend geprägt hat, liest man:

Nur was geistig ist, und zwar Ausdruck einer gewissen Idee am Stoffe, und zwar derjenigen, die als natürliche Seele in ihm wirkt und atmet, wird in das himmlische Jenseits der künstlerischen Behandlung aufgenommen; was bloßer Leib, zufällig Anhängendes ist, muß abfallen und verwesen.[74]

Das Schlusskapitel von *Balduin Bählamm* macht sich einen Spaß daraus, Literaturprogrammatik solchen Schlags als abgehobenen Wunschtraum auszuweisen und ein paar nüchterne – im Sprachgebrauch der Epoche also: prosaische – Wahrheiten in Erinnerung zu rufen:

---

72 Goethe: *Leiden des jungen Werthers*, 8.
73 Ebd., 7 (Hervorhebung G.F.).
74 Ludwig: *Shakespeare-Studien*, 264f. Systematisch aufgearbeitet und auf ihre inneren Widersprüche hin analysiert werden diese programmrealistischen Auferstehungsszenarien bei Begemann: »Gespenster des Realismus«, 236–241.

Und selig will er sich erheben,
Um mit der Dame fortzuschweben.

Doch ach! Wie schaudert er zusammen!
Denn wie mit tausend Kilogrammen
Hängt es sich plötzlich an die Glieder,
Hemmt das entfaltete Gefieder

Und hindert, daß er weiter fliege.
Hohnlächelnd meckert eine Ziege.
Die himmlische Gestalt verschwindet,
Und nur das Eine ist begründet,
Frau Bählamm ruft, als er erwacht:
»Heraus, mein Schatz! Es ist schon Acht!«[75]

Dass es bei Buschs Spielart des Grotesken zumindest in *Balduin Bählamm* immer auch um das Verhältnis von Poesie und Prosa geht, darauf verweist insbesondere der Auftakt des fünften Kapitels. Dort ist die Mücken- und Wanzenplage Thema, der sich Bählamm während seiner ersten Nacht auf dem Land ausgesetzt sieht:

Kennst du das Thierlein leicht beschwingt,
Was, um die Nase schwebend, singt?
Kennst du die Andern, die nicht fliegen,
Die leicht zu Fuß und schwer zur kriegen?[76]

Die Mücken stehen hier nicht wie bei Werther für »das Wimmeln der kleinen Welt«,[77] für deren Vibrationen und immanente Musikalität – man beachte die ›w‹-Alliteration, die neben dem »Weben des Allliebenden«[78] implizit auch Werther selbst in das kosmische Vibrieren des Textes mit einbezieht. Bei Busch übersäen die Mücken stattdessen die Oberfläche des Dichter-Körpers mit Stichen und Quaddeln:

75 Busch: *Balduin Bählamm*, Sp. 493–495 (V. 629–640).
76 Ebd., Sp. 450 (V. 313–316).
77 Goethe: *Leiden des jungen Werthers*, 8.
78 Ebd.

Indem dieser groteske Realismus ausgerechnet im Rückgriff auf Mignons Sehnsuchtsfrage »Kennst du ...?« dargeboten wird, kommt das Verhältnis von Poesie und Prosa ins Spiel: die Frage nach dem Untergang der Poesie angesichts der zunehmenden Übermacht modernprosaischer Verhältnisse. Anders als Goethe trägt Busch die Problematik nicht über die Gegenüberstellung von Prosa und Vers aus. In spiegelbildlicher Entsprechung sozusagen zu Kellers *Tanzlegendchen* nimmt er sie vielmehr ganz ins Darstellungsmedium des Verses hinein, überführt sie in den traditionell als besonders prosanah empfundenen Knittelvers und moduliert sie, wie im Folgenden noch eingehender zu zeigen ist, über das Wechselspiel poetisierender und prosaisierender Schreibweisen (Töne).

Ausdrücklich beim Namen genannt wird diese Prosaisierung im *Balduin Bählamm* freilich nicht. Das holt eine emblemartige Karikatur mit dem Titelspruch *Prosaischer Kauz* nach. Prominent platziert – sie eröffnet die posthume, aber noch von Busch selbst arrangierte Sammlung *Hernach*[79] –, gibt sie sich als augenzwinkernde Auto(r)figuration eines Künstlers zu lesen, der sich zeitlebens gerne zum verschrobenen Einzelgänger stilisierte:

Prosaischer Kauz

Der holde Mond erhebt sich leise.
Ein alter Kauz denkt nur an Mäuse.[80]

79 Zur Editionslage vgl. die Herausgebernotiz in: Busch: *Die Bildergeschichten*, Bd. 3, Sp. 1306f. und 1338–1340.
80 Ebd., Sp. 578f.

1.3   Durchstreichen, Überschreiben – Schlussstriche

Das sechste Kapitel aus Buschs Bildergeschichte beschränkt sich jedoch nicht darauf, Werthers euphorisch-hymnischen Brief vom 10. Mai zu parodieren. Es überblendet ihn darüber hinaus mit seinem nicht minder berühmten Pendant vom 18. August. Dort schildert Werther, wie er die ihn umgebende Landschaft nicht länger als Zugang zum »innere[n], glühende[n], heilige[n] Leben der Natur«[81] wahrnimmt, sondern umgekehrt als ein Werk unaufhörlicher Zerstörung: »[D]er harmloseste Spaziergang kostet tausend armen Würmchen das Leben, es zerrüttet Ein Fußtritt die mühseligen Gebäude der Ameisen, und stampft eine kleine Welt in ein schmähliches Grab.«[82] Mit Bählamms Reaktion auf den lästigen Störenfried in seinem Ohr nimmt Buschs Bildergeschichte Werthers Klage beim Wort: »Ein Winkelzug / Von Bählamms Bein, der fest genug, / Zerstört die Form«.[83] Der in diesem Kontext etwas überraschende Ausdruck ›Winkelzug‹ – Bählamms resolutes Durchgreifen scheint im Gegenteil ja nur allzu verständlich – deutet an, dass bei dieser Aktion mehr auf dem Spiel steht als das Zertreten eines lästigen Insekts. Die Zeichnung weist den Weg, indem sie die Überreste des Ohrwurms überdimensioniert als etwas Ausgestrichenes ins Bild setzt:

Tatsächlich wird Goethes *Werther* in diesem sechsten Kapitel des *Balduin Bählamm* gleich zweimal im Modus der Groteske überschrieben: zum einen, indem Werthers ebenso sinnliche wie metaphysische Naturhymnik ins Materiell-Leibliche verkehrt wird; und zum anderen, indem zwei von ihrer Tonalität her völlig konträre Stellen des Goethe-

81 Goethe: *Leiden des jungen Werthers*, 74.
82 Ebd., 76.
83 Busch: *Balduin Bählamm*, Sp. 460 (V. 379–381).

Textes selbst in der Art grotesker Hybridwesen miteinander überblendet werden.

Dass dabei ein durchaus agonales Moment am Werk ist, zeigt gleich im Anschluss die Szene, in welcher der Bauer Krischan (der mit der von Bählamm angehimmelten Rieke buchstäblich unter einer Decke steckt) Bählamms Regenschirm aus Unachtsamkeit mit seiner »scharfen Hippe«[84] zerschlitzt. Bereits auf der Handlungsebene also liegt ein Konflikt vor, der in typisch groteskem Überbietungsgestus über die Allegorie vom Schnitter Tod codiert wird. Bedenkt man nun, dass Bählamms Regenschirm unmittelbar nach Krischans schändlichem Attentat als »Paraplü«[85] bezeichnet wird – also eine eigenartige Verballhornung aus dem Französischen zum Einsatz kommt – und just in dieser Szene auch die für meine Lektüre entscheidende Werther-Paronomasie »verqueer«[86] auftaucht, so wird der arme Wurm, den Bählamm kurz davor zertreten hat, im Rückblick plötzlich als Alter Ego von Werther selbst lesbar. Wie der Derrida-Schüler Philippe Forget einmal in völlig anderem Zusammenhang angemerkt hat, bewegt sich der Name von Goethes Protagonist im Französischen nämlich in auffälliger lautlicher Nähe zu *ver de terre*.[87] Mit dem *ver* (Wurm), den Bählamm hier zertritt, streicht Buschs Bildergeschichte Goethes *Werther* also ein weiteres Mal aus – und mit diesem den *vers* (Vers), den sich Goethes Prosa in überbietendem Gestus anzuverwandeln bestrebt war. Unleugbar erreicht die Inversion von Goethes lyrischer Prosa damit ihren virtuosen – um nicht zu sagen: ›vertuosen‹ – Höhepunkt.

Zugleich ist die Liquidierung des Ohrwurms eine *mise en abyme* des werkbiografischen Schlussstrichs, den Busch mit *Balduin Bählamm, der verhinderte Dichter* – und dem gleich danach verfassten *Maler Klecksel* – zieht: Wie bereits eingangs erwähnt, handelt es sich dabei um die letzten Bildergeschichten aus seiner Feder.[88] Besonders hervorgehoben wird deren innere Zusammengehörigkeit dadurch, dass die beiden Künste, die innerhalb von Buschs Bildergeschichten stets eine

---

84 Ebd., Sp. 464 (V. 402).
85 Ebd. (V. 406).
86 Vgl. ebd. (V. 401).
87 Mündliche Äußerung im Rahmen eines Seminars am Pariser Lycée Louis-le-Grand (2000/2001).
88 In seiner Busch-Monografie spricht Walter Pape mit Bezug auf *Balduin Bählamm* und *Maler Klecksel* von einem »planvollen Schlussstrich«, begründet dies jedoch allein damit, dass in beiden Bildergeschichten erstmals »Künstlergestalten im Mittelpunkt« (Pape: *Wilhelm Busch*, 66) stünden. Er übersieht also, dass sich der Schlussstrich als Denkfigur bereits in Buschs Werk *selber* findet.

spannungsvolle Einheit bilden – Malerei und Dichtung –, hier auf der Handlungsebene separat behandelt werden: in Gestalt eines Malers und eines Dichters. Geradezu folgerichtig weist *Maler Klecksel* denn auch ein Pendant zu dem programmatischen Schlussstrich aus dem sechsten Kapitel des *Balduin Bählamm* auf. Unweigerlich erinnert so das Bild, das der Titelheld von Bertold Schwarz malt, wie er »vor zwei Sekunden / Des Pulvers große Kraft erfunden«,[89] an den Gesichtsausdruck von Lehrer Lämpel, nachdem ihm die von Max und Moritz hergerichtete Pfeife um die Ohren geflogen ist:[90]

Insofern *Maler Klecksel* das Selbstzitat aus Buschs bekanntestem Werk mit einem Rahmen versieht, wird Buschs Bildergeschichten-Ästhetik als sich selber historisch gewordene markiert. In dieselbe Kerbe haut denn auch der Text: Vieldeutig wird das Klecksel-Werk dort ein »historisch Bild« genannt.[91]

89 Busch: *Maler Klecksel.* In: ders.: *Die Bildergeschichten*, Bd. 3: *Spätwerk*, Sp. 500–568, hier Sp. 539 (V. 385 f.).
90 Der Bezug wird auch im Herausgeberkommentar hergestellt, vgl. ebd.
91 Busch: *Maler Klecksel*, Sp. 539 (V. 384).

Nach diesen geradezu programmatischen Schlussstrichen verstummt Busch jedoch keineswegs. Vielmehr publiziert er in den nächsten zwanzig Jahren, zumindest was größere Werke angeht, nur noch Prosa: eine höchst lakonische, mehrmals überarbeitete Autobiografie sowie die zwei Prosatexte *Eduards Traum* (1891) und *Der Schmetterling* (1895). Auf die Prosaisierung des Verses folgt in Buschs Werkbiografie also durchaus konsequent der Schritt ins Darstellungsmedium der Prosa: *deuil du ver(s)*.

1.4 Aushöhlung der ›inneren Form‹

Buschs vorletzte Bildergeschichte verfährt bei ihrem Versuch, dem Vers die Poesie auszutreiben, nun aber gerade nicht so wie ihr Protagonist beim Zertreten des Ohrwurms, d.h.: Sie »[z]erstört die Form« des Verses nicht. Ein solches Unterfangen würde ja auch von einem Sturm-und-Drang-artigen Übermut künden, den die *Werther*-Parodie in Gestalt von dessen traurigem Rest, Bählamm eben, unablässig aufs Korn nimmt. Vielmehr stellt Buschs Schreibweise die Form durch die karikaturartige Überbetonung von Metrum und Reim – als der landläufigen Differenzkriterien zwischen Prosa und Vers – ironisch aus und unterhöhlt damit umso genüsslicher die sogenannte ›innere Form‹ des Verses.

Der von niemand anderem als vom jungen Goethe geprägte Ausdruck ›innere Form‹ – gemeint ist im Fall der Lyrik eine Form jenseits von äußerlichen Kriterien wie Metrum und Reim, »eine Form [...], die nicht mit Händen gegriffen, die gefühlt sein will«[92] – wird zu Buschs Zeiten insbesondere in Theodor Storms lyriktheoretischen Schriften und poetologischen Gedichten immer wieder aufs Emphatischste beschworen. Storm dient die ›innere Form‹ dazu, seine auf ›wahrhaftiger Empfindung‹ beruhende Auffassung von Lyrik von den phrasenhaft-schablonenartigen und dementsprechend ›innerlich hohlen‹ Gedichten des damaligen Bestseller-Lyrikers Emanuel Geibel abzugrenzen. Einschlägig ist in der Hinsicht sein antithetisch aufgebautes Gedicht *Lyrische Form* (1885):

---

92 Goethe: »Anhang aus Goethes Brieftasche« (1776). In: ders.: *Sämtliche Werke. Briefe, Tagebücher und Gespräche*, Abt. I: *Sämtliche Werke*, Bd. 18, 174–183, hier 174. Zur Denkfigur der ›inneren Form‹ aus gattungsgeschichtlich-kulturwissenschaftlicher Perspektive vgl. Michler: *Kulturen der Gattung*, 249–255.

Poeta laureatus:
  Es sei die Form ein Goldgefäß,
  In das man goldnen Inhalt gießt!
Ein Anderer:
  Die Form ist nichts, als der Kontur,
  Der den lebend'gen Leib beschließt.[93]

Was in Geibels vor Wohllaut überbordenden Klangteppichen in einer Mischung aus kommerziellem Kalkül und künstlerischem Epigonentum zur Aushöhlung der ›inneren Form‹ des Verses führt, wird bei Busch – ins Dissonante gewendet – zum Schreibprinzip schlechthin erhoben und in Stellung gebracht, um auf die Überholtheit des Paradigmas Erlebnislyrik hinzuweisen, das im 19. Jahrhundert geradezu mantra-artig an den Namen Goethe zurückgebunden wird.

Ironischerweise hat mit Peter Marxer ausgerechnet ein Emil-Staiger-Schüler als Erster nachdrücklich auf diesen Sachverhalt aufmerksam gemacht: »Je auffälliger und lauter der Reim sich [bei Busch] nach außen hin gibt, umso hohler ist er in seinem Inneren«.[94] Das durchgehende Paarreim-Schema »be-ton[e]« den Reim umso »aufdringlich[er]«, als Buschs vierhebiger Knittelvers ein »relativ kurze[s]« Metrum sei und in seinem »monotonen und spannungslosen Ablauf« kaum je rhythmische Gegenläufigkeiten aufweise.[95] Zu dieser plakativen Hervorhebung des Reims gesellten sich immer wieder Missverhältnisse zwischen den Reimwörtern, so etwa wenn »er's« – die Kontraktion zweier Pronomina, von zwei reinen Platzhaltern also – als Reimwort herhalten müsse für den poetologischen Schlüsselausdruck »Vers«.[96] Wenn gar ein Artikel als Reimwort fungiere, so zöge das Enjambements nach sich, die den Eindruck erweckten, »als ob auf einem Prosatext mit der Elle die Zeilenlänge abgetragen, er dann gefaltet und so der Vers gemacht worden sei«.[97] Fazit Peter Marxer: »Das äußerliche Verhalten des Reims entspricht der gebundenen, sein innerliches der ungebundenen Sprache. [...] [E]r zerfällt in Lyrik und Prosa.«[98]

Diesen textimmanenten Befunden kann ich im Kern nur beipflichten. Jedoch unterlässt es Marxer, das von ihm herausgearbeitete »parodisti-

---

93 Storm: *Lyrische Form.* In: ders.: *Sämtliche Werke*, Bd. 1, 93.
94 Marxer: *Wilhelm Busch als Dichter*, 102.
95 Ebd., 74–77.
96 Vgl. Busch: *Balduin Bählamm*, Sp. 448 (V. 301 f.).
97 Marxer: *Wilhelm Busch als Dichter*, 86.
98 Ebd., 102.

sche[] Widerspiel zwischen Form und Inhalt«[99] zu kontextualisieren und das eigene Vorgehen auf seine Prämissen hin zu befragen. Anders gesagt: Er setzt die ›innere Form‹ als zeitlosen literarästhetischen Wert voraus. Man ist eben doch nicht ungestraft Staiger-Schüler. Zielscheibe von Buschs Parodie ist für Marxer dementsprechend auch alleine Bählamm in seiner Eigenschaft als Freizeit- und Möchtegern-Dichter, der nicht vom wahrhaft Dichterischen beseelt sei.[100] So genau Marxer vieles sieht, letzten Endes liest er Buschs Bildergeschichte unausgesprochen aus der Position des Goethe-Epigonen Storm heraus. Mir scheint eine andere Sichtweise ergiebiger: Ex negativo macht der plakative Charakter des Gleich- und Einklangs bei Busch auf den zweifelhaften, um nicht zu sagen: gewaltsamen Charakter der Harmonisierungsbestrebungen aufmerksam, wie sie in den programmatischen Aussagen der Vertreter des deutschsprachigen Realismus allenthalben zu finden sind.

Im Folgenden möchte ich darum etwas eingehender auf die expliziten Dissonanzen in Buschs Versen zu sprechen kommen. Im Gegensatz zum Reim behandelt Marxer diese eher am Rand,[101] obwohl doch gerade sie entscheidend zur Prosaisierung des Verses bei Busch beitragen. Sie entstehen zum einen dadurch, dass bestimmte Stilregister gegeneinander ausgespielt werden: so etwa wenn zu Beginn des sechsten Kapitels von *Balduin Bählamm* die Blümchenpoesie mit dem nüchtern wissenschaftlichen Ausdruck ›botanisch‹ ein jähes Ende erfährt, geradezu zerpflückt wird.[102] Zum anderen können diese Dissonanzen aber auch phonetischer Natur sein. Der Text selbst reflektiert dieses Verfahren an einer Stelle, die einmal mehr den wenig euphonischen Nachnamen des Protagonisten motiviert. In der Nacht meint der Familienvater Bählamm, endlich ungestört nachdenken zu können – ein Irrtum, wie sich alsbald herausstellt:

[D]er Kopf denkt nach;
Da geht es Bäh! vielleicht nur schwach.
Doch dieses Bäh erweckt ein zweites,
Dann Bäh aus jeder Kehle schreit es.[103]

---

99 Ebd.,104.
100 Vgl. ebd., 62.
101 Detaillierter analysiert er unter dem Gesichtspunkt lediglich den Auftakt des sechsten Kapitels und bezeichnet diesen als »dissonantisches Wechselbad« (ebd., 69).
102 Dazu auch ebd., 67.
103 Busch: *Balduin Bählamm*, Sp. 438 (V. 211–214).

Im Text wird dieses Konzert »Tongemälde« genannt,[104] also mit einem Ausdruck bedacht, der selbst in die geschilderte ›ä‹-Kakophonie einbezogen ist. Da die Stelle zudem Bählamms Nachnamen – und damit auch den Titel der Bildergeschichte – lautmalerisch bzw. eben qua »Tongemälde« herleitet, schwingt sich das Kompositum performativ zur adäquaten Beschreibungskategorie für Buschs Kunst der Dissonanz auf. Konsequenterweise macht diese nicht einmal vor der Schutzheiligen der Musik Halt, hört Bählamms Gattin doch ausgerechnet auf den Namen »Cäcilie«.[105]

An die Problematik von Poesie und Prosa rückbinden lässt sich diese eigentümliche Modulierung der Töne über eine Passage, die unmittelbar nach Bählamms Ankunft im ländlichen Logis spielt. Als sich der Protagonist dort sogleich ans Werk machen will, widerfährt ihm folgendes Missgeschick:

Er lauscht dem Heerdenglockenklang,
Und ahnungsfroh empfindet er's:
Glückauf! Jetzt kommt der erste Vers!

Klirrbatsch! Da liegt der Blumentopf.
Es zeigt sich ein gehörnter Kopf,

104 Ebd. (V. 218).
105 Vgl. ebd., Sp. 441 (V. 242), Hervorhebung G.F.

Das Maulwerk auf, die Augen zu,
Und blärrt posaunenhaft: Ramuh!!

Erschüttert gehen Vers und Reime
Mitsammt dem Kunstwerk aus dem Leime.
Das thut die Macht der rauhen Töne.

Die Sängerin verläßt die Scene.[106]

Keine lieblichen Naturlaute drängen an »des Dichters Ohr«, sondern
ein muhender Wiederkäuer – auch dies übrigens eine parodistische
Werther-Reminiszenz, endet der melancholisch-unheilschwangere Brief
vom 18. August doch mit der apokalyptischen Vision eines »ewig
verschlingende[n], ewig wiederkäuende[n] Ungeheuer[s].«[107] Der eigentliche Witz dieser Szene – ihr poetologischer Hintersinn – besteht
darin, dass nicht der Dichter Bählamm als Alter Ego der Autor-Instanz
Busch fungiert, sondern die als »Sängerin« titulierte Kuh: Beide kul-
tivieren auf je eigene Weise die prosaische Dissonanz bzw., mit den
Worten des Textes selber gesprochen, »die Macht der rauhen Töne«.[108]
Die wenig euphonische ›au‹-Assonanz (»Das Maulwerk auf, die Augen
zu / Und blärrt posaunenhaft«) spricht in dem Zusammenhang genauso
für sich wie die die gesamte Sequenz grundierende ›Po‹-Anapher (»Poesie«, »posaunenhaft«), die schließlich darin gipfelt, dass die Kuh den
Leser*innen auf dem letzten Bild ihren Popo zeigt – die Poesie also,
oder was man landläufig darunter versteht, auf gut Deutsch ›im Arsch‹
ist.

106 Busch: *Balduin Bählamm*, Sp. 448f. (V. 300–310).
107 Goethe: *Leiden des jungen Werthers*, 76 (Brief vom 18. August).
108 Dass ›rauh‹ und ›prosaisch‹ in Buschs eigener Lexik aufs Engste zusammen-
    hängen, zeigt ein Blick in einen seiner Aufsätze über die Imkerei. Dort räumt
    er mit dem »schönen Luftschloß der Poesie« auf, die Bienen liebten den Imker
    wie einen Vater, und beantwortet die rhetorische Frage, die seinem Beitrag
    den Titel gibt – »Kennen die Bienen ihren Herrn?« –, »mit einem rauhen,
    prosaischen Nein!« (Busch: »Kennen die Bienen ihren Herrn?«, 30)

Die etwas ungewöhnliche Lautmalerei »Ramuh« – ein einfaches »Muh« hätte es ja eigentlich auch getan – belegt, dass hinter dem Ganzen System steckt. Im ›Plärren‹ der Kuh klingt so nämlich der Name von Jean-Philippe Rameau an, der im 18. Jahrhundert nicht nur einer der prominentesten Vertreter des *opéra lyrique* war, sondern auch – und das ist für meine Argumentation das eigentlich Entscheidende – der Verfasser einer der einflussreichsten musiktheoretischen Schriften überhaupt mit dem Titel: *Traité de l'harmonie réduite à ses principes naturels.* Auch bei Busch ist eine Reduktion auf ›natürliche Prinzipien‹ am Werk – nur sind diese nicht von Harmonie geprägt, sondern von Dissonanz.[109]

Der Erzählerkommentar, der auf den ersten Blick nur auf das Schicksal von Bählamms nicht zustande gekommenen Versen gemünzt ist – »Erschüttert gehen Vers und Reime / Mitsamt dem Kunstwerk aus dem Leime« –, ist dementsprechend durchaus poetologisch lesbar als Selbstbeschreibung von Buschs dissonant-prosaisierender Verskunst. Nichts anderes zeigt bei genauerem Hinsehen auch das Bild, auf dem die Kuh den Kopf durch das Fenster von Bählamms Zimmer streckt: Mit ihrem unerwarteten Auftritt geht nicht nur der Blumentopf entzwei, sodass die Blume als topische Stellvertreterin der Poesie über den Haufen geworfen wird.[110] Indem das ausgegossene Wasser auf der Zeichnung in Form von Strichen über Bählamms Poesiealbum läuft, wird auch die epigonal empfindsame Lyrikkonzeption, für die Bählamm steht, unmissverständlich durchgestrichen.

1.5 Automatisches Kunstwerk

Was bei all diesen Prosaisierungsverfahren herauskommt, lässt sich vielleicht am treffendsten als »automatisches Kunstwerk«[111] bezeichnen.

---

109 Von Rameau aus führt übrigens wieder eine Linie zu Goethe: Diderots philosophischer Dialog *Le Neveu de Rameau*, in dem sich das Erzähler-Ich mit einem verhinderten bzw. gescheiterten Künstler unterhält – wie Buschs Bählamm hat er vor lauter Überschwang nie ein Werk zustande gebracht –, wurde nämlich von Goethe ins Deutsche übertragen (da das Original in Frankreich wegen anstößiger Stellen nicht erscheinen durfte, wurde der Text auf dem Umweg gar überhaupt erst einer lesenden Öffentlichkeit zugänglich). Buschs intertextuelle Anspielungen sind mitunter ebenso weit *verzweigt* wie die Rezeptionsumstände von Diderots Dialog, führen aber fast immer zu der einen oder anderen Form zu Goethe: Verschmitzt honorieren sie ihn so auf ihre Weise, bar jedes gründerzeitlichen Pathos, als unumgänglichen Bezugspunkt.
110 So bereits Hetzner, *Gestörtes Glück im Innenraum*, 11.
111 Busch: *Eduards Traum*. In: ders.: *Werke*, Bd. 4, 159–201, hier 188.

Der Ausdruck findet sich bei Busch selber – in dem bereits erwähnten Prosatext *Eduards Traum* – und bezieht sich dort auf einen von einem Naturwissenschaftler entworfenen Automaten, der Eduard den »Kreislauf der Dinge«[112] vor Augen führen soll:

> Es war ein Fischreiher, in einer Schale voll Wasser stehend, worin sich ein Aal befand. Der Reiher bückte sich, erfaßte den Aal, hob ihn in die Höhe, verschluckte ihn und stand dann, gleichsam befriedigt, in Gedanken. Aber bereits im nächsten Augenblicke schlüpfte der geschmeidige Fisch wieder hinten heraus. Wieder mit unfehlbarer Sicherheit ergriff ihn der langgeschnäbelte Vogel, ließ ihn hinuntergleiten und wartete sinnend den Erfolg ab, und wieder kam der Schlangenfisch am angeführten Orte zum Vorschein, um nochmals verschlungen zu werden, und so gings fort und fort.[113]

Ob das weltanschauliche Statement von der Sache her zutrifft, möge dahingestellt bleiben. Aus literaturwissenschaftlicher Perspektive scheint mir ergiebiger, dass sich mit der Rede vom automatischen Kunstwerk Buschs immer gleiche Handhabung von Metrum und Reim genauso wie die serielle Handlungsstruktur seiner Bildergeschichten, die zudem ständig mit den gleichen Kippverfahren operieren[114] –, kurzum: dass sich mit diesem Ausdruck die immanente Poetik von Buschs Bildergeschichten recht präzise fassen lässt.

Als weiterer und zugleich besonders eindrücklicher Beleg für diese Lust am Seriellen drängt sich die Szene auf, die unmittelbar auf die Ohrwurm-Passage folgt. Bählamm versinkt nun nicht mehr verzückt im Gras, sondern sitzt, auf einer von lauem Wind umsäuselten Anhöhe, am Fuße eines Baums: Ein *locus-amoenus*-Topos wird also schlicht gegen einen anderen eingetauscht. Mit dem Satz »Sogleich und mit gewisser Schnelle / *Vertauscht* der Dichter diese Stelle«[115] macht Buschs Text gar selbst auf dieses Verfahren aufmerksam, insofern er nicht allein auf den vom Möchtegern-»Dichter« Bählamm vorgenommenen Ortswechsel beziehbar ist, sondern ebenso auch auf die Autor-Instanz Busch, die »mit gewisser Schnelle« das Dekor ›vertauscht‹, um das gleiche Szenario unter veränderten Vorzeichen erneut durchzuspielen. Tatsächlich lässt

---

112 Ebd., 189.
113 Ebd., 188f.
114 Zur Struktur der immer gleichen Handlungsverläufe bei Busch vgl. bereits Ueding: *Wilhelm Busch. Das 19. Jahrhundert en miniature*, 178f., und Willems: *Abschied vom Wahren–Schönen–Guten*, 200f.
115 Busch: *Balduin Bählamm*, Sp. 461 (V. 385f.), Hervorhebung G.F.

denn auch der groteske Umschlag nicht lange auf sich warten. Wie schon beim Auftritt der muhenden Kuh zwei Kapitel vorher und bei dem des Ohrwurms in der Szene unmittelbar zuvor, geht er aufs Konto eines Tiers und weist zudem eine vergleichbar selbstreflexive Pointe auf wie die beiden anderen Episoden: Im Wegfliegen »[e]rleichtert«[116] sich ein Vogel nämlich ausgerechnet in Bählamms Poesiealbum und setzt damit einmal mehr einen tintenschwarzen Schlusspunkt hinter die überkommene Dichtungskonzeption von Buschs Protagonist:

Wie in den anderen Szenen ist der skatologische Witz überdies erneut als groteske *Werther*-Parodie lesbar: »[A]ch könntest du«, ruft Werther im – wie könnte es anders sein? – Brief vom 10. Mai aus, »das wieder *ausdrücken*, könntest dem Papiere das einhauchen, *was so voll, so warm in dir lebt*, daß es würde der Spiegel deiner Seele, wie deine Seele ist der Spiegel des unendlichen Gottes!«[117] Die innere geistige Fülle, auf die es Werther ankommt, wird bei Busch ersetzt durch ein ›Ausdrücken‹ der

116 Ebd., Sp. 462 (V. 394).
117 Goethe: *Leiden des jungen Werthers*, 8 (Hervorhebungen G.F.).

etwas anderen Art: durch die Entleerung eines übervollen Verdauungs-apparats.

Derart als *Werther*-Verkehrung gelesen, setzt Buschs Vogel freilich nicht allein einen poetologischen *Schluss*punkt. Wie man in Anlehnung an Barbara Naumanns Lektüre einer anderen, motivisch ähnlichen Busch-Stelle sagen könnte, setzt er vielmehr zugleich »noch einen drauf«.[118] Denn Buschs Bildergeschichte bringt so auch die eigene inter-textuelle Verfasstheit auf den Punkt. Während Werther in seiner Seele einen »Spiegel des unendlichen Gottes« erblickt, präsentiert sich Buschs Werk als *Zerrspiegel* des unendlichen Goethe sowie vieler anderer Au-toren, die es sich einverleibt hat und genüsslich neu ›ausdrückt‹. Anders gesagt: In aller Deutlichkeit kehrt Buschs Bildergeschichte hier die genuin groteske Dimension ihrer überbordenden Intertextualität nach außen, die bei den anderen Vertretern des deutschsprachigen Realismus allenfalls zwischen den Zeilen durchscheint.

*

Ihrem eigenen Selbstverständnis nach bewegt sich Buschs automaten-haft-serielle Poetik auf der Höhe ihrer Zeit: So legt das prologartige erste Kapitel von *Balduin Bählamm* dar, wie technisch reproduzierte, d. h. in Zeitungen abgedruckte Gedichte jeden Morgen aufs Neue auf dem Frühstückstisch landen und von einer ihrerseits in standardisierte Handlungsabläufe eingebundenen, sich aber stets den Anstrich des Neuen gebenden Leserschaft zusammen mit Kaffee und Brötchen – und gar *wie* diese – konsumiert werden.[119]

Auch in der Hinsicht revoziert Buschs Schreibweise Goethes Werther, insofern dieser geradezu exemplarisch für eine bioästhetische Position steht, die das Organische gegen das Mechanische ausspielt: Werther zufolge generiert das steife Hofzeremoniell keine Menschen, sondern nur »Marionette[n]«,[120] und der ›unnatürliche‹ Schreibstil, den sein Dienstherr von ihm verlangt, kommt ihm vor, als sei er immer nur von der gleichen »hergebrachten Melodie herab[ge]orgelt«.[121] Es verwundert denn auch nicht, dass die von mir zitierte Szene aus *Eduards Traum* ihrerseits verschmitzt auf Goethes Briefroman Bezug nimmt,

118 Naumann: »Klecks, Punkt, Schluss«, 255. Zur Spannung zwischen dem Klecks als Schlusspunkt und Übertrumpfungsgeste vgl. ebd., 255 f.

119 Vgl. Busch: *Balduin Bählamm*, Sp. 425 f. Zu einer eingehenderen Lektüre dieser Passage vgl. das folgende Unterkapitel.

120 Goethe: *Leiden des jungen Werthers*, 99 (Brief vom 20. Januar 1772).

121 Ebd., 93 (Brief vom 24. Dezember 1771).

Abb. 14: Jacques Vaucanson:
Le Canard digérateur (1738), Foto
aus dem 19. Jahrhundert.
© Musée des arts et métiers, Paris/
Foto: P. Faligot.

apostrophiert der Naturwissenschaftler Eduard doch ausgerechnet mit
dem mehrdeutigen Superlativ ›mein Wertester‹.[122]

Ins 18. Jahrhundert zurück verweist neben dieser Anspielung aber
auch der Fischreiher-Automat selbst, da er geradewegs aus der Werk-
statt von Jacques Vaucanson zu kommen scheint. Aufs Verblüffendste
erinnert er gar an dessen mit einem künstlichen Verdauungsapparat
ausgestattete mechanische Ente (Abb. 14).[123] Wie etwa ein populärwissenschaftlicher Vortrag von Hermann von Helmholtz zeigt, war diese
bis in die zweite Hälfte des 19. Jahrhunderts eine allgemein bekannte
Bezugsgröße.[124] Es sind wohl genau diese materialistisch angehauchten naturwissenschaftlichen Traditionslinien,[125] die eine andere Figur
aus *Eduards Traum* im Sinn hat, wenn sie sich ihrem Gesprächs-

122 Busch: *Eduards Traum*, 188.
123 Zu Vaucansons epochemachendem Automaten vgl. insbesondere die wissensgeschichtliche Einordnung von Jessica Riskin: »The Defecating Duck«.
124 Vgl. von Helmholtz: *Ueber die Wechselwirkung der Naturkräfte* [1854], 5.
 Zur Unterscheidung zwischen den ›mimetischen‹ Maschinen des 18. Jahrhunderts und den ›Arbeitsmaschinen‹ des 19. vgl. ebd., 6, sowie Rabinbach: »Von
 mimetischen Maschinen zu digitalen Organismen«, 95–98.
125 Zu Helmholtz' komplexem Verhältnis zum Materialismus vgl. Heidelberger:
 »Helmholtz' Erkenntnis- und Wissenschaftstheorie«.

partner gegenüber ereifert: »Alles pulverisieren sie: Gott, Geist und Goethe.«[126] Im Grunde genommen macht Buschs Bildergeschichte *Balduin Bählamm, der verhinderte Dichter* das Gleiche – nur eben auf dem Gebiet der Literatur. Pulverisiert man das Verb ›pulverisieren‹ spaßeshalber einmal selbst, kommen denn auch vielleicht nicht ganz zufällig ›Pu-e-sie‹ und ›Ver-s‹ heraus.

2. *Halleriana hilara*. Aufklärerische Lehrdichtung als Reflexionsmedium von Buschs vorletztem »Tongemälde«

Im Jahrhundert der Aufklärung stehen die Lehrdichtung und die von ihr propagierte Allianz von Poesie und Wissen im Zenit ihrer Popularität:

> In Verbindung mit dem Vernunftideal und der erzieherischen Zuversicht der Aufklärung wird gerade die Lehrdichtung zum Mittel, die neuen Wahrheiten sinnfällig zu machen und die neuen moralischen Maximen zur Ermündigung des einzelnen wie zur Bildung einer vernunftgeleiteten Gemeinschaft zu popularisieren.[127]

Der Rückgriff auf das Darstellungsmedium Vers wird dabei mit Argumenten gerechtfertigt, die schon in der Antike Topos-Charakter besaßen.[128] Die auf den ersten Blick doch eher trockenen Wissensbestände wirkten, so heißt es, dank des poetischen Zierrats ungleich ergötzlicher, da sie nicht nur den Verstand, sondern auch das Gemüt, das Herz ansprächen: *utile dulci*. Versifiziertes Wissen präge sich dem Gedächtnis zudem ungleich nachhaltiger ein als ein Traktat in Prosa. Auch vermöge die poetische Behandlung die oftmals wenig ansehnlichen Gegenstände, mit denen sich die Wissenschaften beschäftigen, zu veredeln und aufzuwerten. Zumindest für den deutschen Sprachraum kommt schließlich mit dem mehrdeutigen Begriff ›Ungereimtheit‹ eine Kategorie hinzu, die an der Schnittstelle von Ontologie (Wohlgeordnetheit des Kosmos) und Poetologie (Wohlklang des Textes) operiert und so beide Bereiche wechselseitig aufeinander verweist.[129]

Wie meine *Immensee*-Lektüre am Beispiel der ›Ungereimtheit‹-Chiffre gezeigt hat, haben die Texte des deutschsprachigen Realismus

---

126 Busch: *Eduards Traum*, 180.
127 Jäger: »Lehrdichtung«, 500.
128 Zu dieser Topik vgl. insbesondere Chométy/Seth: »Une tradition ininterrompue«, 21 f.
129 Vgl. Hottner: »Ungereimtheit – Poesie und Prosa um 1755«.

von diesen Zusammenhängen durchaus ein Bewusstsein. Nichtsdestoweniger bietet sich in der zweiten Hälfte des 19. Jahrhunderts ein gegenüber der zweiten Hälfte des 18. stark verändertes Bild dar.[130] Zwar hat
ein »poetisch-wissenschaftliche[s] Syntheseprogramm« nach wie vor
Bestand;[131] angesichts der zunehmenden Ausdifferenzierung und Pro-
fessionalisierung der Wissens- sowie der Umwälzungen in der Medienlandschaft artikuliert sich dieses nun allerdings mehrheitlich im Medium
der Prosa (auch davon legt Storms Novelle ja auf ihre Weise Zeugnis
ab). Vor dem gemeinsamen Hintergrund »kosmisch-ganzheitliche[r]«
Prämissen[132] liegt der Fokus dabei mal eher auf der popularisierenden
Vermittlung von Wissen, mal eher auf der »wissenschaftlich informier-
ten [...] Beschreibung des Realen aus einer ästhetischen Perspektive«.[133]
Für diese zweite, insbesondere mit dem Werk Alexander von Hum-
boldts verknüpfte Tendenz hat Christian van der Steeg das Begriffs-
hybrid ›Wissenskunst‹ geprägt, dessen großen heuristischen Wert er
gerade auch für die Analyse literarischer Werke – namentlich aus der
Feder Adalbert Stifters – unter Beweis stellt.[134]

Maßgeblichen Anteil am Aufstieg der Prosa auch auf diesem Gebiet
hat sicherlich, dass empirisch-experimentelle Forschung im allgemeinen
Bewusstsein als ein durch und durch ›prosaisches‹ Geschäft wahrgenommen wurde. Für dessen Darstellung musste der Vers mithin von
vornherein denkbar ungeeignet scheinen. Berufen konnte man sich
dabei insbesondere auf die grundsätzliche Abrechnung mit der versifi-
zierten Lehrdichtung in Hegels *Ästhetik*:

> Den eigentlichen Formen der Kunst ist didaktische Poesie nicht zu-
> zuzählen. Denn in ihr steht der für sich als Bedeutung bereits fertig

---

130 Nichts liegt mir ferner, als in diesen einleitenden Überlegungen eine Geschichte der Lehrdichtung und ihrer Transformationen im 19. Jahrhundert
skizzieren zu wollen. Schlaglichtartig möchte ich lediglich die Gattungskon-
texte umreißen, in die sich Busch und Albrecht von Hallers *Die Alpen* jeweils einschreiben. Bei einer Geschichte der Lehrdichtung verdiente dagegen
gerade die von mir ausgesparte Zeit um 1800 besondere Aufmerksamkeit, in
der sich Goethe, Schiller, Novalis u.a. auf intrikate und ambivalente Weise an
diesem Genre abarbeiten. Vorgelegt hat eine solche, von Pope bis zum späten
Goethe reichende Geschichte jüngst Olav Krämer: *Poesie der Aufklärung*.
Zur Stellenwert der Lehrdichtung im Biedermeier/Vormärz vgl., immer noch
lesenswert, Sengle: *Biedermeierzeit*, Bd. 2, 92–103.
131 Müller-Tamm: »Prosa, Lyrik, Lebensbild«, 191.
132 Müller-Tamm: »›Verstandenes Lebensbild‹«, 22.
133 Ebd., 16 und 23.
134 Vgl. van der Steeg: *Wissenskunst. Adalbert Stifter und Naturforscher auf
Weltreise*.

ausgebildete Inhalt in seiner dadurch prosaischen Form auf der einen Seite, auf der anderen die künstlerische Gestalt, welche ihm doch nur ganz äußerlich kann angeheftet werden, weil er eben schon vorher in *prosaischer* Weise für das Bewußtsein vollständig ausgeprägt ist, und dieser prosaischen Seite, d.h. seiner allgemeinen, abstrakten Bedeutsamkeit nach und nur in Rücksicht auf dieselbe, mit dem Zwecke der Belehrung für die verständige Einsicht und Reflexion soll ausgedrückt werden.[135]

Keine wechselseitige Durchdringung von Inhalt und Form also sei die versifizierte Lehrdichtung, sondern eine bloß verführerisch schillernde Mogelpackung, die dem vorab feststehenden Inhalt nicht einmal angemessen sei, weil ihr Ornat dem Entwicklungsgang der Argumentation und dessen »verständige[r]« Folgerichtigkeit immer wieder parasitär in die Quere komme.

Schlicht verschwunden ist die versifizierte Lehrdichtung im deutschsprachigen Realismus indes nicht. Ein breiteres Lesepublikum vermag sie jedoch nur dann anzusprechen, wenn sie die von Hegel und anderen monierte »Bruchstelle«[136] zwischen prosaischem Inhalt und poetischem Darstellungsmodus humoristisch wendet und zu ihrem eigentlichen Funktionsprinzip macht. Davon zeugt etwa die Eingangssektion »Naturwissenschaftlich« aus Joseph Viktor von Scheffels populärem, für gesellige Anlässe konzipiertem Liederbuch *Gaudeamus* (1868), die mit mehr oder weniger geistreichen Gedichten über den Ichthyosaurus, Guano und Asphalt aufwartet.[137] Die doppelbödige Moralistik von Buschs Bildergeschichten partizipiert ebenfalls an dieser Tendenz: Strukturell an das Lehrgedicht (und an die nicht minder aufklärerische Gattung der Fabel anknüpfend), verkehren sie zugleich den aufklärerischen Grundgedanken von der Perfektibilität des Menschen ins Gegenteil, indem sie die hehre Scheinmoral der Erwachsenenwelt mittels tierischer oder kindlicher *agents provocateurs* als notdürftige Bemäntelung unverbesserlich egoistischer, mithin zutiefst prosaischer Triebgesteuertheit entlarven.[138]

---

135 Hegel: *Vorlesungen über die Ästhetik*, Bd. 1, 541.

136 Selbmann: *Die simulierte Wirklichkeit*, 102.

137 Zu *Gaudeamus* vgl. ebd., 101 f., sowie ders.: *Dichterberuf im bürgerlichen Zeitalter*, 107–109.

138 Zu dieser ideengeschichtlichen Einordnung vgl. die immer noch grundlegenden Analysen von Ueding: *Wilhelm Busch. Das 19. Jahrhundert en miniature*, 87–142.

Zutage treten diese Gattungsbezüge insbesondere in Buschs vorletzter Bildergeschichte, die so, in ihrer Eigenschaft als Schlusspunkt, eine
die Bildergeschichten insgesamt prägende Matrix noch einmal selbstreflexiv Revue passieren lässt. Das gilt schon für das Auftaktkapitel des
Balduin Bählamm, das sich im Gewand einer grotesk überzeichneten
ars poetica präsentiert. Immer wieder sind in den Text zudem längere
Passagen pseudo-didaktischen Einschlags eingelassen, die die lyrischen
Höhenflüge des Protagonisten auch auf der Ebene des *discours* dezidiert
ins Prosaische hinabziehen – man denke zurück an die thermodynami-
schen Erörterungen zur Ohrfeige.[139]

Mit geradezu programmatischem Impetus legt *Balduin Bählamm*
zudem zahlreiche intertextuelle Spuren zu Albrecht von Haller, dessen
berühmtestem Gedicht, *Die Alpen* (1729), für die Lehrdichtung des
gesamten 18. Jahrhunderts Modellcharakter zukommt. Grundlegend
für Hallers *Alpen* ist die Gegenüberstellung von durch Neid, Geld- und
Genusssucht verdorbenen Städtern und Hofleuten auf der einen Seite
und den Alpenbewohnern auf der andern: Gerade weil diese im widri-
gen Gebirge ein ebenso arbeitsames wie frugales Leben führten, seien
sie auch glücklicher und freier. Von ihrer Grundanlage her variieren *Die
Alpen* also den bis in die Antike zurückreichenden Stadt/Land-Topos,
der auch für Buschs Bildergeschichte bestimmend ist: Just von einem
Aufenthalt auf dem Land verspricht sich Bählamm ja die nötige Muße
zum Schreiben, und dort spielt folglich auch die Hälfte der Kapitel.
Einschlägig für diesen Topos ist Horaz' Epode *Beatus ille qui procul
negotiis*, die in Hallers Gedicht denn auch des Öfteren paraphrasiert
und am Ende gar eigens in einer Fußnote erwähnt wird,[140] während sie
bei Busch schon in der Syntax des Auftaktverses anklingt: »Wie wohl
ist Dem, der [...]«.[141]

Die Echos zwischen *Balduin Bählamm* und Hallers *Alpen* gehen aber
noch weiter. Dies sei einleitend zumindest stichwortartig angedeutet, bevor einige Punkte dann einer ausführlicheren Analyse unterzogen werden
sollen. So warten beide Gedichte mit detaillierten Erörterungen zur Ver-
fertigung eines bestimmten Milchprodukts auf: Bei Haller ist es der Käse,

139 Da diese längeren Exkurse nicht der üblichen Vorstellung von Buschs lako-
     nischem Witz entsprechen, sorgen sie in der Forschung oftmals für Irritation.
     Nicht bedacht wird dabei, dass die für Busch tatsächlich unübliche Weit-
     schweifigkeit *als solche* ein Indiz für den selbstreflexiven Gehalt der inkrimi-
     nierten Passagen sein könnte – dafür, dass hier ebender oftmals umständliche
     Duktus didaktischer Literatur parodiert wird.
140 Vgl. Haller: *Die Alpen*. In: ders.: *Gedichte*, 20–42, hier 42 (Anm. zu V. 490).
141 Busch: *Balduin Bählamm*, Sp. 423 (V. 1).

dem solcherart Ehre widerfährt, bei Busch die Butter. Darüber hinaus interessieren die Alpen in Hallers Gedicht nicht nur als idyllischer Entwurf einer Gegengesellschaft, sondern auch, wie insbesondere die zwei berühmten Strophen zur Alpenflora belegen, als wissenschaftliches Studienobjekt. Aufgrund der Allgegenwärtigkeit des botanischen Diskurses im 19. Jahrhundert dürfte Busch gewusst haben, dass Haller in späteren Jahren zu einem der wichtigsten Botaniker seiner Zeit aufstieg und gar »die erste, umfassende, wissenschaftliche Flora der Schweiz«[142] verfasste. Wenn die schnöd naturwissenschaftliche Wendung »botanische[s] Gebiet«[143] im sechsten Kapitel des *Balduin Bählamm* als prosaischer Störenfried in den idyllischen Topos vom *locus amoenus* hineinplatzt, dann lässt sich das demnach auch als parodistische Forcierung der Doppelperspektive lesen, die für Hallers *Alpen* charakteristisch ist. Genauso wird Busch, den es dem eigenen Bekunden nach »unwiderstehlich abseits in das Reich der Naturwissenschaften«[144] zog, davon Kenntnis gehabt haben, dass Hallers experimentell beglaubigte, gegen die metaphysische Annahme einer *anima motrix* gerichtete Reiz- und Sensibilitätstheorie für die moderne Physiologie von grundlegender Bedeutung war: Auf jeden Fall nimmt das Auftaktkapitel des *Balduin Bählamm* den Topos vom ›Reiz‹ eines Gedichts beim Wort und beschreibt in extenso dessen physiologische Auswirkungen auf das Lesepublikum.

In grotesker Überzeichnung setzt Buschs Bildergeschichte damit das aufklärerische Erbe fort: So wie sich Hallers Lehrdichtung der poetischen Adaption neuer, dank wissenschaftlicher Beobachtung erschlossener Wirklichkeitsbereiche verschreibt und an deren Gestaltung mitwirkt,[145] so auch, wie sich die aufklärerische Lehrdichtung stilistisch an der Nüchternheit der Prosa orientiert und sich damit vom überbordenden Barock-Stil abgrenzt, so inkorporiert Buschs lakonischer Witz permanent prosaische Gegenstandsbereiche in seine Bildergeschichten bzw. zieht dort Register, über die der Programmrealismus aufgrund ihres nicht-poetischen Charakters eigentlich den Bannspruch verhängt hat.

Last but not least inszeniert sich Haller in der Vornotiz zu *Die Alpen* sowie in der Vorrede zur Gedichtsammlung *Versuch schweizerischer*

---

142 Drouin/Lienhard: »Botanik«, 294. Zur Omnipräsenz des botanischen Diskurses im 19. Jahrhundert vgl. insb. van der Steeg: *Wissenskunst. Adalbert Stifter und Naturforscher auf Weltreise.*
143 Busch: *Balduin Bählamm,* Sp. 432 (V. 361).
144 Busch: *Von mir über mich.* In: ders.: *Werke,* Bd. 4, 205–211, hier 209.
145 Vgl. Richter: *Literatur und Naturwissenschaft,* 68. Wie Richter ausführt, fallen darunter das Hochgebirge, Licht und Farbe, der ›Weltenraum‹ sowie der Mensch selber (vgl. ebd., 69–93).

Gedichte als – sofern mir der historisch riskante Vergleich zwischen dem Autorschaftsverständnis eines vormodernen *poeta doctus* und dem eines Dichter-Dilettanten aus dem ausgehenden 19. Jahrhundert gestattet sei – eine Art ›verhinderter Dichter‹. Ausschließlich in seinen »Nebenstunden«[146] habe er *Die Alpen* niedergeschrieben; »Geschäfte einer anderen Art, die mehr Pflicht auf sich haben als Reimen, verbieten mir weiter an diese mühsame Kleinigkeiten zu denken«.[147] Um sich ganz seiner vielfältigen Forschungstätigkeit zu widmen, entsagt er dem Gedichteschreiben denn auch bereits als knapp Dreißigjähriger, lässt es sich andererseits jedoch nicht entgehen, die zu seinen Lebzeiten gleich elfmal neu aufgelegte Gedichtsammlung immer wieder (zum Teil erheblich) zu überarbeiten, genauso wie er der Dichtkunst über den Umweg seiner zahllosen, bei Zeitgenossen hochgeschätzten Rezensionen treu bleibt.[148]

Im Folgenden möchte ich diesem eigentümlichen intertextuellen Bezug etwas genauer nachgehen und drei auf den ersten Blick vielleicht etwas ungewöhnlich anmutende, tatsächlich aber hochgradig poetologisch aufgeladene Komplexe – Kneten, Ma(h)len, Schwulst – in den Blick nehmen, in die auf je eigene Weise das Verhältnis von Poesie und Prosa hineinspielt. Stets fungiert Haller hierbei als eine Art blinder Passagier, der Bählamms poetisierenden Höhenflügen den Spiegel vorhält und schmerzhaft mit dem Realitätsprinzip konfrontiert.

In der Bildergeschichte findet sich ein schalkhaftes Emblem dafür just in der Sequenz, in der Bählamm mit dem Zug aufs Land fährt: Der nach einem Zwischenstopp zu Bählamm ins Abteil steigende »Passagier« ist, mit Wanderstock und »Nägelschuhen« ausgerüstet – »wohlgenährt«[149] zudem wie Haller in späteren Jahren –, ganz offensichtlich auf dem Weg in die Berge.[150] Dass man auf den Bildern vergeblich nach deren Silhouette Ausschau hält, entspricht dem gleichermaßen präsent-absenten Status von Hallers *Alpen* in Buschs Text: Auch in der Hinsicht sind ausdrückliche Erwähnungen Fehlanzeige. Dafür reproduziert der Handlungszusammenhang, in den Bählamm von besagtem Passagier verstrickt wird, nachgerade das Untersuchungssetting, unter

---

146 Haller: *Die Alpen*, 20.
147 Haller: »Vorrede über die zweyte Auflage«. In: ders.: *Gedichte*, 242–244, hier 244.
148 Zu diesen durchaus epochentypischen Widersprüchlichkeiten vgl., näherhin, Guthke: »Hallers Blick in den Spiegel«, 80–85, und Barner: »Hallers Dichtung«, 404–407.
149 Busch: *Balduin Bählamm*, Sp. 443 (V. 265 f.).
150 So mutmaßt auch der Herausgeberkommentar, bleibt jedoch bei der positivistischen Spekulation stehen, Bählamm reise »offenbar ins bayerische Oberland« (Busch: *Die Bildergeschichten*, Bd. 3, Sp. 1155).

dessen Bedingungen der Wissenschaftspionier Haller einst seine Sensibilitätshypothese experimentell überprüfte. Nachdem der beleibte Reisende Bählamm beim Einsteigen auf den Fuß getreten ist und dem Möchtegern-Dichter die Existenz eines Hühnerauges schmerzhaft in Erinnerung gerufen hat, wandelt er sich nämlich zum »Beschauer[]«[151] von Bählamms Verrenkungen, die auch die Erzählinstanz detailgenau protokolliert:

> Des Lebens Freuden sind vergänglich;
> Das Hühnerauge bleibt empfänglich.

> Wie dies sich äußert, ist bekannt.

> Krumm wird das Bein und krumm die Hand;
> Die Augenlöcher schließen sich,
> Das linke ganz absonderlich;
> Dagegen öffnet sich der Mund,
> Als wollt er flöten, spitz und rund.

> Zwar hilft so eine Angstgebärde
> Nicht viel zur Lindrung der Beschwerde;
> Doch ist sie nöthig jederzeit
> Zu des Beschauers Heiterkeit.[152]

151 Busch: *Balduin Bählamm*, Sp. 445 (V. 280).
152 Ebd., Sp. 444f. (V. 269–280).

Auf vergleichbare Weise spielt in Hallers Experimenten der bei den Versuchstieren artifiziell ausgelöste Schmerz eine zentrale Rolle als Indikator für ihre Sensibilität – bei Busch findet sich nicht von ungefähr das dem gleichen Wortfeld entstammende Adjektiv ›empfänglich‹,[153] genauso wie in Bählamms schmerzendem *Hühner*auge noch etwas Tierisches nachklingt. Wenn Philipp Sarasin schreibt, Haller habe solcherart »eine bizarre Landkarte des Schmerzes« angefertigt, »eine Klassifizierung der Gewebe nach dem Maße des Zuckens und Schreiens der ihm ausgelieferten Kreaturen«,[154] so gilt dies *mutatis mutandis* auch für die Art und Weise, wie Buschs Bildergeschichten mit ihren Protagonisten umspringen – und ihre Leser*innen damit in eine zwiespältige Lage bringen: Indem die *clausula* »Zu des Beschauers Heiterkeit« die Position des wohlgenährten, Bählamms Verrenkungen mit einem breiten Grinsen beobachtenden Passagiers ins Allgemeine wendet, lädt die Bildergeschichte ihre Leser*innen nämlich zum einen dazu ein, in die Rolle des schadenfrohen Beobachters zu schlüpfen. Zum anderen jedoch appelliert die Erzählinstanz ausdrücklich an das Schmerzempfinden ihres Publikums (»Wie dies sich äußert, ist bekannt«), bevor sie zur Schilderung – in Bild und Text – von Bählamms Reaktion ansetzt. Diese fundamentale Ambiguität hat Gottfried Willems (ohne Bezug freilich auf die hier besprochene Stelle) herausgearbeitet und damit der gängigen Lesart entschieden widersprochen, die, wie etwa Heinrich Böll in seinen *Frankfurter Vorlesungen*, allein auf den schadenfreudigen und hämischen Aspekt von Buschs Humor fokussiert:[155] Das in den Bildergeschichten gezeigte »Negative« behalte, so Willems, »auch wenn ihm die Künste der Distanzierung so viel wie möglich von seiner angestammten sinnlichen Wucht nehmen, stets noch genug von seinem Unangenehmem und seinem Schrecken, um als Negatives sichtbar und fühlbar zu bleiben.«[156]

Bis in die Wortwahl hinein bekräftigt ein späterer Text von Busch selbst – die autobiografische Skizze *Von mir über mich* (1894) – meine selbstreflexive Lektüre der Hühneraugen-Sequenz als eines naturwissenschaftlich grundierten, zutiefst ambivalenten Lachkabinetts: Rückblickend heißt es dort nämlich von den Bildergeschichten, sie hätten nie »viel Rücksicht auf *gar zu empfindsame Hühneraugen*« genommen.[157]

153 Vgl. ebd., Sp. 444 (V. 270).
154 Sarasin: *Reizbare Maschinen*, 54.
155 Vgl. Böll: *Frankfurter Vorlesungen*, 197.
156 Willems: *Abschied vom Wahren–Schönen–Guten*, 148.
157 Busch: *Von mir über mich*, 211 (Hervorhebung G.F.).

2.1 Knetwerk: Käse, Butter, Knittelverse

Maßgeblich plausibilisiert werden die von mir pointierten Haller-Bezüge dadurch, dass dessen Gedichten gerade im unmittelbaren Entstehungskontext von *Balduin Bählamm* größere Aufmerksamkeit zuteilwird: 1882 werden sie in einer historisch-kritischen Ausgabe neu publiziert, versehen mit einer mehr als 500 Seiten langen Einleitung aus der Feder von Ludwig Hirzel; nur drei Jahre vorher war Aldolf Freys Monografie *Albrecht von Haller und seine Bedeutung für die deutsche Literatur* beim renommierten Leipziger Verleger Haessel erschienen. In seiner *Geschichte der deutschen Literatur der Schweiz* (1892) schließlich räumt Jakob Baechtold den *Alpen* einen Ehrenplatz ein, unterschlägt dabei aber auch nicht das Unbehagen, das ihm gerade die Käse-Strophe bereitet: »Zwar bringt der Stoff allerlei Prosaisches und Nüchternes mit sich, aber der Dichter hat es siegreich überwunden. Wäre nur die Strophe mit der verwünschten Käserei nicht da!«[158] Man mag sich kaum ausmalen, wie Baechtold wohl auf die ungleich drastischeren Butter-Verse seines Zeitgenossen Wilhelm Busch reagiert haben würde.

Vor Buschs grotesker Dichter-»Molkerei«[159] möchte ich mich indes zunächst etwas eingehender der Käse-Strophe bei Haller zuwenden. Offenbar ist Baechtolds Blick durch den zeittypischen Poesie/Prosa-Filter derart getrübt, dass ihm ein philologisch nicht unerhebliches Detail entgeht. Er übersieht nämlich, dass sich Hallers Verse eigentlich von Vergils *Georgica* herschreiben, dem Referenztext schlechthin für agronomische Lehrdichtung. Denn auch diese widmen der Käseherstellung ein paar Verse.[160] Wenn Haller die *Georgica* einmal als »das schönste aller Gedichte«[161] preist und an Vergils Kunst vor allem hervorhebt, er habe noch den »niedrigsten Vorwürfen« – also Gegenständen – »eine Seele und einen Adel zu geben«[162] gewusst, so erhebt seine Käse-Strophe implizit den Anspruch, das antike Modell im Sinne rhetorischer *aemulatio* gerade auch in dieser Hinsicht zu überbieten.[163]

---

158 Baechtold: *Geschichte der deutschen Literatur der Schweiz*, 494.

159 Busch: *Balduin Bählamm*, Sp. 424 (V. 38).

160 Vgl. Vergil: *Georgica*, 96 (= III, 400–403). In der Haller-Forschung ist diese Herleitung mittlerweile Konsens, vgl. etwa Atherton: »Poetische Mahlerey«, 359 und 361f.

161 Haller: *Tagebuch seiner Beobachtungen über Schriftsteller und sich selbst*, Bd. II, 44.

162 Ebd., Bd. I, 367.

163 So auch Atherthon: »Poetische Mahlerey«, 361.

Die Käse-Strophe wartet aber noch mit einer weiteren poetologischen Pointe auf. Dazu sei zunächst ein Blick auf ihren Aufbau geworfen. Zu Beginn und am Ende operiert sie mehr als andere noch mit dem Kontrast von »Fleiß«[164] und Müßiggang: »Das ganze Haus greift an und schämt sich, leer zu stehen, / Kein Sklaven-Handwerk ist so schwer, als müßiggehen.«[165] Die Beschreibung der Käseherstellung selber nimmt den Mittelteil der Strophe ein und wird im Rückgriff auf die Zeige-Wörter ›hier‹/›dort‹ strukturiert:

> Hier wird auf strenger Glut geschiedner Zieger dicke,
> Und dort gerinnt die Milch und wird ein stehend Oel;
> Hier presst ein stark Gewicht den schweren Satz der Molke,
> Dort trennt ein gährend Saur das Wasser und das Fett;
> Hier kocht der zweite Raub der Milch dem armen Volke,
> Dort bildt den neuen Käs ein rund geschnitten Brett.[166]

Mit dieser umständlichen Anaphorik stellt der poetische Veredelungsprozess, den Hallers Verse ihrem Gegenstand angedeihen lassen, performativ unter Beweis, dass auch er selber auf langwieriger Fleißarbeit beruht. Wenn Lessing Hallers Verse über die Alpenflora mit dem Argument tadelt, er »höre in jedem Worte den arbeitenden Dichter«,[167] dann benennt er damit also unfreiwillig ein zentrales Moment von Hallers Poetik. Bereits in seiner Vornotiz zu den *Alpen* hatte Haller hervorgehoben, wie schwer ihm das Schreiben gerade dieses Langgedichts gefallen sei: »[I]ch wählte eine beschwerliche Art von Gedichten, die mir die Arbeit unnöthig vergrößerte. […] Die Gewohnheit neuerer Zeiten, daß die Stärke der Gedanken in der Strophe allemal gegen das Ende steigen muß, machte mir die Ausführung noch schwerer.«[168] Was man auf den ersten Blick als Variante des Bescheidenheitstopos abzutun geneigt ist, ist angesichts der Käse-Strophe als programmatisches Statement durchaus ernst zu nehmen: als Strategie, ein Werk, das eingestandenermaßen

---

164 Haller: *Die Alpen*, V. 242.
165 Ebd., V. 249f.
166 Ebd., V. 243–248.
167 Lessing: *Laokoon: oder über die Grenzen der Malerei und Poesie*. In: ders.: *Werke und Briefe in zwölf Bänden*, Bd. 5.2, 9–206, hier 126.
168 Haller: *Die Alpen*, 20. Haller insistiert auf diesem Punkt auch in einem programmatischen Brief an Eberhard Friedrich von Gemmingen, in dem er seine Dichtung mit der von Hagedorn vergleicht: »[L]eichte Arbeit ist auch in der Poesie schlecht.« Haller: [Vergleichung zwischen Hagedorns und Hallers Gedichten]. In: ders.: *Gedichte*, 397–406, hier 400.

in »Nebenstunden«[169] verfasst wurde, vom Vorwurf auszunehmen, es sei selber, wie die frivolen Kunstprodukte der im Gedicht geschmähten Städter und Hofleute, der Muße entsprungen. Ähnlich poetologisch lesbar ist die Gegenüberstellung zwischen der Maßlosigkeit der Städter und Hofleute auf der einen Seite (»Als aber ihm das Maaß von seinem Reichthum fehlte«[170]) und dem Maßhalten der Alpenbewohner auf der anderen: »Die Freiheit theilt dem Volk, aus milden Mutter-Händen, / Mit immer gleichem Maaß Vergnügen, Ruh und Müh.«[171] In diesem Lob des Maßes ist immer auch das *Metrum* mitzulesen, das Hallers Alexandriner fern jeder heterometrischen Spielerei in jedem Vers penibelst einhalten.

Umgekehrt unterschlägt das Gedicht nicht, dass sein Verfasser an dem, was es kritisiert, durchaus teilhat. So kontrastiert Hallers in der Vornotiz zum Ausdruck gebrachtes Hadern über die eigenen Verse (»da alles fertig war, gefiel mir sehr vieles nicht«[172]) mit der Genügsamkeit und Zufriedenheit des Älplers: »Kein unzufriedner Sinn zankt sich mit seinem Glücke«.[173] Vor allem aber stellt die einem kunstlosen Schäferlied gewidmete Strophe (»Die Kunst hat keinen Theil an seinen Hirten-Liedern, / Im ungeschmückten Lied malt er den freien Sinn; / [...] Die Rührung macht den Vers und nicht gezählte Töne.«[174]) ex negativo den durchkomponierten und gelehrten Charakter von Hallers eigenem Gedicht – Schriftwerk durch und durch – heraus. Anders als Herder und dessen Mitstreiter ein paar Jahrzehnte später verschreibt sich Hallers Gedicht selbst dem Volksliedhaften gerade nicht.

Während all diese poetologischen Bezüge in Hallers Käse-Strophe implizit bleiben, werden sie in Buschs Ausführungen zur Butterherstellung umso ostentativer hervorgekehrt. So wird die Butterherstellung nach einer sich über mehrere Verse erstreckenden ›hier‹-Anapher[175] – augenzwinkernd wird damit das Terrain für die Haller-Referenz bereitet – ausdrücklich und geradezu massiv als Vergleichsgegenstand für den dichterischen Produktionsprozess herangezogen:

---

169 Haller: *Die Alpen*, 20.
170 Ebd., V. 47.
171 Ebd., V. 77f.
172 Ebd., 20.
173 Ebd., V. 79.
174 Ebd., V. 275f. und 280.
175 Vgl. Busch: *Balduin Bählamm*, Sp. 424 (V. 33–35).

Hier aus dem mütterlichen Busen
Der ewig wohlgenährten Musen
Rinnt ihm [d.h. dem Dichter] der Stoff beständig neu
In seine saubre Molkerei.
Gleichwie die brave Bauernmutter.
Tagtäglich macht sie frische Butter.
Des Abends spät, des Morgens frühe
Zupft sie am Hinterleib der Kühe
Mit kunstgeübten Handgelenken
Und trägt, was kommt, zu kühlen Schränken,
Wo bald ihr Finger, leichtgekrümmt,
Den fetten Rahm, der oben schwimmt,
Beiseite schöpft und so in Masse
Vereint im hohen Butterfasse.
Jetzt mit durchlöchertem Pistille
Bedrängt sie die geschmeidge Fülle.
Es kullert, bullert, quitscht und quatscht,
Wird auf und nieder durchgematscht,
Bis das geplagte Element
Vor Angst in dick und dünn sich trennt.
Dies ist der Augenblick der Wonne.
Sie hebt das Dicke aus der Tonne,
Legt's in die Mulde, flach von Holz,
Durchknetet es und drückt und rollt's,
Und sieh, in frohen Händen hält se
Die wohlgerathne Butterwälze.

So auch der Dichter. – Stillbeglückt
Hat er sich Was zurechtgedrückt
Und fühlt sich nun in jeder Richtung
Befriedigt durch die eigne Dichtung.[176]

Den ausführlichen Vergleich bereiten drei topische Inspirationsmetaphern vor (Inspirationsquelle; Musenkuss; Busen der Natur). Indem
der Text diese grotesk miteinander verschaltet, räumt er also auch von
seiner Verfahrenslogik her mit dem Klischee genialischer Inspiration
auf, das sein Inhalt so nachdrücklich parodiert.

Für bildungsbürgerliche Ohren musste selbstredend auch das Folgende ein Affront sein: Dichtkunst wird nicht etwa als geistige, höchste

---

176 Ebd., Sp. 424f. (V. 35–64)

menschliche Tätigkeit besungen, sondern auf eine Stufe gesetzt mit der ebenso handfesten wie routinemäßigen Herstellung eines kulinarischen Allerweltprodukts, deren Beschreibung zudem von skatologischen und masturbatorischen Anspielungen nur so wimmelt. Der Auftakt des dritten Kapitels wird bekräftigend noch einmal auf diesen Aspekt zurückkommen, wenn es heißt, Bählamm fehle ein »stille[r] Ort [...] / Um das, was nötig ist zum Dichten, / Gemächlich einsam zu verrichten«.[177] Sokrates' bekannter Vorwurf an Gorgias, Kochen und Rhetorik seien, weil sie nicht im Dienst des Schönen stünden, »keine Kunst«, sondern Fertigkeiten, die sich der »Erzeugung von Wohlgefallen und Lust« verschrieben,[178] wird bei Busch – rhetorisch virtuos – auf das Dichten selber übertragen: Parodistisch wird dieses zu einer Selbstbefriedigungstechnik erklärt, die, wie bereits die Eingangsverse betont hatten, in erster Linie dem eigenen Ego schmeichelt: »Wie wohl ist Dem, der dann und wann / *Sich* etwas dichten kann!«[179]

Der Buttervergleich spielt in Buschs *ars poetica* – die, insofern von der Milch ausdrücklich vermerkt wird, sie stamme aus dem »Hinterleib der Kühe«, in bester grotesker Manier immer auch eine *arsch poetica* ist – aber nicht nur beim dichterischen Produktionsprozess eine Rolle. Auch wenn es um die Rezeption der Gedicht-»Fabrikat[e]«[180] geht, kommt er zumindest implizit zum Tragen. (Nur in Klammern sei darauf hingewiesen, dass dieser eigentlich für industrielle Verfertigungsprozesse reservierte Ausdruck genauso wie die Rede von einem »Kunst*produkt*«[181] die Differenz von valorisiertem Handwerk und abgewerteter standardisierter Massenproduktion, wie sie für das damalige literarische Selbstverständnis konstitutiv war, gleichsam en passant einebnen bzw. dass sie der Käseherstellung auch noch den letzten Rest an behaglich-idyllischer Poesie austreiben.) »Im Morgen-

---

177 Ebd., Sp. 439 (V. 224–226).
178 Platon: *Gorgias*, 53.
179 Busch: *Balduin Bählamm*, Sp. 423 (V. 1 f.), Hervorhebung G. F. Auf die kompensatorische Funktion, die der Dichtung damit im Sinne einer Demontage von allem, »was dem zeitgenössischen Kunstidealismus heilig ist«, zukommt, verweisen insbesondere auch Willems: *Abschied vom Wahren–Schönen–Guten*, 75–77, hier 77, und Ueding: *Wilhelm Busch. Das 19. Jahrhundert en miniature*, 294. Auf die insistierende Präsenz der Butter heben beide jedoch nicht ab; stattdessen wendet etwa Willems die kompensatorische Funktion, die der Dichtung hier zugesprochen wird, in Anlehnung an Schopenhauer ins Positive: als Möglichkeit, »der Schmerzlichkeit des Daseins zu entkommen« (Willems: *Abschied vom Wahren–Schönen–Guten*, 75).
180 Busch: *Balduin Bählamm*, Sp. 425 (V. 67).
181 Ebd. (V. 93), Hervorhebung G. F.

blättchen abgedruckt«[182] (entfernter Anklang an die Bäuerin, die die Butterwälze zurecht-»drückt«), »verbreitet« sich das Gedicht nämlich, »[v]om treuen Kolporteur geleitet«, »durch die ganze Stadt«[183] (metaphorisch kommt der Distributionsmodus des lyrischen Ergusses mithin einer unappetitlich-pathologischen Mischung von Kanalisationssystem und Virus-Epidemie gleich) und wird »[z]um Frühkaffee mit frischen Brödchen«[184] gelesen. Damit wird es – in den Worten Rolf Selbmanns – »wie ein echtes Lebensmittel«[185] bzw., genauer, *als* ein solches konsumiert: als das Äquivalent der Butter auf dem Brot.

In grotesker Konsequenz wird die vom Gedicht ausgehende Wirkung im Folgenden denn auch als eine Art Verdauungsvorgang beschrieben, der, sowohl den Topos vom ›Reiz‹ eines Gedichts als den von der verweichlichenden Wirkung schöngeistiger Literatur physiologisch wendend, das Körperinnere des Lesepublikums in genau den zähflüssigen Aggregatzustand überführt, aus dem das Werk selbst – als Butter – gemacht ist:

> Und jeder stutzt und jeder spricht:
> Was für ein reizendes Gedicht!
> Durch die Lorgnetten, durch die Brillen,
> Durch weit geöffnete Pupillen,
> Erst in den Kopf, dann in das Herz,
> Dann kreuz und queer und niederwärts,
> Fließt's und durchweicht das ganze Wesen
> Von Allen denen, die es lesen.[186]

*

Die Butter und die mit ihr einhergehende Bildlichkeit des Zähflüssig-Weichen prägen das Auftaktkapitel freilich mit solchem Nachdruck, dass es schwerfällt, hier von einer bloßen Parodie zu sprechen. Wie ich im Folgenden zeigen möchte, ist der ganze Komplex denn auch zugleich durch und durch poetologisch aufgeladen. Dazu ist zunächst ein Blick auf die Stelle vonnöten, an der die Wortfelder des Zähflüssig-Weichen und des Knetens ein erstes Mal Erwähnung finden (in Gestalt allerdings eines Getreide- und nicht eines Milchprodukts):

182 Ebd. (V. 94)
183 Ebd. (V. 95 f.)
184 Ebd., Sp. 426 (V. 102).
185 Selbmann: *Die simulierte Wirklichkeit*, 131.
186 Busch: *Balduin Bählamm*, Sp. 426 (V. 105–112).

Kaum mißfällt
Ihm [d.h. dem Dichter] diese altgebackene Welt,
So knetet er aus weicher Kleie
Für sich privatim eine neue.[187]

Schon in Hallers *Alpen* findet sich eine ähnliche Gleichsetzung. In gezierter Metaphorik wird der Käse dort nämlich als »der Alpen Mehl«[188] umschrieben. Das *tertium comparationis* jedoch ist bei Haller ein völlig anderes als bei Busch: Bei dem einen besteht der gemeinsame Bezugspunkt darin, dass Milch und Mehl Rohstoffe für Grundnahrungsmittel sind, bei dem anderen dagegen in der »weiche[n]« Konsistenz von Teig- und Buttermasse (wie selbstverständlich auch darin, dass beide aufgrund ihrer prosaisch-handfesten Natur aus damaliger Sicht denkbar ungeeignet sind für einen poetologischen Vergleich).

Sicherlich ist nun auch im Fall der Kleie eine parodistische Lesart möglich: Insofern der Ausdruck im Niederdeutschen »Schlamm, Lehm« meinen kann,[189] drängt sich eine gängige Variante des Prometheus-Mythos auf, der zufolge der rebellische Titan aus Lehm Menschen geformt hat; Goethes Künstler-Ode *Prometheus* spielt in ihrer Schlusswendung bekanntlich ebenfalls darauf an. In sarkastischer Selbstironie zeigt bereits Goethes Werther das komische Potenzial dieses Bildes auf, wenn er – einmal mehr als ›verhinderter‹ Künstler – über die eigene schöpferische Unzulänglichkeit sinniert:

Noch nie war ich glücklicher, noch nie war meine Empfindung an der Natur, bis auf's Steinchen, bis auf's Gräschen herunter, voller und inniger; und doch – Ich weiß nicht, wie ich mich ausdrücken soll, meine vorstellende Kraft ist so schwach, alles schwimmt und schwankt so vor meiner Seele, daß ich keinen Umriß packen kann; aber ich bilde mir ein, wenn ich Thon hätte, oder Wachs, so wollte ich's wohl heraus bilden. Ich werde auch Thon nehmen, wenn's länger währt, und kneten, *und sollten's Kuchen werden*.[190]

Darüber hinaus lässt sich Buschs Bildlichkeit des Zähflüssig-Weichen als Parodie auf den Topos vom Kunstwerk *aere perennius* fassen. Nicht

---

187 Busch: *Balduin Bählamm*, Sp. 423 (V. 25–28).
188 Haller: *Die Alpen*, V. 242.
189 Vgl. den Herausgeberkommentar in: Busch: *Die Bildergeschichten*, Bd. 3, Sp. 423.
190 Goethe: *Leiden des jungen Werthers*, 57 (Brief vom 24. Julius), Hervorhebung G.F.

von ungefähr erfreut sich dieser gerade im Münchner Dichterkreis, insbesondere bei dessen Vorzeigelyriker Emanuel Geibel, ungebrochen hoher Beliebtheit. So werden Geibels poetologische Gedichte und die ihn beweihräuchernden Rezensenten nicht müde, vom »Stempel [der] vollendeten Form«[191] und von deren »Gepräge«[192] zu singen, bzw. den »Buchstab« als des »flüss'gen Lautes feste Klangfigur« zu präsentieren.[193] Mit seiner grotesken Bildlichkeit entlarvt das Auftaktkapitel des *Balduin Bählamm* diese vermeintliche (Gold-)Schmiedekunst mithin als infantil-masturbatorisches Knetwerk.

Zugleich markiert es aber eben auch Buschs *eigenes* Dichten als lustvoll-regressive Praxis. Im Gegensatz zum Verfasser der Erstfassung des *Grünen Heinrich* bekennt es sich damit ausdrücklich zu einer Produktionsästhetik des ›Unförmlichen‹. Erneut kommt dabei der ›Kleie‹ eine Schlüsselrolle zu. Das Wort bedeutet nämlich nicht nur »Schlamm, Lehm«, sondern auch »Kornkleie«,[194] meint also – in Absetzung von der wertvollen Körnerfrucht – ein beim Mahlen entstehendes Abfallprodukt. Genauso beziehen auch Buschs Bildergeschichten ihren Stoff primär aus dem, was Freud den »Abhub der Erscheinungswelt«[195] nennen wird, indem sie unablässig vorgeblich rein Geistiges auf ›niedere‹ Physiologie und Triebhaftigkeit zurückführen.

Poetologisch wenden lässt sich auch die konkrete Bearbeitung des zähflüssig-weichen Materials: »So *knetet* er aus weicher Kleie / Für sich privatim eine neue.« In dem Zusammenhang lohnt ein Blick auf einen programmatischen Essay des schwedischen Avantgardisten Öyvind Fahlström, der das »Kneten« und »Pressen« der »Sprachmaterie« zum Thema hat (und ganz nebenbei, da er seinen Titel aus *Winnie-the-Pooh* entlehnt, von einer besonderen Affinität zu dem von Busch mitbegründeten Genre der Bildergeschichte kündet). In seinem Kommentar zu Fahlströms Manifest betont Klaus Müller-Wille, wie sehr eine »taktile Überformung des konventionellen – das heißt auditiv oder visuell – regulierten Umgangs mit Sprache [...] die Aufmerksamkeit der Lesenden für die Sinnlichkeit oder Materialität der Sprache«

---

191 A.Z.: »Die Musen an der Isar«. In: *Morgenblatt* (1857). Zit. nach Werner: »Ästhetische Kunstauffassung am Beispiel des ›Münchner Dichterkreises‹«, 327.

192 Geibel: *Distichen*, XVI, V. 3. In: ders.: *Neue Gedichte*, 216.

193 Ders.: *Wort und Schrift*, V. 7f. In: ebd., 182.

194 Eigenartigerweise schließt der Herausgeberkommentar ausgerechnet diese Bedeutung kategorisch aus. Vgl. Busch: *Die Bildergeschichten*, Bd. 3, Sp. 423.

195 Freud: *Vorlesungen zur Einführung in die Psychoanalyse*. In: ders.: *Gesammelte Werke*, Bd. XI, hier 20.

schärfe.[196] Umstandslos lässt sich dieser Befund auf die Knet-Verse aus dem Auftaktkapitel des *Balduin Bählamm* übertragen. In der ihm eigenen Materialität bewegt sich das Verb ›kneten‹ nämlich auch in auffälliger lautlicher Nähe zu dem von Busch so geschätzten, von den vorgeblich wahren Dichtern jedoch geschmähten *Knittel*vers. Busch, der noch am Tag seines Todes in Kluges *Etymologischem Wörterbuch* schmökerte,[197] wusste wohl um den gemeinsamen sprachhistorischen Ursprung beider Ausdrücke. Liest man die Butter-Verse unter diesen Vorzeichen neu, so evoziert die Passage, in der die Bäuerin den Rahm gewaltsam mit dem Stößel traktiert, ihn »auf und nieder durch-[]matscht, / Bis das geplagte Element / Vor Angst in dick und dünn sich trennt«, denn auch unweigerlich die Art und Weise, wie Buschs *strenger* Knittelvers[198] das Sprachmaterial mit Apokopen und Elisionen drangsaliert, bis es sich der geforderten rigiden Abfolge von Hebungen und Senkungen (»auf und nieder«) angepasst hat. Die produktionsästhetische Aufwertung des Unförmlichen ist bei Busch mithin untrennbar mit dem verbunden, was ich im vorherigen Unterkapitel herausgearbeitet habe: mit der ostentativen, nachgerade karikaturhaften Beibehaltung der äußeren Form des Verses, die stets darauf hinausläuft, dessen kunstmetaphysisch verbrämte ›innere‹ Form zu unterhöhlen.

Angesichts der parodistischen und zugleich poetologischen Aufladung von Teig- und Buttermassen, wie sie im Auftaktkapitel des *Balduin Bählamm* vorgeführt wird, verwundert es nicht, dass sich Ähnliches auch in anderen von Buschs Werken findet. Stellvertretend sei etwa die von Bäcker Knickebieters »Künstlerhände[n]« geknetete Butterhenne in *Der Geburtstag, oder Die Partikularisten* (1873) genannt.[199] Im Incipit des *Balduin Bählamm* tritt diese Grundtendenz lediglich in einer bis dahin beispiellosen Deutlichkeit hervor. Auch in der Hinsicht erweist sich Buschs vorletzte Bildergeschichte also als programmatischer Schlusspunkt: als Lektüreanweisung für das frühere Werk.

---

196 Müller-Wille: »Ossians maschinelle Visionen«, 46, mit Bezug auf Fahlströms Manifest *Hätila ragulpr på fåtskliaben* (1953).
197 Vgl. O. Nöldeke: »Lebensgang. Letzter Theil«, 203.
198 Mit Christian Wagenknecht sei daran erinnert, dass der strenge Knittelvers im Gegensatz zum freien eine feste Silbenzahl aufweist: acht bei ›männlichem‹ Reim und neun bei ›weiblichem‹. Vgl. Wagenknecht: *Deutsche Metrik*, 62 und 162.
199 Busch: *Der Geburtstag, oder Die Partikularisten*, V. 309. In: ders.: *Die Bildergeschichten*, Bd. 2, Sp. 460–525, hier 509.

Insbesondere lassen sich vor dem Hintergrund auch Passagen, in denen Teig, Butter, Brei oder ähnlich zähflüssig-weiche Massen auf den ersten Blick allein auf der Handlungsebene eine Rolle spielen, als implizit selbstreflexive begreifen. Geradezu mustergültig stellen dies, wie ich in der Folge zeigen möchte, die Schlusskapitel von *Max und Moritz* (1865) unter Beweis. Ohnehin steht Buschs berühmteste Bildergeschichte in einem besonderen Verhältnis zu *Balduin Bählamm*: Indem die Dorfbewohner*innen dem Dichter Bählamm einen Streich nach dem anderen spielen, üben sie gleichsam *in effigie* Rache an dessen Alter Ego, dem (Zeichner und) Dichter Wilhelm Busch, der ihnen einst die beiden Lausbuben auf den Hals gehetzt hatte.

2.2 Ma(h)lkünste

Max und Moritz also: Wie ich im folgenden Exkurs plausibel machen möchte, führen die Konfliktsituationen, in welche die Titelhelden in ihren letzten beiden Streichen hineingeraten, mit hintergründigem Witz eine Art Gründungslegende des Genres Bildergeschichte vor, dessen Erfindung sich Busch bekanntlich stets zugutegehalten hat.[200] Besonders interessant ist an dieser Urszene, dass ihr eine sich jeder auktorialen Verfügung entziehende Eigendynamik zugeschrieben wird. Ironischerweise scheint also dort, wo es ums *Eigene* geht, genau das auf, was Buschs Werk ansonsten unablässig aufs Korn nimmt: ein kunstmetaphysischer Restbestand.

Aufgrund der extremen Schematisierung der Bilder betont der vorletzte Streich von Beginn an deren schwarz-weiße Materialität.[201] So erscheinen Max und Moritz zunächst völlig in Schwarz und gleich

---

200 Dass das comic-historisch so nicht haltbar ist, tut in diesem Fall selbstredend nichts zur Sache. Zu den Anfängen des Comic vgl. etwa Platthaus: *Im Comic vereint*, 21–62, und Stein/Thon: »Introduction«, 5 (mit einer wichtigen begrifflichen Differenzierung zwischen *comic* und *graphic narrative*), sowie, mit näherem Bezug auf den deutschen Kontext, Sackmann: »Der deutschsprachige Comic vor *Max und Moritz*«. Eine erste Version meiner Überlegungen zu *Max und Moritz* habe ich an der Tagung »Comics & Agency. Actors, Publics, Participation« vorgestellt. Den Organisator*innen sowie dem Publikum sei auf diesem Weg noch einmal für ihre wertvollen Inputs gedankt.

201 Ein Befund, der sich auch editionsphilologisch erhärten lässt: In der ansonsten fast durchgehend kolorierten Handschrift-Fassung von *Max und Moritz* kommen die hier besprochenen Bilder nämlich ganz ohne Farbgebung aus. Vgl. den Herausgeberkommentar zu *Max und Moritz* in: Busch: *Die Bildergeschichten*, Bd. 1, Sp. 1335.

anschließend ganz in Weiß, weil sie, nachdem sie den zu einer Backstube führenden Kamin hinuntergeklettert sind, in des Bäckers Mehlkiste landen:

Beim Versuch, ein paar Brezeln zu klauen, stürzen sie anschließend in einen mit »Brei«[202] bzw. »Kuchenteig«[203] gefüllten Trog und sehen daraufhin genau so aus, wie man sich nach der Lektüre des programmatischen Auftaktkapitels des *Balduin Bählamm* das Rohmaterial vorzustellen hat, aus dem Busch seine Bildergeschichten ›knetet‹:[204]

202 Busch: *Max und Moritz*. In: ders.: *Die Bildergeschichten*, Bd. 1, Sp. 328–384, hier Sp. 373 (V. 356).
203 Ebd., Sp. 374 (V. 358).
204 In ihrer biografistischen Tendenz bringt die Busch-Forschung gerade in Bezug auf diese Episode ein Kindheitserlebnis in Anschlag, von dem Busch einmal selber berichtet (vgl. Busch: *Von mir über mich*, 206). Nicht einmal im Ansatz indes klärt eine solche Herleitung, welche Funktion dem Teigkomplex innerhalb der Bildergeschichte zukommt.

Kaum zufällig lässt sich denn auch der Bäcker, der in der Folge auf den Plan tritt und die beiden Lausbuben kurzerhand zu Broten verarbeitet, als Stellvertreter der Autor-Instanz begreifen. Beredt ist bereits seine Intitulierung als »Meister«.[205] Und wenn er die beiden Lausbuben zum Backen in den Ofen schiebt, die zerfließende Rohmasse Teig also in eine feste Form bringt, dann ist darin eine Anspielung auf das statische Einzelbild zu erkennen, mit dem sich Busch selbst erstmals auf dem Gebiet der Bildgeschichte hervorgetan hat. *Der harte Winter*, sechs Jahre vor *Max und Moritz* erschienen, besteht nämich nur aus einem einzigen, buchstäblich eingefrorenen Bild samt dazugehörigem Prosatext:[206]

Die Rechnung des vermeintlichen Bäcker-›Meisters‹ geht indes genauso wenig auf wie Busch bei dieser Art Bildgeschichte stehengeblieben ist. Nachdem Max und Moritz das Gebackenwerden im Ofen auf wundersame Weise überlebt haben, befreien sie sich knabbernd aus der sie umfangenden Brotkruste und suchen das Weite:

205 Busch: *Max und Moritz*, Sp. 374 (V. 359).
206 Vgl. Busch: *Der harte Winter* (1859). In: ders.: *Die Bildergeschichten*, Bd. 1, Sp. 636f.

Einmal mehr kommt in dieser geglückten Flucht die unbändig anarchische Energie zum Ausdruck, die Max und Moritz die ganze Zeit über antreibt. Programmatisch angekündigt wurde eine solche Kraft bereits im Vorwort – unter der Voraussetzung freilich, dass man sich dort eine syntaktische Äquivokation zunutze macht: Die Verse »Drum ist hier, was sie getrieben, / Abgemalt und aufgeschrieben«[207] meinen dann nicht mehr einfach ›Drum ist hier, was Max und Moritz getrieben haben‹, sondern auch ›Drum ist hier, was Moritz und Moritz angetrieben hat‹. Das ist Schopenhauer in Reinkultur, insofern dessen Willensbegriff als »sinn- und zielloses Drängen«[208] bekanntlich ebenfalls weit über die Ebene des Individual-Menschlichen hinausweist.

Max' und Moritz' Flucht aus der Bäckerei veranschaulicht den Schopenhauer'schen Willen allerdings nicht nur auf der Handlungsebene, sondern spricht ihm auch eine eminent poetologische Valenz zu. Auf dem Bild wird nämlich die ›anti-auktoriale‹ Eigendynamik des Genres Bildergeschichte *selber* in Szene gesetzt. Zum einen büßt so der Bäcker seine vermeintlich auktoriale Aura ein. Indem seine Hände zu Teig verfließen, wird offenbar, dass er eigentlich aus demselben Material gemacht ist wie seine Brot-Kreationen. Zum anderen sprengen Max und Moritz im Davonrennen förmlich den Rahmen des Einzelbildes (man beachte, wie Max' rechte Hand in dem mit dem Bildrahmen zusammenfallenden Türrahmen verschwindet) und bringen so die Standbilder, die sie qua Verfügung des Bäckers einst waren, buchstäblich zum Laufen: Die statische Bildgeschichte wird in die sequenzielle Anordnung der Bildergeschichte überführt. Ein Befund, den ein Ausruf des heillos überforderten Bäckermeisters auf seine Art bestätigt: »Ach-herjeh! *da laufen sie*!!«[209]

Eine solch allegorisch-selbstreflexive Lesart der beiden Lausbuben mag manch einem vielleicht etwas weit hergeholt erscheinen. Für Busch selbst muss sie durchaus naheliegend gewesen sein. Als er viele Jahre nach *Max und Moritz* in der autobiografischen Skizze *Von mir über mich* auf seine ersten Bild-Text-Publikationen zu sprechen kommt, greift er jedenfalls auf Sprachbilder zurück, die an Deutlichkeit nichts zu wünschen übrig lassen:

Es kann 59 gewesen sein, als zuerst in den *Fliegenden*[210] eine Zeichnung mit Text von mir gedruckt wurde: zwei Männer, die

207 Busch: *Max und Moritz*, Sp. 331 (V. 21 f.).
208 Plumpe: »Das Reale und die Kunst«, 271.
209 Busch: *Max und Moritz*, Sp. 377 (V. 372), Hervorhebung G.F.
210 Gemeint ist die illustrierte Wochenzeitschrift *Fliegende Blätter*.

aufs Eis gehn, wobei einer den Kopf verliert. Vielfach, wie's die Not gebot, illustrierte ich dann neben eigenen auch fremde Texte. Bald aber meint ich, ich müßt alles halt selber machen. Die Situationen *gerieten in Fluß* und gruppierten sich zu kleinen Bildergeschichten, denen größere gefolgt sind. [...] Dann hab ich sie *laufen lassen* auf den Markt, und da sind sie herumgesprungen, *wie Buben tun*, ohne viel Rücksicht zu nehmen auf gar zu empfindsame Hühneraugen [...].[211]

*

Variierend nimmt der letzte Streich den selbstreflexiven Sachverhalt des vorletzten wieder auf: Auch dort gelingt es den Stellvertretern der Autor-Instanz lediglich vorübergehend, der kleinen Energiebündel Herr zu werden, bevor sie schließlich – auf einer höheren Ebene – zu einer Art Transzendentalie von Buschs Bildergeschichten-Produktion insgesamt avancieren, zu ihrer schalkhaften Möglichkeitsbedingung. *Dass* die beiden Schlussstreiche eng zusammenhängen, darauf verweist bereits das gemeinsame Setting: Während der vorletzte in einer Bäckerstube spielt, führt der letzte die beiden Protagonisten in einen Kornspeicher und eine Mühle; hier wie dort geht es also um die Verarbeitung von Getreide. Ähnlich thematisch verknüpft sind in *Max und Moritz* ansonsten nur – Indiz für die präzise Gesamtkomposition der Bildergeschichte – die beiden Eingangsstreiche: Nachdem die beiden Protagonisten den Hühnern der Witwe Bolte den Garaus gemacht haben (1. Streich), stibitzen sie sie ihr anschließend (2. Streich) auch noch vom Herd weg.

Zum Auftakt des letzten Streichs fragt die Erzählinstanz: »Wozu müssen auch die beiden / Löcher in die Säcke schneiden??«[212] Sicherlich pointiert diese rhetorische Frage in erster Linie den Übermut von Max und Moritz, die spezifische Hybris der beiden Lausbuben. Wenn man die Frage wörtlich liest, tut sich darin aber auch eine Verwunderung ob der eigentlichen Beweggründe der beiden kund. Bei den vorherigen Streichen hatte die Erzählinstanz nie Mühe, diese Antriebe moralisierend beim Namen zu nennen. Hier nun werden sie ihr plötzlich zum Rätsel:[213] Einladung der Bildergeschichte an ihre Leser*innen, sich

211 Busch: *Von mir über mich*, 210f., Hervorhebungen G.F.
212 Busch: *Max und Moritz*, Sp. 378 (V. 377f.).
213 Dieses Alleinstellungsmerkmal des letzten Streichs hebt auch Alexander Košenina hervor, deutet die Frage der Erzählinstanz aber ausschließlich als

ihrerseits zu fragen, was es mit diesem letzten Streich *eigentlich* auf sich hat.

Indem Max und Moritz die Getreidesäcke von Bauer Mecke anritzen, betätigen sie sich wie schon in der Backstube als Formzerstörer. In der Folge wird die dortige Konstellation aber nicht einfach wiederholt, sondern auf einer grundsätzlicheren Ebene variiert (nicht von ungefähr stehen Kornspeicher und Mühle in der Produktionskette *vor* der Backstube). So erinnert der Name des Bauern bemerkenswerterweise an den Spottruf »mek, mek, meck!!!«,[214] mit dem einst Max und Moritz *selbst* einen ihrer Kontrahenten aus dem Haus gelockt hatten. Auffällig auch Meckes im Stil von Moritz abstehende widerborstige Locke gerade auf dem Bild, auf dem die beiden Lausbuben in den Mahltrichter gekippt werden, während er auf den anderen Bildern wie Max eher dunkles Haar zu haben scheint. Ihr erster Kontrahent aus dem letzten Streich ist also gewissermaßen vom gleichen Schrot und Korn wie sie selbst und vermag sie gerade deshalb ungleich nachhaltiger zu überlisten als sein Vorgänger, der Meister Bäcker. Im Gegensatz zu diesem versucht Mecke nämlich nicht, die beiden in eine feste Form zu bringen, sondern stopft sie in einen Sack, dessen Form *per definitionem* ungleich flexibler ist als die des Brotteigs aus dem Streich davor:

Ironischerweise werden Max und Moritz so just in dem Augenblick, wo sie den Leser*innen dem Blick entzogen werden, zu dem gemacht, was sie mit einem Begriff von Busch selbst *materialiter* immer schon

Hinweis auf »die Unsinnigkeit von Max' und Moritz' Handeln« (Košenina: »Kontinuierliche Bildergeschichten««, 399).

214 Busch: *Max und Moritz*, Sp. 349 (V. 180). Als weiterer Rückverweis auf die Schneider-Episode fungiert der Ausdruck ›Lumpenpack‹ (ebd., Sp. 380 [V. 388]).

sind: »Konturwesen«.²¹⁵ Weiter bekräftigt wird der auktoriale Status von Bauer Mecke dadurch, dass Max und Moritz in dieser Szene – im Gegensatz zu den Bildern des Genres, das sie allegorisch verkörpern – *nicht* mehr laufen können und Mecke sie stattdessen selber per pedes in die Mühle befördert.

Munter weiter geht das selbstreflexive Spiel auch im Innern der Mühle. So bildet Mecke zusammen mit »Meister Müller«,²¹⁶ bei dem er seine Fracht abliefert, eine genauso unzertrennliche Einheit wie Max und Moritz: Bereits die identische ›m‹-Alliteration der Namen belegt dies und übertrumpft die beiden Lausbuben gar in einem Verhältnis von 3 zu 2. Konsequenterweise ist der Müller ebenfalls als Alter Ego der Autor-Instanz deutbar. Entscheidenden Anteil daran hat die Homophonie von ›mahlen‹ und ›malen‹: »Mahl er das, so schnell er kann!«,²¹⁷ fordert Mecke den Müller auf. Damit hallt in seinem Ruf qua Homophonie der Schluss des Vorworts nach: »Drum ist hier, was sie [d.h. Max und Moritz] getrieben, / *Abgemalt* und aufgeschrieben«.²¹⁸ Folgerichtig mimen die Schrotkörner, zu denen Max und Moritz gemahlen werden, auf geradezu wundersame Weise deren Silhouetten, ›malen‹ sie also ein letztes Mal ›ab‹:

So gelesen, wird auch der anthropomorphe Kleiekotzer, der die Schrotkörner ausspuckt, zu mehr als einem historisch akkuraten Detail.²¹⁹ Insofern er eine bildungsbürgerliche Leserschaft mindestens genauso an das unter Rom-Reisenden beliebte Orakel Bocca della Verità erinnern musste, kündet er seinerseits die ›Wahrheit‹ über Max und Moritz,

215 Busch: *Von mir über mich*, 210: »So ein Konturwesen macht sich leicht frei von dem Gesetze der Schwere«.
216 Busch: *Max und Moritz*, Sp. 381 (V. 391).
217 Ebd. (V. 392).
218 Busch: *Max und Moritz*, Sp. 331 (V. 21 f.), Hervorhebung G. F.
219 Vgl. dazu, aus Sicht einer Denkmalschützerin, Reimann: »Max und Moritz ausgespien«.

macht sie, wie Bauer Mecke davor, qua Reduktion kenntlich als das, was sie nun einmal sind: »Konturwesen« eben.[220]

Gerade die Silhouetten auf dem Boden der Mühle bieten sich freilich wiederum für eine gegenläufige, ›anti-auktoriale‹ Lesart an. So lässt sich argumentieren, in der gleichsam magischen Anordnung der Schrotkörner breche sich erneut die unbändige Energie von Max und Moritz Bahn.[221] Mit Buschs Elementarteilchen-Gedicht *Die Kleinsten* (1904) zu sprechen: Noch als »Atome[n]« ist den beiden »die Neigung da zu sein« inhärent.[222] Dem entspricht, dass auch das agonale Moment über das physische Ableben der beiden Lausbuben hinaus fortbesteht. So tritt mit »Meister Müllers Federvieh«[223] umgehend ein neuer Kontrahent auf den Plan, der die M&M's-Körner ohne, wenn man so sagen darf, viel Federlesens »verzehret«:[224] das endgültige Ende vom Lied?

Die Busch-Forschung erkennt im Auftritt des Federviehs in der Regel eine humoristische Anspielung auf den Zyklus des Lebens, insofern Max und Moritz damit von Repräsentanten genau jener Spezies gefressen werden, die *sie* sich am Ende des zweiten Streichs in Gestalt von Witwe Boltes Hühnern einverleibt hatten.[225] Angesichts des Vorhergehenden drängt sich, komplementär dazu, einmal mehr eine poetologische Lektüre auf. Qua Synekdoche macht in der Tat das Kompositum ›Federvieh‹ auf das Schreib- und Zeicheninstrument

220 Zu einer etwas anders gelagerten poetologischen Lektüre dieses Reduktionsvorgangs vgl. auch Börnchen: *Poetik der Linie*, 50.
221 Ähnlich spricht auch Börnchen in diesem Zusammenhang von einer Auferstehung. Vgl. ebd., 47.
222 Busch: *Die Kleinsten*, V. 1 und 4. In: ders.: *Werke*, Bd. 4, 317.
223 Busch: *Max und Moritz*, Sp. 383 (V. 400).
224 Ebd. (V. 399).
225 Vgl. den Herausgeberkommentar in: Busch: *Die Bildergeschichten*, Bd. 1, Sp. 1316f.

Abb. 15: Meister des Ulmer Hostienmühlenretabels: *Die Hostienmühle* (um 1470). Mischtechnik aus Holz. Ulmer Museum. Foto: Rufus46 (2015). Aus: Wikimedia Commons (zuletzt gesehen: 26.7.2022).

aufmerksam, dem Max und Moritz als Bild/Text-Figuren überhaupt ihre Existenz verdanken.[226] Auf den beiden Schlussbildern gehen die beiden mithin wieder in ihren materialen Ursprung ein. Dies kommt aber nicht rundweg einem Triumph der Autor-Instanz gleich. Vielmehr laden Max und Moritz Buschs Feder so – im Hinblick auf kommende Bildergeschichten – mit der Energie auf, die sie selbst die ganze Zeit über angetrieben hat. Zusätzlich an Plausibilität gewinnt dieses eigenwillige Transsubstantiationsszenario, wenn man bedenkt, dass Buschs Kleiekotzer auch ein Versatzstück aus der christlichen Ikonografie

226 Zumindest gemäß der damals vorherrschenden *idée reçue*, die Buschs Bildergeschichte an dieser Stelle ja einkalkulieren musste. Tatsächlich nutzte Busch in seinem Manuskript für den Text ebenso wie für die Bilder – und wohl gar noch für die Übertragung der Handschrift-Fassung auf die Holzstöcke – den ungleich prosaischeren Bleistift. Vgl. ebd., Sp. 1329 und 1351–1353.

anzitiert: die sogenannte Hostienmühle, in die von oben Getreidesäcke geleert werden, bevor Gottes Wort bzw. der Leib Christi dann unten in Gestalt von Hostien herauspurzelt (Abb. 15).[227] Mit metaphysischem Witz werden Max und Moritz demnach zur Bedingung der Möglichkeit von Buschs künftiger Bildergeschichtenproduktion instituiert: Ihr vermeintliches Ende ist erst der Anfang.

Auf seine Art reflektiert dies wiederum der späte autobiografische Text *Von mir über mich*. Dort vergleicht Busch seine Bildergeschichten – deren schalkhafte Energie – ja ausdrücklich mit Buben: »[D]a sind sie herumgesprungen, wie Buben tun«. Angesichts des (Nicht-)Endes von Max und Moritz ist dieses vermeintlich uneigentliche Sprechen (»wie Buben«) mehr denn je beim Wort zu nehmen.

*

Von dieser ganzen Problematik des Ma(h)lens aus lässt sich gleich mehrfach der Bogen zurückschlagen zu Hallers *Alpen*. So nennt die Vornotiz des Gedichts jede der »zehenzeilichten Strophen« ein »besondere[s] Gemälde«.[228] Hallers eigenem Verständnis nach ist damit das Vermögen der Dichtung gemeint, das zu ›mahlen‹ – im Hinblick auf *Max und Moritz* entbehrt die im 18. Jahrhundert gebräuchliche Schreibweise nicht einer gehörigen Portion unfreiwilliger Ironie –, »was kein Pinsel mahlen kann: Eigenschaften andrer Sinne neben dem Gesichte, Verbindungen mit sittlichen Verhältnissen, die nur der Dichter fühlt.«[229]

Für meine Belange – für die Frage nach dem vielgestaltigen Verhältnis von Poesie und Prosa – ist dieser Punkt indes weniger ergiebig als die berühmte Stelle aus *Laokoon: oder über die Grenzen der Mahlerey und Poesie* (1766), an der Lessing am Beispiel von Hallers Beschreibung der Alpenflora gegen die »Schilderungssucht«[230] der Literatur seiner Zeit polemisiert. Um die Auseinandersetzung besser nachvollzuziehen zu können, seien Hallers Verse zum Einstieg in extenso zitiert:

227 Auf diesen ikonografischen Zusammenhang erstmals aufmerksam gemacht hat Bernd Achenbach, dabei jedoch allein auf die antiklerikale Stoßrichtung von Buschs Bild abzielend. Vgl. Achenbach: »Ist Meister Müllers Mühle Hogarth's mill?«

228 Haller: *Die Alpen*, 20.

229 Haller: [Vergleichung zwischen Hagedorns und Hallers Gedichten], 404. Zu diesem Problemzusammenhang vgl. insbesondere Atherton: »›Poetische Mahlerey‹«.

230 Lessing: *Laokoon*, 15.

Dort ragt das hohe Haupt am edlen Enziane
Weit übern niedern Chor der Pöbel-Kräuter hin;
Ein ganzes Blumen-Volk dient unter seiner Fahne,
Sein blauer Bruder selbst bückt sich und ehret ihn.
Der Blumen helles Gold, in Strahlen umgebogen,
Thürmt sich am Stengel auf und krönt sein grau Gewand;
Der Blätter glattes Weiß, mit tiefem Grün durchzogen,
Bestrahlt der bunte Blitz von feuchtem Diamant;
Gerechtestes Gesetz! daß Kraft sich Zier vermähle;
In einem schönen Leib wohnt eine schönre Seele.

Hier kriecht ein niedrig Kraut, gleich einem grauen Nebel,
Dem die Natur sein Blatt in Kreuze hingelegt;
Die holde Blume zeigt die zwei vergüldten Schnäbel,
Die ein von Amethyst gebildter Vogel trägt.
Dort wirft ein glänzend Blatt, in Finger ausgekerbet,
Auf eine helle Bach den grünen Widerschein;
Der Blumen zarten Schnee, den matter Purpur färbet,
Schließt ein gestreifter Stern in weiße Strahlen ein;
Smaragd und Rosen blühn auch auf zertretner Haide,
Und Felsen decken sich mit einem Purpur-Kleide.[231]

Wie Inka Mülder-Bach gezeigt hat, verschiebt Lessings Argumentation die Koordinaten frühaufklärerischer Nachahmungspoetik à la Bodmer und Breitinger auf entscheidende Art und Weise:

> Über das Täuschende der Dichtkunst entscheidet für Lessing nicht mehr die Übereinstimmung mit einer vorgegebenen außersprachlichen Wirklichkeit […], sondern die Kraft, mit der sie eine lebendige ›Vorstellung‹ ihrer Welt zu evozieren vermag.[232]

Damit sich eine solche Täuschung bei den Leser*innen einstellt, müssen sich diese, so Lessing, »der Mittel«, die der Dichter gebraucht – »seiner Worte« also – »bewußt zu sein aufhören«:[233] Die Zeichen müssen in ihrer materiellen Vermittlerrolle also gleichsam zum Verschwinden gebracht werden. Dazu wiederum bedarf es Lessing zufolge der Kongruenz zwischen der – wie Mülder-Bach es in moderner semio-

---

231 Haller: *Die Alpen*, V. 381–400.
232 Mülder-Bach: *Im Zeichen Pygmalions*, 116.
233 Lessing: *Laokoon*, 124.

tischer Begrifflichkeit ausdrückt – »Struktur der Signifikate und der Ordnung der Signifikanten.«[234] Diese ›Bequemlichkeit‹ ist nun gerade nicht in dem Sinn zu verstehen, dass sich die sprachlichen Zeichen dem Bezeichneten ähnlich zu machen hätten: So lautete vielmehr der *herkömmliche* Vorschlag, der, weil er zwangsläufig zu einer ›Verfremdung‹ alltagssprachlicher Konventionen führe, das sprachliche Material unablässig bewusst hielt.[235] Lessings – mit Mülder-Bach zu sprechen – »gleichsam kopernikanische Wende«[236] besteht stattdessen darin, dass er von der spezifischen semiotischen Verfasstheit der Medien ›Schrift‹ und ›Bild‹ ausgeht und daraus den Schluss zieht, für jedes Medium eigneten sich als Darstellungsobjekte nur die Gegenstände, deren Struktur der medienspezifischen ›Ordnung der Signifikanten‹ homolog sei: »Statt auf der Seite der Zeichen greift er [also] auf der Seite des Bezeichneten ein.«[237] Da sich die Sprache für Lessing als »artikulierte Töne in der Zeit« entfaltet, besteht der »eigentliche Gegenstand der Poesie« für ihn aus Darstellungsobjekten, »die auf einander, oder deren Teile auf einander folgen« – sprich: aus »Handlungen«.[238] Auf Hallers allein über räumliche Relationen miteinander verbundene Blumen trifft dies offensichtlich nicht zu: Aufgrund dieser Inkongruenz bleibe hier denn auch die innere Vision vom »Ding selbst« aus.[239]

Nun weiß Lessing selbstredend, dass sprachliche Zeichen keine natürlichen Zeichen sind, sondern in einem willkürlichen, rein konventionellen Bezug zu dem von ihnen Bezeichneten stehen, und dass sie als solche sehr wohl imstande sind, Gegenstände zum Ausdruck zu bringen, die »eigentlich[]« der Malerei gemäß sind, weil sie wie deren Zeichen »nebeneinander existieren«: »Körper mit ihren sichtbaren Eigenschaften«,[240] wie sie auch Alpenblumen vorzuweisen haben. Genau diese übergreifende Verweisungskraft sprachlicher Zeichen veranlasst Lessing denn auch dazu, zwischen der »Poesie« und »der Rede und ihrer Zeichen überhaupt« zu differenzieren, sprich: eine Trennlinie zwischen Poesie und Prosa zu ziehen: »Der Poet will nicht bloß verständlich werden, seine Vorstellungen sollen nicht bloß klar und deutlich

---

234 Mülder-Bach: *Im Zeichen Pygmalions*, 118.
235 Vgl. ebd., 124.
236 Ebd.
237 Ebd.
238 Lessing: *Laokoon*, 116.
239 Ebd., 126. (Um meine Ausführungen nicht zu überfrachten, sei hier ein zusätzliches, gedächtnistheoretisches Argument von Lessing ausgeklammert.)
240 Ebd., 116.

sein; hiermit begnügt sich der Prosaist.«[241] Anders gesagt: Für Lessing sind die Verse des »dogmatische[n] Dichter[s]«[242] Haller zutiefst prosaisch, weil sie die Einbildungskraft der Leser*innen nicht so bedienen, wie sie sollten, und stattdessen allzu sehr auf deren Verstand setzen. Die metaphorische Überformung der Beschreibung leite vielleicht von der »äußere[n] Schönheit« der Alpenblumen auf die »Entwickelung der innern Vollkommenheiten« hin[243] – die Sentenz am Ende der ersten beiden Strophen bringt dies ja auch in aller Deutlichkeit auf den Punkt[244] –, einen lebhaften Eindruck von der sinnlichen Erscheinungsweise der Blumen gewännen die Leser*innen dadurch jedoch nicht.

Haller selbst dagegen leitet die Unterscheidung von ›Poesie‹ und ›Prosa‹ noch in erster Linie über die Unterscheidung zwischen den Darstellungsmedien Vers und Prosa sowie über die Figurenlehre der Rhetorik her.[245] Dies macht vor allem die Vorrede zur zweiten Auflage der *Gedichte* (1733) deutlich: Im Rückgriff auf den bis in die Antike zurückreichenden Kleider-Topos, stellt Haller dort den »Zierahten« der primär als gebundene Rede verstandenen Poesie – neben dem rhetorischen Ornatus gehöre zu dieser auch der Reim (»in Reime gekleidet«) –, die vorgeblich »nakend[e]«, weil die »Wahrheit« unverhüllt aussprechende, »ungebundene[] Rede« gegenüber.[246]

Die bereits in der ersten Auflage zu findenden Fußnoten in Prosa setzen dieses »Wechselspiel diskursiver Ebenen«[247] auch typografisch um. So führen etwa die Anmerkungen zu den Strophen über die Alpenflora die botanisch ›korrekten‹ Bezeichnungen der verschiedenen Blumen an (wobei sich diese lateinischen Benennungen freilich ironischerweise von Auflage zu Auflage ändern).[248] So wird aber auch der in Hallers Augen

241 Ebd., 124.
242 Ebd., 127.
243 Ebd., 126.
244 Völlig zu Recht weist Hans-Georg Kemper wegen dieses sentenzenhaften Schlusses auf eine strukturelle Nähe von Hallers *Alpen*-Strophen zur Tradition des Emblems hin; was Haller in der Vornotiz »Gemälde« nennt und sich wohl primär auf den beschreibenden Mittelteil jeder Strophe beziehe, sei dementsprechend auch als *pictura* aus einem barocken Traditionszusammenhang heraus zu begreifen. Vgl. Kemper: *Deutsche Lyrik der frühen Neuzeit*, Bd. 5.2: *Frühaufklärung*, 137.
245 Zur primär rhetorischen Verfasstheit von Hallers Poesiebegriff vgl., allgemein, Preisendanz: »Die Äquivalenz von Rhetorik und poetischem Sprechen in Albrecht von Hallers *Die Alpen*«.
246 Haller: »Vorrede über die zweyte Auflage«, 243.
247 Cahn: »Die Rhetorik der Wissenschaft im Medium der Typographie«, 92.
248 Vgl. dazu Shteir: »Albrecht von Hallers' Botany and *Die Alpen*«, 173 und 177–179.

wohl allzu schillernde Ornat der Verse »Der Blätter glattes Weiß, mit tiefem Grün durchzogen, / Bestrahlt der bunte Blitz von feuchtem Diamant« in der Fußnote Wort für Wort in Prosa ›übersetzt‹: »Weil sich auf den großen und etwas holen Blättern der Thau und Regen leicht sammlet und wegen ihrer Glättigkeit sich in lauter Tropfen bildet.«[249] Erklärend-gelehrsam fungieren die Fußnoten damit als »Regulativ«[250] gegenüber der vom rhetorischen Ornat generierten poetischen Bildlichkeit, die aufgrund ihres Zierrat-Charakters immer schon Gefahr läuft, bloß zu ergötzen bzw. die Fantasie des Lesers allzu einseitig zu befeuern.[251] Bezeichnenderweise fehlen diese Fußnoten in dem langen Haller-Zitat, das Lessing im *Laokoon* anführt: Für *seine* Differenzierung zwischen Poesie und Prosa sind sie schlichtweg unerheblich.

*

Die Art und Weise, wie Buschs Bildergeschichten das Verhältnis von Poesie und Prosa konzipieren – als grotesker Wechsel der Töne völlig unabhängig von deren bildlicher Evokationskraft –, haben ihrerseits kaum mehr etwas mit dem gemein, was bei Lessing darunter verstanden wird (und zwar umso weniger, als die Stilbrüche in Buschs Versen die Leser*innen immer auch auf das Sprachmaterial aufmerksam machen, aus dem sie ›geknetet‹ sind). Umso direkter beziehen sie sich dafür in anderer Hinsicht auf Lessings *Laokoon*: Insofern sie als, wie es im *Balduin Bählamm* ja einmal heißt, »Tongemälde« die Medien Schrift und Bild zu *einer* Erzählform zusammenführen, begehren sie ebenso ostentativ wie nonchalant gegen Lessings normative Konturierung der »Grenzen der Mahlerey und Poesie« auf. Der *Laokoon* mag in der zweiten Hälfte des 19. Jahrhunderts nicht mehr druckfrisch sein; dennoch verbürgen Lessings klassizistische Grenzziehungen – gerade *weil* »Medienkreuzung[en] zwischen Bild und Text« in der sich mehr und mehr etablierenden illustrierten Massenpresse, in der vorgeblich »unintellektuelle[n] Populärkultur« also, an der Tagesordnung sind[252] – für viele von Buschs Zeitgenossen nach wie vor das ›Eigentliche‹ ›wahrer‹, d.h. geistig-elitärer Kunst: Nicht nur wird die *Laokoon*-Abhandlung zwischen 1860 und 1910 mehr als fünfzigmal

---

249 Haller: *Die Alpen*, V. 387f. und Anm.
250 Eckstein: *Fußnoten. Anmerkungen zu Poesie und Wissenschaft*, 86.
251 In Anlehnung an Evelyn Ecksteins Ausführungen zur Fußnotenpraxis in der Lehrdichtung des 18. Jahrhunderts, vgl. ebd., 80–103.
252 von Graevenitz: *Ängstliche Moderne*, 207 und 206. Zur ›Bilderflut‹ in den periodischen Printmedien der zweiten Hälfte des 19. Jahrhunderts und deren Status als ›Mischmedium‹ vgl., grundsätzlich, ebd., 202–212 und 394–423.

aufgelegt;[253] auch die wichtigsten *Ästhetiken* des 19. Jahrhunderts erblicken in ihr das Maß aller Dinge.[254] So urteilt insbesondere Friedrich Theodor Vischer in aller Schärfe:

> Man hat die Malerei mit der Wirkung der Poesie in Verbindung zu setzen gesucht, indem man einen Schein wirklicher Bewegung in die Bilder brachte [...]. Dieß ist lauter Unnatur, denn die Künste sind spezifische Organismen, deren Gliederbau im Versuche der Vereinigung nur eine Mißgeburt darstellen kann.[255]

Aus solch klassizistischer Warte wären Buschs Bildergeschichten also nicht nur aufgrund ihrer Motivik, ihres produktionsästhetischen Bekenntnisses zum ›Unförmlichen‹ sowie des in ihnen angeschlagenen Tons Grotesken, sondern auch wegen ihres durch und durch intermedialen Charakters: »Mißgeburt[en]« eben.

Auch von diesem Sachverhalt haben Buschs alles andere als ›naive‹ Bildergeschichten ein präzises Bewusstsein.[256] Das zeigt sich insbesondere daran, dass sich gleich mehrere seiner Bilder geradezu als *Laokoon*-Parodien inszenieren. Zu denken wäre einmal mehr an die Backstuben-Szene,

---

253 Vgl. Willems: *Abschied vom Wahren–Schönen–Guten*, 192.
254 Vgl. ebd., 192–194 sowie Košenina: »»Kontinuierliche Bildergeschichten‹‹«, 386f.
255 Vischer: *Ästhetik oder Wissenschaft des Schönen*, Bd. 3.1, 165f. Gegen den Ästhetiker Vischer ließe sich freilich der *Kritiker* Vischer anführen: In seiner 1846 erschienenen Studie *Satyrische Zeichnung* vermag er Rodolphe Toepffers »Erzähle[n] in Bildern« nämlich durchaus zu schätzen (Vischer: »Satyrische Zeichnung«, 82) und rechtfertigt dies mit dem Argument, »[g]ährende, kritische Zeiten [seien] vorzüglich auf die gemischte Kunst angewiesen.« (Ebd., 104) Von dieser vorrevolutionären Haltung ist im *Zusatz über neuere deutsche Karikatur* aus dem Jahr 1880 zwar nicht mehr viel zu spüren. Als Vischer auf Busch zu sprechen kommt, lobt er indes auch diesen nicht allein als Karikaturisten, sondern als jemanden, der »mit reichem Geist im Bilde reichen eigenen Geist im Texte« verbinde (ebd., 121).
256 Zu Buschs kritischer Auseinandersetzung mit der *Laokoon*-Frage vgl. insbesondere auch Willems: *Abschied vom Wahren–Schönen–Guten*, 196–207. Dabei zeigt Willems, wie die Bildergeschichten dazu tendieren, die Lessing'schen Zuordnungen ins Gegenteil zu verkehren: Während die »Bewegungsimpulse [...], die die Handlung in Gang halten«, in der Regel von den turbulenten Zeichnungen ausgingen, hefte sich der Text umgekehrt oftmals »auf eine quasi-epigrammatische Weise an das Einzelbild« und lade den Betrachter so zum Verweilen ein (ebd., 196 und 203). Mit dieser schematischen Verkehrung der Lessing'schen Norm hegt Willems die Komplexität der bei Busch zu beobachtenden Text-Bild-Relationen freilich zugleich wieder ein. Mir scheint es denn auch angemessener, im Anschluss an Barbara Naumann von ungleich *umwegigeren* Überkreuzungsverfahren auszugehen. Vgl. Naumann: »Klecks, Punkt, Schluss«, 251.

in der sich Max und Moritz aus ihren eigenen Standbildern herausknabbern und das Weite suchen: Hier werden die Grenzen, die Lessing der Malerei ziehen will, geradezu *genüsslich* gesprengt. Besonders bemerkenswert scheint mir aber auch ein meta-ästhetisches Kabinettstück, das sinnigerweise in einem *cabinet médical* angesiedelt ist. Im achten Kapitel des *Balduin Bählamm* versucht ein Zahnarzt namens Schmurzel, Bählamm einen entzündeten Zahn zu ziehen. Dabei reißt dieser den Mund so weit auf wie nur irgend möglich und strampelt vor Schmerz mit den Beinen:

Bählamms verzweifelte Bewegungen werden mithin so dargestellt, als ob mehrere Momentaufnahmen übereinandergelegt würden:[257] ein flagranter Verstoß gegen Lessings Verdikt, die Malerei vermöge immer nur *einen*, möglichst prägnanten, d.h. die Imagination der Betrachter*innen auf den pathetischen Höhepunkt hinleitenden Augenblick darzustel-

257 Genauer gesagt macht sich der Zeichner Busch hier ein Ärgernis der damaligen Fotografie zunutze: Aufgrund der langen Belichtungszeiten kam es dort nämlich öfter zu verwackelten Bildern. 1871 hat Busch diese Anleihe beim Medium Fotografie in einer eigenen Bildergeschichte explizit thematisiert. Vgl. Busch: *Ehre dem Photographen!* In: ders.: *Die Bildergeschichten*, Bd. 1: *Frühwerk*, Sp. 526–533, sowie den dazugehörigen Herausgeberkommentar. Auf demselben Prinzip basierte schon die 1865/66 erschienene Bildergeschichte *Der Virtuos.* In: ebd., Sp. 426–433.

len.[258] Anders als von Lessing verordnet, ist der Mund von Buschs Protagonist auch weit aufgerissen – und nicht, wie der der Laokoon-Skulptur, nur zu einem Seufzer geöffnet. Lessing hatte diese Darstellung bekanntlich mit einem wirkungsästhetischen Argument gerechtfertigt: Ein Schrei würde »das Gesicht auf eine ekelhafte Weise«[259] ins Hässliche entstellen, bei den Rezipient*innen Unlust erregen und damit jede Form von Mitleid unmöglich machen. Indem sich Bählamms Gesicht demgegenüber just als, wie es bei es Lessing heißt, schwarzer »Fleck«[260] präsentiert, verwahrt sich Buschs Bildergeschichte mithin geradezu programmatisch gegen eine auf Empathie setzende Lektüre. Einmal mehr hebt sie stattdessen in der karikaturartigen Überzeichnung zugleich auch den Schmerz als physiologisches Ereignis hervor: Man besehe sich nur die krampfhaft zusammengezogenen Finger von Bählamms linker Hand.

2.3 *Schwulst* (morbus poeticus)

Die insgesamt über ein Kapitel einnehmende Zahnschmerz-Episode hat aber noch mehr zu bieten. Sie ermöglicht es auch, das Verhältnis von Buschs Bildergeschichte zur Lehrdichtung der Frühaufklärung sowie zum programmrealistischen Verklärungsgebot noch einmal von einer anderen Warte aus zu beleuchten.

Auffällig erinnert die Sequenz nämlich an Barthold Heinrich Brockes' *Der Zahn*, eines der bekanntesten Gedichte aus seinem Monumentalwerk *Irdisches Vergnügen in Gott* (1721–1748). Buschs Zeitgenosse David Friedrich Strauß hat dieses einmal einen »einzigen gereimten physiko-theologischen Gottesbeweis«[261] genannt. Zumindest was das Dental-Gedicht angeht, kann man ihm nur beipflichten: So registriert das Sprecher-Ich zunächst penibelst die von der Intervention des Zahnarztes verursachten Schmerzen; sobald es den gezogenen Zahn aber zu Gesicht bekommt, nimmt es ihn zum Anlass, die Anatomie des menschlichen Gebisses als »weises Wunder«[262] zu preisen. Ganz anders bei Busch: Dort bleibt der Zahn trotz größter Kraftanstrengung stecken, sodass Bählamm die Praxis schließlich mit weiterhin geschwollener Backe

---

258 Vgl. Lessing: *Laokoon*, 32 f. So auch, mit Bezug auf *Der Virtuos*, Košenina: »Kontinuierliche Bildergeschichten««, 387.
259 Lessing: *Laokoon*, 29.
260 Ebd.
261 Zit. nach Jäger: »Lehrdichtung«, 508.
262 Brockes: *Der Zahn*, V. 66. In: ders.: *Werke*, Bd. 2.2, 757–760, hier 759.

verlässt: grotesk-physiologische Konkretion des »tiefe[n] Schmerz[es]«, der der *idée reçue* zufolge dem »hohen lyrischen Poeten [...] vonnöthen« ist.[263] Schlaglichtartig erhellt so noch einmal, was Buschs pessimistischen Galgenhumor vom Optimismus frühaufklärerischer Lehrdichtung unterscheidet, von der er sich zugleich aufgrund seiner naturwissenschaftlich grundierten Vorliebe fürs präzis beobachtete Detail herschreibt.

Beide Zahn-Sequenzen weisen zudem eine selbstreflexive Pointe auf. Wenn das Sprecher-Ich aus Brockes' Gedicht hervorhebt, wie »künstlich zugericht« das menschliche Gebiss mit seinen auf unterschiedliche Funktionen spezialisierten Schneide-, Eck- und Backenzähnen doch sei,[264] stimmt es nämlich nicht einfach einen Lobgesang darauf an, wie gut der *deus artifex* die Welt auch in dieser Hinsicht eingerichtet hat. Zugleich macht es damit auf den Kunst-Anspruch des Gedichts *selbst* aufmerksam: dass auch in diesem eine Vielzahl unterschiedlicher Verfahren harmonisch zusammenwirkt.[265]

Bählamms Leiden wird für seinen Teil zweimal im Wortfeld des ›Schwulsts‹ verortet. Die erste Erwähnung scheint zunächst denkbar unverdächtig: »Die Backe schwillt.« Indem der Halbvers jedoch qua Binnenreim durch ein geflügeltes Wort aus Goethes *Faust* ergänzt wird – »Die Thräne quillt«[266] –, zeichnet sich bereits eine metaliterarische Dimension ab. Beim zweiten Mal ist dann ausdrücklich von »Der Backe Schwulst«[267] die Rede. Damit wird klar: Bählamms Zahnschmerzen eignet nicht allein deswegen eine poetologische Dimension, weil sie das groteske Pendant zu den Qualen abgeben, unter denen »hohe[] lyrische[] Poeten« der Doxa zufolge ihre Ergüsse zu Papier bringen. Ebenso handgreiflich figurieren sie auch die Schwülstigkeit von Bählamms schwärmerisch-epigonalem Dichtungsverständnis – und zwar umso mehr, als ›Schwulst‹ selbst literarhistorisch markiert ist. Just diesen Terminus hatten nämlich einst die Frühaufklärer toposartig ins Feld geführt, um die sprachbildliche Überfrachtung spätbarocker Texte abwertend zu charakterisieren.[268] Als privilegierte Zielscheibe diente damals Daniel Casper von Lohenstein – auf den wiederum auch die Vornotiz zu Hallers *Alpen* selbstkritisch Bezug nimmt: »Man sieht [...]

---

263 Busch: *Balduin Bählamm*, Sp. 483 (V. 531 f.). Für die Lektüre dieser Verse zehre ich von Willems: *Abschied vom Wahren–Schönen–Guten*, 53 und 80 f.
264 Brockes: *Der Zahn*, V. 67.
265 Zu einer ähnlichen Argumentation in Zusammenhang mit Brockes' Gedicht *Die kleine Fliege* vgl. Giuriato: »Das Leben der Fliegen«.
266 Busch: *Balduin Bählamm*, Sp. 483 (V. 537).
267 Ebd., Sp. 492 (V. 615).
268 Vgl. dazu, überblicksartig, Zymner: »Schwulst« und Schwind: »Schwulst«.

noch viele Spuren des Lohensteinischen Geschmacks darin.«[269] Hallers Ausführungen in der Vorrede zur vierten Auflage der *Gedichte* machen deutlich, dass er in dieser spätbarocken Bildlichkeit ein Überbleibsel aus einer früheren Entwicklungsphase seines eigenen dichterischen Werdegangs erblickt: »Die philosophischen Dichter, deren Größe ich bewunderte [gemeint ist insbesondere Pope], verdrangen bald bey mir das geblähte und aufgedunsene Wesen dess Lohensteins, der auf Metaphoren wie auf leichten Blasen schwimmt.«[270]

Dieser kritischen Selbsteinschätzung entspricht die spätere literarhistorische Würdigung von Hallers Stil etwa in Goethes *Dichtung und Wahrheit*: Gerade in ihrer Tendenz »hin zu Bestimmtheit, Präzision und Kürze«[271] – sprich: zu einer Annäherung der Vers-Poesie an den vorgeblich natürlichen, ›kraftvoll-gedrängten‹ Duktus der Prosa –, hätten Hallers Gedichte in stilistischer Hinsicht einen entscheidenden Schritt über die »wäßrige[], weitschweifige[], nulle[] Epoche«[272] des Spätbarock hinaus getan. Noch von diesem anti-barocken Topos findet sich denn auch ein hintersinniger Reflex in Buschs Bildergeschichte. Sein Zahnleiden zieht sich Bählamm nämlich ausgerechnet durch einen längeren Aufenthalt im Wasser zu.[273]

Bei den von Haller selbst inkriminierten »Spuren des Lohensteinischen Geschmacks« kommt einem sogleich die gezierte Genitivmetapher »der Alpen Mehl« aus der Käse-Strophe in den Sinn. Ebenso aber auch die politische *metaphora continua* (»das hohe Haupt am edlen Enziane«; »Pöbel-Kräuter«; »Ein ganzes Blumen-Volk dient unter seiner Fahne«), die die Beschreibung der Alpenflora im Verein mit einer ausgeprägten Edelsteinmetaphorik (»Der Blumen helles Gold«; »der bunte Blitz von feuchtem Diamant«; »Smaragd und Rosen blühn«,…) überformt. Hallers eigentlich auf die *Georgica* gemünzter Kommentar, diese verstünden noch den »niedrigsten Vorwürfen eine Seele und *einen Adel* zu geben«,[274] kann deswegen auch als Lesefolie für die politische Metaphorik der Alpenflora-Strophen dienen: Wie Karl Richter ausführt, avanciert diese an der besagten Stelle zum Sinnbild »einer natürlichen Autorität«, deren Rangbestimmungen »nicht auf Herrschaft und Unterwerfung, sondern auf Ehrfurcht und Anerkennung gegründet«

269 Haller: *Die Alpen*, 20.
270 Haller: »Vorrede«. In: ders.: *Gedichte*, 248–251, hier 248f.
271 Goethe: *Aus meinem Leben. Dichtung und Wahrheit*, 295.
272 Ebd.
273 Vgl. Busch: *Balduin Bählamm*, Sp. 475.
274 Haller: *Tagebuch seiner Beobachtungen über Schriftsteller und sich selbst*, Bd. I, 367 (Hervorhebung G. F.).

sind.[275] Genauso streicht die Edelstein-Metaphorik die Schönheit noch des scheinbar unwirtlichsten Flecken Erde hervor und setzt dessen natürliche Schönheit vom überflüssigen, widernatürlichen Reichtum der Stadtbewohner und Hofleute ab, deren innere Leere von diesem mehr schlecht als recht bemäntelt wird. In der Eingangsstrophe erscheint dementsprechend noch in Form eigentlicher Rede, meint also ›realen‹, widernatürlichen Edelstein-Prunk, was in den Strophen zur Alpenflora nur als valorisierender Bildspender zum Einsatz kommt:

> Versuchts, ihr Sterbliche, macht euren Zustand besser,
> Braucht, was die Kunst erfand und die Natur euch gab;
> Belebt die Blumen-Flur mit steigendem Gewässer,
> Theilt nach Korinths Gesetz gehaune Felsen ab;
> Umhängt die Marmor-Wand mit persischen Tapeten,
> Speist Tunkins Nest aus Gold, trinkt Perlen aus Smaragd,
> Schlaft ein beim Saitenspiel, erwachet bei Trompeten,
> Räumt Klippen aus der Bahn, schließt Länder ein zur Jagd;
> Wird schon, was ihr gewünscht, das Schicksal unterschreiben,
> Ihr werdet arm im Glück, im Reichthum elend bleiben![276]

Problematisch an der Metaphorik der Strophen zur Alpenflora jedoch ist, dass ihre schiere Quantität – quer zur Grundtendenz des Ganzen – eine Reihe parasitärer Nebenbedeutungen generiert, die den Text förmlich anschwellen lassen: So gibt es zumindest ein Spannungsverhältnis zwischen der im Gedicht immer wieder beschworenen »*vollkommene[n] Gleichheit der Alpenleute*«[277] und der in Zusammenhang mit der Alpenflora unter der Hand doch wieder eingeführten gesellschaftlichen Hierarchisierung. Vor allem aber droht die Edelsteinmetaphorik, eben weil sie geradezu inflationär verwendet wird, die Alpenflora – weit davon entfernt, deren natürliche Schönheit hervorzuheben – tendenziell in einen »Raritätenkasten« zu verwandeln,[278] schlägt mithin ins Gegenteil des ›eigentlich‹ Gemeinten um. Da sich Haller offensichtlich nicht imstande sah, diese und andere Vertracktheiten im Laufe seiner mit jeder neuen Auflage der *Gedichte* vorgenommenen Überarbeitungen

---

275 Richter: *Literatur und Naturwissenschaft*, 97. Ähnlich Kemper: *Frühaufklärung*, 141, und Atherton: »›Poetische Mahlerey‹«, 369.
276 Haller: *Die Alpen*, V. 1–10.
277 Ebd., 24 (Anm. zu V. 100).
278 So der treffende Leseeindruck von Buschs Zeitgenosse Adolf Frey. Vgl. Frey: *Albrecht von Haller und seine Bedeutung für die deutsche Literatur*, 10. Der Ausdruck ist bei Frey übrigens mit dem Adjektiv »Lohensteinsch« versehen.

zu tilgen, mögen sie ihr Scherflein dazu beigetragen haben, dass er die eigene Dichtung mehr und mehr als – wie es in der Vorrede zur vierten Auflage der *Gedichte* heißt – »poetische Krankheit«[279] betrachtete und ihr ab Mitte der 1730er-Jahre den Rücken kehrte.

Wie Bählamms poetologisch aufgeladene Zahnschmerzen zeigen, nimmt Buschs Bildergeschichte diese beim Arzt von Haller zu findende Verbindung von Poesie und Krankheit beim Wort. Gleichermaßen poetologisch lesbar ist der buchstäblich *radikale* Befund, zu dem Zahnarzt Schmurzel gelangt, als er das Zahnweh des Möchtegern-Poeten nicht zu lindern vermag und auf dem dazugehörigen Bild weniger auf diesen blickt als auf die Leser*innen: »Das *Hinderniß* liegt in der *Wurzel*!«[280] Genauso wenig wie Bählamm, »der *verhinderte* Dichter«, von seinem Zahnweh kuriert zu werden vermag, genauso wenig ist es auch möglich, ihm seine ›poetische Krankheit‹ auszutreiben: Wie ein Stehaufmännchen macht er sich nach jedem Missgeschick erneut ans Werk.

Ein Restbestand davon ist – allen Prosaismen zum Trotz – freilich auch Buschs *eigenem* Werk nicht ganz fremd. Nie geht es den radikalen, unwiderruflichen Schritt in die Dissonanz. Vielmehr lassen die Bildergeschichten am Ende stets eine – wie grausam auch immer geartete – ›poetische Gerechtigkeit‹ walten, die die ›Bösewichter‹ ihrer Strafe zuführt, und runden das Ganze durch biedere Lebensweisheiten ab. Weil sich diese oft in der Nähe zum Nonsense bewegen, mögen sie zwar einerseits als »Leerformel[n]«[281] daherkommen, die das *fabula-docet*-Prinzip der Lächerlichkeit preisgeben. Gerade *Balduin Bählamm* liefert dafür ein gutes Beispiel: »So steht zum Schluß am rechten Platz / Der unumstößlich wahre Satz: / Die Schwierigkeit ist immer klein, / Man muß nur nicht verhindert sein.«[282] Weil es andererseits aber die Erzählinstanz ist, die diese Weisheiten zum Besten gibt – also die ›höchste‹ Autorität innerhalb der Bildergeschichte, deren Wort per definitionem unwidersprochen bleibt –, bieten sie sich immer auch für eine affirmative, selbstzufriedene Lesart an.[283]

Mit hintergründigem Witz stellt sich Buschs vorletzte Bildergeschichte noch in dieser Hinsicht selber die Diagnose. Die missliche

---

279 Haller: »Vorrede«, 248.
280 Busch: *Balduin Bählamm*, Sp. 482 (V. 528), Hervorhebungen G.F.
281 Ueding: *Wilhelm Busch. Das 19. Jahrhundert en miniature*, 118.
282 Busch: *Balduin Bählamm*, Sp. 496 (V. 643–646).
283 Diese grundsätzliche Ambiguität gibt auch Gert Ueding zu bedenken. Vgl. Ueding: *Wilhelm Busch. Das 19. Jahrhundert en miniature*, 103–105.

Lage, in die Bählamm – mit weiterhin geschwollener Backe – auf der Rückfahrt nach Hause verwickelt wird, ist nämlich durchweg als Reflexion auf die ambigen Schlüsse der Bildergeschichten insgesamt lesbar. Genau wie auf dem Hinweg steigt auch während der Rückfahrt jemand zu ihm ins leere Abteil und sorgt für Unruhe. Diesmal freilich kein wohlgenährter Wanderer, sondern eine junge Mutter mit Säugling. Da dem Baby die dargebotene Milchflasche zu kalt ist, »[k]lagt« es alsbald, »gleich der Trompete, / [...] in Tönen seine Nöthe.«[284] Die Analogie zum milchspendenden Musen-Busen aus der *ars poetica* des ersten Kapitels ist evident: Hier tritt Bählamm sein vormaliger Tagtraum in Fleisch und Blut vor Augen – mit dem entscheidenden Unterschied, dass sich der Kleine eben nicht, wie die *idée reçue* es gerne hätte, von der Muse inspirieren lässt. Vielmehr verschrei(b)t er sich genauso wie die Kuh, die Bählamms dichterische Ergüsse im vierten Kapitel so empfindlich gestört hatte und von der Erzählinstanz ebenfalls mit einem Blasinstrument assoziiert worden war, der, wie es dort hieß, »Macht der rauhen Töne«.[285] Im Anschluss an die bovine »Sängerin«[286] avanciert so auch das Baby zu einem Alter Ego der Autor-Instanz mit ihrem ausgeprägten Penchant fürs Dissonante.

Buschs Bildergeschichte treibt die Dissonanz zunächst noch weiter, entspinnt aus ihr ein kleines Familiendrama: Da die junge Frau an der nächsten Station aussteigt, um die Milchflasche aufzuwärmen, es aber nicht rechtzeitig zurück in den Zug schafft, muss Bählamm den Kleinen wohl oder übel mit nach Hause nehmen. So löst er sein vollmundiges Versprechen, der Familie von seinem Ausflug aufs Land »was Schönes«[287] mitzubringen, auf für diese ebenso unerfreuliche wie unerwartete Weise ein: Anstelle von wohlklingenden Gedichten, entsprungen aus der geistigen Symbiose von Muse und Dichter, wartet er – so muss es den Daheimgebliebenen zumindest vorkommen, und ihre entgeisterte Reaktion lässt daran auch keinen Zweifel – mit der Frucht handfester fleischlicher Gelüste auf: mit einem unehelichen Kind bzw. einem, wie es damals so abschätzig hieß, Bastard. (Nur am Rande sei bemerkt, dass gerade der Ausdruck ›Bastard‹ es ermöglicht, die poetologische Dimension des kleinen Schreihalses weiter zu betonen:

---

284 Busch: *Balduin Bählamm*, Sp. 486 (V. 571 f.).
285 Ebd., Sp. 449 (V. 309).
286 Ebd. (V. 310).
287 Ebd., Sp. 441 (V. 243). Das Versprechen nimmt bezeichnenderweise die Formulierung aus den Eingangsversen wieder auf: »Wie wohl ist Dem, der dann und wann / Sich etwas Schönes dichten kann!« Ebd., Sp. 423 (V. 1 f.).

Als vermeintlich ›widernatürliche‹ Kreuzung erscheint ja auch Buschs Bildergeschichte selbst.)

Mit dem Erscheinen der Mutter löst sich das Ganze am Ende aber schließlich doch auf geradezu wundersame Weise in Wohlgefallen auf – woher kennt sie bloß Bählamms Adresse? –, und die Familie des Protagonisten kann sich versöhnt in den Armen liegen:

Obzwar die Milch »kalt [ist] wie nie«,[288] nuckelt nun auch der Kleine brav an seiner Flasche. Vor der poetologischen Folie des Auftaktkapitels gelesen, wird er am Ende also doch noch zu einem mustergültigen Musenkind – und damit auch zu einer Art *geistigem* Sohn des Balduin Bählamm. Augenzwinkernd signalisiert die Bildergeschichte damit einmal mehr, wie zählebig – wie generationenübergreifend – Bählamms Dichtungsverständnis ist. Zugleich zeichnet sie damit aber auch ein Bild von sich selbst: Genau wie sich Mutter und Kind bzw. die Muse der Poesie und ihr Zögling auf dem letzten Bild des Kapitels lediglich anschicken, das Zimmer der Bählamms zu verlassen, genauso bleibt die poetische Verklärung – wiewohl als Ausnahme an den Rand gedrängt – eine Größe *innerhalb* von Buschs Werk: als eingeschlossenes Ausgeschlossenes, das eben immer auch eine humoristisch-versöhnliche Lesart ermöglicht. Ob eine solche der hintersinnigen Ironie der Bildergeschichten gerecht wird, mag bezweifelt werden, ändert aber nichts daran, dass sie in diesen durchaus angelegt ist.

288 Ebd., Sp. 491 (V. 607).

IV. Geboren aus den Zuckungen der Jetztzeit
C. F. Meyers manierierte Renaissance

Wie an der Fotografie haftet im deutschsprachigen Realismus auch an der elektrischen Telegrafie der Ruch des Prosaischen. Die mechanisierten und standardisierten Funktionsweisen der zwei neuen Medienapparaturen schließen, so die gängige Argumentation, eine schöpferische, wahrhaft künstlerische Intervention aus. Was für die Produktionsästhetik gilt, gilt ebenso für die dargestellten Welten: Auch dort werden die neuen Medien unweigerlich als Misston empfunden. Kurzum: Im Reich der Poesie sei für sie kein Platz.

Der Befund trifft nicht nur auf die Anfänge des deutschsprachigen Realismus zu,[1] sondern auch noch auf dessen Spätphase: Die Inbetriebnahme der ersten Telegrafenlinien mochte bis in die 1830er- (England) bzw. 1840er-Jahre (Kontinentaleuropa) zurückreichen,[2] die Skepsis aber blieb. Zwei besonders aufschlussreiche Beispiele dafür finden sich beim späten Keller. So legt die Vorrede zum zweiten Band der *Leute von Seldwyla* (1874) dar, wie die Seldwyler in den letzten Jahren mit Haut und Haaren der ebenso aufgeregten wie abstraktblutleeren Börsenspekulation verfallen seien und wie sich im immer gleichen »Eröffnen oder Absenden von Depeschen«[3] »nichts mehr unter ihnen« ereigne, »was der beschaulichen Aufzeichnung würdig wäre«.[4] Demonstrativ wendet sich der Erzählband deswegen der »Vergangenheit und den guten lustigen Tagen der Stadt« zu, um dort – wie es mit einer betont anti-technizistischen Agrar-Metapher heißt – »eine kleine Nacherne zu halten«.[5] Der 1886 erschienene Roman

---

1 Frührealistische Beispiele finden sich etwa in Gutzkows Novelle *Die Kurstauben* (1852) sowie in Gregorovius' Reisebeschreibung *Die Insel Capri* (1853). Zu Gutzkows Text vgl. Siegert: *Relais. Geschicke der Literatur als Epoche der Post*, 197–199. Und zu dem von Gregorovius vgl. Brüggemann: »Literatur und Wahrnehmung in kulturwissenschaftlicher Perspektive«, 16–19.
2 Zu diesen technikgeschichtlichen Punktierungen vgl. etwa Faulstich: *Medienwandel im Industrie- und Massenzeitalter*, 50–54. Zum spezifisch schweizerischen Kontext vgl. Giacometti: *Die Einführung des Telegraphen in der Schweiz*.
3 Keller: *Die Leute von Seldwyla. Zweiter Band*. In: ders.: *Historisch-Kritische Ausgabe*, Bd. 5, 8.
4 Ebd., 10.
5 Ebd. Vgl. die erhellende Lektüre der Vorrede bei Siegert: *Relais. Geschicke der Literatur als Epoche der Post*, 197–199.

Martin Salander wiederum hat es auf den vom Medium Telegrafie induzierten Stil abgesehen, redigiert die Ehefrau des Titelhelden doch an einer Stelle ein von diesem aufgesetztes Telegramm nach geradezu programmrealistischen Maßstäben: Während die spröde Elliptik von Martins Original auf die, wie man in Anlehnung an Friedrich Kittler sagen könnte, begrenzte »Kanalkapazität der verfügbaren Elektrokabel« hin berechnet ist,[6] versieht Maries Überarbeitung »die gleich harten Steinblöcken dastehenden Haupt- und Zeitwörter mit den dazu gehörigen, sie verbindenden Kleinwörtern«, um »die Schrift milder [zu] machen« und die Gegenwärtigkeit mündlicher Rede zu simulieren.[7]

Fontanes Romanfiguren verschicken ihrerseits zwar ständig Telegramme, als wäre es das Selbstverständlichste der Welt. Noch der ebenfalls Mitte der 1880er-Jahre erschienene Roman *Cécile* aber, dessen männliche Hauptfigur, Robert von Leslie-Gordon, dem Telegrafie-Pionier Werner von Siemens nachgebildet ist,[8] zeigt, dass sich Telegrafie und deutschsprachiger Realismus in *poetologischer* Hinsicht nicht ohne Weiteres vereinbaren lassen. Um dem »Roman« auf den Grund zu gehen, der Gordon zufolge dazu geführt haben muss, dass Céciles Ehemann St. Arnaud vorzeitig aus dem militärischen Dienst ausgeschieden ist (»Dahinter steckt ein Roman«[9]), wendet sich Gordon an seine gut informierte Schwester. Eigenartigerweise greift er dabei nicht auf das »trivial[e]«[10] Medium Telegrafie zurück – mit dem Epitheton bedenkt Cécile einmal das Verlegen von Telegrafenkabeln –, sondern auf den medientechnisch eigentlich überholten, ungleich langsameren Brief. Worüber er auf telegrafischem Weg innert kurzer Zeit hätte Gewissheit haben können, bleibt so noch eine Weile von einer rätselhaften Aura umgeben, die es ihm ermöglicht, seine *eigenen* romanesken Männerfantasien auf Cécile zu projizieren.[11] Fontanes Text mag diese Projektionsverfahren dank seiner subtilen »Perspektiv«-Kunst[12] ironisch ausstellen – zugleich je-

---

6 Kittler: »Im Telegrammstil«, 364.
7 Keller: *Martin Salander*. In: ders.: *Historisch-Kritische Ausgabe*, Bd. 8, 292. Zum programmatischen Charakter dieser *réécriture* vgl. Preisendanz: *Humor als dichterische Einbildungskraft*, 168 f.
8 Zu dieser Herleitung vgl. erstmals Fischer: »Gordon oder die Liebe zur Telegraphie«.
9 Fontane: *Cécile*. In: ders.: *Große Brandenburger Ausgabe*: *Das erzählerische Werk*, Bd. 9, 14.
10 Ebd., 67.
11 Zu diesen Projektionsverfahren vgl. insbesondere die detaillierte (aber wenig medienaffine) Lektüre von Lilo Weber: ›*Fliegen und Zittern*‹, Kap.: »Das Rätsel Frau. Theodor Fontane: *Cécile*«, 43–93.
12 Fontane: *Cécile*, 31.

doch ist just dieser Medienwechsel Bedingung dafür, dass er sich *selbst* als Roman zu entfalten vermag, sprich: dass die Dinge, von denen er kündet, ihren verhängnisvollen Lauf nehmen können.

Wie ich in der allgemeinen Einleitung dargelegt habe, hat die jüngere Realismus-Forschung im Hinblick auf die Fotografie zu zeigen vermocht, dass die realistischen Erzähltexte für die Medienumbrüche und Wissensdiskurse ihrer Zeit untergründig wesentlich empfänglicher waren als es die programmatischen Äußerungen ihrer Autoren vermuten lassen. Ähnliches gilt für die Telegrafie. Was insbesondere Frank Haase, Uwe Hebekus und Joseph Vogl am Beispiel von Theodor Fontane – ohne Bezug freilich auf die für meine Belange zentrale Opposition von Poesie und Prosa – herausgearbeitet haben,[13] möchte ich anhand zweier Texte aus der Feder Conrad Ferdinand Meyers bekräftigen, bei dem man dies aufgrund seiner ausgeprägten Vorliebe für historische Stoffe wohl am wenigsten erwarten würde. Und dann gar in der Lyrik, dem Genre also, das sich auf den ersten Blick mehr als alle anderen der Integration von Realitätspartikeln zu versperren scheint.

Seinen Ausgang wird das vorliegende Kapitel dementsprechend beim Telegrafie-Gedicht *Hohe Station* nehmen. Hier in der Fassung von 1887, dem Erscheinungsjahr der Renaissance-Novelle *Die Versuchung des Pescara*, die dann in der Folge mehr und mehr in den Mittelpunkt rücken wird:

Hoch an der Windung des Passes bewohn ich ein niedriges Berghaus –
  Heut ist vorüber die Post, heut bin ich oben allein.
Lehnend am Fenster belausch ich die Stille des dämmernden Abends,
  Rings kein Laut! Nur der Specht hämmert im harzigen Tann.
Leicht aus dem Wald in den Wald hüpft über die Matte das Eichhorn,
  Spielend auf offenem Plan; denn es ist Herr im Bezirk.
Jammer! Was hör ich? Ein schrilles Gesurre: »Gemordet ist Garfield!«
  »Bismarck zürnt im Gezelt!« – »Väterlich segnet der Papst!«
Schwirrt in der Luft ein Gerücht? Was gewahr ich? Ein schwärz-
                  liches Glöcklein!
Unter dem Fenstergesims bebt der elektrische Draht,
  Der, wie die Schläge des Pulses beseelend den Körper der Menschheit,
  Durch das entlegenste Tal trägt die Gebärde der Zeit.[14]

---

13 Vgl. Haase: »Stern und Netz«; Hebekus: *Klios Medien*, 149–156 und 266–268, sowie Vogl: »Telephon nach Java«.
14 Meyer: *Hohe Station*. In: ders.: *Gedichte*. In: ders.: *Historisch-kritische Ausgabe*, Bd. 1, 129.

Wenn sich die Forschung überhaupt mit *Hohe Station* beschäftigt (was erstaunlicherweise insbesondere Friedrich Kittler nie getan hat),[15] setzt sie stets dem stillen Bergidyll aus der ersten Hälfte des Gedichts die »schrille[]« (V. 7) Dissonanz der telegrafisch übermittelten Nachrichtenmeldungen gegenüber, die die zweite Hälfte dominiere.[16] *Hohe Station* sei eben nicht nur formal eine Elegie. Diese schroffe Antithetik ist zu relativieren. Genauso wenig wie das Telegrafenkabel das Bergidyll, in das sich das Ich zurückgezogen hat, aus dem Nichts heraus stört, sondern – von diesem unbemerkt – die ganze Zeit über bereits da ist, genauso wenig bricht auch der lakonisch-standardisierte Stil der telegrafisch übermittelten Nachrichtendepeschen unvermittelt in das Sprechen des Ich herein, sondern durchzieht es von Beginn an. Ohne dass das Ich dessen gewahr wäre, konstituiert sich sein Sprechen so im (und als) Echoraum einer immer schon vorauszusetzenden Telegrafie.[17]

Wohlgemerkt handelt es sich bei *Hohe Station* um den einzigen Text aus Meyers *Gedichten*, der sich ausdrücklich mit einem der im Programmrealismus verpönten neuen Medien befasst. Völlig aus der Luft gegriffen ist Meyers Ruf als Aktualitätsverächter ja nicht. Mir geht es denn auch um einen Grenzfall realistischer Lyrik, vor dessen medienästhetischem Hintergrund sich nichtsdestoweniger ungleich bekanntere Gedichte von C. F. Meyer neu perspektivieren lassen. Ebenso erweist sich seine vorletzte Novelle, *Die Versuchung des Pescara*, als Resonanztext des Alpengedichts, liefern dessen ebenso aufgeregte wie scheinbar unzusammenhängende *news bites* doch das Grundgerüst für die wichtigsten Handlungsstränge der Novelle. Begreift man *Hohe*

15 Abgesehen von einer an Elliptik nicht zu überbietenden Fußnote in Kittler: »Vom Take Off der Operatoren«, 157, Anm. 14. Meine eigene Lektüre instituiert *Hohe Station* dagegen als eine Art *missing link* zwischen Kittlers Frühwerk und den späteren medientheoretischen Schriften, insofern sie von diesen genauso entscheidende Impulse empfängt wie – vor allem hinsichtlich der spezifischen Kommunikationsstruktur von Meyers Lyrik (Ebene des Geäußerten vs. Äußerungsebene) – von der Dissertationsschrift *Der Traum und die Rede*.

16 Vgl. Rosman: *Statik und Dynamik in Conrad Ferdinand Meyers Gedichten*, 39; Wysling: »Schwarzschattende Kastanie«, 19 f.; Bünter: ›*Lebendig abgeschieden*‹. *C. F. Meyers Berglyrik sub specie mortis*, 41 f.; Sprengel: »Schlachtfeld Alpen, Schweizer Identität?«, 458 f. Nuancierter bewertet wird die Antithetik lediglich bei Crichton: »Conrad Ferdinand Meyer's *Hohe Station*«, 216–219, sowie, jüngst, bei Neumann: »Die Meldung der Muse«, 170.

17 Mein Argument schlägt damit einen ähnlichen Weg ein wie das von Derrida, als er das Kapitel »Leçon d'écriture« aus Lévi-Strauss' *Tristes Tropiques* liest. Vgl. Derrida: *De la grammatologie*, 152–196, sowie Honold: »Schreibstunde an der Telegrafenlinie«.

Station dementsprechend als heimlichen Rahmen von *Die Versuchung des Pescara*, dann erscheint Meyers mit so viel Akribie rekonstruierte Spätrenaissance weder als Epoche *sui generis* (wie es die historistische Doxa eigentlich vorschriebe) noch als wohlfeile Kompensation für das postheroische »Knirpstum«[18] der eigenen Epoche,[19] sondern, hochgradig maniert, als Effekt der Zuckungen der Jetztzeit.

*

Mit dem Stichwort ›Zuckungen‹ ist zugleich ein zweiter Problemkomplex benannt, der für das vorliegende Kapitel von eminenter Wichtigkeit ist: die (männliche) Hysterie. Im *close reading* von *Hohe Station* eher beiläufig anklingend, wird sie den Fluchtpunkt meiner Lektüre von *Die Versuchung des Pescara* abgeben.

Eine enge Verbindung zwischen Telegrafie und Hysterie stiftet bereits der zeitgenössische Nervendiskurs: Seit dem 18. Jahrhundert verstand man die Hysterie nicht mehr als uterine Dysfunktion – woher sie ja ihren Namen hat (ὑστέρα = »Gebärmutter«) –, sondern als nervöse,[20] während die Funktionsweise des menschlichen Nervensystems im 19. Jahrhundert analog zum elektrischen Datenstrom des Telegrafennetzes gedacht wurde (und umgekehrt).[21] So gesehen hat es durchaus tiefenstrukturelle Gründe, wenn die am deutlichsten als Hysterikerin charakterisierte Romanfigur Fontanes ausgerechnet die Protagonistin aus *Cécile* ist.[22] Auch bei Meyer stehen beide Problemkomplexe nicht unverbunden nebeneinander. Als Bindeglied fungieren dabei indes weniger die allzu physiologisch konnotierten Nervenströme als eine äußerlich sichtbare, mitunter hochtheatralische Körper-Bewegung: die ›Gebärde‹.

Indem Meyers Texte den Nervendiskurs genauso wenig wie den der Hysterie direkt artikulieren, wirken in ihnen Ausschlussverfahren nach, die schon für die Programmrealisten bestimmend waren. Exemplarisch zeigt sich dies in Julian Schmidts Rezension von Georg Büchners *Nachgelassenen Schriften* (1851), die später in leicht überarbeiteter Form in seine viel gelesene *Geschichte der deutschen Literatur im neunzehnten*

---

18 Burckhardt: *Weltgeschichtliche Betrachtungen*, 209.
19 Zu diesem Topos aus der Meyer-Forschung vgl. die klugen Beobachtungen bei Osterwalder: »Auf die Fußspitzen gestellt«.
20 Vgl. zu diesem Paradigmenwechsel etwa Porter: *Wahnsinn*, 86.
21 Zu diesen Übertragungsverfahren vgl. insbesondere Sarasin: *Reizbare Maschinen*, 346–353.
22 Vgl. hierzu die pointierte Lektüre von Vogl: »Telephon nach Java«, 124–128.

Jahrhundert (1855) eingegangen ist.[23] Apodiktisch urteilt Schmidt dort, Wahnsinnszustände hätten nicht »das Recht, poetisch behandelt zu werden«.[24] Ausdrücklich als ›prosaisch‹ bezeichnet Schmidt diese zwar nicht. Es ist aber kaum ein Zufall, dass er seine Grundsatzerklärung ausgerechnet anlässlich der Besprechung von Büchners *Lenz* zum Besten gibt, in dessen ›Kunstgespräch‹ der Protagonist bekanntlich dafür plädiert, gerade auch den »prosaischsten Menschen unter der Sonne«[25] einen gebührenden Platz in der Dichtung einzuräumen.

Zur Begründung seines Bannspruchs führt Schmidt an, der Wahnsinn folge, weil der reinen »Willkür« unterworfen, »keinem geistigen Gesetz«,[26] also keinen – wie das in seinen Augen offensichtlich auf ›gesunde‹ Innerlichkeit zutrifft – vom Lesepublikum nachvollziehbaren Motivationszusammenhängen. Ausnahmen zugestehen will Schmidt folgerichtig nur dann, wenn der Wahnsinn als bloßes Moment einem alles überwölbenden Handlungsbogen untergeordnet wird: »als *das deutlich erkannte Resultat* eines tragischen Schicksals, oder als eine *vorübergehende* Staffage, um die augenblickliche Stimmung auszudrücken« (Hervorhebungen G. F.). In allen anderen Fällen dagegen wirkten die »gewaltsam« »contrastiren[den]« »Stimmungen« des Wahnsinns verstörend, weil ihre Widersinnigkeiten ein Lachen generierten, dem immer auch ein ›Schauder‹ vor dem »unheimlichen Selbstverlust des Geistes« beigemengt sei. Hinter dieser Verurteilung der nicht aufgelösten Dissonanz zeichnet sich ex negativo Schmidts normativer Literaturbegriff ab, der den versöhnlichen Humor bzw. »nachdenklich behagliche Heiterkeit als einzig adäquate Lesehaltung dogmatisch festlegt«.[27]

Gerade indem Schmidt bis zu einem gewissen Punkt von einer Strukturäquivalenz zwischen der Wirkung ausgeht, die eine komische und eine wahnsinnige Figur bei ihrem jeweiligen Publikum hervorru-

23 Zum exemplarischen Charakter von Schmidts Rezension vgl. Christian Begemanns Beitrag zur Büchner-Rezeption im Realismus: »Realismus«, 324–326. Zur »Ausgrenzung des Pathologischen bei den programmatischen Realisten« vgl. auch das gleichnamige Kapitel bei Thomé: *Autonomes Ich und ›Inneres Ausland‹*, 21–97.

24 Schmidt: »Georg Büchner«, 122.

25 Büchner: *Lenz*. In: ders.: *Sämtliche Werke, Briefe und Dokumente in zwei Bänden*, Bd. 1, 225–250, hier 234.

26 Schmidt: »Georg Büchner«, 122. (Alle folgenden Zitate ebd.)

27 Thomé: *Autonomes Ich und ›Inneres Ausland‹*, 74. Zur unterschiedlichen Bewertung der Mischung unterschiedlicher Tonlagen im Vormärz/Biedermeier und im Realismus, vgl. allgemein auch Sengle: *Biedermeierzeit*, Bd. 1, 594–647, v. a. 594 und 646f.

fen, macht er ungewollt auf das zumindest latent psychopathologische Potenzial aufmerksam, das so manch ›närrischer‹ Gestalt aus den Texten des deutschsprachigen Realismus inhärent ist – in die Richtung weist aufgrund seiner Doppelsinnigkeit ja schon der Ausdruck ›Narr‹ selbst. Wie ich in meiner Lektüre von *Die Versuchung des Pescara* beispielhaft zeigen möchte, gilt dieser Befund in besonderem Maß für die Texte von C. F. Meyer, dem psychische Zusammenbrüche und die damit einhergehenden Verschleierungsstrategien nach außen hin aus der eigenen Lebenswelt nur allzu vertraut waren. Um die spekulative Sondierung von Meyers Psyche wird es in meiner Lektüre der Renaissance-Novelle freilich nicht gehen.[28] Genauso wenig werde ich mich einem strikt psychohistorischen Ansatz verschreiben, wie Uffe Hansen dies in seiner wegweisenden, in der Forschung indes leider kaum rezipierten Studie über Meyers letzte Novelle, *Angela Borgia* (1891), getan hat.[29]

Ansetzen möchte ich stattdessen einmal mehr bei einer genauen Textlektüre. Der entscheidende Part darin fällt Pescaras wichtigstem Gegenspieler zu, dem intriganten Kanzler von Mailand. Dieser will den »größten Feldherrn der Gegenwart«[30] aus kaiserlichen Diensten abwerben und ihm die militärische Führung der sogenannt Heiligen Liga überantworten, welche sich die Einheit Italiens sowie die Befreiung von der spanischen Fremdherrschaft zum Ziel gesetzt hat. An dieser

---

28 Am komplexesten – aber darum nicht minder problematisch – ist in der Hinsicht sicherlich immer noch das Auftaktkapitel aus Kittlers *Der Traum und die Rede*, v.a. 59–71.

29 Vgl. Hansen: *Conrad Ferdinand Meyer. Zwischen Salpêtrière und Berggasse.* Anders als der Untertitel von Hansens Untersuchung vermuten lässt, spielt die Hysterie in ihr allerdings so gut wie keine Rolle. Vielmehr versucht er zu zeigen, wie sich Meyer bei der eigenwilligen Figurenkonzeption seiner letzten Novelle von der Suggestionslehre und dem Polypsychismus der *école de Nancy* hat beeinflussen lassen, die sich im Gegensatz zum Neurologen Charcot einem psychodynamischen Ansatz verschrieben hatte. Zwar vermag Hansen keine direkte Rezeption der Theorien von Bernheim, Ribot u.a. nachzuweisen. Nichtsdestoweniger führt er eine ganze Reihe an Indizien ins Feld – insbesondere den nur zufällig überlieferten Kontakt Meyers zu Auguste Forel, dem damaligen Direktor der Zürcher ›Irrenheilanstalt‹ Burghölzli –, die eine solche für 1890/91 durchaus plausibel erscheinen lassen. Darüber hinaus zeigt Hansen werkimmanent, wie die Figurenkonzeption aus früheren Novellen – darunter *Die Versuchung des Pescara* – bereits ähnliche, wenngleich noch weniger radikal ausgeprägte Züge trägt wie in *Angela Borgia*: Der Kontakt mit der Schule von Nancy habe bei Meyer also weniger einen radikalen Neuansatz zur Folge gehabt, denn als eine Art Katalysator gewirkt.

30 Meyer: *Die Versuchung des Pescara.* In: ders.: *Historisch-kritische Ausgabe,* Bd. 13, 149–275, hier 167. (Zitate aus *Die Versuchung des Pescara* werden fortan in Klammern im Fließtext nachgewiesen.)

Verführerfigur interessieren mich primär das exaltierte Gebärdenspiel und die permanenten Verkleidungen. Von den anderen Figuren etwa als »Kanzler Proteus« (171) oder »Buffone« (ebd.) bezeichnet, wird Morone den ganzen Text über in kulturhistorische Kontexte eingerückt, die auf den ersten Blick wenig miteinander zu tun haben (Posse, antike Mythologie, Groteske), ihn – aufs Ganze besehen – jedoch als verkappten Hysteriker ausweisen. Wie zu zeigen sein wird, greifen diese hysterischen Züge über die Figur Morones hinaus untergründig auf dessen Mitverschwörer und Pescaras Vertraute, zum Teil sogar auf die Titelfigur selbst über. Meyers Renaissance ist, so der Fluchtpunkt meines Arguments, durch und durch hysterisch grundiert.

1. Echoraum der Telegrafie. Zum medienästhetischen Ort von *Hohe Station* und *Die Versuchung des Pescara*[31]

1.1 Programmvorgaben, oder: Wie man sich einen Störenfried einverleibt

Obgleich *Hohe Station* mit einem Gegenstand aufwartet, dem aus Sicht des Programmrealismus eigentlich kein Platz in der Dichtung gebührt, ist eine Lesart von Meyers Telegrafie-Gedicht, die in Einklang mit den Vorgaben des Programmrealismus steht, alles andere als abwegig. Abwegig wäre vielmehr, *Hohe Station* diese Dimension absprechen zu wollen. Beispielhaft lassen sich so die Kompromisslösungen aufzeigen, zu denen die Texte des deutschsprachigen Realismus gelangen, wenn sie sich – ihres realistischen Anspruchs eingedenk – der Prosa der Moderne nicht ganz und gar verschließen.

Wie in der Forschung immer wieder behauptet, entwirft die erste Hälfte des Gedichts zweifelsohne ein Bergidyll. Nur ist dieses alles andere als ein naturgegebenes. Vielmehr muss das Ich den Rückzugsort überhaupt erst als solchen entwerfen. Denn insofern in einer Poststation *per definitionem* Menschen, Waren und Nachrichten zirkulieren, wartet der Ort eigentlich mit denkbar schlechten Voraussetzungen für idyllische Abgeschiedenheit auf. Erst indem das Ich auf den topografischen Angaben »Windung« (V. 1), »Rings« (V. 4) und »Bezirk« (V. 6) insistiert, funktioniert es ihn zu einem – wie es sich für eine Idylle

---

31 Von kleineren Änderungen abgesehen entsprechen die Abschnitte 1.1–1.4 des vorliegenden Unterkapitels meinem gleichnamigen Aufsatz »Echoraum der Telegrafie«.

gehört[32] – in sich geschlossenen, gleichsam abgeschotteten Raum um. Zugleich signalisiert die Anapher aus Vers 2 den bloß vorübergehenden, mithin hochgradig prekären Charakter des Rückzugsorts: »*Heut* ist vorüber die Post, *heut* bin ich oben allein.« (V. 2) Die Zeit verläuft hier oben zwar zyklisch – aber nicht utopisch-arkadisch in Einklang mit den Rhythmen der Natur, sondern weil der rational getaktete Fahrplan der Postkutsche dies so vorgibt. Ebenso bestätigt die Rhythmik, dass das Bergidyll zeitlich begrenzt ist: Neben den obligaten Zäsuren im Fall der Pentameter sind in dem Zusammenhang vor allem die Spondeen zu nennen, die den ansonsten vorherrschenden Daktylus an zwei Stellen ablösen und so eine Art Schwebezustand auf Zeit schaffen: »*Rings kein |* Laut!« (V. 4); »Leicht aus dem | Wald in den | *Wald hüpft*« (V. 5).

Das solcherart entworfene realistische Idyll ist als geradezu programmatischer Abgesang auf die romantische Entgrenzungslandschaft à la Eichendorff lesbar. Wie dessen Figuren situiert sich das Ich aus *Hohe Station* ebenfalls an der Schnittstelle von innen und außen: »Lehnend am Fenster« (V. 3). Nur generiert diese Position einen penibel abgezirkelten Bereich und keine Sehnsuchtslandschaft, in der, wie Richard Alewyn und Albrecht Koschorke gezeigt haben, körperlose visuelle und vor allem auditive Energiepartikel unablässig zwischen Nähe und Ferne hin- und herzirkulieren und so die vermeintliche Trennlinie des Horizonts permanent dynamisieren und aufschieben.[33] Demgegenüber registriert das Ich aus *Hohe Station* lediglich »[l]aut«-lose (V. 4) »Stille« (V. 3). Stilisiert sich die romantische Lyrik – mit Kittler zu sprechen – »als Echo und Nachhall einer ursprünglichen Stimme selber zur Stimme«,[34] so ist dieser naturwüchsig-metaphysische *soundscape* bei Meyer offensichtlich verstummt.[35] Denkbar unmelodiös ist hier der einzig hörbare Laut: das Hämmern eines Spechts.

»Heut ist vorüber die Post« besagt dementsprechend auch: Die Zeit der Posthornromantik ist definitiv vorbei. Sogar die einzige Stelle, an der so etwas wie ein utopisch entgrenzendes Moment aufscheint – »Spielend auf offenem Plan« (V. 6) –, unterstreicht dies. Zum einen

---

32 Vgl. Böschenstein-Schäfer: *Idylle*, 9.

33 Vgl. Alewyn: »Eine Landschaft Eichendorffs« und Koschorke: *Die Geschichte des Horizonts*, 184–193 und 204–210. Zugleich verifiziert dieses abgedichtete, nicht über sich hinausweisende Gebirgsidyll einmal mehr Koschorkes These von der »Schließung des Horizonts« in der postromantischen Literatur des Vormärz und des Realismus. Vgl. ebd., 218–326.

34 Kittler: »Lullaby of Birdland«, 52.

35 Zum Begriff des *soundscape* in Zusammenhang mit Eichendorff vgl. Steiner: »Soundscapes und Spiegelfluchten«.

tritt nämlich ausgerechnet hier ein »Eichhorn« (V. 5) auf: ein Tier, dessen Name dadurch, dass er den gebräuchlicheren Diminutiv ›Eichhörnchen‹ vermeidet, das Eichendorff-Emblem schlechthin – das Posthorn – bzw. Eichendorffs Namen selber humoristisch verballhornt. Zum anderen wird diese Offenheit noch im selben Atemzug durch den – bezeichnenderweise ans *Ende* des betreffenden Verses platzierten – Ausdruck »Bezirk« in ihre Schranken verwiesen, signalisiert er doch aufgrund seiner schnöd administrativen Konnotationen: Noch in ihrer Abgeschiedenheit ist diese idyllische Enklave Teil der verwalteten Welt.

In der zweiten Hälfte des Gedichts macht sich die Dissonanz dann auch auf der Geschehensebene geltend. Nicht diskret wie im Fall des doppelbödigen Ausdrucks »Bezirk«, sondern mit voller Wucht – und zwar ganz offensichtlich früher, als das Ich dies erwartet hatte. Nicht erst am folgenden Tag, wenn die Postkutsche das nächste Mal vorbeikommt, sondern unmittelbar jetzt. Zunächst in Gestalt eines »schrille[n] Gesurre[s]« (V. 7), das sich als das »Schwirr[en]« (V. 9) eines Telegrafenkabels entpuppt und Nachricht bringt von Mord und Totschlag aus der Jetztzeit – in schärfstem Kontrast mithin zum paradiesischen Zustand des Bergidylls, in dem ein wehrloses Eichhörnchen unangefochten »Herr im Bezirk« (V. 6) zu sein vermochte. Auch rhythmisch gerät einiges durcheinander, etwa die beschwerte Senkung am Ende des ersten Versfußes von V. 7 (»Jammer! *Was* | hör ich?«),[36] genauso wie das irritierende Gegeneinander von Syntax und metrischem Schema in den Versen 7 und 9.[37]

Auf vielfältige und durchaus komplexe Weise bemüht sich das Gedicht daraufhin, diese Irritation einzudämmen und im Sinn des Programmrealismus zu integrieren. So vermag das Ich das »Gesurre« (V. 7) des von elektrischem Strom durchflossenen Drahts ansatzlos in Sprache zu übertragen, das nicht-signifikante Rauschen in Bedeutsamkeit zu überführen. Wer dem Ich deswegen allerdings sogleich ein »animistisches Technikverständnis«[38] unterstellt, bedenkt nicht, dass geübte

---

36 Zum Begriff der beschwerten Senkung vgl. Wagenknecht: »Zum Begriff der Tonbeugung«, 71 f.

37 Vgl. dazu, allerdings mit psychologisierendem Fokus, Crichton: »Conrad Ferdinand Meyer's *Hohe Station*«, 220.

38 Bünter: »*Lebendig abgeschieden*«, 42. Sprachgeschichtlich betrachtet handelt es sich bei dieser animistischen Codierung der Telegrafie um einen Topos offensichtlich vulgärromantischer Provenienz, der zumindest im englischsprachigen Raum parallel zu dem von der Telegrafie als dem objektiven Medium schlechthin lief. Vgl. Menke: *Telegraphic Realism*, 9 und 72–77.

Abb. 16: Glashütchen an einem
Telegrafenmast um 1850
(Rekonstruktion von 1952). Aus:
Generaldirektion PTT (Hg.): *Hundert
Jahre elektrisches Nachrichtenwesen
in der Schweiz 1852–1952*, Bd. 2, 891.
Museum für Kommunikation, Bern,
M5L0544.

Telegrafisten damals durchaus in der Lage waren, die eingehenden elektrischen Impulse dem Gehör nach in Sprache zu übersetzen, ohne einen Blick auf die *dots and dashes* auf dem mitlaufenden Papierstreifen zu werfen.[39] C.F. Meyers Spätrealismus mag ästhetisch retrograd anmuten – erst die frühe Moderne wird das Rauschen ausdrücklich *als Rauschen* zur Geltung bringen[40] –, er ist dennoch immer noch so sehr Realismus, dass er auf der Höhe der Mediengeschichte seiner Zeit operiert.

Einer ähnlichen, wenngleich weniger intrikaten Doppelcodierung ist das »schwärzliche[] Glöcklein« (V. 9) unterworfen: Einerseits fungiert es symbolisch als Totenglöcklein des Bergidylls, andererseits meint es ganz konkret, wie im Herausgeberkommentar zu lesen ist, die »für den Telegraphendraht als Isolator dienende Glocke« (Abb. 16).[41]

Rhetorisch um einiges aufwändiger ist eine weitere Strategie, auf die das Gedicht zurückgreift, um sich die technologische Irritation im wahrsten Sinne des Wortes einzuverleiben. So deutet vor allem der vorletzte Vers das Telegrafennetz zu einem riesigen Blutkreislauf um:

39 Zum *sound reading* vgl. Giacometti: *Die Einführung des Telegraphen in der Schweiz*, 127, oder auch Richard Menke: *Telegraphic Realism*, 205 f.
40 Vgl., exemplarisch, Siegert: »Die Geburt der Literatur aus dem Rauschen der Kanäle«.
41 Meyer: *Apparat zu den Abteilungen III und IV der Gedichte*. In: ders.: *Historisch-kritische Ausgabe*, Bd. 3, 86.

»Unter dem Fenstergesims bebt der elektrische Draht, / Der, wie die Schläge des Pulses beseelend den Körper der Menschheit, / Durch das entlegenste Tal trägt die Gebärde der Zeit.«[42] Der parataktische Stil der Telegramme ebenso wie die Zusammenhanglosigkeit zwischen den einzelnen Meldungen – Diskontinuität also – wird damit in organische Rhythmik übersetzt. Dabei machen nicht nur das Bild des Pulses, sondern auch die sich reimenden Schlussverse (»Menschheit«/»Zeit«) klar, dass Linearität und Sequenzialität hier in Zyklik und Periodizität überführt werden sollen – bzw. Prosa, die etymologisch gesehen ja immer nur voranschreitet, in Poesie.

Wie sich das für die Bio-Ästhetik des deutschsprachigen Realismus gehört, schwingt im Pulsvergleich unweigerlich auch die Goethe'sche Gleichnisrede von Systole und Diastole als universellen Prinzipien mit, steht hier doch gleich die ganze »Menschheit« (V. 11) auf dem Spiel. Vielleicht ließe sich gar behaupten, Meyers Gedicht inszeniere damit in denkbar komprimierter Form den geschichtsphilosophischen Drei-schritt, wie er Bachtin zufolge für den Entwicklungsroman Goethe'scher Provenienz charakteristisch ist: unwiderrufliche Zerstörung eines ›ur-sprünglichen‹, räumlich begrenzten Idylls; Hereinbrechen der großen, aber abstrakten Welt, die von mechanischer Arbeit bestimmt und von isolierten Individuen bewohnt ist; Utopie eines die ganze Menschheit und die ganze Natur umfassenden Kollektivs, in dem die Wesens-merkmale der ursprünglichen Idylle (Menschlichkeit, Ganzheitlichkeit, Organizität) auf höherer Stufe zu neuem Leben erwachen.[43] Nicht von ungefähr präzisiert der Schlussvers von *Hohe Station* denn auch, dass mit dem »entlegenste[n] Tal« nunmehr sogar der idyllische Ort schlechthin Teil des weltumspannenden Telegrafen-Kreislaufs ist.

Bezeichnend für die ›konservative‹ Ausrichtung von Meyers Ge-dicht ist nicht zuletzt, dass es überhaupt für einen Vergleich mit dem Blutkreislauf optiert, den in der zweiten Hälfte des 19. Jahrhunderts geradezu topischen Vergleich von Telegrafennetz und menschlichem Nervensystem dagegen ausklammert. Letzterer birgt nämlich krud materialistischen Zündstoff: Wie insbesondere Philipp Sarasin gezeigt hat, impliziert er, dass das, was den Menschen als ›ganzen‹ zusammen-hält, nicht als geistige Substanz, als Seele zu denken ist, sondern als ein physiologisches System, in dem das Gehirn nur mehr ein Apparat unter

---

42 Diesen Schlussversen misst auch Gerhard Neumann einen entscheidenden Stellenwert zu: als Entwurf eines »Experimentalszenari[os]«, das »den medial veränderten Körper des Menschen bei der Wirklichkeitsverarbeitung« zeige (Neumann: »Die Meldung der Muse«, 163, vgl. auch ebd., 169f.).
43 Vgl. Bachtin: *Chronotopos*, 169f.

vielen ist.[44] So gesehen ist es nur konsequent, wenn Meyers Gedicht demgegenüber ausdrücklich vermerkt, der Puls »*beseele*[]« (V. 11) »den Körper der Menschheit«.

Aufgrund einer syntaktischen Äquivokation lässt sich dem Partizip »beseelend« freilich noch ein anderes grammatikalisches Subjekt als ›Puls‹ zuweisen: »der elektrische Draht« aus dem Vers davor. Der organizistischen Stoßrichtung der Schlussverse wird damit noch ein weiterer Aspekt abgewonnen: So bekommen die mit Pulsschlägen verglichenen Vibrationen des »elektrische[n] Draht[s]« – als Synekdoche für das den ganzen Globus umspannende Telegrafennetz – eine *vis vitalis* zugesprochen, die der bildlichen Redewendung vom »Körper der Menschheit« reales Leben einhaucht, sie in außersprachliche Wirklichkeit überführt.[45] Dass hinter dem Syntagma »wie die Schläge des Pulses« kein Komma steht, spricht nicht gegen diese alternative Lesart: Einerseits ist die Zäsur zwischen den beiden Kürzen des dritten Daktylus im antiken Hexameter durchaus geläufig; *katà tríton trochaíon* lautet der diesbezügliche Fachbegriff.[46] Andererseits waren bei damaligen Telegrammen gerade die fehlenden Interpunktionszeichen eine häufige Quelle für Fehllesungen[47] – ein erster Hinweis auf die im Gedicht vorgenommene eigentümliche Verschränkung von Antike und Moderne; ein erster Hinweis aber auch darauf, dass nicht nur die *news bites*, sondern das Gedicht insgesamt vom Telegrammstil durchwirkt sind. In der Folge meiner Lektüre werden diese hier nur marginal anklingenden Punkte zusehends in den Mittelpunkt rücken.

1.2 Poetologie des Rückkopplungseffekts

Gelingt es dem Pulsvergleich also *in extremis*, die neue Kommunikationstechnologie in altbewährte Organizitäts- und Ganzheitsvorstellungen zu überführen, so ermöglicht der letzte Vers umgekehrt eine poetologische Lesart, die einen eigentümlichen, auf das ganze Gedicht

---

44 Vgl. Sarasin: *Reizbare Maschinen*, 346–353. Sarasin beruft sich dabei wiederholt auf einen populärwissenschaftlichen Vortrag von Hans von Wyß, mit dessen Vater, dem Juristen Friedrich von Wyß, Meyer in regem brieflichen Austausch stand. Vgl. *C. F. Meyers Briefwechsel*, Bd. 3, 5–109.

45 Auch dies ein zeittypischer Topos. Vgl. Menke: *Telegraphic Realism*, 92 f. und passim. Quer zu diesem Topos steht übrigens die genauso gängige organizistische Codierung des Telegrafennetzes zum Körper der *Nation*. Vgl. Hebekus: *Klios Medien*, 151–155.

46 Für diesen Hinweis danke ich Michael Auer.

47 Vgl. Kittler: »Im Telegrammstil«, 362.

ausgreifenden Rückkopplungseffekt generiert: So wie das Telegrafenkabel »die Gebärde der Zeit« noch »[d]urch das entlegenste Tal trägt«
(V. 12) – das Kabel mithin die ganze Zeit über schon da ist, auch wenn
das Ich dessen nicht gewahr ist –, so wird auch dessen Sprechen von
Beginn an von genau dieser »Gebärde der Zeit« bespukt.

Zwar innerviert die geradezu hysterische Aufgeregtheit der Schlagzeilen, die jede Meldung mit einem Ausrufezeichen versieht, die Rede
des Ich erst dann mit voller Wucht, als der Strom durch das Kabel zu
fließen beginnt. So erinnert der exaltiert theatralische Monolog: »Jammer! Was hör ich? [...] Schwirrt in der Luft ein Gerücht? Was gewahr
ich? Ein schwärzliches Glöcklein!« (V. 7 und 9) unwillkürlich an die
zuckenden Gebärden der Hysteriker*innen, denen man in der zweiten
Hälfte des 19. Jahrhunderts bekanntlich gerne mit Stromstößen zu Leibe
rückte.[48] Weiter bekräftigt wird eine solche Reminiszenz durch das
Verb ›schwirren‹, insofern in diesem buchstäblich die Möglichkeit eines
*Irre*werdens anklingt. Verblüffend auch, wie sehr die Verfahren, auf die
Meyers Gedicht in diesen Zeilen zurückgreift, denen aus den Terzetten
von Baudelaires *À une passante* nahekommen: Hier wie dort folgt auf
einen Stromschlag (»Un éclair ... puis la nuit!«) eine abgehackte, kurz-
atmige Syntax, gespickt mit unzähligen Ausrufezeichen. Nur weist sich
das Ich aus *Hohe Station – réalisme poétique oblige* – nirgends ähnlich
explizit als männlicher Hysteriker aus wie das Baudelaire'sche mit
seinen krampfhaften Verzückungen: »crispé comme un extravagant«.

Der hysterische Duktus von Meyers Gedicht entsteht aber nicht
einfach aus dem Nichts. Vielmehr entlockt bereits die Stille oben in den
Bergen dem Ich eine *exclamatio* (»Rings kein Laut!«), in der sich der
propositionale Gehalt und die Expressivität des Ausrufs auf eigentümli-

---

48 Vgl. etwa Didi-Huberman: *Invention de l'hystérie*, 258–263. Kaum zufällig
entspricht die Stoßrichtung meiner Gedichtlektüre denn auch der von Juliane
Vogels Untersuchung zur Verstragödie des 19. Jahrhunderts (einem Genre, an
dem sich ja auch Meyer wiederholt versucht hat). Entgegen aller programmatischen Beschwörungen einer Dramaturgie des Kontinuierlichen, Maßvollen
und Übergängigen präsentiert sich diese, so Vogel, als »galvanisches Theater«
voller »Erregungen, Fälle, Schreie«, ist mithin vom Anfall, der »seinen Ort«
in der Nervenheilanstalt hat, »als Form« geprägt (Vogel: *Die Furie und das
Gesetz*, 348 f.). Wie noch eingehend zu zeigen ist, trifft Vogels Befund *mutatis
mutandis* auch auf *Die Versuchung des Pescara* zu: Vordergründig bestimmt
durch eine vom Primat des Signifikats beherrschte und auf kompositionelle
Abgeschlossenheit bedachte Hymnik, weist Meyers Renaissance-Novelle
zugleich eine diskret psychopathologisch konnotierte Kehrseite auf, deren
grotesk-burleske und ›dionysische‹ Störelemente ihre programmatischen Tendenzen immer wieder unterlaufen.

che Weise in die Quere kommen.[49] Sinnigerweise ist diese Expressivität maßgeblich auf die Aussparung eines Verbs zurückzuführen, also just auf eines der auffälligsten Merkmale des Telegrammstils. Wenngleich in unterschiedlich starker Ausprägung, so durchzieht doch die gleiche dramatisierende Gestik den Sprechduktus der Telegramme und des Ich.

Um die These weiter zu bekräftigen, sei daran erinnert, dass die Gebärde in der rhetorischen Tradition nicht nur bei der *actio*, d.h. bei der konkreten Gestik des Redners, eine wichtige Rolle spielt. Auch in Zusammenhang mit der *elocutio*, der Figurenlehre, findet der Ausdruck Verwendung – prominent etwa bei Cicero, wenn dieser rhetorische Figuren als »gestus orationis«[50] bezeichnet. Aus dieser Perspektive verdient die wenig euphonische »G(e)«-Alliteration Beachtung, die die zweite Hälfte des Textes bestimmt (»Gesurre«, »Gemordet«, »Garfield«, »Gezelt«, »Gerücht« usw.); vorbereitet wird sie im ersten Teil durch eine »Be«-Alliteration (»bewohn«, »belausch«, »Bezirk« usw.), die dann in den letzten Versen erneut aufgegriffen (»bebt«, »beseelend«) wird, bis beide bezeichnenderweise im Ausdruck »Gebärde« fusionieren. Als gleichermaßen penetrante wie unmelodiöse Hintergrundgeräusche geben sich die beiden Wortfiguren damit als lautmalerische Entsprechungen zum Ticken des Telegrafen zu erkennen. Dass der so entstehende Text ein *Gedicht* ist, die Alliteration sich also auch auf der Ebene der Gattungszugehörigkeit fortsetzt, kann man getrost als *höhere* Ironie[51] bezeichnen: *Hohe Station*, eben.

Von Beginn an erfasst das mechanische Ticken des Schreibtelegrafen zudem die Rhythmik des Gedichts. Da Meyers elegische Distichen kaum Gebrauch von den Freiheiten machen, die die antiken Versmaße eigentlich bieten, herrscht nahezu den ganzen Text über der Daktylus vor: Das Pulsieren der Rhythmik verzerrt sich zum immer Gleichen der Mechanik. Die Reminiszenz an den Schreibtelegrafen drängt sich dabei umso mehr auf, als das Notationsprinzip antiker Versmaße auf eigentümliche Weise an die *dots and dashes* des Morse-Codes erinnert, der in der Telegrafie seit 1865 weltweit als Standard gilt (Abb. 17).

---

49 Auf diese Spannung weist auch Crichton hin, erkennt darin aber keinerlei Bezug zum Telegrammstil, sondern »a definite intensification of the lyric mood« (Crichton: »Conrad Ferdinand Meyer's *Hohe Station*«, 220).

50 Cicero: *Orator*, 68 (= §83). Vgl. dazu auch Torra-Mattenklott: *Poetik der Figur*, 32f.

51 Die wenigsten literaturwissenschaftlichen Untersuchungen zu Meyer operieren mit dem Ironie-Begriff. Dass sie unrecht haben, bezeugt (allerdings ohne Bezug auf *Hohe Station*) Evans: *Formen der Ironie in Conrad Ferdinand Meyers Novellen*.

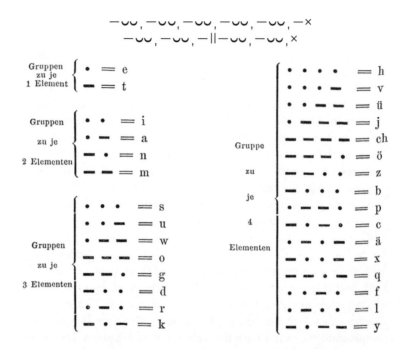

Abb. 17: Wie aus dem Ei gepellt: die Aufschreibsysteme elegisches Distichon und Morse-Code. Die Abbildung des Morse-Alphabets stammt aus einem Standardwerk der damaligen Zeit. Vgl. Zetzsche (Hg.): *Handbuch der elektrischen Telegraphie*, Bd. 1, 442. ETH-Bibliothek Zürich, Alte und Seltene Drucke, Rar 22782:1.

Angesichts all dieser Rückkopplungseffekte wird schließlich sogar das Hämmern des Spechts aus dem ersten Teil des Gedichts in den Bann der Telegrafie gezogen. Wie bereits angedeutet, ist das einzige Geräusch, das dem Ich in seinem Bergidyll zu Ohren kommt, ja mitnichten melodiöser Vogelgesang, sondern pure Rhythmik. Dazu passt, dass die hämmernde Bewegung des Vogelschnabels auch visuell unwillkürlich an das Auf und Ab des Telegrafenankers erinnert.

Kaum eingegangen bin ich bisher auf die Auswirkungen, die das Hereinbrechen der telegrafisch übermittelten Meldungen für das Sprecher-Ich hat: Stark präsent in den ersten drei Versen (»Hoch an der Windung des Passes bewohn ich«; »heut bin ich oben allein«; »Lehnend am Fenster belausch ich«), wird es, als der elektrische Draht zu sirren beginnt, gleich zweimal buchstäblich infrage gestellt: »Was hör *ich*?« (V. 7) »Was gewahr *ich*?« (V. 9) So gesehen ist das unmittelbar im Anschluss an diese Fragen erwähnte »schwärzliche[] Glöcklein« (V. 9) als Totenglocke nicht nur für das Bergidyll, sondern eben auch für das Ich zu verstehen: Aus den drei letzten Versen zumindest ist es restlos verschwunden.

Genauso wie die Telegrammmeldungen das Ich auf der Handlungsebene aus seinem Bergidyll aufschrecken, genauso vertreibt deren Ichlosigkeit das Ich demnach *als Äußerungsinstanz* aus dessen ›eigenem‹ Gedicht. Folgt man Kittlers These, die Telegrafie impliziere nicht nur deswegen zumindest tendenziell die »Ausschaltung des Menschen«,[52] weil sie den Telegrafisten lediglich als austauschbaren Bestandteil eines maschinellen Ensembles betrachtet, sondern auch wegen der ihr eigenen stilistischen Faktur – ihrer Ichlosigkeit eben –, so lässt sich von Meyers Gedicht behaupten, dass es eine *disparition élocutoire du poëte* genuin medienästhetischer Art inszeniert.

Die Entstehungsgeschichte erhärtet diesen Befund: In den früheren Fassungen von Meyers Gedicht folgt auf die Evokation des spielenden Eichhörnchens noch ein Distichon, das sich im epigonalen Modus der Erlebnislyrik mit der Gefühlswelt des Ich befasst:

> Einsamkeit, die du erst mich erschreckt, du verzauberst das Herz mir,
> Menschlichem Treiben entrückt, träum' ich den Traum
> der Natur ....[53]

Nachdem Meyer dann in einer Notiz erstmals in Erwägung gezogen hat, die Telegrafie nicht nur in Gestalt eines vibrierenden Drahts, sondern als Nachrichtendepeschen einzubeziehen – als sprachliche Äußerung mithin –, verschwinden die Verse: Innerlichkeit ist für Meyer offensichtlich ein mit dem Telegrammstil obsolet gewordener Äußerungsmodus. Durchaus epochentypisch ist also auch in Meyers Gedicht eine poetologische Trauerarbeit am Werk. Anders als in den bisher untersuchten Texten bezieht sich diese bei ihm aber weniger auf das Darstellungsmedium des Verses als auf das lyrische Ich.

Auch in diesem Zusammenhang erweist sich von hintergründiger Ironie, dass der Titel den Dichtertopos von der hohen Warte bemüht: In dieser Station werden keine Postpferde mehr ausgewechselt; abtreten muss stattdessen das Ich als Äußerungsinstanz des Gedichts, als dessen ›eigentliches‹ Medium. Nicht minder ironisch ist das Syntagma »Herr im Bezirk« unmittelbar vor der arithmetischen Mitte des Gedichts, die ja auch in semantischer Hinsicht dessen Kippachse bildet: Das Eichhörn-

---

52 Kittler: »Lakanal und Soemmerring«, 290. Vgl. auch ders.: »Im Telegrammstil«, 360f.
53 Meyer: *Apparat zu den Abteilungen III und IV der Gedichte*, 84.

chen mag Herr sein im Bergidyll, das lyrische Ich ist es offensichtlich nicht in seinem ureigensten Bereich. So vollzieht sich seine Ablösung durch die kollektiv-anonyme Äußerungsinstanz der Nachrichtenmeldungen denn auch nicht einfach im Modus eines schematischen Davor und Danach: Vielmehr stößt das Gedicht im Untergang des Ich zu einer ›telegrafischen‹ Sprecherposition vor, von der ich zu zeigen versucht habe, dass sie den Text von Beginn an bestimmt.

An dieser Stelle verdient auch die Schlusswendung aus Meyers Gedicht – »die Gebärde der Zeit« – noch einmal nähere Beachtung. Sicherlich lässt sich darin eine mehr oder minder konventionelle anthropomorphe Formel erblicken, welche es ermöglicht, den ›hysterischen‹ Stil der Nachrichtenmeldungen sowie die dramatischen Ereignisse, von denen diese berichten, auf einen gemeinsamen Nenner zu bringen. Erneut jedoch geht Meyers Gedicht nicht in einer solch programmrealistischen Position auf, sondern ist intrikater. Maßgeblichen Anteil daran hat das im Schlussvers gebrauchte Verb ›tragen‹: Die »Gebärde der Zeit« wird vom Telegrafenkabel nicht etwa *über*tragen, gesendet, sondern eben *ge*tragen – so, wie es von der Karyatide aus Meyers gleichnamigem Gedicht heißt, sie ›trage‹ die »Zinne mit dem Marmorhaupt«.[54] Mit dem entscheidenden Unterschied freilich, dass die Träger-Instanz aus dem Telegrafie-Gedicht ein unscheinbares, vom Ich zunächst übersehenes Kabel ist – und eben keine imposante anthropomorphe Figur: weder Karyatide, Statue mit Säulenfunktion also, noch »Weib«.[55] Der Ausdruck ›Gebärde‹ löst sich dementsprechend von seiner konventionellen Wortbedeutung, meint nicht länger die expressive Haltung bzw. Bewegung eines menschlichen Körpers, sondern das Beben des »elektrische[n] Draht[es]« *selbst*: dessen Schwingungen, dessen Rhythmik.

Mit diesem in der Schlusswendung vollzogenen Paradigmenwechsel steht Meyers ›telegrafische‹ Schreibweise nicht allein. Auch andernorts wird in jenen Jahren die Konzeptualisierung der Gebärde von einer anthropomorphen Darstellung entkoppelt und stattdessen als Energie-Ladung gefasst: So tüftelt der eigenwillige Étienne-Jules Marey seit den 1860er-Jahren am Aufschreibesystem der *chronographie*, dem es um die grafische Aufzeichnung von Bewegungsabläufen in Echtzeit zu tun ist und das nicht zuletzt in der klinischen Observation von Hysteriker*innen zum Einsatz kommt (Abb. 18); und am Ende des Jahrhunderts prägt der wie Meyer stark von Jacob Burckhardt beein-

---

54 Meyer: *Die Karyatide*. In: ders.: *Gedichte*, 376 (V. 2).
55 Ebd.

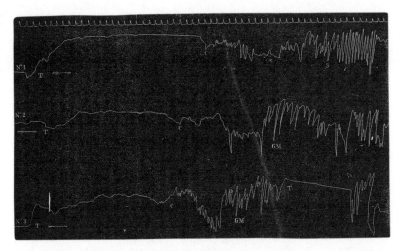

Abb. 18: Mittels eines am Vorderarm einer Versuchsperson befestigten ›Myografen‹
zeichnet der Charcot-Schüler, Zeichner und Bildhauer Paul Richer die muskulären
Kontraktionen während eines hysterischen Anfalls auf.
Aus: Richer: *Études cliniques sur l'hystéro-épilepsie*, 63. Zentralbibliothek Zürich,
Md H 436.

flusste Kunsthistoriker Aby Warburg den Begriff der Pathosformel, den
er bezeichnenderweise anhand der bewegten Gestik bildkünstlerischer
Figuren aus der Renaissance und der Antike entwickelt und als energe-
tische »Ausdrucksprägung«[56] bzw. »Energiekonserve«[57] fasst.

Ich möchte Meyer damit nicht zu einem Modernisten *avant la lettre*
erklären: Zu denken wäre in dem Zusammenhang etwa an die in *Berlin
Alexanderplatz* vorgenommene Kontrastierung zwischen dem antiken
Feuertelegrafen aus Aischylos' *Agamemnon* und den hochfrequenten
Wechselströmen der modernen drahtlosen Telegrafie[58] oder an Peter
Altenberg und dessen dem Nervositätsdiskurs der Jahrhundertwende
verpflichtete Telegramm-Prosa.[59] Vielmehr geht es mir darum, die Tele-

56 Warburg: »Mnemosyne Einleitung« [1929]. In: ders.: *Werke in einem Band*,
    629–638, hier 638.
57 Ders.: »Mnemosyne I. Aufzeichnungen, 1927–29«. In: ebd., 640–646, hier
    S. 640. Zu den Zusammenhängen zwischen dem energetischen Denken von
    Marey, Warburg (und Burckhardt) vgl. Didi-Huberman: *Das Nachleben der
    Bilder*, 131–139, sowie Michaud: *Aby Warburg et l'image en mouvement*,
    83–88.
58 Vgl. Brüggemann: »Literatur und Wahrnehmung in kulturwissenschaftlicher
    Perspektive«, 20f.
59 Vgl. Föcking: »Drei Verbindungen: Lyrik, Telefon, Telegrafie 1900–1913«.

grafie bzw., genauer, die in *Hohe Station* vorgenommene Konfiguration des telegrafischen Mediums, als *eine* für Meyers Gedichte prägende Matrix zu begreifen. Deren immer wieder festgestellte Tendenz zur Ichlosigkeit, die, wie Karl Fehr es im Hinblick auf Meyers Balladenproduktion formuliert (und dabei die immanente Poetik von *Hohe Station* bis in die Wortwahl hinein zu paraphrasieren scheint), »Tendenz zur sprachlichen Kürze, zur wortkargen Verknappung, zum Hang nach der typischen Geste und zur theatralisch-pathetischen Gebärde«[60] – all dies hört sich, wenn man *Hohe Station* als möglichen poetologischen Resonanzraum von Meyers Lyrik veranschlagt, etwas anders an, als man es sonst gewohnt ist.

Dasselbe gilt für den Primat der Rhythmik gegenüber der Melodik in Meyers Lyrik[61] und für Meyers eigentümlichen Hang zu Ausrufezeichen, der noch die Eingangsstrophe eines Gedichts der eigentlich leisen Töne wie *Zwei Segel* (1882) tendenziell zur Schlagzeile entstellt:

> Zwei Segel erhellend
> Die tiefblaue Bucht!
> Zwei Segel sich schwellend
> Zu ruhiger Flucht![62]

Freilich ist *Zwei Segel* zugleich ein gutes Beispiel dafür, dass die Telegrafie nicht unbesehen, d.h. ohne die Eigenlogik der Texte zu berücksichtigen, als Universalschlüssel für Meyers Schreibweise in Anschlag gebracht werden sollte. Während das im Modus der Allegorie dargebotene Geschehen aus der ersten Strophe – die »Flucht« zweier Liebender – durchaus das Potenzial zur Schlagzeile hätte, ist das Gedicht als ganzes vielmehr bestrebt, sich von solch journalistischer Effekthascherei *frei* zu schreiben. So wird die Flucht bereits im Schlussvers der Eingangsstrophe qua Oxymoron als »ruhige[]« und nicht etwa als spektakuläre entworfen. Folgerichtig verschwindet das Ausrufezeichen aus den folgenden Strophen und taucht erst wieder in gleichsam geläuterter Form im Schlusswort »Gesell«[63] auf: Als Anagramm, das

---

60 Fehr: *Conrad Ferdinand Meyer*, 76.
61 Vgl. Henel: »Erlebnisdichtung und Symbolismus«, 94f. Henel operiert freilich aus einer klassisch literarhistorischen Perspektive (›romantisch‹ vs. ›symbolistisch‹) heraus, die das Übertragungsmedium Telegrafie gar nicht ins Auge fasst.
62 Meyer: *Zwei Segel*. In: ders.: *Gedichte*, 196 (V. 1–4).
63 Ebd. (V. 12).

sich aus ›Segel‹[64] und dem zum Konsonanten ›l‹ gewandelten ›!‹ zusammensetzt, stimmt die *clausula* die vermeintliche *amour fou* damit definitiv zu ›ruhig-geselliger‹ Vertrautheit herab. Zumal sich ihre eigene, literarische Subtilität nur bei ebenso ›ruhigem‹ Lesen – dem Antipoden schneller Zeitungslektüre – erschließt. Wie *Romeo und Julia auf dem Dorfe* (1875) erscheint damit auch *Zwei Segel* als Gegenentwurf zu einer reißerischen Zeitungsmeldung[65] – und zugleich als komprimierte Replik auf das Ausbruchszenario, das Kellers Seldwyler Novelle *selbst* entwirft.[66]

1.3 Das Telegrafenbüro als Gerüchteküche und Fiktionsschmiede

Dass die immanente Poetik von *Hohe Station* ihrerseits keine *univoken* historischen Herleitungen zulässt, hat bereits die Verschaltung von elegischem Distichon und Morse-Code angedeutet. Eine ähnliche Hybridisierung von Antike und Moderne lässt sich beim Aufenthaltsort des Ich beobachten. Allerdings ist dieser nicht, wie bei einem Idyllen-Gedicht eigentlich zu erwarten, über die Schäferhütten aus Vergils Eklogen codiert, sondern über die manieriert-verspielte Epik Ovids. Das im Eingangsvers erwähnte »niedrige[] Berghaus« ist nämlich sowohl moderne Poststation als Replik des Hauses der Fama aus dem 12. Gesang der *Metamorphosen*. Genauso wie bei Meyer ein sinnigerweise explizit als »Gerücht« (V. 9) bezeichnetes Stimmengewirr das abgelegene Berghaus mit seinem Bewohner heimsucht, genauso »wirbeln« auch in dem »an der höchsten Stelle [...] gebaut[en]« Wohnort der Fama »wahre und erlogene Gerüchte zu Tausenden durcheinander, und es herrscht ein Gewirr von Stimmen.«[67] Übertragen werden diese Gerüchte nicht über Kupferdrähte und elektrischen Strom, sondern über Schallwellen: Das Haus steht nach allen Richtungen hin offen und da es »ganz aus tönendem Erz« gebaut ist, »wirft [es] die Klänge

---

64 Auf dieses Anagramm hat m. W. zuerst Gerhard Kaiser aufmerksam gemacht. Vgl. Kaiser: *Geschichte der deutschen Lyrik von Heine bis zur Gegenwart*, 310. Genau wie die Forschung nach ihm scheint er jedoch zu übersehen, dass ›Segel‹ lediglich ein *unvollständiges* Anagramm von ›Gesell‹ ist.

65 Vgl. den Epilog der Novelle in: Keller: *Die Leute von Seldwyla. Erster Band.* In: ders.: *Historisch-Kritische Ausgabe*, Bd. 4, 158 f.

66 Zu einem ähnlichen intertextuellen Agon zwischen Meyer und Keller am Beispiel von *Der Schuss von der Kanzel* vgl. Oberrauch: »Es geht auch ohne Shakespeare«.

67 Ovid: *Metamorphosen*, 621 (= XII, 44 und 54 f.).

zurück und wiederholt, was es hört«.[68] Dabei leitet es das Gehörte nie einfach weiter, sondern bauscht es immer auch auf und verändert es: »Die einen [Stimmen] füllen unbeschäftigte Ohren mit Gerede, die anderen tragen das Erzählte weiter, und das Maß des Erfundenen [*fictum*] wächst; jeder neue Berichterstatter [*auctor*] fügt zu dem Gehörten etwas hinzu.«[69]

Mit anderen Worten: Das Haus der Fama erscheint bei Ovid als ein Resonanzraum, der literarische Fiktionen generiert, als Allegorie eines Textes, der nicht nur von Metamorphosen handelt, sondern selbst nach deren Prinzip funktioniert.[70] Dass sich Fama dabei ähnlich passiv verhält wie das Ich aus *Hohe Station*, bestätigt, dass literarische Texte immer schon ›gewusst‹ haben, was Roland Barthes 1968 als literaturtheoretisches Novum präsentiert:

> Wir wissen nun, daß ein Text nicht aus seiner Wortzeile besteht, die einen einzigen gewissermaßen theologischen Sinn (das wäre die »Botschaft« des ›Autor-Gottes‹) freisetzt, sondern aus einem mehrdimensionalen Raum, in dem vielfältige Schreibweisen, von denen keine ursprünglich ist, miteinander harmonieren oder ringen: Der Text ist ein Geflecht von Zitaten, die aus den tausend Brennpunkten der Kultur stammen.[71]

Im Gegensatz zu Ovids Versen gehen die von Meyer weniger auf die Übertragungsverfahren ein, denen das Stimmengewirr im Haus der Fama unterzogen wird, als auf den vermeldeten Inhalt: »›Gemordet ist Garfield!‹ / ›Bismarck zürnt im Gezelt!‹ – ›Väterlich segnet der Papst!‹« (V. 7f.) Damit stellen sie weniger die Funktionsweise der eigenen intertextuellen Verfasstheit heraus, als dass sie, wie ich im Folgenden zeigen

---

68 Ebd. (= XII, 46f.)
69 Ebd., 621–623 (= XII, 56–58).
70 Meine Ausführungen zum Haus der Fama schreiben sich her von Rosati: »Narrative Techniques and Narrative Structures in the *Metamorphoses*«; Hardie: *Rumour and Renown*, 150–174, sowie Kelly: »Voices within Ovid's House of *Fama*«. In ähnlicher Weise wie das Meyer'sche Berghaus funktioniert auch das Gasthaus Brummersumm in Raabes Roman *Stopfkuchen* (1890) als hochgradig poetologischer Umschlagplatz von Gerüchten. Vgl. dazu, mit weitreichenden medienhistorischen Schlussfolgerungen hinsichtlich der im deutschsprachigen Realismus geläufigen Praxis, Romane per Vorabdruck im Massenmedium Zeitung, dem »modernen Ort« ›der anonymen, kollektiven, Sinn entstellenden und verschiebenden Fama«, erscheinen zu lassen, Günter: *Im Vorhof der Kunst*, 275–286 (Zitat 278).
71 Barthes: »Der Tod des Autors«, 61.

möchte, das Zitatgeflecht, aus dem sie gewoben sind, *in actu* vorführen. So überführt die Meldung »»Bismarck zürnt im Gezelt!«« nicht einfach die Trivialität des *universel reportage* in ein kulturell legitimiertes Deutungsmuster.[72] Vielmehr schreibt Meyers Text gerade auch in diesem Punkt Ovids *Metamorphosen* um, überträgt sie ins Zeitalter und die Sprache der Telegrafie. Denn bereits bei Ovid folgt auf die Schilderung des Hauses der Fama nichts anderes als ein *rewriting* der Epen Homers, des Intertexts also, der auch in der Bismarck-Meldung aus Meyers Gedicht anklingt: »Sie [d.h. Fama] hatte es bekannt gemacht, daß griechische Schiffe mit tapferen Mannschaften herannahten. [...] Die Trojaner versperren die Zufahrt und schützen die Küste.«[73]

Damit nicht genug, denn die Schlagzeile lässt sich, ebenso wie die erste von der Ermordung des US-Präsidenten Garfield, als Anspielung auf zwei denkwürdige Momente der noch jungen Telegrafiegeschichte lesen, die stets auch das Fiktionspotenzial telegrafischer Meldungen hervorkehren. Implizit weist das Gedicht so darauf hin, dass gerade der aufgrund seiner Knappheit vorgeblich ›objektive‹ Telegrammstil permanent produktiven *misreadings* und *rewritings* ausgesetzt ist.[74] »»Gemordet ist Garfield!«« ist nämlich nicht einfach die skandalheischende Eilmeldung eines der zahlreichen Politmorde aus der zweiten Hälfte des 19. Jahrhunderts, sondern eine historische Falschmeldung: Während die Nachrichtenagenturen die Todesnachricht gleich nach dem Anschlag auf den US-Präsidenten verbreiteten, erlag dieser in Wahrheit erst einige Wochen später seinen Verletzungen.[75]

Bei der Bismarck-Meldung wiederum kann man sich unwillkürlich an das resolute Eingreifen des ›Eisernen Kanzlers‹ beim Redigieren der Emser Depesche erinnert fühlen. Zu deren Vorgeschichte gehört nämlich, dass Bismarck aufgrund des allzu zögerlichen Vorgehens von Wilhelm I. im spanischen Thronfolgestreit kurz davor stand, um seinen Abschied zu bitten: Die Analogie zum Zerwürfnis zwischen König Agamemnon und Achill vor Troja liegt auf der Hand.[76] Der allzu

---

72 So Wysling: »Schwarzschattende Kastanie«, 21.

73 Ovid: *Metamorphosen*, 623 (= XII, V. 64–67).

74 Zur Telegrafie als Kippfigur zwischen Objektivitätsmythos und lakonischer, für Fehllesungen anfälliger Rätselbotschaft vgl. auch Menke: *Telegraphic Realism*, 199f.

75 Die aus aller Welt eintreffenden, telegrafisch übermittelten Kondolenzbekundungen werteten zeitgenössische Beobachter übrigens gerne als Indiz für ein »common, universal, simultaneous heart throb« (zit. nach ebd., 93).

76 Zumal Bismarck schon in seiner Göttinger Studentenzeit, während der er ganze 25 Mensuren focht, den Spitznamen ›Achilleus der Unverwundbare‹ trug. Zu diesem letzten Punkt vgl. Neumann: »Ehrenhandel und Abendmahl«, 68.

umständliche und weitschweifige Bericht Wilhelms über seine Unterredung mit dem französischen Botschafter in Bad Ems brachte dann die Wende. Indem Bismarck den ursprünglichen Text fast um die Hälfte kürzte, übertrug er den noch dem klassischen höfischen Zeremoniell verpflichteten Stil des Königs in eine »von aller vormaligen Redundanz« befreite Sprache, »perfekt angepaßt an ihren technischen Kanal«[77] – und verschärfte den Inhalt damit derart, dass die über sämtliche Zeitungen und Gesandtschaften verbreitete Nachricht von französischer Seite aus nicht anders als Affront verstanden werden konnte. Sechs Tage später erklärte Frankreich Preußen den Krieg.

1.4 Die Fäden in der Hand

Genau dieses Fiktionspotenzial des Telegrammstils macht Meyers 1886/87 entstandene Novelle *Die Versuchung des Pescara* ihrerseits literarisch produktiv. Bereits die Herausgeber der HKA weisen im Kommentar zu *Hohe Station* auf zwei Parallelstellen in der Spätrenaissance-Novelle hin, belassen es aber beim bloßen Befund.[78] So kehrt das Syntagma »zürnt im Gezelt« aus der zweiten Nachrichtendepesche fast wortwörtlich in der Szene wieder, in der Papst Clemens Victoria Colonna von Morones Idee zu überzeugen versucht, ihr Mann, der siegreiche, aber von seinem Dienstherrn, dem Kaiser, unter Wert belohnte Feldherr Pescara müsse von Karl V. abfallen und sich auf die Seite einer von Mailand, Venedig und dem Vatikan gebildeten Liga schlagen, die nichts Geringeres im Sinn hat als die Einheit Italiens und die Befreiung von der spanischen Fremdherrschaft. Wichtig sind dabei nicht nur die anachronistischen Anklänge an die nationalstaatlichen Vereinigungsbestrebungen des 19. Jahrhun-

---

Wie Erich Marcks in einem 1899 in der *Deutschen Rundschau* erschienenen Beitrag zu berichten weiß, soll Bismarcks enger politischer Weggefährte Robert von Keudell den Achill-Vergleich denn auch ausdrücklich in Zusammenhang mit dem deutsch-französischen Krieg gezogen haben. Vgl. Marcks: »Bismarck und die Bismarck-Literatur des letzten Jahres«, 271. Meyer mögen diese Anekdoten an der gut unterrichteten Mariafelder Tafelrunde um Bismarcks Studienfreund François Wille zugetragen worden sein. Verbürgt ist auf jeden Fall, dass er sich vor allem deswegen für Bismarck begeisterte, weil er in ihm – durchaus zeittypisch – die entscheidende treibende Kraft hinter der Gründung des Deutschen Kaiserreichs erblickte. Vgl. Wysling/Lott-Büttiker (Hg.): *Conrad Ferdinand Meyer*, 177–181 und 185.

77 Kittler: »Im Telegrammstil«, 362. Vgl. zu diesem Sachverhalt auch Nanz: *Grenzverkehr. Eine Mediengeschichte der Diplomatie*, 175–189.

78 Vgl. Meyer: *Apparat zu den Abteilungen III und IV der Gedichte*, 87.

derts – wodurch Bismarck zwangsläufig als ungenannte Größe im Raum schwebt –, sondern auch, dass das besagte Syntagma als Gerücht eingeführt wird, also genau denselben Status besitzt wie im Gedicht: »»Einen Urlaub hat der Marchese verlangt?‹ verwunderte er [d. h. der Papst] sich. ›Ich dächte, seinen Abschied? Achilles zürnt im Zelte, so hörte ich.‹« (175) Und eben als ein solches Gerücht generiert das Syntagma in der Novelle selbst wiederum Geschichten – insbesondere die, die sich der Papst und seine Mitstreiter über Pescara zurechtlegen.

Die beiden anderen Nachrichtendepeschen aus *Hohe Station* kehren ihrerseits zwar nicht im Wortlaut, aber gleichwohl deutlich erkennbar in der Novelle wieder. »Väterlich segnet der Papst!« bildet eine Art Kondensat der eben erwähnten Unterredung zwischen dem Papst, dem Heiligen Vater also, und Victoria, die von Clemens ständig als ›Tochter‹ angeredet und, in Abwesenheit ihres Mannes, gönnerhaft zur Königin von Neapel gekrönt wird: »Sprachlos, mit brennenden Wangen empfing sie den *Segen*. Dann stand sie auf und ging, in gemessenen, aber eiligen Schritten, als könne sie es nicht erwarten, dem erhöhten Gemahl seine Krone zu bringen.« (178, Hervorhebung G. F.) Victoria wird damit zum Übertragungsmedium einer Nachricht instituiert, die der Realität genauso vorausgreift wie die von der Ermordung des US-Präsidenten in *Hohe Station*.

Diese dritte Depesche wirkt ihrerseits gar noch viel grundsätzlicher in Meyers Novelle hinein. Genau wie der angeschossene US-Präsident leidet Pescara nämlich an einer auf dem Schlachtfeld bei Pavia erlittenen Verwundung (ein Ereignis, das der eigentlichen Novellenhandlung vorausliegt und dementsprechend immer nur im Rückblick zur Sprache kommt). Während Pescara die Gerüchte, wonach die Verletzung schwerer sei als ursprünglich angenommen, erfolgreich einzudämmen vermag, gibt er sich selber keinerlei Illusionen hin. Somit kommt sein Tod, mehrere Wochen später, am Ende der Novelle, völlig unerwartet (außer für seine Frau, die einzuweihen er sich gezwungen sieht, als sie ihn im Auftrag des Papstes im Heerlager bei Novara besucht). Die Eilmeldung von der Ermordung des US-Präsidenten gibt also geradezu das Grundgerüst der Novelle vor.

Beides, sowohl Victoria Colonnas Botenrolle wie auch Pescaras Wunde als Ursache seines überraschenden Todes, gehören zu den wenigen Abweichungen von den historischen Quellen, auf die Meyer selber in brieflichen Äußerungen hinweist.[79] Damit sei nicht behaup-

---

79 Vgl. die Selbstaussagen des Autors im kritischen Apparat (Meyer: *Historisch-kritische Ausgabe*, Bd. 13, 380f.).

tet, Meyer habe die übereilte Meldung von Garfields Tod zum Anlass genommen, nach einem geeigneten Novellenstoff aus seiner Lieblingsepoche Ausschau zu halten. Nicht auf eine solch spekulative Herleitung kommt es mir an – obwohl sich diese philologisch durchaus erhärten ließe, da Meyer die Novelle in für seine Verhältnisse sehr kurzer Zeit konzipiert und niedergeschrieben hat[80] –, sondern auf die Resonanzeffekte, die sich zwischen *Hohe Station* und *Die Versuchung des Pescara* ergeben.

Und aus *der* Perspektive erscheint *Hohe Station* als der heimliche Rahmen der Renaissance-Novelle – bezeichnenderweise eine der wenigen aus Meyers Feder, die ohne Rahmenerzählung auskommen. In diesen problematisieren Meyers Novellen bekanntlich immer wieder den Realitätsstatus bzw. Fiktionsgrad des Erzählten:[81] so etwa wenn Dante, der Binnenerzähler aus *Die Hochzeit des Mönchs* (1883/84), seine Erzählung aus einer mehrsinnigen, weil denkbar lakonischen lateinischen Grabinschrift entwickelt[82] und seine Zuhörer*innen ihm als Modell für die in der Geschichte auftretenden Nebenfiguren dienen.[83] Genauso hinterfragen die vorgeblich ›objektiven‹, in Wahrheit aber selbst bereits der Fiktion zuneigenden *news bites* aus *Hohe Station* die Authentizität der in der Novelle scheinbar unmittelbar sich darbietenden bzw. lediglich in der Perspektive der agierenden Figuren gebrochenen historischen Ereignisse.

Augenzwinkernd erinnern die *news bites* zudem daran, dass der Ausdruck ›Novelle‹, der als Gattungsbezeichnung im Untertitel von *Die Versuchung des Pescara* steht, auch »Neuigkeit« bzw. »Aktualität« bedeuten kann, und machen so auf die enge Verknüpfung zwischen der Revolution der periodischen Presse im 19. Jahrhundert und dem bei-

---

80 So ist im Herausgeberkommentar der HKA zu lesen, die »Entstehungsgeschichte des *Pescara* [lasse] sich im Gegensatz zu andern Erzählungen Meyers auffallend wenig weit zurückverfolgen. Zwischen der ersten auf die Novelle bezüglichen Notiz und ihrer Vollendung lieg[e] nicht mehr als ein Jahr.« (Ebd., 370) Zu den Entstehungsumständen vgl. auch Zäch: *Conrad Ferdinand Meyer*, 206.

81 Vgl. dazu, grundlegend, Zeller/Zeller: »Conrad Ferdinand Meyer«, 290–294.

82 Von dieser Inschrift aus ließe sich im Übrigen erneut eine Querverbindung zur Telegrafie knüpfen. Genauso stellt Kittler einen Bezug her zwischen Nietzsches »Telegrammstil« und dem antiken Stil-Ideal des Lakonismus, das Nietzsche v.a. an Horaz' Versen bewunderte. Vgl. Kittler: »Im Telegrammstil«, 363f.

83 Zum Rahmendispositiv von *Die Hochzeit des Mönchs* vgl. etwa Lukas: »Kontingenz vs. ›Natürlichkeit‹«, v.a. 61–75.

spiellosen Aufschwung des Novellen-Genres aufmerksam.[84] Sinnigerweise erschien denn auch *Die Versuchung des Pescara* selber zuerst, auf zwei Hefte verteilt, in einem solchem Periodikum: in Julius Rodenbergs *Deutscher Rundschau*, in der seit *Der Heilige* (1879) nahezu jede von Meyers Novellen vorabgedruckt worden war.

Kurzum: Aller kulturhistorischen Akribie zum Trotz entpuppt sich Meyers Renaissance eigentlich als *re-naissance* aus den Nachrichtenfetzen der Jetztzeit. Nicht umsonst klingt im Ausdruck »Gebärde der Zeit«, mit dem *Hohe Station* endet und der in *Die Versuchung des Pescara* ebenfalls nahezu wortwörtlich wiederaufgenommen wird – so erzählt Morone einmal, wie er am Hof von Ludwig dem Mohren »das Gesicht und die Gebärde [s]einer Zeit« (192) studiert habe – auch das Verb ›gebären‹ an.

Fasst man *Hohe Station* derart als den heimlichen Rahmen von *Die Versuchung des Pescara*, so ersteht zwischen den zwei Texten eine *Autor-Instanz*, die die disparaten *news bites* in einen syntagmatischen Zusammenhang überführt, sprich: zu *einer* Erzählung verknüpft. Wie Richard Menke dargelegt hat, nehmen diverse Autor*innen des anglophonen viktorianischen Realismus eine solche Stilisierung ausdrücklich vor, am markantesten und vielschichtigsten wohl Henry James in seiner *novella In the Cage* (1898).[85] Im deutschsprachigen Realismus dagegen ist eine solche Autorkonzeption aufgrund des Prosa-Makels, der dem Medium Telegrafie anhaftet, nicht artikulierbar. Nicht einmal zwischen den Zeilen, nur zwischen zwei verschiedenen Texten vermag sie diskret aufzuscheinen. Dass es sich bei diesen beiden Texten um ein Gedicht und eine Prosa-Novelle handelt – der Gegensatz von Poesie und Prosa also, der für den Ausschluss der Telegrafie aus dem ›offiziellen‹ Realismus-Diskurs verantwortlich ist, über die Gattungszugehörigkeit der zwei Texte anklingt –, zeugt einmal mehr von der ›höheren‹ Ironie der Meyer'schen Schreibweise.

---

84 Diesen medienhistorischen Nexus stellt explizit bereits Meyers Zeitgenosse Paul Heyse in der Einleitung zur damaligen Bestseller-Anthologie *Deutscher Novellenschatz* (1871) her. Vgl. Polheim (Hg.): *Theorie und Kritik der deutschen Novelle von Wieland bis Musil*, 143–145. Zu dieser ›medialen Filiation‹ vgl., grundsätzlich, Günter: *Im Vorhof der Kunst*, 137–155.

85 Vgl. Menke: *Telegraphic Realism*, 71f., 90f., 161f., 172–178, 191–216.

1.5 Faszinosum Aktualität: so furchterregend wie verlockend

In diesem Abschnitt, dem letzten des ersten Unterkapitels, möchte ich die Perspektive aus den vorhergehenden umkehren: also nicht mehr von *Hohe Station* auf *Die Versuchung des Pescara* schließen, sondern danach fragen, ob und inwiefern die Renaissance-Novelle selbst auf ihren in der Jetztzeit situierten Rahmen bzw. ihre Schreibgegenwart reflektiert. Als wichtigste Bezugspunkte dienen mir hierfür zwei Sequenzen aus dem vierten Kapitel, in denen sich Pescara und Victoria beim Spazieren durch den Schlossgarten von Novara über Kunstwerke unterhalten.

In der ersten erklärt Pescara seiner Frau, wie eine Figurengruppe zu deuten sei, auf die sie beim Ersteigen einer Treppe stoßen:

> Victoria, nachdem sie einen flüchtigen Blick auf die linke Gruppe, ein ungebunden kosendes Paar, geworfen hatte, betrachtete langezeit die rechte. Es waren zwei weibliche Gestalten, eine liegend und etwas wie eine Blume oder einen Schmetterling leichtsinnig zerpflückend; die andere stand, innig, vertieft in sich selbst oder in die Ferne verloren. Alle drei Mädchen aber, das kosende, das vergessende, das sich sehnende, hatten unter verschiedenem Ausdrucke das gleiche Gesicht. Victoria sann. Da blies ihr der Feldherr mutwillig ins Ohr, wie in der Schule ein Knabe einem Mädchen: »Tu die Augen auf, ein paar Buchstaben sind noch lesbar.« Victoria entdeckte links, schwach ausgeprägt: Pres ...., rechts aber unterschied sie etwas deutlicher: Ass .... »Presenza und Assenza«, ergänzte sie beschämt, und der Feldherr sagte: »Die Gegenwart ist frech. Die Abwesenheit aber, die vergißt, ist gedankenlos. Ich preise die gegenwärtige Abwesenheit: die Sehnsucht.« (223)

Auch nachdem Pescara auf geradezu schulmeisterliche Weise das Rätsel gelöst hat, ist nicht recht ersichtlich, was genau es mit der von ihm ›gepriesenen‹ »gegenwärtige[n] Abwesenheit« auf sich hat. So legt Victorias geradezu mädchenhaft-naive Reaktion den Fokus auf die von ihr erhoffte Gegenwart zu zweit: »Wir werden uns nicht mehr trennen, Ferdinand, wenn du mich lieb hast.« (Ebd.) Pescara kehrt für seinen Teil zurück zur »Assenza, Assenza« (ebd.) unterstellt seiner Frau mehr oder weniger unverhohlen, die lange Trennung von ihm habe sie dazu veranlasst, ihm untreu zu werden (wobei selbstredend weniger eine Untreue *in eroticis* gemeint ist, als eine in politischen Dingen: Victorias Parteinahme für die Heilige Liga ohne Rücksprache mit ihrem Mann).

Indem des Rätsels vermeintliche Lösung im Gespräch der beiden Eheleute derart verpufft, werden die Leser*innen eingeladen, sich ihrerseits an einer Deutung der Chiffre zu versuchen. So liegt es zunächst nahe, den Spruch auf die eigentümliche Situation zu beziehen, in der sich der todgeweihte Protagonist selbst die ganze Zeit über befindet (und über die Victoria zu dem Zeitpunkt noch im Unklaren ist), sprich: Pescaras eigene Sehnsucht nach dem Tod ins Spiel zu bringen. Seit seiner Verwundung bei Pavia trägt er den Tod ja in sich – er ist in ihm also ›gegenwärtig‹, zugleich aber auch ›abwesend‹, weil er zu dem Zeitpunkt noch nicht vollends Besitz von ihm ergriffen hat. Ich werde zu einem späteren Zeitpunkt nochmals auf diese Lesart zurückkommen, hier aus heuristischen Gründen dagegen einer anderen den Vorzug geben. Wie bereits Michael Titzmann gezeigt hat, benennt Pescaras Rede von der ›gegenwärtigen Abwesenheit‹ nämlich auch das semiotische Grundprinzip einer bloß zeichenhaften Präsenz: Im Zeichen wird ein Abwesendes gegenwärtig gemacht, ist dort präsent-absent.[86] Diese alternative Lesart gewinnt an Evidenz, wenn man bedenkt, dass sich die beiden Eheleute in der fraglichen Szene selbst semiotisch betätigen: Sie bemühen sich um die Entzifferung eines multimedialen Kunstwerks, in dem Bilder (Skulpturen) und Textspuren auf intrikate Weise ineinanderspielen. Meyers vor *Bild*beschreibungen nur so wimmelnder *Text* inszeniert damit eine Art Allegorie der eigenen Lektüre – und reflektiert zugleich, wie ich in der Folge zeigen möchte, auf seinen in der Jetztzeit angesiedelten heimlichen Rahmen.

Entscheidend scheint mir in dem Zusammenhang eine auf den ersten Blick eher nebensächliche Zusatzbemerkung von Pescara: So präzisiert er, die Inschriften unterhalb der Figurengruppen seien zunächst sehr gut lesbar gewesen, »der feine Herzog« – gemeint ist der junge Franz Sforza – habe sie jedoch »verschwinden [lassen], damit der Beschauer fühle und rate.« (223) Was Pescara in seiner Lesart als ein ›Sehnsuchts‹-Verhältnis fasst, basiert also zunächst einmal – nüchtern-materialistisch betrachtet – auf einem Spiel mit Buchstaben. Genauso verhält es sich mit den Resonanzeffekten zwischen *Hohe Station* und *Die Versuchung des Pescara*: Zwar ist der Bezug zwischen beiden nicht ohne Weiteres ersichtlich, da er nirgends ausdrücklich hergestellt wird; aufgrund der quasi wortwörtlichen Anklänge zwischen ihnen, der Wiederaufnahme quasi identischer Buchstabengruppen also, ist er für aufmerksame Leser*innen gleichwohl erkennbar: ›gegenwärtig abwesend‹ mithin.

---

86 Vgl. Titzmann: »An den Grenzen des späten Realismus«, 136.

Der Bezug zwischen Novelle und Gedicht beschränkt sich indes nicht auf diese materiale Ebene. Auch er kann – unter der Voraussetzung, dass man sich die Doppelbedeutung von »Gegenwart« zunutze macht und den Ausdruck nicht nur als Antonym von »Abwesenheit«, sondern auch von ›Vergangenheit‹ begreift[87] – als eine Art ›Sehnsuchts‹-Verhältnis gefasst werden, in Einklang mit Pescaras Auslegung, und doch weit über die Handlungsebene hinausgehend. Um die These plausibel zu machen, ist es zunächst nötig, etwas weiter auszuholen. Wie Wolfgang Lukas im Fazit seines Aufsatzes über *Die Hochzeit des Mönchs* festhält, besteht ein wesentliches Charakteristikum von Meyers Novellen darin, dass sie in den Rahmengeschichten jeweils das Tableau einer gezähmten Gegenwart entwerfen, das scharf mit der Wildheit, der Anomie kontrastiert, die in den Geschehnissen der Binnenebene vorherrscht. Zugleich sei die diegetische Welt der Rahmenhandlung aber immer auch von einer todesähnlichen Starre gekennzeichnet, der wiederum die von intensivem, gesteigertem Leben durchpulste diegetische Welt der Binnenhandlung gegenüberstehe.[88] Vom Rahmengeschehen aus betrachtet erscheint das auf der Binnenebene mithin als zutiefst ambivalent, als ebenso abschreckend wie verlockend. Zusätzlich zu diesem Faszinationscharakter trage bei, dass sich im Erzählen der scheinbar ›fremden‹ Zeit tiefenstrukturell stets auch – und zwar ohne dass sich die jeweiligen Erzählinstanzen dessen immer bewusst wären –, ›eigene‹, gegenwärtige Probleme spiegelten.[89] Indirekt hinterfragen die Texte mit dieser letzten Volte den gezähmten Charakter des Rahmengeschehens und bringen so dessen – mit *Die Versuchung des Pescara* zu sprechen – ›Frechheit‹ zum Vorschein: eine als durchaus problematisch empfundene Aufdringlichkeit des Gegenwärtigen, *von der sie sich gleichwohl nicht loszureißen vermögen.*

Gleich in dreifacher Hinsicht lässt sich dieses Modell auf *Hohe Station* und *Die Versuchung des Pescara* übertragen. In *Hohe Station* selbst

---

87 In dem Sinn liest auch Christof Laumont die Skulpturengruppe aus dem Schlossgarten von Novara, vgl. Laumont: *Jeder Gedanke als sichtbare Gestalt*, 292, Anm. 22. Anstatt den Bezug zu Meyers Schreibgegenwart jedoch über *Hohe Station* ins Spiel zu bringen, geht er den Weg über die geistige Befindlichkeit des Autors – dessen »melancholische[] Lebensdistanz« –, für die ihm der von Pescara gebrauchte Ausdruck »Sehnsucht« ein willkommenes Einfallstor liefert.

88 Vgl. Lukas: »Kontingenz vs. ›Natürlichkeit‹«, 71–73. Lukas macht damit präzise an der Erzählstruktur der Texte fest, was die frühe Meyer-Forschung aus der Lebenssituation des Dichters Meyer abzuleiten beliebte. Vgl. insbesondere Baumgarten: *Conrad Ferdinand Meyer*, 72–78, 98 f. und passim.

89 Vgl. Lukas: »Kontingenz vs. ›Natürlichkeit‹«, 64, 68, 74.

ist die Gegenüberstellung nicht auf einer zeitlichen, historischen Achse verortet, sondern durchquert den Raum der Gegenwart selbst: Ambivalent aufeinander bezogen werden ein aus der Zeit gefallenes Bergidyll – das aufgrund seiner geografischen Abgeschiedenheit und seiner eigentümlichen Stille zugleich auch einen Todesraum entwirft –, und die skandalheischenden Eilmeldungen aus dem telegrafischen Äther, die aufgrund der sie überformenden Puls-Metapher unweigerlich auch gesteigertes Leben evozieren. Deutlicher noch als in der Endfassung kommt diese Ambivalenz in dem Gedicht zum Ausdruck, in dem man gemeinhin die erste Fassung von *Hohe Station* erblickt:

Du hast mir, Freund, den Text gelesen,
Daß ich in grüner Siedelei
Entfremdet allem Menschenwesen,
Lebendig abgeschieden sei. –

Du irrst! Das Leben fliegt vorüber
An meiner Kammer früh u spat
Ich hör' es leise schwirren, Lieber
In einem Telegraphendraht. –[90]

Lukas' Modell ermöglicht es aber auch, das Verhältnis zwischen dem in Meyers Schreibgegenwart angesiedelten Telegrafie-Gedicht und der Renaissance-Novelle *Die Versuchung des Pescara* zu fassen. So bleibt das gesteigerte Leben, von dem die telegrafischen *news bites* künden, medial vermittelt und insofern ›gezähmt‹, während es sich in der Renaissance-Novelle, die entscheidende Momente ihrer Handlungsstruktur wie gezeigt aus genau diesen Schlagzeilen bezieht, vermeintlich unmittelbar in seiner Ereignishaftigkeit darbietet. Dieser Befund kann über den sich verändernden Status des Ausdrucks ›Gebärde‹ präzisiert werden: Was sich in den Anthropomorphisierungen der Schlussverse von *Hohe Station* lediglich im Modus bildlichen Sprechens ankündigt (»Puls«, »beseelend«, »Gebärde der Zeit«), verkörpert sich in *Die Versuchung des Pescara* in Gestalten aus Fleisch und Blut, deren exaltiertes Gebärdenspiel die Erzählinstanz bereits im Auftaktkapitel geradezu leitmotivartig betont:

90 Meyer: *Apparat zu den Abteilungen III und IV der Gedichte*, 84. Nicht von ungefähr hat Hans Wysling in dieser Sprechersituation »Meyers Ursituation« erkennen wollen: »die Situation dessen, der nur noch lauscht und zuschaut, aber nicht mehr handelt« (Wysling: »Schwarzschattende Kastanie«, 10).

Da ihm Morone das Geleite geben wollte, verfiel Bourbon in eine seiner tollen Launen und wies den Kanzler mit einer possenhaften Gebärde ab. (158)

Jetzt durchforschte er [d.h. Morone] das Antlitz des Pescara, und was er aus den starken Zügen heraus oder in dieselben hinein las, gestaltete sich in dem erregten Manne zu heftigen Gebärden und abgebrochenen Lauten. (165)

Er [d.h. der Abgesandte des Papstes] seufzte, und in demselben Augenblicke fuhr er wütend gegen den Kanzler los, den er das Ende seiner Rede mit einem verzweifelnden Gebärdenspiele begleiten sah. »Laß die Grimassen, Narr!« schrie er ihn an (167).

Umgekehrt betont diese übertriebene Gestik das ›hysterische‹ Moment, das in der Sprechweise des Ich aus *Hohe Station* lediglich zwischen den Zeilen anklingt: Sie fungiert mithin als Vergrößerungsglas für die pathologischen Züge der Schreibgegenwart selber.

Drittens schließlich nimmt Pescara innerhalb der diegetischen Welt der Novelle die Position ein, die Lukas' Modell zufolge ansonsten dem Meyer'schen Rahmenerzähler zukommt (wobei die ›fremde‹ Zeit ähnlich wie im Fall von *Hohe Station* Pescaras eigene Gegenwart ist). Morone und dessen Mitstreiter mögen sich Pescara als tatkräftiges, ›großes Individuum‹ zurechtfantasieren.[91] Dem eigenen Verständnis nach steht er aufgrund seiner tödlichen Verwundung von Beginn an »außerhalb der Dinge« (242). Und betrachtet den »bacchantisch aufspringende[n], taumelnde[n] Reigen« (173) seiner Versucher demnach realiter aus der Perspektive eines ›lebendig Abgeschiedenen‹, als ein Geschehen, das ihn nicht mehr tangiert.

Obgleich Pescara bereits in diesem eigentümlichen Zwischenzustand die »Ruhe« ausstrahlt, die er sich vom Tod erhofft (253), ist er – wie Meyers ›klassische‹ Rahmenerzähler – dennoch nicht ganz und gar unempfänglich für die Verlockungen des Lebens.[92] So liest man, nachdem

---

91 Zum politischen Fantasma des ›großen Mannes‹ im 19. Jahrhundert vgl. insbesondere Gamper: »Ausstrahlung und Einbildung« sowie ders./Kleeberg (Hg.): *Größe*. Zur Problematisierung des Konzepts bei Meyer vgl., am Beispiel von *Jörg Jenatsch*, Fauser: »›Verruchte Renaissance‹«. Zum damit zusammenhängenden Konzept des Heroischen vgl., unter den jüngeren Arbeiten, neben dem bereits zitierten Essay von Sonja Osterwalder: »Auf die Fußspitzen gestellt«, Potthast: *Die Ganzheit der Geschichte*, 269–297 (am Beispiel von *Jörg Jenatsch*), und Werle: *Ruhm und Moderne*, 263–272 (am Beispiel von *Die Versuchung des Pescara*).

92 In diesem Abschnitt folge ich einem Argument, das sich erstmals bei Edward Plater findet. Vgl. Plater: »The Banquet of Life«, 97. Vgl. auch Titzmann: »An den Grenzen des Realismus«, 126f.

er sich auf immer von seiner Frau verabschiedet hat: »Noch einmal hatte sich das Leben an ihn gedrängt und er das Beste des Daseins, Schönheit und Herzenskraft, in den Armen gehalten.« (254) In einer anderen Szene geht es um eine Auseinandersetzung zwischen den beiden anderen kaiserlichen Feldherren, die in Italien tätig sind. Als Karl Bourbon, auf dessen Gewissen der Verrat an seiner früheren Herrschaft lastet, zürnt, Leyva habe ihn öffentlich einen Verräter genannt, greift Pescara beschwichtigend ein und stimmt einen Lobgesang auf das ihnen noch bevorstehende Leben an: »Unser die Fülle des Daseins! Karl, laß uns leben!« (199) Indem er diesen Worten einen »verstohlenen Seufzer« (ebd.) hinterherschickt, verrät er, dass er der besagten »Fülle des Daseins« offensichtlich doch nicht ganz ohne Bedauern zu entsagen vermag. Auch für ihn ist das Leben, dem er sich als tödlich Verletzter entzogen weiß, mithin durchaus ambivalent konnotiert.

Bevor ich zu der zweiten im Schlossgarten von Novara spielenden Szene übergehe, welche das Verhältnis der Renaissance-Novelle zu Meyers Schreibgegenwart reflektiert, möchte ich in einem Zwischenschritt darlegen, wie der Text Pescaras Selbsteinschätzung, er stehe als Sterbender »außerhalb der Dinge«, gleich in mehrfacher Hinsicht bekräftigt. Anders gesagt: Ich möchte darlegen, wie der Text den Titelhelden als eine Figur von quasi-auktorialem Gewicht instituiert.[93] In dieser Eigenschaft nimmt Pescara, so die These, einen »archimedischen Punkt außerhalb der Vorgänge« ein – einen Standpunkt, wie ihn der von Meyer geschätzte Jacob Burckhardt nur einigen wenigen Ausnahmepersönlichkeiten zugesteht, welche die sie umgebenden Ereignisse bereits wie der spätere, »vollkommen frei über [der] Vergangenheit schweben[de]« historische Betrachter zu beurteilen in der Lage seien.[94]

Ganz in dem Sinn beglaubigen die italienischen Verschwörer am Ende der Novelle Pescaras Selbstdeutung, wenn sie resigniert feststellen, sie hätten die ganze Zeit danach getrachtet, »einen nicht mehr Versuchbaren in Versuchung« (273) zu führen. Sprechend für den auktorialen Status dieser innerfiktionalen Lesart ist auch, dass Meyer sie in seiner

---

93 Ich spezifiziere damit mit Bezug auf einen Einzeltext die Meyer'schen »Kunstgriffe« zur »Produktion von Größe«, wie sie Sonja Osterwalder fürs gesamte Œuvre herausgearbeitet hat (Osterwalder: »Auf die Fußspitzen gestellt«, 339). Anders als bei Osterwalder liegt der Fokus bei mir freilich nicht darauf, dass diese Kunstgriffe »schon zu oft erprobt« seien (ebd.) – was zweifellos der Fall ist –, sondern auf ihrer poetologischen Pointe: wie sie innerhalb des Handlungsgeschehens einer Figur eine quasi-auktoriale Deutungsmacht über dieses zusprechen.

94 Burckhardt: *Weltgeschichtliche Betrachtungen*, 8 f.

Korrespondenz wiederholt selbst verficht: »Seine tödtl. Wunde bewahrt ihn (fataliter) vor Verrat. [...] Versuchung ist sprachlich richtig, er wurde ja in Versuchung geführt, wenn auch ein Unversuchbarer, was der Versucher nicht ahnte.«[95] Darüber hinaus erlässt Pescara die ganze Zeit über Urteilssprüche, die von den anderen Figuren in der Regel widerspruchslos hingenommen, von ihnen mithin als wahr empfunden werden.[96] Seinen Adoptivsohn Del Guasto etwa nennt er einen Mörder, nachdem sich eine von diesem verführte und dann verstoßene junge Frau das Leben genommen hat: »Nicht seine Tat erschreckte ihn [d.h. Del Guasto], aber der furchtbare Richterernst des Feldherrn, dessen vernichtende Strafgewalt *von jenseits des Grabes* zu kommen schien.« (230, Hervorhebung G.F.).

Unwidersprochen bleibt auch Pescaras Antwort auf die Grundsatzfrage, die die italienischen Verschwörer umtreibt, sprich: die Frage nach den Bedingungen, die erfüllt sein müssen, damit es eines Tages tatsächlich zu einem freien und einheitlichen Italien kommen könne: »Wie wird verlorene Freiheit wiedergewonnen? Durch einen aus der Tiefe des Volkes kommenden Stoß und Sturm der sittlichen Kräfte. Ungefähr wie sie jetzt in Germanien den Glauben erobern mit den Flammen des Hasses und der Liebe.« (Ebd.) Für die Leser*innen von Meyers 1887 erschienener Novelle war diese raunende Prophezeiung aus der Spätrenaissance längst in Erfüllung gegangen: 1861 bzw. 1870, parallel also zur deutschen Einheit, war die italienische Realität geworden. Damit verleiht sozusagen die Geschichte selbst dem Wort des Protagonisten auktoriales Gewicht.

An dieser Stelle lohnt ein Seitenblick auf Betsy Meyers Erinnerungen an ihren Bruder. Darin attestiert sie nämlich – neben der »Auferstehung des deutschen Kaiserreichs« – auch der »nationale[n] Erhebung Italiens, seine[r] Einigung unter einem italienischen Königshause«,[97] einen entscheidenden Einfluss auf den schriftstellerischen Werdegang von C.F. Meyer. Sie formuliert mithin im Modus der biografischen Anekdote, was *Die Versuchung des Pescara* vor derselben politischen Hintergrundfolie im Modus historischer Novellistik durchspielt: die Instituierung von Autorschaft im Sinne einer übergeordneten Instanz, die für ihre (Selbst-)Kommentare autoritative Gültigkeit beansprucht. Kaum zufällig stimmt denn auch Pescaras wiederholt eingestreuter Vor-

95 Brief vom 30.11.1887 an Louise von François. Zit. nach: Meyer: *Historisch-kritische Ausgabe*, Bd. 13, 377.
96 Die Frage nach den wahren Richtersprüchen und ihren Aporien steht im Zentrum bei Simon: »Dekonstruktiver Formalismus des Heiligen«, v.a. 238–248.
97 Betsy Meyer: *Conrad Ferdinand Meyer*, 76.

name Ferdinand (vgl. etwa 157, 178) mit dem zweiten von C. F. Meyer selbst überein.

Ihren Höhepunkt erreicht diese Ermächtigungsbewegung dadurch, dass Pescara nicht nur den anderen Figuren durchweg als rätselhafte »Sphinx« (273) erscheint, sondern dass er sich als einzige Figur der Novelle wiederholt auch dem introspektiven Zugriff der Erzählinstanz entzieht:[98] An mehreren Stellen muss diese zugeben, keinen Einblick in die inneren Beweggründe des Feldherrn zu haben, und begnügt sich jeweils mit einer Reihe mehr oder minder plausibler Hypothesen. So heißt es etwa, als Pescara auf die Unterstellungen des kaiserlichen Abgesandten Moncada mit Schweigen antwortet: »Geheimer Abscheu, *so schien es*, verbot ihm, den vor ihm Stehenden nur eines Wortes zu würdigen über das Nötige hinaus.« (226, Hervorhebung G. F.) An Stellen wie diesen, wo es kein klares Indiz dafür gibt, dass die Mutmaßungen (»so schien es«) über eine andere Beobachtungsinstanz perspektiviert sind, entmachtet der Text die Erzählinstanz förmlich zugunsten einer Figur, die ihr, analog zu den anderen Figuren aus der diegetischen Welt, eigentlich untergeordnet sein müsste.

Pescaras quasi-auktorialen Zug profiliert der Text schließlich aber auch ex negativo. Als Morone Victoria Colonna auf die Seite der Heiligen Liga zu ziehen versucht, besteht sein Hauptvorwurf darin, dass sie sich »in Rollen und Büchern *vergrabe*[] und unter Schatten und Fabeln lebe[]« (191, Hervorhebung G. F.). Indem Victoria, der Versuchung erliegend, diese Position der ›lebendig Abgeschiedenen‹ aufgibt, um aktiv in die Tagespolitik einzugreifen, wird sie von einer potenziell auktorialen Figur – wofür sie aufgrund ihres Dichterberufs ja eigentlich prädestiniert scheint – zu einer *dramatis persona* unter anderen. Die Hypothese wird durch die Entstehungsgeschichte des Textes bekräftigt,

---

98 Dies ist bekanntlich ein Markenzeichen der meisten ›großen Männer‹, die in Meyers Novellen auftreten. Vgl. hierzu etwa erneut Osterwalder: »Auf die Fußspitzen gestellt«, 340f. Nicht zutreffend dagegen ist, dass Pescaras Innenleben der Erzählinstanz, wie in der Forschung immer wieder zu lesen ist, *rundum* opak bliebe. So heißt es etwa zu Beginn des dritten Kapitels, nachdem Pescara seinen Kammerdiener entlassen hat, weil dieser in der Nacht trotz ausdrücklichen Verbots ans Bett des stöhnenden Feldherrn geeilt war: »[E]r *war überzeugt*, daß Battista [d. h. sein Kammerdiener] bei erster Gelegenheit sein Wissen noch teurer verkaufen würde, dort wo man ein Interesse hatte von dem leiblichen Befinden des Feldherrn genau unterrichtet zu sein.« (196, Hervorhebung G. F.) Und ein paar Seiten weiter liest man, Pescara »*bereue*[]« eine an Karl Bourbon gestellte Rückfrage: »Er *erriet*, daß […]« (198, Hervorhebungen G. F.). Durch diese Fokuswechsel bekommen die anderen, tatsächlich opak bleibenden Stellen noch mehr Relief.

denn einem Brief von Ende Oktober 1886 nach zu urteilen war »die Hauptrolle« ursprünglich Victoria zugedacht,[99] bevor dieser Part dann im Zuge des Schreibprozesses ihrem Mann zufiel.

Hinter sich zu lassen vermag Victoria diese untergeordnete Rolle lediglich vorübergehend in einigen ihrer Duette mit Pescara, wenn beide gleichsam mit *einer* Stimme sprechen. Insbesondere gilt dies für die Stelle, an der die beiden über die Fresken der Sixtinischen Kapelle sinnieren – womit ich bei der zweiten im Schlosspark von Novara spielenden Gesprächssequenz angekommen wäre, in der das Verhältnis von Meyers Renaissance-Novelle zur Aktualität immanent reflektiert wird.

Dort meint Pescara, er erinnere sich »bis auf ein paar Einzelheiten« nur noch »verschwommen« an Michelangelos Malereien: »Zum Beispiel der Mensch mit gesträubtem Haar, der vor einem Spiegel zurückbebt –«. Pescaras Erinnerungsbild, von der Erzählinstanz qua Gedankenstrich als unvollständig gekennzeichnet, »ergänzt[]« Victoria sogleich durch eine *subscriptio*: »Worin er die Drohungen der Gegenwart erblickt« (238). Vor dem Hintergrund der Novellenhandlung ist mit dieser Deutung selbstverständlich in erster Linie Pescaras zögerliche, für Victoria nicht nachvollziehbare Haltung gegenüber dem Angebot der italienischen Verschwörer gemeint, die militärische Führung der Heiligen Liga zu übernehmen und damit einer Einheit Italiens den Weg zu ebnen. Indes legt bereits das Spiegel-Motiv nahe, dass dem Wortwechsel auch ein selbstreflexives Moment eignet – also dass es hier maßgeblich auch um den intrikaten Bezug der *Novelle* zu ihrer Schreib-»Gegenwart« geht. Tatsächlich lässt sich für diese Passage erneut eine Art Parallelstelle aus Meyers Korrespondenz anführen. So schreibt er Ende Oktober 1886 – also gut zwei Monate nachdem er mit der Arbeit an *Die Versuchung des Pescara* begonnen hat –, er »komme [...] oft in Versuchung[,] Gegenwart zu schildern, aber dann trete [er] plötzlich davor zurück.« Sie sei ihm einfach »zu roh und zu nahe.«[100] Nicht nur ist dieser Brief dadurch, dass er an die Dichterfreundin Louise von François gerichtet ist, strukturell analog zur Gesprächssituation zwischen Pescara und Victoria angelegt. Sogar die Handlungssituation (»Versuchung«) ist die gleiche wie in der Renaissance-Novelle. Was dort dem Titelhelden zugeschrieben wird, dehnt Meyer im Brief an Louise von François mithin auf das Bild aus, das er von sich selbst als empirischem Autor zeichnet.

---

99 Brief vom 22.10.1886 an Julius Rodenberg. Zit. nach: Meyer: *Historisch-kritische Ausgabe*, Bd. 13, 370.
100 von François/Meyer: *Ein Briefwechsel*, 208 (Brief vom 19.5.1887).

Näher besehen, vermögen freilich weder die Ekphrastiker Pescara und Victoria noch das Autor-Ich, als das sich Meyer in seinem Brief an Louise von François inszeniert, einen *uneingeschränkt* auktorialen Status für sich in Anspruch zu nehmen. So übersieht das Renaissance-Paar offensichtlich, dass die von ihnen hervorgehobene Figur nicht einfach vor den Schrecknissen der Gegenwart zurückbebt, sondern – weil sie nur als gemalte existiert – von diesen den Blick nicht wenden kann. Dieser Ironie des Textes entspricht eine beredte Aussparung im Brief an Louise von François: Dort lässt Meyer nämlich unerwähnt, dass die als »zu roh und zu nahe« empfundene eigene Gegenwart in den historischen Stoffen, denen sich seine Texte in Abkehr von der Tagesaktualität zuwenden, sehr wohl im Modus »gegenwärtige[r] Abwesenheit« wiederkehrt. Wie wenig es sich dabei um einen blinden Fleck von Meyer selbst handelt – und wie adressatenbezogen das Autor-Ich ist, das Meyer in seinen Briefen (und anderen Selbstäußerungen) entwirft –, zeigt eine andere briefliche Äußerung aus jener Zeit. Als Meyers langjähriger Neuenburger Briefpartner Félix Bovet *Die Versuchung des Pescara* in einer Rezension als rein historische Novelle lobt, schreibt er ihm: »[J]e me sers de la forme de la nouvelle historique purement et simplement pour y loger mes expériences et mes sentiments personnels, la préférant au Zeitroman, parce qu'elle me masque mieux.«[101] Unmissverständlich betont dieses Briefzeugnis mithin, in welchem Ausmaß Meyers Gegenwart an der Vergangenheit, die seine Novellen zum Thema haben, unter der Hand mitschreibt.

Ein treffliches Beispiel dafür gibt sinnigerweise just der von Pescara erinnerte »Mensch mit gesträubtem Haar« ab, »der vor einem Spiegel zurückbebt«. In der realen Sixtinischen Kapelle würde man nämlich vergebens nach einer solchen Figur suchen: Sie existiert lediglich in einer Beschreibung des französischen Historikers Michelet,[102] die Meyer in einer Art »bildnerischen Collagierens« neu angeordnet und komprimiert hat.[103] Die Figur ist also geradezu buchstäblich eine Kontrafaktur aus Meyers eigener Zeit, eine Lese-Fantasie des 19. Jahrhunderts.

✻

---

101 Brief vom 14.1.1888 an Félix Bovet. In: Meyer: *Historisch-kritische Ausgabe*, Bd. 13, 379f.
102 Vgl. die genauen Nachweise bei Beckers: »Nachwort«, 211.
103 Ebd., 212. Zu dieser spezifischen Spielart von Ekphrasis vgl. auch Neumann: »›Eine Maske, … eine durchdachte Maske‹«, 467f.

Zeit für ein Zwischenfazit: Will man das vielfältig gebrochene Verhältnis von *Die Versuchung des Pescara* und *Hohe Station* zur Tagesaktualität und die komplexen auktorialen Ermächtigungsverfahren, die damit in den Texten selbst einhergehen, auf einen Nenner bringen, dann drängt sich unwillkürlich – aber in einer wesentlich präziseren Variante, als dies in der Meyer-Forschung seit jeher üblich ist – der Begriff des Manierierten auf. Neben den hochartifiziellen Darstellungsverfahren, die ich auf den letzten Seiten herausgearbeitet habe, lassen sich dafür auch kulturhistorische Gründe geltend machen: So ist die im Jahr 1525 spielende *Versuchung des Pescara* exakt am Vorabend der kunsthistorischen Gemengelage zwischen Hochrenaissance und Barock angesiedelt, die, wie ich in der allgemeinen Einleitung dargelegt habe, seit niemand Geringerem als Jacob Burckhardt mit dem Epochenbegriff ›Manierismus‹ bedacht wird. Es ist denn auch nur konsequent, wenn Meyers Renaissance-Novelle das Werk, das die wohl prägnanteste *mise en abyme* für ihr intrikates, alles andere als ›ideal-natürliches‹ Verhältnis zur Aktualität abgibt, ausgerechnet dem Künstler zuschreibt, den Burckhardt maßgeblich für die »Ausartung«[104] des Manierismus verantwortlich macht: Michelangelo.

Im nächsten Unterkapitel wird es dementsprechend insbesondere darum gehen, die spezifische Manieriertheit von Meyers Prosa-Stil näher zu bestimmen. Dabei gilt es auch, dem Status ein wenig auf den Zahn zu fühlen, den Pescara in dem Zusammenhang innehat: Aufgrund seiner Präferenz für den »lieblichen« Raphael gegenüber dem »gewaltigen« Michelangelo (237)[105] eignet sich der ›lebendig abgeschiedene‹ Feldherr in *ästhetischer* Hinsicht nämlich offenbar nur bedingt als Stellvertreter der Autor-Instanz im Text.

---

104 Burckhardt: *Cicerone*, 938.
105 Beide Attribute finden sich an prominenter Stelle auch in Burckhardts Michelangelo-Porträt, das in Kontrast zu dem von Raphael aufgebaut ist. Vgl. ebd., 667f. (Obgleich ich dadurch die *grafische* Unterscheidung zwischen dem realhistorischen Raffael und dem Raphael aus Meyers Novelle verwische, optiere ich hier und im Folgenden für eine einheitliche Schreibweise.)

2. Hymnik, Hieratik, Historismus, Histrionismus, Hysterie
Zum vielgestaltigen Prosa-Stil der Novelle *Die Versuchung
des Pescara*

Wie Ralf Simon gezeigt hat, prägt die Opposition von Erhabenem
und Komischem die Ästhetik des 19. Jahrhunderts weitaus eher als
die von Erhabenem und Schönem. Dem kommt, argumentiert Simon,
eine strukturelle Affinität zwischen Erhabenem und Komischem entgegen, aufgrund derer das eine als Spiegelbild des anderen erscheinen
muss: Während der Effekt des Erhabenen aus dem Kontrast von sinnlichem, endlichem Zeichen und unsinnlicher, unendlicher Bedeutung
entspringt, negativiert die Komik umgekehrt das Unendliche der Idee,
indem ihr ein sinnlicher Zeichenkörper untergeschoben wird.[106]
    Eine Variante dieser Denkfigur prägt, so die im Folgenden plausi-
bel zu machende These, *Die Versuchung des Pescara*. Meyer, der den
Verfasser von *Über das Erhabene und Komische* (1837), den zwischen
1855 und 1866 in Zürich lehrenden Friedrich Theodor Vischer, in
seiner Korrespondenz stets mit »Verehrter Meister« anredet,[107] dürfte
auch in theoretischer Hinsicht mit ihr vertraut gewesen sein. Anfang
Juni 1887, in seinem letzten Brief an Vischer, berichtet er diesem auf
jeden Fall von seinem neuesten Novellen-Projekt: »[I]ch weiß noch
nicht, ob ich etwas Gutes gemacht habe, doch wünschte ich wohl,
daß es Ihnen gefiele«.[108] Da Vischer kurz darauf überraschend stirbt,
bekommt *Die Versuchung des Pescara* gar unversehens die Züge einer
posthumen Hommage. Aber keiner willfährigen. Die Unterordnung
des Grotesken unter den Pol des Komischen – diese epochentypische
»Verharmlosung«[109] – macht Meyers Novelle nämlich nur zum Teil
mit. Weit davon entfernt, das Groteske bloß humoristisch als »Ver-
larvung des Geistes« zu inszenieren,[110] schimmert in den grotesken
Momenten von *Die Versuchung des Pescara* immer auch – mal mehr,
mal weniger – ein bedrohliches Substrat durch, das, mit Julian Schmidts
Lenz-Rezension zu sprechen, vielmehr den »unheimlichen *Selbstverlust*
des Geistes« anklingen lässt.
    Konkret wird die Denkfigur auf der Figurenebene im Gegenüber
zwischen dem hieratisch entrückten Pescara und dem »närrischen«
(271), mit »grotesken Züge[n]« (160) ausgestatteten Verwandlungs-

106 Vgl. Simon: »Hymne und Erhabenheit im 19. Jahrhundert«, 367–370.
107 Vgl. Meyer/Vischer: *Briefwechsel*.
108 Vgl. ebd., 179 (Brief vom 4.6.1887).
109 Kayser: *Das Groteske in Malerei und Dichtung*, 82.
110 Vischer: *Über das Erhabene und Komische*, 205.

künstler Morone durchgespielt. Dem entsprechen zwei unterschiedliche Schreibweisen: eine um Pescara zentrierte, in dreifacher Modulierung auf ›Erlösung‹, also ein übergeordnetes Signifikat ausgerichtete und auf kompositionelle Abgeschlossenheit bedachte Hymnik (vgl. hierzu die Abschnitte 2.1–2.4) und eine mit Morone verbundene grotesk-burleske *écriture*, deren kalauernde Wortspiele die Sinngewissheiten der anderen Schreibweise immer wieder infrage stellen (vgl. Abschnitte 2.5–2.8). *Gemeinsam* ist beiden, dass sie auf je eigene Weise danach trachten, die Plattheit sequenzieller Erzählprosa mit poetischer Energie aufzuladen: Während das Hymnische beständig danach strebt, das Darstellungsmedium Prosa in hohe Poesie zu überführen – *genus sublime* – und dabei in bester kunstmetaphysischer Tradition von einer Erlösung im Werk träumt, verschreibt sich der andere Pol einer nicht zielgerichteten ›proteischen‹ Poesie – »Kanzler Proteus« (171) wird Morone ja einmal genannt –, die, wie bereits der gemeinsame Anlaut ›Pro-‹ nahelegt, dezidiert auch das *Pro*saische einbezieht.

Die Kräfteverhältnisse zwischen beiden Schreibweisen sind auf den ersten Blick genauso klar verteilt wie auf der Handlungsebene: So wie Morone in den unterschiedlichsten Drapierungen wild gestikulierend um Pescara herumhüpft, diesem jedoch nichts anhaben kann, blitzt auch die mit ihm assoziierte Schreibweise immer nur punktuell auf, während das Hymnische in zwar nicht deckungsgleichen, aber stets auf ›Erlösung‹ ausgerichteten Varianten (Einheit Italiens; Tod; Kunstmetaphysik) klar dominiert. Sowohl auf der Handlungsebene wie auf der der Schreibweise erinnert die Anordnung mithin an die Domestikationsversuche der Ornamentgroteske durch Klassizisten vom Schlag des Italien-Reisenden Johann Wolfgang Goethe, dem zufolge die sich unablässig wandelnden Mischwesen, welche die Rahmenleiste bevölkern, in erster Linie dazu da sind, das ›eigentliche‹ Sujet in der Bildmitte zur Geltung zu bringen.[111]

Bei näherem Hinsehen (was bei Meyers Renaissance-Texten stets heißt: mit Blick auf Burckhardts *Die Kultur der Renaissance in Italien*)[112] erweist sich indes, dass diese durchaus in Einklang mit

---

111 Vgl. Goethe: »Von Arabesken« [1788]. In: ders.: *Sämtliche Werke. Briefe, Tagebücher und Gespräche*, Abt. I: *Sämtliche Werke*, Bd. 18: *Ästhetische Schriften 1771–1805*, 230–234.

112 Für einen *retour à Burckhardt* hat in der jüngeren Meyer-Forschung vor allem Markus Fauser plädiert. Vgl. Fauser: »Anthropologie der Geschichte«, »Historische Größe« und ders.: »»Verruchte Renaissance‹«. Wie gewinnbringend dies im Fall von *Die Versuchung des Pescara* sein kann, hat in aller Konsequenz erstmals Hauke Kuhlmann gezeigt. Vgl. Kuhlmann: »Tod und

programmrealistischen Vorgaben stehende Hierarchie nicht so stabil ist, wie man zunächst meinen könnte: Weit davon entfernt, bloße Kontrastfolie zu sein, stellen die einzelnen Spielarten der grotesk-burlesken Schreibweise jeweils entscheidende Aspekte der anderen *grundsätzlich* infrage. Nichtsdestoweniger wird diese, wenn man so will, ›Romantisierung‹ der klassizistischen Ornamentgroteske bei Meyer – anders als in der ›historischen‹ Romantik um 1800 – nur in Ansätzen *durchgeführt*: Deren ›Wildheit‹ (vgl. 217) ist, mit dem Titel der Novelle gesprochen, eine *Versuchung* des Textes, der restlos zu erliegen sein poetisch-realistischer Anspruch ihm verbietet. Die hochgradige Manieriertheit von Meyers Prosa-Stil resultiert denn auch weniger aus *einer* der beiden Schreibweisen als aus deren unaufgelöster Spannung – so wie die jüngere Kunstgeschichte den historischen Manierismus nicht mehr einfach als vorgebliches Dekadenz- und Krisenphänomen in Kontrast zum »klassische[n] Formenvokabular der Renaissance« setzt, sondern darauf hinweist, dass er dagegen aufbegehrt, »*ohne* [es] aufzugeben«.[113]

Den Fluchtpunkt meiner Argumentation wird der Hysterie-Diskurs Charcot'-scher Prägung abgeben, obwohl bzw. gerade weil er aus den eingangs erläuterten Gründen in Meyers Text selber nirgends explizit thematisch wird. Tatsächlich ist er der entzogene gemeinsame Nenner der verschiedenen kulturhistorischen Überformungen, die Morones Auftritte im Verlauf des Textes erfahren (Proteus, Dionysos/Bacchus, Posse, Dämonie, Groteske). In ihrer Eigenschaft als »mimetische Krankheit« (Elaine Showalter) steckt die Hysterie darüber hinaus aber auch das Verhalten der *anderen* Figuren aus *Die Versuchung des Pescara* an – und zieht in der Ruhepose des stigmatisierten *crucifié* gar noch die Titelfigur in ihren Bann. Sie erscheint mithin als das heimliche Gesetz von Meyers Renaissance-Text – und dieser einmal mehr als Kind seiner Zeit.

Treue«. Während für Kuhlmann im Mittelpunkt steht, wie der absolute Geltungsanspruch von Pescaras ethischen Wertungen durch die Ereignisse sowie durch sein tatsächliches Verhalten zumindest teilweise hinterfragt werden, ist der Fluchtpunkt meiner Lektüre ein literar*ästhetischer*. So versuche ich insbesondere den vielen Kunstbeschreibungen aus Meyers Text mehr Recht widerfahren zu lassen als Kuhlmann, der diese fast gänzlich ausklammert.

113 Arasse/Tönnesmann: *Der europäische Manierismus*, 52 (Hervorhebung G.F.).

2.1 Prosa, Sequenz, Hymnik

Ein einziges Mal nur fällt in Meyers Novelle der für meine Belange so wichtige Ausdruck ›Prosa‹. Die Stelle aber hat es in sich, auch wenn (und gerade weil) man es ihr auf den ersten Blick nicht ansieht. Zum Kontext: Pescara verwahrt sich dagegen, dass Victoria ihn auf dem anstehenden Feldzug gegen Mailand – von dem beide wissen, es wird sein letzter sein – begleitet. Deswegen vereinbaren sie, Victoria solle sich in ein Frauenkloster zurückziehen, auf dass Pescara sie nach Beendigung der Feindseligkeiten zu sich rufen lasse. Während die Äbtissin Victoria die von ihr erbetene einfache Zelle zeigt, betritt Pescara die Kirche. Dort wird er heimlich von den Schwestern des Klosters beobachtet, die in ihrer Bewunderung für die »Heldengestalt« (250) »jubelnd ihr Prachtstück, ein Tedeum«, intonieren (ebd.). Die Wahl ausgerechnet dieses Stücks wird von der Erzählinstanz bzw. – wie es aufgrund der für Meyer typischen, unscharfen Fokalisierung zugleich heißen muss – in erlebter Gedankenrede aus Sicht der Schwestern damit gerechtfertigt, dass es sich »für den Sieger von Pavia besser eigne[] als irgend eine andere Prosa oder Sequenz.« (Ebd.)

Wie der als Synonym angeführte Ausdruck ›Sequenz‹ präzisiert, ist ›Prosa‹ hier in einem sehr spezifischen Sinn zu verstehen: Gemeint ist eine aus dem Mittelalter stammende Form liturgischen Gesangs, welche, so ein zu Meyers Zeiten gebräuchliches Nachschlagewerk, »[a]nfangs, im Gegensatz zu den Hymnen, in Prosa geschrieben«[114] war. Die ungewohnte Verwendung des Ausdrucks ›Prosa‹ lässt sich indes nicht einfach als eines der zahlreichen Beispiele für Meyers gelehrt-historisierenden Stil abtun. Einer solchen *lectio facilior* steht zum einen entgegen, dass der Gesang von Pescara selbst überhört wird, weil das Altarbild seine ganze Aufmerksamkeit auf sich zieht: »[E]r hätte wohl gelauscht, aber […]« (ebd.). Selbstironisch thematisiert der Text damit, dass seine Leser*innen wohl dazu tendieren werden, ihrerseits über diese unscheinbare Stelle hinwegzulesen – und weist eben dadurch (diskret) auf sie hin.

Zum anderen ist die Verwendung des Ausdrucks nicht ganz korrekt. Zwar wird das Te Deum, ein feierlicher Gesang zu Ehren des dreifaltigen Gottes, durchaus auch bei »Krönungen, Inthronisationen, Siegesfeiern u. dgl. gesungen«[115] und eignet sich insofern bestens für den »Sieger von Pavia«. In aller Regel wird es aber nicht als ›Sequenz‹ oder

---

114 *Pierer's Universal-Lexikon*, Bd. 8, 669.
115 Ebd., Bd. 17, 316.

›Prosa‹ bezeichnet, sondern als ›Hymne‹ bzw. ›Hymnus‹. Das Ende der Novelle *Plautus im Nonnenkloster* (1881) belegt, dass Meyer mit dem richtigen Wortgebrauch sehr wohl vertraut war. Dort stimmt die versammelte Kirchgemeinde nach der Verkündigung des neuen Papstnamens ein »schallendes Te Deum« an, das die Erzählinstanz im folgenden Satz korrekt als »Hymne« bezeichnet.[116] Zugegeben: Es handelt sich um eine feine Nuance.[117] Aber gerade bei einem permanent um historische Authentizitätseffekte bemühten Autor wie Meyer – während der Arbeit am zweiten Kapitel der *Versuchung des Pescara* bittet er etwa den mit ihm befreundeten Kunsthistoriker Johann Rudolf Rahn, ihm zu schildern, wie der Weg vom Vatikan zum Palazzo Colonna im Jahr 1525 ausgesehen habe[118] – steckt der Teufel in solchen Details.

Zumal die Stelle noch in einer dritten Hinsicht merkwürdig anmutet: Üblicherweise lassen sich Meyers Novellen keine Gelegenheit entgehen, Schweizer Errungenschaften eigens als solche zu markieren (wohlgemerkt ohne dabei, in Übereinstimmung mit dem publizistischen Konzept ihres Publikationsorgans, Julius Rodenbergs *Deutscher Rundschau*, die Vorstellung einer deutschen ›Leitkultur‹ infrage zu stellen).[119] Bei der Sequenzdichtung jedoch findet sich kein solcher Verweis, obwohl als deren »Erfinder«[120] der St. Galler Mönch Notker gilt.[121] Dafür taucht unmittelbar im Anschluss an das Te Deum eine Schweizer Figur auf: Pescara überhört den Gesang nämlich deswegen,

---

116 Meyer: *Plautus im Nonnenkloster*. In: ders.: *Historisch-kritische Ausgabe*, Bd. 11, 131–163, hier 162. Die aus heutiger philologischer Sicht angebrachte Differenzierung zwischen ›Hymnus‹ und ›Hymne‹ – zwischen »[k]ultische[m], religiöse[m] Lobgesang« und dessen »säkularisierte[r] Nachfolgerin« in der neuzeitlichen Lyrik (Kraß: »Hymne«, 107 und 106) – kennt Meyer dagegen offensichtlich nicht. Das gilt aber genauso auch für *Pierer's Universal-Lexikon* und das *Deutsche Wörterbuch*.

117 Umso feiner als in der heutigen Forschung gar vorgeschlagen wird, das Te Deum als »rhythmische[] Prosa« zu bezeichnen, da es »nicht die typische Versstruktur der Kompositionen des Ambrosius« aufweise (Springer: »Te Deum«, 25).

118 Vgl. Meyers Brief vom 15.12.1886, zit. in: Meyer: *Historisch-kritische Ausgabe*, Bd. 13, 443.

119 Zu Rodenbergs publizistischen Strategien im Hinblick auf die Schweizer Autoren Keller und Meyer vgl. Butzer/Günter/von Heydebrand: »Strategien zur Kanonisierung des ›Realismus‹«, 65–68 und 74f. Zu Meyers Stilisierung als betont germanophiler und kaisertreuer Mann der Schrift vgl. auch Zeller: »Schweizer Autoren und die Reichsgründung«, 464–474.

120 *Pierer's Universal-Lexikon*, Bd. 15, 860.

121 Sprechend, dass die Herausgeber diese Ergänzung gleichsam an Meyers statt in ihrem Sachkommentar vornehmen. Vgl. Meyer: *Historisch-kritische Ausgabe*, Bd. 13, 460.

weil der Soldat, der in der Kreuzigungsszene über dem Altar »seine Lanze in den heiligen Leib« (250) stößt, die Züge ausgerechnet jenes Schweizer Söldners trägt, der ihn bei Pavia so fatal verletzt hat.

Aufhorchen lässt schließlich auch dieses Detail: Das als ›Sequenz‹ bezeichnete Te Deum und die Kreuzigungsszene auf dem Altarbild sind ihrerseits nicht allein aufgrund von Pescaras abschweifender Aufmerksamkeit sowie durch die Verschiebung des ›schweizerischen Moments‹ miteinander verbunden, sondern auch über die christliche Liturgie. In der Messordnung folgt die Sequenz nämlich jeweils auf das Halleluja (daher ihr Name) und leitet damit unmittelbar über zur Lektüre aus dem Evangelium, also zu einer Szene aus dem Leben Christi.

Kurzum: Angesichts all dieser Finessen liest sich die Stelle geradezu wie ein Musterbeispiel für Meyers manierierte Prosa[122] und lädt deswegen dazu ein, die Ausdrücke ›Prosa‹/›Sequenz‹ ebenso wie den präsent-absenten ›Hymnus‹ selbstreflexiv zu wenden. Die These, die ich in der ersten Hälfte des vorliegenden Unterkapitels plausibel machen möchte, lautet dementsprechend: Von ihrer dominanten Schreibweise her trachtet *Die Versuchung des Pescara* danach, die plane, ›sequenzielle‹ Handlungslogik konventioneller Erzählprosa im Modus der Hymnik zu überwinden, sie – wohlgemerkt ohne das Darstellungsmedium der Prosa zugunsten des Verses zu verlassen – in die hohe Poesie des *genus sublime* zu überführen.

Mit ›Hymnik‹ ist mithin keine bestimmte Form gemeint, nicht die *Gattung(en)* des Hymnus bzw. der Hymne – als solche, gibt Wolfgang Braungart einmal mit Bezug auf antike Lyrikformen bei Mörike und George zu bedenken, sei die Hymne schon im ausgehenden 18. Jahrhundert »kaum mehr […] einigermaßen verbindlich zu beschreiben«[123] –, sondern ein spezifischer *Tonfall* des »Preisens, Lobens, Rühmens«,[124]

122 Zur Frage, inwiefern sich die Szene im Spannungsfeld einer hymnisch-hieratischen und einer burlesk-grotesken Schreibweise verorten lässt, vgl. unten, 2.6.
123 Braungart: »Hymne, Ode, Elegie«, 256. Ralf Simon dagegen legt seiner Untersuchung zur Hymne im 19. Jahrhundert einen verbindlichen generischen Kriterienkatalog zugrunde (vgl. »Hymne und Erhabenheit im 19. Jahrhundert«, 361). Da sich aus diesem kein Textkorpus für die Lyrik des untersuchten Zeitraums ergibt (Simon spricht von einer »Gattung ohne Texte«), verschiebt er den Fokus zur ästhetischen Kategorie des Erhabenen, die mit der Hymne traditionell eng verknüpft ist, im 19. Jahrhundert aber ebenfalls – zumindest im Vergleich zur Kant'schen und Schiller'schen Ästhetik – ein eigentümliches Schattendasein fristet.
124 Braungart: »Hymne, Ode, Elegie«, 256.

der immer wieder einschlägige »Gattungs-Reminiszenzen«[125] einstreut. Anders gesagt: eine »Schreibweise«.[126]

Diese eigentümliche Tendenz seines Textes hin zur Poesie im emphatischen Sinn betont Meyer selber, wenn er seinem Verleger im November 1887 schreibt, *Die Versuchung des Pescara* variiere eigentlich nur ein und dieselbe Situation – »Die Täuschung seiner Versucher und das allmälige Hervortreten seiner tödtlichen Verwundg« – und sei aufgrund dieser Handlungsarmut »vorwiegend *lyrisch*« ausgerichtet.[127] Wenn Meyer gleich im Anschluss zu einer Aufzählung der »großen Momente« der Novelle übergeht und dabei als Erstes »die männlich-rührende Ergebung des Helden in sein Loos« und »Die Veredlung seines Characters (karg, falsch, grausam) durch die Nähe des Todes« nennt, so versteht er unter dem von ihm selber pointierten »lyrisch[en]« Zug ganz offensichtlich Pescaras spezifisches Verhältnis zum Tod.

Die Forschung hat sich für ihren Teil eher von einer anderen Stelle aus demselben Brief anregen lassen. Dort erörtert Meyer die »Symbolik« seiner Novelle: »Das sterbende Italien bewirbt sich unwissentlich um einen sterbenden Helden.«[128] So hat insbesondere Michael Titzmann betont, dass der ›Tod‹ – ob nun im wörtlichen, biologischen, oder im metaphorischen Sinn – das Archi-Sem bzw. übergeordnete Signifikat des gesamten Textes abgebe.[129] Meyers Novelle würde damit auch in semiotischer Hinsicht in die Nähe desjenigen Historikers rücken, der ihr neben Burckhardts *Die Kultur der Renaissance in Italien* als wichtigster Materiallieferant dient: Michelet.[130] In seiner Analyse des »Diskurses der Geschichte« führt Barthes nämlich just Michelet als beispielhaften Vertreter einer Geschichtsschreibung an, die im Gegensatz zu einer dominant narrativen oder räsonierenden vornehmlich indiziell ausgerichtet sei: Indem die einzelnen Texteinheiten stets auf ein und dasselbe implizite Signifikat verwiesen, »treibt die ›Geschichte‹ einer metaphorischen Form zu und grenzt an das Lyrische und an das Symbolische«.[131]

Im Vergleich zu diesen wichtigen Ansätzen, also gegenüber Meyers Selbstkommentar und Titzmanns Lektüre, verschiebt meine Analyse

125 Zu diesem Begriff vgl. Schödlbauer: »Odenform und freier Vers«, 206.
126 Burdorf: »Gibt es eine Geschichte der deutschen Hymne?«, 305.
127 Brief an Haessel vom 5.11.1887. Zit. nach Meyer: *Historisch-kritische Ausgabe*, Bd. 13, 376 (Hervorhebung G.F.).
128 Ebd.
129 Vgl. Titzmann: »An den Grenzen des späten Realismus«, 117–122.
130 Diesen Stellenwert von Michelet hat vor allem Gustav Beckers hervorgehoben, nachdem er in der Erstauflage der HKA zumindest in Teilen übersehen worden war. Vgl. Beckers: »Nachwort«.
131 Barthes: »Der Diskurs der Geschichte«, 159.

ein wenig den Akzent: einerseits vom Lyrischen zur Hymnik, die als Lobgesang antiken Ursprungs nicht nur lyrische, sondern auch episch-erzählende Momente aufweist,[132] und andererseits vom Archi-Sem ›Tod‹ hin zu dem der ›Erlösung‹. Zunächst möchte ich mich dabei (2.2) mit der von den italienischen Verschwörern betriebenen Stilisierung Pescaras zu einer *politischen* Erlösergestalt befassen; anschließend dann (2.3) mit Pescaras dunklen Orakelsprüchen, die dem Tod selber eine Erlöserfunktion zusprechen – und damit die politischen Heilserwartungen von Morone & Co. ins Leere laufen lassen. In einem dritten Moment schließlich (2.4) soll der kunstmetaphysische Fluchtpunkt der leitmotivartigen Analogisierung von Pescara und Christus herausgearbeitet werden. Meyers Text endet nämlich gerade nicht mit dem toten Pescara – mit dem Anblick eines leblosen, menschlichen Körpers –, sondern mit dessen mehrfacher Stilisierung zu einem Kunstwerk.

2.2 *Vaterländische Hymnik* all'italiana

Hymnisches Sprechen ist adressierte Jubelrede. Die Schwestern aus dem Kloster Heiligenwunden intonieren ihr Te Deum denn auch genauso: »jubelnd« (250). Auch wenn sie nominell Gott preisen, eigentlicher Adressat ihres Gesangs ist Pescara, der die Kirche in militärischer Montur betritt: nicht als demütiger Christ, sondern als stolzer, machtbewusster Renaissance-Mensch, »ohne das Haupt zu entblößen oder irgend eine der üblichen Devotionen zu verrichten« (249). Im Te Deum der Schwestern wird die Hymnik mithin vom Religiösen ins Politische übertragen – eine Praxis, die Meyers zeitgenössischem Lesepublikum vertraut gewesen sein wird: Im 19. Jahrhundert war die gemeinsam im Chor gesungene vaterländische Hymne bekanntlich eines der wichtigsten Medien zur »Konstituierung und Stabilisierung [nationaler] Wir-Gemeinschaften.«[133]

Eine Art Chor bilden in Meyers Novelle auch die italienischen Verschwörer, die Pescara allesamt aus ›echtem‹ Patriotismus heraus – und nicht etwa aus purem Machtkalkül – zum Retter Italiens stilisieren, zum ›vorausbestimmten‹ (vgl. 170) politischen Messias. Am ausgeprägtesten trifft dies auf Morone zu, als er Pescara im dritten Kapitel seinen verwegenen Plan unterbreitet. Gleich mehrfach schlägt der Kanzler von Mailand nämlich überschwänglich hymnische Töne an, um Pescaras

132 Vgl. etwa Soler: *Genres, formes, tons*, 233.
133 Eke: »»Blühe, deutsches Vaterland‹«, 36. Vgl. hierzu auch die von Hermann Kurzke zusammengestellte Anthologie *Hymnen und Lieder der Deutschen.*

Namen in eins mit der Einheit und Freiheit Italiens zu beschwören. Emphatische Anrufungen gehören dabei genauso zu seinem Repertoire (»Mein Pescara, welche Sternstellung über dir und für dich! Die Sache reif und du selbst!«, 206) wie die obligaten mythologischen Bezüge (»Eine entscheidende Zeit, ein verzweifeltes Ringen, Götter und Titanen, Freiheit sich aufbäumend gegen Zwingherrschaft«, ebd.) und das altbewährte Verfahren der Hypotypose: »Siehe den ausgestreckten Finger Gottes, daran sich eine neue Menschheit emporrichtet« (207); »Blick auf die Karte und überschaue die Halbinsel« (ebd.); »Ich sehe dich‹, jubelte Morone, ›wie du [...] Doge wirst und dich dem Meere vermählst‹« (213). Effektvoll bemüht Morone auch das für die Hymnik konstitutive Stilprinzip der *amplificatio*, indem er Pescara am Ende zusammen mit seiner Frau als göttliche Gestalten gen Himmel fahren lässt: »So wächsest du, bis dich und dein herrliches Weib auf dem römischen Capitol tausend frohlockende Arme vergötternd in die Lüfte heben und dich ganz Italien als seinen König zeigen« (ebd.).

Charakteristisch für Morones hymnische Sprecherhaltung ist weiterhin, dass er zwischen zunehmendem enthusiastischen Selbstverlust und selbstreflexivem Formbewusstsein hin und her changiert:[134] So bemerkt die Erzählinstanz gleich mehrmals, der Mailänder Kanzler begeistere sich an der eigenen Rede – »so völlig war er außer Fassung«, heißt es beispielsweise einmal (206) –, während Pescara ihn mit Bezug auf den platonischen Topos vom Seelenaufschwung zu mehr Bodenhaftung anhalten muss: »Fliege mir nicht davon, Girolamo!«[135] (207) Umgekehrt unterstreicht Morone, dass er das eigene Sprechen sehr wohl im Griff hat – so etwa, wenn er auf die zirkuläre Struktur seiner hymnischen Rede hinweist: »damit endend, womit ich angefangen habe« (213). Tatsächlich folgt Morones Beschwörung geradezu mustergültig dem dreigliedrigen Aufbau einer Hymne:[136] Primär zum Auftakt, als er sich an Pescara als vom Kaiser betrogenen Sieger von Pavia wendet, zieht er das preisende Register, im ›epischen‹ Mittelteil dann skizziert er in chronologischer Abfolge Pescaras Abfall vom Kaiser, um sich am Ende wieder verstärkt aufs Rühmen zu verlegen und sich zum buchstäblich krönenden Abschluss Pescara gar vor die Füße zu werfen.

134 Zu dieser Ambivalenz der hymnischen Sprecherposition vgl. v.a. Soler: *Genres, formes, tons*, 236f.
135 Zum Enthusiasmus in der Hymne vgl. allgemein Meyer-Sickendiek: »Der Enthusiasmus in der Hymne«.
136 Zu diesem typischen Aufbau vgl. Kraß: »Hymne«, 105.

2.3   Orakel Pescara: Erlöser Tod

Pescara selbst ist über diese Form von »Anbetung« (213) erhaben. So wie er sich über den »beschwingten« (207) Morone lustig macht, so schlägt er auch gegenüber seiner Frau scherzhaft-sarkastische Töne an: »Mich aber darfst du nicht gemeint haben, da du von einem Heiland Italien sprachst, obwohl ich freilich die Seitenwunde schon besäße« (238). Dem steht nur scheinbar entgegen, dass die Erzählinstanz nach Morones Kniefall den Eindruck hat, Pescara sei »innerlich ergriffen« (213). Am Ende des dritten Kapitels stellt Pescara nämlich klar, wem die Deutungshoheit über diese Szene zusteht: Nachdem er Morone seine Antwort für den folgenden Tag in Aussicht gestellt hat, holt er seine beiden Vertrauten Karl Bourbon und Del Guasto wieder hinter dem Vorhang hervor, hinter dem er sie, um über Zeugen seiner kaiserlichen Gesinnungstreue zu verfügen, vor Morones Auftreten versteckt hatte, und bezeichnet die ganze Unterredung als von ihm inszeniertes »Theater«, als »Tragödie« namens »Tod und Narr« (215). Mit geradezu autoritativem Gestus gibt er damit einen Deutungsrahmen vor, angesichts dessen das, was die Erzählinstanz lediglich im Modus der Vermutung äußert, verblassen muss. Ja, man gewinnt gar den Eindruck, bei ihrer Mutmaßung sei eigentlich der Wunsch Vater des Gedankens gewesen, sprich: sie habe sich von der Verführungskraft von Morones Rede genauso anstecken lassen wie Pescaras Vertraute und übertrage dies nun auf den eigentlich durch und durch standfesten Feldherrn.

Tatsächlich erweist sich der von Pescara angeführte Gattungsframe der Tragödie als äußerst ergiebige Lektürefolie für die Geschehnisse. Tragisch ist zum einen, in welchem Maß Morone und seine Mitverschwörer die Situation ganz im Sinn der Aristotelischen *hamartia* falsch einschätzen: Geblendet vom eigenen Übermut, ziehen sie nicht in Erwägung, dass Pescaras Verletzung vielleicht doch schwerer sein könnte, als dieser verbreiten lässt, und dass ihr Plan damit von vornherein zum Scheitern verurteilt sein könnte. Wie sich Pescara von Morone eigens bestätigen lässt, ist dieser nämlich auf viele Jahre, gar mehrere Jahrzehnte angelegt (vgl. 213). Auch sind die Verschwörer blind dafür, dass in Italien selbst die ›sittlichen‹ Voraussetzungen für einen einheitlichen, auf Freiheit gegründeten Staat fehlen: So zumindest verkündet es Pescara in penetrant biblischem Tonfall und bleibt darin einmal mehr unwidersprochen: »›Wahrlich, ich sage dir, Kanzler,‹ – und Pescara erhob die Stimme wie zu einem Urteilsspruch – ›dein Italien ist willkürlich und phantastisch, wie du selbst es bist und deine Verschwörung!‹« (259)

Fruchtbar machen für die Analyse lässt sich überdies auch die *Über-schreibung*, die Pescara mit seinem ultimativen ›Tragödien‹-Verdikt vornimmt. Karl Bourbon hatte davor nämlich noch zwischen zwei Gattungsframes gezögert: »Trauerspiel *oder Posse?*« (215, Hervorhebung G.F.) Dieses Zögern und Pescaras eindeutige Präferenz für einen der beiden Pole schärfen den Blick dafür, dass Morone im Verlauf der Unterredung eine wichtige Entwicklung durchmacht: Er erscheint dort je länger, desto weniger als possenhafte denn als tragische Figur. Wie die Forschung immer wieder betont hat, wird der Kanzler von Mailand zunächst geradezu leitmotivartig mit der Commedia dell'Arte, also einer der prominentesten Vorläuferinnen der neuzeitlichen Posse, in Verbindung gebracht:[137] »Adieu, Pantalon mon ami!« (158), verabschiedet sich Karl Bourbon von ihm, und Papst Clemens erlaubt sich Victoria gegenüber das spöttische Wortspiel »Morone, Buffone« (179). In die gleiche Richtung weisen Morones permanente Maskierungen und seine oftmals jähen Verwandlungen, die Pescaras Zögling Del Guasto einmal ausdrücklich als »possierlichste[] Figuren« (201) bezeichnet. Nicht zu vergessen schließlich Morones »ausschweifende[s] Gebärdenspiel« (247), das gerade in dieser Exaltiertheit an das einer Commedia-dell'Arte-Figur erinnert. Mit seinem verwegenen Plan, Pescara für die Heilige Liga zu gewinnen und auf diese Weise die Einheit Italiens herbeizuführen, wolle »der Narren-Kanzler«, so Gustav Beckers, »in den Ernst eintreten, als ein eigenständiges Selbst erscheinen, das sich existenziell, nicht spielerisch ›hingibt‹ (216)«. Aber er bleibe »dazu verdammt, eine Rolle zu spielen«[138] – und genau das mache seine Tragik aus: dass Pescara ihm in diesem entscheidenden Moment nicht glaube.[139]

In einer tragischen Situation gefangen sind aber nicht nur die Verschwörer, sondern auch Pescara selbst: Nicht weil er wie die Verschwörer die Lage falsch einschätzen und sich dadurch auf fatale Weise zum »Narr[en]« machen würde, sondern weil er umgekehrt, seit das Gerücht von seinem Abfall im Umlauf ist, deren Ausweglosigkeit klar erkennt. In aller Deutlichkeit legt er so im letzten Gespräch mit seiner Frau dar, wie er zwischen den Fronten steht, und fasst dies – bezeichnenderweise im Rückgriff auf eine berühmte dramaturgische Metapher aus Aristoteles' *Poetik*[140] – als »unlösbar[en]« »*Knoten* [s]eines Daseins« (252, Hervorhebung G.F.):

---

137 Vgl. insbesondere Beckers: »Morone und Pescara. Proteisches Verwandlungsspiel und existentielle Metamorphose«, 120–123.
138 Ebd., 127.
139 Vgl. ebd., 130.
140 Vgl. Aristoteles: *Poetik*, 1455b.

Wäre ich ohne meine Wunde, dennoch könnte ich nicht leben. Drüben in Spanien Neid, schleichende Verleumdung, hinfällige und endlich untergrabene Hofgunst, Ungnade und Sturz; hier in Italien Haß und Gift für den, der es verschmäht hat.

Wäre ich aber von meinem Kaiser abgefallen, so würde ich an mir selbst zugrunde gehen und sterben an meiner gebrochenen Treue, denn ich habe zwei Seelen in meiner Brust, eine italienische und eine spanische. (252f.)

Entscheidend ist, dass Pescara bei diesem desillusionierten Befund nicht stehenbleibt: Seinem eigenem Verständnis zufolge vermag ihm nämlich seine tödliche Verletzung – weit davon entfernt, wie im Fall der italienischen Verschwörer maßgeblich zur tragischen Verfasstheit der Situation beizutragen – den einzig möglichen Ausweg aus dieser *heraus* aufzuzeigen: »Nun aber bin ich aus der Mitte gehoben, ein Erlöster, und glaube, daß mein Befreier es gut mit mir meint und mich sanft von hinnen führen wird.« (253)[141] Pescara belädt den eigenen Tod also mit höherem Sinn, stilisiert ihn zu einer Erlösungsinstanz *sui generis* und verschreibt sich dabei einer *amor-fati*-Hymnik, die die politischen Lobpreisungen seines ahnungslosen Verführers Morone – ausgerichtet auf ein ›großes Individuum‹ ganz von dieser Welt – jedweder Grundlage beraubt.

Dass den Text wegen dieser Todesnähe durchweg »etwas Feierliches« umgibt, betont bereits Meyer selber in einem Brief an seinen Verleger.[142] Am Text aufzeigen lässt sich dieser hymnische Tonfall insbesondere am Beispiel einer bereits anderwärtig diskutierten Szene aus dem vierten Kapitel: Als Pescara angesichts der rätselhaften Skulpturengruppe aus dem Schlossgarten von Novara die »gegenwärtige Abwesenheit« gegenüber der »Gegenwart« und der »Abwesenheit« hervorhebt, tut er dies explizit im Modus des Preisens: »Ich *preise* die gegenwärtige Abwesenheit: die Sehnsucht.« (223, Hervorhebung G.F.) Weiter oben habe ich eine semiotisch-poetologische Lesart dieser Stelle

141 Titzmann erblickt in dieser Bedeutungsaufladung des an sich kontingenten Todes – er bezeichnet ihn als »Zeichen ohne Referenz« – ein grundlegendes (Verklärungs-)Moment realistischen Schreibens insgesamt. Vgl. Titzmann: »An den Grenzen des späten Realismus«, 130 und 137. Für ihre spezifische Funktion im Textzusammenhang von Meyers Novelle ist damit indes noch nicht viel gesagt.
142 Brief an Haessel vom 5.12.1887. Zit. nach: Meyer: *Historisch-kritische Ausgabe*, Bd. 13, 378.

vorgeschlagen; hier dagegen ist auf dem Tod als Gegenstand von Pescaras Sehnsucht zu insistieren.

Auch sonst trägt Pescaras ›Preisen‹ stets kryptische, dunkle Züge und rückt damit, als in die Zukunft ausgerichtetes Sprechen, in eine eigentümliche Nähe zum Orakelspruch. Nicht von ungefähr erinnert sich Pescara im Gespräch über die Fresken der Sixtinischen Kapelle am genauesten denn auch just an die Propheten- und Sibyllen-Darstellungen (vgl. 238). Mit deren Sprüchen teilt Pescaras Redeweise den Hang zur Lakonik, die wiederum in einem evidenten Spannungsverhältnis zu der für die Hymnik eigentlich typischen *abundantia* steht. Dennoch entfernt sich Pescara damit nicht von der Hymnik. Vielmehr stößt er, insofern diese in den Poetiken der Renaissance gerne vom Orakelspruch hergeleitet wurde, zu ihrem Ursprungsort als Götter-Rede vor. In dem Sinn wird der Hymnode etwa bei Pierre de Ronsard und Jean Dorat, beide stark von der italienischen Renaissance beeinflusst, zu einer Vermittlungsinstanz zwischen den ebenso elliptischen wie hermetischen Sprüchen der Sibyllen und den gewöhnlichen Menschen stilisiert: »[L]a brièveté oraculaire ne pouvant suffire à la révélation apportée par les poètes aux hommes«, pointiert Patrice Soler, »la poésie doit mobiliser les ressources de l'abondance oratoire et l'appareil de l'amplification pour les atteindre.«[143]

Gleichermaßen spricht auch Pescara wiederholt von seiner »Gottheit« (212, 242, 244). Dass dabei deren ›eigentlicher‹ Name ausgespart bleibt, belegt nicht nur ein weiteres Mal, wie weit das Verklärungsgebot im deutschsprachigen Realismus reicht, sondern lässt sich auch – und das ist für mein Argument hier entscheidender – aus der inneren Logik hymnischen Sprechens heraus begründen. Besonders aufschlussreich sind in dem Zusammenhang zwei Passagen aus Pescaras Gesprächen mit seiner Frau. In der einen erhebt er, im Anschluss an einen Schwächeanfall, der Victoria klargemacht hat, wie es um ihren Mann steht, den eigentlichen Namen dieser seiner »Gottheit« programmatisch zu einem Tabu: »[D]er gefürchtete Name bleibe unausgesprochen.« (245) In der anderen umschreibt er mit zahlreichen Periphrasen, wie er die abwechselnd als »dunkeln Beschützer«, »Todesengel« und »Schnitter« bezeichnete göttliche Instanz »lieben lernte« und ihr »manche Hekatombe geschlachtet« habe (252).[144] Beide Male greift er damit in je spezifischer Ausprägung auf den für die Hymnik charakteristischen

---

143 Soler: *Genres, formes, tons*, 236.
144 Zu den verschiedenen kulturhistorischen Codes, mit denen Pescara bzw. Meyers Text dabei operiert, vgl. Sprengel: »Der andere Tizian«, 150f.

Unsagbarkeitstopos zurück. *Formal* bewegt sich Pescaras hymnisches Sprechen mithin auf demselben Terrain wie Morone: Wenn dieser einen Ruhmestitel nach dem anderen für Pescara erfindet, umkreist er ja genauso unablässig den Namen der von ihm gerühmten Instanz. Der letztlich hohlen rhetorischen Ausschmückung à la Morone steht bei Pescara jedoch die Unzulänglichkeit profaner Sprache angesichts der Erscheinung des Numinosen gegenüber: *genus sublime* im vollen Wortsinn.

Ebenso gehört zur Hymnik (sowie zum Orakelspruch), dass die göttliche Instanz aus demjenigen, der sie preist, heraus spricht und sich körperlich in ihm manifestiert. Auch dafür findet sich eine Analogie bei Pescara. Victoria gegenüber redet er nämlich nicht einfach nur von seiner »Gottheit«, sondern auch von seinem »Genius« (244f.). Und bei seinem Schwächeanfall vermag er nur noch zu keuchen: »Ich glaube, da ist sie selbst« (244). Ihren Höhepunkt erreicht diese leibhaftige Präsenz des Todes schließlich in der Schlacht um Mailand, wenn Pescara als »Würger Tod in Person« (266) beschrieben wird: »Er war ohne Harnisch. Der Helm war ihm vom Kopfe gerissen, und sein dunkler Mantel flatterte zerfetzt. In flammend rotem Kleide, mit gelassenen und gleichmäßigen Schritten ging er weit voran, einen blitzenden Zweischneider schwingend.« (265f.) Passend zu Pescaras »Zweischneider« lässt die Stelle zwei Lesarten zu: Geht man davon aus, dass sie über Franz Sforza fokalisiert ist (»Es ist Tatsache, dass er in der großen Schanze stand, in dem Augenblicke da Pescara seine Truppen gegen dieselbe zum Sturm führte«, 265), dann weist sie den Herzog von Mailand als unverbesserlichen Ästheten aus. Sogar im Augenblick größter Gefahr vermag er nicht von dem für die Renaissance so typischen Hang zum Allegorisieren[145] Abstand zu nehmen. Da die Fokalisierung jedoch nicht eindeutig auf diese eine Figur festgelegt ist, lässt sich die Stelle auch in einem umgreifenderen Sinn vor dem Hintergrund der Todeshymnik lesen: Anders als im Schwächeanfall manifestiert sich der Tod hier nicht mehr nur für die Dauer eines Atemzugs in Pescara, sondern verkörpert sich ganz und gar in ihm. Insofern Hymnen oftmals die Geburt der in ihnen besungenen Gottheit zelebrieren, ließe sich gar sagen, hier werde den Leser*innen Pescaras Gottwerdung vor Augen geführt, seine restlose Verwandlung in einen äußerst vitalen Todesengel, dessen letztes Opfer er selber sein wird. Abgründige, nachgerade erhabene Dialektik, der gegenüber sich

---

145 Zum Allegorien-Hype in der Renaissance vgl. Burckhardt: *Die Kultur der Renaissance*, 324–326.

die bloß auf Steigerung und Affirmation angelegte Apotheose, die Morone an Pescara durchexerziert, wie läppischer Firlefanz ausnimmt.

Ziehen wir eine vorläufige Bilanz: Seit Franz Ferdinand Baumgarten und Friedrich Kittler gehört es zu den Topoi der Meyer-Forschung, dessen Texten zu bescheinigen, sie zeigten sich vom kulturgesättigten Tatmenschentum der Renaissance ebenso fasziniert wie sie von einer radikal kulturskeptischen, zur Auflösung des Subjekts führenden Todessehnsucht kündeten. Gerhard Neumann hat diesen Topos auf seine Lektüre von *Die Versuchung des Pescara* übertragen,[146] und es liegt nahe, ihn auf die zwei Facetten hymnischen Sprechens auszudehnen, die ich in den letzten beiden Abschnitten herausgearbeitet habe, also auf den Überschwang der italienischen Verschwörer und die Lakonik des todgeweihten Kriegsherrn Pescara. Wie ich im folgenden Abschnitt zeigen möchte, greift eine solch binäre Lesart jedoch zu kurz – zumindest was den hymnischen Tonfall der Novelle angeht. Denn sie übersieht, dass dieser noch einen entscheidenden *dritten* Aspekt aufweist. Recht besehen, geht die leitmotivartige, vor allem über Kunstwerke vermittelte Analogisierung zwischen Pescara und Christus nämlich weit über das ›Erlöser-Tod‹-Szenario hinaus: Insofern sie die Perspektive eines Überlebens im Werk zelebriert, schreibt sie der Kunst selbst eine Erlöserfunktion zu.[147]

2.4 Fluchtpunkt Kunstmetaphysik

Ausgehen möchte ich von der letzten Analogisierung zwischen Pescara und Christus in den Schlussabschnitten der Novelle. Als Pescara im soeben eingenommenen Palast von Mailand für alle Beteiligten überraschend stirbt, arrangiert Karl Bourbon, den er in einer letzten Anordnung zu seinem Nachfolger bestimmt hat, ein eigentümliches Tableau vivant bzw. mort-vivant mit dem toten Freund und sich selber als

---

146 Vgl. Neumann: »›Eine Maske, … eine durchdachte Maske‹«, v.a. 449–453, 468f., 472f., 476.
147 Auf eine ›Dysfunktionalität‹ der Analogisierungen zwischen Pescara und Christus verweist bereits Ralf Simon. Vgl. Simon: »Dekonstruktiver Formalismus des Heiligen«, 252f. Mein Argument teilt Simons Ausgangsbefund, schlägt dann aber einen anderen Weg ein: Dadurch, dass die Analogisierung von Pescara und Christus primär über Kunstwerke verläuft (noch das Leitmotiv der Seitenwunde kulminiert ja letzten Endes im Altarbild), zeigt der Text an, dass hier nicht so sehr Sakralität an sich auf dem Spiel steht – als, wie es bei Simon heißt, »Phantasma« einer selbsterzeugten »Performanz sakraler Rede« (ebd., 252) –, sondern eben *Kunst*metaphysik.

Figuranten. »[D]as geliebte Haupt im Schoße haltend« (275), bettet er Pescara auf den Thronhimmel, der während der Kampfhandlungen auf den Thron des Herzogs von Mailand gefallen ist: Trotz der rein männlichen Konstellation ist das Ganze unschwer als Pietà-Reminiszenz zu erkennen.

Wie Barbara Naumann dargelegt hat, ist für das Kunstgenre des Tableau vivant, dessen Beliebtheit im 19. Jahrhundert kaum überschätzt werden kann,[148] eine doppelte Grundspannung bestimmend. Indem die Darsteller*innen, welche den im jeweiligen Vor-Bild fixierten Moment verkörpern, »wenn überhaupt, nur für einen kurzen Moment« stillhalten können, bringen sie ihre Vorlage für das Publikum zum Beben, überführen es in Leben. Umgekehrt kommt »der quasiskulpturale Prozess des Stillstellens« – »aus der Perspektive des lebendigen, bewegten Körpers« – einer »*Mortifikation*« gleich.[149] Bei Meyer wird diese Mortifikation beim Wort genommen, insofern einer der Beteiligten tatsächlich tot ist und der andere, gleichsam davon affiziert, »nicht einmal das Haupt« (275) wendet, als Pescaras Frau auf den Plan tritt. Leben eingehaucht bekommt das Tableau denn auch nicht durch körperliche Regungen der beiden Darsteller, sondern durch den Blick der Zuschauerin Victoria, der den toten Pescara zu einem bloß schlafenden (und damit ruhig atmenden) stilisiert:

> Victoria trat zu dem Gatten. Pescara lag ungewaffnet und ungerüstet auf dem goldenen Bette des gesunkenen Thronhimmels. Der starke Wille in seinen Zügen hatte sich gelöst, und die Haare waren ihm über die Stirn gefallen. So glich er einem jungen, magern, von der Ernte erschöpften und auf seiner Garbe schlafenden Schnitter. (Ebd.)

Mit diesem Vergleich endet Meyers Novelle. Als ihr letztes Wort lässt er allerdings zugleich eine Passage aus den Unterredungen zwischen Victoria und ihrem Mann im Schlossgarten von Novara anklingen: Als sie Pescara dort »die rötlich blonden, vorne leicht gelockten Haare tief in die Stirn« gestrichen hatte, »so daß er im Ampellicht und in ihrer wonnigen Nähe ein ganz jugendliches Ansehen gewann«, hatte sie die Erinnerung an einen Tag überkommen, an dem sie sich beide unter die »Schnitter« auf einem ihrer Güter gemischt hatten (239). Entscheidendes Detail dieser Reminiszenz an glückliche Tage: Nach getaner Arbeit hatte Victoria den

---

148 Zum prominenten Status des Tableau vivant in der zweiten Hälfte des 19. Jahrhunderts vgl. Jooss: *Lebende Bilder*, 259–266.

149 Naumann: »Magie der Stillstellung«, 16.

Schnittermädchen eine selbst geschriebene Cantilene beigebracht, welche diese »bis in die Nacht zu wiederholen nicht müde wurde[n].« (Ebd.) In Novara leitet Pescara daraus die Möglichkeit eines Überlebens im Gedicht ab: »Das bescheidene Liedchen klingt vielleicht noch im Munde des Volkes, wenn ich und später auch du längst verstummt sind« (ebd.). Die einzige Stelle, an der Pescara den genauen Wortlaut des Gedichts zitiert – in Gestalt des »Reim[s]: Schnitter und Zither« (ebd.) –, bringt dieses Erlösungsprogramm denn auch auf die knappst mögliche Formel: die Kunst (»Zither«) als Überwinderin des Todes (»Schnitter«).[150]

Kehren wir von den Feldern Tarents und aus dem Schlossgarten von Novara zurück in den Mailänder Palast, so lässt sich Ähnliches auch für die Schlussszene sagen. Im schönen Schein, den Karl Bourbons Pietà-Arrangement und dessen Rezeption durch Victoria generieren (»So *glich* er [...]«), entwirft der Text ein Erlösungsszenario, das die christliche Dialektik des Todes – indem Christus als Gottes Sohn den Tod auf sich nimmt, erlöst er die Menschheit zu ewigem Leben – durch eine kunstmetaphysische ersetzt, wo der eigene Tod geradezu zur Bedingung dafür avanciert, im Werk zu überdauern.[151] Tatsächlich wird das Verb ›(er-)lösen‹ im Schlussabschnitt selbst gebraucht, in einem Atemzug gar mit einem Begriff, der sowohl bei Schopenhauer als in Burckhardts

---

150 Als methodologisch bedenklich empfände ich, die Lücken, die Pescaras und Victorias Bezüge auf den Text der Cantilene aufweisen, mit Meyers Gedicht *Ernteabend* schließen zu wollen. Zwar weist dieses all die Charakteristiken auf, die in *Die Versuchung des Pescara* der Cantilene von Victoria zugeschrieben werden. Zugleich jedoch würde damit die Eigenlogik, welcher die Evokation der Cantilene in der Renaissance-Novelle folgt, auf fatale Weise aufgebrochen. Allenfalls lässt sich sagen, dass Meyer, indem er das Gedicht zu Lebzeiten nicht publiziert, *selbst* mit dem Szenario eines Überlebens im Gedicht kokettiert, das Victoria und Pescara gesprächsweise entwerfen. Zu Victorias Cantilene vgl. auch Sprengel: »Der andere Tizian«, 153. Im Gegensatz zu mir hebt Sprengel vor allem den Teil des Liedtextes hervor, den Pescara paraphrasiert. Mit der Anspielung auf das biblische Gleichnis vom Sämann (»daß, wie auf dem Felde, auch im Himmel gesungen und die Garbe getragen werde«, 239) und den daraus sich ergebenden Anklängen an das Weltgericht kündigt sich allerdings auch dort die für meine Belange zentrale Auferstehungsthematik an.

151 Spätestens an dieser Stelle geht meine Lektüre andere Wege als Gerhard Neumann. Mehr auf Kittlers Thesen aus *Der Traum und die Rede* vertrauend als auf den Wortlaut von Meyers Text, liest Neumann hier einen Gegensatz in den Text hinein zwischen der dauerhaften, kultursättigten »Welt der Bilder, Statuen« und der »Stimme einer Frau«, in Gestalt von Victorias Cantilene, »die ertön[e] und im Augenblick auch verkling[e], der kulturellen Kraft der Erinnerung sich fast entziehend« (Neumann: »Eine Maske, ... eine durchdachte Maske««, 462, vgl. auch 473).

Anthropologie des Renaissance-Menschen eine zentrale Rolle spielt: »Der starke *Wille* in seinen Zügen hatte sich *gelöst*«. Erneut wohnen wir hier also nicht einfach einer realismustypischen Verklärung des Todes bei, mit dem Tod als sanftem Schlummer. Indem der tote Pescara von seinem Freund zu einem Pietà-Tableau arrangiert wird, wird vielmehr er selber – unter den Augen seiner Frau und von uns Leser*innen – zum Kunstwerk und tritt damit in genau den Wirklichkeitsbereich ein, der Schopenhauer zufolge neben der Askese die Befreiung vom Willensdiktat und, in eins damit, vom Leiden an der Individuation ermöglicht.

Dieses kunstmetaphysische Szenario beschränkt sich wohlgemerkt nicht auf den ins Werk gesetzten Pescara. Maßgeblich einbezogen ist auch die Rezeptionsebene. Insofern die Vision von Pescara als schlafendem Schnitter nicht ausdrücklich über Victoria fokalisiert ist – so heißt es lediglich, ohne Angabe eines Wahrnehmungsverbs, sie *trete* zu ihrem Gatten –, werden die Schlusssätze nämlich lesbar als ein der Zeit enthobenes Bild eines Glücksmoments, das Victorias rein individuelle Sichtweise übersteigt, mithin höhere Objektivität beansprucht. Und genau das ist wiederum Schopenhauer pur: »Im Moment der inspirierten Kunstbetrachtung sind wir als Individuen nichts; und auf diese In-Existenz des Individuums kommt es Schopenhauer gerade an: denn Glück ist nichts Positives, sondern ein Privatives – ein Fehlen, bloße Abwesenheit von Leid und Mangel.«[152]

Diese überindividuelle Verbindlichkeit der Schlussvision ermöglicht es, eine weitere Stelle aus dem ›Schnitter‹-Komplex einzubeziehen, die anders als die bisher besprochenen in keiner Weise inneres Bild von Victoria sein kann. Ich meine das zum Auftakt der Novelle beschriebene Fresko aus dem Palast von Mailand, in dessen Vordergrund eine Figurengruppe zu sehen ist, die einer rastenden »Schnitterbande« (151) gleicht. Im Gegensatz zur Schlussvision schlafen die auf dem Fresko abgebildeten Erntearbeiter nicht, sondern halten Mittag und zeigen dabei »alle Gebärden eines gesunden Appetites« (ebd.). Indem das Ende der Novelle derart auf den Anfang zurückverweist, verschreibt sich der Text – in einer Art Einspruch gegen seine auf Pescaras physisches Ableben hinauslaufende lineare Logik[153] – einer zirkulären, die den toten Pescara in das zum Auftakt beschriebene Fresko eingehen und dort,

---

152 Plumpe: »Das Reale und die Kunst«, 280.
153 In dem Sinn liest insbesondere Gerhard Neumann die Schlussszene, wenn er schreibt, erst mit dem Vergleich des toten Pescara mit einem schlafenden Schnitter hätten die Erntearbeiter des Freskos ihren »wahren Platz gefunden: im Feld des Todes.« (Neumann: »Eine Maske, ... eine durchdachte Maske«, 463)

inmitten der »lustige[n] Gesellschaft« (ebd.), zu neuem Leben erwachen lässt: Tableau *vivant.*

Unweigerlich erinnert diese zirkuläre Verknüpfung von Novellenende und -auftakt an eine poetologisch aufgeladene Textbewegung, die, wie in den vorhergehenden Kapiteln dargelegt, auch für Storms *Immensee*, die Erstfassung des *Grünen Heinrich* und *Das Tanzlegendchen* charakteristisch ist. Auf dem Spiel stand dabei jeweils die kunstvolle Überführung der eigenen Prosa in Poesie. In die gleiche Kerbe haut auch Meyers Text, zumal er ausgerechnet mit dem ersten der beiden *Reim*wörter aus Victorias Cantilene endet, an die sich Pescara erinnert: »Schnitter«. Anders als man vielleicht annehmen könnte, findet sich das zweite, ›erlösende‹ Reimwort »Zither« in den Eingangsabschnitten jedoch nicht. Anstatt dass der Text ganz und gar poetisch abgerundet würde, stolpert man dort vielmehr – und auch darin verhält sich Meyers Text analog zu den bisher besprochenen – über einen Misston, über eine entstellende Kontrafaktur des erwarteten Reimworts. Im allerersten Abschnitt, noch vor der Beschreibung des Freskos also, erläutert Morone seinem Herrn nämlich das besorgniserregende mailändische Haushaltsdefizit, woraufhin Franz Sforza aufseufzt: »Eine furchtbare *Ziffer!*« (151, Hervorhebung G. F.)

Für eine poetologische Lesart dieses Ausrufs spricht überdies, dass die Angelegenheit, um die es geht, selbst denkbar prosaisch konnotiert ist. Schon Kant galt das Überprüfen von Rechnungstabellen als Inbegriff von Prosa.[154] Erst um diesem unerfreulichen Anblick zu entkommen, wendet sich Sforza überhaupt dem Fresko zu. Ironisch kommentiert der Text damit bürgerliche Lektürepraktiken aus der spekulationsfreundlichen Gründerzeit: Er entlarvt die Beschäftigung mit vorgeblich rein Schöngeistigem als wohlfeile Flucht vor einer aus den Fugen geratenden durchökonomisierten Welt. *Selbst*ironisch relativiert er mit dieser Ungereimtheit, wie sie im (Rechnungs-)Buch steht, aber eben auch den eigenen Anspruch, das Prosaische zugunsten ›höherer‹ Poesie im Modus des Hymnischen hinter sich zu lassen.

So isoliert dieser unscheinbare Misston zunächst anmuten mag – in Meyers Renaissance-Novelle ist er alles andere als ein Einzelfall. Wie in den folgenden Abschnitten zu zeigen ist, werden ihr hymnisch-feierlicher Tonfall ebenso wie die verschiedenen Heilsgewissheiten, von denen dieser kündet, vielmehr immer wieder von genuin *buffonesken*

---

154 Vgl. Kant: *Von einem neuerdings erhobenen vornehmen Ton in der Philosophie*, 386f.

Zwischentönen konterkariert und hinterfragt. Horchen wir deswegen etwas genauer hin.

2.5 Ein umkämpfter »Triumphzug«: ›Dionysische‹ Störelemente

Beim Herausarbeiten der Bezüge zwischen dem *Grünen Heinrich* und der Geschichtskultur des 19. Jahrhunderts konstatiert Katharina Grätz:

> Der am 17. Februar 1840 öffentlich inszenierte Festzug der Münchner Künstler bildete historisch den Auftakt zu einer erstaunlich erfolgreichen Wiederbelebung der alten, in den höfisch-allegorischen Maskeraden sowie den kirchlichen Prozessionen und Mysterienspielen des Mittelalters wurzelnden Festzugstradition. Der Münchner Festzug selbst knüpfte beziehungsreich an ein historisches Vorbild an: an den Triumphzug Kaiser Maximilians.[155]

Auch an Jacob Burckhardts *Die Kultur der Renaissance in Italien* ist dieses Revival nicht spurlos vorübergegangen. In aller Ausführlichkeit befasst sich das Kapitel »Die Geselligkeit und die Feste« nämlich mit dem Trionfo, d.h. dem festlichen Umzug, für den die Jubelfeierlichkeiten Modell standen, die das alte Rom seinen siegreichen Generälen zuteilwerden ließ.[156] Angesichts der vielen Burckhardt-Referenzen, mit denen *Die Versuchung des Pescara* aufwartet, ist nicht weiter überraschend, dass sich Meyers Novelle auch dieses Themas annimmt. Tatsächlich dient ihr der Trionfo in der metaphorischen Wendung vom »ausgelassenen Triumphzug des Jahrhunderts« (192) gar dazu, die geschilderte Epoche als ganze in ein prägnantes Bild zu fassen.

Mehr noch: Während sich Burckhardt darüber wundert, dass der nahezu alle Lebensbereiche durchdringende Trionfo »nicht auch die Leichenbegängnisse« in seinen Bannkreis hineinzog,[157] füllt Meyers Novelle – renaissancehafter darin als die historische Renaissance – diese Leerstelle auf, indem sie über 120 Seiten hinweg den siegreichen, aber eben auch tödlich verwundeten General Pescara mit opulenter Hymnik feierlich zu Grabe trägt. Sogar der kunstmetaphysische Fluchtpunkt der Meyer'schen Feierlichkeit findet sich in *Die Kultur der Renaissance*

---

155 Grätz: *Musealer Historismus*, 342. Vgl. auch die weiterführende Literatur dort.
156 Vgl. Burckhardt: *Die Kultur der Renaissance*, 322–341.
157 Ebd., 337.

vorgeprägt, bescheinigt Burckhardt dem »Festwesen in seiner höheren Form« doch, es zelebriere jeweils den »Übergang aus dem Leben in die Kunst«.[158]

So weit alles wie gehabt – wäre da nicht das nicht unerhebliche Detail, dass die Wendung vom »ausgelassenen Triumphzug des Jahrhunderts« ausgerechnet Pescaras glücklosem Verführer Morone in den Mund gelegt wird. Wenn der Kanzler von Mailand Victoria gegenüber unterstreicht, wie prägend es für seinen eigenen Werdegang war, am Hof von Ludwig dem Mohren »das Gesicht und die Gebärde [s]einer Zeit, den ganzen ausgelassenen Triumphzug des Jahrhunderts betrachtet« (192) zu haben, wird er gar noch durch eine zweite Burckhardt-Referenz nobilitiert. Wie kein anderes atmet das Verb ›betrachten‹ bekanntlich den Geist des Basler Historikers.[159] Morone also als privilegierte Beobachtungsinstanz der in der Novelle geschilderten Begebenheiten, in Konkurrenz zum »außerhalb der Dinge« (242) stehenden Pescara? Die Hypothese verdient es, ausgelotet zu werden.

Zweifelsohne steht Morones Einschätzung der eigenen Epoche in schärfstem Kontrast zu Pescaras Urteilssprüchen, die die ›Ausgelassenheit‹ und das ›triumphierende‹ Gehabe der Zeit der Nichtigkeit und Substanzlosigkeit bezichtigen. Zweifelsohne auch entspricht diese Gegensätzlichkeit der für den deutschsprachigen Realismus konstitutiven Opposition zwischen einem ›falschen‹ Realismus, der sich bloß an die sinnliche Oberfläche der Realität hält, und einem ›richtigen‹, der deren ›wahren‹, ›ideellen‹ Kern herauszuschälen vermag. Nichtsdestoweniger erschöpft sich Morones »Schaulust« – mit dieser für die Renaissance charakteristischen Passion erklärt Burckhardt, warum sich der Trionfo damals so großer Beliebtheit erfreuen konnte[160] – nicht darin, der Wesensschau à la Pescara als Negativfolie zu dienen,[161] sondern benennt zugleich eine Tendenz von Meyers eigenem Text.

158 Ebd., 322.
159 Vgl. die methodologischen Vorüberlegungen in: Burckhardt: *Weltgeschichtliche Betrachtungen*, 9 und 11 f.
160 Vgl. Burckhardt: *Die Kultur der Renaissance*, 328. Ein Befund, der, wie insbesondere Sabina Beckers Formel vom »Jahrhundert des Auges« zeigt, nicht minder auch auf das *19.* Jahrhundert zutrifft. Vgl. Becker: *Das Jahrhundert des Auges*. Dementsprechend hat die Forschung denn auch Burckhardt selber eine ›panoramatische‹ Grundeinstellung zum Geschichtlichen bescheinigt, seinen historiographischen Ansatz also in die Nähe eines der damals populärsten Medien ›imaginärer Geschichtspräsenz‹ gerückt. Vgl. von Graevenitz: *Ängstliche Moderne*, 191.
161 Diese in der Meyer-Forschung vorherrschende Position erfährt ihre wohl komplexeste Ausprägung in Ralf Simons bereits erwähntem Aufsatz »De-

Dazu sei zunächst ein erneuter Blick auf die Ausführungen zum Trionfo in *Die Kultur der Renaissance in Italien* geworfen. Burckhardt zufolge krankt der »Prachtstil«[162] solcher Festzüge insbesondere daran, dass die überbordende Visualität des Gesamtspektakels – zu der übrigens ausdrücklich auch Tableaux vivants beitrügen[163] – den eigentlichen Gegenstand der Trionfi aus dem Blick geraten lasse.[164] Ähnliches kann man von Meyers Novelle sagen. Zwar weisen die um Pescara zentrierten hymnischen Passagen jeweils ein übergeordnetes Signifikat auf und zelebrieren eine bestimmte Erlösungsinstanz (›Einheit und Freiheit Italiens‹, ›Tod‹, ›Kunst‹). Weil sich jedoch gerade das kunstmetaphysische Moment, das die beiden anderen aufhebt und somit den Fluchtpunkt des hymnischen Darstellungsmodus abgibt, in äußerst detailverliebten Kunstbeschreibungen und -gesprächen artikuliert, entwickelt jede einzelne dieser Sequenzen eine zentrifugale Eigenlogik,

konstruktiver Formalismus des Heiligen«. Simon argumentiert dort vor dem Hintergrund von Lotmans Ereignis-Begriff: Weil Morone die einzige Figur sei, die »alle Grenzen überschreitet und an allen Orten der Novelle zu finden« sei (Mailand, Rom, Novara, Mailand), müsste er aus struktureller Sicht eigentlich der Handlungsträger der ganzen Geschichte sein (ebd., 239). Aufgrund seiner unerschöpflichen Verwandlungsfähigkeit, die es ihm ermögliche, die jeweiligen Werte des Raums, in den er gerade eintrete, zu übernehmen (und die bisherigen abzustreifen), überschreite er jedoch recht besehen gar keine Grenzen und generiere dementsprechend auch keinerlei Ereignisse im emphatischen Sinn. Damit funktioniere er strukturanalog zum »Handlungsgefüge« der Novelle selber: »Denn eigentlich passiert in ihr nichts. Die Schlacht« – gemeint ist die Schlacht um Mailand, mit der die Novelle endet – »vollzieht zur Tatsache, daß ein Plan keine Substanz hatte.« (Ebd., 240) Erst diese Annihilierung jedweder Handlung schaffe die Grundlage dafür, was Simon zufolge den Kern der Novelle bildet: Pescaras Richtersprüche könnten nämlich nur dann Anspruch auf Sakralität erheben, wenn sie der Kontingenz von Handlungszusammenhängen enthoben seien. Problematisch erscheint mir an dieser Einschätzung von Morones Rolle, wenn Simon aus dessen handlungslogisch folgenlos bleibendem Agieren schließt, der Text unterstreiche damit in einer Art *reductio ad absurdum*, »daß ihm das Geschichtliche nicht das eigentliche Thema« sei (ebd., 252). Auf diese Weise schließt Simon nämlich Geschichtliches und »Ereignisgeschichte« (ebd.) kurz und scheint nicht zu bedenken, dass es Meyers ereignisarmer Novelle in der Nachfolge von Burckhardts *Die Kultur der Renaissance in Italien* eventuell just auf eine *nicht* handlungsorientierte, sondern »strukturale[], synchronische[]« (White: *Metahistory*, 302) Variante von historischer Novellistik ankommen könnte. (Seinen methodischen *parti pris* reflektiert Burckhardt bspw. im Eingangsabschnitt von *Die Kultur der Renaissance*, 1 f.)

162 Burckhardt: *Die Kultur der Renaissance*, 323.
163 Vgl. ebd., 331 und 336.
164 Vgl. ebd., 336 f.

aufgrund deren das *primum signatum*, um das es doch ›eigentlich‹ geht, tendenziell zum Verschwinden gebracht wird.

Wie sehr Morone dabei seine Finger im Spiel hat und inwiefern sich Meyers Schreibweise dadurch als grundlegend agonale bestimmen lässt, führt besonders anschaulich das zum Auftakt der Novelle beschriebene Fresko aus dem Palast von Mailand vor, auf das ich kurz bereits im vorhergehenden Abschnitt zu sprechen gekommen bin. Perspektiviert wird diese initiale Ekphrasis über Morone und seinen Dienstherrn: »Der Blick des Herzogs und der demselben aufmerksam folgende seines Kanzlers fielen auf [...]« (151) *Beurteilt* wird das Werk mit dem neutestamentarischen Sujet »Speisung in der Wüste« (ebd.) dagegen durch die Erzählinstanz. Dazu bedient sie sich desselben Ausdrucks ›Ausgelassenheit‹, mit dem Morone im zweiten Kapitel den »Triumphzug des Jahrhunderts« charakterisieren wird, verwendet ihn anders als dieser aber in einem tadelnden Sinn. Am Bibel-Fresko beanstandet sie so die »bis an die Grenze der Ausgelassenheit verweltlichende[]« Behandlung des »heiligen Gegenstand[s]«. Insbesondere bewirke diese ärgerliche Manier, dass der »göttliche Wirt« nur klein am oberen Rand abgebildet sei, fast aus dem Bild gedrängt von der Mittag haltenden »Schnitterbande« im Vordergrund (151).

Auch wenn man als Leser*in die Wertung der Erzählinstanz nicht übernimmt, so ist ihre Beobachtung doch allemal bedenkenswert. Tatsächlich führt die überbordende Lebendigkeit der Schnitter in einer Art *re-entry* genau das heidnisch-dionysische Moment ins christliche Sujet ein, als dessen »*Gegenstück*« (ebd., Hervorhebung G. F.) das erbauliche biblische Fresko ursprünglich angelegt ist: Links neben diesem ist nämlich zu sehen, wie »Bacchus ein Gelag mit seinem mythologischen Gesinde« (ebd.) hält. Diese Paganisierung der christlichen Semantik – ein Topos bereits in Burckhardts Renaissance-Buch[165] – hat Edward Plater ganz im Sinn der Erzählinstanz als Indiz für »the moral and ethical bankruptcy of the Italians, for whom the divine is no longer a mysterious power over the man's soul« gefasst.[166] Eine elaboriertere Variante des Arguments findet sich bei Louis Wiesmann: Im Anschluss an das initiale Doppelfresko sei es Meyers Novelle darum zu tun, dem aus dem Lot geratenen Kräfteverhältnis zwischen den ›Brot-und-Wein‹-Gottheiten Christus und Dionysos entgegenzuwirken, indem sie Pescara leitmotivartig mit Christus verbinde; im Pietà-Arrangement der

---

165 Vgl. ebd., 412f. und 202f.
166 Plater: »The Banquet of Life«, 89, mit Bezug auf Burkhard: *C. F. Meyer und die antike Mythologie*, 36f.

Schlussabschnitte werde diese Umschrift dann sozusagen letztgültig ins Bild gesetzt.[167] Folgt man dieser Lesart, dann überführt *Die Versuchung des Pescara* – mit Meyers Zeitgenosse Nietzsche gesprochen – das Dionysische (welches im Incipit der Renaissance-Novelle freilich nicht als »ekstatische Selbstentgrenzung« und »rauschhafte *Aufhebung der Individuation*« konzipiert ist,[168] sondern, um einiges konventioneller, als sinnenfreudige, gesellige Lebendigkeit) mithin allmählich in den apollinisch schönen Schein des statuarischen Schlusstableaus.[169]

Unleugbar ist damit der dominante Zug von Meyers Text benannt. Zugleich überlesen Interpreten wie Plater und Wiesmann jedoch die ironische Volte, die die zirkuläre, primär auf ›apollinische‹ Abgeschlossenheit bedachte Anlage der Novelle bereithält. Da diese Zirkularität entscheidend über das Schnitter-Paradigma vermittelt ist – mit Victorias Reminiszenz an die Entstehungsumstände ihrer Cantilene als Verbindungsglied zwischen Ausklang und Auftakt des Textes –, rückt das Überleben-im-Werk von Christus-Apollo-Pescara nämlich unvermutet ins Zeichen des Dionysischen. Nimmt man hinzu, dass Morones Charakterisierung der eigenen Epoche als ›ausgelassener Triumphzug‹ ihrerseits klar dionysisch konnotiert ist (tatsächlich findet das exaltierte Gefolge des Weingottes in Burckhardts Beschreibungen der realhistorischen Trionfi mehrfach Erwähnung),[170] dann entpuppt sich Pescara ironischerweise gerade dadurch, dass er am Ende Kunstwerk wird und im dionysisch angehauchten Eingangsfresko aufersteht, ganz und gar als

---

167 Vgl. Wiesmann: *Conrad Ferdinand Meyer*, 134.

168 Plumpe: »Das Reale und die Kunst«, 293.

169 Zum Verhältnis von Meyer und Nietzsche vgl. den bereits älteren, vor allem mit Briefzitaten aufwartenden Aufsatz von Bridgwater: »C. F. Meyer and Nietzsche«. Insbesondere geht daraus hervor, dass die einzig verbürgte Nietzsche-Lektüre Meyers in das Jahr fällt, in dem er *Die Versuchung des Pescara* fertigstellt. Vgl. ebd., 569. In der ebenfalls bereits älteren Studie *Conrad Ferdinand Meyer. Der Dichter des Todes und der Maske* profiliert Wiesmann das ›Bacchische‹ seinerseits als eine der zahlreichen Masken des Todes in Meyers Werk. Origineller als diese Grundthese scheint mir, dass Wiesmann Meyers Œuvre als »Freskenfolge von bacchisch erregten Szenen« begreift und dies vornehmlich an den »Regiebemerkungen« festmacht, die die Dialogpartien begleiten: »Dauernd läßt er [d.h. Meyer] uns aufgerissene Augen, entsetzte und entstellte Mienen, grelles Gelächter, schließlich Ausbrüche des Fühlens miterleben, die im Grotesken oder im Tragischen an den Wahnsinn grenzen« (Wiesmann: *Conrad Ferdinand Meyer*, 165). Unausgesprochen liefert Wiesmann damit eine absolut zutreffende Charakteristik der Figur Morones und bringt insbesondere mit dem Wahnsinn ein Stichwort ins Spiel, dem meine eigene Lektüre in der Folge noch weiter nachgehen wird.

170 Vgl. Burckhardt: *Die Kultur der Renaissance*, 330 und 340f., aber auch 254.

Kind seiner Zeit: als integraler Bestandteil jenes Treibens, von dem ihn seine tödliche Verwundung doch vermeintlich gerade entrückt hatte. Was die Erzählinstanz zum Auftakt an der Kunst der Spätrenaissance rügt – das frivol-›ausgelassene‹ Hereinbrechen eines vermeintlich überwundenen Störelements in eine gefestigte, sakrale Ordnung –, ist den Darstellungsverfahren, mit denen Meyers eigener Text operiert, mithin nicht so fremd, wie es auf den ersten Blick erscheinen mag. Ähnliches trifft ja auch auf das ›Ziffer‹/›Zither‹-Wortspiel unmittelbar vor der Beschreibung des Freskos zu: Es unterläuft den Poesie-Effekt, der aus der zirkulären Verknüpfung von Novellenschluss und -anfang resultiert, und überführt ihn nahezu unmerklich in die Dissonanz. Mit genau solch subversiven Verfahren ist denn auch, so die These, die unablösbare Kehrseite der Hieratik und Hymnik von Meyers Text bezeichnet – eine Tendenz, der, wie die etwas brachiale Intervention der Erzählinstanz in die eigentlich personale Erzählsituation am Anfang der Novelle ebenso wie das der ›Ziffer‹ beigesellte Adjektiv ›furchtbar‹ nahelegen, offensichtlich etwas durchaus Beunruhigendes eignet.

All das impliziert überdies, dass Meyer seinen Nietzsche wohl genauer gelesen hat, als die Forschung es in der Regel wahrhaben will. Begrifflich mag *Die Versuchung des Pescara* unterkomplex sein – aber darauf kommt es bei einem literarischen Text ja auch weniger an als auf seine literarästhetische Gestaltung. Und in der Hinsicht übernimmt Meyers Text, indem er die auf ›apollinische‹ Abgeschlossenheit bedachte Verknüpfung von Ende und Incipit mit ›dionysischen‹ Störmomenten – Dissonanzen – durchsetzt, sehr wohl eine entscheidende Gedankenfigur aus *Die Geburt der Tragödie aus dem Geiste der Musik*.[171] In §21 beugt Nietzsche nämlich einer allzu simplen Lesart seiner Grundthese vor, indem er präzisiert, »dass das Apollinische in der Tragödie durch seine Täuschung« mitnichten »völlig den Sieg über das dionysische Urelement der Musik« davontrage (so wie Victorias Schnitter-Lied im Schlussabschnitt der Novelle plastische Gestalt annimmt). *In fine* dränge vielmehr die »eigentliche[] dionysische[] Wirkung [...] das apollinische Drama selbst in eine Sphäre [...], wo es mit dionysischer Weisheit zu reden beginnt und wo es sich selbst und seine apollinische

---

171 Es sei darauf hingewiesen, dass Nietzsches Frühwerk in dem Jahr, in dem Meyer an *Die Versuchung des Pescara* zu schreiben begann, allein schon aus publikationsgeschichtlichen Gründen aktuell war. 1886 erschien nämlich eine zweite Ausgabe seines Buchs, der Nietzsche den »Versuch einer Selbstkritik« voranstellte.

Sichtbarkeit verneint.«[172] Ganz so weit geht Meyers Novelle bei der Einschränkung ihrer erhabenen Hieratik zwar nicht, die Stoßrichtung aber stimmt allemal mit Nietzsches Differenzierung überein.

Hinter dieser Pointe Morones Handschrift zu vermuten, liegt nicht nur deswegen nahe, weil er in der Eingangspassage als Perspektivträger fungiert. Er wird im weiteren Verlauf der Novelle auch mehrfach in die Nähe des Dionysischen gerückt. Wenn einer der Verschwörer über Morones »klassischen *Bocksfuß*« spottet (180, Hervorhebung G. F.), dann stilisiert er den Kanzler von Mailand mindestens ebenso sehr zu einem Satyr aus dem Gefolge des Dionysos wie zum teuflischen Gegenspieler von Christus-Pescara. Umgekehrt betont das Adjektiv »klassisch[]«, dass Morone noch als dionysischer Satyr Bestandteil des apollinischen Gesamtgefüges der Novelle ist: Die für Meyers Prosa charakteristische agonale Spannung lässt sich mithin bis in solch scheinbar nebensächliche Details hinein nachweisen.

Mit typischen Dionysos-Attributen à la ›Tollheit‹, ›Rausch‹, ›Lebensfreude‹ und zyklischer Wiedergeburt wird Morone vor allem am Ende der Novelle versehen. Zugleich wird dort auch deutlich, dass die von Pescara mit auktorialem Aplomb eingeführte Lesefolie der »Tragödie« im Fall des Kanzlers von Mailand nur bedingt greift. Anders als ein eigentlich tragischer Held geht der aufrichtige Patriot Morone nämlich nicht zusammen mit seinem verwegenen Plan unter, sondern kommt auch diesmal »wie eine Katze [...] wieder auf die Beine zu stehen« (152). Unmittelbar nachdem ihm Pescara in Novara eröffnet, dass er sich nicht auf die Verschwörungspläne einlassen wird, mag er »vernichtet« (260) sein; bereits im Anschluss an die Schlacht von Mailand aber, als Pescara Gnade vor Recht ergehen lässt und ihn nicht zum Tode verurteilt, präsentiert er sich wie eh und je als von »Lebensfreude berauscht« und als »völlig toll« (272). Im Gegensatz zu Pescara, der die Vernichtung der eigenen Individualität im Tod als etwas »Ruhe«-Verheißendes (253) herbeisehnt, weil sie ihn einer unlösbaren Konfliktlage auf immer enthebt, ist sie für Morone mithin sogar in diesem Fall, wo er sich »existenziell [...] ›hingibt‹«,[173] nur eine Art Durchgangsstation, bevor er mit gesteigertem Lebenswillen in eine neue Haut schlüpft.

---

172 Nietzsche: *Die Geburt der Tragödie aus dem Geiste der Musik*. In: ders.: *Kritische Studienausgabe*, Bd. 1, 9–156, hier 139.

173 Beckers: »Morone und Pescara. Proteisches Verwandlungsspiel und existentielle Metamorphose«, 127.

Die Schlussszenen instituieren Morone darüber hinaus aber auch in einem sehr handfesten Sinn zu einer Schreibinstanz. Damit plausibilisiert der Verlauf der geschilderten Ereignisse selbst meinen auf den ersten Blick vielleicht etwas weit hergeholten Vorschlag, die Figur mit einer spezifischen Schreibweise zu verbinden. So wird Morone zunächst von Karl Bourbon zu seinem »Schreiber« (271) ernannt, bevor der sterbende Pescara seinen Freund dann um Hilfe bei der Niederschrift seines letzten Willens bittet: »Meine Hand zittert, schreibe du, Karl.« (273) Auf Umwegen geht die auktorial besetzte Verfügungsmacht über die Schrift mithin von Pescara auf Morone über. Dass Morone dabei in den Diensten eines anderen steht, also nicht über das verfügt, was das von ihm Niedergeschriebene ›eigentlich‹ zu bedeuten hat, entkräftet meine These weniger, als dass es sie zu präzisieren erlaubt: Während für die um Pescara zentrierte hymnisch-hieratische Schreibweise das Primat des Signifikats gilt (›Erlösung‹ lautet ja in allen drei Varianten das Zauberwort), gilt für diejenige, die mit Morones Namen verknüpft ist, ein der Grundintention des Textes zuwiderlaufendes Prinzip der Buchstäblichkeit.

Eine erste Ahnung dieser Gegenstrebigkeiten vermittelt der bereits zitierte Brief an Félix Bovet. In diesem bewertet Meyer nicht nur den Aktualitätsbezug seiner Renaissance-Novelle grundsätzlich anders als in der Korrespondenz mit Louise von François. Er versieht darin auch Morones Part mit geradezu auktorialen Weihen: »Dans tous les personnages du Pescara, même dans ce vilain Morone, il y a du C.F.M.«[174] Die Forschung hat in diesem Dokument eine Art unverfälschtes Selbstbekenntnis erblicken wollen: Im »Motiv der Verwandlung« sei eben »dasjenige Element zu sehen, das Morone indirekt und subjektiv mit seinem Schöpfer verbinde[]«.[175] Zweifel an einer solchen Lesart sind bereits deswegen angebracht, weil sich Meyer, wenn er die eigene Maskenhaftigkeit derart unverblümt ausspräche, eines doch recht offensichtlichen performativen Widerspruchs schuldig machen würde. Philologisch erhärtet wird dieser Verdacht durch Uffe Hansens Nachweis, dass der so spontan daherkommende Brief in großen Teilen entscheidende Versatzstücke aus Maupassants programmatischer Vorrede »Le roman« zu *Pierre et Jean* (1888) paraphrasiert und ineinandermontiert.[176] Aufgrund seiner virtuosen Machart ist er dementsprechend

---

174 Brief vom 14.1.1888 an Félix Bovet. Zit. nach: Meyer, *Historisch-kritische Ausgabe*, Bd. 13, 379f.

175 Beckers: »Morone und Pescara. Proteisches Verwandlungsspiel und existentielle Metamorphose«, 144.

176 Vgl. Hansen: *Conrad Ferdinand Meyer*, 114–116.

weniger in spekulativ literaturpsychologischer als in poetologischer Hinsicht ernst zu nehmen. Dabei zeigt sich, dass er nicht nur von seiner spezifischen »Rollen-*Rhetorik*«[177] her eine Affinität zu der Schreibweise besitzt, die in der Novelle mit Morone assoziiert wird, sondern auch, was seine mitunter kalauerhaft anmutende *bricolage*-Technik angeht. Höchste Zeit also, sich endlich auf diese Wortverzerrungen einzulassen.

2.6 Allerlei ›Meiereien‹
Zur burlesken Kehrseite von Meyers feierlichem Prosa-Stil

»Morone, Buffone« (179), flüstert der Papst Victoria ins Ohr, unmittelbar nachdem er ihr Morone offiziell als »Kanzler von Mailand« vorgestellt hat. Gustav Beckers' kulturhistorisch informierter Lektüre zufolge gibt das Beiseitesprechen des Papstes Victoria (und mit ihr den Leser*innen der Novelle) zu verstehen, »daß sie in Morone eine Art Spaßmacher niederen Grades von zwielichtiger Natur zu sehen« hätten.[178] In der Tat unterscheidet Burckhardt in *Die Kultur der Renaissance in Italien* zwischen dem »amüsanten Menschen (l'uomo piacevole)« als dem »bessere[n] Typus« des Spaßmachers und dem »geringere[n]« des »Buffone und des gemeinen Schmarotzers«.[179] Indem Beckers diese Einschätzung 1:1 auf *Die Versuchung des Pescara* überträgt, schüttet er jedoch das Kind mit dem Bade aus. Ausgeblendet wird so nämlich, dass die italienische Renaissance Späßen (ital.: *burle*) Burckhardts Darstellung zufolge *grundsätzlich* einen sehr hohen Stellenwert zumaß. Geradezu programmatisch nehmen sich in der Hinsicht die ersten Sätze des Abschnitts »Der moderne Spott und Witz« aus: »Das Korrektiv nicht nur des Ruhmes und der modernen Ruhmbegier, sondern des höher entwickelten Individualismus überhaupt« – dessen also, was Burckhardt in den Abschnitten davor als Charakteristika des Renaissance-Menschen herausgearbeitet hat –, »ist der moderne Spott

---

177 Den Begriff ›Rollen-Rhetorik‹ im Sinne eines Durchspielens von Autor-Positionen entlehne ich Heinrich Deterings Studie über die scheinbar so disparaten Sprecher-Positionen, mit denen Nietzsches letzte Texte aufwarten – geschrieben exakt in den Jahren, in denen auch Meyer an *Die Versuchung des Pescara* arbeitete. Vgl. Detering: *Der Antichrist und der Gekreuzigte*, 20 (Hervorhebung G.F.).
178 Beckers: »Morone und Pescara. Proteisches Verwandlungsspiel und existentielle Metamorphose«, 122.
179 Burckhardt: *Die Kultur der Renaissance*, 126.

und Hohn, womöglich in der siegreichen Form des Witzes. [...] [E]in selbständiges Element des Lebens konnte der Witz [...] erst werden, als sein regelmäßiges Opfer, das ausgebildete Individuum mit persönlichen Ansprüchen, vorhanden war.«[180]

Wie ich im Folgenden plausibel machen möchte, findet sich ein Reflex dieser agonalen Struktur auch in Meyers Novelle – und zwar ebenso sehr auf der Ebene der *écriture* wie auf der der Figuren: Ähnlich wie die im vorherigen Abschnitt herausgearbeiteten ›dionysischen‹ Störelemente brechen wiederholt burleske Wortspielereien den feierlich-rühmenden Ton sowie, damit einhergehend, die vorgebliche Ein-Sinnigkeit des Textes auf und sorgen damit für ein wenig Unruhe in dessen Hieratik. Auf dem Weg instillieren sie ein Quäntchen davon in Meyers Text, was Friedrich Schlegel um 1800 als »transzendentale Buffonerie« bezeichnet hat: Den »göttliche[n] Hauch der Ironie atmen[d]«, generiere diese in der »mimische[n] Manier eines gewöhnlichen guten italiänischen Buffo« eine »Stimmung, welche alles übersieht, und sich über alles Bedingte unendlich erhebt, *auch über eigne Kunst, Tugend, oder Genialität*«.[181]

Geradezu paradigmatisch lässt sich diese ironische Gegentendenz anhand der Namensspielereien aufzeigen, in die Morone eingebunden ist. So gelesen, charakterisiert der Spruch »Morone, Buffone« nicht nur in denkbar kondensierter Form die Figur des Kanzlers von Mailand, sondern führt als Kalauer zugleich auch performativ das poetologische Prinzip vor, das in Meyers Novelle mit dessen Namen einhergeht. Genauso wird der historisch attestierte Name ›Girolamo Morone‹ durch das Handlungsgefüge der Novelle zu einem sprechenden umgemünzt: Im Nachhinein müssen sich die Leser*innen nämlich eingestehen, dass Morone aufgrund seines Vornamens ›Girolamo‹ eigentlich immer schon auf die Rolle des politischen *Wende*halses festgelegt war und dass seine vielen Maskierungen bzw. Identitätswechsel in nuce bereits in seinem Nachnamen enthalten waren: *more than one*. Augenzwinkernd macht der Novellentext einmal selbst auf diese Onomastik aufmerksam. Als Leyva Morone nach der Einnahme von Mailand foltern und hinrichten lassen will, geht Karl Bourbon mit den Worten dazwischen: »Ich lasse mir meinen Morone nicht verdrehen. Zittre nicht, Girolamo!« (271) ›Verdreht‹ ist Girolamo auch ohne Folterbank zur Genüge.

---

180 Ebd., 124.
181 Schlegel: *Kritische Fragmente*, Nr. 42. In: ders.: *Kritische Ausgabe seiner Werke*, Bd. 2: *Charakteristiken und Kritiken I (1796–1801)*, 147–163, hier 152 (Hervorhebung G. F.).

Beachtung verdient auch die Namensreihe Mohr/Moro–Morone–
Borbone, welche den Kanzler von Mailand geradezu auf eine Stufe
mit den beiden Figuren stellt, in deren Diensten er vor bzw. nach den
Geschehnissen steht, von denen Meyers Novelle handelt: mit seinem
politischen Ziehvater Ludwig dem Mohren sowie mit Karl Bourbon.
Dass diese Klangkorrespondenzen nicht dem Zufall geschuldet sind,
sondern System haben, zeigt sich allein schon daran, dass Karl Bourbons Name zuerst italianisiert werden muss, damit der Gleichklang
überhaupt zustande kommt (vgl. 154f., 166, 171, 214, 266). Vor diesem
Hintergrund ergibt sich von vornherein auch ein Hinweis auf das wahre
Rangverhältnis zwischen Morone und dem Herzog von Mailand, dessen Kanzler er während des Handlungszeitraums der Novelle ist und
dessen Name – ›Franz Sforza‹ – sich nur bedingt in diese *sonore* Reihe
einordnen lässt: Gegenüber seinem nominellen Herrn hat eindeutig
Morone das Sagen.

Scheinbar klare Machtverhältnisse stellt auch die Alliteration ›Morone‹/
›Moncada‹ infrage. ›Moncada‹ heißt in *Die Versuchung des Pescara*
ein Abgesandter Karls V., der, obzwar historisch verbürgt, bei Meyer
»sehr frei behandelt« wird.[182] Mehr der erzkatholischen spanischen
Partei verpflichtet als dem Kaisertum, spioniert er Pescara aus und
wartet auf den geringsten Vorwand, um ihn absetzen zu können. Ein
solches Vorgehen hat bei Moncada gewissermaßen Tradition: Aller
Wahrscheinlichkeit nach hat er in früheren Tagen nämlich Pescaras
Vater ermordet (vgl. 231–234).[183] Gerade diese Figur, die wie keine
andere bestrebt ist, Pescaras Autorität zu untergraben, führt ihrerseits –
gesprächsweise – zwei Figuren ein, welche auf den auktorial besetzten
Namen ›Ferdinand‹ hören: den Konquistadoren Ferdinand Cortez (vgl.
262) sowie Ferdinand den Katholischen von Aragon, den Großvater
von Karl V. (vgl. 232f., 261f., 274). Auf der Handlungsebene gelingt es
Moncada zwar nicht, Ferdinand Pescara zu entmachten; auf der Signi-
fikantenebene dagegen weist die Streuung des Namens ›Ferdinand‹ –
diskret – darauf hin, dass es neben der dominanten Position Pescaras
sehr wohl noch andere auktorial besetzte Stimmen geben könnte: *more
than one* demnach auch in dem Sinn.

Die Forschung hat sich bislang kaum für diese buffonesken Namensspielereien und deren subversive Kraft interessiert. Symptomatisch für

182 So der Herausgeberkommentar in: Meyer: *Historisch-kritische Ausgabe*,
Bd. 13, 453.
183 Vgl. hierzu Walter Stauffachers literaturpsychologische Moncada-Lektüre
»Der ermordete vater«.

ihre Fixierung auf Pescara ist, dass sie, ausgehend vom italienischen Verb *pescare* (»fischen«), bislang allein diesem einen sprechenden Namen attestiert hat. In der Tat wird auf dem bereits mehrfach erwähnten Schnitter-Fresko ein »schäkerndes Mädchen« näher beschrieben, »das sich von dem neben ihm gelagerten Jüngling umfangen und einen gerösteten Fisch zwischen das blendend blanke Gebiß schieben« (151) lässt. Wiederholt hat die Forschung diese Szene als allegorische Vorwegnahme der in der Novelle dargelegten Verführungssituation gedeutet. Auf *eine* verbindliche Auslegung einigen konnte sie sich dabei jedoch nicht. Während Plater den Jüngling mit Italien und das Mädchen mit Pescara identifiziert,[184] mutmaßt Laumont genau umgekehrt, das »Mädchen versinnbildliche das später in Victoria verkörperte Italien, dem Pescara den dicken Fisch eines Sieges über die kaiserliche Besatzungsmacht an Land ziehen soll.«[185] Ralf Simon schließlich erblickt im Mädchen wie Laumont ein Sinnbild für Italien, setzt dafür aber den Jüngling mit Spanien gleich und meint Pescara im dargebotenen Fisch selber auszumachen.[186]

Methodisch fragwürdig daran scheint mir weniger der Versuch, die Stelle allegorisch zu deuten, als dass sämtliche bisherige Interpreten auf Einsinnigkeit bedacht sind. Sie lesen die Stelle damit aus der ›Pescara-Position‹ – Primat des Signifikats – und übersehen, dass die Beschreibung des Schnitter-Freskos, wie ich bereits im vorherigen Abschnitt hervorgehoben habe, explizit über Morone (und Franz Sforza) fokalisiert ist: »Der Blick des Herzogs und der demselben aufmerksam folgende seines Kanzlers fielen auf ein schäkerndes Mädchen« (151). Gleichsam als Signatur von Morones Blick fungiert dabei das auf den »gerösteten Fisch« bezogene Verb ›schieben‹. Mit demselben Ausdruck beschreiben Pescaras Vertraute in der Folge nämlich wiederholt Morones Fortbewegungsstil. Als geübten Beobachtern ermöglicht ihnen dieser, den Kanzler von Mailand ungeachtet seiner jeweiligen Verkleidung stets treffsicher zu identifizieren: »Er schiebt den Leib auf eine gewisse Weise, die sich schwer verleugnen läßt«, konstatiert etwa Karl Bourbon (197), und Del Guasto befindet über den Fruchthändler Paciaudi: »[Er] schob und gebärdete [...] sich nicht viel anders als der Kanzler.« (201) Was die Fisch-Szene auf dem Fresko angeht, finde ich deswegen eine andere Annahme plausibler: Weil der *pescare/Pescara*-Kalauer nicht nur *eine* bedeutungsschwangere allegorische Lesart nahelegt, sondern gleich

---

184 Vgl. Plater: »The Banquet of Life«, 93.
185 Laumont: *Jeder Gedanke als sichtbare Gestalt*, 283.
186 Vgl. Simon: »Dekonstruktiver Formalismus des Heiligen«, 242, Anm. 34.

mehrere – die sich zudem gegenseitig ausschließen –, bleibt die ›eigentliche‹ Bedeutung der Szene unhintergehbar auf*geschoben*. Über den Perspektivträger Morone wird damit geradezu programmatisch ein auf das Ausheben von Eindeutigkeit angelegtes Verfahren durchgespielt, das im weiteren Verlauf des Textes wenn nicht durchweg mit dessen Figur – Pescara gegenüber schlägt Morone ja selber überschwänglich hymnische Töne an –, so doch mit dessen Namen verknüpft sein wird: die vermeintlich ›niedere‹ Poesie »transzendentale[r] Buffonerie«, für die platte Kalauer und hochgradige Selbstreflexivität kein Gegensatzpaar sind.

*

Um den Überblick über diese ›andere‹ Schreibweise zu beschließen, möchte ich noch einmal auf die Szene zurückkommen, in der die Analogisierung von Pescara und Christus ihren wohl prägnantesten Ausdruck findet: auf die über Pescara perspektivierte Beschreibung der Kreuzigung Christi, wie sie auf dem Altarbild des Klosters Heiligenwunden dargestellt ist. Aufgrund ihres ausgeprägt sakralen Charakters steht diese Szene dem Närrisch-Burlesken ebenso sehr entgegen, wie sie es – sofern man mit Burckhardts Darstellung der italienischen Renaissance als Lektürefolie operiert – geradezu herausfordert. Tatsächlich lässt sie quer zu ihrer offensichtlichen, pathosgeladen hieratischen Lesart denn auch eine andere zu. Gleichsam als deren Bürge fungiert die ›anti-auktoriale‹ Figur des Textes schlechthin, d.h. der Schweizer Söldner, der Pescara auf dem Schlachtfeld von Pavia seine fatale Wunde zugefügt hat und dessen Züge der auf dem Altarbild zu sehende römische Soldat trägt, der dem gekreuzigten Christus seine Lanze in die Seite stößt. Mit einem Wort des Pescara-Töters Bläsi Zgraggen ist die Szene nämlich auch, unter der Hand, als ein einziges »Schelmstück« (256) lesbar.

Freilich muss man Zgraggen dazu selbst gegen den Strich lesen. Denn eigentlich meint dieser mit »Schelmstück«, die Urheber des Altarbilds hätten ihm den wahren Verwendungszweck seines Porträts vorenthalten: »Dann versprachen mir die Spitzbuben mein Konterfei zu hohen Ehren zu bringen, ich aber stehe in Heiligenwunden und steche in den Salvator!« (Ebd.) Dass sich hier nicht einfach zwei Maler einen Spaß mit Zgraggens eigener »Ruhmbegier« (Burckhardt) erlauben, sondern Grundsätzlicheres auf dem Spiel steht – die Manieriertheit von Meyers Schreibweise in ihrer Spannung zwischen Rühmung und Burleske –, darauf deutet zum einen die Herkunft der beiden Künstler aus Mantua (vgl. 251): Dort wurde seit 1524 der Palazzo del Te gebaut, das wohl berühmteste Beispiel manieristischer Baukunst.[187] Zum anderen sollte der Ort aufhorchen lassen, an dem die beiden Zgraggen ursprünglich abgekonterfeit haben. Wie der Geschädigte selber präzisiert, begab sich dies in einer »Meierei« (256), an einem Ort also, der frappant an den Namen des Verfassers von *Die Versuchung des Pescara* erinnert, eines Landsmanns von Zgraggen. (Wenn ich Letzterem das Wort ›Schelmstück‹ im Mund verdrehe, dann liefert mir übrigens wiederum er selbst das Modell für meine Fehllektüre: Als Zgraggen und Pescara unmittelbar nach der Heiligenwunden-Sequenz realiter aufeinandertreffen und der Feldherr das große Geldgeschenk, das er dem Schweizer dabei macht, mit seiner »Großmut« begründet, übersetzt dieser das ihm unbekannte Wort nämlich ausgerechnet mit dem Antonym »Großtun« [257].)

Anders als in den bisher in diesem Abschnitt besprochenen Szenen taucht der Name ›Morone‹ in der Altarbild-Sequenz nicht in wie vermittelter Form auch immer auf. Ihr besonderer Witz liegt indes nicht allein darin begründet, dass sie *ohne* Mor*one* auskommt. Vielmehr wartet sie auch mit gleich mehreren markanten Ver*schiebungen* auf, einem Verfahren also, das geradezu das Markenzeichen des Kanzlers von Mailand ist und ihn noch hinter seiner besten Tarnung verrät. Weiter oben habe ich bereits auf zwei dieser Verschiebungen hingewiesen: auf die Art und Weise, wie Pescaras Aufmerksamkeit beim Erklingen des Te Deum zum Altarbild abschweift sowie auf die eigentümliche Hinauszögerung des ›Schweizer‹ Moments. Damit hat es aber noch lange nicht sein Bewenden. So stimmen die Schwestern ihr Te Deum nicht etwa zum Lob Gottes an, sondern weil sie, Victoria um ihre »irdische Lust« beneidend, »der *Versuchung*« erliegen, »den stolzen Herrn der Welt«, sprich: den siegreichen Feldherrn, »zu bewundern.« (250, Hervorhebung G. F.) Während es im restlichen Novellentext stets Pescara ist, der in Versuchung geführt werden soll, fällt in diesem etwas schlüpfrigen anti-katholischen Intermezzo mithin unversehens *ihm* der Part des Verführers zu.

Nach diesen Präliminarien nun aber zur Beschreibung des Altarbilds selbst. Aufschlussreich scheint mir in poetologischer Hinsicht vor allem, wie Pescara die Seitenwunde Christi auf seine eigene, tödliche Verwundung bezieht. Bis in die Bildlichkeit hinein liest sich das Ganze als präzise Vorwegnahme von Roland Barthes' berühmter Unterscheidung zwischen dem *studium* und dem *punctum* (wortwörtlich übersetzt: dem

---

187 Zum Palazzo del Te vgl. etwa Arasse/Tönnesmann: *Der europäische Manierismus*, 51 f. und 55–57.

›Stich‹) eines Bildes, zwischen dem also, was in einem Bild Gegenstand kulturellen Wissens ist, und dem verstörenden Detail, das den Betrachter »wie ein Pfeil«[188] auf unerwartete Weise durchbohrt und verletzt:

> [E]r betrachtete den Kriegsknecht, der seine Lanze in den heiligen Leib stieß. Dieser war offenbar ein Schweizer; der Maler mußte die Tracht und Haltung eines solchen mit besonderer Genauigkeit *studiert oder* [!] *frisch aus dem Leben gegriffen haben.* Der Mann stand mit gespreizten Beinen, von denen das linke gelb, das rechte schwarz behost war, und stach mit den behandschuhten Fäusten von unten nach oben derb und gründlich zu. Kesselhaube, Harnischkragen, Brustpanzer, Arm- und Schenkelschienen, rote Strümpfe, breite Schuhe, nichts fehlte. Aber *nicht diese Tracht, die er zur Genüge kannte, fesselte den Feldherrn, sondern* der auf einem Stiernacken sitzende Kopf. Kleine, blaue, kristallhelle Augen, eingezogene Stumpfnase, grinsender Mund, blonder, krauser Knebelbart, braune Farbe mit rosigen Wangen, Ohrringe in Form einer Milchkelle, und ein aus Redlichkeit und Verschmitztheit wunderlich gemischter Ausdruck. Pescara wußte gleich, *mit dem Gesichtergedächtnis des Heerführers,* daß er diesen kleinen, breitschultrigen, behenden Gesellen, dessen schwarzgelbe Hose den Urner bedeutete, schon einmal gesehen habe. Aber wann und wo? *Da schmerzte ihn plötzlich die Seite, als empfinge er einen Stich,* und jetzt wußte er auch, wen er da vor sich hatte: es war der Schweizer, der ihm bei Pavia die Brust durchbohrt. Kein Zweifel. Den Lanzenstoß des neben ihm an die Erde Geduckten empfangend, hatte er einen Moment in dieses kristallene Auge geblickt und diesen Mund vergnüglich grinsen sehen. (250f., Hervorhebungen G.F.)

Wie Georges Didi-Huberman in seinem Kommentar zu Barthes' *La Chambre claire* ausführt, ist das *punctum* ein »Symptom der Welt selbst [...], das heißt das Symptom der Zeit und der Anwesenheit des Referenten«,[189] das nicht bewusst, sondern körperlich erfahren wird. Genauso ist es Pescaras Körpergedächtnis, das ihm den zurückliegenden fatalen Moment wieder vor Augen führt und ihn so der Macht des Referenten aussetzt: Damit »findet«, wie sich mit Didi-Huberman weiter ausführen lässt, »die Welt von selbst ihren Niederschlag im Bild,

---

188 Barthes: *Die helle Kammer,* 35. Barthes selbst bezieht sich zwar nur auf den Rezeptionsmodus von Fotos; es spricht aber nichts dagegen, auch den von Zeichnungen und Gemälden einzubeziehen. Vgl. dazu Didi-Huberman: »Die Frage des Details, die Frage des *pan*«, 79f.
189 Didi-Huberman: »Die Frage des Details, die Frage des *pan*«, 79.

Abb. 19: Bläsi Zgraggen uß Uri.
Auf Bitte von C. F. Meyer
angefertigte Skizze von Johann
Rudolf Rahn (Ende Juni 1887).
Zentralbibliothek Zürich,
Ms CFM 339.1.53.

über die Vermittlung ihres *Details*«.[190] Beim Protagonisten von Meyers Novelle ist diese Erschütterung indes nur von kurzer Dauer: »Nach der Erkennung machte das unerwartete Wiederfinden auf den Feldherrn weiter keinen Eindruck« (251). *Als* ›erkanntes‹ und ›wiedergefundenes‹ überträgt Pescara das *punctum* mithin gleichsam in die Domäne des *studium*, sodass es sich nach kurzem Schwanken doch dem für ihn charakteristischen Primat des Signifikats unterordnet.

Wie nun aber wird aus dieser Konstellation ein poetologisches »Schelmstück«? Dazu gilt es zunächst in Rechnung zu stellen, dass

190 Ebd. Von der Macht, die der Referent in dieser Szene ausübt – in Gestalt des ›realen‹ Vorbilds des römischen Soldaten –, zeugt unfreiwillig auch eine Fehllesung Gerhard Neumanns. So schreibt er, »[s]owohl Pescara als auch der Schweizer Landsknecht, der ihm die Wunde bei Pavia zugefügt hat, erkenn[t]en einander i[m] Altarbild wieder« (Neumann: »Eine Maske, ... eine durchdachte Maske‹«, 463). Tatsächlich jedoch steht Pescara alleine vor dem Altarbild und begegnet Zgraggen wie gesagt erst danach, auf dem Rückweg ins Heerlager.

das Bild den »*gekreuzigten*« Christus (250, Hervorhebung G.F.) nicht einfach mit einem Schweizer, sondern mit einem »*Ur*ner« (251, Hervorhebung G.F.), einem »aus *Uri*« (255, Hervorhebung G.F.) stammenden Söldner zusammenführt. Wie aus den Briefen hervorgeht, die Meyer an Johann Rudolf Rahn richtet, während er genau diese Szene »umcomponir[t]«[191] – wohl um, wie er zur selben Zeit an seine Schwester schreibt, »*Todesengel u jede Mystik* [zu] beseitigen«[192] –, lag ihm besonders der letzte Punkt sehr am Herzen: Nicht nur musste die Figur den Namen eines bekannten Urner Geschlechts tragen, auch der Vorname, die Physiognomie und die gesamte Tracht mussten stimmen (Abb. 19).

In burlesker Lesart – in einer Lesart also, der es weder um die Durchlässigkeit der Zeichen auf das von ihnen bezeichnete Signifikat hin noch um den außersprachlichen Referenten geht, sondern um ihre Materialität und um die Turbulenzen, für die diese im semiotischen Dreieck sorgt – haben wir es dementsprechend mit einer *Ur*-Szene zu tun, die sich an einer spezifischen *Crux* abarbeitet. In der Tat scheint in Pescaras Zögern zwischen *punctum* und *studium* ein fundamentales Darstellungsproblem jedweden literarischen Realismus auf, über das jedoch gerade der Programmrealismus – und damit auch die mit diesem in Einklang stehende, um Pescara zentrierte Schreibweise – allzu schnell hinweggeht: die »Spannung zwischen der denotativen (referentiellen) und der ästhetischen Tendenz«,[193] zwischen sinnleerem *effet de réel* (z.B. dem historisch akkuraten oder zumindest wahrscheinlichen Detail) und ästhetisch-verklärter Überhöhung auf das ›Eigentliche‹, ›Wahre‹ hin (z.B. die ›Erlösung im Werk‹). Poetologisch als transzendent-»transzendentale Buffonerie« gelesen, verhandelt diese Szene mithin den Pfahl, der im Fleisch von Meyers hymnisch-hieratischer Schreibweise selbst steckt.

2.7 Zweites Zentrum Groteske

Was ich im letzten Abschnitt als burleske Kehrseite von Meyers hymnischer Prosa bezeichnet habe, lässt sich in einem umfassenderen Sinn auch als Groteske bestimmen. Wie etwa der Kunsthistoriker Philippe Morel nachgewiesen hat, reflektiert schon die burleske Dichtung

---

191 Brief vom 25.6.1887 an Johann Rudolf Rahn. Zit. nach: Meyer: *Historisch-kritische Ausgabe*, Bd. 13, 460.

192 Brief vom 15.6.1887 an Betsy Meyer (Hervorhebung G.F.). Zit. nach: ebd., 469.

193 Zeller: »Realismusprobleme in semiotischer Hinsicht«, 597.

der italienischen Renaissance die ihr eigene Affinität zur Groteskenmalerei.[194] Ähnlich verfährt Wolfgang Kayser mit Johann Fischarts Prosa, wenn er diese insbesondere aufgrund ihrer Lautspielereien eine »Sprachgroteske« nennt.[195] Um solche Zusammenhänge weiß auch Meyers Text: Die Groteske steht dort ebenso im Zeichen Morones wie die burlesken Wortspielereien.

Hellhörig macht, dass Franz Sforza seinem Kanzler bereits im Auftaktkapitel – also geradezu programmatisch – »groteske[] Züge« (160) bescheinigt. Einen offenkundigen Bezug zur Groteske weisen darüber hinaus die permanenten Verkleidungen und Identitätswechsel von Morone alias »Kanzler Proteus« (171) auf, gilt die Figur des verwandlungsfreudigen Meeresgotts doch seit jeher als eine Art »mythische Verkörperung des Grotesken«.[196] In dem Zusammenhang neu zu bewerten ist auch die Affinität von Morones »ausschweifende[m] Gebärdenspiel« (247) zur Commedia dell'Arte. Schon Justus Möser hat diese vermeintlich ›niedere‹ Theaterform in seiner antiklassizistischen Streitschrift *Harlekin, oder Vertheidigung des Groteske-Komischen* (1761/1777) in die Nähe der Groteske gerückt. Mit Wolfgang Kayser lässt sich diese Wesensverwandtschaft dahingehend präzisieren, dass die in der Commedia dell'Arte gebräuchlichen Masken den Darsteller*innen tierähnliche Züge verleihen: »[Ü]berlange, schnabelähnliche Nasen entstehen, denen ein vorgespitztes Kinn entspricht, der Kopf erscheint nach hinten in die Länge gezogen, und meist setzt sich das Vogelartige in fledermausartigen Auswüchsen und dem Schwung der langen Hahnenfedern fort.«[197] Zumindest metaphorisch mit einem Tier in eins gesetzt wird in Meyers Text denn auch Morone, und zwar ausgerechnet in Bezug auf seine politischen Verwandlungskünste: Stets komme er, von »den steilsten Dächern herabrollend, [...] *wie eine Katze* wieder auf die Füße zu stehen« (152, Hervorhebung G. F). Kaum zufällig auch erinnert diese Fähigkeit, jeden vermeintlichen Untergang als Chance zu einem Neuanfang zu begreifen, an das vitalistisch angehauchte zirkuläre Moment, das Bachtin zufolge ein wesentliches Merkmal genuin grotesker Kunst ist: »Die Degradierung gräbt ein Körpergrab für eine *neue* Geburt.«[198]

Wie dem burlesken Wortspiel eignet auch der Ornamentgroteske subversives, enthierarchisierendes Potenzial. Stets tendiert sie dazu, sich von ihrem subordinierten Status gegenüber dem von ihr umrahmten

---

194 Vgl. Morel: *Les grotesques*, 227–230.
195 Kayser: *Das Groteske in Malerei und Dichtung*, 108. Vgl. auch ebd., 112–114.
196 Detering: »›Du sprichst vom falschen Ort‹«, 219.
197 Kayser: *Das Groteske in Malerei und Dichtung*, 29.
198 Bachtin: *Rabelais und seine Welt*, 71.

›eigentlichen‹ Bildsujet zu emanzipieren und sich selber zur Hauptsache aufzuschwingen. Wie sehr damit ein prägendes Moment auch des auf den ersten Blick doch so wenig groteskenaffinen deutschsprachigen Realismus benannt ist, haben insbesondere meine Ausführungen zu *Immensee* und dem *Grünen Heinrich* gezeigt. Ähnliches lässt sich von *Die Versuchung des Pescara* sagen – und das obwohl Meyers Novelle ganz und gar ohne (auktorial autorisierte) Rahmengeschichte auskommt. Ansetzen möchte ich denn auch vielmehr bei einem Rahmenornament aus der diegetischen Welt, mit dessen Beschreibung das vierte der insgesamt sechs Kapitel der Novelle beginnt. Aufgrund seiner Positionierung unmittelbar jenseits der Symmetrieachse des Textes bildet dieses mit enormer kulturhistorischer Akribie gestaltete Werk eine ›inoffizielle‹ Replik auf Pescaras mit autoritativem Gestus vorgetragenes ›Tragödien‹-Verdikt am Ende des dritten Kapitels – und bringt die Groteske so als *zweites* Zentrum des Textes ins Spiel.

Hinzu kommt, dass besagte Szene der Groteske einen ungleich bedrohlicheren Untergrund zuschreibt als die bislang zitierten, eher humoristisch-komisch eingefärbten Anspielungen: Jenseits ihrer ansonsten vorherrschenden kulturhistorischen Drapierung scheint an diesem neuralgischen Punkt mithin das verstörende Potenzial der Groteske auf. Obgleich Meyers Text programmrealistischen Vorgaben zu sehr verpflichtet bleibt, um dieses vollständig auszubuchstabieren, und keinen Aufwand scheut, das Irritationsmoment wieder einzuhegen, ganz überschreiben lässt es sich nicht. In wie unmerklicher Form auch immer durchwirkt es – als poetologisches Prinzip – weiterhin den ganzen Text und sorgt darin für ein My ›Wildheit‹ (vgl. 217).

*

Im »Halbgefängnis«, das er von Pescara zugewiesen bekommen hat, lässt Morone zu Beginn des vierten Kapitels seinen Verführungsversuch noch einmal Revue passieren. Allein schon deswegen ist die Szene als *rewriting* der Unterredung aus dem vorherigen Kapitel zu begreifen. Im Mittelpunkt meiner Lektüre steht dabei indes weniger die Verlaufslogik von Morones innerem Zwiegespräch – zunächst »in der Großmut seiner völligen Hingabe« schwelgend, verfällt er in »tödliche Zweifel« (216), um schließlich in seiner Bewunderung für Victoria Colonna Zuversicht zu schöpfen – als das räumliche Setting, das dieses rahmt: der gleich zweimal beschriebene, »sogenannte[] Schlangensaal[]« im Schloss von Novara.

In der ersten dieser beiden Beschreibungen geht es um Lichtverhältnisse:

Die Fensterläden waren gegen die brennende Nachmittagssonne geschlossen, und nur durch eine Spalte schoß hin und wieder ein neckischer Strahl in die Dämmerung, einen grellen Streifen über die Fliesen ziehend, während die Tiefe der Gemächer im Dunkeln blieb. Doch nicht der schmalste Lichtblitz erhellte dem Kanzler die Seele Pescaras. (216)

Mit dem letzten Satz – Morone kommt Pescaras »Seele« ›dunkel‹ vor, da er die vertröstende Reaktion des Feldherrn auf sein Angebot nicht zu ergründen vermag – lädt der Text selbst dazu ein, die Beschreibung des ungleichen Kampfes von Dunkelheit und Licht allegorisch auf das Verhältnis von Morone und Pescara zu beziehen. Pescara dem Pol der Dunkelheit zuzuordnen fällt in der Tat nicht schwer: So beschwören seine kryptischen Sprüche – eine Eigenschaft, für die schon die antike Rhetorik die Bezeichnung *obscuritas* parat hatte[199] – eine denkbar düstere Gottheit, deren eigentliche Bedeutung in der »Tiefe« des Textes verborgen liegt. Nicht von ungefähr wird Pescara denn auch einmal explizit als »dunkle und deutbare Gestalt« (261) beschrieben. Umgekehrt passen die Adjektive ›neckisch‹ und ›grell‹, mit denen in der Beschreibungssequenz das Licht bedacht wird, bestens auf Morones ebenso schrilles wie närrisches Auftreten. Das Kräfteverhältnis zwischen Schatten und Licht ist dabei ebenso klar wie das zwischen Pescara und Morone auf der Handlungsebene: Die Position des Kanzler-Versuchers bleibt der des Feldherrn klar untergeordnet – nur »hin und wieder« schießt »ein neckischer Strahl in die Dämmerung«, ohne dass dieser jedoch in der Lage wäre, seinen Kontrahenten in irgendeiner Weise zu bezwingen. Alles *as usual* mithin.

In buchstäblich verändertem Licht präsentiert sich demgegenüber die zweite, um einiges elaboriertere Raumbeschreibung. Als Morone die Fensterläden aufstößt, fällt sein Blick auf ein an den Wänden entlanglaufendes Ornament:

[E]r stand, sich umblickend, in dem sogenannten Schlangensaale, von welchem sein Herzog ihm oft erzählt, den er selbst aber noch nie gesehen hatte. Über dem Getäfel lief die vier Wände entlang ein gemaltes Geflechte von Schlangen, je zweie sich umwindend, die eine der feuerspeiende Drache der Sforza, die andere das entsetzliche Wappenbild der Visconti, die Schlange mit dem Kind im Rachen.

---

199 Zu den Implikationen dieser Gleichung in der antiken Rhetorik und darüber hinaus vgl. Christen: *»ins Sprachdunkle«*.

Legende oder Wahrheit, der süße Lionardo galt als der Schöpfer des scheuseligen Kranzes: während seines langen Dienstes bei dem Mohren habe er einmal im herzoglichen Hause zu Novara sich aufgehalten und in wenigen Stunden dieses Spiel einer grausamen Laune begonnen und beendigt unter dem Vorwande einer Verherrlichung seines Fürstenhauses. Keine Unmöglichkeit, denn der Bildner des zärtlichsten Lächelns liebte zugleich die Fratze und das Grauen. Zuerst mit ergötzten, bald mit beängstigten Augen betrachtete der Kanzler den wilden Ring, das Werk einer unerschrockenen Einbildungskraft, die sich daran geübt hatte, den Ungetümen und dem nackten Kinde in dem verschlingenden Rachen eine Folge von natürlichen Bewegungen zu geben. Dann plötzlich erschien es ihm, als lebe und drehe sich das Gewinde. Der Kanzler wendete sich schaudernd und trat wieder an das Fenster. (217)

Auch wenn sich für dieses Werk keine realhistorische Entsprechung ausfindig machen lässt – etwas ratlos vermerken die Herausgeber in ihrem Kommentar, von »einer solchen Arbeit Lionardos [sei] keine Nachricht erhalten«[200] –, so ist es doch kein reines Fantasieprodukt von C. F. Meyer. Vielmehr wartet die Stelle, wie sich das für einen realistischen Text gehört, mit einer Vielzahl an kulturhistorischen Realitätseffekten auf. Mit gutem Recht hat Roland Barthes die Begrifflichkeit des *effet de réel* ja nicht nur anhand von Flauberts *Un cœur simple*, sondern maßgeblich auch in Auseinandersetzung mit der Geschichtsschreibung des 19. Jahrhunderts entwickelt.[201]

Wie akribisch Meyer vorgegangen sein muss, belegt bereits ein Briefzeugnis. Zur Gestaltung der Wappen erkundet er sich einmal mehr bei seinem Freund Rahn und setzt dessen Auskunft anschließend auch exakt um.[202] Zu einem möglichen und zugleich unbekannten, neuen ›Lionardo‹[203] aber wird der »scheuselige[] Kranz[]« erst dadurch, dass Meyers Text gleich eine ganze Reihe von dessen Werken miteinander überblendet bzw., um in der Bildsprache des Passus selbst zu bleiben, verflicht. Als Ausgangspunkt ist ein monumentales, aber relativ unbekanntes Fresko zu veranschlagen, das Lionardo 1497/98 im Auftrag von Lodovico il Moro in der sogenannten Sala delle Asse im Castello

---

200 Meyer: *Historisch-kritische Ausgabe*, Bd. 13, 457.
201 Vgl. Barthes: »Der Diskurs der Geschichte«, 161–163.
202 Vgl. Rahns Antwortbrief vom 6.5.1887, auszugsweise abgedruckt im Stellenkommentar. Vgl. Meyer: *Historisch-kritische Ausgabe*, Bd. 13, 457.
203 Wie schon im Fall von Raphael übernehme ich hier und im Folgenden die Schreibweise aus Meyers Text.

Sforzesco, also dem Mailänder Kastell, angefertigt hat. Bereits diese äußeren Umstände lassen aufhorchen, kommen sie denen aus *Die Versuchung des Pescara* doch recht nahe: Dort wird der »Mohr[]« ebenfalls als Lionardos damaliger Dienstherr genannt, und wenn sich der Lionardo zugeschriebene Schlangensaal im Kastell von Novara befindet und nicht in dem Mailänder, so spielt dieses in der Novelle – als Schauplatz des Auftakt- und des Schlusskapitels – gleichwohl eine kapitale Rolle. Signalwirkung kommt auch dem bei Meyer verwendeten Ausdruck ›Getäfel‹ zu, als exaktem deutschen Pendant des italienischen *asse*. Vollends evident wird der Bezug freilich erst mit Blick auf das reale Fresko (Abb. 20). Dieses stellt nämlich einen aus 18 Maulbeerbäumen bestehenden Trompe-l'Œil-Wald dar, dessen Laubwerk den oberen Teil der Wände sowie die Decke der Sala delle Asse bedeckt. Insofern das Geäst nicht allein ›von Natur aus‹, sondern zusätzlich über goldene Schnüre miteinander verflochten ist, präsentiert sich das Fresko als »Geflecht[]«, wie es bei Meyer heißt, in einem emphatischen Sinn: als glückliche Vereinigung von Natur und Kunst. Abgeschlossen wird die Komposition am Scheitelpunkt des Gewölbes von einem Wappen, auf dem insbesondere die Visconti-»Schlange mit dem Kind im Rachen« prangt.[204]

So unübersehbar die Berührungspunkte zwischen beiden Malereien ist, so flagrant sind zugleich die Unterschiede: Mit schlangen- oder drachenartigen Fabelwesen wartet Lionardos Fresko genauso wenig auf wie mit anderen Schaudereffekten. Für all *diese* Aspekte stand Vasaris *Leben des Malers und Bildhauers Lionardo da Vinci aus Florenz* Pate, eine der berühmtesten Lebensbeschreibungen aus dem Monumentalwerk der *Vite* (1550/1568).[205] Während Vasari das Werk aus der

204 Zu einer kunsthistorischen Einordnung des Freskos und zu seinem architekturtheoretischen Gehalt vgl. Moffitt: »Leonardo's *Sala delle Asse*«; Arasse: *Leonardo da Vinci*, 138–143 sowie zwei im Zuge der aktuellen Restaurationsarbeiten erschienene Sammelbände: Palazzo/Tasso (Hg.): *La diagnostica et il restauro del ›Monocromo‹*; Salsi/Alberti (Hg.): *All'ombra del Moro*. Als Meyer *Die Versuchung des Pescara* schrieb, war das Fresko übrigens seit vielen Jahrzehnten – wenn nicht Jahrhunderten – von einer Kalkschicht übertüncht. Freigelegt wurde es erst ab 1893, unter maßgeblicher Beteiligung des Kunsthistorikers Paul Müller-Walde, der in Zürich bei Rahn promoviert hatte (zur ›Wiederentdeckung‹ des Freskos vgl. Costa: *The Sala delle Asse in the Sforza Castle in Milan*, 43–92 und Palazzo: »Il *Monocromo* di Leonardo da Vinci«; zu Rahns Doktorand*innen vgl. Zentralbibliothek Zürich, HSS, FA Rahn, 247od). Umso mehr muss es sich einem kunsthistorisch beschlagenen Schriftsteller wie Meyer Ende der 1880er-Jahre als *Projektionsfläche* angeboten haben.

205 Gerhard Neumann, der als einer der wenigen Interpreten überhaupt auf diese Stelle eingeht, führt als Quelle dagegen irrigerweise Michelet an. Vgl. Neumann: »›Eine Maske, ... eine durchdachte Maske‹«, 460 und 471, Anm. 33.

Sala delle Asse mit keinem Wort erwähnt, liefert er umgekehrt gleich mehrere Beispiele dafür, was die Erzählinstanz aus *Die Versuchung des Pescara* Lionardos Faible für »Fratze« und »Grauen« nennt. Maßgeblich für Meyers *rewriting* ist vor allem Vasaris Anekdote, in der der junge Lionardo »ein gräßliches und erschreckliches Unthier« auf einen Schild malt, »um den, der sich ihm entgegenstellte, zu erschrecken und dieselbe Wirkung hervorzubringen, wie man ehedem vom Haupt der Medusa erzählt.«[206] Als Lionardos Vater den Schild abholen will, heckt der Künstler gleichsam zum Test einen subtilen Hinterhalt aus:

> Ser Piero begab sich [...] eines Morgens nach der Wohnung des Sohnes; er pochte an der Thüre, Lionardo öffnete, und bat ihn ein wenig zu warten; nach dem Zimmer zurückgeeilt, stellte er den Schild im rechten Lichte auf die Staffelei, ließ zu dem Fenster nur einen matten Schein herein fallen, und rief den Vater damit er das Werk schaue. Ser Piero versah sich im ersten Augenblick der Sache nicht, und nicht ahnend, daß er einen Schild oder ein gemaltes Unthier vor Augen habe, fuhr er zurück [...].[207]

Von der Lichtführung bis hin zur Reaktion des Betrachters, der das gemalte Ungeheuer mit einem realen verwechselt, entspricht diese Beschreibung der Situation, der sich Morone im Schlangensaal ausgesetzt sieht. Dass sich Meyers Text von dieser Stelle herschreibt, ist umso wahrscheinlicher, als Vasari präzisiert, der Schild sei später in den Besitz des Herzogs von Mailand übergegangen,[208] also genau jenes Fürsten, in dessen Auftrag Lionardo den Schlangensaal Meyers Renaissance-Fiktion zufolge ausgemalt haben soll.

In einer weiteren Anekdote erzählt Vasari, wie Lionardo einmal als »Gegenstück« zum »Brustbild eines Engels« der Gedanke gekommen sei, »in einem Oelbilde das Haupt der Medusa zu malen mit einem Haarschmuck von in einander geflochtenen Schlangen«.[209] In diesem Passus ist das zwiegesichtige Porträt, das Meyers Novelle von Lionardo zeichnet, indem sie ihn als »Bildner des zärtlichsten Lächelns« ebenso wie als Amateur grauenerregender »Fratze[n]« darstellt, mithin ebenso vorgeprägt wie das Bild des Schlangengeflechts. Das *agonale* Moment der »sich umwindend[en]« Schlangen schließlich erinnert an

---

206 Vasari: *Leben der ausgezeichnetsten Maler*, Bd. 3.1, 12.
207 Ebd., 13.
208 Vgl. ebd.
209 Ebd., 14.

Abb. 20: Leonardo da Vinci: Deckenausmalung der Sala delle Asse (1497/98).
Castello Sforzesco, Mailand. © 2022 / Foto: DeAgostini Picture Library /
Scala, Florenz.

ein prägnantes Detail einer Schlachtdarstellung (deren Sujet wiederum einem in *Mailänder* Diensten stehenden Feldherrn huldigt). Vasari zufolge stechen auf dem fraglichen Karton nämlich zwei Pferde hervor, »mit den Vorderfüßen in einander verschränkt und [...] sich mit dem Gebiß an[fallend], wüthend wie die kämpfenden Reiter.«[210]

*

Nicht genug jedoch, dass Meyers Text das Schlangenfresko als einen bislang unbekannten ›Lionardo‹ ausweist. Gleich mehrfach rückt er das Werk auch in die Nähe der Ornamentgroteske. Damit bewegt sich Meyers Text auf der Höhe der fachwissenschaftlichen Diskussion seiner Zeit: 1881 etwa bescheinigt ein Aufsatz von August Schmarsow der Spätrenaissance, nachgerade von einer »Grotteskensucht« besessen gewesen zu sein.[211] (Meyer dürfte den Text gekannt haben, war er doch mit dem Zürcher Lehrer von dessen Verfasser, dem bereits mehrfach erwähnten Johann Rudolf Rahn, befreundet.)

Bereits die Lichtverhältnisse, die zu Beginn des vierten Kapitels im Schlangensaal herrschen, lassen sich als subtile Anspielung auf den Ursprung des Namens ›Groteske‹ begreifen: Da die Wandmalereien aus Kaiser Neros Domus Aurea, auf die man um 1480 zufällig gestoßen war, aufgrund der unter Trajan vorgenommenen Aufschüttungen grottenartig unter der Erde lagen, konnten sie nur im Kerzen- oder Fackelschein bestaunt werden[212] – so wie in den abgedunkelten Schlangensaal anfangs nur vereinzelte Lichtstrahlen einfallen.

In erster Linie aber ist das Schlangenfresko aufgrund seiner Motivik als eine Art Ornamentgroteske lesbar. Von Interesse ist dabei vor allem das ausgesparte Verb im Syntagma »die Schlange mit dem Kind im Rachen«. Es lässt den Eindruck entstehen, dass hier in typischer Grotesken-Manier aus einer Art Rankenwerk heraus (»Geflecht[]«, »Kranz[]«) hybride Fabelwesen erstehen, sprich: dass das Kind dem Maul der Schlange entwächst. Erst in einem zweiten Moment revidiert Morone diesen ersten Eindruck dann im Rückgriff auf das offizielle Narrativ des Fürstenhauses und deutet das Ganze einsinnig als ein Verschlingen. Dass die Motivik wegen der Drachen eher mittelalterlichen als antiken Ursprungs anmutet, spricht nicht gegen meine These. Ganz

---

210 Ebd., 34.
211 Schmarsow: »Der Eintritt der Grottesken in die Dekoration der italienischen Renaissance«, 143. In Bezug zur zeitgenössischen Groteskenmalerei gesetzt wird Lionardos realhistorisches Fresko bei Fabricius Hansen: *The Art of Transformation*, 286.
212 Vgl. etwa Dacos: *La découverte de la Domus Aurea*, 3–9.

Abb. 21: Pinturicchio: Groteskenmalerei in der Kuppel von Santa Maria del Popolo, Rom (um 1508). © 2022 / Foto: Scala, Florenz / Fondo Edifici di Culto – Min. dell'Interno.

im Gegenteil: Wie die Kunsthistorikerin Nicole Dacos darlegt, ist ein solch gotischer Einschlag in der Frühphase der Groteskenmode durchaus üblich (Abb. 21, untere Randleiste).[213] Genauso verbreitet war unter Groteskenmalern im Übrigen auch die Praxis, die Familienwappen ihrer fürstlichen Auftraggeber in ihr Werk einzubeziehen.[214]

Insofern Meyers oben an den Wänden entlanglaufendes Schlangenfresko als Randleiste konzipiert ist (wohingegen sein reales Vor-Bild auch die Decke überzieht), verhält es sich über das vergleichbare Bildsujet hinaus auch *funktional* ähnlich wie eine Ornamentgroteske. Auf die Gesamtszenerie des Schlangensaals übertragbar ist denn auch die Kommentarfunktion, die das rahmende Beiwerk der Ornamentgroteske oftmals gegenüber dem Sujet in ihrem Zentrum ausübt: Ins Zentrum des ihn umgebenden »Kranzes« platziert, sieht sich der Verwandlungskünstler Morone alias »Kanzler Proteus« (171) mit genau dem Prinzip konfrontiert, das ihn die ganze Zeit über und durch alle Verwandlungen hindurch bestimmt. Zu dieser Lesart, der zufolge Morone sich hier einer Art Spiegelbild seiner selbst gegenübersieht, passt, dass er sich, obzwar gefangen, eigentlich auf durchaus heimischem Terrain befindet: Es ist ja sein eigener Fürst, der Herzog von Mailand, der den Saal einst hat ausmalen lassen.

213 Vgl. ebd., VIII und 57–62. Zum Fortwirken der antiken Grotesken-Tradition – und vor allem deren Transformationen – in der Ornamentik des Mittelalters vgl. Zamperini: *Les grotesques*, Kap. »Le fantastique au Moyen Âge«, 55–89.
214 Vgl. Morel: *Les grotesques*, 108f.

Schließlich entspricht auch Morones Reaktion – er betrachtet das Werk »[z]uerst mit ergötzten, bald mit beängstigten Augen« – der Ambivalenz, die der Ornamentgroteske in aller Regel zugeschrieben wird. In der Renaissance, schreibt etwa Wolfgang Kayser, habe man ihr »nicht nur etwas Spielerisch-Heiteres, Unbeschwert-Phantastisches« zuerkannt, »sondern zugleich etwas Beklemmendes, Unheimliches angesichts einer Welt, in der die Ordnungen [der] Wirklichkeit aufgehoben waren«.[215] An diesen Befund lässt sich trefflich anknüpfen, ermöglicht er es doch einmal mehr, Meyers Renaissance als ein Zeitalter der Anomie zu charakterisieren, als eine Epoche, in dem bisher für unverrückbar gehaltene Ordnungen ins Wanken geraten. Genauso kann man die Zwiespältigkeit von Morones Reaktion aber auch poetologisch wenden: Sie führt uns Leser*innen vor, dass sich hinter den unzähligen Gaukeleien und Verkleidungen des Kanzlers von Mailand – an denen man sich zunächst ebenso ›ergötzen‹ mag wie er selbst am Schlangenfresko – ein ungleich bedrohlicherer Untergrund verbirgt. Mit anderen Worten: Sie legt nahe, dass Morone *im vollen Wortsinn* mit »grotesken Züge[n]« ausgestattet ist.

Von dieser »Fratze« hinter den Commedia-dell'Arte-Masken »wendet[]« sich indes nicht allein Morone »schaudernd« ab. Auch der Text schrickt offensichtlich vor einer konkreteren Benennung des (un-)heimlichen Untergrundes der Figur Morone zurück. Was hat es damit auf sich? Eine erste Ahnung vermittelt eines der Argumente, mit denen Julian Schmidt die Darstellung von Wahnsinnszuständen aus dem Reich der Kunst ausgeschlossen hatte: Ihre »Widersinnigkeiten« brächten das Publikum zum Lachen und ließen es zugleich erschaudern – genauso mithin, wie Morone auf das als Spiegelbild seiner selbst lesbare Schlangenfresko reagiert. Die Hypothese, dass die Figur Morone folglich *selber* psychopathologisch grundiert sein könnte, möchte ich hier indes nicht weiter vertiefen. Sie wird im Schlussabschnitt zu erörtern sein, dann also, wenn die unterschwellige Präsenz des zeitgenössischen Hysterie-Diskurses im Fokus stehen wird.

Worauf es mir an dieser Stelle ankommt, ist, dass die Ornamentgroteske aus dem Schlangensaal selbstreflexive Züge aufweist nicht nur in Bezug auf die Figur Morone, sondern auch, was Meyers Text als ganzen angeht. Weiter oben habe ich argumentiert, dass die Groteske allein schon durch ihre Positionierung im Gesamtgefüge des Textes als dessen zweites Zentrum – als Alternative zu dem von Pescara ins Feld geführten Gattungsframe ›Tragödie‹ – profiliert wird. Die Beschreibung des Schlangenfreskos erlaubt es, diesen Befund zu bekräftigen. Auf ihren poetologischen

---

215 Kayser: *Das Groteske in Malerei und Dichtung*, 15.

Charakter macht sie bereits über die topische Text-Metapher »Geflecht[]« aufmerksam: In dieser Szene reflektiert sich Meyers Text offensichtlich selbst. Dessen agonale Qualität betont wiederum die Präzisierung, dass sich in Lionardos Geflecht »je zwei« Schlangen »umwinden[]«. Ja, das Partizip I »sich umwind*end*« gibt gar zu verstehen, dass der Ausgang dieses Kampfes im Gegensatz zum Rededuell zwischen Pescara und Morone im Kapitel davor *in der Schwebe* bleibt, sprich: dass alles andere als ausgemacht ist, ob der Gattungsframe der Tragödie, den Pescara auf Bourbons Frage »Trauerspiel oder Posse?« hin mit auktorialem Gestus absolut gesetzt hatte, die entscheidende Lesefolie für Meyers Text abgibt – oder nicht vielleicht doch die Groteske, deren Relevanz Pescara in Gestalt ihrer ›harmloseren‹ Schwester, der »Posse«, so dezidiert zurückgewiesen hatte.

Noch für diese Diskrepanz zwischen einer ›offiziellen‹, d. h. von Pescara autorisierten, und einer ›inoffiziellen‹ Schreibweise des Textes findet sich eine Entsprechung in der Schlangensaal-Sequenz selbst. So wie sich Meyers Novelle aufgrund ihrer penetranten Hymnik als Verherrlichung des erhabenen Pescara präsentiert, so hat auch Lionardo das Werk »unter dem Vorwande einer Verherrlichung seines Fürstenhauses« gemalt. Der Eindruck, den das Fresko realiter auf Morone ausübt, aber ist ein ganz anderer: keinerlei Erbauung, sondern, nach anfänglichem Ergötzen, schiere Angst.

Das in der Schlangensaal-Sequenz vorgenommene ›anti-auktoriale‹ Framing lässt denn auch manches Detail aus dem restlichen Text in verändertem Licht erscheinen. Insbesondere schärft es den Blick dafür, dass gerade auch Pescara eine gewisse Affinität zu Posse und Groteske hat. Fremdzuschreibungen, wie sie Morone dem »Typenpersonal der Commedia dell'arte«[216] entlehnt – er nennt den militärischen Anführer der Heiligen Liga einmal »Capitano« (166) –, lassen sich zwar noch wegerklären. Mit Gustav Beckers könnte man nämlich argumentieren, diese Zuschreibungen offenbarten, wie sehr die anderen Figuren an der grundlegenden Wandlung und Läuterung vorbeisehen, die Pescara aufgrund seiner tödlichen Verletzung auf dem Schlachtfeld durchgemacht hat. Um einiges ambiger aber ist bereits die Passage aus dem Rededuell mit Morone, in der Pescara sein Gegenüber geradezu übermütig auffordert, den Vorhang, hinter dem er seine Vertrauten Karl Bourbon und Del Guasto als Zeugen versteckt hat, zu lüften, um sich zu vergewissern, dass sie beide allein seien. Was Morone daraufhin ausruft, zeigt, dass er – so sehr er selber in diesem Moment im Bann des Hymnischen

---

216 Beckers: »Morone und Pescara. Proteisches Verwandlungsspiel und existentielle Metamorphose«, 137.

steht – doch immer noch ein Gespür für das ihm ureigene Element des Possenhaften hat: »[W]erde ich in diesem heiligen Augenblicke so lächerlich sein, einen Vorhang zu heben wie ein betrogener Ehemann, der den versteckten Buhlen seines Weibes sucht?« (205)

Noch stärker infrage gestellt wird das Bild des hieratisch entrückten Pescara, wenn dieser im Schlossgarten von Novara kurz ausruhen will und dafür einen Sitz wählt, »dessen Lehnen zwei Sphinxe bildeten« (218). Zwar mögen die beiden Verzierungen primär die Rätselhaftigkeit von Pescaras Verhalten in den Augen der anderen Figuren betonen. Tatsächlich tritt unmittelbar danach Morone auf den Plan, »um das schlafende Antlitz zu belauschen, ob nicht jetzt die willenlose Miene den verschwiegenen Gedanken abbilde und ausdrücke« (ebd.), und am Schluss der Novelle wird derselbe Morone den Feldherrn gar explizit mit dem »Rätsel der Sphinx« (273) gleichsetzen. Auch fügt sich die Szene ohne Weiteres in den von der Hauptfigur favorisierten Tragödien-Frame, der in der Sphinx-Chiffre unweigerlich qua *König Ödipus* mitschwingt. Präziser noch als im vorherigen Fall spielt in sie aber eben auch ein genuin groteskes Moment hinein: Als Grotesken müssen die beiden Sphinxe nicht allein deswegen gewertet werden, weil sie sich in der für diesen Bildtypus typischen Art symmetrisch um Pescara herum anordnen. Wie bereits Schmarsow zu berichten weiß, gehörte das geflügelte Mischwesen der Sphinx überdies zu den beliebtesten Grotesken-Motiven der Spätrenaissance (Abb. 21 links und rechts oben).[217] Nicht von ungefähr ist das Mobiliar, auf dem sich Pescara niederlässt, ja auch Bestandteil der durch und durch manierierten Schlossgartengestaltung durch den Herzog von Mailand – man erinnere sich an die ausgeklügelte Presenza/Assenza-Skulpturengruppe. Indem die Szene Pescara in einen ihm vorausgehenden Prä-Text (in Gestalt des Schlossgartens) einschreibt, führt sie mithin beispielhaft vor, dass nicht einmal der mit auktorialen Weihen ausgestattete Feldherr in dem Leseraster aufgeht, das er selbst zum allein gültigen erklärt.

Von der Figurenebene lässt sich auf die des Textes schließen. Meyers Novelle mag in vorwiegend hymnisch-hieratischen Tönen davon erzählen, wie ein unablässig die Gestalt wechselnder Gegenspieler vergeblich danach trachtet, eine mit den Zügen eines Beinahe-Heiligen ausgestattete Figur in Versuchung zu führen. Ausgerechnet mit diesem Sujet

---

217 Vgl. Schmarsow: »Der Eintritt der Grotesken in die Dekoration der italienischen Renaissance«, 142. (Mit Hederich sei daran erinnert, dass die Sphinx in der griechischen Mythologie anders als in der ägyptischen mit Flügeln ausgestattet ist. Vgl. Hederich: *Gründliches mythologisches Lexikon*, Art. »Sphinx«, 2254.)

jedoch knüpft der Text zugleich an ein »Urthema der phantastischen Groteske«[218] an, das Flaubert ein gutes Jahrzehnt vor *Die Versuchung des Pescara* zu neuen literarischen Ehren gebracht hatte: die Versuchung des heiligen Antonius.[219]

*

Bezeichnend für die ambivalente Position von Meyers Novelle gegenüber der Groteske ist freilich, dass sie das alternative, ›wilde‹ (217) Framing ihres Plots nicht in aller Konsequenz durchspielt. Daran zeigt sich, so die These, wie sehr sie noch als spätrealistischer Text im Bann programmrealistischer Vorgaben steht – und wie sehr das unförmliche, dissonante Moment der Groteske auch bei Meyer der Prosa zugeordnet wird.

Aufschlussreich ist in der Hinsicht vor allem die Schilderung der von Pietro Aretino betriebenen Desinformationskampagne, die im Sinn der Heiligen Liga auf die öffentliche Meinung in Italien einwirken soll. Im Auftaktkapitel wird diese von einem der Verschwörer als entzügelte multimediale Groteske imaginiert, als »bacchantisch aufspringender, taumelnder Reigen verhüllter und nackter, drohender und verlockender Figuren und Wendungen, alle um Pescara sich drehend« (173). Meyers Text geht auf dieses Spektakel dagegen nur in Gestalt eines einzigen Gedichts ein. Konkret handelt es sich um ein Victoria zugeschriebenes, in Wahrheit aber von Aretino selbst verfasstes »feierlich[es]« (239) Sonett mit dem Titel »Victoria an Pescara« (240). Aufgrund seines vertrackten Äußerungsdispositivs bringt dieses nicht allein die Geschlechterverhältnisse durcheinander – ein männlicher Autor richtet sich hier ja im Namen einer Dichterin an deren Mann –, sondern, wie Pescaras Reaktion zeigt, auch die von Poesie und Prosa. Für den Feldherrn ist das Sonett nämlich »innerlich hohl und stammt aus einer niedrigen Seele. Liebe fordert keinen Lohn, Liebe gibt sich umsonst, Liebe rechnet nicht. Solches ist gemein.« (Ebd.) Eigentlich klingen diese pseudohymnischen »Verse« (ebd.) in Pescaras Ohren also durch und durch prosaisch.

---

218 Kayser: *Das Groteske in Malerei und Dichtung*, 129.
219 Flauberts Werk befand sich nachweislich in Meyers Bibliothek. In einem Brief an Louise von François bringt Meyer den Bezug zum Antonius-Sujet gar selber ins Spiel – aber nur, um ihn im selben Atemzug umso vehementer zurückzuweisen: »Ich sage Ihnen den Pescara an, der in wenig Wochen bei Ihnen sein wird, d.h. die Versuchung des Pescara, wie Sie wissen, aber keine Versuchung in der Art des St. Antonius, sondern – doch ich will nichts verrathen.« (Brief vom 10.11.1887, zit. nach: Meyer: *Historisch-kritische Ausgabe*, Bd. 13, 376.)

Zugleich wird damit die rein männliche Pietà, mit der die Novelle endet, als programmatischer Gegenentwurf zu Aretinos ach so frivolem Rollenspiel lesbar: Auch diese präsentiert sich ja als poetologisch aufgeladenes *gender crossing*, ist jedoch, wie ich weiter oben dargelegt habe, als Dreh- und Angelpunkt des kunstmetaphysischen Erlösungsszenarios bestrebt, Prosa in Poesie zu verwandeln. So löst sich auch das Paradox, dass das kunstmetaphysische Erlösungsszenario der Novelle gerade dort am stärksten zum Tragen kommt, wo eigentlich die Grotesken-Elemente an ihrem angestammten Platz wären: an den *Rändern* des Textes, am Anfang und am Ende der Novelle. In Gestalt des Schlangenfreskos in die Mitte des Textes platziert, wird die Groteske zwar zu dessen zweitem Zentrum instituiert, zugleich aber eben auch eingehegt.

Als ›Vor-Bild‹ für diese Art des Umgangs mit der Groteske bietet sich denn auch weniger Lionardos »wilde[r] Ring« an als ein anderes Werk. In der Novelle selbst findet es zwar keine Erwähnung. Aufgrund des prominenten Status, den Meyers Text dessen Urheber zuweist, steht es jedoch ›gegenwärtig-abwesend‹ (223) als sein ›ersehntes‹ (ebd.) künstlerisches Modell unweigerlich im Raum. Die Rede ist einmal mehr von den – Zitat Jacob Burckhardt – »weltberühmte[n]« Grotesken,[220] mit denen Raphael 1517–1519 in Zusammenarbeit mit Giovanni da Udine die päpstlichen Loggien im Vatikan ausschmückte. Diesen bescheinigte die zeitgenössische Kunstgeschichte nämlich, als Einzige überhaupt des »ungebundenen« – mit literaturwissenschaftlichen Augen gelesen, bekommt der Ausdruck unwillkürlich einen poetologischen Anstrich – »Spiel[s] mit den *miscugli* [d.h. Mischwesen] und *mostri*« Herr geworden zu sein.[221] Mit einer solchen Lesart wäre bezeichnenderweise auch Pescaras auktorialer Nimbus retabliert: Wie wir durch Victoria wissen, ist der Lieblingsmaler ihres Mannes ja niemand anderer als Raphael (vgl. 237).

*

Gleichwohl ist damit noch nicht das letzte Wort zum Status der Groteske in Meyers Novelle gesprochen. So irrig es wäre, deren ›Wildheit‹ überzubetonen – etwa gegenüber einem Roman wie Brentanos *Godwi* (1800/01), der die eigene ›Verwilderung‹ programmatisch bereits im Untertitel ankündigt –, so unangemessen wäre es, umgekehrt die auktoriale, auf Abgeschlossenheit bedachte Lesart absolut zu setzen. Aller Einhegung zum Trotz besteht das Irritationsmoment des ›fratzenhaf-

---

220 Burckhardt: *Geschichte der Renaissance in Italien*, 298 (§175).
221 Schmarsow: »Der Eintritt der Grottesken in die Dekoration der italienischen Renaissance«, 141.

Abb. 22: Floral-elektrisches Arabeskenornament.
Aus: *Westermanns illustrierte deutsche Monatshefte* 77 (1894/95), 96.

ten‹ Schlangenfreskos in der Mitte des Textes ja fort. Wie unterschwellig auch immer die Groteske noch die kunstmetaphysisch verbrämten Ränder des Textes affiziert, zeigt sich einmal mehr an Franz Sforzas Ausruf »Eine furchtbare Ziffer!« (151) gleich zu Beginn: Das Adjektiv ›furchtbar‹ nimmt das in der Schlangensaal-Sequenz so prominente Moment des Schauderns und Grauens vorweg, und der Ausruf ›Ziffer‹ *deformiert*, wie gezeigt, den aufgrund des letzten Worts der Novelle – »Schnitter« (275) – zu erwartenden Reim ›Zither‹. Kurzum: Meyers Novelle rundweg als »liebliche[]« (237) zu bezeichnen – mit dem Attribut wird Raphael im Gespräch zwischen Pescara und Victoria versehen –, hieße letztlich, ihre diskreten Dissonanzen zu überhören.

Der Befund spitzt sich zu, wenn man auch in dieser Hinsicht *Hohe Station* als verschwiegenen, eigentlichen Rahmen der Renaissance-Novelle in Anschlag bringt. Schon die Motivik legt dies nahe, erscheint das organizistisch überformte Telegrafenkabel aus dem Alpen-Gedicht doch als modern-technologisches Pendant zu den Ornamentgrotesken der Renaissance, zu deren Hybridwesen und Ranken. Dass der Illustrationsgrafik des ausgehenden 19. Jahrhunderts eine solche Aktualisierung alles andere als fremd war, belegt beispielsweise die Titelvignette zu einem Aufsatz von Julius Lessing, dem ersten Direktor des Berliner Kunstgewerbemuseums: Was dort zunächst wie ein florales Arrangement anmutet, entpuppt sich auf den zweiten Blick als elektrisches Beleuchtungsdispositiv, mit Glühbirnen ›als‹ Blütenknopsen (Abb. 22). *Hohe Station* und *Die Versuchung des Pescara* stehen aber nicht einfach motivisch im Zeichen der Groteske. Ebenso zuordnen lassen sich ihr die Irritationseffekte, für die, wie ich in meiner Gedichtlektüre gezeigt habe, die Interferenzen zwischen beiden Texten sorgen, insbesondere die zwischen den Schrecknissen aus Meyers Schreibgegenwart und denen der Renaissance.

Von einer solch genuin grotesken Rahmung auszugehen mag durch Meyers Publikationspolitik nicht gedeckt sein und dementsprechend ›anti-auktorialen‹ Charakter haben. Die Novelle selbst aber reflektiert die Konstellation sehr wohl, und gar einmal mehr mit stupender Präzision. Das zeigt sich, sobald man den Michelangelo zugeschriebenen »Mensch[en] mit gesträubtem Haar« ins Spiel bringt, »der vor einem Spiegel zurückbebt« (238). Das Detail aus der Sixtinischen Kapelle findet nämlich nicht nur am Ende genau jenes Kapitels aus Meyers Novelle Erwähnung, das mit der Schlangensaal-Sequenz beginnt. Über diesen formalen Symmetrie-Effekt hängen beide Stellen auch motivisch zusammen: Morones Erschaudern vor dem Schlangenfresko, das ihm eine Art Spiegelbild seiner selbst in Gestalt einer Groteske zurücksendet, präfiguriert ja geradezu Michelangelos Werk. Ich begreife all diese Echos als Einladung, auch Victorias und Pescaras *Auslegung* der Szene aus der Sixtinischen Kapelle auf die Schlangensaal-Sequenz zu übertragen: Schreckt Morone dort womöglich seinerseits vor den »Drohungen der Gegenwart« (238) zurück? Bzw. poetologisch gewendet: Führt Meyers *Text* mit dem »gemalten *Geflechte* von Schlangen« (ebd.) etwa in einer wortwörtlich zu verstehenden *mise en abyme* vor, wie er sich selbst von der »Fratze« (217) der gegenwärtigen Zeit abwendet? Es ist auf jeden Fall verlockend, in Morones Reaktion auf das Schlangenfresko ein Bild dafür zu sehen, dass sich der Text zwar einerseits sehr wohl bewusst ist, was für Konsequenzen die Auflösung des Subjekts, welche die Titelfigur der Novelle verklärend herbeisehnt und welche die unablässigen Verkleidungen des »Kanzler[s] Proteus« auf ihre Art durchspielen, *eigentlich* nach sich zieht; und dass er andererseits aber eben auch davor zurückschreckt, diese in der gleichen Radikalität auszubuchstabieren wie die »unbedingt modern[en]«[222] Schreibweisen von Meyers Zeitgenossen Nietzsche, Rimbaud oder Lewis Carroll.

Nichtsdestoweniger – bzw. gerade deswegen – legen noch andere Details aus der Schlangensaal-Sequenz nahe, dass deren Setting, recht besehen, die programmrealistische Verankerung des Textes bis in ihre Grundfesten gefährdet. So hat Morone, unmittelbar bevor er sich

---

222 Rimbaud: *Une Saison en enfer/Eine Zeit in der Hölle* [1873], 82 f. (»absolument moderne«).

umwendet, »plötzlich« den Eindruck, »als lebe und drehe sich das Gewinde« (217). In diametraler Entgegensetzung zum dominanten, kunstmetaphysischen Erlösungsszenario tritt Lionardos Werk mithin ins nackte Leben über. Welche psychopathologischen Implikationen mit diesem Schockmoment einhergehen – Implikationen, die im deutschsprachigen Realismus freilich vollends der Sagbarkeit entzogen bleiben müssen –, werde ich im Schlussabschnitt ausführen.

*

Davor möchte ich noch auf eine andere, medienreflexive Pointe der Schlangensaal-Sequenz zu sprechen kommen. Als Ausgangspunkt dient mir erneut deren Positionierung in Meyers Text. Anders als bisher veranschlage ich nun jedoch nicht mehr die Buchversion als Referenzgröße, sondern den zweiteiligen Vorabdruck der Novelle in der *Deutschen Rundschau*. Dort bildet die Schlangensaal-Sequenz den Auftakt der zweiten Lieferung. Da Julius Rodenberg seine Heftnummern jeweils mit einem literarischen Filetstück einzuleiten pflegte, folgt sie also unmittelbar auf das Titelblatt der Zeitschrift. Wie insbesondere Gerhart von Graevenitz in Erinnerung gerufen hat, weisen solche Titelblätter in der ›Bildungspresse‹ der zweiten Hälfte des 19. Jahrhunderts gemeinhin einen Zierrahmen auf, der sich – wie trivialisiert auch immer – von der romantischen Arabeske à la Runge und damit auch vom Bildgenre der Ornamentgroteske und eben Raphaels Loggien herschreibt. In diese Rahmen wiederum sind, so von Graevenitz weiter, in der Art einer Altarwand je spezifische Erbauungsbilder – mal allegorischer, mal beschaulich-idyllischer Natur – eingelassen. Für von Graevenitz lässt sich an diesen Verschachtelungen und Re-Framings ablesen, dass die Titelblätter selbst ein durchaus genaues Bewusstsein davon haben, wie die damalige Bildungspresse ›Wirklichkeit‹ für ihr Lesepublikum konstituiert und erinnerbar macht. Anders gesagt: Für ihn spielen die Titelblätter die romantische Arabesken-Utopie als »kombinatorische Einheit für das von Teilung und Ausdifferenzierung geschlagene Leben der ›Moderne‹«[223] unter den veränderten Strukturbedingungen der Medienlandschaft nach 1850 noch einmal durch. Von dort aus schlägt von Graevenitz den Bogen zur Literatur, namentlich zum Auftakt von Fontanes *Effi Briest* und *Der Stechlin*, beide in Zeitschriften vorabgedruckt. Von Graevenitz' These: Deren arabesker Charakter sei seinerseits als intrikate Reflexion auf die Verfahren zu begreifen, welche die Periodika auf ihren Titelblättern ins Bild

223 von Graevenitz: »Memoria und Realismus«, 300.

setzen. Fontanes Romaneinstiege instituierten die Literatur mithin als übergeordnete Beobachtungsinstanz und inszenierten so »ihre eigene Stellung im Gefüge der Arrangements und Re-arrangements der Pressememoria«.[224]

Von Graevenitz' Befund lässt sich auf das Schlangenfresko aus Meyers Renaissance-Novelle übertragen. Auch dieses wartet ja mit vielfältigen Re-Arrangements auf und ordnet die Szene immer wieder neu ein: von ihren kunsthistorischen Realitätseffekten über die weitreichenden kulturgeschichtlichen und gattungstheoretischen Anspielungen auf die Groteske bis hin, *sub limine* (wie noch zu zeigen ist), zu ihrer Affinität zur Hysterie. Für einen Bezug auf die Titelblätter der damaligen Bildungspresse spricht überdies, dass Meyers Text neben der Ornamentgroteske in seiner Mitte auch Züge eines Altarblatts trägt: Ausdrücklich darauf aufmerksam macht die als »Altarbild[]« (250) angelegte Kreuzigungsdarstellung, in der die christologische Leitmotivik der Novelle kulminiert. Indem der Text beide Bildgattungen vereinigt, die für die von Gravenitz untersuchten Titelblätter konstitutiv sind, führt er geradezu exemplarisch vor, wie sich das ausgehende 19. Jahrhundert ›seine‹ italienische Renaissance zurechtlegt, wie es diese erinnert.

Genauso wenig wie Fontanes Romaneinstiege beschränkt sich Meyers Renaissance-Novelle indes darauf, die Verfahren der Massenmedien ihrer Zeit einfach weiterzuschreiben. Deren Titelblättern gegenüber nimmt sie nämlich schon allein deswegen eine reflektierende Beobachterposition ein, weil die Ornamentgroteske, mit der der zweite Teil des Vorabdrucks einsetzt, eben nicht mit einem idyllischen Zierrahmen à la *Gartenlaube* aufwartet. Der Weichspülung des Bildgenres durch die massenhafte technische Reproduktion in den zeitgenössischen Periodika stellt sie im kulturhistorischen Rückgriff auf dessen Ursprünge in der Renaissance die ungleich ›wildere‹ Authentizität des Originals gegenüber.

Meine Lesart scheint freilich einen Haken zu haben: Anders als die ihrer zeitgenössischen Pendants kommt das Titelblatt der *Deutschen Rundschau* selbst ganz und gar ohne Illustration aus. Das ist durchaus Programm: Auch in ihrem Binnenteil versperrt sich Julius Rodenbergs betont bildungsbürgerlich-elitäre Zeitschrift dem als zu wenig intellektuell wahrgenommenen Medium Bild. Eine hochgradig paradoxe Distinktionsstrategie, sind die Grundprinzipien der *Deutschen Rundschau* doch, nüchtern betrachtet, dieselben wie die der vorgeblichen Massenpresse um sie herum: »[u]nterhaltende Belehrung

---

224 Ebd., 298.

und belehrende Unterhaltung«.[225] Paradox muss dieser *parti pris* aber auch deswegen genannt werden, weil die Bezeichnung ›Rund*schau*‹ ja eigentlich Anschauungsfreundlichkeit verheißt.[226] Genau hier setzt Meyers Schlangenfresko an: Es liefert die Ornamentgroteske nach, die auf dem Titelblatt der *Deutschen Rundschau* fehlt, tut dies aber nicht im Medium des Bildes, sondern in dem der Schrift. Kein Zweifel: Auch intermedial ist *Die Versuchung des Pescara* mit der *Deutschen Rundschau* an der richtigen Adresse.

2.8 Hysterische Renaissance, hysterisierter Text?

Wird die Hysterie über Jahrhunderte hinweg nahezu ausschließlich als Frauenleiden konzipiert – bereits die Etymologie ihres Namens weist ja darauf hin – und allenfalls auf ›effeminierte‹ Männer ausgedehnt, so ist gerade in der zweiten Hälfte der 1880er-Jahre, dem unmittelbaren Entstehungskontext von *Die Versuchung des Pescara* also, unter dem Impuls von niemand Geringerem als Charcot selbst, »an attempt to masculinize the traditionally ›feminine‹ diagnosis of hysteria«[227] zu verzeichnen. Diese Tendenz schlägt sich sowohl in steigenden Patientenzahlen als in der Anzahl publizierter (Fall-)Studien nieder. Wie der Medizinhistoriker Mark S. Micale schreibt, war die *hystérie mâle* in jenen Jahren alles andere als ein Kuriosum oder eine bloße Kopfgeburt, sondern »a workaday diagnosis.«[228]

Schon durch diese allgemeine Entwicklung gewinnt meine Hypothese, die Meyer'sche Schlangensaal-Sequenz sei psychopathologisch grundiert, an Plausibilität. Hinzu kommen eigentümliche Resonanzen zwischen Morones Verhalten angesichts von Lionardos Fresko und dem damals wohl bestdokumentierten Fall männlicher Hysterie: Während Morone am Ende den Eindruck hat, das schaudererregende Schlangengewinde werde lebendig und fange an sich zu drehen, wird Charcots Patient ›Louis V.‹ von »›terrifying hallucinations‹ of snakes« heimgesucht.

---

225 Günter: »Die Medien des Realismus«, 49. Zu den Distinktionsstrategien der *Deutschen Rundschau* vgl., freilich ohne Verweis auf ihre Bilderlosigkeit, ebd., 58f.
226 Zu diesem »illustrationslosen Okulismus« der *Deutschen Rundschau* vgl. von Graevenitz: *Ängstliche Moderne*, 206f.
227 Micale: *Hysterical Men*, 124. Vgl. v.a. die Kapitel »Charcot and *La Grande Hystérie Masculine*«, 117–161, und »Male Hysteria at the Fin de Siècle«, 162–227.
228 Ebd., 123.

Auch von dessen Überzeugung, er sei »by the orders of Charcot« ans Bett gefesselt worden,[229] findet sich eine Entsprechung bei Meyer. Obgleich sich Morone im Gebäudetrakt, den ihm Pescara zugewiesen hat, und sogar im Schlossgarten frei bewegen darf, bezeichnet er seine Lage explizit als »Marter«, die er »nicht länger ertragen« (258) könne. Eine Einschätzung, in der Pescaras Bemerkung gegenüber Victoria nachklingt, »Menschen und Dinge mit unsichtbaren Händen zu lenken, sei das Feinste des Lebens« (186). Im Gespräch der beiden Eheleute mag das primär auf Pescaras Feldherrenkünste und sein politisches Geschick zu beziehen sein; was die Schlangensaal-Sequenz angeht, lässt die Bemerkung die Titelfigur aber auch als eine Art Alter Ego von Charcot erscheinen, da dieser seine Patient*innen bekanntlich ebenfalls »mit unsichtbaren Händen zu lenken« pflegte: qua Hypnose.[230]

Morone also als verkappter männlicher Hysteriker, und Pescara als ein in die Renaissance zurückprojizierter Charcot? Der Hypothese möchte ich mit Blick auf andere Stellen etwas genauer nachgehen, bevor ich den Hysterie-Befund dann auf Morones Mitverschwörer und schließlich auf Pescara selber ausdehne. Stets wird dabei zu fragen sein, inwiefern dieser insgeheim im Zeichen der Hysterie stehenden Renaissance auch eine *Schreibweise* entspricht, die sich als hysterische charakterisieren lässt.

*

Im Verlauf der Novelle wird Morone gleich mehrfach ausdrücklich in die Nähe des Wahnsinns gerückt: »Gebärde dich nicht wie ein Rasender« (169), weist ihn Guicciardin, der Abgesandte des Papstes, zurecht, als er seinen Plan, Pescara für die Heilige Liga zu gewinnen, zum ersten Mal aufbringt. Und am Ende des fünften Kapitels, als er, festgesetzt in Novara, nicht länger auf Pescaras Antwort zu warten vermag, stürzt

---

229 Ebd., 190, mit zweimaligem Bezug auf die 1886 erschienene Doktorarbeit eines gewissen Quinqueton: *De l'hystérie chez l'homme*, 47 und 49.

230 Hansen deutet Pescara denn auch rundweg als Hypnotiker (vgl. Hansen: *Conrad Ferdinand Meyer: »Angela Borgia«*, 245 f. und 257, Anm. 2), genauso wie er m. W. als einziger Meyer-Interpret vorschlägt, Morone unter psychopathologischen Vorzeichen zu lesen. In Hansens Lektüre der Schlangensaal-Sequenz wird der Kanzler von Mailand dementsprechend zur »wehrlose[n] Beute seiner Einbildungskraft« (ebd., 174). Da das Augenmerk von Hansens Studie primär auf der Novelle *Angela Borgia* liegt, werden diese Ansätze jedoch nicht weiter verfolgt. Genauso wenig bringt Hansen die Hysterie ins Spiel, da sich seine Lektüre weniger von Charcot als von der psychodynamisch argumentierenden *école de Nancy* und deren Leitbegriffen (Suggestibilität, Fragmentierung der Persönlichkeit) herschreibt.

er, »verwildert, mit rasender Miene und verrückten Augen« (258) zu diesem herein, »krampfhaft die Lehne eines Sessels« (259) packend; seinen Höhepunkt erreicht der Anfall dann nach Pescaras abschlägiger Antwort: Morone gerät »in Wut, seine Züge verzerr[]en sich, und er tobt[] wie ein Besessener.« (260) Regelmäßig entgleitet dem ansonsten so wortgewandten Kanzler in jenen Szenen die Herrschaft über die Sprache: »Stammelnd[]« bzw. »wortlos« (203) tritt er im dritten Kapitel vor Pescara, und als er seinen Vorschlag dann ein erstes Mal in Worte zu fassen vermag, »keucht[] es« (204) gleichsam animalisch aus ihm heraus.

Mehrheitlich in ›Wie‹-Vergleiche eingebunden, ist der Wahnsinn dabei zwar als uneigentliche Rede markiert. Zugleich aber scheint er auf diese Weise überhaupt erst als mögliche Lektürefolie auf – und affiziert so auch unwillkürlich das Wortfeld des Närrischen, das die anderen Figuren gerne zur Charakterisierung des Kanzlers von Mailand bemühen. Neben aller Commedia-dell'Arte-Typik klingt in Morones Narrentum damit immer auch die ältere Wortbedeutung einer »verrückte[n], irrsinnige[n] und überhaupt geisteskranke[n] Person«[231] an. Am deutlichsten zeigt sich die Zwiespältigkeit dieser Sprechweise auf den letzten Seiten der Novelle. Dort tritt Karl Bourbon Leyva entgegen, weil dieser Morone nach der Schlacht von Mailand auf die Folterbank legen will: »Will sich der Herr an den Zuckungen dieses närrischen Gesichtes ergötzen?« (271) Selbstredend ist der Ausdruck ›Zuckungen‹ primär dadurch motiviert, dass es hier um körperliche Tortur geht. Aber indem Bourbon ihn in einem Atemzug mit Morones Narrentum verwendet, werden die Zuckungen zugleich auch lesbar als die paroxystische Ausprägung der exaltierten Mimik und Gestik, die den Kanzler von Mailand *die ganze Zeit über* kennzeichnet – als das physiologische Substrat seiner hochtheatralischen Auftritte, das als solches eben erst auf der Folterbank durchscheint. Weil das Wortfeld des Närrischen an dieser Stelle zum letzten Mal Verwendung findet, könnte man gar sagen: Meyers Text ermahnt sein Lesepublikum hier gleichsam ex post, Morones übliche Verrenkungen seinerseits nicht als etwas bloß ›Ergötzliches‹ aufzufassen (der Ausdruck fällt ja bezeichnenderweise auch in der Schlangensaal-Sequenz). Jenseits ihrer kulturhistorischen Verbrämung sind in der Gestik des Kanzlers vielmehr stets auch leibhaftige Krämpfe und Spasmen mitzulesen, ›Zuckungen‹ im vollen Wortsinn.

231 *Deutsches Wörterbuch*, Bd. 13, Sp. 354. Erneut zehre ich dabei von Uffe Hansens Vorarbeit. Seiner Analyse zufolge ist mit ›Narr‹ bei Meyer stets eine extrem labile Figur gemeint, deren Identität noch stärker fragmentiert ist als die der andern. Vgl. Hansen: *Conrad Ferdinand Meyer: »Angela Borgia«*, 173–180 und 300–302.

Um möglichen Missverständnissen vorzubeugen, sei zugleich präzisiert: Meine ›pathologisierende‹ Lesart erklärt die Theatralität von Morones Auftritten keineswegs zu einer vernachlässigbaren Größe. Ganz im Gegenteil, ist der Kanzler von Mailand doch überhaupt erst wegen dieser theatralen Dimension als verkappter Hysteriker entzifferbar. Da seinen Anfällen stets ein Schuss Schauspielkunst beigemengt ist, zeugen sie von einer Ambivalenz, die für die Auseinandersetzung mit der Hysterie – Simulation oder reales Leiden? – seit jeher konstitutiv war. Die hymnischen Töne, die Morone im dritten Kapitel Pescara gegenüber anschlägt, liefern dafür das wohl sinnfälligste Beispiel: Wie ich weiter oben gezeigt habe, verfügt Morone ebenso virtuos über das eminent theatrale Genre der Hymnik, wie er sich wiederholt von der Eigendynamik seines begeisterten Sprechens mitreißen lässt.

Auch sonst weisen Morones großer Auftritt und das von Pescara ersonnene theatrale Dispositiv eine eigentümliche Nähe zu Charcots berühmten *leçons du mardi* in der Salpêtrière auf.[232] Dass in dieser Szene nicht nur politisches Theater gespielt wird, sondern eben auch medizinisches, darauf verweist diskret bereits die Identität, unter der sich Morone ankündigen lässt: als bei Pescaras *Leibarzt* abgestiegener *Apotheker* (vgl. 202). Zudem festigt hier wie dort, im lombardischen Schloss des 16. Jahrhunderts ebenso wie im Paris des 19., eine männliche Regisseur-Instanz ihre Deutungshoheit, indem sie einem faszinierten Publikum das erotisch aufgeladene Geschick ihrer Proband*innen vor Augen führt. Bei Meyer erfährt man am Ende der Szene nämlich *expressis verbis*, dass die hinter einem Vorhang versteckten Karl Bourbon und Del Guasto von Morones Auftritt »verführt und bezaubert« (215) worden sind. Und während Charcot die Anfälle seiner Patient*innen mit punktuellen Interventionen (Druck auf die Ovarien, Lenden oder Hoden) unterbricht, hervorruft und in bestimmte Richtungen lenkt,[233] so ergreift Pescara »den beschwingten Redner am Arm, als wollte er ihn festhalten« (207), und liefert ihm dabei die entscheidenden Stichworte für einen Rollenwechsel: »[L]aß dir eine Maske bieten, wie du sie liebst, und warum nicht die des verschollenen florentinischen Sekretärs […]?« (208) Ganz wie Charcot macht Pescara Morone damit letzten Endes qua Prosopopöie – »Rede, Niccolò Macchiavelli!« (ebd.) – zum

---

232 Zur spezifischen Theatralität der von Charcot und seinen Schülern konzeptualisierten *grande attaque hystérique* und deren Wechselwirkungen mit der Theaterbühne des 19. Jahrhunderts vgl. Vogel: *Die Furie und das Gesetz*, Kap. XI: »Tausend Formen in einem Augenblick oder Der Anfall an seinem Ort«, 349–395.
233 Vgl. etwa Micale: *Hysterical Men*, 153–156.

Bauchredner seiner selbst.[234] Mit dem Titel der Novelle gesprochen: Der vermeintliche Versucher Morone wird hier von Pescara zur bloßen Versuchsperson degradiert.

Anders als Charcot freilich leugnet Pescara das theatrale Moment des von ihm ausgeheckten Settings nicht zugunsten eines vorgeblich rein sachlichen, medizinischen Blicks. Vielmehr insistiert er umgekehrt einseitig auf dem Theatralen:»›Herrschaften‹, sagte er, ›hier wurde Theater gespielt.‹« (215) *Gegen* Pescaras Intention meldet das Psychopathologische indes wiederum gerade im Titel, den er dem Stück mit auktorialem Gestus verpasst, diskret sein Recht an: »Tod und *Narr*« eben (ebd., Hervorhebung G.F.). Gleichermaßen lässt sich auch in der von Pescara verworfenen Gattungsbezeichnung »Posse« (ebd.) eine Anspielung auf eine der berühmten vier Phasen der *grande attaque hystérique* ausmachen, die Charcot und seine Schüler aufgrund der dort zu beobachtenden Kontorsionen und heftigen Bewegungen die ›clowneske‹ nannten.[235]

Die Posse ist nicht der einzige kulturhistorische Frame, mit dem sowohl Meyers Novelle als auch Charcot operieren, die eine zur Charakterisierung von Morone, der andere zur näheren Bestimmung der Hysterie. Ähnliches gilt für das ›Dämonische‹. Explizit in dessen Nähe gerückt wird Morone in einer Szene aus dem zweiten Kapitel. Im Halbdunkel liest Victoria dort in einer willkürlich aufgeschlagenen Stelle aus den Evangelien – wie es der Zufall so will, handelt es sich um »die dreimalige Versuchung des Herrn durch den Dämon in der Wüste« (190) – und vermeint alsbald, die beiden Protagonisten leibhaftig vor sich zu sehen. In einem eigenwilligen Morphing nimmt Christus dabei nach und nach die Züge ihres Mannes an, »während der Dämon jetzt einen langen schwarzen Juristenrock trug und sich wie ein Gaukler gebärdete.« (Ebd.) Auftritt Morone mit seinem verführerischen Angebot, Pescara zum König des geeinten Italien zu machen.

Charcot funktioniert seinerseits den denkbar unwissenschaftlich konnotierten Begriff des Dämonischen zu einer eigenständigen nosologischen Beschreibungskategorie um.[236] In einer programmatisch mit *Les Démoniaques dans l'art* überschriebenen Studie, die Charcot mit

---

234 Zur Hysterikerin als Bauchrednerin der ärztlichen Stimme vgl. Beizer: *Ventriloquized Bodies.*
235 Zur clownesken Phase vgl. Richer: *Études cliniques sur l'hystéro-épilepsie,* 73–93, sowie die dramaturgische Lektüre bei Vogel: *Die Furie und das Gesetz,* 366–373.
236 Zu den mit dieser Adaption einhergehenden Sophismen und Kurzschlüssen vgl. Didi-Huberman: »Charcot, l'histoire et l'art«, 151–154, und Bronfen: *Das verknotete Subjekt,* 290f.

seinem Schüler Paul Richer verfasst und just in dem Jahr erscheint, in dem Meyer *Die Versuchung des Pescara* fertigstellt, bildet der Begriff gar den Dreh- und Angelpunkt der gesamten Argumentation. So behaupten die beiden Verfasser in einem Parforceritt durch die europäische Kunstgeschichte, die Hysterie sei keine ausschließlich ›moderne‹ Krankheit, sondern habe sich zu allen Zeiten in gemeinhin als ›dämonisch‹ bezeichneten Zuständen manifestiert. Besonders aufschlussreich für mein Argument ist ein von Charcot und Richer herauspräparierter ikonografischer Topos: Bei der bildnerischen Darstellung von Besessenen sei es seit jeher üblich gewesen, neben oder über der betreffenden Figur einen drachenähnlichen Dämon abzubilden – als Indiz dafür, dass der Austreibungsversuch durch den Exorzisten, den Charcot und Richer konsequent als Vorläufer des modernen Nervenarztes interpretieren, geglückt sei (Abb. 23).[237]

Ob Meyer tatsächlich mit dem Band vertraut war, lässt sich heute nicht mehr zweifelsfrei nachweisen. Denkbar aber ist, dass er über die Vermittlung von Auguste Forel, dem Direktor der Zürcher ›Irrenheilanstalt‹ Burghölzli, davon Kenntnis hatte.[238] Die Parallelen zwischen der Bildlektüre von Charcot/Richer und dem Schlangensaal-Setting, in das der Hysterie-Diskurs des ausgehenden 19. Jahrhunderts ja auch noch in anderer Hinsicht hineinspielt, sind jedenfalls frappant. Der abwesende Pescara findet sich dabei in der Rolle des Exorzisten wieder, der Morone durch die Unterbringung im Schlangensaal damit zu konfrontieren trachtet, wie absurd bzw. wie *grotesk* dessen Traum von einem geeinten Italien eigentlich ist: Pars pro toto stehen für dieses die sich umwindenden, aller offiziellen Harmoniebekundungen zum Trotz weiterhin miteinander im Clinch liegenden Wappentiere der Sforza und Visconti.

237 Vgl. Charcot/Richer: *Die Besessenen in der Kunst*, 9f.
238 Dokumentiert ist dieser Kontakt allein dank eines Berichts des Schriftstellers Wilhelm Langewiesche. Meyers ›offizielle‹ Vertrauenspersonen (seine Schwester Betsy, sein Biograf Adolf Frey) dagegen verlieren kein Wort darüber, genauso wie sie Meyers wiederholte psychische Erkrankungen, wenn überhaupt, nur verbrämend umschreiben. Dass Forel der notorisch mit Charcot über Kreuz liegenden Schule von Nancy nahestand, entkräftet meine Hypothese nicht, spricht Langewiesche doch nicht nur von einem persönlichen Kontakt zu Forel, sondern, allgemeiner, von Meyers Interesse an den »Resultaten der wissenschaftlichen Forschung« (Langewiesche: »Ein Besuch bei Conrad Ferdinand Meyer« [1892], zit. nach Hansen: *Conrad Ferdinand Meyer: »Angela Borgia«*, 42). Einen plastischen Eindruck der damaligen Krankenvorführungen am Burghölzli vermittelt Gerhart Hauptmann in seinen autobiografischen Erinnerungen. Meyer trifft der junge Hauptmann dort allerdings nicht an; nur von Weitem sieht er ihn einmal in der Stadt. Vgl. Hauptmann: *Das Abenteuer meiner Jugend*, 1063–1068.

Abb. 23: Der hl. Benedikt erlöst einen besessenen Mönch vom Dämon. Kupferstich aus einer Lebensbeschreibung des heiligen Benedikt (1578). Aus: Charcot/Richer: *Die Besessenen in der Kunst*, 59. Quelle: gallica.bnf.fr / Bibliothèque nationale de France.

Über Posse und Dämonie hinaus lassen sich noch weitere kulturhistorisches Codes anführen, die Morones Auftritte im Verlauf von Meyers Novelle ebenso überformen wie Charcot darauf zurückgreift, um die Hysterie zu modellieren. Das gilt zunächst für die Groteske, zeigt sich in den Skizzen, die Charcot von seinen Patient*innen anfertigt, doch eine ausgeprägte Vorliebe für Effekte dieser Art.[239] Hier wie dort auch gibt es nahezu deckungsgleiche Anleihen bei der antiken Mythologie, angefangen bei Dionysos/Bacchus. Wie gängig die Assoziation von Dionysos-Kult und Hysterie damals war, belegen neben Nietzsches ein Jahr nach *Die Versuchung des Pescara* veröffentlichter Streitschrift *Der Fall Wagner*[240] auch die vom Charcot-Schüler Paul Richer angefertigten Hysterikerinnen-Zeichnungen, die sich ganz offensichtlich von der antiken Mänaden-Ikonografie herschreiben (Abb. 24 und 25).[241]

Vielleicht am sinnfälligsten jedoch ist das mythologische Bild, in das der Papst Morones Verkleidungskünste sowie seine stupende Anpassungsfähigkeit an die jeweiligen politischen Machtverhältnisse fasst: »Kanzler Proteus« (171). Seit Mitte des 17. Jahrhunderts ist das Proteische nämlich die Metapher schlechthin für die unzähligen, permanent sich wandelnden und dabei immer wieder die Symptome anderer Krankheiten imitierenden Erscheinungsformen der Hysterie.[242] Erst Charcot wird behaupten, seine Schule habe es dank streng wissenschaftlicher Methode verstanden, dieses vorgeblichen »Protée qui se présente sous mille formes et qu'on ne peut saisir sous aucune« Herr zu werden, weil sie Regularitäten herausgearbeitet habe, »dont les variations n'affectent en rien l'universalité, puisque ces variations, quelque nombreuses qu'elles puissent paraître, se rattachent toujours logiquement au type fondamental.«[243]

Wenn es um Morone geht, nimmt Meyers Text mithin *selbst* hysterische Züge an. Während Charcots Hysteriker*innen unablässig Posen aus der Kunst- und Theatergeschichte zitieren, die der ärztliche Blick dann treffsicher als Hysterie zu ›identifizieren‹ vermag,[244] werden Morones Auftritte strukturanalog dazu in die unterschiedlichsten

---

239 Vgl. Didi-Huberman: »Charcot, l'histoire et l'art«, 178.
240 Vgl. dazu etwa Thomé: *Autonomes Ich und ›Inneres Ausland‹*, 210–215.
241 Vgl. Didi-Huberman: *Das Nachleben der Bilder*, 319–325. Die Zusammenstellung der beiden Bilder findet sich ebd., 320f.
242 Zur Geschichte dieser medizinischen Metapher vgl. etwa Arnaud: »Une maladie indéfinissable?«, §6–10.
243 Charcot: »Préface«. In: Richer: *Études cliniques sur l'hystéro-épilepsie*, VIIf.
244 Zu diesem Punkt, den die Psychoanalyse wohl als nicht erkannte Übertragung bezeichnen würde, vgl. etwa Didi-Huberman: »Charcot, l'histoire et l'art«, 127, 180–182 und passim., Schneider: »Nachwort« sowie Bronfen: *Das verknotete Subjekt*, 278–281.

Abb. 24: Tanzende Mänade. 1. Jahrhundert v. Chr. Musée du Louvre, Paris. Umrisszeichnung aus einer nicht identifizierten Publikation. Aus: Warburg: »A Lecture on Serpent Ritual«, 142. Mit freundlicher Genehmigung des Warburg Institute London.

Abb. 25: Vorboten des hysterischen Anfalls. Aus: Richer: *Études cliniques sur l'hystéro-épilepsie*, 97. Zentralbibliothek Zürich, Md H 436.

kulturhistorischen Bezugsrahmen gerückt, deren verborgenen gemeinsamen Nenner zu erkennen dem avisierten Blick der Leser*innen vorbehalten bleibt. Auf diese Weise vermag Meyers Text dem Bannspruch, den der Programmrealismus über die Darstellung psychopathologischer Zustände verhängt, ebenso sehr Folge zu leisten, wie er sich mit struktureller Ironie über ihn hinwegsetzt. Ironischerweise spricht Meyers Text der Hysterie damit zudem *jenseits* ihrer kulturhistorischen Verbrämung und Verklärung eine ganz eigene Poetizität zu: Als entzogener gemeinsamer ›realer‹ Nenner von Proteus, Bacchus/Dionysos, Dämonie und Groteske stiftet ausgerechnet sie ein *Äquivalenzverhältnis* zwischen diesen scheinbar disparaten Frames und ist insofern maßgeblich dafür verantwortlich, was bei Fontane – in Absetzung vom Poesie-Begriff des Programmrealismus – unter dem Stichwort ›andere Poesie‹ verhandelt wird.

Besondere Erwähnung verdient, dass Meyers Text Hysterie und Groteske auch in dieser strukturellen Hinsicht eng miteinander verknüpft. Insofern nahezu alle kulturhistorischen Codes, mit denen *Die*

Versuchung des Pescara arbeitet – und zwar nicht allein in Bezug auf Morone, sondern, wie noch zu zeigen ist, bis hin zu Pescara –, unausgesprochen in der Hysterie zusammenlaufen, nimmt diese genau den Ort ein, der in den bisher besprochenen Texten stets mal mehr, mal weniger explizit der Groteske als (De-)Figuration ihrer überbordenden Intertextualität zukam. Letzteres gilt zwar auch für Meyers Novelle: Poetologische Metapher der ›wilden‹ Turbulenzen, die den Text ebenso unmerklich wie auf Schritt und Tritt durchwirken – ihm einen Hauch avancierter Prosa verpassen –, wimmelt das Groteskenornament aus dem Schlangensaal wie gezeigt zugleich *selbst* von intertextuellen und -medialen Verweisen. Wortwörtlich grundiert aber wird die Meyer'sche Spielart der Groteske vom Subtext der Hysterie – weswegen der Schlussabschnitt des vorliegenden Kapitels denn auch eben ihr gewidmet ist.

Den präzisen medienästhetischen Ort dieser komplexen Anordnung macht schließlich *Hohe Station* kenntlich, heimlicher Rahmen von Meyers Renaissance-Novelle auch unter dem Gesichtspunkt. Insofern die Hysterie in *Die Versuchung des Pescara* unausgesprochener Knotenpunkt eines textuellen Netzwerks ist, das sich aus Diskursen ganz unterschiedlicher kulturhistorischer Provenienz speist, ist sie, von Meyers Telegrafie-Gedicht aus gesprochen, Gegenstand einer, wie Joseph Vogl dies mit Bezug auf Fontanes *Cécile* genannt hat, genuin »telematische[n] Narration«.[245] Gegenstand einer Erzählweise also, die nicht allein eine strukturelle Affinität zum Netzwerkcharakter der elektrischen Telegrafie aufweist, sondern genau wie diese auch »eine Welt historischer Tiefe in ein Universum der Gleichzeitigkeit« verwandelt.[246]

*

Um diese weit ausholenden Überlegungen zu plausibilisieren, ist ein erneuter Blick auf die Figurenebene vonnöten. Tatsächlich gebärdet sich in Meyers Text nicht allein Morone als verkappter Hysteriker. Bereits Karl Bourbons und Del Guastos Reaktion auf Morones Verführungsversuch signalisiert eine gewisse Empfänglichkeit für die gern auch als »Krankheit der Nachahmung«[247] bezeichnete Hysterie. So tritt der eine »mit fieberhaft geröteten Augen«, der andere »mit lodernden Augen« (215) hinter dem Vorhang hervor. In noch weit ausgeprägterem Maß ergreifen Morones ›Bacchantentum‹ und ›Dämonie‹ dann am Ende der Novelle von seinem neuen Herrn Besitz: Nachdem Bourbon

---

245 Vogl: »Telephon nach Java«, 121.
246 Ebd., 120.
247 Vogel: *Die Furie und das Gesetz*, 352.

gleich nach der Ankunft im Palast von Mailand »einen vollen Becher«
›geschlürft‹ (267) hat, durchmisst er den Thronsaal im »Tanzschritt«
(273) – den die Erzählinstanz selbstredend umgehend als »leichtfertig«
(ebd.) tadelt – und schickt dem Abgesandten des Papstes ein Lachen
hinterher, das »gellend wider[schallt] aus der Kuppelwölbung und aus
den Ecken des Saales wie aus dem Munde schadenfroher Dämonen«:
»[S]age deinem Herrn, ich werde nach Rom kommen, seiner Wahrhaf-
tigkeit den Pantoffel zu küssen, mit lauter Lutheranern und Marranen,
und nachts will ich meine brennende Kerze umwerfen, daß der Heilig-
keit ein Licht aufgehe!‹« (272) Mit dieser Prophezeiung weist Bourbon
auf den in Meyers Novelle nicht mehr geschilderten Sacco di Roma
voraus, auf die verheerende Plünderung Roms im Mai/Juni 1527 durch
ein nominell ihm selbst unterstelltes, de facto aber außer Kontrolle
geratenes Söldnerheer – auf ein Ereignis mithin, das die Framings, mit
denen der Text an dieser Stelle operiert, zumindest implizit als eine Art
Massenhysterie kennzeichnen.

Ähnliche Symptome wie bei Pescaras Vertrauten finden sich auch
bei Morones Mitverschwörern: Guicciardin etwa mag den Kanzler
zwar zunächst als »Phantasten« (169) abtun, in der Folge aber lässt
er sich sehr schnell von dessen Enthusiasmus anstecken und beginnt
gar »größer« zu »phantasiere[n]« (170) als dieser selbst. Angesichts
dessen ist nur konsequent, wenn nahezu alle Figuren eine ausgeprägte
Gebärdensprache an den Tag legen. Diese mag zwar wiederum weniger
grell ausfallen als die des Kanzlers, erscheint der Erzählinstanz aber
immer noch bemerkenswert genug, um notiert zu werden. Morones
Ausspruch, er habe am Hof von Ludwig dem Mohren »das Gesicht
und die Gebärde [s]einer Zeit, den ganzen ausgelassenen Triumphzug
des Jahrhunderts betrachtet« (192), lässt sich damit also nochmals eine
neue Nuance abgewinnen: die einer Einladung an die Leser*innen,
Gestik und Mimik der Figuren »gewissermaßen pathologisch«[248] zu betrachten – so wie Burckhardt, auf den diese Stelle ja ohnehin mehrfach
anspielt, dies für die Auseinandersetzung mit historischen Phänomenen
allgemein einfordert – und die in der Novelle geschilderte Renaissance
damit *insgesamt* als hysterische zu entlarven.

Auch in der Hinsicht haut Meyers Text in die gleiche Kerbe wie *Les
Démoniaques dans l'art*. Dort führen Charcot und Richer nämlich aus,
nach den archaisch-typisierenden bzw., umgekehrt, allzu fantasievollen
Darstellungen von Besessenen im Mittelalter sei in den Werken der
Renaissance eine Detailfülle und -genauigkeit erreicht worden, die

---

248 Burckhardt: *Weltgeschichtliche Betrachtungen*, 6.

einzig und allein den Schluss zuließen, hier habe den Künstlern tatsächlich »ein von der großen Hysterie Heimgesuchter«[249] vor Augen gestanden. Ähnlich wie Meyers Text stellen also auch die beiden Pariser Nervenärzte der Renaissance »eine *retrospektive* Diagnose«.[250] Mit dem entscheidenden Unterschied freilich, dass der Befund bei Meyer eben nicht ausdrücklich artikuliert wird, sondern implizit bleibt. Genau hierin unterscheidet sich Meyers spätrealistische Renaissance auch von der des Fin de siècle, wie sie etwa in Heinrich Manns Roman *Die Göttinnen* (1902) entworfen wird. Dort brüstet sich der Maler Jakobus Halm damit, er habe »ein eigenes Genre entdeckt«, das er »heimlich […] die hysterische Renaissance« nenne: »Moderne Ähnlichkeiten und Perversitäten verkleide und schminke ich mit so überlegter Geschicklichkeit, daß sie an dem vollen Menschentume des Goldenen Zeitalters teilzuhaben scheinen. Ihr Elend erregt keinen Widerwillen, sondern Kitzel. Das ist meine Kunst!«[251] Hier wie dort präsentiert sich die Renaissance als Reflexionsmedium genuin moderner Pathologien. Aber während Halm dieses »heimlich[e]« Gesetz seiner Kunst geradezu herausposaunt, scheint es bei Meyer tatsächlich nur zwischen den Zeilen auf: in den Interferenzen zwischen *Hohe Station* und *Die Versuchung des Pescara* sowie, was die Novelle selbst angeht, als ungenannt bleibende Schnittmenge der unzähligen kulturhistorischen Frames, die in ihr zum Einsatz kommen.

*

Vom Hysterie-Befund erfasst werden in Meyers Novelle denn auch die burlesken Wortspielereien, die ich weiter oben herausgearbeitet habe und deren Klangkorrespondenzen die über Pescara verbürgte Stabilität der Sinnstruktur zumindest ansatzweise unterminieren. Unwillkürlich erinnert diese Verfahrensweise nämlich an die unendliche Semiosis des ›hysterischen Theaters‹,[252] welche Charcot selbst einmal auf die Shakespeare'sche Formel »beaucoup de bruit pour rien«[253] brachte: Indem das, was die Hysteriker*innen in ihren Anfällen nachahmen, ständig wechselt – mal sind es die bereits erwähnten kunst- und theatergeschichtlich überlieferten Posen, mal andere Krankheiten wie die Epilepsie oder die Verhaltensweisen anderer Hysteriker*innen –, produzieren sie

249 Charcot/Richer: *Die Besessenen in der Kunst*, 11.
250 Ebd. (Hervorhebung G. F. und abgeänderte Übersetzung)
251 Mann: *Die Göttinnen*, 391.
252 Zum Begriff ›hysterisches Theater‹ vgl. Vogel: *Die Furie und das Gesetz*, 351 und 380.
253 Charcot: *L'Hystérie*, 119.

Zeichen, die »sich vermehren, ohne zu verweisen«,[254] »comme si l'imité proliférait tout à coup, contradictoirement, dans son imitation.«[255]

Charcot versucht das Wuchern dieser unendlichen Semiosis (für deren spezifischen Nachahmungscharakter er wie gesagt blind bleibt) auf zweierlei Weise zu bändigen. Auf der einen Seite entwirft er ein möglichst komplettes *tableau clinique* der Hysterie, in dem deren ›Grundtyp‹ von einer Vielzahl an Variationen umspielt wird, und teilt den hysterischen Anfall in vier, vorgeblich immer gleich ablaufende Phasen ein (was die Hysteriker*innen ihrerseits wiederum zum Gegenstand ihrer Nachahmungen machen).[256] Auf der anderen postuliert er, wenn sich schon keine verborgene organische Ursache der Hysterie ausmachen lässt, eine erbliche Disposition: die sogenannte *tare nerveuse*. Entweder spontan oder durch die Einwirkung eines externen *agent provocateur* (in erster Linie ist damit eine schockartige, physische Verletzung gemeint) sei sie es, die zu einer hysterischen Erkrankung führe.[257]

Mit einer solchen Läsion wartet Morone, dessen Wendigkeit die Zeitläufte nichts anhaben können, nicht auf. Sehr wohl aber die Figur, die sich dem ›hysterischen Theater‹ ansonsten völlig zu entziehen scheint: Pescara mit seiner Seitenwunde, die er in der Schlacht bei Pavia empfangen hat. Sogar die *Art* der Verwundung fügt sich genau ins pathologische Tableau von damals: Als sich die Nervenärzte im letzten Drittel des 19. Jahrhunderts mehr und mehr auch der männlichen Hysterie zuwandten, zogen insbesondere Soldaten ihr Augenmerk auf sich, da diese wie kaum ein anderer Bevölkerungsteil der Gefahr traumatisierender Verletzungen ausgesetzt waren.[258] Mehr noch: Zwischen den Anfällen, also im Ruhezustand der Patient*innen beobachtbare Symptome nannte Charcot ›Stigmata‹, griff also einen christologisch geprägten Terminus auf, über den auch das Leitmotiv aus Meyers Novelle – Pescaras Seitenwunde – vermittelt ist. Genau in dem Sinn wird Pescara denn auch einmal als »Ruhe«-Pol (253) innerhalb der aufgeregten diegetischen Welt der Novelle bezeichnet. Anders gesagt: Mit Blick auf den Hysterie-Diskurs des ausgehenden 19. Jahrhunderts erscheinen Pescara und der stets wild gestikulierende Morone weniger als irreduzible Kontrahenten denn als bloß unterschiedliche Intensitätsgrade ein und desselben psychopathologischen Kontinuums. So wie die Hysterikerinnen-Darstellungen des Charcot-Schülers Richer

254 Vogel: *Die Furie und das Gesetz*, 351.
255 Didi-Huberman: »Charcot, l'histoire et l'art«, 147.
256 Vgl. Vogel: *Die Furie und das Gesetz*, 362–383.
257 Vgl. Micale: *Hysterical Men*, 134–143.
258 Vgl. ebd., 185 f.

als Kompromissbildungen zu entziffern sind zwischen klassizistischem Kontur und wideranatomischer michelangelesker Verrenkung,[259] so zeichnet sich Meyers Text noch als verkappt hysterischer nicht allein durch exaltierte Gebärden und sinnentstellende Wortspielereien aus, sondern eben auch durch gleichsam statuarische Hieratik.

Weiter ergründen lässt sich Pescaras eigentümliche Affinität zur Hysterie, wenn man bedenkt, wie fließend die Übergänge zwischen Hysterie- und Stigma-Diskurs im 19. Jahrhundert waren. So gehört zu den geläufigsten hysterischen Posen etwa der *crucifiement* (Abb. 26).[260] Auch weisen einige Hysterikerinnen von damals Verletzungen auf, die an Stigmata erinnern bzw. zu solchen stilisiert werden,[261] und Geneviève, eine der ›prominentesten‹ von Charcots Patientinnen, versucht gar einmal, zur berühmten stigmatisierten Nonne Louise Lateau zu pilgern, die sie für ihre Schwester hält.[262] Umgekehrt sind die stigmatisierten Frauen in ein ähnliches Theater der Blicke eingebunden wie die Hysterikerinnen: »Als Subjekte, denen im mystischen Liebestod die Sinne schwinden, die in der Ekstase außer sich geraten, bieten sie sich«, so Barbara Vinken, für eine »Unterwerfung […] unter die experimentelle Anordnung« einer männlichen Wissenschaft im »vermeintlichen Vollbesitz [ihrer] Selbstbewußtheit und Selbstbeherrschung« geradezu an.[263] Dementsprechend situiert sich das Stigma auch in semiotischer Hinsicht in einem ähnlichen Spannungsverhältnis wie das hysterische Symptom: zwischen Theatralität, »rhetorischer *imitatio, variatio* und *emulatio*«[264] auf der einen Seite und authentischem Ereignis, Bezeugung einer höheren (göttlichen) Präsenz auf der anderen.[265]

Meyers Novelle rechnet mit diesem Kontextwissen. So heißt das Kloster, in das sich Victoria vor der Schlacht um Mailand zurückzieht und in dessen Kirche Pescara die Kreuzigungsdarstellung erblickt, ausgerechnet »Heiligenwunden« (246). Und die Klostergemeinschaft zählt in ihren Reihen »die mystische und täglich sterbende Schwester

259 Vgl. Vogel: *Die Furie und das Gesetz*, 357–359.
260 Vgl. Didi-Huberman: »Charcot, l'histoire et l'art«, 145–148 und 162–165 sowie ders.: *Invention de l'hystérie*, 347–350.
261 Vgl. Didi-Huberman: »Charcot, l'histoire et l'art«, 145–148.
262 Vgl. Bronfen: *Das verknotete Subjekt*, 265.
263 Vinken: »Via crucis, via amoris«, 22f.
264 Ebd., 13.
265 Zu den zwei Polen dieses Spannungsverhältnisses vgl. die beiden Einleitungen zum Sammelband *Stigmata. Poetiken der Körperinschrift*: Während die von Bettine Menke dezidiert den ersten Pol in den Vordergrund stellt, betont Barbara Vinken eher den zweiten. Vgl. Menke: »Nachträglichkeiten und Beglaubigungen« und Vinken: »Via crucis, via amoris«.

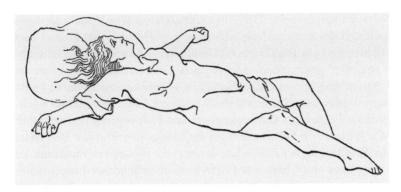

Abb. 26: Kreuzigungspose einer Hysterikerin. Aus: Richer: *Études cliniques sur l'hystéro-épilepsie*, 97. Zentralbibliothek Zürich, Md H 436.

Beate, welche die blutigen Male an ihrem kranken und abgezehrten Leibe trug.« (248) Nicht von ungefähr ist denn auch genau dort der Auftritt Pescaras angesiedelt, der ihn am augenfälligsten als verkappten Hysteriker ausweist: So wie die Charcot-Schule davon ausgeht, dass die Patient*innen in der Phase der sogenannten *poses plastiques* momenthaft aufblitzende traumatische Erlebnisse aus der Vergangenheit halluzinieren und dabei insbesondere die Pose des *crucifié* einnehmen,[266] so wird Pescara ja eben im Angesicht des gekreuzigten Christus für einen Augenblick von der Erinnerung an seine tödliche Verletzung übermannt.

Wie Juliane Vogel ausführt, pflegte die Charcot-Schule diese »zurückliegenden traumatischen Erlebnisse« nicht »zur Ergründung des individuellen Krankheitsverlaufs« heranzuziehen: »[D]a sie die Aufmerksamkeit auf die singuläre Krankengeschichte lenken, bedrohen sie die Konstruktion des hysterischen ›type fondamental‹, der seinen universalen Geltungsanspruch gerade aus seiner Gleichförmigkeit und Regelhaftigkeit begründete«.[267] Ganz anders bei Meyer. Dort markiert die der eigentlichen Handlung vorausliegende Verletzung den Wendepunkt in Pescaras Leben: seine Läuterung vom »größten Feldherrn der Gegenwart« (167), vom tatkräftigen Renaissance-Menschen schlechthin, zu einer dieser Gegenwart entrückten quasi-heiligen Richterfigur. So trägt das buchstäblich einschneidende Ereignis entscheidend dazu bei, Meyers Text als Novelle auszuweisen: Wirkmächtig hatte bekannt-

266 Zur Phase der *poses plastiques* vgl. Richer: *Études cliniques sur l'hystéro-épilepsie*, 94–124 (zur Pose des *crucifié* vgl. ebd., 97f.).
267 Vogel: *Die Furie und das Gesetz*, 375.

lich vor allem der späte Tieck eben einen solchen Wendepunkt als deren gattungskonstitutives Merkmal bestimmt.[268] Damit nimmt Meyers Text auf literarischem Terrain (aber im impliziten Rückgriff auf medizinische Kategorien) gewissermaßen genau jenen entscheidenden Schritt über das Charcot'sche Hysterie-Paradigma hinaus vorweg, den Sigmund Freud nur ein paar Jahre später auf medizinischem (aber im erklärten Rückgriff auf literarische Gattungsmuster und Fallbeispiele) machen wird: Wie Juliane Vogel und andere gezeigt haben, überführt der Begründer der Psychoanalyse nämlich just das, was die Hysteriker*innen aus der Perspektive von Charcot & Co. in bloß unverbundener Fragmentarik halluzinieren, in Krankengeschichten, die Freuds eigenen Bekenntnis nach »wie Novellen zu lesen sind«.[269] Was Wunder also, wenn Freud im Dezember 1898 an Wilhelm Fließ schreibt: »Vom Pescara konnte ich mich kaum losreißen«.[270] Offensichtlich hatte er in Meyer einen jener »Bundesgenossen« und »Vorläufer [...] der wissenschaftlichen Psychologie« entdeckt, derer er 1907 in seiner *Gradiva*-Lektüre gedenkt.[271]

*

Kommen wir zum Schluss. Mit Bezug auf einen Ausdruck aus dem Vorwort der Erstfassung des *Grünen Heinrich* habe ich vorgeschlagen, Kellers Erstlingsroman als poetologische ›Versuchsanordnung‹ zu lesen, und diesen experimentellen Charakter mit der epochentypischen Denk-

---

268 Vgl. Tieck: »Vorbericht« [1829]. In: Polheim (Hg.): *Theorie und Kritik der deutschen Novelle von Wieland bis Musil*, 74–77, hier 75.

269 Freud: *Studien über Hysterie*. In: ders.: *Gesammelte Werke*, Bd. 1, 75–312, hier 227. Zum Freud'schen Paradigmenwechsel aus literaturwissenschaftlicher Perspektive vgl. neben Vogel: *Die Furie und das Gesetz*, 376, insbesondere auch von Koppenfels: *Immune Erzähler*, 56 und 79. Zu Freuds vielkommentiertem Vergleich von Krankengeschichte und Novelle vgl. jüngst, überblicksartig, Höcker: »Fallgeschichte«.

270 Freud: *Briefe an Wilhelm Fließ*, 368 (Brief vom 5.12.1898).

271 Freud: *Der Wahn und die Träume in W. Jensens »Gradiva«*. In: ders.: *Gesammelte Werke*, Bd. 7, 29–125, hier 33 und 70. Nicht der *Versuchung des Pescara* indes, sondern einer anderen Novelle aus Meyers Feder kommt das Privileg zu, als erstes literarisches Werk überhaupt zu einer ausführlicheren psychoanalytischen Deutung Anlass gegeben zu haben: der in der karolingischen Renaissance angesiedelten *Richterin* (1885), vgl. ders.: *Briefe an Wilhelm Fließ*, 347f. (Brief vom 20.6.1898). Ein Jahr früher skizziert Freud in einem Brief an denselben Fließ freilich bereits das, was später als epochale *König Ödipus*- und *Hamlet*-Deutungen in *Die Traumdeutung* Einzug halten sollte. Vgl. ebd., 293f. (Brief vom 15.10.1897). Zu Freuds Lektüre von *Die Richterin* vgl. insbesondere von Matt: »›Die Richterin‹« und Kittler: *Der Traum und die Rede*, 273–294.

figur enggeführt, »bloßes Uebergangsgeschiebe«[272] zu sein. *Mutatis mutandis* trifft dies – am anderen Ende der Epoche – auch auf Meyers Renaissance-Novelle zu. Diskret wird ›der Pescara‹, wie Meyer das Werk in seinen Briefen gemeinhin nennt, ja bereits im Titel als ›Versuch‹ ausgewiesen. Genauer reflektiert wird die Meyer'sche Versuchsanordnung dann in einer Passage, in der es eben um die kulturellen Eigenarten von »Übergangszeiten« (185) geht. Als Victoria nach ihrer verheißungsreichen Unterredung beim Papst ins Pantheon einkehrt und dort »in den christlichen Himmel hinauf[fleht] und nicht minder zu dem Olympier« (184f.), bezeichnet die Erzählinstanz diesen religiösen Synkretismus nämlich als »wunderliche[] und doch so natürliche[] Göttermischung der Übergangszeiten« (185). Vergleichbar »wunderliche[]« Mischformen kennzeichnen, wie ich zu zeigen versucht habe, auch *Die Versuchung des Pescara* und ihren heimlichen Rahmen, das Telegrafie-Gedicht *Hohe Station* – Mischformen, die in der einen oder anderen Weise immer auch im Zeichen von Poesie und Prosa stehen. Sie sind eingespannt zwischen Jetztzeit und Renaissance, zwischen modernen, telegrafisch übermittelten Eilmeldungen und antik-mythologischem Stimmengewirr, bewegen sich zwischen hieratisch verklärtem Christus-Apollo und ›ausgelassenem‹ Dionysos, zwischen auf Erlösung bedachter Kunstreligiosität und burlesker Sinnauflösung, zwischen fratzenhafter, ebenso abschreckender wie verlockender, ›wilder‹ Groteske und deren klassizistisch abgezirkeltem Pendant, zwischen psychopathologischem Anfall und vielfältiger kulturhistorischer Verbrämung. So vielgestaltig ist das Koordinatensystem, in dem sich Meyers manierierte und stets agonale Schreibweise bewegt.

---

272 Keller: *Der grüne Heinrich* (1854/55). In: ders.: *Historisch-Kritische Ausgabe*, Bd. 12, 110.

V. ›Das Eine thun und das Andere nicht lassen‹ (Mes-)Alliancen von Poesie und Prosa in Theodor Fontanes *Frau Jenny Treibel*

1. Erste Annäherungen an eine spätrealistische Romanarabeske/-groteske

Meine bisherigen Lektüren haben gezeigt, wie sehr die Texte des deutschsprachigen Realismus dazu neigen, entscheidende poetologische Sachverhalte an marginalen Stellen zu verhandeln – sei es in ihren Rahmengeschichten (sofern sie mit einer solchen aufwarten) oder über scheinbar beiläufig eingestreute Details. Fontanes Berliner Gesellschaftsroman *Frau Jenny Treibel oder »Wo sich Herz zum Herzen find't«* (1892) bildet in der Hinsicht keine Ausnahme, nimmt aber insofern eine Sonderstellung ein, als das ansonsten implizit bleibende Verfahren dort ausdrücklich zur Sprache kommt. So hält der konservative Altphilologe Distelkamp seinem Lehrerkollegen Wilibald Schmidt, einer der Hauptfiguren des Romans, einmal vor: »Du warst immer fürs Anekdotische, fürs Genrehafte. Mir gilt in der Geschichte nur das Große, nicht das Kleine, das Nebensächliche.«[1] Replik Schmidt: »Das Nebensächliche, so viel ist richtig, gilt nichts, wenn es bloß nebensächlich ist, wenn nichts drin steckt. Steckt aber was drin, dann ist es die Hauptsache, denn es gibt Einem dann immer das eigentlich Menschliche.« (Ebd.)

Die ältere bundesrepublikanische Forschung meinte, in diesem Statement primär einen Hinweis auf die höhere ›Menschlichkeit‹ von Fontanes vor Anekdoten und beiläufigem Geplauder nur so wimmelnden Romanen erkennen zu müssen.[2] Rundweg falsch ist eine solche Lesart sicher nicht. In ihrer Ausrichtung an einem übergeordneten Signifikat atmet sie aber zugleich allzu sehr programmrealistischen Geist. Folgerichtig übersieht sie, dass die unablässigen Abschweifungen von der im Roman erzählten »Geschichte« – also vom Plot und dessen zentralem Konflikt[3] – ins dahingeplauderte »Nebensächliche« mindestens ebenso

---

1 Fontane: *Frau Jenny Treibel*. In: ders.: *Große Brandenburger Ausgabe: Das erzählerische Werk*, Bd. 14, 80. (Seitenangaben fortan im Fließtext in Klammern.)
2 Am nachhaltigsten sicherlich Preisendanz: *Humor als dichterische Einbildungskraft*, Kap. »Die verklärende Macht des Humors im Zeitroman Theodor Fontanes«, 214–241, v. a. 224f.
3 Meine poetologische Lesart des Ausdrucks ›Geschichte‹ mag nicht der Bedeutung entsprechen, die dem Ausdruck im Disput zwischen Distelkamp

sehr die Fragwürdigkeiten des von Schmidt ins Feld geführten »eigentlich Menschliche[n]« offenlegen, wie sie dieses als positiven, ideellen Wert bestimmen.[4] Tatsächlich schreibt Schmidt selbst dieses »eigentlich Menschliche« – Gymnasiallehrer hin oder her – nirgends schulmeisterlich fest. Lediglich in der noch ausführlich zu besprechenden Schlussszene, also am äußersten Rand des Textes, löst er es performativ ein – aber nur, um es im nächsten Augenblick umso nachdrücklicher zu ironisieren.[5] Hier wie auch sonst hat Schmidt mithin eine äußerst ambige Funktion inne: Einerseits vertritt er wiederholt Positionen, die mit denen des Programmrealismus durchaus kompatibel sind; andererseits lässt er sich aber auch – getreu seiner Devise, die »Selbstironie« zum »denkbar höchsten Standpunkt« zu erheben (65), weil sie »immer wieder ein Fragezeichen hinter der Vollendung mach[e]« (86) – kaum eine Gelegenheit entgehen, genau solche Positionen *verschmitzt* infrage zu stellen, wenn nicht gar der Lächerlichkeit preiszugeben. Diese grundlegende Ambivalenz der Figur Schmidt wird uns denn auch wiederholt

und Schmidt primär zukommt. Sehr wohl nahegelegt wird sie aber durch die Art und Weise, wie es überhaupt zu diesem Schlagabtausch kommt. So sieht sich Schmidt nicht zuletzt deswegen zu seinem Plädoyer fürs Nebensächliche veranlasst, weil die anderen das Interesse, das er George Sands tumultuöser Liebesbeziehung zu Alfred de Musset entgegenbringt, mit dem Argument zu diskreditieren versuchen, dies seien »Dinge, daran die *Literaturgeschichte* glücklicherweise vorübergeht.« (80, Hervorhebung G.F.) Zumindest implizit lädt Schmidts Plädoyer mithin die Literaturhistoriker*innen, die sich einst mit *Frau Jenny Treibel* befassen werden, dazu ein, an den vermeintlich irrelevanten »Dingen« aus dem Text gerade *nicht* ›vorüberzugehen‹, sondern bei ihnen zu verharren und auf ihr selbstreflexives Potenzial zu horchen.

4 Fontanes Gesprächskunst gehört zu den beliebtesten Untersuchungsfeldern der Forschung und hat eine schier unüberschaubare Fülle an Sekundärliteratur nach sich gezogen. Besonders anregend (im Detail aber durchaus auch problematisch) ist, was *Frau Jenny Treibel* angeht, nach wie vor Renz: *Geglückte Rede*, 46–91. In grundsätzlicher Hinsicht zehren meine Überlegungen insbesondere von Naumann: »Schwatzhaftigkeit« und dies.: »*Übergängig, umschweifend, beiläufig*«.

5 Etwas zu einfach macht es sich deswegen Moritz Baßler: Dem in den Texten des deutschsprachigen Realismus geradezu leitmotivisch beschworenen, aber kaum je weiter ausgeführten »Metacode« ›Humanität‹ gesteht er grundsätzlich eine reine Platzhalter-Funktion zu. Er erkennt in ihm also lediglich ein Symptom dafür, dass das poetisch-realistische Erzählen in seinen programmatischen Statements auf höherer Bedeutsamkeit und Verklärung beharrt, während die Welten, die es entwirft, genau dies dementieren (vgl. Baßler: *Deutsche Erzählprosa 1850–1950*, 71 f.). Von ihrer Grundtendenz her ist Baßlers These absolut zuzustimmen. In den Einzeltexten ist die Sachlage dann aber doch oft um einiges komplexer, vertrackter – interessanter.

beschäftigen – zumal sie kennzeichnend ist für die Gegenläufigkeiten des Textes selbst.[6]

Was meine bisherigen Lektüren herausgearbeitet haben, beschränkt sich aber nicht auf den kapitalen Stellenwert scheinbar nebensächlicher Details. In der einen oder anderen Weise stand dieses poetologisch aufgeladene Marginale stets auch in engem Bezug zur intermedialen Reflexionsfigur der (Ornament-)Groteske sowie, mitunter, der Arabeske. Auch das trifft auf *Frau Jenny Treibel* zu, und der unverbesserliche Plauderer Wilibald Schmidt spielt dabei erneut eine entscheidende Rolle. Kurz nach dem Wortgefecht über den Stellenwert des Nebensächlichen moniert Distelkamp nämlich, ihm sei »nur immer merkwürdig«, wie Schmidt sich für »Homer« und »Kochbuchliches« (84) gleichermaßen begeistern könne. An seinem Kollegen irritiert ihn mithin offensichtlich genau jene Verbindung vermeintlich unvereinbarer Wirklichkeitsbereiche, die auch für die Groteske konstitutiv ist.[7]

Geradezu paradigmatisch gar benennen die Ausdrücke ›Homer‹ und ›Kochbuchliches‹ die beiden gemeinhin für konträr erachteten Sphären, die die Groteske unablässig aufeinander bezieht: »Ein Grundzug des grotesken Realismus«, schreibt Bachtin, »ist die *Degradierung*, d.h. die Übersetzung alles Hohen, Geistigen, Idealen und Abstrakten auf die materiell-leibliche Ebene«.[8] Allerdings artikuliert sich diese Degradierung bei Fontane weniger im Modus des derben Witzes als mit augenzwinkernder Raffinesse. Aus dem Grund ist die Fontane'sche Version der Groteske denn auch – im Gegensatz zur Erstfassung des *Grünen*

---

6   Es gehört zu den Topoi (nicht nur) der älteren Forschung, von einer grundsätzlichen Affinität, wenn nicht gar Deckungsgleichheit zwischen der Romanfigur Wilibald Schmidt und dem realen Theodor Fontane auszugehen. Wenn ich Schmidt einen quasi-auktorialen Status bescheinige, habe ich etwas anderes im Sinn: Mir kommt es weniger darauf an, dass sich manche Aussage des alten Gymnasiallehrers in recht ähnlicher Form so auch in Fontanes Briefen oder Rezensionen findet, als auf die Strategien, mit denen der Text Schmidt zu einer solchen Statur verhilft (diese zugleich aber auch problematisiert und ironisiert). Damit hebt sich mein Ansatz, den ich im vorherigen Kapitel in ähnlicher Form am Beispiel von Meyers Pescara durchgespielt habe, auch von Forschungspositionen ab, die Schmidt, wie beispielsweise Gerhard Plumpe, voll und ganz der Ironie preisgegeben sehen. Vgl. Plumpe: »Roman«, 676–678 und 683 f.

7   In eine ähnliche Richtung zielt bereits Helmstetter, wenn er – mit Bezug auf die »Tischunterhaltungen« aus *Irrungen, Wirrungen* – von »arabeske[n] Verknüpfungen zwischen heterogenen Themen« spricht (Helmstetter: *Die Geburt des Realismus aus dem Dunst des Familienblattes*, 138). Die Affinität der Schreibweise des späten Fontane zur Groteske betont, grundsätzlich, auch von Graevenitz: *Theodor Fontane*, 674–684.

8   Bachtin: *Rabelais und seine Welt*, 70.

Heinrich – durchaus kompatibel mit der verspielten, vegetabilischen Arabeske. Von einer solchen Vereinbarkeit zeugt bereits, dass sich der bei Schmidt versammelte Lehrerzirkel selbst »Kränzchen« (63) nennt. Arabesken winden sich ja nicht einfach kranzartig um ein Bildsujet herum, sondern tendieren in aller Regel dazu, dieses auch subtil zu dezentrieren. Angesichts dessen darf die Dynamik, auf die ich eingangs aufmerksam gemacht habe – also dass das Plaudern, dem Fontanes Figuren so hemmungslos frönen, in oft nur losem Bezug zum Plot und dem dort verhandelten Grundkonflikt steht –, mit gutem Recht als ›arabesk‹ bezeichnet werden. Dass Fontanes Romane vom zeitgenössischen Publikum auch tatsächlich in dem von mir vorgeschlagenen Sinn als ›arabeske‹ gelesen wurden, bestätigt etwa eine Rezension von *Unterm Birnbaum* (1885) aus der Feder von Karl Frenzel, einem der damals tonangebenden Literaturkritiker (und Fontanes späterem Grabredner): »Der Kern der Geschichte ist nicht eben bedeutend, die Ausführung, die mannigfaltigen Arabesken darum, spielt doch sogar der polnische Krieg von 1831 und das Königstädtische Theater in Berlin mit hinein, machen ihren Reiz aus.«[9]

Ein dezentrierendes Moment weist kaum zufällig auch der auf Schmidt zurückgehende *Name* des Lehrerkränzchens auf: »›Die sieben Waisen Griechenlands‹« (65). Zwar zeigt die bildungsbürgerliche Anspielung auf die für ihre Weisheitssprüche berühmten Vorsokratiker, dass Schmidt formal nicht auf die Vorstellung eines übergeordneten Traditionszusammenhangs zu verzichten vermag. Inhaltlich dagegen betont er die eigene – mit einem Wort aus der *Theorie des Romans* (1920) des Fontane-Lesers Georg Lukács – »transzendentale[] Obdachlosigkeit«[10] in aller Deutlichkeit. Und legt damit nahe, auch Fontanes Roman sei ein zentrales Signifikat, wie es sich für den Programmrealismus von selbst versteht und wie Schmidt selbst es – siehe oben – in Gestalt des »eigentlich Menschliche[n]« einmal emphatisch zu beschwören scheint, abhandengekommen.[11] Diese melancholische Grunddisposition teilt Fontanes spätrealistische Romanarabeske insbesondere mit der Zweitfassung des *Grünen Heinrich*. Zugleich unterscheidet sie den »*alte[n]* Romantiker« (80, Hervorhebung G.F.) Schmidt, wie dieser just im »Kränzchen«-Kapitel genannt wird, von den *Früh*romantikern und deren Anspruch, Arabeske, Groteske und Ironie in eine utopische An-

---

9 Zit. nach dem Herausgeberkommentar zu *Unterm Birnbaum* in: Fontane: *Große Brandenburger Ausgabe: Das erzählerische Werk*, Bd. 8, 145.

10 Lukács: *Die Theorie des Romans*, 32.

11 Zu einer nicht nur selbst-, sondern auch medienreflexiven Lesart von Schmidts »Waisen«-Kalauer vgl. Naumann: »Schwatzhaftigkeit«, 17.

ordnung zu bringen, die in unendlicher Reflexion ein *vorausliegendes*, *kommendes* Absolutum aufscheinen lässt.[12]

*

Der Begriff ›Arabeske‹ lässt sich indes noch präziser herleiten, als ich das bisher getan habe, und zudem mit dem in Fontanes Roman so prominenten Begriffspaar Poesie und Prosa verknüpfen. Auf den allerersten Seiten des Romans lesen wir, wie die aus einfachen Verhältnissen stammende Titelfigur Jenny – sie war einst mit Wilibald verlobt, bevor sie, auf sozialen Aufstieg bedacht, dem reichen Industriellen Treibel den Vorzug gab –, Schmidts Tochter Corinna einen Besuch abstattet. Aus dem Nähkästchen plaudernd, gibt sie dabei unter anderem zum Besten, sie habe das ursprünglich mit einem »blauen Deckel« versehene »kleine Buch« mit den Gedichten, die der verliebte Wilibald an sie gerichtet hatte, »in grünen Maroquin binden lassen« (9). Die Szene zeigt exemplarisch, wie Jenny unentwegt von ihrem »Herz für das Poetische« (10) schwärmt, eigentlich aber nach durch und durch materiellen – prosaischen – Gesichtspunkten handelt: Indem sie den schlichten Band mit Schmidts epigonal romantischer Lyrik – die blaue Farbe des Deckels spricht buchstäblich Bände – in luxuriöses Leder fassen ließ, hat sie aus dem intimen Text ihrer Jugendgeschichte ein protziges Statussymbol gemacht. Poetologisch wenden lässt sich diese Transformation insofern, als das »Maroquin«-Leder, das Jenny für den neuen Einband verwendet, offensichtlich *arabischer* Machart ist: diskreter Hinweis darauf, dass Fontanes Text die von Jenny vorgenommene Neubindung seinerseits neu – satirisch – rahmt und der ihm eigenen »Arabesken-Poetik«[13] einschreibt.

---

12 Vgl., immer noch maßgeblich, Menninghaus: *Unendliche Verdopplung.*
13 Ich entlehne den Begriff von Helmstetter: *Die Geburt des Realismus aus dem Dunst des Familienblattes*, 11. Mit Helmstetter teile ich auch die Grundüberzeugung, dass sich die poetologische Reflexionsfigur der Arabeske bei Fontane »nicht auf den Romananfang beschränkt«, also auf dessen konkrete Randzone, »sondern eine durchgängige Strukturebene ausmacht, die von der Erzählung nicht abzulösen ist.« (Ebd.) *Frau Jenny Treibel* kommt bei Helmstetter indes nur äußerst punktuell vor; sein Fokus liegt auf *L'Adultera, Irrungen, Wirrungen, Stine* und *Effi Briest.* Zu Fontanes Arabesken-Poetik vgl. überdies von Graevenitz: »Memoria und Realismus«, 301–304, sowie Hebekus: *Klios Medien*, 235–265 und 288–290. Um die raffinierten Querbezüge zwischen scheinbar disparaten Stellen zu bezeichnen, spricht die Fontane-Forschung ansonsten kaum je von ›Arabesken‹, sondern von ›Finessen‹ (vgl. etwa Böschenstein-Schäfer: »Fontanes ›Finessen‹«). Dazu kann sie sich zwar auf die eine oder andere prominente Äußerung von Fontane selbst berufen; zugleich

Gerade mit Bezug auf Jenny ironisiert Fontanes Text mithin programmrealistische Kernbegriffe à la »Sinn für das Ideale« (12) und Poesie/ Prosa.[14] Zugleich aber verabschiedet er sie nicht rundweg zugunsten eines anderen, neuen literarästhetischen Paradigmas.[15] Diese Einschränkung ist entscheidend, denn nur so wird der Roman als genuin *spät*realistischer lesbar. Geradezu programmatisch nimmt sich in der Hinsicht der als Zitat markierte Untertitel des Romans aus: *»Wo sich Herz zum Herzen find't«*. Es handelt sich dabei um den Schlussvers eines Gedichts aus der Feder des jungen Wilibald, das Jenny am Ende jeder Soiree in der Villa Treibel mit »dünne[r], durchaus im Gegensatz zu ihrer sonstigen Fülle stehende[r] Stimme« (54) zum Besten gibt. Unübersehbar eignet dem Ganzen ein entlarvender Gestus: Der satirische Kontrast zwischen der Aufführung des Gedichts zu bloßen Repräsentationszwecken auf der einen Seite und dessen ursprünglich privater Bestimmung auf der anderen springt ebenso ins Auge wie das groteske Missverhältnis zwischen Jennys Stimme und ihrer Leibesfülle.[16] Nichtsdestoweniger klingt im Untertitel, insofern er nun einmal ein Vers-Zitat ist, aber eben zugleich auch der Anspruch eines »alte[n] Romantiker[s]« an, im Darstellungsmedium der Prosa Poesie darzubieten: eine poetische Prosa freilich, deren Arabesken sich nicht länger in pseudo-harmonischer Vollendung, sondern, so die These, nur mehr im Modus der Groteske zu artikulieren vermögen.[17]

jedoch verschenkt sie damit das textanalytische Potenzial sowie die literar- und kulturhistorischen Implikationen, die dem Arabesken-Begriff eignen.

14 Zu diesem sprachkritischen Aspekt von Fontanes Roman, der nicht zuletzt aufgrund seiner anti-bourgeoisen Ironie an Flauberts *Dictionnaire des idées reçues* erinnert, vgl. Plumpe: »Roman«, 672–679.

15 In dieser spezifischen Hinsicht schreibt meine *Frau-Jenny-Treibel*- Lektüre insbesondere die von Moritz Baßler fort. Vgl. Baßler: *Deutsche Erzählprosa 1850–1950*, 81–85.

16 In dem Sinn reduziert Aust die komplexe Titelstruktur von Fontanes Roman auf den bloßen »Gegensatz [...] von bourgeoiser Prosa zur Poesie« (Aust: »Anstößige Versöhnung?«, 120).

17 An einer der wenigen Stellen, an denen Fontane selbst den Ausdruck ›Arabeske‹ verwendet – in seiner Entwurf gebliebenen *Literarischen Selbstbiographie* aus dem Jahr 1874 –, tut er dies übrigens in einem ausdrücklich poetologischen Sinn: Er spricht dort nämlich von der »Übereinstimmung zwischen meiner Prosa und meinen Versen, so daß letztere nur die Arabesken zu jener sind.« (Fontane: »Literarische Selbstbiographie«, 5) Bereits in dieser rund 15 Jahre vor *Frau Jenny Treibel* entstandenen Arbeit bewegt sich die Arabeske also im Koordinatenfeld von Poesie und Prosa. Sie bleibt dort aber noch in einem sehr viel konventionelleren Sinn auf die Funktion eines bloßen Supplements (»*nur* die Arabesken«) beschränkt. (Den Hinweis auf diese Stelle

Das klingt nicht von ungefähr wie eine auf Dur gestimmte Variante meiner Grundthese in Moll zur Erstfassung des *Grünen Heinrich*. Mit dem grünen Prachteinband, in die Jenny Wilibalds Gedichte neu fasst, spielt bereits Fontanes Text selbst in der ihm eigenen Aperçuhaftigkeit – und zugleich äußerst präzise – auf Kellers Roman an: eben auf die Szene aus dessen *Neufassung*, in der Heinrich seine *Jugendgeschichte* »mittelst grüner Leinwand in [s]eine Leibfarbe kleiden [...] lassen« will, aufgrund eines *Missverständnisses* aber einen *luxuriösen* Einband aus »Seidenstoff« angefertigt bekommt.[18]

*

Soviel zu Jennys pseudo-poetischen Ergüssen, auf die zu einem späteren Zeitpunkt eingehender zurückzukommen sein wird. An dieser Stelle aber möchte ich, nach dem Einstieg über Schmidts programmatisches Bekenntnis zum Nebensächlichen, sogleich die Probe aufs Exempel machen. Sehen wir uns deswegen ein auf den ersten Blick ganz und gar unerhebliches Gesprächsschnipsel einmal etwas genauer an: »Cognac oder Allasch? Oder das Eine thun und das Andere nicht lassen?« (46) Mit dieser denkbar beiläufigen Frage wendet sich der Großindustrielle Treibel, Ehemann der Titelfigur Jenny, an Lieutenant a.D. Vogelsang, den er als eine Art Wahlkampfleiter engagiert hat, um in der preußischen Provinz ein Abgeordnetenmandat für die Konservativen zu erringen. Der situative Kontext akzentuiert den nebensächlichen Charakter der Frage: Treibel stellt sie nicht etwa im saalartigen Esszimmer seiner Villa, in dem gerade ein Dinner zu Ehren von Mr. Nelson, einem englischen Geschäftsfreund seines ältesten Sohns Otto, abgehalten wird, sondern im Rauchzimmer »neben[an]« (45).

Gerade weil der marginale Status von Treibels Frage derart betont wird, drängt sich der Verdacht auf, dass in ihr, mit Schmidt zu sprechen, vielleicht etwas mehr ›drin steckt‹. Hinzu kommt, dass es sich in zeitlicher Hinsicht um eine Parallelstelle zum programmatischen Disput zwischen Schmidt und Distelkamp handelt. »Die sieben Waisen Griechenlands« treffen sich nämlich am selben Abend, wie das Dinner in der Villa Treibel über die Bühne geht. Tatsächlich bringt Treibels nonchalante Digestif-Frage denn auch ein wesentliches Strukturmoment von Fontanes Roman auf den Punkt: die Tendenz, sich zwischen

---

verdanke ich einem Aufsatz, der für meine Belange ansonsten wenig ergiebig ist. Vgl. Horch: »Arabesken zur Prosa«.)

18 Keller: *Der grüne Heinrich* (1879/80). In: ders.: *Historisch-Kritische Ausgabe*, Bd. 3, 60 (Hervorhebungen G. F).

zwei eigentlich ausschließenden Optionen (in diesem konkreten Fall: französischer Weinbrand oder ›urdeutscher‹ Kümmellikör? Oder allgemeiner: Poesie und Prosa?) gerade nicht zu entscheiden, sie vielmehr in ein Verhältnis zueinander zu setzen (also: »das Eine [zu] thun und das Andere nicht [zu] lassen«) und die dabei entstehenden, grotesk angehauchten Mischverhältnisse aus ironisch-reflexiver Distanz zu beobachten. Um den umfassenden Charakter dieses mikrotextuellen Befunds zu betonen, ließe sich anstelle von ›Mischverhältnissen‹ auch von ›Mesalliancen‹ sprechen.[19] Denn wie viele andere Fontane-Romane hat auch *Frau Jenny Treibel* eine solche zum Thema: den Plan der wenig begüterten Professorentochter Corinna Schmidt, den jüngsten Treibel-Sohn zu ehelichen.

Poetologisch lesbar ist die unscheinbare Szene aber noch aus einem anderen Grund. Das Rauchzimmer, in dem sie angesiedelt ist, ist nämlich gleich mehrfach als Ort der Schrift markiert: Es dient Treibel auch als »Arbeitszimmer« (45), in dem er Zeitung liest und seine Korrespondenz erledigt (vgl. 18 und 93). Unversehens wartet so gar der Vorschlag, mit dem Treibel seinen Wahlkampfleiter dorthin geleitet, mit einer poetologischen Nebenbedeutung auf: »[I]ch denke, wir absentiren uns einen Augenblick und rauchen ein *Blatt*, das nicht alle Tage wächst, und namentlich nicht überall.« (45, Hervorhebung G.F.) Zum einen ist in dieser Metonymie ein *clin d'œil* an die Adresse der *Deutschen Rundschau* erkennbar, in der *Frau Jenny Treibel* vorabgedruckt wurde und der Fontane nachweislich einen ungleich höheren »symbolischen Marktwert«[20] beimaß als anderen periodisch erscheinenden ›Blättern‹ seiner Zeit. So schreibt Fontane am 2. Juli 1891 an deren Herausgeber, Julius Rodenberg:

19 Am Beispiel von *Stine*, fertiggestellt unmittelbar bevor Fontane sich an *Frau Jenny Treibel* machte, hat bereits Rudolf Helmstetter die Mesalliance-Thematik mit der Fontane'schen Spielart der Groteske verknüpft (vgl. Helmstetter: *Die Geburt des Realismus aus dem Dunst des Familienblattes*, 151–162). Erstaunlicherweise lässt Helmstetter dabei unerwähnt, dass dem Begriff der Mesalliance auch in Bachtins Typologie des ›karnevalistischen Weltempfindens‹ – und insofern in dessen Auffassung der literarischen Groteske – eine wichtige Rolle zukommt. Vgl. Bachtin: *Probleme der Poetik Dostoevskijs*, 138.
20 Helmstetter: *Die Geburt des Realismus aus dem Dunst des Familienblattes*, 163, Anm. 150. Zu Fontanes durchaus wechselvollem und schwierigem Verhältnis zur *Deutschen Rundschau* und ihrem Herausgeber vgl. Berbig: *Theodor Fontane im literarischen Leben*, 222–233; *Günter: Im Vorhof der Kunst*, 225–227, und Schrader: »Im Schraubstock moderner Marktmechanismen«, 16–18.

Heute habe ich vom »Universum« [in dieser Zeitschrift war 1886 sein Roman *Cécile* vorabgedruckt worden] – das die Tugend guten Zahlens hat –, einen Brief mit einer Roman-Anfrage gekriegt. Nun habe ich zwei beinah fertig [neben *Frau Jenny Treibel* wohl *Mathilde Möring*], die beide auch für die »Rundschau« passen würden, weshalb ich anfrage, ob Sie die eine oder andre haben wollen? Die verbleibende biete ich dann dem »Universum« an. Natürlich ist mir »Rundschau« für alles, was ich schreibe, lieber, auch wenn ich ein etwas geringeres Honorar bekomme [...].²¹

Zum anderen bekräftigt Fontanes Roman auf diese Weise aber auch, insofern er seinem Lesepublikum nun einmal als ›Blätterwerk‹ vorliegt, den *eigenen* Exklusivitätsanspruch, sprich: jenseits seines doch recht trivialen Heiratskomödien-Plots, wie er sich ähnlich auch in anderen, ungleich populäreren Berliner Gesellschaftsromanen findet – zu denken wäre insbesondere an Julius Stindes *Frau-Wilhelmine-Buchholz-Serie* –,²² ein Vertreter dieses Genres zu sein, wie man ihn »nicht überall« antrifft.

Ja, es ließe sich gar behaupten, bei der ersten Erwähnung von Treibels Arbeitszimmer werde das für Fontanes Schreibweise charakteristische Prinzip einer »doppelte[n] Lesbarkeit«²³ – einer fremdreferenziell-satirischen und einer ironisch-selbstreflexiven – geradezu ›dinghaft‹ in Szene gesetzt. Um von Vogelsang nicht bei der Lektüre des liberalen *Berliner Tageblatts* ertappt zu werden, legt Treibel vorsorglich das ungleich konservativere *Deutsche Tageblatt* darüber (vgl. 18):²⁴ groteske Mesalliance *in politicis*, von der gleichfalls an dieser Stelle erwähnten Wochenbeilage des *Berliner Tageblatts* namens »Ulk« auf den Begriff gebracht (ebd.), und zugleich hintersinnige Figuration von Fontanes Text, der ähnlich mehrschichtig funktioniert.

Kurzum: Gerade wenn man Fontanes Roman über eine Art Nebeneingang betritt, gelangt man in sein poetologisches Zentrum. Eine Anordnung, die der Text selbst einmal mehr ebenso beiläufig wie

---

21 Fontane: *Werke, Schriften und Briefe*, Abt. IV: *Briefe*, Bd. 4: *1890–1898*, 133.
22 Der Bezug auf das Genre des Berlinromans ist herausgearbeitet bei Grieve: »Frau Jenny Treibel und Frau Wilhelmine Buchholz«. Einen guten Überblick über das Genre bietet Sprengel: *Geschichte der deutschsprachigen Literatur 1870–1900*, 185–192.
23 Helmstetter: *Die Geburt des Realismus aus dem Dunst des Familienblattes*, 109.
24 Zur genaueren politischen Orientierung der beiden Blätter vgl. den Herausgeberkommentar in Fontane: *Frau Jenny Treibel*, 278 f.

augenzwinkernd reflektiert: Ein paar Seiten vorher wirft Jenny ihrem Mann nämlich vor, beim Bau der gemeinsamen Prachtvilla just dieses so eminent wichtige architektonische Detail vergessen zu haben: »Daß Treibel es auch versäumen mußte, für einen Nebeneingang Sorge zu tragen!« (17)

*

Was aber passiert, wenn man sich dem Text – in einem erneuten Anlauf – über seinen ›Haupteingang‹, nähert, über sein Incipit also, in dem Jenny ganz konkret die Wohnung der Schmidts betritt? Jenny klimmt dort »eine Holzstiege mit abgelaufenen Stufen hinauf, unten von sehr wenig Licht, weiter oben her aber von einer schweren Luft umgeben, die man füglich als eine Doppelluft bezeichnen konnte.« (5) Zusammengesetzt aus heterogenen Elementen, kündigt das Detail der »Doppelluft« die »Doppelpoligkeit von Fremdreferenz (›Mimesis‹) und Selbstreferenz (›Poiesis‹)«,[25] wie sie für jedweden literarischen Realismus charakteristisch ist, genauso an, wie sie erstmals die Vorliebe von Fontanes Schreibweise für grotesk angehauchte Mischverhältnisse bekundet.

Einen wortwörtlichen Vorgeschmack auf die komplexen Differenzierungsleistungen, die den Leser*innen dabei abverlangt werden, liefert ein paar Zeilen weiter Jennys empfindlicher Geruchssinn. Oben angekommen, auf dem Flur vor der Schmidt'schen »Entréethür«, macht die Titelheldin nämlich einen »sonderbare[n] Küchengeruch« aus, »der, wenn nicht Alles täuschte, nur auf Rührkartoffeln und Carbonade gedeutet werden konnte« (6) und in den sich wiederum – Doppelung der Doppelung – »Seifenwrasen« (ebd.) menge: »»Also kleine Wäsche‹« (ebd.), lautet Jennys Fazit, bei der zur selben Zeit und im Kontrast dazu »große Wäsche und großes Essen« ansteht.[26] Zu Recht hat man in dieser olfaktorischen Feinfühligkeit ein Indiz für das auf Distinktion bedachte Flair der Aufsteigerin Jenny erkannt, die in dieser Eingangssequenz wohl nicht ganz zufällig permanent Treppen *hochgeht*.[27]

---

25 Helmstetter: *Die Geburt des Realismus aus dem Dunst des Familienblattes*, 267. Helmstetter leitet seine These von der Beobachtung her, dass Fontanes Romaneingänge geradezu systematisch mit derartig »doppelspielerischen ›Doppel‹-Bildungen« operieren. Zur poetologischen Aufladung der »Doppelluft« aus dem Incipit von *Frau Jenny Treibel* vgl. auch Renz: *Geglückte Rede*, 74.
26 Diesen kontrastiven Bezug konstatiert auch von Graevenitz: *Theodor Fontane*, 526.
27 Vgl. ebd., 525–528.

Komplementär zu dieser ›mimetisch‹-soziologischen Lesart bietet sich erneut eine poetologische an: weniger aufgrund des feinen analytischen Gespürs von Jennys Nase – aufgrund des von ihr praktizierten alltagssoziologischen *close reading* also – als wegen eines skripturalen Details, das zwischen der erstmaligen Erwähnung der »Doppelluft« und Jennys olfaktorischer Analyse kurz ins Bild rutscht: »Gerade der Stelle gegenüber, wo die Treppe mündete, befand sich eine Entréethür mit Guckloch, und neben diesem ein grünes, knittriges Blechschild, darauf ›Professor Wilibald Schmidt‹ ziemlich undeutlich zu lesen war.« (5) Aufhorchen lässt der schwer zu entziffernde Schriftzug deswegen, weil er dieselbe Struktur aufweist wie der Titel auf dem Deckel des Romans, den die Leser*innen eben aufgeschlagen haben (Anrede/Vorname/Name). Er präsentiert sich mithin als dessen heimliches Doppel und gibt zu verstehen, dass Fontanes scheinbar so eingängiger Text – seine Satire auf die Aufsteigerin Jenny und die »Geldsackgesinnung«[28] des sogenannten Erwerbsbürgertums insgesamt – stets auch eine ironisch-selbstreflexive *lectio difficilior* à la Schmidt zulässt. Erhärtet wird meine These insbesondere dadurch, dass der »ein wenig asthmatische[n]« (ebd.) Jenny nach ihrem Aufstieg vorübergehend die Luft wegbleibt, während man von Wilibald erfahren wird, dass er an dem – von Fontane frei erfundenen – »Gymnasium zum Heiligen Geist« (216) unterrichtet. In Schmidts Stimme schwingt mithin immer auch ein Pneuma mit, das ihn selbst übersteigt: »Doppelluft« also auch in diesem fast schon theologischen Sinn und bedeutsamer Hinweis auf Wilibalds quasi-auktorialen Status in der Romanwelt.

Genauso passt ins Bild, dass der Klingelgriff neben Schmidts Eingangstür, an dem Jenny nach ihrer Verschnaufpause gleich zweimal ziehen muss, bis Frau Schmolke, die Wirtschafterin, aufmacht, an einem »überall verbogene[n] Draht« (6) hängt. In programmatischer Verschmitztheit führt die Stelle die Titelfigur damit als bloß vermeintliche *Drahtzieherin* der Ereignisse ein, von denen der Roman handeln wird: Tatsächlich vermag Jenny am Ende zwar die Ehe zwischen Wilibalds Tochter und ihrem Sohnemann zu verhindern, aber nur um den Preis, diesen mit seiner Hamburger Schwägerin zu verheiraten – wogegen sie sich, solange sie von Corinnas Plänen noch nichts wusste, noch mit aller Vehemenz gewehrt hatte (vgl. 96–99). Der Befund lässt sich präzisieren, wenn man die »Entréethür« der Schmidt'schen Wohnung aufgrund

---

28 Ich übernehme den Ausdruck, den man in der krassen Form in *Frau Jenny Treibel* selbst bezeichnenderweise vergeblich sucht, aus dem zweiten Band von Fontanes Lebenserinnerungen: *Von Zwanzig bis Dreißig*, 8.

ihrer Beschriftung als Figuration des Romaneingangs fasst. So gelesen, macht der »überall verbogene Draht« darauf aufmerksam, dass für Fontanes Text eine grotesk-arabeske Rahmung konstitutiv ist. Arabeskenhaft ist an dem »neben der Thür« entlanglaufenden Linienwirrwarr des Drahts bereits, dass es sich als Rahmenornament präsentiert, als ein Rahmenornament, das die vermeintlich zentrale Figur umspielt, von der der Roman seinen Titel bezieht. Genau wie die Arabeske weist der Draht aber auch, insofern er mit dem auf der Tür selbst angebrachten Namensschild zusammengeht, eine besondere Affinität zur Schrift auf.[29] Grotesk moduliert wiederum ist diese eigenwillige Arabeske, weil sie alles andere als formvollendet daherkommt. Sie ist vielmehr »überall verbogen[]«, also gänzlich *aus der Form geraten.* Anders als noch bei Keller schreibt sie sich auch nicht von naturhafter Organizität her – man denke zurück an den Auftakt der Erstfassung des *Grünen Heinrich* –, sondern lässt sich als »*Real*arabeske«[30] geradezu programmatisch auf schnödes »Material[]« (6)[31] der industriellen Moderne ein. Anders gesagt: Der zum Auftakt von *Frau Jenny Treibel* erwähnte »überall verbogene Draht« ist als zeitgemäße Variante des Ariadne-Fadens entzifferbar, dem es, frei nach Benjamin, zu folgen gilt, um dem »kunstreich gewundenen Knäuel« von Fontanes labyrinthischer Prosa, ihrer spezifischen Poetizität mithin, »abspulen[d]« auf die Spur zu kommen.[32]

*

Voraussetzung für eine solche poetologische Lesart aber ist, präziser als bis anhin zu untersuchen, wie sich das Verhältnis von Poesie und Prosa in *Frau Jenny Treibel* gestaltet. Genau das ist das Anliegen der kommenden Abschnitte. In Fontanes Roman spielt das Begriffspaar schon

29 Zur Schriftaffinität der Arabeske vgl. insbesondere Behnke: »Romantische Arabesken«.
30 Ich entlehne den Ausdruck von Helmstetter, bei dem er auf eine Stelle aus *Irrungen, Wirrungen* gemünzt ist, auf die »realistische und groteske diversità« eines mit Werbeanzeigen plakatierten Plankenzauns. Vgl. Helmstetter: *Die Geburt des Realismus aus dem Dunst des Familienblattes,* 139f. (Hervorhebung G.F.)
31 Der Ausdruck taucht ebenfalls auf der zweiten Romanseite auf, aber nicht in Zusammenhang mit dem Klingeldraht, sondern mit dem Laden, den Jennys Vater einst führte. Später erfährt man, dass es sich dabei um einen »Material- und Colonialwaaren«-Laden (105) handelte. Damit grenzt sich das Material, das Fontanes Roman als Reflexionsfigur der eigenen arabesk-grotesken Faktur dient, auch von der Pseudo-Poesie exotistischer Träumereien ab.
32 Benjamin: »Haschisch in Marseille«. In: ders.: *Gesammelte Schriften,* Bd. IV.1, 409–416, hier 414.

allein deswegen eine zentrale Rolle, weil sich die Figuren im Verlauf ihrer unablässigen Gespräche mehrfach emphatisch darauf berufen. In meinen Überlegungen werde ich mich zunächst, in Abschnitt 2, den beiden Figuren an Treibels Seite zuwenden – Jenny und Vogelsang –, die mit geradezu programmatischem Aplomb einem der zwei Pole den Vorrang geben: Jenny der Poesie und Vogelsang der Prosa. In der ihm eigenen Ironie unterläuft der Text diese einseitigen Positionen und gibt sie der Lächerlichkeit preis. Er bleibt dabei jedoch nicht stehen, sondern führt die vermeintlichen Gegenpole ironisch über Kreuz und entwirft so im Rücken der Figuren wesentlich intrikatere Legierungen von Poesie und Prosa.

Von dieser Warte aus wird sodann Wilibald Schmidts quasi-auktorialer Status näher zu bestimmen und zu hinterfragen sein. Auch wenn er mit seinem Plädoyer für einen ›anderen‹, am Nebensächlichen orientierten Poesie-Begriff ein entscheidendes Versatzstück der Fontane'schen Arabesken-Poetik benennt, so bleibt er, wie bereits angedeutet, in mancherlei Hinsicht doch auch der programmrealistischen Tiefensemantik und ihrem Humanitätsparadigma verpflichtet. Am deutlichsten kommt seine Ambivalenz sicherlich im vielkommentierten Romanfinale zum Ausdruck. Aus dem Grund wird dieses denn auch im Mittelpunkt der Abschnitte 3 und 4 meiner Überlegungen stehen.

Abschnitt 3 wird herausarbeiten, dass das Versöhnungsszenario, das Schmidt anlässlich von Corinnas Hochzeit mit ihrem Cousin Marcell heraufbeschwört, als humoristisch verbrämte Neuauflage von Schillers ästhetischem Staat gelesen werden muss, vollgespickt mit dramaturgischen Anleihen aus der Rütli-Szene des *Wilhelm Tell*. Vom äußersten Rand des Textes aus hinterfragt Schmidt diesen allzu verklärenden Ausgang indes sogleich auch wieder und betont dessen genuin grotesken Charakter. Zu dieser Gegenläufigkeit passt, dass Fontanes Prosa mit Schmidts finaler Wendung (insbesondere mit den durch sie induzierten *reversen* Lesestrategien) ihre spezifische Manieriertheit, ihre mit der Groteske im Bunde stehende, ›andere‹ Poetizität, in einer sogar für sie ungewohnten Dichte vorführt – wohingegen das überraschende Loblied, das Schmidt unmittelbar davor auf sein Jugendgedicht anstimmt, ein epigonales Poesie-Verständnis à la Jenny rehabilitiert. Einmal mehr gilt mithin: ›Das Eine thun und das Andere nicht lassen‹.

Genauso aufschlussreich ist in poetologischer Hinsicht, wie Abschnitt 4 zeigen wird, der unterschwellige Agon zwischen Schmidt und seiner Tochter Corinna. Eine poetologische Dimension hat die Konstellation schon auf der Handlungsebene: So fasst Wilibald die von ihm herbeigewünschte Verbindung zwischen seiner vor Wortwitz sprühenden, aber zunächst zu sehr auf luxuriöse Oberflächlichkeit bedachten Tochter und seinem denkbar biederen Neffen als wechselseitige Korrektur von Poesie und Prosa. Entscheidend für eine solche Einschätzung sind in erster Linie die humoristisch eingefärbten Bildfelder, die Schmidt wiederholt aufruft: *Tiefgang* – und nicht bloße Unterhaltungskunst – ist von Corinna erst dann zu erwarten, wenn ihre allzu schnell ›verblitzende‹ Virtuosität mit *unterirdischem* ›Leitungswerk‹ unterlegt wird. Gleichsam nach dem Vorbild dieses auf der Handlungsebene erst zu verwirklichenden Arrangements schlägt der Text selbst von Beginn an unablässig witzige Funken aus Realien der Moderne und überführt diese über subtile Querverweise in ein Netzwerk höchster Dichte. Insofern diese Realien – namentlich das Rohrwerk unter dem Brunnen im Garten der Treibel'schen Villa, die Berliner Rohrpost sowie das brandneue städtische Abwassersystem – selbst eine Netzwerkstruktur aufweisen, reflektieren sie zugleich auf die hochgradige Vernetztheit von Fontanes Prosa, auf ihre ›andere‹ Poesie, die sich von der Prosa der Moderne nicht etwa abwendet, sondern sich von ihr herschreibt. Der Haken an diesen Realarabesken ist, dass vor allem die beiden letztgenannten – Rohrpost und Abwassersystem also – Schmidts ›anderen‹ Poesie-Begriff nicht nur einlösen, sondern zugleich auch grotesk verformen. Indem sie den programmrealistisch angehauchten Mastersignifikanten des »eigentlich Menschliche[n]« etwas gar wörtlich nehmen, überführen sie die ideelle Tiefgründigkeit, die er verheißt, auf je spezifische Weise in »Aeußerlichkeiten« (215) – bringen Fontanes Text also in die Nähe genau dessen, was Corinna auf der Handlungsebene ausgetrieben werden soll. Wie Fontanes Text mit diesem Widerspruch umgeht, wird erneut am Beispiel des Romanfinales zu diskutieren sein. Während Schmidt die Hochzeit allzu harmonisch fasst, lässt der Text diskret auch die Beschädigungen anklingen, die Corinna und dem ihr eigenen »Stich ins Moderne« (14) dabei widerfahren: Mesalliance also auch hier und zugleich Figurationen des Gewaltakts, den Fontanes Text und der *ihm* eigene Stich ins Moderne an sich selbst verübt, um allen Ironisierungen zum Trotz an einem mehr denn je quer zu den ›realen‹ Verhältnissen stehenden literarästhetischen Programm festzuhalten.

2. Jenseits der Dichotomie von Poesie und Prosa: Jenny, Vogelsang – Wilibald Schmidt

Fontanes *Frau Jenny Treibel* ist nicht das erste literarische Werk, das im Rahmen einer Satire auf die emporstrebende Klasse der Bourgeoisie das Verhältnis von Prosa und Poesie bzw. Versrede verhandelt. Schon in Molières Ballettkomödie *Le Bourgeois gentilhomme* (1670) findet sich eine berühmte Szene, in der ein *maître de philosophie* dem banausischen Möchtegern-Adligen Monsieur Jourdain beibringt: »Alles, was nicht Prosa ist, sind Verse. Und was keine Verse sind, ist Prosa« (»tout ce qui n'est point prose est vers; et tout ce qui n'est point vers est prose«). Jourdain ist ob dieser Tiefgründigkeit völlig aus dem Häuschen: »Unglaublich! Da spreche ich seit über vierzig Jahren Prosa und weiß es nicht!« (»Par ma foi! Il y a plus de quarante ans que dis de la prose sans que j'en susse rien«.)[33] Im nächsten Aufzug versucht Jourdain sogleich, seine Frau mit dem neuen Pseudo-Wissen zu beeindrucken; blöd nur, dass ihm dabei ein kleiner Versprecher unterläuft, der die klaren und deutlichen kategorialen Grenzziehungen des *maître de philosophie* sogleich wieder über den Haufen wirft. Anstatt das Gelernte brav zu wiederholen, flicht er nämlich eine Negation zu viel ein, die die Gegenüberstellung von Prosa und Vers zum unverständlichen Paralogismus entstellt: »Alles, was kein Vers ist, ist Prosa, und alles, was keine Prosa ist, sind keine Verse!« (»Tout ce qui est prose n'est point vers; et tout ce qui n'est point vers n'est point prose.«)[34]

Ähnlich vertrackt, weil nicht in einer schematischen Opposition aufgehend, verhält es sich mit der Gegenüberstellung von Poesie und Prosa in Fontanes Berliner Gesellschaftsroman, dessen Titelfigur wie Molières Monsieur Jourdain ein sozialer Emporkömmling ist. Anders als dieser träumt sich Jenny indes nicht in die höheren Sphären des Adels empor. Daran erinnern bei Fontane allenfalls noch Jennys Wunsch, den Ehrentitel ›Commerzienräthin‹ durch den noch prestigeträchtigeren einer ›Generalkonsulin‹ zu ersetzen – ein Wunsch, über dessen Realisierung sie sich indes kaum mehr Illusionen macht (vgl. 27 und 164) –, sowie die »zwei adlige[n] Fräuleins« (19), die Treibel anlässlich des zu Ehren von Mr. Nelson gegebenen Dinners eingeladen hat, weil er sich aufgrund ihrer familiären Beziehungen Vorteile in dem von ihm angestrebten Wahlkreis verspricht (vgl. 25). Den eigentlichen sozialen Aufstieg hat Jenny durch ihre Heirat mit dem Großindustriellen vielmehr bereits

---

33 Molière: *Der Bürger als Edelmann*, 49/ *Le Bourgeois gentilhomme*, 730.
34 Ebd., 67/738.

hinter sich und präsentiert sich nunmehr, wie Schmidt am Ende des ersten Kapitels – an strategisch exponierter Stelle also – urteilt, als »Musterstück einer Bourgeoise« (15).

Mit einer solchen Beurteilung ist ihr ehemaliger Verlobter, dem man als solchem durchaus ein gewisses Ressentiment unterstellen könnte, nicht allein. So befindet die Erzählinstanz ihrerseits im Schlusssatz des zwölften Kapitels über den alten Treibel: »[D]er Bourgeois steckte ihm wie seiner sentimentalen Frau tief im Geblüt.« (176) Auch mit diesem Sentimentalitätsbefund bewegt sich die Erzählinstanz in Wilibalds Spuren: Während Jenny der Meinung ist, ohne ihr »Herz für das Poetische« (10) – eine Gabe des »Himmel[s]« (ebd.) bzw. »Gott[es]« (11), die der junge Wilibald mit seinen Gedichten kultiviert habe – wäre sie »drüben in dem Ladengeschäft unter all' den prosaischen Menschen [...] verkümmert« (11), befindet Wilibald, dass das, was »[s]eine Freundin Jenny« das Poetische nenne, eher als »Sentimentale[s]« (15) zu bezeichnen sei; und wenn es gelte, »Farbe zu bekennen«, habe sie ohnehin »nur ein Herz für das Ponderable« (92), also für materielle Werte. Wilibalds Rede ist hier durchaus beim Wort zu nehmen, hat Jenny mit Treibel doch just einen Vertreter aus der boomenden *Farb*industrie geehelicht. Insofern dieser auf die Herstellung des künstlichen Farbstoffs »Berliner Blau« (16) spezialisiert ist, lässt sich gar sagen, Jenny habe, indem sie als junge Frau Treibel den Vorzug gab, einen im Geist der blauen Blume dichtenden Lyrikepigonen – noch als betagter Lehrer wird Wilibald Novalis behandeln (vgl. 182) und die Erzählinstanz attestiert ihm wie bereits erwähnt, »mehr als alles Andere« ein »alte[r] Romantiker« (80) zu sein – gegen dessen prosaisch-modernes Pendant eingetauscht.

Einig sind sich die Erzählinstanz und Schmidt darüber hinaus darin, dass Jenny ihr höchst oberflächliches Poesieverständnis – orientiert an Mastersignifikanten wie »Herz« und an der äußeren Versform (vgl. 32) – nicht kalkuliert als Mittel zum Zweck einsetzt, um ihre eigentlichen, handfest materiellen Interessen durchzusetzen. Vielmehr bilde sie sich ihr, wie Schmidt einmal konstatiert, »gefühlvolles Herz« »aufrichtig ein[]« (92), während die Erzählinstanz im zwölften Kapitel von Jennys »süße[n] Selbsttäuschungen« (165) spricht. Was bei Jenny unverbunden, weil nicht reflektiert, nebeneinandersteht, fassen erst Schmidt und die Erzählinstanz mit kritisch-auktorialem Gestus in die Gegenüberstellung von Schein und Sein. Insofern lässt sich von ihr behaupten, sie spreche, ähnlich wie Molières Bürgersmann, seit Jahrzehnten schon in Prosa, ohne sich dessen bewusst zu sein.

*

Spiegelbildlich zu diesem Umschlag von pseudo-poetischer Fassade und prosaischem Kern verhält sich die *andere* Figur an Treibels Seite. Vogelsang ist nämlich nicht nur deswegen ein Gegenspieler von Jenny, weil diese den politischen Ambitionen ihres Mannes denkbar skeptisch gegenübersteht (vgl. 27), sondern auch, weil er in einem Gespräch mit ihr keinen Hehl daraus macht, wie wenig er von Lyrik hält: Diese bestehe lediglich aus »hohlen, leeren Worten und [...] Reimsucherei. Glauben Sie mir, Frau Räthin, das sind überwundene Standpunkte. Der Prosa gehört die Welt.« (32) Was Vogelsang unter ›Prosa‹ versteht, wird klarer, wenn man seine Abrechnung mit dem Vormärz-Dichter Georg Herwegh berücksichtigt: In zahlreichen Gedichten habe dieser die Revolution zwar besungen, im entscheidenden Moment aber gekniffen, als es gegolten hätte, den Worten Taten folgen zu lassen (vgl. 32).[35] ›Prosa‹ meint für Vogelsang mithin das Feld der politischen Betätigung, auf dem er sich in Treibels Auftrag tummelt. Ihm schwebt dabei eine politische Agenda bonapartistischen Zuschnitts vor.[36] So sollen in der von ihm ersonnenen »Royaldemokratie« alle »Zwischenstufen« – darunter insbesondere die »feudale Pyramide« (43) – zugunsten zweier »Dreh- oder Mittelpunkte« (121), sprich: »Volksthum und Königthum« (43), abgeschafft werden. Dies wiederum müsse zur Folge haben, dass den beiden als komplementär konzipierten Gewalten in ihren jeweiligen Sphären volle Verfügungsmacht zukomme: »Das Gewöhnliche, das Massenhafte, werde bestimmt durch die Masse, das Ungewöhnliche, das Große, werde bestimmt durch das Große.« (Ebd.)

Politisch mag das absurd sein – angesichts des zusehends desaströser verlaufenden Wahlkampfs wird dies schließlich auch Treibel einsehen müssen –, in poetologischer Hinsicht dagegen ist dies weit weniger ausgemacht. Zwar trägt der Lieutenant seinen klingenden, Poesie verheißenden Familiennamen ›Vogelsang‹ primär in komischem Kontrast zu seinem Bekenntnis zur Prosa. Sprechend ist in der Hinsicht, dass sich Treibel im Vorfeld des Dinners ausgerechnet mit Vogelsang über die »scherzhaften Widerspiele« (25) zwischen manchem Personennamen und dessen Träger*in unterhält.[37] Von anderer Warte aus ist der Name ›Vogelsang‹ aber durchaus akkurat und entspricht insofern Schmidts

---

35 Zur Selektivität von Vogelsangs (und Jennys) Herwegh-Lektüren vgl. Selbmann: »›Das Poetische hat immer recht‹«, 103 f., sowie Renz: *Geglückte Rede*, 47–49 und 75 f.

36 Zur Verortung von Vogelsangs ›Bonapartismus‹ im damaligen konservativen Spektrum vgl. von Graevenitz: *Theodor Fontane*, 63 f.

37 Zu dieser »Nicht-Stimmigkeit« vgl., näherhin, Grawe: »Lieutenant Vogelsang a. D. und Mr. Nelson aus Liverpool«, 592.

lateinischem Diktum »nomen et omen« (69). Diskret zeichnet er Vogelsang nämlich als Tier-Mensch-Hybrid und macht damit auf den grotesken Einschlag der Figur aufmerksam.[38] Auch schreibt sich Vogelsangs staatspolitisches Programm gerade wegen seiner offensichtlichen Absurdität in eine spezifische Tradition der literarischen Groteske ein, die ausgerechnet mit dem Wolkenkuckucksheim aus Aristophanes' Komödie *Die Vögel* ihren Anfang nahm. Dass Vogelsangs politischer Entwurf damit eine spezifische *poetische* Qualität gewinnt, wird gleichsam von Treibel selbst bestätigt, wenn sich dieser in einem luziden Moment eingesteht, sein Wahlkampfleiter habe eigentlich »nur drei *Lieder* auf seinem Kasten« (19, Hervorhebung G.F.). Zugleich knüpft diese Stelle einen impliziten Bezug zu Jenny, die ja ebenfalls nur ein Lied ›auf dem Kasten‹ hat: das – mit dessen Verfasser Wilibald Schmidt zu sprechen – »ewige Lied, *mein* Lied« (81), das sie am Ende jeder Soiree zu singen pflegt.

Mit hintersinnigem Witz durchkreuzt der Text mithin in vielfacher Hinsicht die von Jenny und Vogelsang unter entgegengesetzten Vorzeichen behauptete Dichotomie von Poesie und Prosa und verlangt von den Leser*innen, die Äußerungen der beiden Figuren konsequent gegen den Strich zu lesen. Der Roman führt dieses Lektüreprinzip denn auch gleich am Beispiel von Vogelsangs Namen selbst vor: In chiastischer Verkehrung nennt Mr. Nelson den Lieutenant nämlich einmal einen »Singevogel« (52).

*

Erledigt ist der Fall Vogelsang damit aber noch nicht. Denn ungewollt liefert das Schwadronieren des Lieutenants über die getrennten Sphären von König- und Volkstum auch ein durchaus akkurates Modell für die immanente Poetik des Romans. Auch in der Hinsicht buchstabiert Fontanes Text die ihm eigene Arabesken-Poetik mithin konsequent aus: Zur Aufwertung des Marginalen durch die Arabeske passt nur allzu gut, dass, wie Rudolf Helmstetter mit Bezug auf den Gärtner Kagelmann aus *L'Adultera* festhält und wie ich im vorherigen Kapitel anhand von C.F. Meyers Renaissance-Kanzler Girolamo Morone dargelegt habe, gerade eine »groteske Nebenfigur[] [...] das Formprinzip« ausspricht.[39]

---

38 Eine ähnliche Analyse findet sich – aber unter dem Aspekt des Karikaturalen – bei Mülder-Bach: »Poesie als Prosa«, 367f.
39 Helmstetter: *Die Geburt des Realismus aus dem Dunst des Familienblattes*, 123.

Wie hat man sich diese poetologische Valenz von Vogelsangs politischem Programm nun aber genau vorzustellen? Wie die Forschung seit jeher festgestellt hat, dominieren in *Frau Jenny Treibel* über weite Strecken Gesprächspartien, die sich, mit dem Doppel-Plot (Corinnas Heiratsplänen und Treibels politischen Ambitionen) zumeist eher lose verbunden, umso mehr gemäß der ihnen eigenen Dynamik zu entfalten scheinen, als sich die Erzählinstanz nur in den seltensten Fällen mit Kommentaren zu Wort meldet. In dem Sinn präsentiert sich Fontanes Text als – mit Vogelsang zu reden – Roman »von Volkesgnaden« (43), als Roman mit einer ausgeprägt ›demokratischen‹ Energetik ohne zentrale Steuerinstanz. Wie Kritiker-Urteile über Flauberts Stil, etwa aus der Feder von Barbey d'Aurevilly zeigen, war es in der zweiten Hälfte des 19. Jahrhunderts gängige Praxis, realistische Darstellungsmodi mit just dieser politischen Vokabel zu belegen, in ihnen mithin ein ähnlich ›nivellierendes‹ Prinzip am Werk zu sehen wie im politischen System der Demokratie.[40]

Neben dieser vorherrschenden Tendenz findet sich in *Frau Jenny Treibel* aber noch eine andere, die gewissermaßen als Gegengewicht fungiert, als, wie es bei Vogelsang heißt, zweiter »Dreh- oder Mittelpunkt[]«. So kann die sorgfältig austarierte Gesamtkomposition des Romans nur auf das Konto einer alles überblickenden, also in einer gänzlich abgesetzten Sphäre waltenden, auktorialen – oder eben ›royalen‹ – Instanz gehen. Dazu ein paar Beispiele. In meinen Überlegungen bereits mehrfach angeklungen ist das »Strukturprinzip der kontrastierenden Entsprechung«,[41] also die Echo-Effekte zwischen den auf den ersten Blick so konträren Sphären des Erwerbs- und des Bildungsbürgertums: Am deutlichsten tritt dieses Verfahren in der ersten Hälfte des Romans zutage, in Gestalt des opulenten Dinners in der Villa Treibel (Kap. 2–4) und des zur selben Zeit stattfindenden Lehrer-»Kränzchen[s]« (63) im Hause Schmidt (Kap. 6–7). Auch verläuft die Geschichte von Corinnas amouröser »Verirrung« (215) – Christian Grawe hat dies herausgestellt – strikt parallel zu der von Treibel in die Gefilde der Politik.[42] Schließlich ist auch innerhalb des Heiratsplots eine ausgeklügelte arithmetische Logik am Werk: Die an Corinna ergehende Einladung, die Jenny im Auftaktkapitel ausspricht (den Heiratsplot damit in Gang setzend), findet ihr genaues Pendant in Kapitel 9, dem Auftaktkapitel der zweiten Romanhälfte, mit der erneut

---

40 Vgl. Rancière: *Politique de la littérature*, 16f.
41 Müller-Seidel: *Theodor Fontane*, 313.
42 Vgl. Grawe: »Lieutenant Vogelsang a.D. und Mr. Nelson aus Liverpool«, 589f.

an Corinna ergehenden Einladung, sich der Landpartie an den Halensee anzuschließen (in deren Verlauf Corinna das Kunststück fertigbringen wird, sich mit Leopold zu verloben, und den Heiratsplot so auf die Spitze treibt). Das Gegenstück zu diesen in den Auftaktkapiteln der ersten bzw. zweiten Hälfte ausgesprochenen Einladungen findet sich in Kapitel 13 (mit dem arithmetisch gesehen das letzte Viertel des Romans anfängt), als Jenny ein zweites Mal die Wohnung der Schmidts aufsucht: nun freilich nicht mehr, um sich sentimentalen Erinnerungen an die gemeinsame Jugend mit Wilibald hinzugeben oder um Corinna zu sich ins Haus zu bitten, sondern um umgekehrt zu verhindern, dass die Professorentochter die vorherigen Einladungen allzu wörtlich nehme und »ihre Bettlade [...] ins Treibel'sche Haus« (173) trage.

Auch gibt es auffällige Entsprechungen zwischen den Schlusskapiteln der einzelnen Vierergruppen: So singt Jenny am Ende von Kapitel 4, als ritueller Abschluss des Treibel'schen Dinners, ihr ominöses Lied, das bei der Gelegenheit auch ein erstes Mal in voller Länge abgedruckt wird; am Ende von Kapitel 16, zum Abschluss von Corinnas und Marcells Hochzeit, wird es dann ein zweites Mal angestimmt (obgleich nicht mehr von Jenny, sondern vom ehemaligen Tenor Adolar Krola, der sie ansonsten auf dem Klavier begleitet) und erneut vollständig abgedruckt. Dass das dem Ausflug an den Halensee gewidmete Kapitel seinerseits mehrere Lieder aufweist – wobei zwei davon zumindest auszugsweise im Text wiedergegeben werden (vgl. 140 sowie, vor allem, die abgesetzten Lenau-Verse, 151) – und als zehntes genau in der Mitte zwischen den Kapiteln 4 und 16 steht, bekräftigt erneut, dass der so zwanglos daherkommende Konversationsroman von seiner Gesamtstruktur her genauestens durchkomponiert ist.

Sieht man sich auf der Figurenebene nach einem Stellvertreter dieser ordnenden auktorialen Hand um – also nach einem, um auch Vogelsangs militärischen Dienstgrad poetologisch fruchtbar zu machen, »Lieutenant« der Erzählinstanz –, so scheidet Jenny trotz ihres Status als Titelfigur schon allein deswegen aus, weil sie, weniger ›royaldemokratisch‹ als autokratisch agierend, »immer die Fäden in der Hand haben, [...] Alles bestimmen, Alles anordnen« (113) muss. Hinzu kommt, dass der Heiratsplot, wie bereits erwähnt, nur sehr bedingt in Jennys Sinn endet. Umso stärker bietet sich dafür erneut Schmidt als Alter Ego der Erzählinstanz an: Überzeugt davon, dass man »[d]urch Dreinreden [...] nur den natürlichen Gang der Dinge« störe (93, Schlussabschnitt Kapitel 7), lässt er den »Proceß [...] sich still vollziehen« (194), bis am Ende genau das herauskommt, was er – »den Ausgang der Sache kenn' ich« (93) – von Beginn an zu wissen vorgibt: Jenny legt ihr Veto gegen Leopolds Heirat mit

Corinna ein und seine Tochter ehelicht stattdessen ihren Cousin Marcell. Am Ende des Romans erfährt man zudem, dass Schmidt die ganze Zeit über *im Hintergrund* seine Beziehungen hat spielen lassen, um Marcell die Stelle als »Gymnasial-Oberlehrer« (205) zu verschaffen, die diesen überhaupt erst in die Lage versetzt, einen eignen Hausstand zu gründen.

Dass Schmidt dabei gar kein »scharfer Beobachter« (204), sondern ein »liebenswürdiger Egoist« (203) ist, der lieber den eigenen »Steckenpferd[en]« (81) nachgeht als sich um die Sorgen seiner Tochter zu kümmern (vgl. etwa 117f.), tut seinem auktorialen Status keinen Abbruch.[43] Ganz im Gegenteil: Wie sein von der epikureischen Lehre zehrender Wahlspruch »carpe diem« (221) nahelegt, verhält er sich ähnlich selbstbezogen, wie die Götter es Epikurs Darstellung zufolge in den Intermundien tun. Zumindest implizit steht in deren Zeichen denn auch die gesellige Runde der ›sieben Waisen Griechenlands‹: Speis und Trank werden dort in stattlichen Mengen genossen, und einige der Konviven dünken sich gar offenbar »vom hohen Olymp« (56). Wenn Schmidt Marcell am Ende bittet, ihm von den archäologischen Ausgrabungen, zu denen er in naher Zukunft mit Corinna aufbrechen wird, eine »Zeus«-Statue (205) mitzubringen, dann wünscht er sich also gewissermaßen eine humoristische Reflexionsfigur seiner selbst.[44] Insofern ist auch die Jovialität, die die Erzählinstanz Schmidt einmal attestiert – »jovial und herzlich wie immer«, nennt sie ihn (85) –, durchaus beim Wort zu nehmen, klingt in dieser Qualität doch der römische Name des Zeus (Jovis) an.[45] Ganz in dem Sinn auch lässt es sich Schmidt beim Ausflug an den Halensee nicht nehmen, als eine Art humoristischer Zeus »in einer ihn begleitenden Wolke« (132) vorzufahren. Die mythologische Assoziation ist in dem Fall umso naheliegender, als Schmidts Bruder im Geiste Treibel – ihm bescheinigt die Erzählinstanz gar gleich zweimal Jovialität (vgl. 20, 170) – unmittelbar danach bedauernd feststellt, Leopold trete in seiner »langsam herantrottenden Droschke« (133) gerade nicht »wie ein junger Gott« (ebd.) auf den Plan. Der alte Schmidt dagegen schon.

*

43 Aufs Moralische oder ›Menschliche‹ bedachte Interpretationen müssen Schmidt diesen Status selbstredend schon allein deswegen absprechen. Vgl. etwa Kafitz: »Die Kritik am Bildungsbürgertum in Fontanes Roman *Frau Jenny Treibel*«, 86f.

44 Zu weiteren mit Schmidt assoziierten ›Zeus‹-Motiven vgl. erstmals, aber unter anderen Vorzeichen als hier, Poltermann: »*Frau Jenny Treibel* oder Die Profanierung der hohen Poesie«, 146, Anm. 30.

45 Auf diese Weise gedeutet wird die Jovialität bereits bei Böschenstein-Schäfer: »Das Rätsel der Corinna«, 284.

Auf Schritt und Tritt von einem humoristisch verbrämten quasi-aukto-rialen Nimbus umgeben, steht Schmidt folgerichtig, was das Verhältnis von Poesie und Prosa angeht, für eine ungleich komplexere Position als Jenny oder Vogelsang, die je einen der beiden Pole verabsolutieren. So wie der Text deren einseitiges Begriffsverständnis durchkreuzt, so situiert sich auch Schmidt jenseits einer bloßen Dichotomie von Poesie und Prosa. Zwar geht er wie Jenny von einem Primat des Poetischen aus: »Das Poetische«, befindet er während des Disputs mit Distelkamp über die Vorzüge des Nebensächlichen und Trivialen, »hat immer Recht« (80). Aber eben unter der ausdrücklichen Voraussetzung, »daß man etwas Anderes darunter versteht als [s]eine Freundin Jenny Treibel [...]; es wächst weit über das Historische hinaus« (ebd.).[46] Eine nähere Ausführung dieses ›anderen‹ Poesie-Begriffs bleibt uns Leser*innen zwar verwehrt, da Corinna und Marcell ausgerechnet in dem Moment vom Treibel'schen Dinner zurückkehren. Nichtsdestoweniger liegt es nahe, ihn auf Schmidts unmittelbar davor angestellte Überlegungen über das »Nebensächliche« zu beziehen, also darauf, dass dieses, so-fern in ihm etwas »drin steck[e]«, die »Hauptsache« sei, »denn es gibt Einem dann immer das eigentlich Menschliche.« (Ebd.) Anstelle des auf vermeintlich Höheres bedachten, letztlich aber leeren Pathos à la Jenny – bezeichnend dafür das »Luftkissen«, auf dem sie während des Dinners sitzt, um ihre »dominirende Stellung« (28) auch räumlich zu bekräftigen –, präsentiert sich Schmidts ›anderer‹ Poesie-Begriff als ein auf Substanzialität (›Menschlichkeit‹) bedachter »Tiefenrealismus« jen-seits der phänomenalen Oberfläche der Dinge.[47] Dies legt nicht nur der bedeutungsschwangere Mastersignifikant ›das eigentlich Menschliche‹ nahe, sondern auch die von Schmidt bemühte räumliche Metaphorik des ›Drinsteckens‹, die aufs Genaueste der »für die realistische Theorie charakteristische[n] Metaphorik des Herausholens«[48] entspricht.

Zumindest implizit schwingt in dem so verstandenen ›anderen‹ Poesie-Begriff auch der der Prosa mit. Zum einen auf der Gegenstands-ebene, wobei sich dort einmal mehr die besondere Affinität von Prosa und Groteske zeigt. Distelkamps Vorwurf, ihm sei »immer merkwür-dig«, wie Schmidt »neben Homer [...] mit solcher Vorliebe Kochbuch-liches abhand[le], reine Menufragen« (84), lässt sich nämlich ebenso gut mit Bezug auf den Poesie/Prosa-Frame lesen wie auf den der Groteske.

---

46 Eine vergleichbare begriffliche Differenzierung nimmt übrigens auch einmal Treibel vor: »Engel und Engel ist ein Unterschied« (127). Zur sprachkritischen Funktion dieser Szene vgl. Mittenzwei: *Die Sprache als Thema*, 146–148.
47 Vgl. Drügh: »Tiefenrealismus«, 212.
48 Eisele: »Realismus-Theorie«, 41.

Denn mit Homer benennt der Altphilologe Distelkamp ja offensichtlich das, was in seinen Augen das unübertroffene Modell epischer Poesie ist. Die abschätzige Präzisierung »reine Menufragen« dagegen legt nahe, dass »Kochbuchliches« für ihn ein denkbar prosaisches Textgenre und Gesprächsthema ist, etwas, das man in Gesellschaft von »Bankiers und Geldfürsten« (ebd.), also Verkörperungen des prosaischen Zeitgeists, erwarten kann – nicht aber bei einem Siegelbewahrer geistiger Werte vom Schlage des Gymnasialprofessors Wilibald Schmidt.

Schmidts ›anderer‹ Poesie-Begriff umgreift die Prosa darüber hinaus aber auch in ihrer Eigenschaft als Darstellungsmedium. Bedenkt man nämlich, dass Jenny unter einer »poetische[n] Welt [...] vor allem [...] auch die *Formen*« versteht, »in denen das Poetische herkömmlich seinen Ausdruck findet« (32, Hervorhebung G. F.) – gereimte Verslyrik also –, während Schmidt im Disput mit Distelkamp ebenso allgemein wie kategorisch dekretiert, es sei »vorbei mit den alten Formen« (73), so ist davon auszugehen, dass sich auch der von ihm vertretene Poesie-Begriff jenseits der »alten Formen« situiert, sprich: dass er sich vorzugsweise im notorisch *formlosen* Darstellungsmedium der Prosa artikuliert. Ähnliches lässt ja bereits der in engem Bezug zu Schmidts Namen stehende »*überall verbogene* Draht« neben seiner Wohnungstür ›anklingen‹. Es ist deswegen ebenso sinnig wie ironisch, dass »die schon stark an der Grenze zum Embonpoint angelangte« Jenny selbst körperlich aus der Form geht (18): Auch in der Hinsicht bewegt sich Jenny die ganze Zeit über im Medium der Prosa, ohne sich dessen bewusst zu sein, genauso wie der Roman, der ihren Namen zum Titel hat, in großen Teilen eben ein Prosa-Roman ist – bzw. die *Aufblähung* eines Verszitats: »*Wo sich Herz zum Herzen find't.*«

Dass die Erzählinstanz Schmidt unmittelbar nach seinem Plädoyer für einen ›anderen‹ Poesie-Begriff als »alte[n] Romantiker« bezeichnet, »der er eigentlich mehr als alles Andere« sei (80), bekräftigt meine Lesart: So steht gerade der in *Frau Jenny Treibel* mehrfach erwähnte Novalis für einen Poesie-Begriff, dessen »Telos« sich qua Arabeske, Groteske und struktureller Ironie im Darstellungsmedium der Prosa realisieren und reflektieren soll.[49] Damit bekommt auch Schmidts Behauptung, das Poetische wachse »weit über das Historische hinaus«, einen unerwarteten Nebensinn. Sie meint dann nicht mehr nur die aristotelische Unterscheidung von partikularer Faktizität (Historie) und

---

49 Simon: *Die Idee der Prosa*, 11. Vgl. auch das Kapitel über Novalis und Schlegel, ebd., 193–209. Arabeske und Groteske spielen in Simons Ausführungen freilich nur eine sehr untergeordnete Rolle.

allgemeingültigerer Fiktion (Poesie),[50] sondern auch, mit Ralf Schnell gesprochen, die jenseits der »trivialen ›Geschichte‹« situierte »poetische Struktur« von Fontanes Romanprosa:[51] ihre spezifische Rekursivität, die denkbar Nebensächliches und Heterogenes in grotesk-arabesker Manier miteinander verknüpft.

Auf seine Art hat das übrigens bereits Thomas Mann erkannt. In etwas kunstreligiöser Diktion bescheinigt er der Prosa des ›alten Fontane‹ nämlich eine ganz eigene, auf »innere[r] Form« beruhende poetische Diktion. Diese stehe

> der Poesie viel näher, als ihre unfeierliche Anspruchslosigkeit wahrhaben möchte, sie ist poetisches Gewissen, sie hat poetische Bedürfnisse, sie ist angesichts der Poesie geschrieben [...]. [S]o ist es das Merkwürdige, daß seine Prosa sich in demselben Maße sublimiert, in welchem sie (Erlaubnis für das Wort!) verbummelt. Man hat ihn oft einen ›Causeur‹ genannt, und er selbst hat es getan. Jedoch die Wahrheit ist, daß er ein Sänger war, auch wenn er zu klönen schien.[52]

*

Schmidt artikuliert den von ihm ins Spiel gebrachten ›anderen‹ Poesie-Begriff indes gerade nicht in derselben Ausführlichkeit wie mein Explikationsversuch – er wird wie gesagt durch Corinnas und Marcells Erscheinen davon abgehalten. So markiert dieser dramaturgische Trick den Begriff recht eigentlich als Leerstelle und eröffnet damit die Möglichkeit, ihn gewissermaßen *nochmals* ›anders‹ zu fassen, sprich: Schmidts programmatische Position – insbesondere den von ihm beschworenen ›tieferen‹, ›eigentlich menschlichen‹ Sinn – ironisch zu

50 Vgl. Aristoteles: *Poetik*, 1451b.
51 Schnell: *Die verkehrte Welt*, 103. Schnell versteht unter der »poetischen Struktur« von *Frau Jenny Treibel* die unablässigen Re-Perspektivierungen der Geschehnisse qua Figuren- und Erzählerrede (vgl. ebd., 103–107), unterlegt dieser Struktur dann aber wiederum eine sozialhistorische Tiefendimension: Mit dieser Bewegtheit zeige der Roman die »Anpassung an die Zeitströmung des permanenten Übergangs« (ebd., 125) auf, die das politisch entmündigte und vielfach fraktionierte deutsche Bürgertum nach 1848 vollzogen habe. So vielversprechend Schnells Lektüre zu Beginn ist, so textfern ist ihr Fluchtpunkt. Bezeichnenderweise unterlässt er es denn auch, die von ihm ins Sozialhistorische gewendete Bewegtheit des Textes zu dem sprechenden Namen ›Treibel‹ in Bezug zu setzen. Vgl. dazu wiederum, näher am Text und zugleich mit Barthes' *Lust am Text* im Rücken, Renz: *Geglückte Rede*, 46 f.
52 Mann: »Der alte Fontane«, 138 f.

hinterfragen und ihre Ambiguitäten aufzuzeigen. Es gehört zu den Paradoxien von Fontanes Roman, dass es Schmidt selbst ist, der einer solchen Lektüre das Wort redet: mit seinem bereits erwähnten Lob auf die Selbstironie, die, weil sie stets »ein Fragezeichen hinter der Vollendung mach[e]« (86), den »denkbar höchsten Standpunkt« (65) bezeichne. Indem sich der Text die Freiheit ausbedingt, Schmidts eigenes Verhalten jederzeit zu ironisieren, unterminiert und bekräftigt er zugleich dessen quasi-auktorialen Status. Auch in der Hinsicht also trifft das Treibel'sche Diktum ›Das Eine tun und das Andere nicht lassen‹ ins Schwarze.

Dieser Befund führt unmittelbar zum Programm der folgenden zwei Abschnitte: Um die Komplexität von Schmidts ›anderem‹ Poesie-Begriff herauszuarbeiten und zugleich die Verfahren aufzuzeigen, mit denen der Text diesen problematisiert, werden sie die Gestalt zweier Modellanalysen annehmen. Die erste wird ganz im Zeichen der vielkommentierten Schlussszene des Romans stehen, der, vor dem Hintergrund von Fontanes Arabesken-Poetik, schon allein wegen ihrer Positionierung am äußersten Rand des Textes besondere Aufmerksamkeit gebührt. Die zweite wird dann das programmrealistische Leseraster näher untersuchen, mit dem Schmidt dem Verhältnis von Corinna und Marcell zu Leibe rückt.

3. Eine »in den Epilog gelegte Rütliscene«
Zur Schlussszene von *Frau Jenny Treibel* als Schiller-*reenactment*

Am Ende von *Frau Jenny Treibel*, anlässlich der Hochzeit von Corinna Schmidt mit ihrem Cousin Marcell Wedderkopp, vollzieht der angetrunkene Brautvater – Wilibald also – eine denkbar überraschende doppelte Kehrtwende. Zum einen will er in dem Gedicht, das er einst für seine Jugendgeliebte Jenny verfasst und im bisherigen Verlauf des Romans stets mit eher abschätzigen Termini bedacht hatte, nach der Darbietung durch den Tenor Adolar Krola plötzlich »ein wirkliches Lied« (222) erkennen. Zum anderen dekretiert er mit Berufung auf »[s]eine Freundin Jenny« (222f.), »Natur ist Sittlichkeit und überhaupt die Hauptsache«, und stempelt alles andere zu bloßem »Unsinn« ab: »Geld ist Unsinn, Wissenschaft ist Unsinn, Alles ist Unsinn. Professor auch.« (223) Einer abrupten Volte kommt dieser Rundumschlag insofern gleich, als Schmidts Tirade mit der »Wissenschaft« und dem »Professor[en]«-Titel zumindest zwei Werte umfasst, die er bis dato immer hochgehalten und gegen das aus der industriellen Herstellung von Berliner Blau stammende »Geld« des Treibel-Clans ins Feld geführt hatte. Wie also geht all das zusammen? Beziehungsweise: Geht es überhaupt zusammen?

Es wundert denn auch nicht, dass sich die Forschung an diesem Schluss regelrecht abgearbeitet hat. So unterschiedlich die bisherigen Deutungsansätze des Romanschlusses ausfallen mögen, argumentiert wird in der Regel vor dem Hintergrund des realistischen Verklärungspostulats: sei es, um dem Roman ideologiekritisch zu unterstellen, die »Komplicenschaft« zwischen Bildungs- und Erwerbsbürgertum, die Schmidts Ironie bisher mehr schlecht als recht übertüncht hätte, trete zu guter Letzt doch noch offen zutage;[53] sei es, um dem Romanschluss im Sinn des Programmrealismus versöhnlichen Humor zu attestieren, der – entgegen der ansonsten vorherrschenden sozialen Distinktionsstrategien der einzelnen Akteure[54] – auf das alle verbindende Allgemein-Menschliche abziele.[55] Andere wiederum deuten das Lied – aller Trivialität und Floskelhaftigkeit zum Trotz – als paradoxen »Platzhalter«[56] einer auf Verklärung und Naturhaftigkeit bedachten Poesie: Nur mehr in denkbar entfremdeter Gestalt vermöge diese in einer Romanwelt zu überleben, die ansonsten von der Prosa der modernen bürgerlichen Verhältnisse dominiert sei.[57] Weniger mit einem

---

53 Kafitz: »Die Kritik am Bildungsbürgertum in Fontanes Roman *Frau Jenny Treibel*«, 99 und 97. Eine frühere Variante dieser Position, die stärker auf Fontanes vorgebliche ›Halbheit‹ in politischen Belangen abzielt, findet sich bei Lukács: »Der alte Fontane«, 481.

54 Zu diesem Punkt vgl. etwa Bance: *Theodor Fontane*, 133f.; Mecklenburg: *Theodor Fontane*, 191–194; von Graevenitz: *Theodor Fontane*, 518–544 und 578f. Konsequent, aber auf eigentümliche Weise die eigene Lektürehypothese höher gewichtend als die paradoxe Textdynamik, bringt von Graevenitz' ansonsten so subtile Analyse das Kunststück fertig, nur in einem Nebensatz auf die Schlussszene aus *Frau Jenny Treibel* einzugehen. Vgl. ebd., 531.

55 Vgl. insbesondere Brinkmann: *Theodor Fontane*, 37f. Bezeichnend für die oft recht textferne Argumentation der Verfechter dieser Position ist, dass sie das ihnen eigentlich in die Hände spielende, weil mehrfach im Roman selber erörterte Prinzip der Milde (vgl. 68, 81, 209–212) mit keinem Wort erwähnen. Eine Ausnahme bildet allein Renz: *Geglückte Rede*, 86–89. Ulrike Vedder rückt diese geradezu utopische Lesart für ihren Teil unter melancholische Vorzeichen, wenn sie die Schlussszene als »Begegnung einer vergangenen Möglichkeit mit einer faktischen Gegenwart« fasst, »welche die Trauer über das zur Unmöglichkeit Gewordene ermöglicht.« (Vedder: »›in den Ton ausgesprochenster Wirklichkeit verfallend‹«, 202)

56 Baßler: *Deutsche Erzählprosa*, 85.

57 Vgl. etwa Aust: »Anstößige Versöhnung?« v.a. 114, 118–120 und 126; Baßler: *Deutsche Erzählprosa*, 81–85; Mecklenburg: »Einsichten und Blindheiten«, 152; Rakow: *Die Ökonomien des Realismus*, 374, und Selbmann: »Alles ›reine Menufragen‹?«, 107.

poetisch-realistischen als mit einem impliziten Ibsen-Filter schließlich operiert die Lesart, der zufolge der Alkoholrausch Schmidts ironische Fassade und, in eins damit, seine Lebenslüge zum Einsturz bringe, er sei über seine zerplatzte Jugendliebe und die damit verbundenen Träume und Wünsche längst »drüber weg« (92).[58]

Wie Moritz Baßler fokussiert auch meine Lektüre vornehmlich die *Verfahren*, mit denen Fontanes Text operiert, setzt dabei jedoch einen entschieden anderen Akzent. Baßler begreift die von Schmidt *in extremis* doch wieder eingeführten ›Metacodes‹ (›Natur‹, ›Sittlichkeit‹ usw.) als letztes Wort auch des Romans. Demgegenüber möchte ich zeigen, dass der Schluss des Schlusses, der äußerste Rand des Textes also, die aus der allgemeinen »Verfahrenslogik des Spätrealismus«[59] heraus gesetzten vermeintlichen Schlusspunkte seinerseits wiederum mit hochironischen Fragezeichen versieht. Einmal mehr wird *Frau Jenny Treibel* so auch als Groteske lesbar. Zusammengehalten werden die zwei gegenstrebigen Tendenzen des Roman-Endes – die harmonisierend-affirmative ebenso wie die dissonant-subversive – dadurch, dass sie, so die These, beide maßgeblich von Schiller-Intertexten durchwirkt sind.

Dass Schiller den Figuren aus *Frau Jenny Treibel* als Lieferant geflügelter Worte prominent zuarbeitet, ist in der Forschung sattsam bekannt; wie dem Herausgeberkommentar zu entnehmen ist, landet Schiller gar unangefochten auf Platz 1 der Hitparade (vgl. 286). Auch hat man längst herausgestellt, dass der Ausklang von Schmidts Lied (»*Wo sich Herz zum Herzen find't.*«) einen berühmten Vers aus dem *Lied von der Glocke* abwandelt: »Drum prüfe, wer sich ewig bindet, / Ob sich das Herz zum Herzen findet!«[60] Mir geht es weniger darum, diesem Zitatismus noch ein paar weitere Beispiele hinzuzufügen – aus den für meine Lektüre relevanten Texten, den *Briefen über die ästhetische Erziehung des Menschen* und der Rütli-Szene aus *Wilhelm Tell*, liegen in der Schlussszene bezeichnenderweise gar keine wörtlichen Zitate vor. Vielmehr möchte ich die strukturelle Funktion dieser Intertexte für den Romanschluss hervorstreichen:[61] Sie sind es, die entschei-

58 Vgl. etwa Plumpe: »Roman«, 677 und Wruck: »*Frau Jenny Treibel*«, 213 f.
59 So ist der Abschnitt untertitelt, in dem Baßler *Frau Jenny Treibel* diskutiert. Vgl. Baßler: *Deutsche Erzählprosa*, 77–88.
60 Schiller: *Das Lied von der Glocke*. In: ders: *Werke und Briefe in zwölf Bänden*, Bd. 1: *Gedichte*, 59 (V. 91 f.).
61 Meinem Ansatz am nächsten kommt dementsprechend die Lektüre von Anke-Marie Lohmeier, die ebenfalls Schillers ästhetische Theorie als Hintergrundfolie für die Schlussszene von *Frau Jenny Treibel* veranschlagt, sich dabei jedoch weitgehend auf den Gegensatz von Naivem und Sentimentalischem beschränkt. Vgl. Lohmeier: »›… es ist ein wirkliches Lied.‹« Wichtige Impulse

dend dazu beitragen, dass dieser *sowohl* von versöhnlichem Humor *als auch* von beißendem Spott bestimmt ist, dass er zwischen beiden Positionen changiert, ohne sich auf eine festlegen zu lassen. Während die Forschung in aller Regel auf Letzteres bedacht ist, folgt der in jeder Hinsicht ›schillernde‹ Text selbst der Devise, die meinem Kapitel insgesamt den Titel gibt: ›Das Eine thun und das Andere nicht lassen‹.[62]

Mein methodischer *parti pris*, den Fokus auf die intertextuelle Dimension des Schlusses zu legen, also auf die Texte aus der Vergangenheit, die mit Fontanes vermeintlich versöhnlich ausgehendem Gegenwartsroman interferieren, lässt sich immanent nicht nur durch die zahlreichen expliziten Schiller-Zitate aus dem restlichen Text rechtfertigen, sondern auch durch dessen Vorliebe für polyphone Schichtungen. Bemerkenswert ist zunächst, dass mehrfach zeitgleich ablaufende Szenen nacheinander erzählt werden: so etwa die in Kapitel 3 und 4 geschilderte Soiree in der Villa Treibel und das im Mittelpunkt von Kapitel 6 stehende Lehrer-Kränzchen im Hause Schmidt, oder die verschiedenen Tischgespräche im Rahmen der Treibel'schen Abendgesellschaft selber. Wiederholt weicht die Linearität konventionellen chronologischen Erzählens in diesen Fällen einer simultanen Anordnung, in der sich verschiedene Stimmen überlagern.[63]

Zu denken ist überdies an Schmidts mehrfach erwähnte Begeisterung für Heinrich Schliemanns archäologische Ausgrabungen, also für dessen Querschnitte durch die Schichtungen der Geschichte.[64] Besonders

---

empfängt meine Lektüre darüber hinaus von Inka Mülder-Bachs Lektüre, insofern sie herausarbeitet, wie sehr Schillers *Lied von der Glocke* noch die Schlusssequenz aus Fontanes Roman grundiert. Anders als Mülder-Bach gehe ich jedoch nicht davon aus, dies erfolge *allein* »im Zeichen der [...] Karikatur« und der »Parodie« (Mülder-Bach: »Poesie als Prosa«, 367 und 364).

62 Obgleich mit Blick auf den Roman insgesamt und ohne näheren Textbezug, entwickelt Richard Brinkmann ein bis in die Wortwahl hinein vergleichbares Argument, wenn er schreibt: »Das eine« (d.h. die Kritik an den bourgeoisen ›Einzelexemplaren‹ und an den gesellschaftlichen Zuständen) »schließt das andere« (d.h. ein »[v]ersöhnlich-nachsichtiges Wohlwollen« den »bedenklichen Gestalten« gegenüber) nicht aus.« (Brinkmann: *Theodor Fontane*, 37) Nur erläutert Brinkmann in keiner Weise, *wie* dies im Text vonstattengeht, und übersieht zudem, dass seine eigene Denkfigur dort bereits vorgeprägt ist.

63 Zu diesem Verfahren vgl. *en détail* von Graevenitz: *Theodor Fontane*, 559–562.

64 Zu Schliemanns Ausgrabungspraxis, mit der immer auch ein spezifisches *Aufschreibesystem* einhergeht, vgl. Zintzen: *Von Pompeji nach Troja*, 296–301. Bei der Aufarbeitung des archäologie- und mediengeschichtlichen Hintergrunds der damaligen Schliemann-Begeisterung (vgl. ebd., 257–339) kommt Zintzen punktuell auch auf Fontanes Roman zu sprechen (vgl. ebd., 263 f.). Stärker (aber nicht unbedingt genauer) von *Frau Jenny Treibel* ausgehend wird dieser Kontext rekonstruiert bei Freitag: »Von kunstsinnigen Dilettanten«, 228–237.

angetan haben es Schmidt dabei die berühmten goldenen Totenmasken aus Mykenä, die auch für mich gleich doppelt interessant sind. Zum einen sind diese Masken, insofern sie »genau nach dem Gesicht geformt« (74) wurden[65] und das Reale zugleich golden verbrämen, ohne Weiteres als Embleme des auf Verklärung bedachten Programmrealismus lesbar: Bezeichnenderweise werden sie im Roman selbst immer nur »Goldmasken« (74, 117) – und eben nicht ›Totenmasken‹ – genannt.[66] Allein dies weist bereits auf den poetologischen Stellenwert von Schmidts »Steckenpferd« (118) hin. Zum anderen treibt Schmidt aber auch die Frage um, *wem* die Masken abgenommen wurden: So bringt er verschiedene literarisch präformierte ›Vor-Bilder‹ ins Spiel – mal meint er, es sei Atreus (74), dann tippt er auf Ägisth (117). Nicht nur legt Schmidt damit ein zeittypisches »Vertrauen […] in naturwissenschaftlich-positivistische Forschung« an den Tag, die Zuversicht also, »die Realität des Mythos als eine historisch-empirische in Händen zu halten«.[67] Und nicht nur bekundet er damit zugleich die »Offenheit« von Schliemanns Archäologieverständnis »gegenüber den Spielen der Phantasie«.[68] Vielmehr lotet er so auch die intertextuelle Tiefe der blattgoldenen Oberflächen aus. Bezeichnenderweise sind diese für ihn nur in *Buchform* zugänglich: in dem mit zahlreichen Schwarz-Weiß-Reproduktionen aufwartenden »Prachtwerk« über »Schliemann's Ausgrabungen zu Mykenä« (73), das Schmidt am Tag des Lehrer-Kränzchens zugestellt worden ist und von ihm bei der Gelegenheit auch vorgezeigt wird (Abb. 27).

Eine ähnliche intertextuelle Mehrschichtigkeit weist auch die auf ihre Weise ›golden‹ verbrämte Schlussszene des Romans auf. Zunächst werde ich ihren verklärenden Zug in seiner ganzen Stringenz und Komplexität aufzeigen: Das in ihr entworfene Versöhnungsszenario beschränkt sich nämlich nicht auf das Bildungs- und das Erwerbsbürgertum, für die die Familien Schmidt und Treibel paradigmatisch stehen, sondern bezieht in humoristischer Verbrämung gleich die ganze Menschheit ein. Besonderes Augenmerk wird sodann der ebenso problematischen

---

65 Nicht in den Blick kommen Schmidt also die ornamentale Gestaltung der Augen- und Ohrenpartien und die damit einhergehende intrikate Dialektik von »*Ähnlichkeit durch Berührung*« und »*ornamentale[m] Denken[ ]*«. Vgl. dazu Didi-Huberman: *Ähnlichkeit und Berührung*, 34.

66 Renz zieht aus dieser Benennung (allzu) weitreichende Implikationen zur Todesverfallenheit als verhülltem Fluchtpunkt von Fontanes Schreibweise. Vgl. Renz: *Geglückte Rede*, 78 f.

67 Ebd., 77.

68 Zintzen: *Von Pompeji nach Troja*, 305.

Abb. 27: Sogenannte Goldmaske des Agamemnon, 1876 von Heinrich Schliemann entdeckt. Aus: Schliemann: *Mykenae*, 332. ETH-Bibliothek Zürich, Rar 3112 (https://doi.org/10.3931/e-rara-16869), Public Domain Mark.

wie utopischen geschlechterpolitischen Dimension des Romanschlusses gebühren, bevor ich abschließend auf die verschiedenen Strategien zu sprechen kommen werde, mit denen der Text diese Versöhnungsszenarien bezeichnenderweise von seinem äußersten Rand aus ins Groteske wendet. Insofern der Romanschluss aufgrund all dieser inter- und intratextuellen Bezüge als ein hochgradig verdichtetes Stück Prosa erscheint, lässt sich der ›andere‹ Poesie-Begriff also ironischerweise gerade dort beispielhaft an der Funktionsweise des Textes aufzeigen, wo Wilibald auf der Handlungsebene einen epigonal goethezeitlichen Poesie-Begriff rehabilitiert.

3.1   Alle Menschen werden Brüder

Wenn Schmidt durch Krolas Darbietung zum Weinen gebracht wird und nachher urteilt: »Es ist 'was damit, es ist was drin; ich weiß nicht genau was, aber das ist es eben – es ist ein wirkliches Lied. Alle echte Lyrik hat 'was Geheimnißvolles« (222), dann löst die Performance bei ihm nicht einfach einen physiologischen Affekt aus, sondern – um ein erstes Mal Schiller zu bemühen – recht eigentlich eine »Rührung, für welche der Verstand keinen Begriff und die Sprache keinen Namen hat.«[69] Anders gesagt: Im Anschluss an Krolas Vortrag adelt Schmidt das, was er im siebten Kapitel noch als »himmlische Trivialität« (91) abgetan hatte, zu einem ästhetischen Gegenstand im emphatischen Sinn.

Diese Fokusverschiebung lässt sich auch in Schmidts eigener Begrifflichkeit ausdrücken: Etwas vorgeblich »Nebensächliche[s]« avanciert hier plötzlich zur »Hauptsache«. Nimmt man Schmidts Plädoyer fürs Nebensächliche als Lektürefolie auch für den Romanschluss ernst – und dafür spricht insbesondere die wortwörtliche Wiederaufnahme der programmrealistisch angehauchten Tiefensemantik, im Lied sei »was *drin*«, sprich: in ihm stecke ein wesenhafter Kern –, dann tritt das, was er dort als das »Geheimnißvolle[]« »echte[r] Lyrik« beschwört, in Entsprechung zu dem, was er im Disput mit seinem Lehrerkollegen Distelkamp nicht weniger bedeutungsschwanger »das eigentlich Menschliche« nennt. Mein Analogieschluss wird von der Schlusssequenz des Romans selber nahegelegt: Insofern Schmidt die Vokabel »Bruder« (vgl. 220–222) dort geradezu inflationär im Mund führt, redet er einen Zustand herbei, in dem nicht nur die Familien Treibel und Schmidt, sondern Bildungs- und Erwerbsbürgertum allgemein, die ganze Menschheit gar, brüderlich versöhnt sind: »Ich möchte diesen Tag [...] beschließen [...] *in Freundschaft mit aller Welt* und nicht zum wenigsten mit Dir [sc. Treibel], mit Adolar Krola.« (221, Hervorhebung G.F.) Es scheint mir etwas kurzschlüssig, dies als wein- und gefühlsseliges Gerede abzutun, tritt es doch in eigentümliche Resonanz mit Krolas Darbietung: Von einem Mann und nicht wie sonst von einer Frau – Jenny – gesungen, meint der Schlussvers von Schmidts Jugendgedicht, also »*Wo sich Herz zum Herzen find't*«, nicht mehr die glückliche Vereinigung eines heterosexuellen Liebespaares (Jenny/Wilibald bzw. Corinna/Marcell), sondern die Stiftung eines Männerbunds, der sich qua Synekdoche für

---

69   Schiller: *Über die ästhetische Erziehung des Menschen in einer Reihe von Briefen.* In: ders.: *Werke und Briefe in zwölf Bänden*, Bd. 8: *Theoretische Schriften*, 556–676, hier 615.

die ganze »Welt« hält. Auf diese Weise generieren die bloßen Umstände der Performance[70] einen entscheidenden *shift*, der das Gedicht mit den höheren Weihen eines allgemein bzw. »eigentlich Menschliche[n]« versieht.

Nichts anderes als eine humoristisch verbrämte Rumpfform von Schillers ›ästhetischem Staat‹ spukt damit im Hintergrund von Schmidts Versöhnungsszenario. Durchaus vergleichbar beschwört Schiller in den *Briefen über die ästhetische Erziehung des Menschen* bekanntlich den »*geselligen* Charakter« der Schönheit:[71] Als »schöne[r] *Ton*«[72] vermöge sie »Harmonie in die Gesellschaft« zu bringen, weil sie zunächst

> Harmonie in dem Individuum stiftet. Alle andre Formen der Vorstellung trennen den Menschen, weil sie sich ausschließend entweder auf den sinnlichen oder auf den geistigen Teil seines Wesens gründen; nur die schöne Vorstellung macht ein Ganzes aus ihm, weil seine beiden Naturen dazu zusammen stimmen müssen.[73]

Eben deswegen wirke die Schönheit immer schon über die Einzelmenschen hinaus: Indem sie die »*Totalität* des Charakters«,[74] den Zusammenklang seiner ›natürlichen‹ und ›sittlichen‹ Komponenten,[75] restituiere, spreche sie zugleich – jenseits des im Zuge des zivilisatorischen Fortschritts unvermeidlichen Spezialistentums – »das Gemeinsame aller«[76] an.

Im zweiten Teil seines Schlussmonologs schließt Schmidt bis in die Wortwahl an diese Befunde an, wenn er zunächst, im Schiller'schen Sinn elegisch-sentimentalisch angehaucht, das allmähliche Verschwinden der einst real existierenden – und nach wie als höchster Wert postulierten – Einheit von »Natur« und »Sittlichkeit« bedauert: »[F]rüher war man natürlicher, ich möchte sagen sittlicher. [...] Für mich persönlich steht

---

70 Diese nimmt auch Selbmann in den Blick, geht dabei aber mit keinem Wort auf das dadurch bewirkte Gendercrossing ein. Vgl. Selbmann: »Das Poetische hat immer recht«, 107f. Ansätze dazu wiederum finden sich bei Aust: »Anstößige Versöhnung?«, 117f.

71 Schiller: *Über die ästhetische Erziehung*, 674 (im Original ist die gesamte Wortgruppe hervorgehoben).

72 Ebd., 676 (Hervorhebung G.F.).

73 Ebd., 674.

74 Ebd., 567.

75 Vgl. ebd., 563.

76 Ebd., 674.

es fest, Natur ist Sittlichkeit und überhaupt die Hauptsache.« (222 f.)[77] Mit der auf den ersten Blick einfach nur kurios anmutenden Aufzählung – »Geld ist Unsinn, Wissenschaft ist Unsinn, Alles ist Unsinn. Professor auch« (223) – wechselt Schmidt dann von der elegischen ›Empfindungsweise‹ in die der humoristisch eingefärbten Utopie: Vor dem Hintergrund des ästhetischen Staats à la Schiller nämlich sind die Werte, die Schmidt im Rundumschlag zu bloßem »Unsinn« dekretiert – Treibels und Krolas Reichtum, Schmidts eigene Bildungsschätze ebenso wie die seiner selbstredend als Gäste geladenen Professorenkollegen –, als genau die »besonder[en] Determination[en]«[78] zu begreifen, die im ästhetischen Zustand von den Menschen zugunsten ihres gemeinsamen, ›wahren‹ Menschseins abfallen: »Hier [...] in dem Reiche des ästhetischen Scheins wird das Ideal der Gleichheit erfüllt, welches der Schwärmer so gern auch dem Wesen nach realisiert sehen möchte«.[79] In diesem – programmrealistisch gesprochen – ›tieferen‹ Sinn spielt das »eigentlich Menschliche«, das Schmidt im Disput mit Distelkamp evoziert, also in den Romanschluss hinein.

*

Allerdings ist Schmidt – wie angetrunken auch immer – gerade kein »Schwärmer«, der diese im Rahmen eines aus der Alltagszeit herausfallenden Hochzeitsfests entsponnene Utopie über den Moment ihres Aufscheinens hinaus für bare Münze nähme. Bevor ich jedoch genauer auf den selbstironischen Ausklang von Schmidts Monolog eingehe, möchte ich zunächst, im Rückgriff auf die Rütli-Szene aus Schillers *Wilhelm Tell*, den Verbrüderungsbefund weiter bekräftigen. Fontanes bildungsbürgerliches Lesepublikum kannte diese Szene in- und auswendig: Wie Juliane Vogel gezeigt hat, handelt es sich dabei um eine der »Erfolgsszenen des 19. Jahrhunderts« schlechthin, die oft auch, »aus dem Zusammenhang des Dramas herausgelöst, als eigenständiges Festspiel aufgeführt« wurde.[80] Dementsprechend war es gang und gäbe, mit ihr auch realhistorische Begebenheiten zu framen. Ein Beleg dafür findet sich insbesondere in Fontanes Lebensabschnittserinnerungen

---

77 Zu diesem elegisch-sentimentalischen Aspekt von Schmidts Rede vgl. ausführlich Lohmeier: »›... es ist ein wirkliches Lied.‹«, v.a. 245–249. Lohmeiers ansonsten feinsinnige Analyse wird ab dem Moment unterkomplex, wo sie eine mögliche utopische Dimension der Schlussszene gar nicht erst in Betracht ziehen will. Vgl. ebd., 247.
78 Schiller: *Über die ästhetische Erziehung*, 636.
79 Ebd., 676.
80 Vogel: *Die Furie und das Gesetz*, 98.

Von Zwanzig bis Dreißig (1898), als es um die revolutionären Ereignisse vom 19. März 1848 geht. Interessanterweise situiert sich die betreffende Szene dabei genauso am Ende der Haupthandlung wie in *Frau Jenny Treibel*:

> Alles jubelte. Man hatte gesiegt und die spießbürgerlichen Elemente, – natürlich gab es auch glänzende Ausnahmen – die sich am Tage vorher zurückgehalten, oder geradezu verkrochen hatten, kamen jetzt wieder zum Vorschein, um Umarmungen untereinander und mit uns auszutauschen, ja sogar Brüderküsse. Das Ganze eine, wie wir da so standen, in den Epilog gelegte Rütliscene.[81]

Von der Beliebtheit der *Tell*-Referenz zeugt überdies eine literarische Vereinigung, der Fontane während vieler Jahrzehnte angehörte. Mitglieder des *Rütli*, einem Ableger des *Tunnels über der Spree*,[82] waren neben Fontane etwa Adolph Menzel und diverse Schriftsteller – darunter (zumindest kurzfristig) ein heute vergessener Dichter namens Leo Goldammer, der in Gestalt des Polizeiassessors Goldammer Eingang in *Frau Jenny Treibel* gefunden hat – sowie die »berühmtesten *Professoren*« Berlins.[83] Diesen letzten Punkt betont Fontane ausdrücklich im Entwurf einer kleinen Dankrede, die er aus Anlass seines 70. Geburtstags, also knapp zwei Jahre vor Erscheinen seines Berliner Gesellschaftsromans, an genau dem Ort gehalten hat, an dem er auch die Hochzeit von Corinna und Marcell stattfinden lässt: in der vornehmen Gaststätte ›Englisches Haus‹. All diese autobiografischen Anspielungen aus der Schlussszene von *Frau Jenny Treibel* waren aufgrund der ausführlichen Zeitungsberichte über die Festlichkeiten anlässlich von Fontanes 70. Geburtstag[84] zumindest für das zeitgenössische Publikum leicht entschlüsselbar. Für mein Argument sind diese *private jokes*

81 Fontane: *Von Zwanzig bis Dreißig*. In: ders.: *Das autobiographische Werk*, Bd. 3, 394.
82 Zum Rütli und dessen Aktivitäten über die Jahrzehnte hinweg vgl. Berbig/Wülfing: »Rütli [II] [Berlin]« sowie Berbig: *Theodor Fontane im literarischen Leben*, 426–433.
83 Fontane: [Unveröffentlichter Dankes-Toast an den Rütli]. Zit. nach ebd., 432 (Hervorhebung G.F.). Gemeint sind insbesondere der Kunsthistoriker Franz Kugler und der ›Völkerpsychologe‹ Moritz Lazarus. Zur ›Sehgemeinschaft‹, die diese zusammen mit Fontane bildeten, vgl. von Graevenitz: *Theodor Fontane*, 137–149 und 155–158.
84 Vgl. den Bericht aus der *Vossischen Zeitung* im Kommentarteil von Fontane: *Briefe an Julius Rodenberg*, 210–215.

dagegen weniger als solche von Belang, als dass sogar noch sie über die Rütli-Chiffre vermittelt sind.

Sind die *Briefe über die ästhetische Erziehung* für die begriffliche Unterfütterung des Schlusses von *Frau Jenny Treibel* zuständig, so liefert Schillers sakramental aufgeladene ›große Szene‹ über weite Strecken die Blaupause für seine spezifische Dramaturgie. Wie die selbst ernannten Volksvertreter aus Uri, Schwyz und Unterwalden zu nächtlicher Stunde auf dem Rütli zusammenkommen, um sich in einem feierlichen Schwur gegen die österreichische Fremdherrschaft zu verbünden (»Wir wollen sein ein einzig Volk von Brüdern«[85]), so begehrt auch Schmidt zu fortgeschrittener Stunde gegen einen Machtmissbrauch auf und erntet dafür den Zuspruch seiner ›Brüder‹ Treibel und Krola.

Zur Plausibilisierung dieser Lesart sei zunächst angeführt, dass Schmidt seine Bitte, Krola möge »Jenny's Lied« (221) vortragen, ebenfalls sakramental auflädt: »Und unser Treibel wird es nicht übel nehmen, daß wir das Herzenslied seiner Eheliebsten in gewissem Sinne *profaniren*. Denn jedes *Schaustellen eines Heiligsten* ist das, was ich *Profanirung* nenne.« (Ebd., Hervorhebungen G. F.) Der für Schmidt äußerst ungewöhnliche Tonfall ist mehr als bloß weinselig-humoristische Übertreibung; durch die Blume gibt er vielmehr zu verstehen, dass es eigentlich *Jenny* ist, die sonst mit jedem ihrer Gesangsauftritte den intimen, privaten Gehalt der Verse profaniert, die er als junger Mann einst für sie geschrieben hatte.[86] Hinter Schmidts Bitte steckt mithin ein durchaus ernsthafter Subtext: Dank Krolas Darbietung soll Jenny für dieses eine Mal ihre eigenmächtige Verfügung über seine Verse entrissen werden. Ähnlich wie sich die Eidgenossen in spe dagegen verwahren, »Rache« hätte sie zusammengeführt, und stattdessen ihre »ewgen Rechte« himmlischen Ursprungs gegen die kaiserlichen Drangsalierungen geltend machen,[87] so soll das Wortfeld des Sakralen Schmidts Bitte vom Verdacht reinwaschen, die späte, kleinliche Revanche eines verprellten Liebhabers zu sein.

Zu dieser intertextuellen Lesart passt, dass Schmidt in der Folge Treibels »klares und offenes Gesicht« (ebd.) beschwört (»In einem Manne wie Du kann man sich nicht täuschen«, ebd.) und anschlie-

---

85 Schiller: *Wilhelm Tell*. In: ders.: *Werke und Briefe in zwölf Bänden*, Bd. 5: *Klassische Dramen*, 385–505, hier 437 (V. 1448).
86 Vgl., ähnlich, Aust: »Anstößige Versöhnung?«, 118.
87 Schiller: *Wilhelm Tell*, 423 (V. 992) und 432 (V. 1278). Zu dieser Rechtfertigungsstrategie und ihren ästhetisch-politischen Implikationen vgl. Vogel: *Die Furie und das Gesetz*, 99–101.

ßend – scheinbar unvermittelt – dazu übergeht, die Festbeleuchtung zu kommentieren: »›Mehr Licht‹ – das war damals ein großes Wort unseres Olympiers; aber wir bedürfen seiner nicht mehr, wenigstens hier nicht, hier sind Lichter die Hülle und Fülle.« (Ebd.) Indem Schmidt Goethe mit seinem Verweis auf die moderne Gasbeleuchtung denkbar nonchalant in die Wüste schickt,[88] bringt er nicht nur ex negativo Schiller ins Spiel, sondern redet auch weiterhin so wie dessen Schweizer auf dem Rütli. Um die Legitimität ihrer nächtlichen Zusammenkunft zu betonen, sprich: um sich von zwielichtigen Verschwörern abzugrenzen, greifen diese nämlich ebenfalls wiederholt auf Licht-Bilder zurück: Sie müssten, so Walther Fürst, »bei der Nacht, die ihren schwarzen Mantel / Nur dem Verbrechen und der sonnenscheuen / Verschwörung leihet, [ihr] gutes Recht / [Sich] holen, das doch lauter ist und klar, / Gleichwie der glanzvoll offne Schoß des Tages.«[89]

Um die Rechtmäßigkeit ihres Handelns zu unterstreichen, bedienen sich Stauffacher & Co. aber noch einer anderen diskursiven Strategie: Sie legen in »einem Akt der konservativen Rückversicherung«[90] Wert darauf, dass sie »keinen neuen Bund«[91] stiften. Sie wollen also keine Revolution im modernen Sinn herbeiführen, die die bestehenden, historisch-partikularen Rechtsprinzipien aus naturrechtlicher, Anspruch auf Allgemeingültigkeit erhebender Perspektive in ihren Grundfesten infrage stellen würde.[92] Vielmehr »erneuern« sie dem eigenen Verständnis nach »ein uralt Bündnis […] von Väter Zeit«,[93] das in ihrer gemeinsamen »Stammes«-Zugehörigkeit[94] gründet und ihre privaten Streitigkeiten übersteigt. Wie insbesondere Dieter Borchmeyer gezeigt hat, führt der auf dem Rütli geschlossene Bund nichtsdestoweniger zugleich, sozusagen unter der Hand, grundsätzlich neue Inhalte ein: »Die ›alte Freiheit‹, sei es ihre idyllische oder heroische, sei es ihre feudale, ständisch-korporative Gestalt, wird abgelöst durch die ›neue

---

88 Wie sich Schmidts Licht(er)-Rede dennoch gewinnbringend vor einer Goethe'schen Folie lesen lässt, wird vorgeführt bei Renz: *Geglückte Rede*, 73 und 78.

89 Schiller: *Wilhelm Tell*, 426f. (V. 1101–1105). Vgl. auch ebd., 427 (V. 1118): »Ist es gleich Nacht, so leuchtet unser Recht.«

90 Vogel: *Die Furie und das Gesetz*, 104.

91 Schiller: *Wilhelm Tell*, 428 (V. 1155).

92 Meine *Tell*-Lektüre folgt in diesem Abschnitt weitgehend der Argumentation von Borchmeyer: »*Altes Recht* und Revolution«.

93 Schiller: *Wilhelm Tell*, 428 (V. 1155).

94 Ebd. (V. 1160).

beßre Freiheit‹ eines republikanischen Gemeinwesens, deren Bedingung Gleichheit und Brüderlichkeit aller Bürger ist.«[95]

Fontanes *rewriting* hat von dieser Ambivalenz ein durchaus präzises Bewusstsein, setzt Schmidt in der Schlussszene doch just ein ›altes Lied‹ (vgl., ausdrücklich, 174) wieder in sein Recht und unterlegt ihm zugleich einen gänzlich *neuen* Sinn. So wie Schillers Schweizer ihre privaten Fehden in der Rütli-Szene zugunsten eines höheren Guts hintanstellen, so sieht auch Schmidt in seinem Schlussmonolog darüber hinweg, was ihm bislang immer ein Dorn im Auge war: die ›Geldsackgesinnung‹ des bourgeoisen Treibel-Clans. Mit einem humoristischen *clin d'œil* deutet der Text darauf hin, dass Schmidt damit tatsächlich eine tieferliegende ›Stammverwandtschaft‹ freilegt. Exakt dieser Ausdruck fällt nämlich im Rahmen des Hochzeitsfests selbst, als ein Glückwunsch-Telegramm aus England eintrifft, das Schmidt mit den Worten »Vom stammverwandten Volk der Briten« (219) ankündigt. Fasst man darüber hinaus den Herkunftsort des Telegramms ebenso wie den markanten Namen des Restaurants, in dem das Fest stattfindet, als Einladung, den Familiennamen ›Treibel‹ einmal auf Englisch auszusprechen, dann wird der *tribale* Charakter dieser allgemeinen Verbrüderung unmittelbar sinnfällig – und *Frau Jenny Treibel* insgesamt als humoristisch eingefärbte ethnografische Studie lesbar.[96]

Wie sehr der Rütli-Schwur aus Schillers *Tell* die Dramaturgie der Schlussszene von *Frau Jenny Treibel* bestimmt, zeigt sich nirgends schlagender als an dem scheinbar widersprüchlichen Part, der dabei der – wohlgemerkt physisch abwesenden – Jenny zufällt. Wendet sich Schmidts Initiative zunächst *gegen* Jenny, so erhebt er sie im Anschluss an Krolas Vortrag gleich zweimal zu einer Art obersten Richtinstanz: »Treibel, unsere Jenny hat doch Recht. Es […] ist ein wirkliches Lied.« (222) »Schade, daß meine Freundin Jenny fort ist, die sollte darüber entscheiden.« (222f.) Ähnlich ambivalent gestaltet sich das Verhältnis von Schillers Schweizern zum Kaiser: Zwar begehren sie gegen den aktuellen Kaiser, den aus dem Geschlecht der Habsburger stammenden Albrecht, auf, weil dieser die Kaiserwürde missbraucht, um sie, die eigentlich reichsunmittelbar und damit keinem Lehnsherrn unterwor-

---

95 Borchmeyer: »*Altes Recht* und Revolution«, 101.

96 Zur damals äußerst regen Völkerkunde, deren wissenschaftliche Errungenschaften auch in Publikumszeitschriften prominent besprochen wurden und von der Fontane auf vielen Wegen Kenntnis gehabt haben kann, vgl. Helmstetter: »Das realistische Opfer«, 363–374. Zu diesem Problemkomplex vgl., näherhin, auch den Schlussabschnitt des vorliegenden Kapitels.

fen sind, zu drangsalieren und unters österreichische »Joch[]«[97] zu zwingen. Nur heißt dies gerade nicht, dass sie das Kaisertum damit auch grundsätzlich ablehnten, dass die demokratische Brüderhorde mithin restlos an die Stelle der alten Vaterordnung träte;[98] vielmehr betonen sie eigens, dass sie das Amt des Kaisers als höchste richterliche Schlichtungsinstanz nach wie vor anerkennen – und zwar nicht, weil ihnen dies aufoktroyiert worden wäre, sondern aus freiem Willen, auf Grundlage eines Herrschaftsvertrags, der für beide Parteien verpflichtend ist:[99] »Nicht unter Fürsten bogen wir das Knie, / Freiwillig wählten wir den Schirm der Kaiser. / [...] / Denn herrenlos ist auch der Freiste nicht. / Ein Oberhaupt muß sein, ein höchster Richter, / Wo man das Recht mag schöpfen in dem Streit.«[100]

Begreift man diese Verse als intertextuelle Folie für Fontanes Romanschluss, löst sich der scheinbare Widerspruch, mit dem Jennys eigentümlicher Statuswechsel behaftet ist: Einst gerierte sich Jenny ähnlich anmaßend wie Kaiser Albrecht, als sie Schmidt die Deutungshoheit über das eigene Lied mit dem Verweis auf Gott entriss: »Ich sagte«, so Schmidt, »halb verlegen etwas von meinem Gefühl und meiner Liebe, sie blieb aber dabei, es sei von Gott« (91). Dank Krolas Darbietung vermag Schmidt diese autokratische Selbstermächtigung von Gottes Gnaden zunächst rückgängig zu machen, bevor der als eine Art verfassunggebende Versammlung agierende Männerbund Jenny in einem zweiten Moment an höchster Stelle wieder einsetzt. Just in dem Moment wird Schmidts Schlussmonolog denn auch durch einen Erzählerkommentar unterbrochen, der im Stil parlamentarischer Berichterstatter das ›zustimmende Nicken‹ von Treibel und Krola zur Kenntnis nimmt (vgl. 222).

3.2 Schreckgespenst Matriarchat und androgyne Geschlechterutopie

Bisher außer Acht gelassen habe ich, dass dieses humoristisch verbrämte, auf allseitige Versöhnung bedachte *reenactment* der Rütli-Szene durchaus bedenkliche geschlechterpolitische Implikationen aufweist: In dieser Männerrunde soll eine illegitime Fremdherrschaft abgeschüttelt werden, die sich weit mehr als den Missbrauch eines juvenilen Liebesgedichts hat zuschulden kommen lassen.

---

97 Schiller: *Wilhelm Tell*, 431 (V. 1256.)
98 Zu diesem Aspekt vgl. Borchmeyer: »*Altes Recht* und Revolution«, 98–106.
99 Vgl. hierzu ausführlich ebd., 89–91.
100 Schiller: *Wilhelm Tell*, 430 (V. 1212f. und 1216–1218).

Einen ersten Hinweis auf diesen Aspekt liefern die Figuren, die das Fest zu dem Zeitpunkt, als das *bouquet final* gezündet wird, bereits verlassen haben: Neben Jenny und Corinna, die mit Marcell schon zur Hochzeitsreise aufgebrochen ist, sind dies Jennys Gesellschafterin Fräulein Honig und die Hamburger Schwiegertochter Helene. Schmidts Haushälterin Schmolke, mit der dieser doch sonst wie mit seinesgleichen verkehrt, ist befremdlicherweise gar nicht erst eingeladen.[101] Damit bekommt auch der Geschlechterwechsel von der Sängerin zum Sänger, von Jenny zu Krola, noch einmal anderes Gewicht: Aus dieser Perspektive meint Schmidts Verbrüderungsutopie nämlich weniger die ganze Menschheit als ganz handfest einen Männerbund, der sich nur über den Ausschluss aller weiblichen Hauptfiguren zu konstituieren vermag (als Hintergrundkulisse sind weibliche Nebenfiguren dagegen zugelassen).

Diskret vorgeprägt findet sich diese Rezentrierung bereits in Schmidts allererstem uns bekannten Schiller-*rewriting*. So wandelt der Schlussvers seines Jugendlieds die weibliche Kadenz des entsprechenden Verses aus dem *Lied von der Glocke* (»Ob sich das Herz zum Herzen findet!«) mittels einer nicht anders als gewaltsam zu nennenden Elision zu einer männlichen um: »Wo sich Herz zum Herzen *find't.*« Untergründig spielt damit ein zeittypisches geschlechterpolitisches Narrativ in die Schlussszene von *Frau Jenny Treibel* hinein, das man eher mit dem Naturalismus oder der Décadence als mit dem deutschsprachigen Realismus verbindet: die als selbstverständlich vorausgesetzte hegemoniale Männlichkeit sei aufgrund der durch Industrialisierung und Modernisierung veränderten Lebenswelten einer zusehends bedrohlichen Weiblichkeit ausgesetzt – Stichwort Frauenbewegung (vgl. 39 und 60) –, ja, es sei gar eine mit fatalen Folgen verbundene Rückkehr des Matriarchats zu befürchten, der es in Gestalt von Männerbünden entgegenzutreten gelte.[102]

In *Frau Jenny Treibel* klingt dieses misogyne Dekadenz-Narrativ bereits vor der Schlussszene mehrmals an.[103] Erhellend ist dabei ins-

---

101 Gerhard Friedrich erblickt darin ein Indiz für das Standesdenken, dem auch noch Schmidt verpflichtet sei. Vgl. Friedrich: »Die Witwe Schmolke«, 46.

102 Zu Antifeminismus, Mutterrecht und Männerbünden im Deutschen Kaiserreich des ausgehenden 19. Jahrhunderts vgl. ausführlich Bruns: *Politik des Eros*, 48–106.

103 Die folgende Analyse des Dekadenz-Narrativs ist in großen Teilen Gerhart von Graevenitz' Vorarbeit verpflichtet (die für dessen misogyne Untertöne freilich kein Ohr zu haben scheint). Vgl. von Graevenitz: *Theodor Fontane*, 548–550.

besondere, wie der Erziehungsstil beurteilt wird, den die resoluten Frauen-Figuren aus dem Treibel-Clan – Zerrbilder der ›starken‹ Frauen aus Schillers *Tell* – pflegen. So wird gleich mehrmals suggeriert, die Willensschwäche und Antriebslosigkeit der beiden Treibel-Söhne sei maßgeblich auf die unablässige »Bevormundung« (114) durch ihre Mutter zurückzuführen: »Ich weiß nicht, wo beide Jungen diese Milchsuppenschaft herhaben« (99), fragt Jenny ihren Mann – und verrät sich mit dem Ausdruck ›Milchsuppenschaft‹ unwissentlich selbst. Zehn Seiten später erfahren die Leser*innen nämlich, wie Jenny auf ärztliches Anraten hin in dem »Treptower Etablissement« interveniert hat, in dem ihr jüngster Sohn Leopold jeden Morgen frühstückt, damit dieser »nie mehr« als »*eine* Tasse« Kaffee vorgesetzt bekomme (112); stattdessen sei ihm möglichst viel ... Milch zu servieren.[104]

Noch weniger gut kommt der Erziehungsstil von Jennys Schwiegertochter weg. »Immer an einer Strippe« (126) – dasselbe Bild wird mehrmals auch zur Charakterisierung von Jennys autoritärem Führungsstil verwendet – lässt Helene ihrer Tochter Lizzi »gleich mit dem ersten Lebenstage« eine auf übertriebene Reinlichkeit und Ordnungssinn bedachte »Mustererziehung« angedeihen (101). Mit dem Resultat, dass sie die Kleine zu einem eindimensionalen Werbemaskottchen pervertiert: Lizzi, »wie sie sich da präsentirte, hätte sofort als symbolische Figur auf den Wäscheschrank ihrer Mutter gestellt werden können, so sehr war sie der Ausdruck von Weißzeug mit einem rothen Bändchen drum.« (Ebd.) Zu drastischeren Bildern als die Erzählinstanz greift Treibel: »Gott sei Dank«, ruft er einmal aus, als sich die Kleine an einem Messer verletzt, »so viel ich sehen kann, es ist wirkliches Blut.« (102) Und über Lizzis Haare befindet er, dass sie »vor lauter Pflege schon halb ins Kakerlagige« (127) fielen, sprich: dass die exzessive Hygiene in Zombiebzw. Ungezieferhaftes umschlägt.

Zwei Todesmetaphern aus Treibels Mund deuten den fatalen Endpunkt dieser matriarchalen Gängelungsstrukturen an: So bemerkt er, an der Erziehung seiner Enkelin »vollstrecke« sich »das Hamburgische« in einem höchst besorgniserregenden Grad, und präzisiert sogleich, er »wähle diesen Schaffot-Ausdruck absichtlich« (125). Die Art und Weise

---

104 Auf diese Querverbindung erstmals hingewiesen hat Turner: »Kaffee oder Milch?«, 154f. Grundsätzlich als Proto-*décadent* gedeutet wird Leopold bei Selbmann: »Die Décadence unterwandert die Gründerzeit«, 35–40 und 44f. Zur Prekarität der in Fontanes Romanen anzutreffenden Männlichkeitsentwürfe, die insbesondere am Prüfstein der Eheschließung zutage tritt, sowie zur präskriptiven Gewalt gesellschaftlicher Codes von Männlichkeit vgl., grundsätzlich, Erhart: *Familienmänner*, 172–208.

schließlich, wie sich Leopold an den Halensee fahren lässt, gibt seinem Vater die Frage ein: »Kommt er nicht an, als ob er hingerichtet werden sollte?« (133) Kein Zweifel: Die Firma Treibel, deren Reichtum sich seit drei Generationen (vgl. 176) auf »*Blut*laugensalz und Eisenvitriol« (174, Hervorhebung G.F.) gründet, sieht bei so viel Anämie einer denkbar ungewissen Zukunft entgegen.

Aus der Perspektive des Romans trifft das nicht allein auf die Firma Treibel zu. Wie Corinnas Bonmot, die Treibel'sche Fabrik vertrete »in gewissem Sinne, wenn auch freilich nur geschäftlich, die Blut- und Eisentheorie« (38), nahelegt, steht das Unternehmen geradezu beispielhaft für das unter Bismarcks Ägide gegründete Deutsche Kaiserreich. Eine ähnlich allegorische Dimension suggeriert bereits der Titel des Romans: Indem er die gleiche zweigliedrige Struktur aufweist (›Frauenname oder X‹) wie Madame de Staëls emanzipatorischer Roman *Corinne ou l'Italie* (1807), der auch sonst in vielfältiger Weise in Fontanes Text hineinspielt,[105] schwingt darin neben dem ›offiziellen‹ Untertitel *»Wo sich Herz zum Herzen find't«* immer auch ›Deutschland‹ mit.[106] So gesehen skizziert *Frau Jenny Treibel* ein misogynes Dekadenz-Narrativ geradezu nationalen Ausmaßes, das – wenngleich immer nur punktuell aufscheinend – dem aus Zolas *Rougon-Macquart*-Zyklus keineswegs nachsteht.

Gegen *dieses* matriarchale Schreckensszenario wird, so meine These, der von Schmidt imaginierte Männerbund am Ende des Romans recht eigentlich in Stellung gebracht. In der Schlussszene selbst wird der Bezug denn auch von Beginn an geknüpft. So spricht die Erzählinstanz einleitend von Treibels ›Emanzipation‹: »[N]ur der alte Commerzienrath hatte sich emancipirt« (220). Damit gemeint ist, dass sich Treibel senior anders als sein Sohn Otto, der das Fest »natürlich« (ebd.) zusammen mit seiner Frau Helene verlassen hat (in Ottos Generation ist die Gynokratie offensichtlich bereits zur zweiten Natur geworden), nicht verpflichtet fühlt, in Jennys Schlepptau aufzubrechen. Mit ihrer Wortwahl unterstellt die Erzählinstanz also rundweg, Männer hätten es mittlerweile ungleich nötiger als Frauen, sich für ihre Rechte starkzumachen.

Dazu passt, dass im selben Satz von einem – von Fontane frei erfundenen – »›Schatzkästlein *deutscher Nation*‹« (220, Hervorhebung G.F.)

105 Vgl. dazu Böschenstein-Schäfer: »Das Rätsel der Corinna«, sowie meine eigenen Überlegungen weiter unten.

106 Ähnlich – aber ohne Bezug auf Staëls Roman – allegorisiert Bance den Konflikt zwischen Jenny und Corinna zu einem »struggle for the soul of Germany« (Bance: *Theodor Fontane*, 148).

die Rede ist, aus dem Treibel ganz offensichtlich nur für Männerohren bestimmte Anekdoten hervorholt: »lauter blutrothe Karfunkelsteine, von deren ›reinem Glanze‹ zu sprechen, Vermessenheit gewesen wäre.« (220)[107] Zugleich bereitet die Rede vom »›Schatzkästlein deutscher Nation‹« das Terrain fürs *reenactment* von Schillers *Tell*-Drama, das auf den deutschsprachigen Bühnen des 19. Jahrhunderts bekanntlich nur allzu gerne zu nationalpolitischen Zwecken instrumentalisiert wurde. Ein beredtes Beispiel dafür liefert eine *Wilhelm-Tell*-Inszenierung aus der Zeit des Deutsch-Französischen Kriegs, mit deren Besprechung Fontane seine Karriere als Theaterkritiker einläutete:

> Es ist herkömmlich geworden, in großen nationalen Momenten unseren nationalen Dichter zum Volke sprechen zu lassen. Ein Glück, daß wir ihn besitzen, daß seine vor allem spruch- und gedankenreichen Schöpfungen uns, für alles, was kommen mag, bereits einen geprägten, längst Allgemeingut gewordenen Ausdruck überliefert haben, der zu rechter Stunde seine ursprüngliche Frische zurückgewinnend, neuzündend in alle Herzen schlägt.[108]

Vor dem Hintergrund des misogynen Dekadenz-Narrativs bekommt schließlich auch die eigentümlich dramatische Einfärbung des Moments, den Schmidt für seinen Vorstoß ergreift – die Erzählinstanz bezeichnet ihn als ›gefahrdrohend‹ –, einen mehr als nur witzigen Nebenakzent. Schon allein der Umstand, dass mit der Rede vom »gefahrdrohenden Moment« die Anspielungen auf die Rütli-Szene ihren Anfang nehmen – Schillers wackere Schweizer versammeln sich ja ebenfalls in einem Moment akuter Gefahr –, deutet darauf hin, dass es hier um mehr geht. Im Augenblick, in dem »die Jugend ihr gutes Recht beim Tanze behaupten würde« (220), ist aus geschlechterpolitischer Perspektive nicht einfach deswegen Gefahr in Verzug, weil die alten Knochen eines Schmidt oder Treibel den Strapazen eines Tanzes kaum mehr gewachsen wären. In androzentrischem Einverständnis mit Schmidt markiert die Erzählinstanz so auch den von diesem imaginierten Männerbund als Rückzugsgefecht, als letztes Aufbäumen, bevor die nächste Generation (Otto – ogottogott!) auf den Plan treten wird.

*

107 Die Schlüpfrigkeit der Anspielung erkennt auch Selbmann, liest über ihre misogynen Implikationen aber hinweg. Vgl. Selbmann: »Die Décadence unterwandert die Gründerzeit«, 41 f.
108 Fontane: »Schiller · Wilhelm Tell«. In: ders.: *Werke, Schriften und Briefe*, Abt. III: *Aufsätze, Kritiken, Erinnerungen*, Bd. 2: *Theaterkritiken*, 5 f., hier 5.

Umso überraschender, dass das in Schmidts Schlussmonolog entworfene Szenario dann gerade *nicht* auf einen (wie auch immer gearteten) Kampf der Geschlechter hinausläuft. Ganz im Gegenteil weist der von ihm imaginierte Männerbund ja letzten Endes wiederum Jenny eine übergeordnete Richterfunktion zu. Darin schlichtweg eine Re-Instituierung des matriarchalen Moments erkennen zu wollen, einen ironischen Hinweis darauf also, dass auch Schmidt dieser Tendenz seiner Zeit *in fine* herzlich wenig entgegenzusetzen habe, scheint mir der Polyphonie des Textes nur bedingt gerecht zu werden. Wenn Schmidt im Anschluss an Krolas Darbietung Jennys Urteil über das eigene Jugendgedicht übernimmt, dann widerruft er nicht einfach seine bisherige Position. Vielmehr tönt dann auch buchstäblich Jennys Stimme – in spiegelbildlicher Entsprechung zu ihrer Mundtotmachung durch Krolas Gesang – aus ihm heraus. Ins Grundsätzliche gewendet: Mit diesem Chiasmus gerät die Stabilität herkömmlicher Geschlechterzuordnungen ein Stück weit ins Wanken.

Der Befund lässt sich mit Blick auf das spannungsvolle Gendering, das Schmidts Schlussmonolog insgesamt bestimmt, weiter bekräftigen. Einerseits steht der Rütlischwur aus Schillers *Tell*, also der Intertext, den Schmidt am Schluss des Romans re-inszeniert, wie kaum eine andere ›große Szene‹ des 19. Jahrhunderts für eine, wie Juliane Vogel gezeigt hat, ›männlich‹ konnotierte »Dramaturgie des Gesetzes, der Gründung und der Ordnung«.[109] In der drei Kapitel davor geschilderten »heftigen Streitscene« (194) zwischen Jenny und Corinna, die ohne Weiteres lesbar ist als *reenactment* einer anderen ›großen‹ Schiller-Szene – des legendären Aufeinandertreffens von Maria Stuart und Elisabeth –,[110] bekleidet Schmidt denn auch geradezu selbstverständlich den ›männlichen‹ Part des Gesetzes: »[N]imm einen Stuhl«, weist er seine Tochter dort in der ihm eigenen ironischen Abgeklärtheit an, »und setze Dich in einiger Entfernung von uns. Denn ich möchte es auch äußerlich markiren, daß Du vorläufig eine Angeklagte bist.« (185)

Andererseits jedoch zehrt der vom Alkohol befeuerte Darbietungsstil von Schmidts Schlussmonolog – der sprunghafte Sprechduktus, die Exaltiertheit und das, wie die vielen Auslassungszeichen nahelegen, gestische Sprechen – von dem entgegengesetzten, in Vogels Geschlechtertypologie eigentlich aufs Weibliche festgelegten Pol: einer

109 Vogel: *Die Furie und das Gesetz*, 101.
110 Schillers Königinnendrama findet in *Frau Jenny Treibel* ausdrücklich Erwähnung, als Schmidts Haushälterin einmal von ihren Theatererlebnissen erzählt (vgl. 162f.). Zur Dramaturgie der ›großen Szene‹ aus *Maria Stuart* vgl. Vogel: *Die Furie und das Gesetz*, 211–235.

»rhapsodische[n] Dramaturgie der Exaltation, des Ausbruchs«.[111] Auch vermögen das sakrale Vokabular der »Profanirung« (221) ebenso wie der ganze Rütli-Firnis nur sehr bedingt darüber hinwegzutäuschen, dass Schmidts Bitte an Krola ein Moment der Rache eignet, also von einem Affekt mitbestimmt ist, der Vogel zufolge aus der »Dramaturgie des Gesetzes« ausgeschlossen wird und lediglich »kraft einer [...] auf das Weibliche gestellten [...] Gegendramaturgie« überlebt.[112] Während die dramaturgischen Pole von Furor und Gesetz, welche die Verstragödie des 19. Jahrhunderts durchweg bestimmen, in dieser selbst »in keinem gemeinsamen Zentrum zusammenzuführen sind«,[113] gelten solche Gattungszwänge für Fontanes Roman offensichtlich nicht: In Schmidts Schlussmonolog fallen die beiden konträren Pole vielmehr in Gestalt einer androzentrischen Geschlechterutopie – als humoristisch eingefärbte männliche Androgynie – in eins.

Dazu passt, dass die in der Schlussszene dargebotene Geschlechterutopie auf die *Schreibweise* von Fontanes Roman insgesamt übertragbar ist, genauer: auf ihr Faible, gemäß Treibels Devise immerfort ›das Eine zu tun, ohne das Andere zu lassen‹. Solche Doppelrede beansprucht Jenny nämlich einmal (ironischerweise im Gespräch mit ihrem Mann) als genuin weibliches Privileg: »[W]ir Frauen dürfen so 'was fragen, wenn wir auch 'was ganz Anderes meinen; aber ihr Männer dürft uns das nicht nachmachen wollen.« (96) Das Mindeste, was man sagen kann, ist, dass sich Fontanes Text nicht an dieses Gendering hält, ja, dass er sogar noch in dieser Hinsicht das Eine tut (ein ›weiblich‹ konnotiertes Sprechmuster kultiviert) und das Andere nicht lässt (indem er sich mit dem Namen ›Theodor Fontane‹ zur ›Männlichkeit‹ der eigenen Autorschaft bekennt): *écriture androgyne.*

3.3 Kapriolen, Makkaroni und Krebsgänge
Re-Framings im Zeichen der Groteske

Treibels Devise bleibt die Schlussszene indes nicht allein aufgrund der androgynen Einfärbung von Schmidts Sprecherposition treu. Hinzu kommt, dass dessen allerletzte Volte die humoristisch verbrämte Utopie einer rundum versöhnten Menschheit sogleich wiederum ironisiert und ins Groteske wendet.

---

111 Ebd., 57.
112 Ebd., 91.
113 Ebd., 110.

Unmittelbar im Anschluss an seine Unsinnstirade (»Geld ist Unsinn, Wissenschaft ist Unsinn. Alles ist Unsinn. Professor auch.«) macht sich Schmidt nämlich eines performativen Widerspruchs schuldig, der nicht anders als selbstironisch gelesen werden kann. Wenn er seine Behauptung bekräftigt mit: »Wer es bestreitet, ist ein pecus« (223) – also sinngemäß: ein Ochse, und kein Mensch im emphatischen Sinn –, schlüpft er ja sogleich wieder ins Habit des eben noch für obsolet erklärten Lateinprofessors. Zugleich verlässt er damit die Bühne des Allgemein-Menschlichen und läutet die Rückkehr der Alltagsdifferenzen ein. »[P]ecus« ruft nämlich nicht nur Schmidts eigene altphilologische »Wissenschaft« in Erinnerung, sondern auch das »Geld« der Treibels, leitet sich dessen lateinisches Äquivalent *pecunia* doch just von *pecus* her: Wie jedes gute lateinisch-deutsche Wörterbuch weiß, bestand »der Reichtum der Alten in Vieh«.[114] In dieselbe Richtung deutet die rhetorische Frage »Nicht wahr, Kuh?« (223), mit der sich Schmidt an seinen Lehrerkollegen Kuh wendet. Abgesehen davon, dass Schmidt dem ›pecus‹-Paradigma so ein weiteres, mehr oder minder witziges Wortspiel abgewinnt, gibt er auch die ins Allgemeine zielende »Bruder«-Anrede zugunsten eines partikularen Familiennamens auf. Folgerichtig wechselt er im selben Atemzug auch mit der Anrede »meine Herren« (223) vom brüderlich Jovialen in ein ungleich formelleres Register.

Wenn Schmidt sich mit der Aufforderung »Wir wollen nach Hause gehen« (223) schließlich ein letztes Mal zum Sprachrohr eines übergeordneten Kollektivs aufschwingt, so tut er dies bezeichnenderweise nur, um es aufzulösen. Noch in der Hinsicht agiert er freilich vor dem Hintergrund der *Tell*-Folie. Nach dem Rütli-Schwur greifen die Eidgenossen nämlich nicht sogleich zu den Waffen, sondern werden von Stauffacher zunächst einmal nach Hause geschickt: »Jetzt gehe jeder seines Weges still«.[115] So wie jene Worte die Heraufkunft einer freien Schweiz vertagen,[116] so lässt auch das Explicit von Fontanes Roman die Versöhnungsutopie nicht über das aus dem Alltagstrott herausfallende Hochzeitsfest hinaus fortwähren.

Ja, ex post gibt Schmidt seine humoristische Replikation von Schillers ästhetischem Staat gar der Lächerlichkeit preis, indem er geradezu unentwegt Anspielungen auf Tier-Mensch-Hybride einflicht und so –

---

114 Georges: *Ausführliches lateinisch-deutsches Handwörterbuch*, Bd. 2, Sp. 1530. Dank an Anna Büsching, die mich auf diese Spur gesetzt hat.

115 Schiller: *Wilhelm Tell*, 437 (V. 1454).

116 Wie Juliane Vogel schreibt, wird die Szene durch diese »Affektbeherrschung […] ein weiteres Mal vom Revolutionsverdacht entlastet.« (Vogel: *Die Furie und das Gesetz*, 110)

sinnigerweise am äußersten Rand des Textes – den genuin *grotesken* Charakter der ganzen Szenerie bloßlegt.[117] Dies gilt für seine »pecus«-Blödeleien ebenso wie dafür, dass sein Wort vom Nach-Hause-Gehen Verse aus dem *Lied von der Glocke* aufnimmt, die dort ausdrücklich auf Tiere gemünzt sind: »Blökend ziehen heim die Schafe, / Und der Rinder / Breitgestirnte, glatte Scharen / Kommen brüllend, / Die gewohnten Ställe füllend.«[118]

Zugleich klingt im Syntagma »nach Hause gehen« aber auch ein berühmter Passus aus *Heinrich von Ofterdingen* an: »Wo gehn wir denn hin? Immer nach Hause.«[119] Nicht von ungefähr bezeichnet die Erzählinstanz Schmidt schon bei dessen erstem Auftritt als »Classiker und Romantiker zugleich« (14), als Leser mithin, wie man angesichts des Romanschlusses zu glossieren geneigt ist, von Schiller *und* Novalis. Anders als etwa Baßler erblicke ich in diesem Verweis auf Novalis' frühromantische Roman-Utopie kein Verklärungsmoment,[120] sondern ein Ironie-Signal: Geschult an den Spiegelungsverfahren romantischer Ironie, aber ›realistisch‹ gewendet, erhebt der Text auf diese Weise Einspruch gegen die überraschende Rückbesinnung auf programmrealistische Positionen, denen Schmidt im Anschluss an Krolas Darbietung zumindest vorübergehend das Wort redet. Tatsächlich hatte es ein paar Kapitel davor von einem (nicht weiter spezifizierten) »Novalis-Gedicht« geheißen, das Schmidt in einer Deutschstunde behandelt hatte, ausgerechnet dessen »Schlußwendung« sei ihm »absolut unverständlich geblieben[]« (182). Indem sich in Schmidts Schlussvolte ihrerseits unmerklich ein Novalis-Zitat einschleicht, signalisiert der Text seinen Leser*innen, dass dem beschwipsten Gymnasiallehrer am Ende zumindest teilweise die Deutungshoheit über das eigene Tun und Sprechen entgleitet, dass ihm dessen eigentliche Tragweite, wenn nicht »absolut«, so doch ein Stück weit »unverständlich« bleibt.

Indem man, um diese zu ermessen, den Romantext gewissermaßen von hinten nach vorne lesen muss, macht man sich freilich wiederum eine typisch Schmidt'sche Vorgehensweise zu eigen: So erwähnt Frau

---

117 Ein ähnliches Argument entwickelt auch Inka Mülder-Bach; als Bezugsrahmen dient ihr jedoch nicht die Groteske, sondern die Karikatur. Vgl. Mülder-Bach: »Poesie als Prosa«, 368.

118 Schiller: *Das Lied von der Glocke*, 64 (V. 278–282).

119 Novalis: *Heinrich von Ofterdingen*, 373.

120 Vgl. Baßler: *Deutsche Erzählprosa*, 82 f. Bezeichnenderweise argumentiert Baßler an dieser Stelle nicht eng an der Eigenlogik des Textes, sondern verlegt sich aufs Mutmaßen: »[W]o so deutlich Kernsätze der Romantik in den realistischen Text zitiert werden, da geht es meist um Verklärung«.

Abb. 28: Makkaroni, des Dichters Leibspeise. Holzstich aus dem Jahr 1613. Aus: *Opus Merlini Cocaii poetae Mantuani Macaronicorum.* Bayerische Staatsbibliothek, P.o.lat. 554 rg, S. 2, urn:nbn:de:bvb:12-bsb10608909–3. Vgl. hierzu die erhellende Bildlektüre von Alexander Nebrig: »Interlingualität«, 132.

Schmolke einmal, ihr Dienstherr habe die »merkwürdige[]« Angewohnheit, Kochbirnen am Stengel hochzuhalten, um sie »wie 'ne Maccaroni [...] *von unten her* auf[zu]essen« (199, Hervorhebung G. F.). Für eine poetologische Lesart bietet sich dieses auf den ersten Blick mit »reine[n] Menufragen« (84) befasste Detail schon allein deswegen an, weil der Vergleich mit einer Makkaroni buchstäblich unter der Hand einen literarischen Genrebegriff einführt: Als Leser von Jacob Burckhardt wusste Fontane, dass man unter ›makkaronischer Dichtung‹ seit der Renaissance eine burlesk-groteske Stilrichtung versteht, deren komische Effekte aus der Mischung zweier Sprachen (in der Regel Latein und einer Volkssprache) resultieren (Abb. 28).[121] In *Frau Jenny Treibel* selbst findet sich mit Schmidts lateinisch-deutschen ›pecus‹-Wortspielereien ein Beispiel für diese Dichtungsart ausgerechnet in der Schlussscene: augenzwinkernde Einladung des Textes an seine Leser*innen, diesen so zu lesen, wie Schmidt Makkaroni isst – »von unten« bzw. vom Ende her –,[122] und dabei auf seine grotesken Einschläge zu achten. So wie

---

121 Vgl. Burckhardt: *Die Kultur der Renaissance in Italien*, 212 und 262. Zu den Affinitäten zwischen den Kulturkritikern und Geselligkeitstheoretikern Fontane und Burckhardt vgl. von Graevenitz: *Theodor Fontane*, 93f. und 150–155. Zum Zusammenhang von makkaronischer Dichtung und Groteske vgl. Morel: *Les grotesques*, 220f.

122 Für eine ›rückläufige‹ Lektüre des Romans plädiert auch Renz (ohne sich dabei freilich auf Schmidts Essgewohnheiten zu beziehen): So nimmt sie

der Auftakt von Fontanes Roman in Gestalt des »überall verbogene[n]«
Klingeldrahts neben der Schmidt'schen Wohnungstür mit einer grotesken Rahmung aufwartet, so tut dies mithin auch die Randzone am
anderen Ende des Textes.

*

Welche Szenen des Romans erscheinen nun aber als ironische Kommen-
tare zum Schluss und kehren so dessen grotesken Charakter hervor?
Als Erstes dafür in Betracht kommt ein schwankartiges Intermezzo
während des Ausflugs an den Halensee, eine Szene, der Fontane offenbar so viel literarischen Eigenwert beimaß, dass er an ihre reale
Durchführbarkeit – ihre realistische *vraisemblance* also – keinerlei
Gedanken verschwendete.[123] Treibel veranlasst dort, dass ein erschöpf-
tes Droschkenpferd ein Seidel Bier zu trinken bekommt. Als das Tier
nach dem Austrinken in ein »schwaches Freudengewieher« ausbricht,
kommentiert sein Wohltäter jubilierend: »Da haben wir's […]. Ich bin
ein Menschenkenner; *der* hat bessere Tage gesehen, und mit diesem
Seidel zogen alte Zeiten in ihm herauf. Und Erinnerungen sind immer
das Beste. Nicht wahr, Jenny?« (134) Die Bezüge zu Schmidts Schlussmonolog liegen auf der Hand: Von Alkohol befeuert, ist ja auch dieser
von einer nostalgischen Rückbesinnung auf bessere Zeiten durchzogen:
»Alle echte Lyrik hat 'was Geheimnisvolles. Ich hätte doch am Ende dabei bleiben sollen«; »früher war man natürlicher« (222). Mit dem Intermezzo am Halensee bekommt Schmidts Beschwörung eines emphatisch
Menschlichen also einen tierischen Präzedenzfall vorgesetzt und seine
weinselige Schlusstirade wird animalisch ›kontaminiert‹. Indem sein
»pecus«-Vorwurf ironischerweise ihn selbst trifft, wird klar: Er ist vom
grotesken Setting der Schlussszene nicht etwa ausgenommen, sondern
integraler Bestandteil davon. Mit einem geflügelten Wort aus Schillers
Tell, das wohl nicht von ungefähr im Roman selbst – wenn auch in einer
anderen Szene (vgl. 174) – zitiert wird, könnte man auch sagen: Hier
fliegt der Pfeil ganz offensichtlich auf den Schützen zurück.[124]
Auch in der zweiten Szene, die als ironischer Kommentar zum
Roman-Finale lesbar ist, fällt Tieren eine Hauptrolle zu; diesmal sogar
unter dezidiert kulinarischen Gesichtspunkten. So wird Schmidts und

Schmidts abschließende »Unsinn«-Tirade zum Anlass, der Vanitas- bzw.
Todes-Thematik nachzugehen, die den ganzen Text unterschwellig durch-
ziehe. Vgl. Renz: *Geglückte Rede*, 68–91.

123 Vgl. Fontanes Brief vom 23.11.1891 an Rodenberg in: Fontane: *Briefe*, Bd. 4:
1890–1898, 164.

124 Vgl. Schiller: *Wilhelm Tell*, 456 (V. 1974).

Distelkamps Disput über den Wert des Nebensächlichen, den ich bereits weiter oben als Schlüsselstelle für eine adäquate Beurteilung des Romanschlusses angeführt habe, durch eine Unterhaltung über Flusskrebse gerahmt (vgl. 76–79 und 82–84).[125] Im vorliegenden Zusammenhang interessiert mich evidenterweise vor allem deren *Schluss*wendung. Ausführlich legt Schmidt dort dar, warum er in der »wichtige[]n Frage ›Hummer oder Krebse‹« (82) gegen des Kaisers Lieblingsspeise – gegen das ›Große‹ also – und für den unscheinbaren Flusskrebs votiert: »[S]ein Bestes [wird] nicht eigentlich gegessen, sondern geschlürft, gesogen. [...] Es ist, so zu sagen, das natürlich Gegebene.« (83 f.) Am Ende seiner Lobrede auf das kleine Schalentier erhebt Schmidt also genau wie in seinem Schlussmonolog die »Natur« zur »Hauptsache« (223). Anders als dort begnügt er sich im Streitgespräch mit Distelkamp jedoch nicht mit einer bloßen Setzung, sondern fundiert das »natürlich Gegebene« gleichsam anthropologisch: »Wir haben da in erster Reihe den Säugling, für den saugen zugleich leben heißt.« (84)

Diesen Flusskrebs-Passus vom Ende des Romans her zu lesen bietet sich insbesondere auch deswegen an, weil Schmidt dort selbst das Moment des Rückläufigen, Reversen ins Spiel bringt:

> Schmidt [...] war ersichtlich auf dem Punkte, starke Spuren von Mißstimmung und Ungeduld zu zeigen, als sich endlich die zum Entrée führende Thür aufthat, und die Schmolke, roth von Erregung und Herdfeuer, eintrat, eine mächtige Schüssel mit Oderkrebsen vor sich her tragend. »Gott sei Dank«, sagte Schmidt, »ich dachte schon, Alles wäre *den Krebsgang gegangen* [...]« (77, Hervorhebung G. F.).[126]

Ironisiert wird Schmidts Schlussmonolog durch die ›krebsgängige‹ Überblendung mit seinem Panegyrikus auf die Krebse insofern, als

---

125 Wie das Hochzeitsfest gehört die Flusskrebs-Sequenz zu den am meisten interpretierten Stellen des Romans. Vgl. insbesondere Drügh: »Tiefenrealismus«, 210–220 und 223; Kafitz: »Die Kritik am Bildungsbürgertum in Fontanes Roman *Frau Jenny Treibel*«, 81–83; Renz: *Geglückte Rede*, 87; Selbmann: »Alles ›reine Menufragen‹?«, 107–109. Auch dies lese ich als Indiz dafür, dass beide Sequenzen stärker *aufeinander* zu beziehen sind, als die Forschung dies bisher getan hat.

126 Zieht man in Betracht, dass Herman Meyer eine Gesprächspassage aus *L'Adultera* einmal als »rebusartiges Hysteron proteron« bezeichnet, das nur »im Krebsgang zu enträtseln« sei (Meyer: »Das Zitat als Gesprächselement«, 225), dann eignet dem Krebsgespräch aus *Frau Jenny Treibel* auch insofern ein selbstreflexiver Zug, als in ihm ein allgemeines Funktionsprinzip Fontane'scher Gesprächskunst thematisch wird.

dieser Schmidts abschließende Volten – insbesondere die Rehabilitation eines Poesie-Verständnisses à la Jenny – als geradezu infantilen Regress markiert: Wenn die »Hauptsache« im »natürlich Gegebenen« zu suchen ist, dieses aber wiederum seine reinste Ausprägung darin findet, wie ein Säugling Nahrung zu sich nimmt – schlürfend und saugend –, dann präsentiert sich Schmidt in der Schlussszene, in deren Vorfeld er ja etwas gar viele stark Getränke geschlürft hat, förmlich als vor sich hin brabbelnder *senex puer*. Der Topos wird in der Flusskrebs-Sequenz denn auch explizit angesprochen. Schmidt führt nämlich nicht einfach aus: »Wir haben da in erster Reihe den Säugling, für den saugen zugleich leben heißt.« Sondern fügt sogleich hinzu: »Aber auch in den höheren Semestern ...« (84) Was ihm an dieser Stelle auszuführen verwehrt bleibt, weil ihm Distelkamp ins Wort fällt, bevor es allzu unschicklich wird, buchstabiert das Finale des Romans mithin performativ aus – und zwar ironischerweise auf Schmidts Kosten.

Als dritte Parallelstelle lässt sich schließlich das Attentat auf den preußischen König Friedrich Wilhelm IV. anführen, über das sich Jenny und Vogelsang in Kapitel 3 angeregt unterhalten. Besondere Erwähnung verdient diese zeitgenössische Anekdote bereits deswegen, weil mit ihr die vielen *Wilhelm-Tell*-Anspielungen ihren impliziten Anfang nehmen: Unweigerlich schwebt in ihrem Hintergrund die Ermordung des kaiserlichen Reichsvogts Gessler. In anderem Zusammenhang wird sich Treibel später denn auch explizit auf diese Schiller-Szene beziehen: »Das ist Tell's Geschoß.« (124)[127] Am Gespräch zwischen Jenny und Vogelsang nun scheint mir vor allem das Lied interessant, das in den 1840er-Jahren im Anschluss an das Attentat gedichtet wurde. In Vogelsangs Ohren ist dieses

> ein erbärmlicher Gassenhauer, darin ganz der frivole Geist spukte, der die Lyrik jener Tage beherrschte. Was sich anders in dieser Lyrik gibt, ganz besonders auch in dem in Rede stehenden Gedicht, ist nur Schein, Lug und Trug. »Er erschoß uns auf ein Haar, Unser theures Königspaar.« Da haben Sie die ganze Perfidie. Das sollte loyal klingen und unter Umständen vielleicht auch den Rückzug decken, ist aber schnöder und schändlicher als Alles, was jene verlogene Zeit sonst noch hervorgebracht hat (30f.).

Vogelsangs Gedichtlektüre als Folie für den Romanschluss zu begreifen liegt bereits deswegen nahe, weil dort ja ebenfalls eine Art »Gassen-

127 Schiller: *Wilhelm Tell*, 486 (V. 2790).

hauer« intoniert wird. Spukt in dem scheinbar so affirmativen Finale von *Frau Jenny Treibel* also etwa ein ähnlich »frivole[r] Geist« wie in dem von Vogelsang monierten Lied? Sind die unerwartete Rehabilitierung von Schmidts Jugendgedicht und die Verbrüderungsutopie nicht derart dick aufgetragen, dass das vorgebliche ›Loyale‹ auch hier unversehens in ›perfiden‹ Spott umkippt? Scheint aufgrund der überraschenden, also denkbar schwach motivierten Schlusswendung nicht vielmehr der forcierte Charakter des harmonischen Schlusstableaus auf bzw., dass es sich in der außertextuellen Wirklichkeit eben *nicht* so verhält?

Grundsätzlich falsch wäre es, sich für die eine oder die andere Lesart, für das humoristisch verbrämte Versöhnungsszenario oder für die Verspottung qua ›perfider‹ Antiphrase zu entscheiden. Der literarästhetische Reiz von Fontanes Romanschluss (aber eben auch seine politische Zwiespältigkeit) liegt vielmehr gerade in seiner widersprüchlichen Vielstimmigkeit. Also darin, dass er bis zuletzt das Eine tut, ohne das Andere zu lassen.

*

Genauso verfährt die Schlussszene auch in punkto Poesie und Prosa.

Einerseits rehabilitiert Schmidts überraschende Lobrede auf das eigene Gedicht am Ende ein epigonal goethezeitliches Poesie-Verständnis à la Jenny – dieser Literalsinn lässt sich nun einmal schwer leugnen. Mit Bezug auf Fontanes eigenen Lyrikbegriff fragt Norbert Mecklenburg denn auch völlig zu Recht: »Konnte Fontane ein Gedicht gänzlich abgelehnt wünschen, das als Exempel für einen von ihm selbst vertretenen Poesiebegriff steht?«[128] Analog zur politischen Dimension der Schlussszene weist andererseits aber auch ihre poetologische nicht nur eine – wie Heine, von dem später noch die Rede sein wird, einmal schrieb – ›exoterische‹ Vorder-, sondern auch eine ›esoterische‹ Kehrseite auf. Mittels eines diskreten Echo-Effektes legt der Text in der Tat selber nahe, dass auf den letzten Seiten des Romans noch ein anderer Poesie-Begriff verhandelt wird als der, für den Jennys Lied paradigmatisch steht. So findet der Ausdruck »Profanirung« (221), mit dem Schmidt seinem Jugendgedicht erstmals (implizit) höheren Wert zuspricht, bereits zum Auftakt der Schlussszene Erwähnung.[129] »[Z]iemlich unmotivirt« – eine Wendung, die vor dem Hintergrund

128 Mecklenburg: »Einsichten und Blindheiten«, 151.
129 Geknüpft wird der Querbezug m.W. ansonsten nur bei Renz: *Geglückte Rede*, 88. Die aus ihm abgeleitete Lektüre indes ist (mit Verlaub) denkbar platt. Dies wiederum hängt damit zusammen, dass Renz die Schlussszene allgemein sehr ›affirmativ‹ liest, den von Schmidt bemühten Schlagworten

von Fontanes Arabesken-Poetik und deren Vorliebe für scheinbar belanglose Kuriosa besonders aufmerken lassen sollte – stünden, so die Erzählinstanz, »in ein paar Saalecken«, ganz am Rande mithin, »vier, fünf Lorbeerbäume« (220). Da sich mehr und mehr »junge Paare« hinter diese zurückzögen, bildeten sie »eine gegen Profanblicke schützende Hecke [...]: Hier wurden auch die Kuh'schen gesehen, die noch einmal [...] einen energischen Vorstoß auf den Jodler unternahmen, aber auch diesmal umsonst.« (Ebd., Hervorhebung G.F.). Sicherlich ist diese Konstellation zunächst satirisch zu lesen, als ebenso groteske wie misogyne Umkehrung der Geschlechterverhältnisse aus der antiken Mythologie: Während dort Apoll der Nymphe Daphne nachstellt, bis diese durch ihre wundersame Verwandlung in einen Lorbeerstrauch gerettet wird, fällt bei Fontane einem späten Abkömmling des Sängergottes der Part des Verfolgten zu; bedrängt wird er dabei durch die Töchter von Schmidts Lehrerkollege Kuh, die die Erzählinstanz zwei Seiten davor explizit als »Kuh'sche[] Kälber« (217) tituliert und damit auf der Ebene des *discours* in groteske Tier-Mensch-Hybride verwandelt.

Buchstäblich im Busch ist darüber hinaus aber eben auch ein eminent poetologischer Sachverhalt: Indem die eng mit dem Dichtergott verknüpfte Lorbeerhecke einen Raum einhegt, der vor »Profanblicke[n]« geschützt ist, figuriert sie geradezu *materialiter* das Prinzip einer doppelten Lektüre: das Prinzip eines Textes, der neben seiner ›profanen‹, offen zutage liegenden Bedeutungsebene noch eine wesentlich intrikatere aufweist. Mittels eines erneuten, diesmal freilich etwas entfernteren Echo-Effektes wird ein solcher Befund ironischerweise ausgerechnet durch die Figur des Jodlers bekräftigt. Während des Ausflugs an den Halensee hatte sich dieser nämlich insbesondere mit Heines Loreley-Gedicht hervorgetan. Mit einem Gedicht also, dessen Anfangsvers »Ich weiß nicht, was soll es bedeuten« (140) – sofern man ihn, wie das auf Fontanes Roman zutrifft, isoliert zitiert – ausdrücklich dazu einlädt, sich eingehender mit der Frage auseinanderzusetzen, wie literarische Texte Bedeutung konstituieren und problematisieren.[130]

Diesem ›esoterischen‹ Lektüremodus entspricht in der Schlussszene nun ein Poesie-Begriff, der sich weniger in den Versen des jungen Möchtegern-Dichters Wilibald artikuliert als in der Prosa des alten Fontane. Mit ihren ebenso zahlreichen wie passgenauen inter- und

---

vorschnell beipflichtet, anstatt – wie sie das ansonsten tut – ein näheres Augenmerk auf die ungleich komplexere Funktionsweise des Textes zu werfen.
130 Zur doppelten Lektüre, die Heines eigenes Gedicht damit initiiert, vgl. Felten: »Odysseus am Rhein«, 27.

intratextuellen Anklängen erweist sich die Schlussszene nämlich als besonders dicht, weist also eine Eigenschaft auf, die man gemeinhin eher der Lyrik zuspricht. Auch ist sie, wie ich hinsichtlich ihrer politischen Implikationen zu zeigen versucht habe, hochgradig ambig, besitzt mithin – um ein Attribut aus Schmidts Schlussmonolog anzuführen, das dort stereotyp als Privileg ›aller echten Lyrik‹ herhalten muss – »'was Geheimnisvolles« (222). Vor allem aber wird in diesem poetologischen Zusammenhang erneut das Prinzip der reversen Lektüre relevant, das der Text selbst in den Bildern des Krebsgangs und des Makkaroniverzehrs immanent reflektiert. Dieses macht nämlich nicht allein auf die genuin groteske Qualität von Fontanes Roman(-schluss) aufmerksam. Es schreibt ihm darüber hinaus auch die gleiche Bewegung ein, wie sie – unter den von mir besprochenen Texten – insbesondere für Kellers *Tanzlegendchen* kennzeichnend ist: eine Bewegung, die, indem sie sich am Ende des Textes auf diesen zurückwendet, im Medium der Prosa die Wendung (*versura*) vollzieht, die gemeinhin als Spezifikum des Verses gilt. Anders gesagt: Gerade *als* Groteske ist Fontanes Prosa Poesie. Aber eben eine ›andere‹ als die herkömmliche à la Jenny.

Um Missverständnisse zu vermeiden, sei sogleich präzisiert, dass ich damit nicht sagen will, Fontanes ›eigentliche‹ Schreibweise falle schlicht mit diesem ›anderen‹ Poesie-Begriff in eins. Auch in poetologischer Hinsicht tut der Romanschluss das Eine (Umsetzung des ›anderen‹ Poesie-Begriffs im Darstellungsmedium der Prosa), ohne das Andere zu lassen (Rehabilitation eines goethezeitlichen, primär über den Vers vermittelten Poesieverständnisses). Der Text spricht also gleichsam mit zwei konträren Stimmen. Ebenso wie der Umstand, dass Fontanes Prosa die ganze Zeit über von impliziten Vers-Zitaten durchwirkt ist (seien diese nun klassischen Dramen à la *Tell* oder Balladen entlehnt), zeigt diese agonale Dimension des Schlusses, dass der *deuil du vers*, die Loslösung vom Vers als Inbegriff der Poesie, auch beim späten Fontane kein *univoker* Prozess ist.[131] Vielmehr ist es gerade die Ambivalenz, die den gemeinsamen literarhistorischen Ort von Fontane und allen anderen im Rahmen der vorliegenden Arbeit behandelten Autoren ausmacht.

---

131 Es wäre lohnenswert, die Gräber-Gedichte aus Fontanes später Lyrik vor diesem Hintergrund einmal poetologisch zu lesen. Ansätze dazu gibt es bei Selbmann: »Trauerarbeit«, 72–78. Ich greife damit eine Anregung von Inka Mülder-Bach aus der Diskussion auf, die Selbmanns Lektüre von Fontanes *Meine Gräber* im Oktober 2015 an der Münchner *Lyrik-des-Realismus*-Tagung auslöste. In Selbmanns publiziertem Beitrag hat sie nicht Eingang gefunden. Vgl. Selbmann: »Verunsicherte Wahrnehmung«, 262–265.

4. Wie sich Poesie zur Prosa find't, oder:
ein Epochenstil vor der Zerreißprobe

Ähnlich wie die Schlussszene gibt auch das Verhalten von Schmidts Tochter der Fontane-Forschung »Rätsel«[132] auf. Auf den ersten Blick hat man es lediglich mit einer komödienartigen »*Besserungsgeschichte für Töchter*«[133] zu tun, mit einer vorübergehenden »Verirrung« (215), einem »›Schritt vom Wege‹«, wie Schmidt es einmal selber mit Bezug auf ein zeitgenössisches »Lustspiel« (212) wendet. Vom zeittypischen »Hang nach Wohlleben« (62) ergriffen, von den oberflächlichen Glücksversprechen materiellen Reichtums geblendet, setzt sich die in eher bescheidenen Verhältnissen aufgewachsene Professorentochter in den Kopf, den reichen Leopold zu heiraten. Angesichts des kategorischen Widerstands ihrer Schwiegermutter in spe muss sie sich jedoch nach und nach eingestehen, wie sehr ihr die Fixierung aufs Geld »Herz und Sinn« zu »vereng[en]« (215) droht. Nicht nur in der Hinsicht übernimmt Corinna am Ende die Sichtweise ihres Vaters. Ganz in dessen Sinn ist auch die Eheschließung mit ihrem Vetter Marcell, Deutschlehrer wie Schmidt und anders als dieser nicht nur Leser von Schliemanns Heldentaten, sondern selber als Archäologe tätig: »jüngere Ausgabe«[134] von Wilibald und aufgrund des ihm eigenen Phlegmas doch nicht an ihn heranreichend.

Warum aber kehren Corinnas Wortwitz und Abenteuerlust auch nach ihrer vorgeblichen »Bekehrung« (211) nicht wieder? Müsste das Unbehagen, das unmittelbar im Anschluss an die heimliche Verlobung mit Leopold von ihr Besitz ergriffen hatte und psychologisch als »Konflikt der doppelten Treue«[135] lesbar ist, mit dem Entscheid für die Wertewelt ihres Vaters nicht eigentlich verfliegen? Wie ist insbesondere ihr Bekenntnis zu »Haus und Kinderstube« (212) zu deuten, wo ihr Vater sie doch lieber in die Stapfen von Schliemanns Ehefrau treten sähe, die bei dessen Ausgrabungen »auch immer dabei« (ebd.) sei? Und was hat es mit der eigenartigen Resignation auf sich, die Corinna ausgerechnet anlässlich der Verlobung mit Marcell an den Tag legt, wenn sie diesem gegenüber bekennt: »[W]er ist glücklich? Kennst Du wen? Ich nicht« (214)?

Die Forschung ist diese Probleme zumeist sozialhistorisch und tiefenpsychologisch angegangen und hat dabei auch wiederholt Fontanes

---

132 So der programmatische Titel von Renate Böschenstein-Schäfers wichtigem Aufsatz: »Das Rätsel der Corinna«.
133 Dieterle: *Vater und Tochter*, 231.
134 Ebd., 225.
135 Ebd., 231.

ambivalentes Verhältnis zu seiner Tochter Marthe alias Mete als biografistische Interpretationsfolie ins Spiel gebracht, poetologische Aspekte dagegen allenfalls am Rande gestreift.[136] Ein anderer Teil der Forschung wiederum liest die Verbindung von Corinna und Marcell im Rückgriff auf das Begriffspaar von Poesie und Prosa, tendiert jedoch dazu, die Ambivalenzen des Schlusses allzu sehr zu glätten. Zudem stehen sich in dieser Fraktion zwei Positionen diametral gegenüber. So argumentiert etwa Gerhard Plumpe, indem er vom goethezeitlichen Lyrikverständnis ausgeht, das sich aus Schmidts Jugendgedicht ablesen lässt:

1770 – 1850 – 1890: Drei Liebesgeschichten geben Fontanes Roman *Frau Jenny Treibel* die Kontur. Johann Wolfgang Goethe und Friederike Brion – Wilibald Schmidt und Jenny Bürstenbinder – Marcell Wedderkopp und Corinna Schmidt – oder: die zur Legende verklärte Liebe des Genies zu dem reizenden Landmädchen – der dichtende Student und die ebenso schwärmerische wie auf ihren Vorteil bedachte Schöne aus dem Kolonialwarenladen – der nüchterne Gelehrte und die moderne Frau: So wird Poesie zur Prosa![137]

Umgekehrt wertet Alan Bance die Hochzeit von Corinna und Marcell als »something very like a synthesis of prose and poetry«, insofern sich die beiden im Verlauf der Romanhandlung ihrer anfänglicher Prosaismen entledigten und sich dabei zusehends poetisch verklärten.[138] Im vorliegenden Unterkapitel möchte ich diesen letzten Ansatz – unter Einbezug der anderen – kritisch weiterentwickeln und innerhalb von Fontanes grotesk angehauchter Arabesken-Poetik verorten. Dazu ist es nötig, einen etwas weiteren Bogen zu spannen. Zunächst gilt es (4.1) herauszuarbeiten, mit welchen Mitteln der Text Corinna ihrem Wortwitz zum Trotz als Figur ohne Tiefgang, als bloße *Unterhaltungskünstlerin* also, präsentiert. Damit ist das Terrain bereitet (4.2) für das poetologische Leseraster, mit dem Schmidt selbst die von ihm gewünschte Verbindung zwischen der genialischen Corinna und dem allzu verständigen Marcell im Sinn einer wechselseitigen Läuterung von Poesie und Prosa imaginär überformt. Mit dieser Lesart steht Fontanes Text insofern im Bund, als er zur Veranschaulichung der spezifischen Poetizität der eigenen Prosa mit ähnlichen poetologischen Bildern wie Schmidt operiert:

---

136 Vgl. Böschenstein-Schäfer: »Das Rätsel der Corinna« und Dieterle: *Vater und Tochter*, 218–234.
137 Plumpe: »Roman«, 671 f.
138 Bance: *Theodor Fontane*, 14. Vgl. auch ebd., 139–149 und 156–160.

Was Schmidt Strom- und Wasserkreislauf sind, artikuliert der Text in Gestalt eines Brunnens, der allein schon, weil er einmal »Fontaine« (51) genannt wird, als auktoriales Reflexionsmedium markiert ist. Zugleich spinnt der Text (4.3) Schmidts poetologisch aufgeladene Bildsprache mit Bezug auf unterirdische Netzwerke modernen, großstädtischen Zuschnitts (Kanalisation, Rohrpost) weiter. Auf je eigene Weise wenden diese das programmrealistische Substrat von Schmidts ›anderem‹ Poesie-Begriff – das »eigentlich Menschliche«, das im vermeintlich »Nebensächliche[n]« »drin« zu stecken habe (80) – jedoch ins Groteske, brechen dessen ideellen Bedeutungsgehalt auf allzu Konkretes herunter. Anders gesagt: In ihren avanciertesten Gestaltungen führen Fontanes Realarabesken den programmrealistischen Restbestand von Schmidts ›anderem‹ Poesie-Begriff ad absurdum. Wie abschließend (4.4) zu zeigen sein wird, lässt der Text Schmidts Position damit aber nicht ein für alle Mal hinter sich. Vielmehr unterhält er zu dem ihm eigenen »Stich ins Moderne« (14) ein genauso ambivalentes Verhältnis wie Wilibald zu dem seiner Tochter. Um dieses agonale Moment prägnant herauszuarbeiten, wird am Ende nochmals auf den Romanschluss zurückzukommen sein. Tatsächlich geht die Eheschließung zwischen Corinna und Marcell, von Schmidt allzu harmonisch-verklärend gelesen und ganz und gar im Komödienregister verortet, mit einem gehörigen Schuss symbolischer Gewalt und unterschwelligen Tötungsfantasien einher. Insofern diese Misstöne stets bloß zwischen den Zeilen anklingen – und nicht etwa von der Erzählinstanz explizit benannt werden –, zeigt sich, dass in der Hinsicht nicht nur die Figur Schmidt ambig ist, sondern eben auch Fontanes mitunter »so modern« (14) anmutender Text. Ganz vom programmrealistischen Paradigma loszureißen vermag auch er sich nicht, und dies obwohl er sich über dessen Überholtheit eigentlich längst im Klaren ist.

4.1 Der Reiz des Stofflichen. Zur komplexen Oberflächlichkeit von Corinnas Unterhaltungskünsten

Vor der Folie programmrealistischer Grundsätze gelesen, nimmt sich Corinnas »Hang nach Wohlleben« (62) geradezu als deren Kontrafaktur aus. So bedient sich Corinna zwar der für den Programmrealismus charakteristischen Semantik von Oberfläche/Tiefe, fasst aber noch die Tiefe in einem ›oberflächlichen‹, rein materiellen Sinn. Corinnas »Sinn für Aeußerlichkeiten« (215) wird vor allem dann augenfällig, wenn man die Art und Weise, wie sie sich ihr Leben als »Commerzienräthin« (9)

ausmalt, mit Schmidts Lob des Nebensächlichen kontrastiert, das ja selbst insofern programmrealistischen Prämissen verpflichtet bleibt, als es auf einen wesenhaften Kern abzielt:

> [Wilibald:] Das Nebensächliche, so viel ist richtig, gilt nichts, wenn es bloß nebensächlich ist, wenn nichts drin steckt. Steckt aber was drin, dann ist es die Hauptsache, denn es gibt einem dann immer das eigentlich Menschliche. (80)
> [Corinna:] Ich bin für einen Landauer und einen Garten um die Villa herum. Und wenn Ostern ist und Gäste kommen, natürlich recht viele, so werden Ostereier in dem Garten versteckt, und jedes Ei ist eine Atrappe voll Confitüren von Hövell oder Kranzler, oder auch ein kleines Necessaire ist drin (9).

Vater und Tochter bedienen sich bis in die Wortwahl hinein der gleichen Bildsprache, der zufolge das Eigentliche in den Sachen »drin steckt« und nicht an ihrer äußeren Erscheinungsform ablesbar ist. Während Schmidt jedoch auf ideelle Werte abhebt (»das eigentlich Menschliche«), entspricht das »Necessaire«, das in den von Corinna ersonnenen Ostereiern »drin steckt«, seinem Namen zu Trotz in keiner Weise einem ›notwendigen‹ höheren geistigen Gut. Vielmehr ist es – um einen Begriff ins Feld zu führen, den der US-amerikanische Soziologe Thorstein Veblen nur ein paar Jahre nach Erscheinen von Fontanes Roman geprägt hat – durch und durch Ausdruck von *conspicuous consumption*, von auf Äußerlichkeiten bedachter, ostentativer Konsumkultur.[139]

Eine vergleichbare Oberflächlichkeit kennzeichnet auch Corinnas Faszination fürs »Heroische« (37). Diese begreife ich weniger als, wie Claudia Liebrand schreibt, souveränes Spiel mit »fremden Wunschbilder[n], die andere, insbesondere Leopold, von ihr konzipieren«,[140] denn als durchaus ernst gemeinten Gegenentwurf zu den prosaischen Verhältnissen, in denen sich ihr Umfeld eingerichtet hat. Fontanes Roman macht damit eine Konstellation auf, die stark an

---

139 Für eine Analyse der von Corinna angeführten Markennamen unter den Aspekten von bürgerlicher Konsumkultur und *effet de réel* vgl. Drügh: »Tiefenrealismus«, 204 f.

140 So Claudia Liebrand: *Das Ich und die andern*, 118. Allgemein scheint mir Liebrands Prämisse, Corinna wisse stets von der »Diskrepanz zwischen authentischem Ich und Rollenspiel« (ebd., 117), etwas optimistisch. Dementsprechend fasst sie den Schluss auch ganz und gar unproblematisch in Wilibalds Sinn – »Die privaten (Liebes-)Ver(w)irrungen haben ihre glückliche Auflösung gefunden« (ebd., 119) – und überliest die unerhörte symbolische Gewalt, auf der diese Auslegung des Endes eigentlich beruht.

einen berühmten Passus aus Hegels *Ästhetik* erinnert: Erörtert wird
dort am Beispiel von Goethes Götz »die Kollision der mittelalterlichen« – bzw. in Corinnas Fall: der napoleonischen – »Heroenzeit und
des gesetzlichen modernen Lebens«.[141] Hegel geht es dabei um das
Aufeinanderprallen von Individuen, »welche aus ihrer Persönlichkeit,
ihrem Mut und rechtlichen, geraden Sinn heraus die Zustände in ihrem
engeren oder weiteren Kreise selbständig regulieren wollen«, und der
neuen, auf verfestigten Institutionen und Arbeitsteilung beruhenden
modernen »Ordnung der Dinge [...] in ihrer prosaischen Gestalt«.[142]

Aufschlussreich ist in der Hinsicht insbesondere das Loblied auf
alles Heldische, das Corinna während des Dinners im Hause Treibel
anstimmt. Trotz seines illustren Namens etwa verspürt Mr. Nelson keinerlei Drang, den Kaufmannsberuf an den Nagel zu hängen, um – wie
Corinna ihm einzuflüstern versucht – seine eigene »Battle at the Nile«
(37) zu schlagen. Noch schlimmer steht es um Leopold: Während die
Fabrik seines Vaters in Corinnas Worten zumindest »rein geschäftlich
[...] die Blut- und Eisentheorie vertritt« (38), am militärischen Glanz
der Reichsgründung und an den elementaren Kräften, auf denen diese
vorgeblich beruht,[143] also wenigstens indirekt teilhat, hat sich Leopold,
der »wegen zu flacher Brust« (108) zum Militärdienst gar nicht erst zugelassen wurde, mit seinem Wechsel in den »Holzhof« (38) seines Bru-
ders buchstäblich auf den Holzweg begeben: Genauso wie Mr. Nelson
betätigt er sich an der globalen, arbeitsteilig organisierten Tropenholz-
Branche und ist insofern bloßes Funktionselement innerhalb der vorherrschenden »Ordnung der Dinge [...] in ihrer prosaischen Gestalt«.
Eine Poesie der Handelsware, wie sie in Gustav Freytags Kaufmanns-
roman *Soll und Haben* (1855) gefeiert wird,[144] ist *Frau Jenny Treibel*
damit denkbar fremd. Als spätrealistischer hat sich Fontanes Roman
von solchen Illusionen – wie sie noch in Fontanes *eigener* Rezension
von *Soll und Haben* mit Händen zu greifen sind – längst verabschiedet.

Marcell schließlich mag zwar »Lieutenant der Reserve im bran-
denburgischen Füsilier-Regiment Nr. 35« (216) sein; nur beschränkt
sich seine »Heldenschaft«, wie Corinna nicht ohne Spott anmerkt,
gegenwärtig darauf, dass er tagaus, tagein, den patriotisch gesinnten

---

141 Hegel: *Vorlesungen über die Ästhetik*, Bd. 1, 257.
142 Ebd.
143 Zu diesem für die programmrealistische Kriegsästhetik geradezu topischen
     Framing vgl. Hebekus: *Klios Medien*, 174f.
144 Vgl. dazu Achinger: »›Prosa der Verhältnisse‹ und Poesie der Ware« sowie
     Rakow: *Die Ökonomien des Realismus*, 232f. und 240–253.

»Vater Jahn« beschwörend, »mit seinen Hanteln umherficht« (38).[145] Auch ist er der Willkür der staatlichen Institution ›Schule‹ mit Haut und Haaren ausgeliefert: Erst ganz am Ende des Romans wird er dank der Protektion von Schmidt und Distelkamp – *dei ex machina* der »gegenwärtige[n] prosaische[n] Zustände«[146] – zum »Gymnasial-Oberlehrer« (205) ernannt, während er bis zu dem Zeitpunkt ein mehr schlecht als recht bezahltes Dasein als »deutscher Literaturlehrer an einer höheren Mädchenschule« (205 f.) hatte fristen müssen.[147] Jedweder heroischen ›Selbständigkeit‹ ist damit von vornherein der Boden entzogen.

So sehr Corinna mit ihrer Begeisterung fürs Heroische gegen die »Ordnung der Dinge [...] in ihrer prosaischen Gestalt« aufbegehren mag, ihre eigene Oberflächlichkeit wird sie dadurch nicht los. Ganz im Gegenteil: Gerade hier zeigt sie sich in aller Deutlichkeit. Zum Teil mag das daran liegen, dass sie, ähnlich wie der Möchtegern-Ritter Don Quichotte, in punkto Heldentum über bloß angelesenes Wissen verfügt: »Ich habe die Beschreibung [von Abukir] vor einiger Zeit im Walter Scott gelesen« (37), präzisiert sie etwa gegenüber Mr. Nelson.[148] Recht eigentlich sichtbar wird diese Oberflächlichkeit aber erst dann, wenn man Corinnas Äußerungen zur programmrealistischen Kriegsästhetik in Bezug setzt, wie sie sich etwa in Fontanes eigenen, autobiografischen Kriegsbüchern der frühen 1870er-Jahre artikuliert.[149] In mancherlei Hinsicht befindet sich Corinna ganz und gar in Einklang mit dieser Ästhetik – etwa wenn sie für Admiral Nelsons »geniale Disposition« (37) schwärmt. Sofern man ›Disposition‹ in dem Sinn fasst, den der Begriff in der antiken Rhetorik hatte, dann liest sich Corinnas Heldenlob nämlich als Abbreviatur der Qualitäten, die Hellmuth von Moltke in *Aus den Tagen der Okkupation* zugeschrieben werden: »Der große Feldherr, der diese Schlacht [gemeint ist Sedan, G.F.] im Geiste aufbaute, wußte

---

145 Zur ›nationalen‹ Dimension der Gymnastik im ausgehenden 19. Jahrhundert vgl., ausgehend von Effi Briests Turnübungen, Helmstetter: *Die Geburt des Realismus aus dem Dunst des Familienblattes*, 167–177.

146 Hegel: *Vorlesungen über die Ästhetik*, Bd. 1, 253. Ich entwickle damit ein Argument von Gerhard Plumpe weiter. Vgl. Plumpe: »Roman«, 680.

147 Zu den realhistorischen bildungspolitischen Hintergründen von Marcells Situation vgl. Wruck: »*Frau Jenny Treibel*«, 205 f.

148 Wie anfällig die von Hegel aufgemachte Konstellation für jedwede Art von Donquichottismus ist, legt der Meister gleich selber dar. Vgl. Hegel: *Vorlesungen über die Ästhetik*, Bd. 1, 257.

149 Vgl. Hebekus: *Klios Medien*, Kap. II: »Die Ästhetik des Realismus im Geist des Krieges. Fontanes literarisches Gedächtnis des Deutsch-Französischen Krieges«.

eben genau, mit welchen Faktoren er rechnen durfte, immer deckte sich bei ihm das Gewollte mit den Mitteln dazu«.[150] Der eigentliche Unterschied liegt denn auch woanders: Während Fontanes Beschreibung der Sedan-Topografie mit einem auch für »Laien« ästhetisch reizvollen, ornamentalen, also implizit arabesken Linienspiel beginnt (»Sedan ist die herrlichste Schlacht, die in neuerer Zeit geschlagen worden ist, selbst das Auge eines Laien entzückt sich an der Sicherheit der Bewegungen, an dem poetischen Schwunge der Linien«), um dieses in einem zweiten Moment zugunsten des ihm zugrunde liegenden »superioren Gedanken[s]«[151] zu durchstoßen, verhält es sich bei Corinna genau umgekehrt. Mit dem Preis von Admiral Nelsons »geniale[m] Commando« (38) beginnend, schließt sie mit einer Beschreibung der Seeschlacht, die diese als Feuerwerksspektakel fasst, an dem sich ihre eigene Schaulust ergötzt: »[E]in Knall, eine Feuersäule, und Alles geht in die Luft. Es muß übrigens großartig sein und entzückend für Alle, die zusehen können; ein wundervoller Anblick.« (38) Damit reduziert Corinna den Seekrieg zu einem unterhaltsamen Oberflächeneffekt, ohne Rücksicht auf das menschliche Leid, das ihm zugrunde liegt (eine Aussparung, die sich noch auf das programmrealistische Verklärungspostulat zurückführen ließe), aber eben auch unter Ausklammerung des militärischen Masterminds, das programmrealistischer Kriegsästhetik zufolge dahintersteckt und in Clausewitz'schem Sinn den (in Corinnas Darlegung ebenfalls ausgesparten) Gegner »in einem einzigen Schlag unter Aufbietung aller Kräfte« vernichtet.[152]

Noch einmal anders tritt Corinnas Oberflächlichkeit zutage, als sie sich im weiteren Verlauf des Gesprächs selber den heroischen Part zuschreibt, den die ganz von den modernen prosaischen Verhältnissen eingenommenen jungen Männer um sie herum vakant lassen. Um Marcells Vorwurf zu kontern, mit ihrem unablässigen Geplauder übe sie Verrat an den Tugenden »deutsche[r] Weiblichkeit« (39), improvisiert sie ein – ironischerweise dahingeplaudertes – Bravourstück, in dem sie das von ihrem Vetter angemahnte konventionelle Frauenbild um eine, wie Claudia Liebrand nicht ohne Wortwitz schreibt, »pikante Note«[153] erweitert:

---

150 Zit. nach ebd., 173.
151 Zit. nach ebd., 172.
152 Kaufmann: *Kommunikationstechnik und Kriegführung 1815–1945*, 164. Mit einer ähnlichen Faszination fürs Spektakuläre wird Melusine im *Stechlin* umgekehrt ein Feuerwerksspektakel als Kriegsgeschehen rahmen. Vgl. Fontane: *Der Stechlin*, 182f., sowie die Lektüre von Hebekus: *Klios Medien*, 262f.
153 Liebrand: *Das Ich und die andern*, 118.

[W]enn wir aufstehen, Mr. Nelson, [...] werde ich Sie um Ihre Cigarre bitten und meinem Freunde Leopold Treibel ein Loch in den
Rock brennen, hier gerade, wo sein Herz sitzt, und dann werd' ich
den Rock in einer Droschke mit nach Hause nehmen, und morgen
um dieselbe Zeit wollen wir uns hier im Garten wieder versammeln
und um das Bassin herum Stühle stellen, wie bei einer Aufführung.
[...] Und dann werd' ich auftreten wie eine Künstlerin, die ich in
der That auch bin, und werde den Rock herumgehen lassen, und
wenn Sie, dear Mr. Nelson, dann noch im Stande sind, die Stelle zu
finden, wo das Loch war, so will ich Ihnen einen Kuß geben und
Ihnen als Sklavin nach Liverpool hin folgen. Aber es wird nicht
dazu kommen. Soll ich sagen leider? Ich habe zwei Medaillen als
Kunststopferin gewonnen, und Sie werden die Stelle sicherlich *nicht*
finden ... (40f.)

Indem Corinna gerade die Stelle anvisiert, »wo [Leopolds] Herz
sitzt« (40), schlüpft sie in die Rolle einer selbstbewussten Verführerin,
die ihrem männlichen Gegenüber nur mehr eine als ›weiblich‹ konnotierte passive Rolle übrig lässt. Dafür spricht auch, dass sie es ausgerechnet auf Leopolds »Rock« abgesehen hat – ein Kleidungsstück, das sich
aufgrund seines vieldeutigen Namens wie kein anderes für ein diskursives *cross dressing* eignet. Dieselbe Sprache spricht die »Cigarre«, ein
topisches Phallus-Symbol also, mit dem sie ihren imaginären Anschlag
verübt. Und ebenso schließlich das Loch, das Corinna in Leopolds
Rock brennen will, insofern es unweigerlich einen militärischen Kontext evoziert: eine (tödliche) Schussverletzung.

Mit der ihm eigenen Verschmitztheit bringt Wilibald dieses Rollenspiel in einer späteren Szene auf den Punkt. Er nennt seine Tochter dort
nämlich einen »Junker generis femini« (184), der Leopold hinterrücks
überrumpelt habe. Genauso gut lässt sich Corinna aber auch vor dem
Hintergrund der *Wilhelm-Tell*-Folie als humoristisch verbrämter weiblicher Revenant des Tell fassen: In Einklang mit dessen Wahlspruch
»Die Axt im Haus erspart den Zimmermann«[154] wirft sie beschädigte
Kleidungsstücke nicht gleich weg und lässt sie auch nicht durch eine
Schneiderin flicken, sondern kümmert sich selber drum. Vor allem aber
macht sie sich einer vergleichbaren Anmaßung schuldig wie Schillers
Titelheld: So wie dessen fundamentaler Affront gegen die herrschende
(kaiserliche) Ordnung darin besteht, dass er mit dem Tragen einer

---

154 Schiller: *Wilhelm Tell*, 440 (V. 1514).

Armbrust gegen das neue staatliche Gewaltmonopol verstößt,[155] so beansprucht Corinna mit dem von ihr imaginierten Meisterschuss ein Privileg, das in der herrschenden (in ihrem Fall: patriarchalen) Ordnung eigentlich den Männern vorbehalten ist.

Nur: Anders als es der Programmrealismus gerne sähe, stehen Corinnas heroische Fantasien nicht im Dienst eines ›höheren‹ Guts. Und zwar ebenso wenig in öffentlichen wie in privaten Dingen. So beteuert sie etwa ausdrücklich, »kein emancipirtes Frauenzimmer« (60) zu sein, also eine Art Vorkämpferin in der Frauenfrage. Und noch bei ihren Heiratsplänen ist unklar, worin ihr »Kalkül«[156] denn nun genau besteht. Anders als in der Forschung meist behauptet wird, ist nämlich alles andere als ausgemacht, welcher männliche Gast der Treibels der *eigentliche* Adressat ihrer virtuosen Plaudereien ist. Auf dem Nachhauseweg wird Marcell ihr vorwerfen, sie habe im Gespräch mit Mr. Nelson nur deswegen sämtliche Register ihrer Konversationskunst gezogen, um eigentlich Leopold »den Kopf zu verdrehen« (57). Anstatt auf den Vorwurf einzugehen, macht Corinna ihren Vetter auf die Aussicht aufmerksam, die sich ihnen von der Fischerbrücke aus bietet und sich, da von ihr ausdrücklich als »Bild« (58) markiert, für eine allegorische Lektüre regelrecht aufdrängt:

> Sieh nur, [...] nie hab' ich den Singuhrthurm in solcher Schärfe gesehen. Aber ihn schön finden, wie seit Kurzem Mode geworden, das kann ich doch nicht; er hat so etwas Halbes, Unfertiges, als ob ihm auf dem Wege nach oben die Kraft ausgegangen wäre. Da bin ich doch mehr für die zugespitzten, langweiligen Schindelthürme, die nichts wollen, als hoch sein und in den Himmel zeigen. (59)

Mit ein wenig Fantasie lässt sich in dieser Vedute das Sinnbild einer Gegenüberstellung zwischen dem sozial zwar eigentlich höher rangierenden, aber antriebslosen Leopold – in dem Sinn hat auch er »so etwas Halbes, Unfertiges, als ob ihm auf dem Wege nach oben die Kraft

---

155 Vgl. ebd., 456 (V. 1975–1977). Dass diesem Punkt eine entscheidende Rolle hinsichtlich der Kollision zwischen dem im Einzelkämpfer und Selbstversorger Wilhelm Tell verkörperten mittelalterlichen Fehderecht und der Gesetzesordnung eines modernen, zentralistischen Staates zukommt, weist Dieter Borchmeyer mit Bezug auf die auch von mir angeführte Hegel-Stelle nach. Vgl. Borchmeyer: »*Altes Recht* und Revolution«, 83 f., sowie ders.: *Tragödie und Öffentlichkeit*, 178–184.

156 Liebrand: *Das Ich und die andern*, 115.

ausgegangen wäre« – und dem ›Langweiler‹ Marcell erblicken.[157] Corinnas Geplauder über Tisch hätte demnach noch einen ganz anderen Adressaten gehabt: Marcell selber, den ihre geistreichen Anmerkungen übers Heroische aus der Reserve locken sollten – Marcells militärischer Dienstgrad entspricht ja gerade dem eines »Lieutenant[s] der Reserve« –, auf dass er sich für sie ins Zeug lege und nicht einfach darauf warte, bis sie ihm von ihres Vaters Gnaden in den Schoß fällt.

Wir Leser*innen sind gut beraten, die Leerstelle nicht einseitig mit einem der drei Anwärter aufzufüllen. Denn nur indem wir sie, wie der Text selbst, offen lassen, tritt Corinnas eigentlicher Antrieb hervor: das, was sie am Ende des Romans selbst ihr »Bedürfniß nach Aufregung« (214f.) nennen wird. Ihr vermeintlicher Heroismus – ihr Meisterschuss – stellt sich mithin als Lust am Thrill heraus, als ein Reiz, der aus programmrealistischer Warte durch und durch oberflächlich konnotiert ist. Sinnigerweise kratzt die imaginäre Verletzung, die Corinna Leopold zufügt, ihrerseits wortwörtlich bloß an der Oberfläche: In ihrer Darbietung hat sie es ja nicht etwa auf Leopolds Herz abgesehen, sondern auf den Stoff, der dieses bedeckt.

*

Es gehört zur misogynen Ironie von Fontanes Text, dass Corinna da, wo sie dem eigenen Verständnis nach ihren Triumph vorhersagt – Mr. Nelson werde das von ihr in den Stoff hineingebrannte und dann geflickte Loch »sicherlich *nicht* finden« –, recht besehen das Scheitern der Heiratspläne mit Leopold vorwegnimmt: Am Ende wird Leopold allen pseudoheroischen Beteuerungen zum Trotz nicht Corinna, sondern seine Hamburger Schwägerin ehelichen und Corinna Marcell, der Schluss des Heiratsplots mithin an seinen Ausgangspunkt zurückkehren. Analog zur Rolle, die sich Corinna als Kunststopferin plaudernd zumisst, wird sich also auch das, was sie auf der Handlungsebene in Gang setzt, gleichsam selber annullieren.[158] Der Text präsentiert sie damit nachgerade als Paradebeispiel für das »Pythische[]«, das Treibel dem »weibliche[n] Geschlecht« einmal in toto zuschreibt (190).

Da Corinna ihre Künste ausgerechnet an einem Stück Textil vorführen will, liegt es zudem nahe, der Stelle eine poetologische Dimension zuzusprechen. Tatsächlich lässt sie sich als Inszenierung einer Fehllesung begreifen: Das ihrem Bravourstück zugrunde liegende Stück

---

157 Diese Allegorese erstmals angedeutet hat Wruck: »*Frau Jenny Treibel*«, 203f. Ausführlicher wird Leine: »›Unsere Jenny hat doch Recht‹«, 63.
158 Die Analogie wird auch hergestellt bei Bance: *Theodor Fontane*, 149.

Textil ebenso akkurat wie falsch lesend, artikuliert Corinna das Erzähl-
programm des Textes, an dem sie selbst mitwirkt.[159] Sie bekommt also
eine quasi-auktoriale Statur zugesprochen, und noch im selben Moment
wird ihr diese wieder aberkannt. Dies ist beileibe kein einmaliger Anflug
misogyner Ironie. Auf dem Spiel steht vielmehr, so meine These, ein
ebenso grundsätzlicher wie untergründiger Agon zwischen Corinna
und ihrem Vater, also der Figur des Textes, die ›eigentlich‹ mit quasi-
auktorialen Weihen versehen ist – ein Agon, der für Fontanes Text
selbst zur Zerreißprobe wird.

Diesem Punkt werde ich weiter unten genauer nachgehen, wenn
ich erneut auf den Romanschluss zu sprechen komme, da sich gerade
dort die Indizien für eine solche Lesart verdichten. Im vorliegenden
Abschnitt möchte ich mich auf einen anderen Aspekt konzentrieren,
auf die intertextuelle Dimension von Corinnas dahingeplaudertem Bravourstück, und zeigen, wie diese Corinnas Oberflächlichkeit nochmals eine andere Facette abgewinnt. Tatsächlich ist ihre Preisung des
Kunststopfens die Reprise einer Schlüsselszene aus Madame de Staëls
Corinne ou l'Italie, auf die sich Schmidts Tochter selbst im Anschluss
an das Dinner, auf dem Nachhauseweg mit dem verstimmten Marcell,
ausdrücklich bezieht: »[W]enn er [d.h. Leopold] morgen antritt und
um diese rechte Hand Deiner Cousine Corinna anhält, so nimmt ihn
Corinna und fühlt sich als Corinne au Capitole.« (62)[160] Diesen Titel
trägt in Staëls Roman das zweite von insgesamt zwanzig Büchern: Es
schildert, wie »die berühmteste Frau Italiens«, »Corinna, Dichterin,
Schriftstellerin, Improvisatorin und eine der schönsten unter den römischen Frauen« (»la femme la plus célèbre de l'Italie, Corinne, poète,
écrivain, improvisatrice, et l'une des plus belles personnes de Rome«),[161]

---

159 Zur selbstreflexiven Aufladung anderer ›textiler‹ Stellen bei Fontane vgl.,
am Beispiel der Eingangsszene von *Effi Briest*, von Graevenitz: »Memoria
und Realismus«, 301f., und Helmstetter: *Die Geburt des Realismus aus dem
Dunst des Familienblattes*, 160–162 und 166f.

160 Den Bezug knüpft bereits Böschenstein-Schäfer, die ihn jedoch auf seine
parodistische Stoßrichtung reduziert und dabei auf eigentümliche Weise ins
Moralisieren kommt. Vgl. Böschenstein-Schäfer: »Das Rätsel der Corinna«,
279f. Dass Fontanes zeitgenössischem Publikum eine derart punktuelle Anspielung genügen konnte, um die ganze Szene aufzurufen, legt der prominente
literarhistorische Stellenwert nahe, der Germaine de Staël um 1890 zukam:
So waren ihr etwa in der *Deutschen Rundschau*, der Zeitschrift also, in der
Frau Jenny Treibel erstmals erschien, in den Jahren 1888 und 1889 gleich zwei
ausgedehnte Beiträge gewidmet, einer davon die Rezension einer voluminösen
Biografie. Vgl. Lady Blannerhassett: »Frau von Stael in Italien« und Kraus:
»Frau von Staël und ihre neueste Biographie«.

161 Staël: *Corinna*, 25 / *Corinne*, 1022.

auf dem Kapitol für ihre literarischen Verdienste die Dichterkrone auf-
gesetzt bekommt und wie ihr Auftritt das Publikum – allen voran ihren
späteren Geliebten Lord Nelvil, der sie dort zum ersten Mal sieht – in
den Bann schlägt. Die Bezüge dieser Szene zu Corinnas aus dem Stegreif
gehaltener Lobrede auf die eigenen Fertigkeiten beim Kunststopfen
liegen auf der Hand. Ausdrücklich erwähnt die Erzählinstanz etwa das
»leuchtende[] Auge[]« und die »immer wachsende[] Bewunderung«
(41) von Mr. Nelson, der schon aufgrund der Anfangssilbe seines Namens als Wiedergänger von Stäels Lord Nelvil ausgewiesen ist.[162] Auch
zitiert der von Corinna ins Spiel gebrachte Wetteinsatz, sie würde Mr.
Nelson, sofern er das von ihr geflickte Loch fände, »als Sklavin nach
Liverpool hin folgen«, ein Leitmotiv aus Stäels Roman: In genau den
Worten bringt dessen Protagonistin nämlich gleich mehrfach die Bedin-
gungslosigkeit ihrer Liebe für Lord Nelvil zum Ausdruck.[163]

Die parodistische Fallhöhe des intertextuellen Zitats ist evident. Dort
Stäels Protagonistin, die aus dem Stegreif über mehrere Seiten hinweg
Verse über das ihr vorgegebene kulturpolitische Thema »Ruhm und
Glück Italiens« (»La grandeur et le bonheur de l'Italie«)[164] improvisiert
und sich dabei selber als Sprachorgan erhaben-göttlicher Poesie profiliert.[165] Hier Corinna, deren Miniatur sich, so virtuos sie auch sein mag,
mit einem denkbar nichtigen Gegenstand befasst. Corinna entpuppt
sich damit buchstäblich als *Unterhaltung*skünstlerin:[166] als Vertreterin
einer denkbar oberflächlichen Spielart der Poesie, der es in erster Linie,
wie es beispielhaft in Robert Prutz' Aufsatz *Über die Unterhaltungsliteratur, insbesondere der Deutschen* (1847) heißt, auf »Abenteuer,

162 Den Gleichklang der Namen ›Nelson‹/›Nelvil‹ hervorgehoben hat bereits
Böschenstein-Schäfer: »Das Rätsel der Corinna«, 281.
163 Staël: *Corinna*, 177, 359, 506/*Corinne*, 1157, 1318, 1447.
164 Ebd., 34/1030 (im Original hervorgehoben).
165 In Stäels Text werden Corinnes auf Italienisch vorgetragene Verse freilich in
einer französischen Prosa-›Übersetzung‹ präsentiert, sodass uns Leser*innen
der Zugriff auf das auratisch aufgeladene Original entzogen bleibt. Genau
an diesem unhintergehbar subsidiären Charakter der Prosa-Übertragungen
durch die Staël'sche Erzählinstanz hat Catriona Seth denn auch den Begriff
deuil du vers entwickelt, der sich für meine eigenen Belange als so überaus
fruchtbar erwiesen hat. Vgl. Seth: »Deuil du vers«.
166 Im doppelten Wortsinn von *converser* und *divertir* gebrauchen in Fontanes
Roman selber sowohl Schmidt als Treibel das Verb ›unterhalten‹ (bzw. ein
von diesem abgeleitetes Adjektiv), beide gar jeweils mit Bezug auf Corinna:
»Warum soll sie nicht ihren Nachbar zur Rechten unterhalten, um auf ihren
Nachbar zur Linken einen Eindruck zu machen?« (89) »Willst Du der
klugen, immer heitren, immer unterhaltlichen Person, die wenigstens sieben
Felgentreu's in die Tasche steckt [...]?« (173)

Spannung und Verwicklung« ankommt.[167] Auf Charakteristika also, die sich Corinna später bezeichnenderweise selbst attestieren wird, wenn sie von ihrem untilgbaren »Bedürfniß nach Aufregung« (214f.) spricht. Die eben erwähnten Eigenschaften der Unterhaltungskunst subsumiert Prutz übrigens unter dem Begriff »Stoff«.[168] Er verwendet mithin einen Ausdruck, der auch Corinnas dahingeplauderte Improvisation grundiert – augenzwinkernd ins Konkrete gewendet in Gestalt des Stücks Stoff, das die selbst ernannte Kunststopferin beschädigen und anschließend wieder flicken will.

Die intertextuelle Anspielung auf Staëls Roman erschöpft sich aber nicht in diesen parodistischen Seitenhieben. Dafür entspricht der Wechsel von einem hohen, pathetisch aufgeladenen Sujet – Corinnes Darbietung auf dem Kapitol, aber auch Corinnas Schwärmen für Admiral Nelson – hin zu so etwas scheinbar Nebensächlichem wie dem Flicken von Kleidern viel zu sehr genau den Präferenzen, die Wilibald gegenüber seinem auf historische Größe eingeschworenen Lehrerkollegen Distelkamp geltend macht. Corinna parliert in der fraglichen Szene also auch als ihres Vaters Kind: Plaudernd flicht sie aus denkbar Heterogenem virtuose Arabesken. Ganz in Wilibalds Sinn urteilt dementsprechend Alan Bance: »Corinna combines prosaic material with imaginative power in a superb *tour de force*«.[169] Zur Bekräftigung seiner These führt Bance eine poetologische Reflexion des Theaterrezensenten Fontane an, die, ein halbes Jahr nach der ersten Niederschrift von *Frau Jenny Treibel* verfasst, bis in die Bildsemantik der Textilbearbeitung hinein an Corinnas Lob des Kunststopfens anklingt:

> »Es sei nichts, ein Stück Leben aus dem Leben herauszuschneiden«, behaupten die, die's nicht können, und behandeln die Sache so ziemlich nach der Analogie von Kattun und Schere. Es ist das Schwierigste, was es gibt (und vielleicht auch das Höchste), das Alltagsdasein in eine Beleuchtung zu rücken, daß das, was eben noch Gleichgiltigkeit und Prosa war, uns plötzlich mit dem bestrickendsten Zauber der Poesie berührt.[170]

---

167 Prutz: »Über die Unterhaltungsliteratur, insbesondere der Deutschen«, 27.
168 Ebd., 28.
169 Bance: *Theodor Fontane*, 149. Zu Corinnas Kunststopfen als »ironische Reflexion auf die poetische Tätigkeit im Realismus« vgl. auch Vedder: »›in den Ton ausgesprochenster Wirklichkeit verfallend‹«, 195.
170 Fontane: »Ibsen · Die Wildente«. In: ders.: *Theaterkritiken*, 774–776, hier 775. An anderer Stelle habe ich die anti-naturalistische Stoßrichtung dieses Passus aus Fontanes Rezension aufgezeigt – und wie dieser poetologische

So schlagend der Querbezug auch sein mag, zumindest bei einem – entscheidenden – Punkt greift er zu kurz. Denn Bances emphatische Lektüre klammert konsequent die verschiedenen Spielarten von Oberflächlichkeit bzw. »Aeußerlichkeit[]« aus, die, wie von mir dargelegt, noch Corinnas dahingeplaudertes Bravourstück kennzeichnen. In diesem die Quintessenz von Wilibalds programmrealistisch angehauchtem Credo erblicken zu wollen, scheint mir deswegen etwas gar eilfertig. Sehen wir uns deswegen etwas genauer an, wie denn eigentlich Schmidt selbst zu den Unterhaltungskünsten seiner Tochter steht – und welche poetologischen Konsequenzen damit einhergehen.

4.2 Gestatten, Fonta(i)ne. Balanceakt Plauderprosa

Tatsächlich beurteilt Schmidt seine Tochter durchaus ambivalent. In einem Gespräch mit Marcell lässt er daran keinen Zweifel: Nachdem er zum Auftakt ungleich unverblümter als Corinna das denkbar zaghafte, also unheldische Vorgehen seines Neffen in Sachen Brautwerbung gerügt hat (»das ist ein schlechter Liebhaber, der immer väterlichen Vorspann braucht, um von der Stelle zu kommen«), befindet er: »Sie übersieht Dich und uns Alle; das Schmidt'sche strebt in ihr nicht bloß der Vollendung zu, sondern, ich muß das sagen, trotzdem ich ihr Vater bin, kommt auch ganz nah' ans Ziel.« (86) Im gleichen Atemzug relativiert er diese »geniale[]« Veranlagung seiner Tochter aber eben auch: »[I]n Eitelkeit befangen« (ebd.), gehe ihr der lebensnotwendige »gesunde Menschenverstand« (87) ab, eine Qualität, mit der für seinen Teil Marcell reichlich ausgestattet sei und aufgrund derer er der ideale Ehemann für sie sei.

Dass diese Einschätzungen auch eine poetologische Dimension aufweisen, wird klarer, wenn man sich Schmidts Bildsprache etwas näher ansieht. Durchweg assoziiert er Corinna dort nämlich mit topischen Poesie-Metaphern, Marcell dagegen mit deren prosaischen Pendants, und ihrer beider Verbindung imaginiert er als wechselseitige Korrektur. Mit diesem Programm knüpft Fontanes spätrealistischer Roman (bzw. dessen quasi-auktoriale Figur Schmidt) an ein Erzählmuster an, das, wie Madleen Podewski gezeigt hat, gerade in der Frühzeit des deutschsprachigen Realismus Konjunktur hatte: an das Erzählen von »Überwindungs- und Korrekturprozesse[n]«, dank derer »Extreme

Aspekt auch in Corinnas Loblied auf die eigenen Flickkünste hineinwirkt. Vgl. Felten: »*Deuil du vers* (bis)«.

(bornierter Pragmatismus, lebensferne Schwärmerei) [...] ausbalanciert und im Ideal der ›Mitte‹ aneinander angenähert werden«.[171] Die frührealistischen Texte nahmen auf dem Weg die ihnen vorausliegende Epoche der Romantik ins Visier und reflektierten so immanent auf ihre eigenen Konstitutionsbedingungen.[172] Am Beispiel von Corinnas »Stich ins Moderne« (14) und ihrer Unterhaltungskunst setzt sich Fontanes spätrealistischer Roman darüber hinaus aber auch mit einem literarästhetischen (Un-)Wert auseinander, der ihn *von innen heraus* bedroht: Insofern er auf dem modernen Literaturmarkt bestehen muss – es sei daran erinnert, dass *Frau Jenny Treibel* genauso wie viele andere Erzähltexte des deutschsprachigen Realismus vorab in einem massenmedial vertriebenen Periodikum erschien – und zudem zu einem Großteil aus Plaudereien besteht, schwebt über ihm selbst in gleich doppelter Hinsicht der Verdacht, ›bloß‹ weiblich konnotierte Unterhaltungsliteratur zu sein.[173]

*

Die erste topische Poesie-Metapher, mit der Schmidt im Gespräch mit Marcell operiert, ist die des Blitzes. So setzt er Corinnas ›genialische‹ »Einfälle« mit einem ›Wetterleuchten‹ (»manchmal wetterleuchtet es [...] eine halbe Stunde lang«, 86f.) bzw. mit elektrischen Funken (»mit einem Mal ist das Elektrische wie verblitzt«, 87) gleich. Anders als man vielleicht erwarten könnte, rügt er an Corinnas Witz also weniger dessen Oberflächlichkeit, sprich: dass in diesem »nichts drin steck[e]« (80), als dass er sich im Augenblickhaften erschöpfe. Er bescheinigt Corinnas Plauderlust mithin eine vergleichbare Ökonomie der Verausgabung, wie sie auch ihrem »Hang nach Wohlleben« zugrunde liegt. Im Gegensatz zu Marcell erblickt Schmidt in den materiellen *goûts de luxe* seiner Tochter denn auch nicht mehr als ein Epiphänomen – Corinnas eigentliches Movens sei geistiger Natur: »Alles bloß Feuerwerk, Phantasiethätigkeit, jeu d'Esprit, und wenn es ihr morgen paßt, Dir einen Pfarramtscandidaten in der Jasminlaube zu beschreiben, der selig in Lottchens Armen ruht, so leistet sie das mit demselben Aplomb und derselben Virtuosität.« (90) Damit befindet sich Corinna sozusagen in bester Gesellschaft, gibt es in Fontanes Romanen doch gleich eine ganze Reihe junger Frauen, die über die Bild-

171 Podewski: »»Aber dies Stück Romantik wird uns erspart bleiben ...‹«, 56.
172 Vgl. ebd., 54–57.
173 Zu diesem epochentypischen Gendering von Unterhaltungsliteratur vgl. Günter: *Im Vorhof der Kunst*, passim, insb. 20, 47–49 und 238–261.

lichkeit des Feuerwerks als zeitgenössische Schwärmerinnen markiert werden.[174]

Das Ephemere an Corinnas überbordendem Witz betont auch die zweite topische Poesie-Metapher, auf die Wilibald im Gespräch mit Marcell zurückgreift. Mit einer Wendung, die ebenso auf die Engpässe anspielt, denen sich die Berliner Bevölkerung in den 1880er-Jahren in punkto Wasserversorgung ausgesetzt sah,[175] wie sie sich den etymologischen Wortsinn des rhetorischen Stilmerkmals der *abundantia* (»Überfließen des Wassers«)[176] zunutze macht, behauptet der Altphilologe Schmidt nämlich, Corinna bleibe mitunter »der Esprit aus wie Röhrwasser« (87). Im Zusammenspiel mit dem im deutschsprachigen Realismus stets ambivalent besetzten Fantasie-Begriff instituieren die beiden Bildfelder des Verblitzens und des Überfließens Corinna mithin zu einer modernen Schwärmerin, zur Figuration genialisch überbordender, sich selbst verausgabender Poesie.

Komplementär zu Corinna erscheint Marcell in Schmidts Darstellung als Figuration der Prosa. So erblickt er in ihm einen Ausbund an Verständigkeit, sieht ihn also zur Genüge mit jenem geistigen Vermögen ausgestattet, das im ganzen 19. Jahrhundert als das prosaische Pendant der poetisch konnotierten Fantasie gilt: Corinna bedürfte »einer verständigen Leitung, d.h. sie bedarf eines Mannes von Bildung und Charakter. Das bist Du, das hast Du.« (87) Über die rein begriffliche Gegenüberstellung ›Fantasie vs. Verstand‹ gehen Schmidts Urteil und Fontanes Text dabei insofern hinaus, als die Bildfelder, auf die Schmidt zur Charakterisierung von Corinna zurückgreift, auch auf seine Einschätzung von Marcell abfärben. Vor deren Hintergrund nämlich meint die »Leitung«, die sich Schmidt für seine Tochter wünscht, weniger eine

174 Neben der bereits erwähnten Melusine aus dem *Stechlin* gilt dies insbesondere für die Figur Ebba aus dem in unmittelbarer zeitlicher Nähe zu *Frau Jenny Treibel* entstandenen Roman *Unwiederbringlich*. Vgl. Fontane: *Unwiederbringlich*. In: ders.: *Das erzählerische Werk*, Bd. 13, 159.

175 Zu den Hintergründen vgl. Mohajeri: *100 Jahre Berliner Wasserversorgung*, 134. Fontanes anhaltendes Interesse an solchen Fragen bekundet das Loblied, das er zu Beginn der 1850er-Jahre auf die Zuverlässigkeit der Londoner Wasserversorgung anstimmt. Vgl. Fontane: *Ein Sommer in London*. In: ders.: *Werke, Schriften und Briefe*, Abt. III: *Aufsätze, Kritiken, Erinnerungen*, Bd. 3.1: *Reiseberichte*, 7–178, hier 30.

176 Bernecker: »Abundanz«, Sp. 22. Herzlichen Dank an Sebastian Meixner und Cornelia Pierstorff, die mich auf diesen Sachverhalt aufmerksam gemacht haben. Den topischen Charakter der Verbindung belegt etwa auch *Improvisatoren* (1835, dt. *Der Improvisator*), ein Roman von Fontanes Zeitgenosse Hans Christian Andersen. Zu Andersens Roman vgl. Honold: »Freies Spiel und Lebenskunst«, 106f.

Art geistige Führung als, mit Schmidt selbst gesprochen, »Röhr[en]«, die, zu einem Kreislauf verbunden, genau jene Nachhaltigkeit und Verlässlichkeit garantieren, die Corinnas Fantasie, solange sie auf sich allein gestellt ist, abgeht. Schmidts Bildlogik ist dabei ebenso konsequent wie gewitzt: »Als ›lästiges Anhängsel‹ des edleren Hochbaus verschrien«,[177] ist solches Leitungswerk durch und durch prosaisch konnotiert und führt doch zugleich jenen entscheidenden Aspekt der Tiefgründigkeit ein, nach dem man in Schmidts Ausführungen gegenüber Marcell ansonsten vergeblich sucht.

Wem all das zu weit hergeholt vorkommt, sei auf einen Präzedenzfall aus Lessings *Hamburgischer Dramaturgie* verwiesen, die dem Theaterkritiker Fontane vertraut gewesen sein dürfte (vom Deutschlehrer Wilibald Schmidt ganz zu schweigen). In einer Bildsprache, die die Schmidt'sche in vielerlei Hinsicht vorwegnimmt, legt Lessing im berühmten Schlussstück dar, warum er kein Dichter im emphatischen Wortsinn sei: »Ich fühle die lebendige Quelle nicht in mir, die durch eigene Kraft sich empor arbeitet, durch eigene Kraft in so reichen, so frischen, so reinen Strahlen aufschießt: ich muß alles durch Druckwerk und Röhren aus mir herauf pressen.«[178]

*

Wenn Schmidt das von ihm herbeigewünschte Bündnis seiner Tochter mit Marcell demnach als geglückte Verbindung von Poesie und Prosa fasst, also auf der Handlungsebene eine poetologische Lesart vornimmt, dann artikuliert er als auktorial besetzte Figur zugleich auch einen bestimmten Anspruch von Fontanes Text. Und zwar den, sich selbst nicht à la Corinna in punktuell witzigen Aperçus zu erschöpfen, sondern diese über ein Art unterirdisches Röhrenwerk miteinander zu verknüpfen – großstädtisch moderne Replik der pflanzenhaft organischen Arabeske – und dem Medium der Prosa über solche Rekurrenzverhältnisse zwischen scheinbar »Nebensächliche[m]« eine eigene Poetizität abzugewinnen. In dem Sinn möchte ich im Folgenden zeigen, wie sich Fontanes Prosa als hochgradig selbstreflexive Plauderprosa entwirft und wie just eine in den Eingangskapiteln erstmalig erwähnte »Fontaine« (51) nachgerade als deren *Signatur* lesbar ist.

---

177 Mohajeri: *100 Jahre Berliner Wasserversorgung*, 44, mit Bezug auf einen technikhistorischen Rückblick von 1904.
178 Lessing: *Hamburgische Dramaturgie*. In: ders: *Werke und Briefe in zwölf Bänden*, Bd. 6: *Werke 1767–1769*, 181–694, hier 680.

Verifizieren lassen sich solch filigrane Querverbindungen schon auf der Ebene der Figurenrede. So zum Beispiel werden die Bildfelder, mit deren Hilfe Schmidt seine Tochter charakterisiert, von langer Hand dadurch vorbereitet, dass sie, etwas anders perspektiviert, bereits in früheren Passagen in Zusammenhang mit Corinna Erwähnung finden. Nehmen wir das Wortfeld des Blitzens: In Gestalt einer Feuerwerksmetapher wird dieses von Corinna selbst eingeführt, als sie sich während des Treibel-Dinners, wie bereits erwähnt, über die Spektakel-Qualitäten von Seeschlachten auslässt:»[E]in Knall, eine Feuersäule, und Alles geht in die Luft. Es muß übrigens großartig sein und entzückend für Alle, die zusehen können; ein wundervoller Anblick.«(38) Weitergesponnen wird das Bild dann von Marcell, als er die dahingeplauderten Virtuositäten, mit denen sich Corinna bei den Treibels hervorgetan hat, auf dem Rückweg als»Raketensteigenlassen«(60) rügt.

Ganz in Schmidts Sinn ist auch sein»Röhrwasser«-Vergleich kein punktuell witziger Einfall innerhalb von Fontanes Text, sondern nimmt eine Redeweise auf, die, wie schon seine Blitz-Metapher, von Marcell und Corinna vorgeprägt wurde. So tadelt Marcell, wiederum auf dem Rückweg in die Wohnung der Schmidts, die Schwatzhaftigkeit, die sich Corinna während des Treibel-Dinners habe zuschulden kommen lassen, als»Redekatarakt«(58). Und Corinna lässt sich die Gelegenheit nicht entgehen, diese Fremdzuschreibung sogleich zu ihren Gunsten umzudeuten, indem sie sich auf das»alte[] Eva-Recht«beruft,»die großen Wasser spielen zu lassen und unsere Kräfte zu gebrauchen, bis *das* geschieht, um dessentwillen wir da sind, mit anderen Worten, bis man um uns wirbt.«(60)

Wasserspiele kommen in *Frau Jenny Treibel* aber nicht nur als Sprachbilder in der Rede der Figuren vor, sondern auch als handfester Gegenstand in der erzählten Welt. Zu Beginn wird so gleich mehrfach ein im Garten der Treibel-Villa stehender Springbrunnen erwähnt. Erstmals zum Auftakt des dritten Kapitels:

Das Eßzimmer entsprach genau dem vorgelegenen Empfangszimmer und hatte den Blick auf den großen, parkartigen Hintergarten mit plätscherndem Springbrunnen, ganz in der Nähe des Hauses; eine kleine Kugel stieg auf dem Wasserstrahl auf und ab, und auf dem Querholz einer zur Seite stehenden Stange saß ein Kakadu und sah, mit dem bekannten Auge voll Tiefsinn, abwechselnd auf den Strahl mit der balancirenden Kugel und dann wieder in den Eßsaal, dessen oberes Schiebefenster, der Ventilation halber, etwas herabgelassen war. (26)

Wie immer bei Fontane gilt auch hier das Prinzip der »doppelte[n] Lesbarkeit«.[179] Selbstredend ist der Brunnen einerseits als großbürgerliches Statussymbol lesbar, als Bestandteil eines im Renaissance-Stil gehaltenen Gartens, der die derselben Epoche nachempfundene Villa der Treibels mit historistischer Genauigkeit ergänzt.[180] Zusätzlich zu dieser fremdreferenziellen, ›mimetischen‹ Lesart lässt der Brunnen aber eben auch eine ironisch-selbstreferenzielle zu.

Nahegelegt wird dies bereits durch das, »der Ventilation halber, etwas herabgelassen[e]« »Schiebefenster«: Damit kann die poetologisch aufgeladene, mit dem am »Gymnasium zum Heiligen Geist« (216) tätigen Schmidt im Bunde stehende »Doppelluft« (5) auch in den Auftakt von Kapitel 3 hineinwehen. Hinzu kommt, dass der Brunnen integraler und zugleich privilegierter Bestandteil der grotesk angehauchten Arabesken-Poetik von Fontanes Roman ist. Buchstäblich eingeläutet wird diese ja, wie ich weiter oben gezeigt habe, durch den neben der Schmidt'schen Wohnungstür herabhängenden, »vielfach verbogene[n]« (6) Klingeldraht – Präfiguration der untergründigen ›Leitungen‹, die den Text durchziehen und ihn als komplexes Netzwerk entwerfen. Zu Beginn des dritten Kapitels nun knüpft insbesondere die auf dem Strahl des Treibel'schen Brunnens balancierende und damit den Gesetzen der Schwerkraft spottende Kugel einen Bezug zu diesem ornamentalen Komplex. Vergleichbar artistische Äquilibrismen kennt man – und zwar gerade auch mit einem Brunnen als Bildsujet – nur allzu gut aus der Groteskenmalerei der italienischen Renaissance (Abb. 29 und 30).[181] Weiter bekräftigt wird meine Lesart dadurch, dass der erste »Blick« auf den Treibel'schen Brunnen kein direkter ist, sondern ein gerahmter, aus dem »Eßzimmer« der Villa heraus: Der Brunnen wird damit in ein räumliches Arrangement eingeschrieben, wie es für Ornamentgrotesken und Arabesken-Bilder üblich ist, und okkupiert gar dessen mittleren Teil. Den herausgehobenen Status des Brunnens betont schließlich auch, ein paar Seiten später, die Bezeichnung »Fontaine« (51): Ebenso

---

179 Helmstetter: *Die Geburt des Realismus aus dem Dunst des Familienblattes*, 109.

180 Vgl. dazu die kunst- und sozialgeschichtlichen Ausführungen bei Bentmann/Müller: *Die Villa als Herrschaftsarchitektur*, 141–143.

181 Zum Fontäne-Motiv in der Groteskenmalerei der Renaissance vgl. Morel: *Les grotesques*, 268–271, und Fabricius Hansen: *The Art of Transformation*, 253–261. Der Treibel'sche Springbrunnen weist damit auf den ebenfalls poetologisch aufgeladenen Stechlin-See voraus, dessen auf- und absteigenden Wasserstrahl die Forschung mehrfach in Bezug zur romantischen Arabeske à la Philipp Otto Runge gesetzt hat. Vgl. von Graevenitz: »Memoria und Realismus«, 303 f., sowie Hebekus: *Klios Medien*, 235–265 und 288–290.

Abb. 29 und 30: Fontänen, wohin das Auge blickt. Die sogenannte Sala delle Grottesche, ausgemalt von Cesare Baglione (ca. 1588). Rocca Meli Lupi, Soragna. Aus: Fabricius Hansen: *The Art of Transformation*, 256 f. Fotos: Pernille Klemp. Mit freundlicher Genehmigung der Fotografin.

diskret wie unverkennbar an den Namen ›Fontane‹ anklingend, präsentiert sich die Treibel'sche Fontäne damit als in den Text eingelassene Signatur des Autors selber.[182]

Vor diesem poetologischen Hintergrund bekommt auch ein auf den ersten Blick bloß komisches Intermezzo, in das der »Fontaine« genannte Brunnen eingebunden ist, einen intrikaten Nebensinn: Als sich Corinna und ihre Bewunderer zum Abschluss ihrer Verdauungspromenade durch den Treibel'schen Garten auf dem Brunnenrand niederlassen, werden sie von einem »plötzlich sich aufmachende[n] Windstoß« (52) überrascht, von einem Ableger also der auf der ersten Seite des Romans erwähnten »Doppelluft«. Resultat: Sie werden »allesammt [...] mit einer Flut von Spritzwasser überschüttet.« (Ebd.) Corinnas quasi-auktorialen Anspruch, selbst »die großen Wasser spielen zu lassen«, verweist der Text damit augenzwinkernd in seine Schranken und zeigt zugleich auf – erneutes Indiz für einen unterschwelligen Agon zwischen Schmidt und seiner Tochter –, welcher Figur des Textes dieses Privileg eigentlich vorbehalten ist: dem am »Gymnasium zum Heiligen Geist« lehrenden Schmidt.[183]

Schmidts auktorialer Status wird durch den Brunnen freilich nicht bloß bekräftigt, sondern einmal mehr auch auf die Schippe genommen. Ironisch unterläuft er Schmidts Suada gegen die »Perückengelehrsamkeit« (70f.) des traditionellen Erziehungswesens, die ausgerechnet »Garten und immer wieder Garten« zum Gegenstand ihrer »öffentlichen Reden« (71) auserkoren habe:[184] Das Prachtstück aus dem Treibel'schen Garten ist nämlich selbst in ein gelehrtes intertextuelles Spiel mit *Corinne ou l'Italie* eingebunden. Als Corinne und Lord Nelvil auf ihren nächtlichen Streifzügen durch Rom die Brunnen auf dem Petersplatz bewundern, zitiert die Erzählinstanz aus Staëls Roman just einen Vers eines gewissen »M. de Fontanes«.[185] Dieser wiederum ist heutigen Fontane-Leser*innen kein Unbekannter: In seiner unmittelbar im Anschluss an *Frau Jenny Treibel* entstandenen Autobiografie *Meine Kinderjahre*

---

182 Ein erstes Mal habe ich diese Lesart der Fontane'schen Springbrunnen am Beispiel des zu Lebzeiten unveröffentlichten Gedichts *Haus- und Gartenfronten in Berlin W.* fruchtbar zu machen versucht. Vgl. Felten: »Comptes d'apothicaire?«, 146f. Punktuell klingt der Kalauer auch bei von Graevenitz an – freilich ohne dabei in seiner selbstreflexiven Dimension erkannt zu werden. Vgl. von Graevenitz: *Theodor Fontane*, 692.

183 Ähnlich, aber ausschließlich auf die Figurenebene – und dort wiederum auf Treibel – bezogen, Grawe: »Lieutenant Vogelsang a.D. und Mr. Nelson aus Liverpool«, 593.

184 Mit dieser Lektüre gebe ich erneut einer auf die Figurenebene beschränkten Beobachtung von Christian Grawe eine poetologische Wendung. Vgl. ebd.

185 Staël: *Corinna*, 573/*Corinne*, 1064.

legt Fontane dar, wie sein Vater tief in die rhetorische Trickkiste gegriffen habe, um genau jenen Louis de Fontanes – Gelegenheitsdichter, »Großmeister der Universität und Unterrichtsminister« – der eigenen Familiengeschichte als illustren Vorfahren einzuverleiben und so ihr Sozialprestige aufzuwerten.[186] Unabhängig davon, ob Fontanes Lebenserinnerung der Wahrheit entspricht oder nicht: Bei »Fontaine« so gut wie bei »Fontanes« stehen in seinen Texten offensichtlich immer komplexe Autorisierungsverfahren auf dem Spiel.

Liest man den Treibel'schen Brunnen, wie von mir vorgeschlagen, poetologisch, verdient auch die auf dem Wasserstrahl »balancirende[] Kugel« erneute – und eingehendere – Betrachtung. Tatsächlich setzt der Text, insofern die Fontäne hier virtuos-artistisch mit sich selbst spielt, das eigene selbstreferenzielle Spiel ins Bild.[187] Explizit heißt es so einmal: »Draußen setzte der Wasserstrahl *sein Spiel* fort« (27, Hervorhebung G. F.). Weit davon entfernt, sich mit dem bloßen Bild zufriedenzugeben, überführt der Text das spielerisch-selbstreflexive Moment zudem in die eigene Performanz, in die ihm eigene Bewegung: Die bereits durch das »*Querholz*« des Treibel'schen Kakadus angedeutete Verbindung zwischen dem »plätschernden Springbrunnen« und den Gesprächen im »Eßsaal« buchstabiert er nämlich auf der Ebene des eigenen Textmaterials, in Gestalt der Alliteration ›plätschern‹/›plaudern‹, aus. Hier ein besonders eindrückliches Beispiel, da über die Ränder zweier Kapitel verlaufend und damit auch in der Hinsicht als Teil von Fontanes Arabesken-Poetik ausgewiesen:

Kurze Zeit danach war Alles fort, Haus und Park leer, und man hörte nur noch, [...] wie draußen im Garten der Strahl des Springbrunnens *plätschernd* ins Bassin fiel.

Fünftes Capitel

Unter den Letzten, die, den Vorgarten passirend, das commerzienräthliche Haus verließen, waren Marcell und Corinna. Diese *plauderte* nach wie vor in übermüthiger Laune [...]. (55, Hervorhebungen G. F.)

---

186 Fontane: *Meine Kinderjahre*. In: ders.: *Werke, Schriften und Briefe*, Abt. III: *Aufsätze, Kritiken, Erinnerungen*, Bd. 4: *Autobiographisches*, 7–177, hier 19.

187 Komplementär zu meiner Lektüre, m.E. aber allzu sehr dem vermeintlich ikonografischen Gehalt des Textes vertrauend, liest Renz die auf dem Brunnenstrahl tanzende Kugel als Vanitas-Symbol und macht als »eigentliche[n] Spielleiter« des Textes die »im Bild des Wassers« symbolisierte »endlos verrinnende Zeit« aus, »die alles mit sich fortnimmt« (Renz: *Geglückte Rede*, 71).

Einbezogen in diese Reihung ist überdies der »*Pl*ätttag« (10, Hervorhebung G. F.), der von Helene angeführte Grund also, warum die Soiree überhaupt bei ihren Schwiegereltern und nicht, wie eigentlich geplant, bei ihr und Otto stattfindet. So gesehen, ist der Fonta(i)ne-Roman *Frau Jenny Treibel* nicht nur deswegen ein Konversationsroman, weil ständig auf der Handlungsebene geplaudert wird, sondern auch, weil er *selber* auf der Ebene des Erzähldiskurses eine über untergründige Querverbindungen miteinander vernetzte poetische Plauderprosa entwirft. Wie der Einbezug des »Plätttag[s]« nahelegt, setzt sich diese auch nicht allein von Corinnas immer nur punktuell aufblitzender Unterhaltungskunst ab, sondern mindestens ebenso sehr von ›platter‹, handlungsorientierter Erzählprosa und von Jennys nicht minder ›plattem‹ Poesieverständnis. Diese letzte Verbindung stellt denn auch ausdrücklich eine kurze Szene her, die in der Forschung gerne als kritische Reflexion auf das Genrebild gelesen wird.[188] Als Jenny einmal von der eigenen Villa aus auf die andere Straßenseite blickt – schon allein diese Blickregie weist die Szene als Pendant zur erstmaligen Beschreibung des Brunnens aus –, sieht sie »hoch oben in der offenen Mansarde« nämlich ausgerechnet eine »Plätterin«, der sie sogleich ein Lied in den Mund legt: »[E]s war ihr, als höre sie das Mädchen singen.« (Ebd.) Mit dieser geradezu reflexhaften Zuschreibung transfiguriert sie die arbeitende junge Frau zu einem »anmuthigen Bilde« (ebd.) der Poesie ganz in ihrem Sinn: Denn wie wir aus ihrem Gespräch mit Vogelsang wissen, zeigt sich »das Ideal« ihr zufolge am »reinsten […] im Liede, vor Allem in dem Liede, das gesungen wird.« (32)

Für Lieder wiederum ist, was den Treibel'schen Brunnen angeht, der auf seiner Stange hockende Kakadu – übrigens ebenfalls ein der Renaissance entlehntes großbürgerliches Statussymbol[189] – zuständig. Mit seinem »bekannten Auge voll Tiefsinn« (26) ist er denn auch ohne Weiteres als groteske Kontrafaktur von Jenny und ihrem als besonders tiefgründig zur Schau getragenen Poesie-Begriff lesbar, einem Poesie-Begriff, der in Wahrheit aus geistlos nachgeplapperten goethezeitlichen Versatzstücken zusammengestoppelt ist. Wenn Corinna den nicht weniger hochtrabenden Vogelsang, von dem die Leser*innen aus Treibels

---

188 Vgl. Poltermann: »*Frau Jenny Treibel* oder Die Profanierung der hohen Poesie«, 147, Anm. 42; von Graevenitz: *Theodor Fontane*, 536 und 543, sowie Vedder: »›in den Ton ausgesprochenster Wirklichkeit verfallend‹«, 200f.
189 Vgl. Bentmann/Müller: *Die Villa als Herrschaftsarchitektur*, 143. Zu den »Verweisungszusammenhängen«, in die das Statussymbol ›Kakadu‹ bei Fontane über den Einzeltext *Frau Jenny Treibel* hinaus eingebunden ist, vgl. Böschenstein-Schäfer: »Storch, Sperling, Kakadu«.

eigenem Mund wissen, er habe nur »drei Lieder auf seinem Kasten« (19), einmal ausdrücklich als »Kakadu« (52) bezeichnet, dann bekräftigt das nicht nur meine groteske Allegorese des Treibel'schen Kakadus, sondern zeigt einmal mehr, wie präzise Fontanes Plauderprosa geknüpft ist. Sie transkribiert nicht platt mimetisch irgendwelche Gespräche aus dem realen Leben, sondern vollführt permanent einen hochgradig artistischen Balanceakt zwischen *effet de réel* und selbstreferenziellem Spiel.

Lezteres lässt sich noch bis in die unscheinbarsten Details hinein aufweisen. Man besehe sich beispielsweise eine der wenigen Szenen, in denen der ansonsten so passive Leopold den ungezwungenen Causeur geben darf. Dort beschreibt die Erzählinstanz, wie der Kellner aus Treptow, mit dem Leopold auf »Plauderfuß« steht, nach einem kurzen Besuch in der Küche »wieder auf«-»*taucht*[]«, »das Tablett auf den fünf Fingerspitzen seiner linken Hand mit beinahe circushafter Virtuosität *balancirend*.« (111, Hervorhebungen G.F.) Das aquatische Bild des Tauchens und die Akrobatik des Kellners ordnen die kleine Szene mithin ebenso bestimmt wie beiläufig in die Plauder-Poetik des Fonta(i)ne-Textes ein. Unbedingt angeführt werden muss in dem Zusammenhang aber auch einmal mehr der Streit, in den Corinna und Marcell im Anschluss an die Soiree in der Treibel-Villa geraten. Als Corinna dort gegen das wenig »schmeichelhaft[e]« (58) Bild des Redekatarakts protestiert, bietet ihr Cousin nämlich sogleich ein neues auf, das sich, näher besehen, aus abgewandelten Bestandteilen des Treibel'schen Brunnens – inklusive eingebildetem Vogel – zusammensetzt: Corinna habe, so Marcell in seinem *rephrasing*, »die Pfauenfeder ihrer Eitelkeit auf dem Kinn oder auf der Lippe balancirt und überhaupt in den feineren akrobatischen Künsten ein Aeußerstes geleistet« (ebd.).

*

Kurzum: Bis in die entlegensten Winkel von Fontanes Text diffundierend und damit vom architektonischen Beiwerk zur, mit Wilibald Schmidt zu sprechen, poetologischen »Hauptsache« (80) avancierend, »steckt« gleichsam der ganze Roman in der Fontäne »drin«. Innerhalb von Fontanes grotesk angehauchter Arabesken-Poetik nimmt ihr selbstreflexives Plätschern damit eine ähnliche Schlüsselposition ein wie der Brunnen aus dem Auftaktkapitel der Erstfassung des *Grünen Heinrich*. Auch in dieser intermedial-erzählökonomischen Hinsicht erweist sich das Fontane'sche Setting also als durchaus epochentypisch.

Was aber ist, mag man all dem vielleicht entgegnen, mit den Röhren des Treibel'schen Brunnens? Wenn diese in den verschiedenen Beschreibungen unerwähnt bleiben, spricht das dann nicht gegen meine

Hauptthese: dass sich Fontanes ›andere‹ Poesie nicht nur im Medium der Prosa entfaltet, sondern dass sie sich auch – weitaus expliziter als die bisher besprochenen Texte – von durchaus prosaischen Gegenständen der großstädtischen und industriellen Moderne herschreibt? Mir scheint, dass dem nur auf den ersten Blick so ist. So mag der Treibel'sche Springbrunnen zwar auf besondere Weise mit dem Autornamen ›Fontane‹ zusammenklingen; andererseits steht er aber nun einmal bei Jenny im Garten – und angesichts dessen ist es durchaus konsequent, wenn sein prosaischer Unterbau eben nicht zur Darstellung gelangt. Der folgende Abschnitt wird zeigen, wie wenig es sich dabei um eine *grundsätzliche* Berührungsangst von Fontanes Roman handelt. Das verbindet *Frau Jenny Treibel* mit dem *Stechlin.* Denn wie Uwe Hebekus und Gerhart von Graevenitz herausgearbeitet haben, lässt sich gerade auch Fontanes letzter Roman auf moderne ›Verkehrsnetzwerke‹ ein und reichert sie mit poetologischem Hintersinn an.[190]

4.3 *Verklärungsanlage und Rohrpost. Zur vertrackten poetologischen Valenz Fontane'scher »Radialsystem[e]«*

Mehr als alle anderen bisher besprochenen Texte öffnet sich Fontanes Großstadtroman für prosaisch konnotierte Gegenstandsbereiche des modernen Lebens. Im Text selbst mögen diese zwar immer nur *en passant* anklingen. Aufgrund von Schmidts Lob des Nebensächlichen werden sie paradoxerweise aber gerade deswegen mit einer besonderen Valenz versehen. Wie sehr sie das Zeug zu poetologischen Leitmetaphern haben, legt denn auch wiederum Schmidts eigene Bildsprache nahe: Wie ich im vorangegangenen Abschnitt gezeigt habe, imaginiert der mit auktorialen Zügen ausgestattete Gymnasialprofessor die Verbindung von Corinna und Marcell im Rückgriff auf Bilder aus dem Umkreis der modernen Wasser- und Stromversorgung als geglücktes Zusammenspiel von Poesie und Prosa bzw. als Paradebeispiel für den ›anderen‹ Poesiebegriff, den er, in Absetzung von Jennys epigonalstereotypem, vertritt. Dass Schmidts Lesart Gültigkeit nicht allein für die Figurenebene beansprucht, sondern für Fontanes Text insgesamt, haben meine Erörterungen zur Treibel'schen »Fontäne« gezeigt.

Im Folgenden gilt es herauszuarbeiten, dass die Position von Fontanes Text darin jedoch nicht aufgeht. Indem er weitere ›Verkehrsnetzwerke‹

190 Vgl. Hebekus: *Klios Medien,* 269f., und von Graevenitz: *Theodor Fontane,* 688f., 692 und 698.

einführt – namentlich das jüngst eingerichtete Berliner Abwassersystem sowie die lokale Rohrpost – und diese auf je spezifische Weise poetologisch auflädt, ironisiert er zugleich das, was bei Schmidt allzu sehr programmrealistischen Grundsätzen verpflichtet bleibt: das transzendentale Signifikat des »eigentlich Menschliche[n]«, das im vermeintlich Nebensächlichen stets ›drin‹ zu ›stecken‹ habe, damit dieses ›poetisch‹ genannt werden könne. Entscheidend ist, dass dieses transzendentale Signifikat seinerseits in keinem der beiden Fälle – bei der Abwasserentsorgung ebenso wenig wie beim Rohrpostsystem – rundweg und ausdrücklich verworfen wird; seine Wendung ins Groteske erfolgt vielmehr immer nur zwischen den Zeilen und denkbar beiläufig. ›Das Eine thun und das Andere nicht lassen‹: Treibels Credo taugt mithin auch zur Beschreibung der literarästhetischen Zerreißprobe, der sich Fontanes genuin *spät*realistischer Text aller Nonchalance zum Trotz ausgesetzt sieht.

*

Zunächst möchte ich etwas genauer auf die Art und Weise eingehen, wie der zeitgenössische Stadthygiene-Diskurs in Fontanes Roman hineinwirkt. Schmidts allzu harmonisches Doppelbild von blitzendem Esprit und verständigem Leitungswerk verkehrt dieser nicht nur deswegen ins Grotesk-Prosaische, weil er sich per definitionem mit den Ausscheidungen des menschlichen Körpers, einem genuin grotesken Thema also, befasst. Insofern er fast immer in Verbund mit dem auch für Schmidts Doppelbild konstitutiven Liebesdiskurs aufgerufen wird – schließlich geht es in diesem ja um den idealen Ehemann für seine Tochter –, ist er darüber hinaus auch dem grundlegenden Kompositionsprinzip der Groteske verpflichtet: der irritierenden Verknüpfung von vermeintlich Inkompatiblem.

Ein erstes Mal zur Sprache kommt die Verbindung von Erotik und Abwasserentsorgung in der Szene am Rande des Dinners, die in Treibels Arbeits- und Rauchzimmer spielt. Einmal mehr benennt diese mithin ein entscheidendes Merkmal von Fontanes Text. Als der Polizeiassessor Goldammer den Raum betritt, wird er wie folgt vom Hausherrn empfangen:

> Wird die Panke zugeschüttet, oder, was so ziemlich dasselbe sagen will, wird die Friedrichsstraße sittlich gereinigt? Offen gestanden, ich fürchte, daß unsre Verkehrsstraße nicht allzuviel dabei gewinnen wird; sie wird um ein Geringes moralischer und um ein Beträchtliches langweiliger werden. (49)

Mit der Frage nach einer eventuellen Zuschüttung der Panke spielt Treibel auf die Flussverunreinigungen an, mit der die Stadt Berlin zu kämpfen hatte, seit sie sich im Rahmen des sogenannten Hobrecht-Plans ein modernes Kanalisationssystem zugelegt hatte.[191] 1885 etwa hielt ein kammergerichtliches Urteil fest, die Stadt habe »den Betrieb der Badeanstalt in Pankow gestört und dem Besitzer Schaden zugefügt«.[192] Die ›sittlichen‹ Missstände an der Friedrichstraße sprechen ihrerseits das Problem der Straßenprostitution an, das sich seit der behördlich verfügten Schließung aller Berliner Bordelle im Jahr 1846 erheblich verschärft hatte.[193] Sich einer ganz ähnlichen Bildsprache wie Treibel bedienend, moniert deswegen ein zeitgenössischer Kommentator, die Friedrichstraße sei seither »von jenen Geschöpfen wie versperrt«.[194]

Die Äquivalenz, die Treibel in legerem Ton zwischen Abwasserentsorgung und Prostitution herstellt (»oder, was so ziemlich dasselbe sagen will«), ist nicht so weit hergeholt, wie es uns heutigen Leser*innen vielleicht anmuten mag. Im gesundheitspolitischen und sozialhygienischen Diskurs des 19. Jahrhunderts, dem angesichts der zunehmenden Verstädterung ein kaum zu überschätzender Stellenwert zugemessen werden muss, ist die Verknüpfung, ja Ineinssetzung, vielmehr gängige Praxis:[195] »[L]es prostituées sont aussi inévitables dans une agglomération d'hommes«, schreibt etwa der auf beiden Gebieten tonangebende französische Arzt Alexandre Parent Du Châtelet, »que les égouts, les voiries et les dépôts d'immondices«.[196] Bordelle werden dementsprechend als »égout séminal« begriffen,[197] als »spermatische Kanalisationsanlage« also, wo Männer ihre ›Säfte‹ regelmäßig entleeren können.[198] Beides ist in der damaligen Verwaltungspraxis denn auch derselben Behörde unterstellt: der für die Aufrechterhaltung der öffentlichen

191 Zu den genaueren historischen Hintergründen vgl., neben den Herausgeberkommentaren in Fontane: *Frau Jenny Treibel*, 301, 342 und 349, Mohajeri: *100 Jahre Berliner Wasserversorgung*, 28–179.
192 Zit. nach ebd., 164.
193 Zur Prostitutions- und Bordellfrage im 19. Jahrhundert, vgl., mit besonderem Fokus auf Berlin, Ziemann: *Das Bordell*, 67–94.
194 Röhrmann: *Der sittliche Zustand von Berlin nach Aufhebung der geduldeten Prostitution des weiblichen Geschlechts* (1846), zit. nach: Ziemann: *Das Bordell*, 82.
195 Vgl. hierzu den ersten Teil aus Alain Corbins Grundlagenwerk *Les filles de noce*.
196 Parent-Duchâtelet: *De la prostitution dans la ville de Paris* (1836), zit. nach Corbin: *Les filles de noce*, 15.
197 Dr. L. Fiaux: *La police des mœurs en France et dans les principaux pays en Europe* (1888), zit. nach Corbin: *Les filles de noce*, 84.
198 Sarasin: *Reizbare Maschinen*, 382.

Ordnung zuständigen Polizei, als deren Vertreter Assessor Goldammer bei den Treibels zu Gast ist. Zugleich geht es in diesen Zeilen um mehr als anzügliche Männerwitze, die Frauenohren besser nicht mitbekommen sollen. Auf eine mögliche poetologische Lesart deutet bereits Goldammers ornithologischer und dementsprechend poetisch konnotierter Name hin, ebenso aber auch der Umstand, dass Treibel die Prostitution in einer Art Jenny-Parodie als »Kunstrichtung« mit einem bestimmten »Ideal« präsentiert (49). Aus dem Grund scheint es mir auch etwas eilfertig, Treibels eigenwillig misogynen Humor im Gefolge von Christian Grawe und anderen Fontane-Forscher*innen auf die »erotische[] Anrüchigkeit« zu reduzieren, von der »die Welt des Geldes durchsetzt« sei, und als moralisch integres »Gegenbild« den verstorbenen Ehemann von Schmidts Haushälterin anzuführen, der einst, wie diese einmal im Gespräch mit Corinna darlegt (vgl. 156–160), mit wesentlich mehr Empathie auf die reale Misere der Prostituierten reagiert hatte.[199] In programmrealistischer Hinsicht ist eine solche Lesart, die in dem einfachen Sittenpolizisten den sittlichen Fluchtpunkt von Fontanes Roman ausmacht, sicherlich nicht falsch. Tatsächlich verliert sich im Zuge der Darlegungen seiner Witwe »jeder Ausdruck von Spott« um Corinnas Mund (158): Figuration der vom Text intendierten Rezeption. In der Schlussszene wird sich denn auch Schmidt, ansonsten für Anzüglichkeiten à la Treibel durchaus zu haben (vgl. 69), über die Freizügigkeit der jungen Generation beklagen, die die Ehe in einem Zug – quasi in aller Öffentlichkeit also – vollziehe, und stattdessen das Sittliche zu einem unumstößlichen Richtwert erklären: »[I]ch weiß nicht, ob es recht ist, die Nacht so durchzufahren; früher war das nicht Brauch, früher war man natürlicher, ich möchte sagen sittlicher.« (222) Nichtsdestoweniger gilt auch in diesem Fall, dass der Roman das Eine tut (das Sittliche zum programmatischen Fixpunkt, zum »eigentlich Menschlichen«, erklären), ohne das Andere (das Knüpfen moralisch mehr oder weniger anrüchiger Verbindungen zwischen verschiedenen Spielarten menschlicher Erotik und Abwasserentsorgung) zu lassen. Ja, mit dem Kanalisationssystem stellt er gar ein poetologisch lesbares Bild bereit, das der Art und Weise, wie der Text diese Konstellation durchspielt – in Gestalt ›schmutziger‹ Witze, die, punktuell im Text aufscheinend, doch ›untergründig‹ miteinander verbunden sind –, passgenau Rechnung zu tragen vermag.

---

199 Grawe: »Lieutenant Vogelsang a.D. und Mr. Nelson aus Liverpool«, 601 und 603. Ähnlich auch Friedrich: »Die Witwe Schmolke«, 36.

Sehen wir uns diese *parties honteuses* von Fontanes ›anderer‹ Poesie also etwas genauer an. So kann sich Treibel, als er seinen Begleiter*innen zu Beginn des Ausflugs an den Halensee vier mögliche Vergnügungsszenarien unterbreitet, nicht enthalten, erneut ein Spezifikum des Berliner Kanalisationssystems anzusprechen. Nachdem sein dritter Vorschlag einmal mehr »die der Erotik zugewendeten Wege« (48) betreten hatte – »Oder bevorzugen Sie vielleicht die Verschwiegenheit der inneren Gemächer, irgend einer Kemenate von Halensee?« (131) –, preist sein vierter in ausladender Ironie die Rieselfelder (Abb. 31–33), auf die die städtischen Abwässer seit der Umsetzung des Hobrecht-Plans geleitet wurden, um dort als natürlicher Dünger insbesondere für Spargeln zum Einsatz zu kommen:[200]

> Oder endlich, viertens und letztens, sind Sie für Thurmbesteigung und treibt es Sie, diese Wunderwelt, in der keines Menschen Auge bisher einen frischen Grashalm entdecken konnte, treibt es Sie, sag' ich, dieses von Spargelbeeten und Eisenbahndämmen durchsetzte Wüstenpanorama zu Ihren Füßen ausgebreitet zu sehen? (131)

200 Zu den Hintergründen vgl. Mohajeri: *100 Jahre Berliner Wasserversorgung*, 154–167.

Abb. 31–33: Die Berliner Rieselfelder in
ihrer ganzen landschaftlichen Anmut.
Mit Schienen und Turm, und als Agrar-
experiment. Fotos aus den 1930er-Jahren.
Mit freundlicher Genehmigung der Berliner
Wasserbetriebe.

Mit seiner Werbesprech-Parodie entwirft Treibel gleich in mehrfacher Hinsicht ein genuin groteskes Szenario.[201] Zum einen erwächst auf den Rieselfeldern aus menschlichen Exkrementen neues Leben, eine »Wunderwelt« gar: Das entspricht 1:1 der Denkfigur, die die Groteske Michail Bachtin zufolge maßgeblich auszeichnet und der auf ihre Art auch die Friedhofserde aus Kellers *Grünem Heinrich* sowie Wilhelm Buschs physiologische Witze verpflichtet sind. Da die hygienische Funktion der Rieselfelder nun einmal maßgeblich darin besteht, Abwässer zu reinigen, nimmt Treibels Loblied auf die sich ihm darbietende »Wunderwelt«, poetologisch gelesen, zum anderen aber auch das programmrealistische Verklärungspostulat und die mit diesem einhergehenden Versprechungen beim Wort: In grotesker Buchstäblichkeit markiert es den deutschsprachigen Realismus als riesige, diskursive Verklärungsanlage. (*Dass* der Passus selbstreflexiv aufgeladen ist, suggeriert übrigens bereits die auffällige »treibt es Sie«-Anapher, die über Treibels eigenen Namen hinaus zugleich auch den Titel von Fontanes Roman anklingen lässt.)

Kurz darauf, anlässlich des Spaziergangs um den Halensee, finden »die Spargelbeete [...] sammt ihrer Cultur und ihrer sanitären Bedeutung« (146) dann erneut Erwähnung. Da sich der *discours amoureux* bei Corinnas Begleiter Leopold partout nicht einstellen will, solange er seine Mutter vor sich gehen sieht, kommt ihm nämlich nichts Besseres in den Sinn als just dieses Thema. So ungeeignet der Gesprächsstoff erscheinen mag, was Leopolds eigene Absichten angeht, so nahtlos passt er sich in die derb-groteske Komik von Fontanes Text ein: Qua Verschiebung findet so ausgerechnet ein notorisches Phallus-Symbol – ein Spargel eben – Eingang in Leopolds Rede. Mit solchen Späßen steht Fontanes Text im deutschsprachigen Realismus nicht allein: Schon die Szene aus *Immensee*, in der Reinhardt vor lauter Verlegenheit nichts Besseres in den Sinn kommt, als mit Elisabeth Staubfäden zu zählen, funktioniert ja nach dem gleichen Prinzip.

Dank eines für Leopold geradezu waghalsigen »Manövers« (145) vermögen er und seine Begleiterin Jenny dann aber endlich zu überholen und mit dem *discours amoureux* Ernst zu machen. Das mutet zunächst unfreiwillig komisch an, steht der militärisch konnotierte Ausdruck ›Manöver‹ doch in evidentem Kontrast dazu, dass Leopold

---

201 Wie sehr Treibels Anpreisung auch gängige Idyllen-Topoi ironisiert – und damit die Erwartungshaltung, die mutmaßlich vor allem die weiblichen Teilnehmenden mit dem Ausflug an den Halensee verbinden –, ist nachzulesen bei Renz: *Geglückte Rede*, 57–59.

wegen zu flacher Brust ausgemustert wurde. Zugleich ist aber noch dieses Überholmanöver doppelt codiert, d. h. auch poetologisch lesbar, da es gleich zweimal in ungewohnter Umständlichkeit näher bestimmt wird: »in schräger Linie« (145) bzw. »Benutzung der Schräglinie« (146). Augenzwinkernd macht der Text so auf die eigene *intentio obliqua* aufmerksam:[202] Auch diese impliziert mehr als das offensichtlich Gemeinte und ist dementsprechend nur für eine ›schräge‹ Lektüre entzifferbar, die den Text nicht Linie für Linie liest, sondern *en diagonale*.

Tut man dies, offenbart sich Erstaunliches: Als Leopold ein paar Kapitel weiter seine Schwägerin Hildegard am Bahnhof abholen muss, die er Jennys Plänen zufolge an Corinnas statt heiraten soll, beglückt er diese nicht nur mit dem uns nunmehr sattsam bekannten Konversationsthema. Wie das schon bei der ›Schräglinie‹ der Fall war, spricht er darüber hinaus auch *more geometrico*. Folgerichtig beschwert sich Hildegard im Nachhinein bei ihren zukünftigen Schwiegereltern:

Leopold [...] hat unsere Conversation in der Droschke so streng wissenschaftlich geführt, daß ich beinahe in Verlegenheit kam; ich wollte gern von Lizzi hören und denkt Euch, er sprach nur von Anschluß und Radialsystem, und ich genierte mich zu fragen, was es sei. (192)

Was die Hamburger Kaufmannstochter in Verlegenheit bringt, war zumindest Fontanes berlinstämmiger Leserschaft von damals bestens vertraut – und wir Spätgeborene sollten uns dementsprechend anders als die prüde Hildegard nicht ›genieren‹ nachzufragen, was es mit den zwei obskuren Vokabeln auf sich hat. Wie ein Blick in den Herausgeberkommentar zeigt, hatte der parlierende Leopold wohl den »Anschluß der Grundstücke an die radialen, d. h. strahlenförmig zum Hauptkanal führenden Abwässeranlagen« (349) im Sinn, also realhistorisch verbürgte Kernstücke des Hobrecht-Plans. Zugleich ist das Detail des Radialsystems aber auch – ebenso »streng wissenschaftlich« wie *intentione obliqua* gelesen – eine poetologische Metapher für die Netzwerkstruktur von Fontanes Prosa. Durchaus im Sinn von Schmidts ›anderem‹ Poesie-Begriff – jenseits herkömmlicher Formen und an Nebensächlichem orientiert – und zugleich als groteske Parodie darauf:

---

202 Für eine Theorie der Lektüre fruchtbar gemacht wird der bis in die Scholastik zurückreichende Begriff *intentio obliqua* bei Klaus Weimar: »Text, Interpretation, Methode«, 115 f. Mit Bezug auf *Irrungen, Wirrungen* wendet übrigens bereits Helmstetter ein ähnliches Syntagma – »schräg gegenüber« – poetologisch. Vgl. Helmstetter: *Die Geburt des Realismus aus dem Dunst des Familienblattes*, 145 f.

Was in den Kanalisationsrohren an »eigentlich Menschliche[m]« »drin steckt«, muss ja nicht eigens erörtert werden.

Der skatologische Witz mag bei Fontane weniger offensiv daherkommen als in Buschs Bildergeschichten. Die Groteske steht in *Frau Jenny Treibel* nun einmal nicht unübersehbar im Zentrum, sondern wird immer nur über die Bande eingespielt. Die poetologische Tendenz des skatologischen Witzes ist aber durchaus vergleichbar mit der bei Busch. Neben der strukturellen Beschaffenheit von Fontanes Romanprosa reflektiert er nämlich auch ihre spezifische intertextuelle Qualität: also dass sie sich unentwegt vorverdaute Zitatschnipsel *alias* ›geflügelte Worte‹ anverwandelt. Nicht von ungefähr heißt es von den Rieselfeldern und ihrer »sanitären Bedeutung« ja einmal ausdrücklich, sie seien ein Ort der »Cultur« (146).

*

In Gestalt eines Radialsystems angeordnet war in jenen Jahren indes nicht nur die Berliner Abwasserentsorgung. Seit Mitte der 1880er-Jahre traf dies noch auf ein anderes lokales Verkehrsnetz zu, das in *Frau Jenny Treibel* ebenfalls mehrfach Erwähnung findet: die Berliner Rohrpost (Abb. 34).[203] Sie ermöglichte das Verschicken schriftlich verfasster Nachrichten zwischen Orten, die, räumlich mehr oder weniger weit auseinanderliegend, alle untergründig miteinander verbunden waren. Aufgrund dieser spezifisch schriftmedialen Qualität gibt sie gar ein noch sinnfälligeres Analogon für die Bindeformen von Fontanes Romanprosa ab als das bisher besprochene Radialsystem ›Abwasserentsorgung‹.

Zunächst aber zur Plotebene, auf der die Rohrpost vor allem in den Momenten zum Einsatz kommt, in denen sich die Liebesintrige zuspitzt und schnelles Handeln nottut. Stets umschreiben die Figuren ihr Vorgehen dabei mit militärischen Vokabeln. Als städtisches Pendant der Telegrafie begriffen – jenes Mediums also, dem im Deutsch-Französischen Krieg eine militärstrategische Bedeutung sondergleichen zukam[204] –, avanciert die Rohrpost damit zum zentralen Vehikel einer Parodie auf die Kommunikationstechniken und Beschleunigungstendenzen moderner Kriegsführung. So kündigt Jenny ihren zweiten Besuch bei den

203 Zur Frühgeschichte der Berliner Rohrpost allgemein vgl. Arnold: *Luft-Züge*, 114–129.

204 Die »wechselseitige genetische Bedingtheit« und »strukturelle Affinität« von Telegrafie, Eisenbahn und Generalstab untersucht insbesondere Kaufmann: *Kommunikationstechnik und Kriegführung 1815–1945*, 69–169 (Zitate 74 und 132).

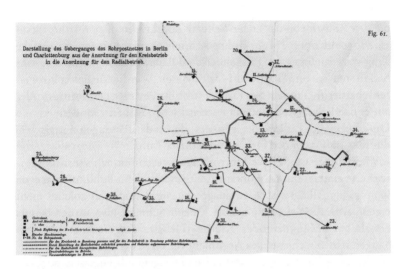

Abb. 34: Streckennetz der Rohrpost in Berlin und Charlottenburg um 1884 während des Übergangs aus dem Kreis- in den Radialbetrieb. Aus: Herr c. Postrath Landrath in Berlin:»Die Rohrpost-Anlage in Berlin und Charlottenburg«, 600. Museumsstiftung Post und Telekommunikation Inventarnr. 3.2022.600.2.

Schmidts via Rohrpost an und bezichtigt, einmal vor Ort, Corinna eines »wohlüberlegten Ueberfall[s]« (183) auf Leopold – unlauterer Kriegsführung also. Nahezu zeitgleich trifft bei den Schmidts ein an Corinna adressierter *pneu* von Leopold ein, in dem dieser seine Verlobte darauf einschwört, aufgrund des »Widerstand[s]« seiner Mutter sähen sie »schweren Kämpfen entgegen[]« (182). Am Ende des Romans schließlich wird Schmidt in Anlehnung an die Elliptik des Telegrammstils »drei lapidare[] Zeilen« an Marcell schreiben, um seinen Neffen über dessen historischen Doppel-»Sieg« in Kenntnis zu setzen: über die Ernennung zum »Gymnasial-Oberlehrer« (205) ebenso wie darüber, dass »Kenneth von Leoparden« – eine über eine Kreuzfahrererzählung Walter Scotts vermittelte Anspielung auf Leopold[205] – »auf dem Rückzug« (206) sei.

In Fontanes Roman kommen Rohrpostbriefe also jeweils gedoppelt daher: das eine Mal in Gestalt zweier zeitgleich eintreffender Schreiben, das andere Mal als Doppelbotschaft. Angesichts der »Doppelluft« (5),

205 Genauer gesagt, handelt es sich um Scotts *The Talisman*. 1884 kam die Erzählung in einer für jugendliche Leser*innen bearbeiteten deutschen Ausgabe unter dem Titel *Die Kreuzfahrer oder Ritter Kenneth vom schlafenden Leoparden* heraus. Vgl. Klotz: *Kinder- und Jugendliteratur in Deutschland 1840–1950*, Bd. 2, 262.

die den Roman von der ersten Seite an durchweht, liegt es nahe, dieser »Gedoppeltheit« (181) der Rohrpostbriefe ebenfalls eine poetologische Tragweite zuzumessen. Tatsächlich sind Rohrpostsysteme auf eine sehr handfeste Art von »Doppelluft« angewiesen. Wie die Medienkulturwissenschaftlerin Gabriele Schabacher ausführt, erfolgt der Transport der *pneus* nämlich nicht einfach in unterirdischen Röhren, sondern »durch Differenzen des Luftdrucks, genauer: durch das Ansaugen mittels verdünnter Luft bzw. den Druck verdichteter Luft«.[206] Heutzutage mag dieses Übermittlungsverfahren nahezu in Vergessenheit geraten sein, bei Fontanes zeitgenössischem Publikum dagegen kann es als Alltagswissen vorausgesetzt werden, das als solches nicht eigens artikuliert werden musste. Wenn Schmidt also in der bereits erwähnten »Hummer oder Krebse«-Debatte ausgerechnet aus dem Saugen sein entscheidendes Argument für die Überlegenheit des Krebses formt – »sein Bestes« werde »nicht eigentlich gegessen, sondern geschlürft, gesogen« (83) –, dann ist dies durchaus auch als humoristische Anspielung auf den spezifischen Funktionsmodus der Rohrpost zu begreifen. Zumal der »*rothe Rogen*« (ebd., Hervorhebung G.F.), an dem Schmidt zunächst die Vorzüge des Hummers abliest, bevor er sich in einem zweiten Moment für seinen Champion, den Flusskrebs, ausspricht, die Rohrpost bereits über sein Klangbild – die prononcierte ›Ro‹-Anapher – ankündigt. Weiter oben habe ich gezeigt, wie gerade die »Hummer oder Krebse«-Debatte entscheidend dazu beiträgt, den allzu versöhnlich erscheinenden Romanschluss ins Groteske zu wenden, und dabei mit dem poetologischen Bild des Revers-›Krebsgängigen‹ gearbeitet. Dem wäre nunmehr also das der Rohrpost zur Seite zu stellen: Sinnfällig reflektiert es, wie Fontanes Prosa ihre spezifische Poetizität insbesondere daraus bezieht, dass sie auseinanderliegende und auf den ersten Blick völlig disparate Stellen ›untergründig‹ miteinander verknüpft.

Entscheidend ist, dass diese Verknüpfungen Schmidts ›anderen‹ Poesie-Begriff nun aber nicht einfach passgenau einlösen. Wiederholt gefährden sie ihn vielmehr auch, indem sie wuchernd ausarten und seine Verpflichtung auf ›tiefere‹ Bedeutung zugunsten einer luxurierenden Oberflächendynamik – Corinna lässt grüßen – überschreiben. Sozusagen in Einklang mit der relativen räumlichen Begrenzung von Rohrpostnetzen, sei dies im Folgenden exemplarisch mit Blick auf eine kürzere Sequenz aus der »Hummer oder Krebse«-Debatte selbst – auf Schmidts Hummer-Lob – aufgezeigt. Dessen Ausgangspunkt ist, wie

206 Schabacher: »Rohrposten«, 195f.

könnte es anders sein, anekdotischer Natur: Die Größe des Hummers, erklärt Schmidt, werde bereits dadurch bezeugt, dass eine staatstragende Person wie »Kaiser Wilhelm« (83) ein Faible für ihn habe. Wilibald dient die historische Größe à la Distelkamp mithin lediglich als Sprungbrett, um umso gehemmter über scheinbar Nebensächliches zu parlieren. Auch in der Folge besingt Schmidt den Hummer ganz im Sinn des von ihm selbst vertretenen, ›anderen‹ Poesie-Begriffs: So stilisiert er den Rogen, der aus einem aufgeschnittenen Hummer hervorquillt, zu einem »Bild des Segens und der Fruchtbarkeit«, das einem »die Gewißheit gibt, ›es wird immer Hummer geben‹, auch nach Aeonen noch, gerade so wie heute …« (Ebd.) Wie in dem von Schmidt gepriesenen Nebensächlichen ›steckt‹ im Hummer also durchaus Wesentliches ›drin‹. An dieser Stelle muss sich Schmidt freilich ein erstes Mal skeptische Blicke von Distelkamp gefallen lassen: »Distelkamp sah seinen Freund von der Seite her an.« (Ebd.) Ihm ist offensichtlich alles andere als geheuer, dass sein Lehrerkollege »Kochbuchliches« (84) und National- bzw. Universalgeschichtliches derart in einen Topf wirft.²⁰⁷ Schmidt aber lässt sich nicht beirren und bringt das »eigentlich Menschliche«, das ihm zufolge ja im Nebensächlichen ›drin stecken‹ muss, damit dieses poetisch genannt werden kann, nun explizit in Gestalt des »Humanitäre[n]« ins Spiel: »[J]a, Freunde, wenn man sich so mit diesem Gefühl des Unendlichen durchdringt« – gemeint ist die erhebende Wirkung, die Schmidts Zukunftsvision, es werde ›immer Hummer geben‹, in ihm selbst auslöst –, »so kommt das *darin liegende* [!] Humanitäre dem Hummer und unserer Stellung zu ihm unzweifelhaft zu Gute.« (Ebd.)

Sein humoristisches (bzw. ›hummer‹-istisches) Argumentarium überformt Schmidt mit einer Fülle an Kalauern – die *copia* seiner Rede steht also in Einklang mit ihrem Gegenstand. Einen Vorgeschmack gibt bereits die »rothe Rogen«-Anapher, den eigentlichen Auftakt aber bildet die »immer Hummer«-Paronomasie, auf die Schmidts Schwadronieren über »Himmelsgabe« und »das darin liegende Humanitäre« folgt, bevor am Schluss noch einmal der »Hummer« selbst zum Zuge kommt (ebd.). Die skurrilen Echo-Effekte lassen Schmidts Hummer-Lob zwar nicht in den puren Nonsense bzw. die reine Sprachgroteske kippen. Hier wie sonst gilt, mit Barbara Naumann zu sprechen, dass Fontanes Gesprächskunst »keinen Sinn« bietet, »ohne doch ganz sinnlos zu

---

207 ›Nationalgeschichtliches‹ deswegen, weil das als Zitat markierte Syntagma »es wird immer Hummer geben« wohl als geflügeltes Wort von Kaiser Wilhelm zu verstehen ist (das freilich nur bei Fontane verbürgt zu sein scheint).

sein«.[208] Dennoch berauben sie den Panegyrikus auch noch seines letzten Fünkchens ernst gemeinter Tiefgründigkeit (auf die die Rede vom »Humanitäre[n]« zumindest auf den ersten Blick Anspruch erhebt) und lassen der Lust am ganz und gar ›äußerlichen‹ Klangkörper sowie an dessen grotesk-luxurierendem Verwandlungspotenzial freien Lauf. Mit seinen Kalauern entfernt sich Schmidt mithin mehr und mehr von den programmrealistischen Grundsätzen, auf die er sich ansonsten beruft und als deren Stimme in dieser Szene Distelkamp fungiert, mit seinen wiederholten Versuchen, dem Redeschwall seines Lehrerkollegen Einhalt zu gebieten.

Diesen Aspekt der »unkontrollierte[n] Vervielfältigung« hat vor mir – mit Bezug auf andere Stellen aus der »Hummer oder Krebse«-Debatte – bereits Heinz Drügh herausgearbeitet.[209] In einem wichtigen Punkt unterscheidet sich meine Lektüre aber von seiner. So vertritt Drügh die These, Fontanes Prosa »wink[e]« bloß mit der »Anökonomie«, da sie am Ende doch wieder zu genuin programmrealistischen »Werten wie Einfachheit und Echtheit, zu einer Ökonomie der Begrenzung zurückfinde[], die ihr Maß in nichts Geringerem als ›der Natur‹ finden«.[210] Tatsächlich passt Distelkamp für seinen ultimativen Vorstoß – »Laß es gut sein« (84) – genau den Moment ab, in dem Schmidt das Aussaugen der besten Teile des Krebses zu etwas »natürlich Gegebene[m]« erklärt (ebd.). Damit aber ist nur der kalauernde Impetus der Figur Schmidt gebrochen. *Auf der Textebene* finden Wilibalds »Exuberanzen«[211] dagegen sehr wohl eine Fortsetzung. Diskret zwar, aber doch unüberhörbar – und ironischerweise ausgerechnet dann, als Distelkamp sein Unverständnis darüber kundtut, wie der Plauderer Schmidt Heterogenstes miteinander verknüpft: »Mir ist nur *immer* merkwürdig, daß Du, neben *Homer* und sogar neben Schliemann, mit solcher Vorliebe Kochbuchliches behandelst« (ebd., Hervorhebungen G.F.).

In welch brenzlige Situation Fontanes Text gerät, wenn er die Immer-Hummer-Himmelsgabe-Humanität-Reihe selbst fortspinnt und damit weitere kalauernde ›Rohrposten‹ auf den Weg bringt, zeigt sich, wenn

208 Naumann: »*Übergängig*«, 77.
209 Vgl. Drügh: »Tiefenrealismus«, 212–223, hier 220. Ähnlich bereits Kafitz, der diese Textdynamik jedoch in wohlfeil ideologiekritischem Gestus als sprachverliebte »selbstgenügsame Ironie« ohne »kämpferische[s] Moment« verurteilt (Kafitz: »Die Kritik am Bildungsbürgertum in Fontanes Roman *Frau Jenny Treibel*«, 81–83).
210 Drügh: »Tiefenrealismus«, 220.
211 Ebd., 223.

man diesen Aspekt von Fontanes *écriture* in Bezug setzt zu Corinnas vermeintlicher Verirrung auf der Handlungsebene. In der ihm eigenen luxurierenden Oberflächlichkeit macht sich Fontanes Text nämlich zumindest ein Stück weit Corinnas »Aeußerlichkeit« und Luxusgelüste zu eigen – also just das, was ihrem Vater eigentlich ein Dorn im Auge ist und wovon er Corinna im Verlauf der Handlung denn auch abbringt.

Wir haben es also mit einer Konstellation zu tun, die stark daran erinnert, was Winfried Menninghaus über die in den *Grünen Heinrich* eingelassene Meretlein-Novelle schreibt: Während den Figuren Meretlein und Heinrich »die freie Ökonomie des ›Wunsches‹« »zunehmend versagt« werde, »leb[e], ja wucher[e]« die Novelle im Haupttext »in einer Vielzahl von Beziehungsnetzen fort.« Das *»kompositorische*[] ›Leben‹ der Meretlein-Novelle« über die ihr gesetzten Textgrenzen sei dementsprechend zu begreifen als »Korrektiv gegen die Mortifikation und bewußte Stillstellung der *lebensgeschichtlichen* Wunschproduktion im Roman.«[212] So gelesen, bekommt auch das von Jenny kolportierte Gerücht, dem zufolge Corinna »dem Alten die Hefte corrigirt« (168) – dass sie also an Schmidts statt die Aufsätze seiner Schüler mit kritischen Randbemerkungen versieht bzw. dass sie, wenn man die Wendung in ihrer Mehrdeutigkeit ernst nimmt, das, was Schmidt *selbst* in seinen Heften notiert, überschreibt, neu schreibt – eine ungeahnte Virulenz: Weit mehr als ein Seitenhieb auf Corinnas anmaßende Klugheit, entpuppt sich die Stelle als Figuration eines Agons, der weniger auf der Handlungsebene als eben auf der von Fontanes Schreibweise ausgetragen wird.

Das Legitimationsproblem, das sich der Text dadurch einhandelt, hat wiederum Drügh (ohne Bezug freilich auf den intrikaten Agon zwischen dem quasi-auktorialen Schmidt und seiner aufmüpfigen Tochter) genau benannt: »Wenn eine Rede […] ein solch überschießendes Verfahren in Anschlag bringt, wie soll man dann noch ihre Schließung zur monologischen Verkündigung eines Wertetableaus rechtfertigen?«[213] Ein nochmaliger Blick auf den Schluss des Romans wird zeigen, welch hohes Ausmaß an symbolischer Gewalt nötig ist, damit Schmidt (und mit ihm der Text) den eigenen »Stich ins Moderne« zu korrigieren vermögen. Anders als beim grotesken Re-Framing der humoristisch verbrämten Neuauflage von Schillers ästhetischem Staat hört der Spaß *hier* offensichtlich auf.

*

212 Menninghaus: *Artistische Schrift*, 84, 83 und 85.
213 Drügh: »Tiefenrealismus«, 218.

Davor jedoch möchte ich nochmals auf den Begriff ›Radialsystem‹ zurückkommen. Ich habe diesen aus Fontanes Text selbst entlehnten Ausdruck als poetologische Metapher für die Netzwerkstruktur von *Frau Jenny Treibel* gelesen, als zeitgemäße – ›moderne‹ – Abwandlung der organisch geschwungenen Arabeske. Veranschaulicht habe ich die These bislang an den realhistorischen Verkehrsnetzwerken ›Abwasserentsorgung‹ und ›Rohrpost‹. Aufgrund seiner sprachbildlichen Eigenlogik lässt sich der Begriff aber genauso gut auf andere Komplexe ausdehnen, die auf eigentümliche Weise in den Text diffundieren und ihn ›untergründig‹ informieren: auf die »Fontaine« aus dem Treibel'schen Garten, die Intertexte *Wilhelm Tell* und *Corinne ou l'Italie*, die Archäologie à la Heinrich Schliemann usf.

All diese Radialsysteme hängen zudem auf je eigene Weise miteinander zusammen, indem sie – um erneut Leopold zu bemühen, als er seine zukünftige Frau aufgrund seiner »streng wissenschaftlich[en]« Ausführungen in Verlegenheit bringt (192) – ›Anschlüsse‹ verschiedenster Art ausbilden. Zwischen den Teilsystemen ›Kanalisation‹ und ›Archäologie‹ etwa gibt es den offensichtlichen gemeinsamen Nenner des Subterranen. Als weitere Schnittstelle zwischen ihnen dient aber auch Rudolf Virchow. Denn dieser war nicht nur, wie in *Frau Jenny Treibel* ausdrücklich vermerkt, einer der wichtigsten Fürsprecher des Selfmademans Heinrich Schliemanns (vgl. 75),[214] sondern auch der prominenteste Wegbereiter des Berliner Kanalisationssystems.[215] Die Verbindung zwischen dem Archäologie- und dem gründerzeitlichen Industrie-Komplex wiederum läuft über die Farbe Blau: Seinen Reichtum verdankte Schliemann nämlich maßgeblich dem Handel mit Indigo, während die Treibel'sche Fabrik ihrerseits vornehmlich den chemischen Farbstoff »Berliner Blau« (16) herstellt.[216] Oder nehmen wir die Radialsysteme ›Archäologie‹ und ›Politbetrieb‹: Zwischen diesen fungiert der britische Staatsmann und passionierte Homer-Forscher William Ewart Gladstone als Bindeglied. So fragt Jenny ihren Mann einmal nach »Gladstone's Befinden« (95) – gemeint sind wohl die politischen

---

214 Zu Virchow als Promotor und Apologet seines Freundes Schliemann vgl. Zintzen: *Von Pompeji nach Troja*, 276, 305, 313, 315–325.
215 Vgl. Mohajeri: *100 Jahre Berliner Wasserversorgung*, insb. 83–92. Punktuell verweist darauf auch der Herausgeberkommentar.
216 Zu diesem Nexus vgl. auch von Graevenitz: *Ängstliche Moderne*, 548, und Mülder-Bach: »Poesie als Prosa«, 365. Dem wäre hinzuzufügen, dass Schliemann nicht allein mit Indigo handelte, sondern allgemeiner mit sogenannten Kolonialwaren, also in demselben Bereich tätig war wie Jennys Vater mit seinem »Material- und Colonialwaaren«-Laden (105). Auch ist er wie Jenny ein sozialer Emporkömmling.

Turbulenzen, in denen er als Premierminister gerade steckt –, während derselbe Gladstone eine umfangreiche Vorrede zu Schliemanns Mykenä-Buch beigesteuert hat, von dem Schmidt ein Exemplar sein eigen nennt.[217] Dass der Roman mit diesen Spielereien bestimmte Textverfahren bzw. diesen angemessene Lektüremodi verhandelt, macht die Stelle deutlich, an der eben Rudolf Virchow Erwähnung findet. Dort empfiehlt Schmidt seinem konservativen Lehrerkollegen Distelkamp, dem Schliemanns ebenso buchstäblicher wie spekulativer Umgang mit den Epen Homers offensichtlich ein Dorn im Auge ist:[218] »*Aber lies nur, was Virchow von ihm sagt.*« (75, Hervorhebung G.F.) Schmidt führt Virchow demnach primär als eine Instanz ein, die darzulegen versteht, wie man den Homer-Leser und Archäologen Schliemann seinerseits am besten liest. Genau in dem Sinn lässt sich Schmidts *tolle, lege!* auch auf *Frau Jenny Treibel* selbst anwenden: als Einladung, Fontanes Roman in Schliemann'schem Geist buchstäblich-spekulativ als Archäologie der Gegenwart zu lesen.

Tatsächlich präsentiert sich der Text gerade auch deswegen als Großstadtroman, als potenzielle Ausgrabungsstätte also, weil er von einer Vielzahl an ›Radialsystemen‹ durchzogen ist – genauso wie eine Stadt nun einmal, mit Friedrich Kittler zu sprechen, aus einem »Netz aus lauter Netzen« besteht (Abb. 35), voll »unsichtbare[r] Verbindungen zwischen Wegen und Toren«.[219] In ihrer Gesamtheit umspielen all diese mehr oder minder beiläufig daherkommenden Radialsysteme die Plot-Ebene, kommentieren und ironisieren sie, oder wenden sie ins Groteske. Die dabei entstehenden Rekursionsverhältnisse ›verbiegen‹, wie es vom Klingeldraht neben Schmidts Wohnungstür heißt, die lineare, univoke Ausrichtung des Plots zu einem denkbar komplexen labyrinthischen Netzwerk, zu einer grotesk angehauchten Realarabeske, einem Stück avancierter Prosa. Damit löst Fontanes Text Schmidts ›anderen‹ Poesiebegriff ebenso ein wie er den für diesen bestimmenden, genuin programmrealistischen Mastersignifikanten des »eigentlich Menschlich[en]« wiederholt ad absurdum führt.

Anstatt sich nun aber zum eigenen »Stich ins Moderne« (14) zu bekennen, verfährt Fontanes Text ähnlich wie Wilibald gegenüber seiner Tochter und hält wider besseres Wissen noch an dem programmrea-

217 Die Informationen über Gladstone entnehme ich dem Herausgeberkommentar (vgl. 324).
218 Zur Buchstäblichkeit von Schliemanns Homer-Lektüre in Absetzung von der altphilologischen Quellenkritik vgl. Zintzen: *Von Pompeji nach Troja*, 257f.
219 Kittler: »Die Stadt ist ein Medium«, 182.

listischen Restbestand fest, dessen Obsoletheit er doch gleichzeitig so hellsichtig vorführt. Nirgends zeigt sich das deutlicher als anlässlich des Hochzeitsfests von Corinna und Marcell, als Schmidt quer zu den realen Verhältnissen auf einem verklärenden Poesie/Prosa-Raster beharrt, sich in Selbstwidersprüche verstrickt und mit unerhörter symbolischer Gewalt vorgeht. Deswegen sei zum Abschluss noch einmal ausführlich auf das Finale von Fontanes Roman eingegangen.

4.4 Sündenböcke. *Noch einmal zur Schlussszene*

Es gibt gute Gründe anzunehmen, Fontanes Roman variiere im Modus des komischen Pastiche, was sich in *Corinne ou l'Italie* in dem des Tragischen ereignet: das Scheitern eines selbstbestimmten weiblichen Lebensentwurfs. Fontanes Text selbst reflektiert diese Kippfigur einmal mehr indirekt – also qua »Schräglinie« –, als sich Schmidt und die anderen Mitglieder des Kränzchens darüber unterhalten, wie einer ihrer Kollegen letzthin »Phrynichos den Tragiker mit Phrynichos dem Lustspieldichter« verwechselt habe (67): Genauso wenig unterscheiden sich, vom Namen her, nun einmal auch Staëls Corinna (wie sie in der deutschen Übersetzung heißt) und die aus Fontanes Roman.

Mir geht es im Folgenden weniger um eine konsequente Durchführung dieser intertextuellen Lesart als darum, die Kippfigur Komik/Tragik in Fontanes Roman *selbst* zu verorten und damit ihre poetologische Dimension herauszuarbeiten. Vor allem das Schlusskapitel bietet hierfür reichlich Gelegenheit: Trotz seines offensichtlich komödienhaften Anstrichs wartet es – gerade was Corinna angeht – mit ungleich düstereren, tragischen Zwischentönen auf, die Zweifel an der allzu harmonischen Lesart des Brautvaters Wilibald Schmidt aufkommen lassen. Auch in der Hinsicht gilt für Fontanes Text demnach: Das Eine thun (Lustspiel) und das Andere (Trauerspiel) nicht lassen. Strukturell rückt der Text so zudem ein weiteres Mal in die Nähe der Groteske: Seit jeher wird der Hybridformation ja nachgesagt, sie wirke – man denke zurück etwa an die Schlangensaal-Sequenz aus Meyers *Pescara* – ebenso erheiternd wie beklemmend.

*

Leitend für meine Überlegungen zu Fontanes Romanschluss ist Peter von Matts sozialanthropologisch inspirierte These, das Finale einer Komödie zeichne sich stets durch eine »Doppelung« aus: durch den Segen des Vaters über das »nach vielen Turbulenzen vereinigte Paar« – von

Abb. 35: Netzwerke im Londoner Untergrund der 1880er-Jahre: Gasleitungen,
Wasserröhren, Rohrpost, Kanalisation und (mit Dampf betriebene) U-Bahn. Aus:
Figuier: *Les nouvelles conquêtes de la science*, Bd. 2: *Grands tunnels et métropolitains*
(1884), Vorsatzblatt (Stich auf Grundlage einer Zeichnung von P. Broux).

Matt erblickt darin ein »Ritual[] der Weltversöhnung« – sowie durch die »feierliche[] Vertreibung des Unheils«. Von Matt zufolge sind die beiden Momente zudem auf besondere Weise miteinander verknüpft: Erst durch die Exklusion rücke die Versöhnung überhaupt erst in den Horizont des Möglichen.[220] Den ersten Punkt übererfüllt *Frau Jenny Treibel* geradezu. Am Ende finden ja nicht einfach Corinna und Marcell zueinander. Wie weiter oben gezeigt, nimmt der Brautvater Schmidt das Hochzeitsfest darüber hinaus zum Anlass eines Verbrüderungsrituals, das sich aufgrund seiner Schiller'schen Anklänge tatsächlich wie eine Art »Weltversöhnung« ausnimmt – humoristisch eingefärbt zwar, aber nichtsdestoweniger allumfassend. Bei der Bestimmung des Sündenbocks dagegen wird es um einiges komplizierter.

So trifft die naheliegende Option, Jenny diesen Part zuzuweisen, nach meinem Dafürhalten gerade nicht zu. Zwar ist sie als »Musterstück einer Bourgeoise« (15) der – mit Rainer Warning zu sprechen – zentrale ›komische Charakter‹ des Stücks und in der Schlussszene auch nicht mehr physisch anwesend. Darin eine Vertreibung erkennen zu wollen, geht aber – obwohl Jenny eine solche aufgrund ihres Familiennamens geradezu auf den Leib geschrieben zu sein scheint – an der eigentlichen Stoßrichtung des Textes vorbei. Zunächst deswegen, weil Fontanes Plot in einem entscheidenden Punkt vom konventionellen Komödien-Schema abweicht. In *Frau Jenny Treibel* steht der zentrale ›komische Charakter‹ einem glücklichen Ende der ›anderwärtigen Handlung‹ nämlich gerade nicht entgegen. Vielmehr führt Jennys resolutes Veto gegen eine Ehe zwischen Corinna und Leopold dieses glückliche Ende überhaupt erst *herbei*. (Nur in Klammern sei angemerkt, dass Eduard von Hartmann, der den von Warning prominent gemachten Begriff der anderwärtigen Handlung in seiner 1888 erschienenen *Ästhetik* ursprünglich geprägt hat, in Fontanes Roman selber kursorisch erwähnt wird, vgl. 67.)[221]

Als entscheidendes Hindernis fungiert stattdessen Corinnas »Hang nach Wohlleben« (62), ihr »Schritt vom Wege‹, wie jetzt« – Schmidt weist seine Tochter eigens darauf hin – »ein Lustspiel heißt« (212). Mit Corinna scheint dementsprechend hinter dem ›offiziellen‹, weil titelgebenden, zentralen ›komischen Charakter‹ Jenny noch ein zweiter

---

220 Vgl. von Matt: »Das letzte Lachen«, 134 f.
221 Auf diesen Punkt verweist auch Poltermann: »*Frau Jenny Treibel* oder Die Profanierung der hohen Poesie«, 140. Die wohl prägnanteste Formulierung von Warnings Komödientheorie findet sich in seinem Aufsatz »Theorie der Komödie. Eine Skizze«. Unumgänglich aber auch der 1976 erschienene Klassiker: »Elemente einer Pragmasemiotik der Komödie«.

durch, genauso wie sich hinter der Titelstruktur von Fontanes Roman (›Frauenname oder XY‹) die intertextuelle Folie von *Corinne ou l'Italie* verbirgt. Für Corinna als heimlichen Sündenbock spricht darüber hinaus, dass sie in der Schlussszene gleichfalls abwesend ist: Gemeinsam mit Marcell hat sie sich noch vor dem Ende der Festlichkeiten auf die Reise gemacht. Vor allem aber trägt sie seit ihrer Heirat einen Familiennamen, der sich für eine solche Lesart geradezu aufdrängt. Wie dem Herausgeberkommentar zu entnehmen ist, ist ›Wedderkopp‹ nämlich die niederdeutsche Entsprechung von »Widderkopf« (275).²²²

*

Bevor ich diese Hypothese weiterverfolge, sei noch einmal auf den Status zurückgekommen, den Jenny in der Schlussszene innehat. Der Sündenbock-Part mag ihr dort zwar nicht zufallen, in einen kultischen Zusammenhang gerückt wird sie aber sehr wohl. Bekanntlich nennt Schmidt seine Bitte, Krola möge diesmal doch »Jenny's Lied singen«, eine »Profanirung« (221). Insofern er das Lied als Jennys »Heiligste[s]« und als ihr »Herzenslied« bezeichnet (ebd.), knüpft er zwischen beiden überdies einen geradezu wesenhaften Bezug. Damit klingt das sogenannte »Stellvertretungsprinzip« an, also die »Ersetzung der Opfermaterie durch ein pars pro toto oder ein quid pro quo« – eine Denkfigur, die damals, wie Rudolf Helmstetter gezeigt hat, Gemeingut von »[n]ahezu allen religionsgeschichtlichen und völkerkundlichen Arbeiten zu Opferkulten« war.²²³ Bekräftigt wird meine Hypothese dadurch, dass Jennys Lied auch genuin totemistische Züge trägt: Aufgrund der »Bruder«-Anrede, mit der sein geistiger Vater in der Schlussszene um sich wirft, stiftet dieser ja eine Art Verwandtschaftsverhältnis zwischen allen verbliebenen Anwesenden.

Mehr noch: Wenn Schmidt Jenny im Anschluss an die »Profanirung« reinthronisiert, dann folgt Fontanes Text auch in dem Punkt nicht allein der Dramaturgie der Rütli-Szene aus Schillers *Tell*. Ebenso sehr bewegt er sich damit im Fahrwasser prominenter ethnologischer Theorien seiner Zeit, die sich mit der Opferung heiliger Totemtiere befassen. So legt ein Namensvetter von Wilibald Schmidt, der schottische Religi-

---

²²² Zur Semantik von ›Wedderkopp‹ vgl. auch Wruck: »*Frau Jenny Treibel*«, 203. In keinem der beiden Fälle wird indes der Bezug zum Sündenbock hergestellt. So meint etwa Wruck, aus ›Wedderkopp‹ »die ausgesprochen männliche Form eines Schafskopfs« herauszuhören – bezieht den Namen also ausschließlich auf die Figur Marcell, deren Komplexität er zudem wie alle anderen Interpret*innen unterschätzt.

²²³ Helmstetter: »Das realistische Opfer«, 378.

onswissenschaftler William Robertson Smith, in seinen *Lectures on the Religion of the Semites* (1889), in Teilen aber auch bereits im Eintrag »Sacrifice«, den er 1886 für die berühmte neunte Auflage der *Encyclopædia Britannica* verfasst hat, dar, dass das Opfer entgegen einer verbreiteten Meinung »ursprünglich kein Tribut und keine Gabe« für die Götter gewesen sei. Stattdessen habe es dazu gedient, »die Gemeinschaft von Mensch und Gott bei einem Mahl« *zu erneuern und zu reaffirmieren.*[224] Dabei werde das geopferte Totem

> not simply slain and burned or cast away but [...] the worshippers take partake of the body and blood of the sacred animal, and [...] so his life passes as it were into their lives and knits them to the deity in living communion. [...] »[T]he dead was raised again in the same sacrifice,« as the mystical text had it.[225]

Von dieser »ursprünglich fröhlichen Feier«,[226] die bei Fontane passenderweise den Epilog zu einem Hochzeitsfest grundiert, unterscheidet Robertson Smith die ungleich düsterere des Sühneopfers: Dieses habe dazu gedient, göttlichen Zorn zu beschwichtigen. Womit wir wieder bei der Sündenbock-Frage wären.

Ins Grundsätzliche gewendet: Was Rudolf Helmstetter mit Bezug auf *Effi Briest* herausgearbeitet hat, wenn er die darin anklingenden Opfer-Szenarien als »literarische Ethnologie der eigenen Kultur«, d. h. als »verfremdende[] Beobachtung des Vertrauten und selbstverständlich Erscheinenden«, liest,[227] ist als Befund auf die Schlussszene von *Frau Jenny Treibel* auszudehnen. So suggeriert deren kultischer Subtext, noch Vergemeinschaftungsprozesse aus der Jetztzeit seien von atavistischen Momenten durchwirkt, von Phänomenen, für die Edward Tylor Anfang der 1870er-Jahre den wirkmächtigen Begriff *survival* bzw. ›Überlebsel‹ geprägt hatte.[228]

*

224 Kippenberg: *Die Entdeckung der Religionsgeschichte*, 113. Robertson Smiths immenser Einfluss wird dadurch bezeugt, wer sich um 1900 alles auf ihn beruft: James George Frazer, Émile Durkheim, Sigmund Freud. Vgl. ebd., 119.
225 Robertson Smith: »Sacrifice«, 137.
226 Kippenberg: *Die Entdeckung der Religionsgeschichte*, 113.
227 Helmstetter: »Das realistische Opfer«, 367 und 364.
228 Vgl. ebd., 370f. Eine ähnliche These vertritt auch Begemann mit Bezug auf *Unterm Birnbaum*. Vgl. Begemann: »Gespenster des Realismus«, 253f.

Was nun Corinnas Sündenbock-Status angeht, so sind vor allem die Bestrafungsfantasien beredt, zu denen sich ihr Vater am Ende mehrfach versteigt. Einen ersten Versuch vor der eigentlichen Hochzeit vermag Marcell noch erfolgreich abzuwehren. Als Schmidt darauf drängt, Corinna müsse, nachdem sie von ihrem Plan, Leopold zu ehelichen, Abstand genommen hat, nun ihrem Vetter »schreiben, und so zu sagen beichten und Vergebung der Sünden bei Dir anrufen« (210), legt dieser Widerspruch ein, indem er bezeichnenderweise ein religionsanthropologisch angehauchtes Argument einbringt. So spielt er Schmidts christlich inspiriertes Beichtszenario gegen einen jüdischen Spruch aus, »wonach es als ganz besonders strafwürdig gilt, ›einen Mitmenschen zu beschämen‹«, und besteht darauf, selber an Corinna zu schreiben und ihr damit »goldne Brücken zu bau'n.« (Ebd.)

Poetologisch ist diese erste Bestrafungsfantasie des Brautvaters Schmidts vor allem deswegen interessant, weil der Widerstand, den sie bei Marcell hervorruft, in Schmidts Lesart des Liebesplots eine entscheidende Wendung herbeiführt. (Dass es sich dabei um eine Lesart handelt und nicht um den Liebesplot ›an sich‹, unterstreicht Fontanes Text dadurch, dass die entscheidende Stelle *selbst* eine Lektüre-Szene ist.) Als Corinna ihrem Vater den Brief zu lesen gibt, in dem Marcell darauf verzichtet, ihr ein beschämendes »Unrechts- oder Schuldgeständnis[]« abzuringen (211), gerät Schmidt nämlich völlig aus dem Häuschen. Aus diesen Zeilen spreche »das Höhere [...] das wirklich Ideale, nicht das von meiner Jenny«: »das Classische, [...] das, was die Seele frei macht, das Kleinliche nicht kennt« (212). Wenn Schmidt den Charakterwandel seines Neffen also ausgerechnet an dessen Schreibstil festmacht, dann kann man dies zum einen als *déformation professionnelle* eines Altphilologen belächeln. Zum anderen ist diese Einschätzung aber auch humoristisch – zumal Schmidt beim Lesen »*doppelte* Dampfwolken« bläst (ebd., Hervorhebung G.F.) – vor dem Hintergrund des programmatischen Poesie/Prosa-Framings zu verorten, mit dem der Brautvater in spe den Liebesplot die ganze Zeit über implizit überformt.[229] Und aus *der* Perspektive läutert sich Marcells frühere prosaische Nüchternheit und Kleinlichkeit – man denke nur an die Vorwürfe, mit denen

---

229 Wer dieser Szene »grotesk[e]« Züge attestiert, weil »keine Figur des Textes [...] ungeeigneter [sei], die Poesiepotenz des bürgerlichen Lebens auszudrücken als dieser Marcell Wedderkopp, den Fontane gleichsam als Inbegriff wandelnder Prosa agieren läßt« (Plumpe: »Roman«, 678), schlittert dagegen an ihrer eigentlichen Pointe vorbei (und legt zugleich ein denkbar ungenaues Verständnis davon an den Tag, was unter ›grotesk‹ zu verstehen ist).

er Corinna im Anschluss an das Treibel-Dinner überschüttet – hier
buchstäblich zu ›classischer‹ *Kunst*prosa.[230]
Umgekehrt macht Schmidt, was den »Werdeproceß« (ebd.) seiner
Tochter angeht, nicht wie bei Marcell das Moment der Freiheit geltend,
sondern das der Form: Ihr Sinneswandel bezeuge, dass sie »die von
ihr verspotteten Lebens*formen* wieder anerkennen gelernt [habe], in
denen sie groß geworden« sei (209, Hervorhebung G.F.). Mit Norbert
Mecklenburg lässt sich diese Einschätzung ins soziologische Vokabular
des 20. Jahrhunderts übersetzen: Schmidt begrüßt auf diese Weise Corinnas »Rückzug auf die Rollenmuster der sozialen Sphäre, aus der sie
kommt.«[231] Für meine Belange scheint mir indes der originale Wortlaut
von Fontanes Text ergiebiger. Festzuhalten ist zunächst, dass Schmidt
mit seinem Urteil auf der Figurenebene nicht allein dasteht. Das zeigt,
ein paar Seiten vorher, die Gesprächsszene zwischen Schmidts Haushälterin und Corinna, während der sich die verstockte Professorentochter
in einer Art *talking cure* endlich eines (vermeintlich) Besseren besinnt
und von ihren Heiratsplänen Abstand nimmt.[232] In dieser Szene kommt
dem In-Form-Bringen nämlich ebenfalls eine wichtige Rolle zu. So setzt
Corinna an einer Stelle zu einem Loblied auf das »Adstringens« an, also
darauf,»was zusammenzieht« und »den ganzen inneren Menschen [...]
wieder in Ordnung bringt« (200). Zwar meint sie damit die Essgewohn-

---

230 Nachhaltig geprägt wurde der Begriff ›Kunstprosa‹ durch Schmidts Altphi-
lologen-Kollegen Eduard Norden und dessen 1898, also rund fünf Jahre nach
Frau Jenny Treibel erschienene Untersuchung *Die antike Kunstprosa*. Mit
Bezug auf die hellenische Prosa war der Ausdruck aber bereits vorher geläu-
fig. So fördert der Google Books Ngram Viewer etwa Beispiele von Friedrich
Schlegel, Ulrich von Wilamowitz-Moellendorff und anderen Kapazitäten
zutage. Aufhorchen lässt in dem Zusammenhang insbesondere, dass ein
Namensvetter von Fontanes Romanfigur, der Tübinger Altphilologe Wilhelm
Schmid, 1887 – also ein Jahr vor der mutmaßlich ersten Niederschrift von
Frau Jenny Treibel – den ersten Band einer Abhandlung zum Attizismus
publizierte, in der der Ausdruck ›Kunstprosa‹ mehrmals Verwendung findet.
Vgl. Schmid: *Der Atticismus*, 17–23.
231 Mecklenburg: »Figurensprache und Bewußtseinskritik in Fontanes Romanen«, 689.
232 Zu einer Lektüre dieser Szene in programmrealistischem, weil allzu versöhnlichem Geist vgl. Friedrich: »Die Witwe Schmolke«, 39–42, und Selbmann:
»Alles ›reine Menufragen‹?«, 111–113. Mir kommt es demgegenüber darauf
an, dass die Figur der Haushälterin, die in der Forschung immer wieder
als ›menschlicher‹ Gegenpart zu den selbstverliebten bildungsbürgerlichen
Ironie-Spielchen Schmidts angeführt wird – besonders ausgeprägt bei Kafitz:
»Die Kritik am Bildungsbürgertum in Fontanes Roman *Frau Jenny Treibel*«,
77f. –, zumindest aus Sicht einer dezidiert poetologisch ausgerichteten *lectio
difficilior* als *Erfüllungsgehilfin* ihres Dienstherrn fungiert.

heiten ihres Vaters. Wie das Ende der Unterredung nahelegt, ist der Befund ohne Weiteres aber auch auf ihre eigene, denkbar verfahrene Situation übertragbar. Denn dort bittet die Haushälterin Corinna um ein Küchenutensil, das unschwer als humoristisches Analogon dafür lesbar ist, dass Schmidts Tochter, nachdem sie sich endlich ausgesprochen hat, ihre »innere[]« Form wiedergewonnen haben soll: »Aber nu gieb die Form her, damit wir ihn [sc. den Pudding] einthun« (203). Wie weiter oben gezeigt, fungiert ›Form‹ in Fontanes Roman ausdrücklich als poetologischer Begriff. So etwa, wenn Jenny auf Vogelsangs bedingungsloses Votum für die Prosa entgegnet: »Aber mir gilt die poetische Welt, und vor allem gelten mir auch die Formen, in denen das Poetische herkömmlich seinen Ausdruck findet.« (32) Ebenso sei daran erinnert, dass Schmidt im Disput mit Distelkamp dekretiert, es sei »vorbei mit den alten Formen« (73), und damit nahelegt, auch der von ihm vertretene ›andere‹ Poesie-Begriff bewege sich jenseits der »alten Formen«. Gerade angesichts dieses Votums mutet die Aufwertung der Form, die Schmidt am Ende mit Bezug auf Corinnas »Werdeproceß« vornimmt, zumindest paradox an. Genauer gesagt: Sie arbeitet unwillkürlich einem konventionellen, an Form gekoppelten Poesie-Begriff zu, den Schmidt in der Schlussszene denn auch ausdrücklich – in Gestalt der eigenen Verslyrik aus Jugendtagen – rehabilitieren wird. So reibungslos Schmidts poetologische Lesart der Verbindung von Corinna und Marcell aufgeht, was seinen zukünftigen Schwiegersohn betrifft (weiter unten wird dieser Befund freilich noch einzuschränken sein), so offensichtlich problematisch ist sie bei seiner Tochter: Wenn Schmidt die von Corinna verkörperte verschwenderische Poesie nicht mit dem Pol der Prosa vermittelt, sondern über den von ihm selbst für obsolet erklärten Formbegriff zurechtstutzt, dann manövriert sich seine väterliche Korrektur in den Selbstwiderspruch.

Ins Grundsätzliche gewendet: Der Versuch, die Erscheinungsformen der »Moderne« (14) über einen harmonisierenden Poesie/Prosa-Frame einzuhegen, treibt den deutschsprachigen Realismus letzten Endes in die Aporie. Das hat sich ähnlich bereits vorher gezeigt, insbesondere angesichts der grotesken Wendung, die Schmidts Diktum vom »eigentlich Menschlichen« bekommt, sobald man es mit dem Berliner Kanalisationssystem zusammenliest. Anders als dort lässt sich hier aber nicht von einer Art immanenten Kritik an einer programmrealistischen Grundüberzeugung reden, oder von einer Ironisierung der eigenen Position im Modus der Groteske. Hier wird der Frame vielmehr um den Preis des blanken Selbstwiderspruchs aufrechterhalten, den realen Verhältnissen zum Trotz.

So gibt es denn auch keinerlei Anzeichen dafür, dass Schmidt die seinem interpretatorischen Gestus innewohnende symbolische Gewalt durchschauen würde. Ganz im Gegenteil überhört er etwa den brutalen Nebensinn, der in seiner selbstzufriedenen Feststellung mitschwingt, Corinna habe »nun wohl für immer mit der Modernität und dem krankhaften Gewichtlegen aufs Aeußerliche *gebrochen*« (208). Dass Corinnas vorgebliche Läuterung buchstäblich um den Preis ihrer ›Gebrochenheit‹ erkauft wurde, bestätigt ihr denkbar resignativer Ausblick auf die Ehe mit Marcell: »[W]er ist glücklich? Kennst Du wen? Ich nicht.« (214) Genauso sollte zu denken geben, dass die einst so plauderfreudige Corinna auf den letzten Seiten nicht mehr direkt zu Wort kommt. Mit erneutem Bezug auf das Wortfeld der Gebrochenheit heißt es so einmal während des Hochzeitsfests: »Corinna selbst war ungemein erfreut und erheitert über das Telegramm [von Mr. Nelson, G.F.], aber es gebrach ihr bereits an Zeit, ihrer glücklichen Stimmung Ausdruck zu geben« (219). Ihr vormals sprühender Sprachwitz kehrt unter Marcells »verständige[r] Leitung« (87) also gerade nicht wieder, geschweige denn, dass er auf Dauer gestellt würde. Beredt ist unter diesem Gesichtspunkt schließlich auch die verwunderte Frage von Hildegard, Leopolds Verlobter, nachdem Treibel den Seinen die von Schmidt aufgesetzte Verlobungsanzeige vorgelesen hat: »Ist das Alles? So viel ich weiß, pflegt es Sache der Verlobten zu sein, auch ihrerseits noch ein Wort zu sagen.« (216) Jenny reicht ihrer Schwiegertochter dieses zweite Blatt dann zwar nach, uns Leser*innen aber bleibt dessen Inhalt – und damit die Sichtweise des jungen Paars – weiterhin vorenthalten. Damit führt gerade dieses letzte Beispiel vor Augen, dass Corinnas ›Gebrochenheit‹ nicht allein auf Schmidts Konto geht. Vielmehr wird sie genauso auch auf der Ebene des Erzähldiskurses mundtot gemacht. Das Ganze entspricht also einer Strategie des *Textes*.

Dass Corinnas Verstummen – jenseits des von Schmidt bemühten Komödienregisters – eine genuin tragische Dimension innewohnt, dafür sensibilisiert einmal mehr ein Seitenblick auf Staëls Roman. Am Ende verliert dessen Protagonistin nämlich ebenfalls ihre Stimme. Nachdem sich Lord Nelvils Vater qua testamentarischer Verfügung gegen eine Verbindung seines Sohns mit Corinne ausgesprochen hat, benimmt sich dieser ähnlich unentschlossen wie Leopold im Konflikt mit seiner Mutter. Er entspricht dem väterlichen Willen gar so weit, dass er Corinnes Schwester Lucile heiratet, woraufhin Corinne ob dieser Untreue in tiefste Schwermut versinkt. Am Ende vermag sie, dem Tod bereits nahe, ihre letzten Verse nicht einmal mehr selbst zu rezitieren und muss die Performance an eine namenlos bleibende junge

Frau delegieren.[233] (Diese Stelle wirkt ja auch insofern in den Schluss von Fontanes Roman hinein, als es dort – wenn das sonst stets von der Titelheldin vorgetragene Lied für einmal von Krola angestimmt wird – ebenfalls zu einem Sänger*innen-Wechsel kommt.)

*

Angesichts des bisher Dargelegten ist es nur folgerichtig, wenn Schmidt am Hochzeitsfest selbst noch mal eine Schippe drauflegt und sich dort wiederholt zu eigenwilligen Todesfantasien versteigt. Verona etwa, die erste Etappe der Frischvermählten auf italienischem Boden, assoziiert er gleich zweimal mit dem Grab von Julia Capulet (vgl. 219 und 222). Sicherlich erklärt sich diese Anspielung primär dadurch, dass die vorübergehend zerstrittenen Familien Treibel und Schmidt am Ende analog zu den Capulets und Montagues wieder versöhnt sind, sowie durch Schmidts Passion für alles Archäologische. Tatsächlich präzisiert er bei seiner zweiten Anspielung auf die letzte Ruhestätte der berühmten Liebenden:»Es soll übrigens eine ägyptische Sargkiste sein, was eigentlich noch interessanter ist ...« (222) Nichtsdestoweniger weist seine Wortwahl zugleich einen abgründigen Nebensinn auf: Wenn er meint, der Zug werde das Ehepaar »bis an das Grab der Julia« (219, Hervorhebung G.F.) führen, und wenn er die südlich von Berlin gelegene Kleinstadt Trebbin, an der der Zug zum Zeitpunkt seines Schlussmonologs mutmaßlich gerade vorbeifährt, als »erste Etappe zu Julia's Grab« (222, Hervorhebung G.F.) bezeichnet, dann erscheint dieses plötzlich weniger als Ausgangs- denn als Endpunkt von Corinnas Italien-Reise.[234] Eine etwas andere Bedeutung bekommt angesichts dessen auch Schmidts primär auf die Strapazen der Eisenbahnreise gemünzter Ausruf »die arme Corinna!« (Ebd.) Spricht er damit etwa ungewollt aus, dass Corinnas Ehe mit dem biederen Marcell entgegen seiner Prognose, »Ihr seid wie geschaffen für einander« (86), auf eine Mumifizierung bei lebendigem Leib hinauszulaufen droht,[235] genauso wie Shakespeares Julia zunächst bekanntlich bei lebendigem Leib begraben wird?

Nicht von ungefähr hebt die *Romeo-und-Julia*-Aufführung, in der die Protagonistin aus Staëls Roman mitwirkt, just diese entscheidende

233 Vgl. Staël: *Corinna*, 512–517/*Corinne*, 1453–1457.
234 Nicht nachvollziehbar ist deswegen für mich, wie Schmidts Kommentar als »Rückschau auf eine überstandene Gefahr« zu deuten sein soll, auf »eine tödliche Gefahr, die jeder ungehorsamen Tochter droht« (Dieterle: *Vater und Tochter*, 232).
235 Vgl., ähnlich, Böschenstein-Schäfer:»Das Rätsel der Corinna«, 286.

dramaturgische Gelenkstelle besonders hervor;[236] nicht von ungefähr auch spielt am Ende von *Corinne ou l'Italie* ausgerechnet eine Figur namens Juliette – so heißt Lord Nelvils Tochter aus seiner Ehe mit Corinnes Schwester Lucile – eine zentrale Rolle. Juliette sieht ihrer Tante nicht nur frappant ähnlich; dem Tode nahe, versucht Corinne auch, das Mädchen zu einer Art geistigen Erbin zu erziehen: »[S]ie hat mir versprochen«, so Juliette zu ihrem Vater, »mich alles zu lehren, was sie weiß. Sie sagt, ich müsse Corinna ähnlich werden.« (»Elle m'a promis de m'apprendre tout ce qu'elle sait. Elle dit qu'elle veut que je ressemble à Corinne.«)[237] Während Staëls Corinne am Ende also bestrebt ist, in Juliette aufzugehen und damit über ihren physischen Tod hinaus fortzuleben, wird Fontanes Corinna, die laut der Lesart ihres Vaters ja eigentlich Protagonistin eines »Lustspiel[s]« (212) ist, aufgrund der Analogisierungen mit Shakespeares tragischer Julia-Figur symbolisch für immer mundtot gemacht und zu Grabe getragen.

Vor Schmidts Todesfantasien ist aber auch Marcell nicht gefeit. In der Schlussszene selber findet sich zwar nichts dergleichen – es sei denn, dass die Rede von »Julia's Grab« immer auch das des Geliebten und Ehemanns mit impliziert. Retrospektiv bekommt dafür eine andere Shakespeare-Anspielung aus Schmidts Mund bedenkliche Züge. Als Corinna und Marcell nach ihrer Rückkehr vom Treibel-Dinner in Schmidts Altherren-»Kränzchen« (63) hereinplatzen, fordert dieser sie auf, sich doch zu ihnen zu gesellen:

> Also Corinna, Du drüben neben Distelkamp, Marcell hier zwischen Etienne und mir. Ein Besteck wird die Schmolke wohl gleich bringen ... So; so ist's recht ... Und wie sich das gleich anders ausnimmt! Wenn so Lücken klaffen, denk' ich immer, Banquo steigt auf. Nun, Gott sei Dank, Marcell, von Banquo hast Du nicht viel, oder wenn doch vielleicht, so verstehst Du's, Deine Wunden zu verbergen. (81)

Mit diesen Worten, deren blutrünstiger Gehalt so eigentümlich quer zu ihrem jovialem Ton steht, bezieht sich Schmidt auf eine der berühmtesten Szenen aus Shakespeares *Macbeth*-Tragödie. Dort taucht der hinterrücks ermordete Banquo an Macbeths Krönungsbankett auf (als Wahnvision allein diesem sichtbar) und nimmt den einzigen noch freien Platz am Tisch ein: den, der eigentlich für Macbeth selber bestimmt war.

---

236 Vgl. Staël: *Corinna*, 164/*Corinne*, 1142f.
237 Ebd., 508/1449.

Unmissverständlich macht Banquo damit klar, dass sein dem Attentat entronnener Sohn einst – genau wie die Hexen es ihm und Macbeth prophezeit hatten – auf den vakanten Thron steigen wird.[238] Schmidts scherzhafter Ton mag die bedrohlichen Implikationen des eigenen Sprechens so gut »verbergen« wie Marcell (Schmidt zufolge) seine Ähnlichkeit mit Banquo.

Dennoch sollte man nicht vorschnell darüber hinweglesen, dass sich Schmidt mit seiner Shakespeare-Anspielung implizit den Part eines um seine Illegitimität wissenden Herrschers zumisst, der sich in Gestalt von Marcell einem vorgeblichen Rivalen gegenübersieht, dem die Zukunft gehört und den er erfolglos zu liquidieren versucht.

Für eine solche *lection difficilior* spricht, dass sich die *Macbeth*-Konstellation ohne Weiteres auf Corinna ausdehnen lässt, die in dieser Szene ja ebenfalls präsent ist. So besagt bekanntlich eine andere Prophezeiung der drei Hexen, Macbeths Herrscherposition könne von niemandem bedroht werden, den »ein Weib geboren«[239] habe. Bei Shakespeare erfüllt diese Bedingung der durch einen Kaiserschnitt zur Welt gekommene Macduff – und in Fontanes Roman eben Corinna, die, insofern ihre Mutter den ganzen Text über kein einziges Mal Erwähnung findet, allein ihres Vaters Kind zu sein scheint.[240]

238 Als Fontane im November 1875 eine *Macbeth*-Inszenierung bespricht, geht er bezeichnenderweise besonders ausführlich auf dieses unheimliche Gastmahl ein. Genauso würdigt er dessen dramaturgisches Pendant, die Prophezeiungen der drei Hexen, denen er knapp vier Jahre später in der Ballade *Die Brück' am Tay* eine entscheidende Rolle zugedenkt. Vgl. Fontane: »Shakespeare · Macbeth«. In: ders.: *Theaterkritiken*, 226–236.

239 Shakespeare: *Macbeth*, 999.

240 Die Forschung hat diese Familien-Konstellation bislang ausschließlich in den Horizont antiker Mythologie (Zeus/Pallas Athene) gerückt. Vgl. erstmals Wruck: »*Frau Jenny Treibel*«, 213f. Aufgrund der diversen Zeus-Assoziationen, mit denen Schmidt im Verlauf des Romans bedacht wird, gibt es auch gute Gründe dafür. Nur wäre die Konstellation zunächst als ganze in den Blick zu nehmen, anstatt dass man sie etwas gar eilfertig einer psychologisierenden Lektüre unterzieht: Bekanntlich besteht die Ägis, Athenes Schutzschild, aus *Ziegen*fell und wurde hergestellt vom Götter*schmied* Hephaistos. Marcell Wedderkopp ist insofern ebenfalls Teil der mythologischen Konstellation, während Schmidt in ihr gar zwei verschiedene Aktantenpositionen einnimmt (Göttervater und -schmied). So gelesen, fördern die mythologischen Analogien zum Roman-Plot weniger tiefenpsychologische Verwerfungen zutage, als dass sie bildungsbürgerliches Statusdenken artikulieren: Indem Schmidt Marcell hinter den Kulissen eine Stelle als Gymnasial-Oberlehrer vermittelt, gibt er diesem überhaupt erst die Möglichkeit, als bildungsbürgerlicher Schutzschild dagegen zu fungieren, dass der Treibel'sche Ungeist auf die eigene Familie übergreift. Die klassisch-mythologische Konstellation ist damit um einiges weniger brisant – weil stärker mit Schmidts Selbstwahrnehmung vereinbar – als die ›moderne‹, Shakespeare'sche Variante.

Von diesen zwischen den Zeilen anklingenden Erbfolgestreitigkeiten aus lässt sich wiederum der Bogen zurückschlagen zur Schlussszene des Romans, genauer gesagt, zu jenem »gefahrdrohenden Moment« (220), den Schmidt für seine an Krola gerichtete Bitte ergreift, er möge diesmal doch an Jennys statt singen.

Nimmt man beim Wort, wie die Erzählinstanz diese ›Gefahr‹ begründet –»es war sichtlich der Zeitpunkt nahe, wo die Jugend ihr gutes Recht beim Tanze behaupten würde« (220) –, dann markiert Schmidts Vorstoß nicht allein, wie weiter oben gezeigt, das vorübergehende Außer-Kraft-Setzen eines ansonsten unaufhaltsamen misogynen Dekadenz-Narrativs, sondern auch einen poetologisch aufgeladenen *generation gap*. In Abwesenheit sämtlicher ›jugendlicher‹ Hauptfiguren beansprucht Schmidts Schlusstirade im Namen der älteren Generation (zu der maßgeblich auch Jenny gehört) die Deutungshoheit über die Geschehnisse: Einmal abgesehen von seinen allerletzten Bockssprüngen weist er ihnen eine humoristisch verbrämte und verklärende Bedeutung zu, indem er sich auf programmrealistische Grundsätze beruft, mit denen die jüngere Generation offensichtlich nichts mehr anzufangen weiß.[241] Corinna stellt das bereits ganz zu Beginn des Romans unter Beweis, als sie das Verklärungspostulat eine sentimentale Verfälschung nennt: »Das« – gemeint sind die »kleinen Verhältnisse«, in denen Jenny einst aufgewachsen ist und die Wilibalds ehemalige Verlobte im Gespräch mit Corinna als das allein Seligmachende preist – »liegt nun zurück und ist vergessen oder wohl gar verklärt.« (12) Gleiches gilt für Marcell. So legt er seinem Schwiegervater in spe dar, wie fremd ihm die Reaktion eines Protagonisten aus einer Novelle von Paul Heyse anmutet, der sich – Archäologe wie er selbst – lieber, ganz in Einklang mit programmrealistischen Vorgaben, in Entsagung übt, als seiner Geliebten eine zufällig aufgeschnappte dezente Verspottung zu verzeihen (vgl. 209).

Schmidts multiple Todesfantasien indizieren damit – wie diskret auch immer – die symbolische Tötung der Figuren, die eine andere Sprache sprechen als er. Sie sind der Kulminationspunkt der symbolischen Gewalt, die er Corinna und Marcell antut, damit sie sich wider besseres Wissen in sein allzu verklärendes Leseraster fügen. Insofern Fontanes Roman zu diesen Bestrebungen der Figur Wilibald nirgends eindeutig auf Distanz geht, lässt sich gar sagen, er versuche, in Gestalt

---

241 Diesen letzten Punkt hat die Forschung mehrfach herausgearbeitet – ohne Bezug freilich zur Schlussszene und damit zu seiner eigentlichen, agonalen Dimension. Vgl. Plumpe:»Roman«, 673 und 675; Baßler: *Deutsche Erzählprosa*, 84, und Leine:»Unsere Jenny hat doch Recht‹«, 60f.

des Sündenbock-Ehepaars Wedderkopp auch der eignen Prosa *ihren* »Stich ins Moderne« auszutreiben – also dass ihre netzwerkartigen Realarabesken das ideelle Zentrum eines »eigentlich Menschliche[n]« immer wieder ironisieren, ›perfid‹ hinterfragen oder dezidiert ins Groteske wenden. Der Spätrealismus des alten Fontane mag um seine Anachronizität wissen und mit dem eigenen *survival*-Status kokettieren. Gewillt, der nachfolgenden Generation – den ›*Jüngst*deutschen‹, wie sich die Naturalisten gerne nennen, oder dem ›*jungen* Wien‹ – kampflos das Feld (die Tanzfläche) zu überlassen, ist er, aller vordergründigen Bonhomie zum Trotz, aber nicht. Bis zuletzt lautet demnach die Devise: ›Das Eine thun und das Andere nicht lassen‹.

Schlussbetrachtung: Die unmerkliche Manieriertheit des deutschsprachigen Realismus

Aus der Froschperspektive haben meine *close readings* von Storm, Keller, Busch, Meyer und Fontane exemplarische Einblicke in ein bestimmendes Schreibmuster des deutschsprachigen Realismus gewährt. Ihm zugrunde liegt die Poesie/Prosa-Matrix. Es versteht sich von selbst, dass diese aufgrund ihres vielgestaltigen und interdiskursiven Charakters weit mehr als die besprochenen Gegenstandsbereiche und Spezialdiskurse erfasst. Ein Beispiel, auf das ich abschließend kurz eingehen möchte, ist die poetisierende Gestaltung und Diskursivierung von Interieurs.[1] Vor allem interessieren mich dabei die Beleuchtungskörper. In epochentypischer Abneigung gegenüber dem – wie Wolfgang Schivelbusch es einmal formuliert – »industriellen Ursprung der Dinge«[2] präsentieren sich diese in der zweiten Hälfte des 19. Jahrhunderts nicht als »prosaische[s] körperlose[s] Lichtmedium«,[3] sondern vornehmlich in naturalisierender und/oder historisierender »»Einkleidung«.[4] So moniert der im Londoner Exil lebende Architektur-Tausendsassa Gottfried Semper bereits 1852, seine Zeitgenossen suchten »in den Salons die Mündungen der Gasröhren so zu verstecken, dass sie als Kerzen oder Oellampen erscheinen«.[5] Wie gängig diese Art der Ornamentierung damals war, zeigt sich noch nahezu fünfzig Jahre später, als ein gewisser Dr. Brüning in der *Zeitschrift für Beleuchtungswesen, Heiz- und Lüftungs-Technik* auf die pseudo-organische »Umwandlung«[6] elektrischer Leuchten zu sprechen kommt:

[K]ein langweiliger Zylinder, keine schwerfällige Kuppel umschliesst das Licht, sondern eine Glashülse, die fast jede beliebige Grösse und Form annehmen kann. […] Die beliebte Form der Glühbirne, die sich den Windungen des spiralig gerollten Glühfadens anschliesst,

---

1 Wie umfassend dieses diskursive Muster – sowie die entsprechende ornamentale Praxis – in der zweiten Hälfte des 19. Jahrhunderts war, ist nachzulesen bei Muthesius: *The Poetic Home*.
2 Schivelbusch: *Geschichte der Eisenbahnreise*, 112.
3 Schivelbusch: *Lichtblicke*, 171.
4 Ebd., 168. Die beiden folgenden Zitate finden sich ebd., 168f. (von mir mit den Originalquellen abgeglichen).
5 Semper: *Wissenschaft, Industrie und Kunst*, 12f.
6 Brüning: »Moderne Beleuchtungskörper«, 279.

ladet geradezu ein, sie in das Gewand einer Blüte zu kleiden, dessen Fruchtknoten sie dann bildet, oder ihr die Gestalt und Farbe einer Frucht zu geben. Der ganze Reichtum der Flora bietet hier immer neue und entzückende Motive.[7]

Es wehe, so Brünings emphatische Schlusswendung, »ein Hauch duftigster Poesie über diesen Gebilden, aus denen das neue Licht, das Kind ernsten Erfindungsgeistes, erglänzt.«[8] Gegenüber Semper mag sich der Ton ebenso geändert haben wie die konkrete Beleuchtungstechnik, die beschriebene dekorative Praxis dagegen nur bedingt. Spuren hinterlassen hat sie auch in den Texten des deutschsprachigen Realismus. Aus meinem Untersuchungskorpus ist vor allem an die Gasbeleuchtung aus dem Speisesaal der Villa Treibel zu denken, insofern diese ganz und gar standesgemäß in historisierender Gestalt als »Kronleuchter« daherkommt.[9] Würde man die Stelle *en détail* besprechen wollen, wäre – wie ich das in den zurückliegenden Kapiteln stets getan habe – zu zeigen, dass dieser fremdreferenzielle Aspekt zugleich auch eine poetologische Dimension aufweist, also dass Fontanes Text die Anspielung auf ein kulturhistorisches *petit fait vrai* zum Anlass nimmt, um zugleich auch auf sich selbst zu reflektieren.

Für eine solche Mikrolektüre ist hier aber nicht der Ort. Stattdessen möchte ich die erwähnten Leuchtkörper zum Abschluss als eine Art Denkbilder begreifen. Insofern sie Tendenzen ins Bild setzen, die sich ähnlich auch in den untersuchten Texten finden, erlauben sie es, maßgebliche Befunde meiner Arbeit zu bündeln und Revue passieren zu lassen.

*

Blumen gelten gemeinhin als Inbegriff von Poesie. In meinem Korpus legen die Wasserlilie und die Erika aus *Immensee* davon ebenso Zeugnis ab wie das Schlüsselblümchen aus dem Incipit der Erstfassung des *Grünen Heinrich* oder die Ausstattung von Balduin Bählamms ländlicher Dichterklause. Indem die Leuchtkörper aus der zweiten Hälfte des 19. Jahrhunderts nur allzu gerne, wie Julius Lessing einmal bedauernd feststellte, »Stamm, Zweige[] und Kerzen« imitieren[10] oder

---

7 Ebd., 278 f.
8 Ebd., 281.
9 Fontane: *Frau Jenny Treibel*, 26.
10 Julius Lessing: »Electrische Beleuchtungskörper«, 100. Vgl. Schivelbusch: *Lichtblicke*, 168.

eben »in das Gewand einer Blüte«[11] gekleidet sind, hegen sie mögliche prosaische Störmomente genauso ein – überführen sie in wohlgeordnete, abgerundete Organizität –, wie dies auch in den untersuchten Texten zu beobachten ist. Am sinnfälligsten zeigt sich das vielleicht in C. F. Meyers Alpengedicht *Hohe Station*: Dort wird das Sirren des Telegrafenkabels, welches das lyrische Ich aus seinem Idyll aufschreckt, in der Schlusspointe zu einem Pulsen umgedeutet, das die ganze Menschheit zu einem weltumspannenden Organismus zusammenschließt. Ähnliches widerfährt den eigentümlich physiologischen Zuckungen, die den Mund des lyrischen Ich in Storms frühem Gedicht *Begegnung* umspielen. In vergleichbarer Weise bringt auch die kulturhistorische Commedia-dell'Arte-Maskierung von Meyers Renaissance-Novelle *Die Versuchung des Pescara* deren eigentliches, aus programmrealistischer Perspektive aber ganz und gar illegitimes, da hysterisches Setting nahezu zum Verschwinden. Der versöhnliche Ausgang von Buschs Bildergeschichte *Balduin Bählamm* und von Fontanes Gesellschaftsroman *Frau Jenny Treibel* wiederum federt die satirische Stoßrichtung beider Werke ab – zumal die Hochzeit, mit der Letzterer schließt, aus Sicht der auktorial besetzten Figur Wilibald Schmidt allegorisch als geglückte Verbindung von Poesie und Prosa (im Sinn einer gegenseitigen Läuterung beider Pole) lesbar ist.

Immanent reflektiert wird dieses verklärende Moment über poetologisch aufgeladene Bildkomplexe, mit denen die Texte die Eigenart ihrer poetischen Bindeformen und Rekurrenzverfahren markieren. Auf dem Weg erheben sie Einspruch nicht nur gegenüber den prosaischen, auf Nützlichkeit, Verwertbarkeit und ökonomischen Profit ausgerichteten Zeitläuften, sondern ebenso auch gegenüber einer entsprechend platten, rein kausalen Erzählprosa. Ein treffliches Beispiel für eine solche Textmetapher geben die summenden Bienen aus Storms *Immensee* ab: Als poetologisches Pendant zu den äußerst selektiven Erinnerungsbildern des Protagonisten machen sie die Binnengeschichte als poetische Blütenlese kenntlich und statten deren verklärenden Zug mit einer geradezu naturwüchsigen Autorität aus. Vergleichbares gilt für die Brunnen-Szene aus dem Incipit der Erstfassung des *Grünen Heinrich*, die sich als intrikate Abbreviatur des organisch-arabesken Gesamtarrangements von Kellers Romanerstling präsentiert. In meinen Lektüren habe ich deswegen stets dafür plädiert, diese in Einklang mit programmrealistischen Forderungen stehende Dimension der Texte *literarästhetisch*

---

11 Brüning: »Moderne Beleuchtungskörper«, 278.

ernst zu nehmen: Gerade auch in der Hinsicht sind sie von einer Fein-
heit, die die programmrealistischen *Statements* allenfalls erahnen lassen.

*

Zugleich ist damit aber eben nur *eine* Stoßrichtung der Texte benannt.
Im Sinne des Adorno-Zitats, das meiner Untersuchung als Motto
vorangestellt ist, kann nämlich nicht genug betont werden, dass sie
»vor Prosa« *nicht* »bloß zurückzuck[en]« und dass ihnen die »Willkür bloß verordneter Stilisation« dementsprechend fremd ist.[12] Allen
Einhegungs-, Überformungs- und Ausschlussbestrebungen zum Trotz
machen die prosaisch konnotierten Wissens- und Medienumbrüche
der damaligen Zeit ihr Recht in ihnen geltend, diskret und doch mit
Insistenz. Gerade indem sich die Texte nicht mit dem Aufsuchen von
»grünen Stellen mitten in der eingetretenen Prosa«[13] begnügen, sondern – wie marginal auch immer – als prosaisch taxierten Phänomenen
der modernen Lebenswelt Platz einräumen, handeln sie sich ebenso
weitreichende wie verwickelte Rückkopplungseffekte ein.

Einen anschaulichen Eindruck von deren Implikationen vermitteln
wiederum manche Lampen aus der *Zeitschrift für Beleuchtungswesen*:
Als irritierende Hybride evozieren diese neben dem naturhaft Ent-
zückenden, das der Begleittext reklameartig anpreist – »Der ganze
Reichtum der Flora bietet hier immer neue und entzückende Motive« –,
von ferne auch groteske Mischwesen (Abb. 36). Ähnlich gehen die Texte
des deutschsprachigen Realismus nicht in harmonisch-organizistischer
Verklärung oder wohlgeformter poetischer Prosa auf, sondern sind
von oftmals nur minimalen rhetorischen, narratologischen und kompositorischen Misstönen geprägt. Diese, wie es in *Immensee* einmal
heißt, ›Ungereimtheiten‹ im Traditionszusammenhang der Groteske zu
verorten, muss angesichts der programmrealistischen Forderung nach
Verklärung zunächst einigermaßen kontraintuitiv erscheinen. Tatsächlich aber konnten die Dissonanzen, die für das vielgestaltige Verhältnis
von Poesie und Prosa im deutschsprachigen Realismus kennzeichnend
sind, gerade so erst in aller Prägnanz herausgearbeitet werden.

Ins Spiel gebracht wird die Groteske bereits durch die Motivik. In
nahezu allen untersuchten Texten finden sich einschlägige Bezüge,
wie dezent auch immer diese mitunter ausfallen mögen. Gerade deswegen auch nimmt Busch, der in Untersuchungen zum deutschsprachigen Realismus sonst eher beiläufig abgehandelt wird, das zentrale

---

12 Adorno: *Ästhetische Theorie*, 119.
13 Vischer: *Ästhetik*, Bd. 3.2.5: *Die Dichtkunst*, 1305 (§ 879).

Abb. 36: 1,13 m hoher Standleuchter,
Bronzewaren-Fabrik L. Mosert, Berlin.
Aus: Brüning: »Moderne Beleuchtungs-
körper«, 280.

Kapitel der vorliegenden Arbeit ein: Das unübersehbare Faible, das
seine Bildergeschichten für Körperöffnungen und -flüssigkeiten jeder
Couleur an den Tag legen, begreife ich weniger als Ausnahme denn als
Brennspiegel, in dem sich ansonsten Verstreutes in aller Deutlichkeit
zeigt. Hinzu kommt, dass sich gleich drei Texte aus meinem Untersuchungskorpus – *Der grüne Heinrich*, *Die Versuchung des Pescara* und
Frau Jenny Treibel – mit Schlüsselmomenten aus der Kulturgeschichte
der Ornamentgroteske sowie ihrer »Geschwisterformation[]«,[14] der
Arabeske, befassen.

Anders gesagt: Mit all diesen Signalwerten wird es unmöglich, das,
was in den Texten an »gebrochene[n] Töne[n]«[15] anklingt, als punktuelle

14 Oesterle: »Groteske«, 296.
15 Keller: *Der grüne Heinrich* (1854/55), IV.7, 338.

Entgleisungen abzutun. In Analogie zur Ornamentgroteske, die stets dazu neigt, sich – auf Kosten des zentralen Gegenstands in der Bildmitte – von ihrem Status als Rahmenornament zu emanzipieren, schärfen diese vermeintlich marginalen Stellen vielmehr den Blick für *unförmliche* (Un-)Ordnungsmuster, für groteske Züge, die in die Struktur der Texte selbst eingelassen sind. In ihnen bildet sich, dem programmatischen Anspruch der Texte auf formvollendete poetische Prosa sowie auf humoristische Verklärung des Prosaischen zuwiderlaufend, eine ›andere‹ Poesie aus, jenseits der »alten Formen«[16] und mit einem spezifischen »Stich ins Moderne«.[17] Als Losung dienen ihr nicht Ausgleich, Harmonie und Abrundung, sondern Defigurierung, Dezentrierung und quasi-rhizomatisches Wuchern. Auf der Ebene der *écriture* sind die Texte mithin in eine agonale Konstellation eingebunden, für die sich wiederholt auch eine Entsprechung auf der Figurenebene findet – am nachdrücklichsten wohl bei Meyer, in den Gestalten von Pescara und Morone.

Drei entscheidende Aspekte des gegenläufigen, entstellenden Moments seien hier nochmals hervorgehoben. Immer wieder machen die Texte damit erstens die symbolische Gewalt kenntlich, die ihrem Verklärungsgestus unausgesprochen zugrunde liegt: Anstatt, wie von der Programmatik eingefordert, den ›wahren Kern‹ des vorfindlichen Realen zum Vorschein zu bringen, streicht er dieses Reale vielmehr durch. In *Immensee* etwa äußert sich das in der eigentümlichen Doppelrolle, die der Protagonist seiner Jugendgeliebten gegenüber einnimmt, als Retter und Unheilbringer zugleich. Ebenso sei an die geballte diskursive Macht erinnert, die den Protagonisten am Ende der Erstfassung des *Grünen Heinrich* wortwörtlich bricht: Heinrichs Ableben erscheint damit weniger als tragischer und zugleich poetisch überhöhter Kollateralschaden innerhalb eines als organisch begriffenen nationalen Prozesses denn als gewaltsame Eliminierung. Auf nichts anderes laufen auch die unterschwelligen Todesfantasien hinaus, zu denen sich der Brautvater am vermeintlich lustspielhaften Ende von *Frau Jenny Treibel* mehrfach versteigt: Zur harmonischen Verbindung von Poesie und Prosa vermag Schmidt die Hochzeit seiner Tochter und seines Neffen nur um den Preis zu stilisieren, dass er die beiden Frischvermählten – die *realia* also, auf denen seine verklärende Lesart eigentlich aufruht – mundtot macht.

Zweitens äußert sich das defigurierende Moment darin, dass die Texte immer wieder kalauernd – von Kellers »merkwürdige[r] Vokalmusik«[18]

16 Fontane: *Frau Jenny Treibel*, 73.
17 Ebd., 14.
18 Keller: *Sieben Legenden*, 427.

und Rebussen über Buschs Verballhornungen und Meyers burleske
›Meiereien‹ bis hin zu den lateinisch-deutschen Wortspielen aus dem
Romanfinale von *Frau Jenny Treibel* – die programmrealistische Verpflichtung auf einen vermeintlich tieferen Sinn zugunsten der Lust am
sprachlichen Material unterlaufen. Immer wieder lassen sie sich auf
dem Weg von der ebenso äußerlichen wie luxurierenden, aber auch als
gefährlich, bei Meyer gar psychopathologisch konnotierten Eigenmacht
der Sprache in den Bann schlagen. Der »kleine[] Bodensatz von Nonsens«, den Walter Benjamin Gottfried Kellers Prosa einmal bescheinigt
hat,[19] ist mithin eine, wie man mit Bezug auf den Titel von Meyers
Renaissance-Novelle sagen kann, *Versuchung* vieler Texte des deutschsprachigen Realismus. Vor dessen konsequenter Ausbuchstabierung
jedoch schrecken sie letztlich allesamt zurück. »Ängstliche Moderne«:
So lautet der Untertitel von Gerhart von Graevenitz' monumentalem
Fontane-Buch; ebenso gut könnte man damit den Epochenstil des
deutschsprachigen Realismus insgesamt charakterisieren.

Mit dem epochentypischen Selbstverständnis der Texte zu tun hat
auch der dritte Aspekt, der sich defigurierend in ihnen niederschlägt.
Sich als Produkte einer »Übergangszeit[]«[20] begreifend, sind sie unentwegt auf der Suche nach angemessenen Formen; anstatt die Tradition
jedoch über Bord zu werfen, stopfen sie sich unentwegt mit Intertexten
und Gattungsframes aus dem weltliterarischen Fundus voll und arbeiten
sich an ihm ab. Aus programmrealistischer Perspektive müssen die
dabei entstehenden »seltsamen Mischung[en]«[21] unweigerlich als lite-
rarästhetischer Makel erscheinen, als »Unförmlichkeit«.[22] Gegen den
Strich gelesen, präsentieren sich die Texte indes zugleich als komplexe
poetologische Experimental- bzw. ›Versuchs‹-Anordnungen (nicht von
ungefähr findet sich die Vokabel wiederholt an strategisch exponierter
Stelle): avancierte Prosa als Betriebsunfall, der bei näherem Hinsehen
durchaus System hat.

Um die Gesamtkonstellation auf den Punkt zu bringen, lässt sich
erneut das zentrale poetologische Bild aus *Immensee* heranziehen: Dem
lieblichen Summen der Bienen – ihrer programmrealistischen Dimension – ist als Kehrseite stets auch ihr unansehnliches Wühlen beigesellt.
Sprechenderweise finden sich solch naturale Textmetaphern freilich
kaum mehr in den spätrealistischen Werken. Stattdessen reflektieren

---

19 Benjamin: »Gottfried Keller«, 290.
20 Meyer: *Die Versuchung des Pescara*, 185.
21 Keller: *Der grüne Heinrich* (1854/55), I.3, 59.
22 Ebd., 14.

diese die spezifische Medialität und Poetizität des ihnen eingeschriebenen Anderen – d. h. der Gegenstandsbereiche und Darstellungsmodi, die sie aufgrund ihrer programmrealistischen Ausrichtung möglichst an den Rand drängen – in »Realarabeske[n]«,[23] die sich von modernen medialen Verbundsystemen herleiten: Telegrafie, Rohrpost und Abwasserentsorgung. Wie das Beispiel *Frau Jenny Treibel* gezeigt hat, bewirken diese schwindenden Berührungsängste gegenüber der prosaisch gewordenen Lebenswelt zugleich, dass sich die untergründigen Spannungen, die für den deutschsprachigen Realismus insgesamt bestimmend sind, definitiv zur Aporie auswachsen: Indem Fontanes Text seinen ideellen, programmrealistischen Pol ins Grotesk-Materielle wendet, führt er ihn nachgerade von innen heraus ad absurdum – und bricht doch nicht ein für alle Mal mit ihm.

*

Die Lampen aus der *Zeitschrift für Beleuchtungswesen* tragen mithin durchaus Erhellendes zu zwei der drei Ebenen bei, auf denen das Begriffspaar von Poesie und Prosa grundsätzlich operiert. Anders als bei den Gegenstandsbereichen und Darstellungsmodi sind sie bei der dritten Ebene dagegen überfragt. Prosa und Vers sind nun einmal nicht ihre Domäne. Die Texte wiederum durchzieht gerade auch in der Hinsicht ein gemeinsamer Grundtenor. Zu dessen Charakterisierung habe ich den Begriff *deuil du vers* aus der französischsprachigen Prosagedicht-Forschung entlehnt. Obwohl die Texte des deutschsprachigen Realismus nirgends zum Gattungshybrid des modernen, dezidiert im Zeichen der Groteske stehenden Prosagedichts à la Baudelaire vordringen,[24] wird auch ihnen der Vers zum Gegenstand poetologischer Trauerarbeit: Angesichts zusehends *entfesselter* Zeiten stellen sie den althergebrachten Poetizitätsmarker der *gebundenen* Rede infrage, ohne sich gleichwohl völlig von deren Aura lösen, auf diese als poetische »Energiekonserve«[25] verzichten zu können.

Beredt sind in dem Zusammenhang nicht allein die konkreten Verseinlagen und deren mitunter widersprüchliche Beurteilung durch auktorial besetzte Protagonisten. Genauso aufschlussreich sind auch die wiederholten Bestrebungen der Erzähltexte, die äußerlich-formale Wendung der Versrede, die sogenannte *versura*, in die eigene innere

23 Helmstetter: *Die Geburt des Realismus aus dem Dunst des Familienblattes*, 140.
24 Zu dessen Geschichte im deutschsprachigen Raum vgl. Bunzel: *Das deutschsprachige Prosagedicht*.
25 Warburg: »Mnemosyne I. Aufzeichnungen, 1927–29«, 640.

Form hineinzunehmen. So wenden am Ende nahezu alle – und am virtuosesten sicherlich Kellers *Tanzlegendchen* – ihre der Etymologie zufolge stets nur voranschreitende Prosa aufs Incipit zurück. Auf dem Weg generieren sie einen subtilen Poesie-Effekt, den sie wiederum in poetologischen Bildern, wie zum Beispiel der Gegenüberstellung von Gehen und Tanzen, reflektieren. Zugleich aber wird dieser harmonisierende Abrundungseffekt stets in der einen oder anderen Art von Misstönen begleitet. Wie in den anderen Belangen gilt mithin auch hier: Wesentlich bestimmt wird der Epochenstil des deutschsprachigen Realismus weder durch ungetrübte Verklärung noch durch harte Prosa, sondern durch oftmals nahezu unmerkliche Widerspiele, Gegenläufigkeiten und Verrenkungen. Oder, frei nach André Breton: *Le réalisme dit ›poétique‹ aura été un brin maniéré ou ne sera pas.*

Literatur

Achenbach, Bernd: »Ist Meister Müllers Mühle Hogarth's mill?« In: *Lichtenberg-Jahrbuch* 10 (1986), 27–29.

Achinger, Christine: »Prosa der Verhältnisse‹ und Poesie der Ware«. Versöhnte Moderne und Realismus in *Soll und Haben*«. In: Florian Krobb (Hg.): *150 Jahre »Soll und Haben«. Studien zu Gustav Freytags kontroversem Roman*. Würzburg: Königshausen & Neumann, 2005, 67–86.

Adelung, Johann Christoph: *Grammatisch-kritisches Wörterbuch der hochdeutschen Mundart*. 2., vermehrte und verb. Ausgabe. 4 Bde. Leipzig: Breitkopf & Co (Bd. 1–2)/Breitkopf und Härtel (Bd. 3–4), 1793–1801.

Adorno, Theodor W.: *Ästhetische Theorie*. In: ders.: *Gesammelte Schriften*. Hg. von Gretel Adorno und Rolf Tiedemann. Bd. 7. Frankfurt a.M.: Suhrkamp, 1970.

– »Satzzeichen« [1956]. In: ders.: *Noten zur Literatur*. Hg. von Rolf Tiedemann. Frankfurt a.M.: Suhrkamp, 1981, 106–113.

Agamben, Giorgio: *Idee der Prosa* [1985/2002]. Übers. von Dagmar Leupold und Clemens-Carl Härle. Frankfurt a.M.: Suhrkamp, 2003.

Ahlers, Nicole: *Das deutsche Versepos zwischen 1848 und 1914*. Frankfurt a.M. u.a.: Peter Lang, 1998.

Alewyn, Richard: »Eine Landschaft Eichendorffs« [1968]. In: ders.: *Probleme und Gestalten. Essays*. Frankfurt a.M.: Insel, 1974, 203–231.

Alighieri, Dante: *Vita Nova. Das Neue Leben*. Übers. und komm. von Anna Coseriu und Ulrike Kunkel. München: Deutscher Taschenbuch Verlag, 1988.

Althaus, Thomas: »Prosa«. In: Gerhard Lauer/Christine Ruhrberg (Hg.): *Lexikon Literaturwissenschaft. Hundert Grundbegriffe*. Stuttgart: Reclam, 2001, 275–278.

– / Fauser, Markus (Hg.): *Der Renaissancismus-Diskurs um 1900. Geschichte und ästhetische Praktiken einer Bezugnahme*. Bielefeld: Aisthesis, 2017.

Amrein, Ursula: »Als ich Gott und Unsterblichkeit entsagte‹. Zur Dialektik von Säkularisierung und Sakralisierung in Gottfried Kellers literarischen Projekten aus der Berliner Zeit (1850–1855)«. In: Hanna Delf von Wolzogen/Christine Hehle (Hg.): *Religion als Relikt? Christliche Traditionen im Werk Fontanes*. Würzburg: Königshausen & Neumann, 2006, 219–235.

– (Hg.): *Gottfried Keller-Handbuch. Leben – Werk – Wirkung*. Stuttgart: Metzler, 2016.

– »Süsse Frauenbilder zu erfinden, wie die bittre Erde sie nicht hegt!‹ Inszenierte Autorschaft bei Gottfried Keller«. In: *Jahresbericht der Gottfried Keller-Gesellschaft* (1997), 3–24.

Anderegg, Johannes: »Am Ende eine Groteske? Zur letzten Szene von Goethes *Faust*«. In: Kunz/Müller/Winkler (Hg.): *Figurationen des Grotesken in Goethes Werken*, 257–279.

Anton, Christine: *Selbstreflexivität der Kunsttheorie in den Künstlernovellen des Realismus*. Bern u.a.: Peter Lang, 1998.

Anton, Herbert: *Mythologische Erotik in Kellers »Sieben Legenden« und im »Sinngedicht«*. Stuttgart: Metzler, 1970.

Arasse, Daniel: *Leonardo da Vinci*. Übers. von Stefan Barmann und Regina Schmidt-Ott. Köln: DuMont, 1999. Frz. Orig.: *Léonard de Vinci. Le rythme du monde*. Paris: Hazan, 1997.

– / Tönnesmann, Andreas: *Der europäische Manierismus 1520–1610*. München: C.H. Beck, 1997.

Aristoteles: *Poetik*. Griechisch/Deutsch. Hg. und übers. von Manfred Fuhrmann. Bibliogr. erg. Ausgabe. Stuttgart: Reclam, 1994.

Arnaud, Sabine: »Une maladie indéfinissable? L'hystérie, de la métaphore au récit, au XVIIIe siècle«. In: *Annales. Histoire, Sciences Sociales* 65 (2010), 63–85, https://www.cairn.info/revue-annales-2010-1-page-63.htm (zuletzt gesehen: 26.7.2022).

Arnold, Heinz Ludwig (Hg.): *Theodor Fontane*. München: text + kritik, 1989.

Arnold, Ingmar: *Luft-Züge. Die Geschichte der Rohrpost*. 2., vollständig überarb. Aufl. Berlin: Ch. Links, 2016.

Arndt, Astrid/Deupmann, Christoph/Korten, Lars (Hg.): *Logik der Prosa. Zur Poetizität ungebundener Rede*. Göttingen: V&R-Unipress, 2012.

Arz, Maike: *Literatur und Lebenskraft. Vitalistische Naturforschung und bürgerliche Literatur um 1800*. Stuttgart: M&P Verlag für Wissenschaft und Forschung, 1996.

Asendorf, Christoph: *Batterien der Lebenskraft. Zur Geschichte der Dinge und ihrer Wahrnehmung im 19. Jahrhundert* [1984]. Weimar: VDG, 2002.

Atherton, Geoffrey: »Poetische Mahlerey‹. Placing Albrecht von Haller's ›Enzian‹ Portrait in a Georgic Gallery«. In: *The German Quarterly* 71.4 (1998), 353–376.

Auerbach, Erich: »Figura« [1938]. In: ders.: *Gesammelte Aufsätze zur romanischen Philologie*. Bern/München: Francke, 1967, 55–92.

– *Mimesis. Dargestellte Wirklichkeit in der abendländischen Literatur* [1946]. Bern/München: Francke, ⁵1971.

Aust, Hugo: »Anstößige Versöhnung? Zum Begriff der Versöhnung in Fontanes *Frau Jenny Treibel*«. In: *Zeitschrift für deutsche Philologie* 92 (1973), Sonderheft Theodor Fontane, 101–126.

Babel, Reinhard: *Translationsfiktionen. Zur Hermeneutik, Poetik und Ethik des Übersetzens*. Bielefeld: transcript, 2015.

Bachtin, Michail M.: *Chronotopos* [1975]. Übers. von Michael Dewey. Frankfurt a.M.: Suhrkamp, 2008.

– »Das Wort im Roman« [1934/35]. In: ders.: *Ästhetik des Wortes*. Hg. von Rainer Grübel. Übers. von Rainer Grübel und Sabine Reese. Frankfurt a.M.: Suhrkamp, 1979, 154–300.

– *Probleme der Poetik Dostoevskijs* [1963]. Übers. von Adelheid Schramm. München: Hanser, 1971.

– *Rabelais und seine Welt. Volkskultur als Gegenkultur* [1965]. Übers. von Gabriele Leupold. Hg. und mit einem Vorwort versehen von Renate Lachmann. Frankfurt a.M.: Suhrkamp, 1987.

Bächtold, Jakob: *Geschichte der deutschen Literatur in der Schweiz*. Frauenfeld: Huber, 1892.

Bance, Alan: *Theodor Fontane. The Major Novels* [1982]. Cambridge: Cambridge UP, 2010.

Barck, Karlheinz: »Prosaisch – poetisch«. In: ders. (Hg.): *Ästhetische Grundbegriffe*. Bd. 5. Stuttgart/Weimar: Metzler, 2003, 87–112.

Barner, Wilfried: »Hallers Dichtung«. In: Norbert Elsner/Nicolaas A. Rupke (Hg.): *Albrecht von Haller im Göttingen der Aufklärung*. Göttingen: Wallstein: 2009, 381–418.

Barthes, Roland: *Das Rauschen der Sprache. Kritische Essays IV*. Übers. von Dieter Hornig. Frankfurt a.M.: Suhrkamp, 2005. Frz. Orig.: *Le bruissement de la langue. Essais critiques IV*. Paris: Seuil, 1993 (= Points Essais 258).

– »Der Diskurs der Geschichte«. In: ders.: *Das Rauschen der Sprache*, 149–163. Frz. Orig.: »Le discours de l'histoire« [1967]. In: ders.: *Le bruissement de la langue*, 163–177.

– »Der Tod des Autors«. In: ders.: *Das Rauschen der Sprache*, 57–63. Frz. Orig.: »La mort de l'auteur« [1968]. In: ders.: *Le bruissement de la langue*, 63–69.

– *Die helle Kammer. Bemerkungen zur Photographie*. Übers. von Dietrich Leube. Frankfurt a.M.: Suhrkamp, 1985. Frz. Orig.: *La Chambre claire. Note sur la photographie* [1980]. In: ders.: *Œuvres complètes*. Bd. V: *Livres, textes, entretiens. 1977–1980*. Hg. von Eric Marty. Überarb. Neuaufl. Paris: Seuil, 2002, 785–892.

Baßler, Moritz: *Deutsche Erzählprosa 1850–1950. Eine Geschichte literarischer Verfahren*. Berlin: Erich Schmidt, 2015.

– (Hg.): *Entsagung und Routines. Aporien des Spätrealismus und Verfahren der frühen Moderne*. Berlin: de Gruyter, 2013.

Bauer, Hermann: *Rocaille. Zur Herkunft und zum Wesen eines Ornament-Motivs*. Berlin: de Gruyter, 1962.

Baudelaire, Charles: *Correspondance*. 2 Bde. Hg. von Claude Pichois und Jean Ziegler. Paris: Gallimard, 1973.

– *Der Spleen von Paris. Gedichte in Prosa sowie Frühe Dichtungen. Idéolus. Die Fanfarlo*. Übers. von Simon Werle. Hamburg: Rowohlt, 2019.

– *Die Blumen des Bösen*. Übers. von Simon Werle. Hamburg: Rowohlt, 2017.

– *Œuvres complètes*. 2 Bde. Hg. von Claude Pichois und Jean Ziegler. Paris: Gallimard, 1975–1976.

– *Sämtliche Werke/Briefe in acht Bänden*. Hg. von Friedhelm Kemp und Claude Pichois in Zusammenarbeit mit Wolfgang Drost und Robert Kopp. München/Wien: Hanser, 1975–1992.

Baumgarten, Alexander Gottlieb: *Ästhetik*. 2 Bde. Hg. von Dagmar Mirbach. Hamburg: Meiner, 2009.

Baumgarten, Franz Ferdinand: *Das Werk Conrad Ferdinand Meyers* [1917]. Hg. von Hans Schumacher, auf Grundlage der 2., durchges. Aufl. Zürich: Scientia, 1948.

Baumgartner, Marcel: »Goethes *Metamorphose der Pflanzen* und die Arabeske bei Tischbein, Runge und Goethe«. In: Arnd Friedrich/Fritz Heinrich/Christiane Holm (Hg.): *Johann Heinrich Wilhelm Tischbein (1751–1829). Das Werk des Goethe-Malers zwischen Kunst, Wissenschaft und Alltagskultur*. Petersberg: Michael Imhof Verlag, 2001, 211–220.

Becker, Sabina: *Literatur im Jahrhundert des Auges. Realismus und Fotografie im bürgerlichen Zeitalter*. München: text + kritik, 2010.

Beckers, Gustav: »Morone und Pescara. Proteisches Verwandlungsspiel und existentielle Metamorphose. Ein Beitrag zur Interpretation von C.F. Meyers Novelle *Die Versuchung des Pescara*. In: *Euphorion* 63 (1969), 117–145.

– »Nachwort. Beobachtungen über das Verhältnis von Dichtung und geschichtlicher Wirklichkeit in C.F. Meyers Novelle *Die Versuchung des Pescara*. In: Conrad Ferdinand Meyer: *Die Versuchung des Pescara*. Frankfurt a.M.: Ullstein, 1965, 178–220.

Begemann, Christian: »Deutschland«. In: Brittnacher/May (Hg.): *Phantastik*, 100–108.

– *Die Welt der Zeichen. Stifter-Lektüren.* Stuttgart/Weimar: Metzler, 1995.

– »Ein Spukhaus ist nie was Gewöhnliches ...‹. Das Gespenst und das soziale Imaginäre in Fontanes *Effi Briest*«. In: Hohendahl/Vedder (Hg.): *Herausforderungen des Realismus*, 203–241.

– »Einleitung« [I]. In: ders. (Hg.): *Realismus. Epoche – Autoren – Werke*, 7–10.

– »Einleitung« [II]. In: ders. (Hg.): *Realismus. Das große Lesebuch*, 13–22.

– »Einleitung« [III]. In: ders. (Hg.): *Realismus. Das große Lesebuch*, 25–32.

– »Figuren der Wiederkehr. Gespenster, Erinnerung, Tradition und Vererbung bei Theodor Storm«. In: Strowick/Vedder (Hg.): *Wirklichkeit und Wahrnehmung*, 13–37.

– »Gespenster des Realismus. Poetologie – Epistemologie – Psychologie in Fontanes *Unterm Birnbaum*«. In: Dirk Göttsche/Nicholas Saul (Hg.): *Realism and Romanticism in German Literature*. Bielefeld: Aisthesis, 2013, 223–253.

– »Kunst und Liebe. Ein ästhetisches Produktionsmythologem zwischen Klassik und Realismus«. In: Titzmann (Hg.): *Zwischen Goethezeit und Realismus*, 79–112.

– »Nachtgespenster – Überlebsel. Zum Verhältnis von Moderne und kulturellem Imaginärem bei Theodor Storm«. In: Louis Gerrekens/Valérie Leyh/Eckart Pastor (Hg.): *Konventionen und Tabubrüche. Theodor Storm als widerspenstiger Erfolgsautor des deutschen Realismus*. Berlin: Erich Schmidt, 2019, 201–231.

– (Hg.): *Realismus. Das große Lesebuch*. Frankfurt a.M.: Fischer, 2011.

– (Hg.): *Realismus. Epoche – Autoren – Werke*. Darmstadt: Wissenschaftliche Buchgesellschaft, 2007.

– »Realismus und Phantastik«. In: Veronika Thanner/Joseph Vogl/Dorothea Walzer (Hg.): *Die Wirklichkeit des Realismus*. Paderborn: Fink, 2018, 97–113.

– »Res und Realismus. Dinge im Gedicht zwischen Objektivierung und Animismus (Fontane und Storm)«. In: ders./Bunke (Hg.): *Lyrik des Realismus*, 177–221.

– »Rezeption und Wirkung: Realismus«. In: Roland Borgards/Harald Neumeyer (Hg.): *Büchner Handbuch. Leben – Werk – Wirkung*. Stuttgart: Metzler, 2009, 322–326.

– »Roderers Bilder – Hadlaubs Abschriften. Einige Überlegungen zu Mimesis und Wirklichkeitskonstruktion im deutschsprachigen Realismus«. In: Schneider/Hunfeld (Hg.): *Die Dinge und die Zeichen*, 25–41.

– »Spiegelscherben, Möwengeflatter. Poetik und Epistemologie des Realismus, bodenlose Mimesis und das Gespenst«. In: *Poetica* 46 (2014), 412–438.

– / Bunke: »Krisenphänomene: Probleme einer realistischen Lyrik. Zur Einleitung«. In: dies. (Hg.): *Lyrik des Realismus*, 9–31.

– / Bunke (Hg.): *Lyrik des Realismus*. Freiburg i. Br.: Rombach, 2019.

Behnke, Kerstin:»Romantische Arabesken. Lineatur ohne Figur und Grund zwischen Ornament-Schrift und (Text-)Gewebe«. In: Hans Ulrich Gumbrecht/ Karl Ludwig Pfeiffer (Hg.): *Schrift*. München: Fink, 1993, 101–123.

Beil, Ulrich Johannes: *Die hybride Gattung. Poesie und Prosa im europäischen Roman von Heliodor bis Goethe*. Würzburg: Königshausen & Neumann, 2010.

Beizer, Janet: *Ventriloquized Bodies. Narratives of Hysteria in Nineteenth-Century France*. Ithaca: Cornell UP, 1994.

Belgardt, Raimund:»Dichtertum als Existenzproblem. Zur Deutung von Storms *Immensee*«. In: *Schriften der Theodor-Storm-Gesellschaft* 18 (1969), 77–88.

Bender, Niklas:»Die Objektivität der modernen Lyrik (Baudelaire, Rimbaud, Mallarmé)«. In: ders./Steffen Schneider (Hg.): *Objektivität und literarische Objektivierung seit 1750*. Tübingen: Narr Francke Attempto, 2010, 73–97.

– »Lesen und Lieben im Zeitalter der Aufklärung. Die emotionale Beispielhaftigkeit von literarischen Texten«. In: *Germanisch-Romanische Monatsschrift* 67 (2017), 47–86.

– / Felten, Georges/Marchal, Hugues (Hg.): *Grenzgänge zwischen Vers und Prosa. Chevauchements du vers et de la prose (1700–1900)*. Würzburg: Königshausen & Neumann (im Erscheinen).

Benjamin, Walter: *Gesammelte Schriften*. 7 Bde. Unter Mitwirkung von Theodor W. Adorno und Gershom Scholem hg. von Rolf Tiedemann und Hermann Schweppenhäuser. Frankfurt a.M.: Suhrkamp, 1972–1999.

Bentmann, Reinhard/Müller, Michael: *Die Villa als Herrschaftsarchitektur* [1970]. Hamburg: Europäische Verlagsanstalt, 1992.

Bérat-Esquier, Fanny:»La beauté convulsive: Électricité et Modernité chez Baudelaire«. In: *Revue des sciences humaines* 281 (2006), 95–105.

Berbig, Roland: *Theodor Fontane im literarischen Leben. Zeitungen und Zeitschriften, Verlage und Vereine*. Berlin/New York: de Gruyter, 2000.

– / Wülfing, Wulf:»Rütli [II] [Berlin]«. In: Karin Bruns/Rolf Parr/Wulf Wülfing (Hg.): *Handbuch literarischer Vereine, Gruppen und Bünde 1825–1933*. Stuttgart/Weimar: Metzler, 1998, 394–406.

Bernd, Clifford Albrecht: *Poetic Realism in Scandinavia and Central Europe 1820–1895*. Columbia: Camden House, 1995.

Berndt, Frauke: *Anamnesis. Studien zur Topik der Erinnerung in der erzählenden Literatur zwischen 1800 und 1900 (Moritz – Keller – Raabe)*. Tübingen: Niemeyer, 1999.

Bernecker, Roland:»Abundanz«. In: Gert Ueding (Hg.): *Historisches Wörterbuch der Rhetorik*. Bd. 1. Tübingen: Niemeyer, 1992, Sp. 21–24.

Best, Otto F.:»Vom ›blauen Blümchen‹ zur ›blauen Blume‹«. In: *Germanisch-Romanische Monatsschrift* 36 (1986), 289–303.

Blanc, Jean-Daniel: *Die Stadt und das Wasser. 150 Jahre moderne Wasserversorgung in Zürich*. Zürich: Orell Füssli, 2018.

Blin, Georges: *Le Sadisme de Baudelaire*. Paris: Corti, 1948.

Blood, Susan:»The Sonnet as Snapshot. Seizing the Instant in Baudelaire's ›À une passante‹«. In: *Nineteenth-Century French Studies* 36.3–4 (2008), 255–269.

Boehm, Gottfried/Pfotenhauer, Helmut (Hg.): *Beschreibungskunst – Kunst-*

beschreibung. Ekphrasis von der Antike bis zur Gegenwart. München: Fink, 1995.

Bohrer, Karl Heinz: *Abschied – eine Theorie der Trauer.* Frankfurt a.M.: Suhrkamp, 1996.

Böll, Heinrich: *Frankfurter Vorlesungen.* In: ders.: *Werke. Kölner Ausgabe.* Bd. 14. Hg. von Jochen Schubert. Köln: Kiepenheuer & Witsch, 2002, 139–201.

Böning, Thomas: »Allegorisieren/Symbolisieren«. In: Heinrich Bosse/Ursula Renner (Hg.): *Literaturwissenschaft. Einführung in ein Sprachspiel.* 2., überarb. Aufl. Freiburg i. Br.: Rombach, 2010, 157–175.

Borchmeyer, Dieter: »*Altes Recht* und Revolution. – Schillers *Wilhelm Tell*«. In: Wolfgang Wittkowski (Hg.): *Friedrich Schiller. Kunst, Humanität und Politik in der späten Aufklärung.* Tübingen: Niemeyer, 1982, 69–111.

– *Tragödie und Öffentlichkeit. Schillers Dramaturgie im Zusammenhang seiner ästhetisch-politischen Theorie und die rhetorische Tradition.* München: Fink, 1973.

Börnchen, Stefan: *Poetik der Linie. Wilhelm Busch, Max und Moritz und die Tradition.* Hannover: Wehrhahn, 2014.

Börner, Mareike: *Mädchenknospe – Spiegelkindlein. Die Kindfrau im Werk Theodor Storms.* Würzburg: Königshausen & Neumann, 2009.

Böschenstein-Schäfer, Renate: »Das Rätsel der Corinna. Beobachtungen zur Physiognomie einer ›realistischen‹ Figur aus komparatistischer Perspektive«. In: Alan Bance/Helen Chambers/Charlotte Jolles (Hg.): *Theodor Fontane. The London Symposion.* Stuttgart: Heinz, 1995, 273–296.

– »Fontanes ›Finessen‹. Zu einem Methodenproblem der Analyse ›realistischer‹ Texte« [1985]. In: dies.: *Verborgene Facetten. Studien zu Fontane.* Hg. von Hanna Delf von Wolzogen und Hubertus Fischer. Würzburg: Königshausen & Neumann, 2006, 85–90.

– *Idylle.* 2., durchges. und erg. Aufl. Stuttgart: Metzler, 1977.

– »Storch, Sperling, Kakadu. Eine Fingerübung zu Fontanes schwebenden Motiven«. In: Wolfram Malte Fues/Wolfram Mauser (Hg.): ›*Verbergendes Enthüllen*‹. *Zu Theorie und Kunst dichterischen Verkleidens. Festschrift für Martin Stern.* Würzburg: Königshausen & Neumann, 1995, 251–264.

Bousquet, Jacques: *La peinture maniériste.* Neuchâtel: Ides et Calendes, 1964.

Brandstetter, Thomas/Windgätter, Christof (Hg.): *Zeichen der Kraft. Wissensformationen 1800–1900.* Berlin: Kadmos, 2008.

Brandstetter, Gabriele: »de figura. Überlegungen zu einem Darstellungsprinzip des Realismus – Gottfried Kellers ›Tanzlegendchen‹«. In: dies./Sibylle Peters (Hg.): *de figura. Rhetorik – Bewegung – Gestalt.* Paderborn: Fink, 2002, 223–245.

Braungart, Wolfgang: »Hymne, Ode, Elegie. Oder: Von der Schwierigkeit mit antiken Formen der Lyrik (Mörike, George, George-Kreis)«. In: Achim Aurnhammer/Thomas Pittrof (Hg.): ›*Mehr Dionysos als Apoll*‹. *Antiklassizistische Antike-Rezeption um 1900.* Frankfurt a.M.: Klostermann, 2002, 245–272.

– (Hg.): *Manier und Manierismus.* Tübingen: Niemeyer, 2000.

Bredekamp, Horst: »Der Manierismus. Zur Problematik einer kunsthistorischen Erfindung«. In: Braungart (Hg.): *Manier und Manierismus,* 109–129.

– »Die Unüberschreitbarkeit der Schlangenlinie«. In: Christian Schneegass (Hg.):

minimal – concept. Zeichenhafte Sprachen im Raum. Amsterdam/Dresden: Verlag der Kunst, 2001, 205–208.

–»Grillenfänge von Michelangelo bis Goethe«. In: *Marburger Jahrbuch für Kunstwissenschaft* 22 (1989), 169–180.

Brentano, Clemens/Runge, Philipp Otto: *Briefwechsel.* Hg. und kommentiert von Konrad Feilchenfeldt. Frankfurt a.M.: Insel, 1974.

Breuer, Dieter: »Schulrhetorik im 19. Jahrhundert«. In: Helmut Schanze (Hg.): *Rhetorik. Beiträge zu ihrer Geschichte in Deutschland vom 16.–20. Jahrhundert.* Frankfurt a.M.: Athenäum Fischer, 1974, 145–179.

Bridgwater, W.P.: »C.F. Meyer and Nietzsche«. In: *The Modern Language Review* 60 (1965), 568–583.

Brinkmann, Richard: *Theodor Fontane. Über die Verbindlichkeit des Unverbindlichen* [1967]. Tübingen: Niemeyer, 1977.

Brittnacher, Hans Richard/May, Markus (Hg.): *Phantastik. Ein interdisziplinäres Handbuch.* Stuttgart/Weimar: Metzler, 2013.

Brockes, Barthold Heinrich: *Werke.* Bd. 2.2: *Irdisches Vergnügen in GOTT. Zweiter Teil.* Hg. von Jürgen Rathje. Göttingen: Wallstein, 2013.

Bronfen, Elisabeth: *Das verknotete Subjekt. Hysterie in der Moderne.* Übers. von Nikolaus G. Schneider. Berlin: Volk & Welt, 1998.

Brüggemann, Heinz: »Literatur und Wahrnehmung in kulturwissenschaftlicher Perspektive«. In: Mathias Mertens (Hg.): *Forschungsüberblick ›Intermedialität‹. Kommentierungen und Bibliographie.* Hannover: Revonnah, 2000, 11–26.

Brüning, A.: »Moderne Beleuchtungskörper«. In: *Zeitschrift für Beleuchtungswesen, Heiz- und Lüftungs-Technik* 3 (1897), 54–56, 93–95, 278–281 und 317–320.

Bruns, Claudia: *Politik des Eros. Der Männerbund in Wissenschaft, Politik und Jugendkultur (1880–1934).* Köln u.a.: Böhlau, 2008.

Bucher, Max/Hahl, Werner/Jäger, Georg/Wittmann, Reinhard (Hg.): *Realismus und Gründerzeit. Manifeste und Dokumente zur deutschen Literatur 1848–1880.* 2 Bde. Stuttgart: Metzler, 1975–1976.

Büchner, Georg: *Sämtliche Werke, Briefe und Dokumente in zwei Bänden.* Hg. von Henri Poschmann. Frankfurt a.M.: Deutscher Klassiker Verlag, 1992–1999.

Bünter, Jean Pierre: *›Lebendig abgeschieden‹. C.F. Meyers Berglyrik sub specie mortis. Biographie und Metaphantasie.* Bern u.a.: Peter Lang, 1991.

Bunzel, Wolfgang: *Das deutschsprachige Prosagedicht. Theorie und Geschichte einer literarischen Gattung der Moderne.* Tübingen: Niemeyer, 2005.

– / Stein, Peter/Vaßen, Florian: »›Romantik‹ und ›Vormärz‹ als rivalisierende Diskursformationen der ersten Hälfte des 19. Jahrhunderts«. In: dies. (Hg.): *Romantik und Vormärz. Zur Archäologie literarischer Kommunikation in der ersten Hälfte des 19. Jahrhunderts.* Bielefeld: Aisthesis, 2007 (= Vormärz-Studien 10), 9–46.

Burckhardt, Jacob: *Der Cicerone. Eine Anleitung zum Genuss der Kunstwerke Italiens.* Basel: Schweighauser, 1855.

– *Die Kultur der Renaissance in Italien. Ein Versuch* [1860/69]. 2., durchges. Aufl. Stuttgart: Kröner, 2009.

– *Geschichte der Renaissance in Italien.* Stuttgart: Ebner & Seubert, 1868.

– *Weltgeschichtliche Betrachtungen.* Hg. von Rudolf Marx. Stuttgart: Kröner, 1978.

Burdorf, Dieter: »Gibt es eine Geschichte der deutschen Hymne?« In: *Zeitschrift für Germanistik* N.F. 14 (2004), 298–310.

Burkhart, Marianne: *C.F. Meyer und die Mythologie.* Zürich: Atlantis, 1966.

Busch, Werner: »Die Autonomie der Kunst«. In: ders./Peter Schmoock (Hg.): *Kunst. Die Geschichte ihrer Funktionen.* Weinheim: Quadriga, 1987, 178–203.

– *Die notwendige Arabeske. Wirklichkeitsaneignung und Stilisierung in der deutschen Kunst des 19. Jahrhunderts.* Berlin: Gebr. Mann, 1985.

– »Eugen Napoleon Neureuther in Runges Bahnen«. In: Markus Bertsch/Hubertus Gaßner/Jenns Howoldt (Hg.): *Kosmos Runge. Das Hamburger Symposium.* München: Hirmer, 2013, 329–339.

Busch, Wilhelm: *Die Bildergeschichten.* 3 Bde. Bearbeitet von Hans Ries, unter Mitwirkung von Ingrid Haberland. 2., überarb. Aufl. Hannover: Schlütersche, 2007.

– »Kennen die Bienen ihren Herrn?« [1867]. In: ders.: *Umsäuselt von sumsenden Bienen. Schriften zur Imkerei.* Hg. und mit einem Vorwort versehen von Christiane Freudenstein. Göttingen: Wallstein, ³2016, 29–35.

– *Sämtliche Briefe. Kommentierte Ausgabe in zwei Bänden.* Hg. von der Wilhelm-Busch-Gesellschaft und kommentiert von Friedrich Bohne unter Mitarbeit von Paul Meskemper und Ingrid Haberland. Nachdruck der Original-Ausgabe von 1968/69. Hannover: Schlütersche, 1982.

– *Werke.* 4 Bde. Historisch-kritische Gesamtausgabe bearb. und hg. von Friedrich Bohne. Zürich: Stauffacher, 1960.

Butzer, Günter/Günter, Manuela/von Heydebrand, Renate: »Strategien zur Kanonisierung des ›Realismus‹ am Beispiel der *Deutschen Rundschau.* Zum Problem der Integration österreichischer und schweizerischer Autoren in die deutsche Nationalliteratur«. In: *Internationales Archiv für Sozialgeschichte der Literatur* 24 (1999), 55–81.

Cahn, Michael: »Die Rhetorik der Wissenschaft im Medium der Typographie. Zum Beispiel die Fußnote«. In: Hans-Jörg Rheinberger/Michael Hagner/Bettina Wahrig-Schmidt (Hg.): *Räume des Wissens. Repräsentation, Codierung, Spur.* Berlin: Akademie-Verlag, 1997, 91–109.

Cassagne, Albert: *Versification et métrique de Ch. Baudelaire.* Paris: Hachette, 1906.

Charcot, Jean-Marie: *L'hystérie.* Textes choisis et introduction par E. Trillat. Paris: L'Harmattan, 1998.

– / Richer, Paul: *Die Besessenen in der Kunst.* Hg. und mit einem Nachwort von Manfred Schneider, in Zusammenarbeit mit Wolgang Tietze. Übers. von Willi Hendrichs. Göttingen: Steidl, 1988. Frz. Orig.: *Les Démoniaques dans l'art* [1887]. Mit einem Vorwort von Pierre Fédida und einem Nachwort von Georges Didi-Huberman. Paris: Macula, 1984. .

Chastel, André: *Die Groteske. Streifzüge durch eine zügellose Malerei.* Übers. von Horst Günther. Berlin: Wagenbach, 1997. Frz. Orig.: *La grottesque.* Paris: Le Promeneur, 1988.

Chométy, Philippe/Seth, Catriona: »Une tradition ininterrompue«. In: Hugues Marchal (Hg.): *Muses et ptérodactyles. La poésie de la science de Chénier à Rimbaud.* Paris: Seuil, 2013, 19–29.

Christen, Felix: »*ins Sprachdunkle«. Theoriegeschichte der Unverständlichkeit 1870–1970.* Göttingen: Wallstein, 2021.

Cicero, Marcus Tullius: *De oratore/Über den Redner.* Lat./Dt. Übers. und hg. von Harald Merklin. Stuttgart: Reclam, 1976.

– *Orator.* Lat./Dt. Hg. und übers. von Bernhard Kytzler. 3., durchges. Aufl. München/Zürich: Artemis, ³1988.

Corbin, Alain: *Les filles de noce. Misère sexuelle et prostitution au XIXe siècle* [1978]. Paris: Flammarion, 1982 (= Champs histoire 118).

Costa, Patrizia: *The Sala delle Asse in the Sforza Castle in Milan.* Diss., University of Pittsburg, 2006. https://d-scholarship.pitt.edu/6590/1/Costa2006etd.pdf (zuletzt gesehen: 26.7.2022).

Creuzer, Georg Friedrich: *Symbolik und Mythologie der alten Völker, besonders der Griechen.* 3., verbesserte Ausgabe. Leipzig/Darmstadt: Carl Wilhelm Leeke, 1843 [Reprint: Hildesheim: Olms, 1973].

Crichton, Mary C.: »Conrad Ferdinand Meyer's *Hohe Station*«. In: *The Germanic Review* 33.3 (1958), 211–222.

Cuonz, Daniel: *Die Sprache des verschuldeten Menschen.* Paderborn: Fink, 2018.

Curtius, Ernst Robert: *Europäische Literatur und lateinisches Mittelalter* [1948]. Bern/München: Francke, ¹⁰1984.

Dacos, Nicole: *La découverte de la Domus Aurea et la formation des grotesques à la Renaissance.* London: The Warburg Institute, 1969.

Delf von Wolzogen, Hanna/Faber, Richard (Hg.): *Theodor Fontane: Dichter und Romancier. Seine Rezeption im 20. und 21. Jahrhundert.* Würzburg: Königshausen & Neumann, 2015.

Deleuze, Gilles/Guattari, Félix: *Tausend Plateaus.* Übers. von Gabriele Ricke und Roland Voullié. Berlin: Merve, ⁶2005. Frz. Orig.: *Mille plateaux. Capitalisme et schizophrénie 2.* Paris: Minuit, 1980.

Demandt, Christian/Theisohn, Philipp (IIg.): *Storm-Handbuch. Leben – Werk – Wirkung.* Stuttgart: Metzler, 2017.

Derrida, Jacques: *De la grammatologie.* Paris: Minuit, 1967.

Detering, Heinrich: *Der Antichrist und der Gekreuzigte. Friedrich Nietzsches letzte Texte.* 3., durchges. Aufl. Göttingen: Wallstein, 2010.

– »Der letzte Lyriker«. Erlebnis und Gedicht – zum Wandel einer poetologischen Kategorie bei Theodor Storm«. In: *Schriften der Theodor-Storm-Gesellschaft* 53 (2004), 25–41.

– »Du sprichst vom falschen Ort«. Zur Dialektik des Grotesken in Goethes Walpurgisnächten«. In: Kunz/Müller/Winkler (Hg.): *Figurationen des Grotesken in Goethes Werken,* 203–222.

– »Entomologische Verwandlungen. Kafka als Leser von Storms *Der Herr Etatsrat*«. In: Gerd Eversberg/David Jackson/Eckart Pastor (Hg.): *Stormlektüren. Festschrift für Karl Ernst Laage zum 80. Geburtstag.* Würzburg: Königshausen & Neumann, 2000, 349–361.

– *Kindheitsspuren. Theodor Storm und die Romantik.* [Heide]: Boyens, 2011.

– »Ökologische Krise und ästhetische Innovation im Werk Wilhelm Raabes«. In: *Jahrbuch der Raabe-Gesellschaft* 33 (1992), 1–27.

Deupmann, Christoph (Hg.): *Theodor Storm. Novellen. Interpretationen.* Stuttgart: Reclam, 2008.

Didi-Huberman, Georges: *Ähnlichkeit und Berührung. Archäologie, Anachronismus und Modernität des Abdrucks.* Übers. von Christoph Hollender. Köln:

DuMont, 1999. Frz. Orig.: *La Ressemblance par contact. Archéologie, anachronisme et modernité de l'empreinte* [1997]. Paris: Minuit, 2008.

- »Charcot, l'histoire et l'art«. In: Charcot/Richer: *Les Démoniaques dans l'art*, 125–188.

- *Das Nachleben der Bilder. Kunstgeschichte und Phantomzeit nach Aby Warburg*. Übers. von Michael Bischoff. Berlin: Suhrkamp, 2010. Frz. Orig. *L'Image survivante. Histoire de l'art et temps des fantômes selon Aby Warburg*. Paris: Minuit, 2002.

- »Die Frage des Details, die Frage des *pan*«. Übers. von Werner Rappl. In: Edith Futscher/Stefan Neuner/Wolfram Pichler/Ralph Ubl (Hg.): *Was aus dem Bild fällt. Figuren des Details in Kunst und Literatur. Friedrich Teja Bach zum 60. Geburtstag*. München: Fink, 2007, 43–86. Frz. Orig.: »Question de détail, question de pan«. In: ders.: *Devant l'image. Question posée aux fins d'une histoire de l'art*. Paris: Minuit, 1990, 271–318.

- *Invention de l'hystérie. Charcot et l'iconographie photographique de la Salpêtrière* [1982]. 6., überarb. und erw. Aufl. Paris: Macula, 2014.

Deutsches Wörterbuch von Jacob und Wilhelm Grimm. 16 Bde. Leipzig: Hirzel, 1854–1961.

Dieterle, Regina: *Vater und Tochter. Erkundung einer erotisierten Beziehung in Leben und Werk Theodor Fontanes*. Bern u.a.: Peter Lang, 1996.

Downing, Eric: »Double Takes: Genre and Gender in Gottfried Keller's *Sieben Legenden*«. In: *The Germanic Review* 73.3 (1998), 221–238.

Drouin, Jean-Marc/Lienhard, Luc: »Botanik«. In: Hubert Steinke/Urs Boschung/Wolfgang Proß (Hg.): *Albrecht von Haller. Leben – Werk – Epoche*. Göttingen: Wallstein, ²2009, 292–314.

Drügh, Heinz J.: »Tiefenrealismus. Zu Theodor Fontanes *Frau Jenny Treibel*«. In: Baßler (Hg.): *Entsagung und Routines*, 197–225.

Dünzl, Franz: *Kleine Geschichte des trinitarischen Dogmas in der Alten Kirche*. 2., durchges. Aufl. Freiburg i. Br.: Herder, 2011.

Dutli, Ralph: *Das Lied vom Honig. Eine Kulturgeschichte der Biene* [2012]. Göttingen: Wallstein, ⁴2013.

Eckermann, Johann Peter: *Gespräche mit Goethe in den letzten Jahren seines Lebens 1823–1832*. Hg. von Christoph Michel unter Mitwirkung von Hans Grüters. Frankfurt a.M.: Deutscher Klassiker Verlag im Taschenbuch, 2011 (= Goethe: *Sämtliche Werke. Briefe, Tagebücher und Gespräche* 40).

Eckstein, Evelyn: *Fußnoten. Anmerkungen zu Poesie und Wissenschaft*. Münster: LIT, 2001.

Eisele, Ulf: »Realismus-Theorie«. In: Horst Albert Glaser (Hg.): *Deutsche Literatur. Eine Sozialgeschichte*. Bd. 7: *Vom Nachmärz zur Gründerzeit: Realismus. 1848–1880*. Reinbek bei Hamburg: Rowohlt, 1982, 36–46.

Eke, Norbert Otto: »›Blühe, deutsches Vaterland‹. Hoffmann von Fallerslebens ›volkstümliche‹ Hymne und die ›deutsche‹ Hymnenpraxis«. In: *Der Deutschunterricht* 63 (2011), 32–44.

Erhart, Walter: *Familienmänner. Über den literarischen Ursprung moderner Männlichkeit*. München: Fink, 2001.

Eßlinger, Eva/Volkening, Heide/Zumbusch, Cornelia (Hg.): *Die Farben der Prosa*. Freiburg i. Br.: Rombach, 2016.

- »Die Farben der Prosa. Zur Einleitung«. In: dies. (Hg.): *Die Farben der Prosa*, 11–28.

Evans, Tamara S.: *Formen der Ironie in Conrad Ferdinand Meyers Novellen*. Bern: Francke, 1980.

Eversberg, Gerd: »Anhang. Zeitgenössische Illustrationen«. In: Storm: *Immensee. Texte (1. und 2. Fassung)*, 122–141.

Fabricius Hansen, Maria: »Maniera and the Grotesque«. In: Braungart (Hg.): *Manier und Manierismus*, 251–273.

- *The Art of Transformation. Grotesques in Sixteenth-Century Italy*. Rom: Edizioni Quasar, 2018.

Fasold, Regina: »*Immensee* (1849)«. In: Demandt/Theisohn (Hg.): *Storm-Handbuch*, 131–136.

Faulstich, Werner: *Medienwandel im Industrie- und Massenzeitalter (1830–1900)*. Göttingen: Vandenhoeck & Ruprecht, 2004.

Fauser, Markus: »Anthropologie der Geschichte. Jacob Burckhardt und die historische Lyrik von Conrad Ferdinand Meyer«. In: *Euphorion* 92 (1998), 331–359.

- »Historische Größe. Rekonstruktion und Semantik einer Denkfigur des Historismus«. In: Zeller (Hg.): *Conrad Ferdinand Meyer im Kontext*, 205–221.

- »›Verruchte Renaissance‹. Conrad Ferdinand Meyers *Jörg Jenatsch* im Kontext des Renaissancismus«. In: Althaus/ders. (Hg.): *Der Renaissancismus-Diskurs um 1900*, 99–115.

Fechner, Gustav Theodor: *Nanna, oder über das Seelenleben der Pflanzen*. Leipzig: Leopold Voß, 1848.

Felten, Georges: »Comptes d'apothicaire? Pratiques énumératives dans la poésie du dernier Fontane«. In: *Le Texte et l'Idée* 28 (2014), 125–147.

- »*Deuil du vers* (bis). Poetologische Trauerarbeit im deutschsprachigen Realismus (Storm, Fontane)«. In: Bender/ders./Marchal (Hg.): *Grenzgänge zwischen Vers und Prosa*, im Ersch.

- »Echoraum der Telegrafie. Zum medienästhetischen Ort von C.F. Meyers *Hohe Station* und *Die Versuchung des Pescara*«. In: Begemann/Bunke (Hg.): *Lyrik des Realismus*, 303–323.

- »Knotenpunkt Papierschlange. Zu den Tableaux vivants im *Grünen Heinrich* (1854/55)«. In: Stéphane Boutin/Marc Caduff/ders./Caroline Torra-Mattenklott/Sophie Witt (Hg.): *Fest/Schrift. Für Barbara Naumann*. Bielefeld: Aisthesis, 2019, 389–393.

- »Odysseus am Rhein. Heines ›Ich weiß nicht, was soll es bedeuten‹ als poetologische Selbstverortung«. In: *Heine-Jahrbuch* 52 (2013), 24–41.

- »Physiologie als Poetologie. Storms ›Begegnung‹ und Baudelaires ›À une passante‹ im Spannungsfeld von Poesie und Wissen, Poesie und Prosa«. In: Olivier Agard u.a. (Hg.): *Figures de la critique. Mélanges offerts à Gérard Raulet*. Bern u.a.: Peter Lang, 2015, 177–189.

- »Summen, Wühlen. Bienen und Idyllik in Theodor Storms *Immensee*«. In: Schneider/Drath (Hg.): *Prekäre Idyllen*, 182–202.

- »(Um-)Wendung. Pas de deux von Poesie und Prosa in Gottfried Kellers ›Das Tanzlegendchen‹«. In: *Variations* 23 (2015): *Tanz/Danse/Dance*, 41–54.

Fibicher, Arthur: »Mazze«. In: *Historisches Lexikon der Schweiz* (Version vom

24.11.2009). https://hls-dhs-dss.ch/de/articles/016548/2009-11-24/ (zuletzt gesehen: 26.7.2022).

Figuier, Louis: *Les nouvelles conquêtes de la science*. Bd. 2: *Grands tunnels et métropolitains*. Paris: Librairie Illustrée/Marpon & Flammarion, 1884.

Fischart, Johann: *Affentheurlich Naupengeheurlich Geschichtklitterung*. Frankfurt a.M.: Eichborn, 1997.

Fischer, Hubertus: »Gordon oder Die Liebe zur Telegraphie«. In: *Fontane-Blätter* 67 (1999), 36–58.

Föcking, Marc: »Drei Verbindungen: Lyrik, Telefon, Telegrafie 1900–1913 (Liliencron, Altenberg, Apollinaire)«. In: Knut Hickethier/Katja Schumann (Hg.): *Die schönen und die nützlichen Künste. Literatur, Technik und Medien seit der Aufklärung*. München: Fink, 2007, 167–180.

Fohrmann, Jürgen: »Lyrik«. In: McInnes/Plumpe (Hg.): *Bürgerlicher Realismus und Gründerzeit*, 394–461, Anm. 784–792.

Fontane, Theodor: *Briefe an Julius Rodenberg. Eine Dokumentation*. Hg. von Hans-Heinrich Reuter. Berlin/Weimar: Aufbau, 1969.

– *Große Brandenburger Ausgabe*. Begründet und hg. von Gotthart Erler; fortgeführt von Gabriele Radecke und Heinrich Detering. Berlin: Aufbau, 1994–.

– »Literarische Selbstbiographie«. In: ders.: *Aufzeichnungen zur Literatur. Ungedrucktes und Unbekanntes*. Hg. von Hans-Heinrich Reuter. Berlin/Weimar: Aufbau, 1969, 1–5.

– *Werke, Schriften und Briefe*. 22 Bde. Hg. von Walter Keitel und Helmuth Nürnberger. München: Hanser, 1962–1997.

Foucault, Michel: *Der Wille zum Wissen. Sexualität und Wahrheit 1*. Übers. von Ulrich Raulff und Walter Seitter. Frankfurt a.M.: Suhrkamp, 1977. Frz. Orig.: *Histoire de la sexualité I. La volonté de savoir* [1976]. Paris: Gallimard, 1994 (= coll. »Tel« 248).

Frank, Gustav: »Dichtung in Prosa(ischen Zeiten). Lyrik zwischen Goethezeit und Vormärz in Erzähltexten Goethes, Heines, Mörikes und Eichendorffs«. In: Martus/Scherer/Stockinger (Hg.): *Lyrik im 19. Jahrhundert*, 237–270.

– *Krise und Experiment. Komplexe Erzähltexte im Umbruch des 19. Jahrhunderts*. Wiesbaden: DUV, 1998.

– »Auf dem Weg zum Realismus«. In: Begemann (Hg.): *Realismus. Epoche – Autoren – Werke*, 27–44.

Freitag, Benjamin: »Von kunstsinnigen Dilettanten, voreingenommenen Grabräubern und geltungsbedürftigen Schliemännern. Eine archäologiegeschichtliche Spurensuche bei Adalbert Stifter, Wilhelm Raabe und Theodor Fontane«. In: Jan Broch/Jörn Lang (Hg.): *Literatur der Archäologie. Materialität und Rhetorik im 19. Jahrhundert*. Paderborn: Fink, 2012, 197–244.

Freud, Sigmund: *Briefe an Wilhelm Fließ. 1887–1904*. Ungekürzte Ausgabe. Hg. von Jeffrey Moussaieff Masson. Dt. Fassung von Michael Schröter. Frankfurt a.M.: Fischer, ²1999.

– *Gesammelte Werke*. 17 Bde. Hg. von Anna Freud u.a. London: Imago, 1940–1952.

Frey, Adolf: *Albrecht von Haller und seine Bedeutung für die deutsche Literatur*. Leipzig: Haessel, 1879.

Fricke, Harald u.a. (Hg.): *Reallexikon der deutschen Literaturwissenschaft*. 3 Bde. Berlin/New York: de Gruyter, 1997–2003.

Friedrich, Gerhard: »Die Witwe Schmolke«. Ein Beitrag zur Interpretation von Fontanes Roman *Frau Jenny Treibel*«. In: *Fontane-Blätter* 52 (1991), 29–46.

Fülleborn, Ulrich: *Deutsche Prosagedichte vom 18. Jahrhundert bis zur letzten Jahrhundertwende*. München: Fink 1985.

– »*Werther* – *Hyperion* – *Malte Laurids Brigge*. Prosalyrik und Roman«. In: ders./Johannes Krogoll (Hg.): *Studien zur deutschen Literatur. Festschrift für Adolf Beck zum siebzigsten Geburtstag*. Heidelberg: Winter, 1979, 86–102.

Fumaroli, Marc: »Préface«. In: Maurice de Guérin: *Poésie*. Paris: Gallimard, 1984, 7–72.

Gaderer, Rupert: »Liebe im Zeitalter der Elektrizität. E.T.A. Hoffmanns *homines electrificati*«. In: *Österreichische Zeitschrift für Geschichtswissenschaften* 3 (2007), 43–61.

– *Poetik der Technik. Elektrizität und Optik bei E.T.A. Hoffmann*. Freiburg i. Br.: Rombach, 2009.

Galvani, Luigi: *Abhandlung über die Kräfte der thierischen Elektrizität auf die Bewegung der Muskeln, nebst einigen Schriften der H.H. Valli, Carminati und Volta über eben diesen Gegenstand*. Übers. von D. Johann Mayer. Prag: Calve, 1793. Lat. Orig.: *De viribus electricitatis in motu musculari*. Bologna: Ex Typographia Instituti Scientiarum, 1791.

Gamper, Michael: »Ausstrahlung und Einbildung. Der ›große Mann‹ im 19. Jahrhundert.« In: Jesko Reiling/Carsten Rohde (Hg.): *Das 19. Jahrhundert und seine Helden. Literarische Figurationen des (Post-)Heroischen*. Bielefeld: Aisthesis, 2011, 173-198.

– *Elektropoetologie. Fiktionen der Elektrizität 1740–1870*. Göttingen: Wallstein, 2009.

– »Experiment«. In: Roland Borgards u.a. (Hg.): *Handbuch Literatur und Wissen*. Stuttgart: Metzler, 2013, 254–259.

– Kleeberg, Ingrid (Hg.): *Größe. Zur Medien- und Konzeptgeschichte personaler Macht im langen 19. Jahrhundert*. Zürich: Chronos, 2015.

Gardian, Christoph: »Reduzierte Romantik. Adalbert Stifters *Bunte Steine* und das Programm einer ›Wiederherstellung in dem ursprünglichen Sinne‹«. In: *Internationales Archiv für Sozialgeschichte der deutschen Literatur* 44 (2019), 191–219.

Geibel, Emanuel: *Neue Gedichte*. Stuttgart/Augsburg: Cotta, 1856.

Generaldirektion PTT (Hg.): *Hundert Jahre elektrisches Nachrichtenwesen in der Schweiz 1852–1952*. 3 Bde. Bern: Generaldirektion PTT, 1952–1962.

Georges, Karl Ernst: *Ausführliches deutsch-lateinisches Handwörterbuch*. Unveränderter Nachdruck der achten, verb. und vermehrten Aufl., von Heinrich Georges. 2 Bde. Darmstadt: Wissenschaftliche Buchgesellschaft, 1998 (= Reprint der Ausgabe Hannover: Hahnsche Buchhandlung, 1913/1918).

Geppert, Hans Vilmar: *Der realistische Weg. Formen pragmatischen Erzählens bei Balzac, Dickens, Hardy, Keller, Raabe und anderen Autoren des 19. Jahrhunderts*. Tübingen: Niemeyer, 1994.

Geßner, Salomon: *Idyllen. Kritische Ausgabe*. Hg. von E. Theodor Voss. Stuttgart: Reclam, ³1988.

Giacometti, Enrico: *Die Einführung des Telegraphen in der Schweiz, mit besonderer Berücksichtigung von Graubünden.* Chur: Desertina, 2006.

Gibhardt, Boris Roman: *Nachtseite des Sinnbilds. Die romantische Allegorie.* Göttingen: Wallstein, 2018.

Ginzburg, Carlo:»Spurensicherung. Der Jäger entziffert die Fährte, Sherlock Holmes nimmt die Lupe, Freud liest Morelli – die Wissenschaft auf der Suche nach sich selbst« [1979]. In: ders.: *Spurensicherung. Die Wissenschaft auf der Suche nach sich selbst.* Übers. von Gisela Bonz und Karl F. Hauber. Berlin: Wagenbach, 2011, 7–57.

Giuriato, Davide:»Das Leben der Fliegen. Versuch über ein unliebsames Insekt«. Antrittsvorlesung an der Philosophischen Fakultät der Universität Zürich (21.5.2016). https://tube.switch.ch/switchcast/uzh.ch/events/20862530-2d46-495f-940f-995a1ebf65af (zuletzt gesehen: 25.7.2022).

Goethe, Johann Wolfgang: *Leiden des jungen Werthers.* In: ders.: *Werke. Vollständige Ausgabe letzter Hand.* Bd. 16. Stuttgart/Tübingen: J.G. Cotta, 1828, 1–192.

– *Sämtliche Werke. Briefe, Tagebücher und Gespräche.* 40 Bde. Hg. von Hendrik Birus u.a. Frankfurt a.M.: Deutscher Klassiker Verlag, 1985–2013.

Göttsche, Dirk:»Prosa als Bestimmungskriterium«. In: Zymner (Hg.): *Handbuch Gattungstheorie,* 38f.

– »Vers als Bestimmungskriterium«. In: Zymner (Hg.): *Handbuch Gattungstheorie,* 45f.

– / Krobb, Florian/Parr, Rolf (Hg.): *Raabe-Handbuch. Leben – Werk – Wirkung.* Stuttgart: Metzler, 2016.

Grätz, Katharina: *Musealer Historismus. Die Gegenwart des Vergangenen bei Stifter, Keller und Raabe.* Heidelberg: Winter, 2006.

Grawe, Christian:»Lieutenant Vogelsang a.D. und Mr. Nelson aus Liverpool. Treibels politische und Corinnas private Verirrungen in *Frau Jenny Treibel*«. In: *Fontane-Blätter* 38 (1984), 588–606.

Grieve, Heide:»Frau Jenny Treibel und Frau Wilhelmine Buchholz. Fontanes Roman und die Berliner Populärliteratur«. In: Jörg Thunecke (Hg.): *Formen realistischer Erzählkunst. Festschrift für Charlotte Jolles: in honour of her 70th birthday.* Nottingham: Sherwood Press, 1979, 535–543.

Grimberg, Michel:»›Das ist Tells Geschoß‹. Klassiker als Repertoire kultureller Sprachklischees in Th. Fontanes Roman *Frau Jenny Treibel*«. In: *Fontane-Blätter* 86 (2008), 72–92.

Groddeck, Wolfram (Hg.): *Der grüne Heinrich. Gottfried Kellers Lebensbuch – neu gelesen.* Zürich: Chronos, 2009.

– »›Eine gewisse Unförmlichkeit‹: Briefeschreiben und Romangeschehen«. In: ders. (Hg.): *Der grüne Heinrich,* 33–54.

– *Reden über Rhetorik. Zu einer Stilistik des Lesens.* 2., durchges. Aufl. Frankfurt a.M./Basel: Stroemfeld, 2008.

– »›Traumcomposition‹ – Erzählung, Verdichtung, Gedicht«. In: ders. (Hg.): *Der grüne Heinrich,* 221–245.

Gruber, Georg B.:»Henle, Jakob«. In: Historische Kommission bei der Bayerischen Akademie der Wissenschaften (Hg.): *Neue deutsche Biographie.* Bd. 8. Berlin: Duncker & Humblot, 1969, 531f.

Günter, Manuela: »Die Medien des Realismus«. In: Begemann (Hg.): *Realismus. Epoche – Autoren – Werke*, 45–61.

– *Im Vorhof der Kunst. Mediengeschichten der Literatur im 19. Jahrhundert.* Bielefeld: transcript, 2008.

Günther, Johann Christian: *Werke.* Hg. von Reiner Bölhoff. Frankfurt a.M.: Deutscher Klassiker Verlag, 1998.

Guthke, Karl S.: »Hallers Blick in den Spiegel. Der Arzt mit der ›poetischen Krankheit‹«. In: ders.: *Die Entdeckung des Ich. Studien zur Literatur.* Tübingen/Basel: Francke, 1993, 79–95.

Haase, Frank: »Stern und Netz. Anmerkungen zur Geschichte der Telegrafie im 19. Jahrhundert«. In: Jochen Hörisch/Michael Wetzel (Hg.): *Armaturen der Sinne. Literarische und technische Medien 1870–1920.* München: Fink, 1990, 43–61.

Hagner, Michael: »Psychophysiologie und Selbsterfahrung. Metamorphosen des Schwindels und der Aufmerksamkeit im 19. Jahrhundert«. In: Aleida Assmann/Jan Assmann (Hg.): *Aufmerksamkeiten.* München: Fink, 2001, 241–263.

Hansen, Uffe: *Conrad Ferdinand Meyer: »Angela Borgia«. Zwischen Salpêtrière und Berggasse.* Übers. von Monika Wesemann. Bern: Francke, 1986.

Häntzschel, Günter: »Lyrik-Vermittlung in Familienblättern. Am Beispiel der Gartenlaube 1885–1895«. In: *Literaturwissenschaftliches Jahrbuch* N.F. 22 (1981), 155–185.

Hardie, Philip R.: *Rumour and Renown. Representations of Fama in Western Literature.* Cambridge: Cambridge UP, 2012.

Hauptmann, Gerhart: *Das Abenteuer meiner Jugend* [1937]. In: ders.: *Sämtliche Werke.* Hg. von Hans-Egon Hass. Bd. 7: *Autobiographisches.* Berlin: Propyläen, 1962, 451–1088.

Hebekus, Uwe: *Klios Medien. Die Geschichtskultur des 19. Jahrhunderts in der historistischen Historie und bei Theodor Fontane.* Tübingen: Niemeyer, 2003.

Hederich, Benjamin: *Gründliches mythologisches Lexikon.* Neusatz und Faksimile der Ausgabe Leipzig 1770. http://www.zeno.org/Hederich-1770 (zuletzt gesehen: 26.7.2022).

Hegel, Georg Wilhelm Friedrich: *Vorlesungen über die Ästhetik.* 3 Bde. Hg. von Eva Moldenhauer und Karl Markus Michel. Frankfurt a.M.: Suhrkamp, 1970 (= Werke 13–15).

Heidelberger, Michael: »Helmholtz' Erkenntnis- und Wissenschaftstheorie«. In: Lorenz Krüger (Hg.): *Universalgenie Helmholtz. Rückblick nach 100 Jahren.* Berlin: Akademie-Verlag, 1994, 168–185.

Heller, Jakob: »›Ein Verhältnis zum Ganzen‹. Verfahren der Idyllisierung in Gottfried Kellers *Der grüne Heinrich* (Erste Fassung)«. In: Schneider/Drath (Hg.): *Prekäre Idyllen*, 152–166.

Helmer, Debora: »Storm und das literarische Berlin«. In: Demandt/Theisohn (Hg.): *Storm-Handbuch*, 21–27.

Helmstetter, Rudolf: »Das realistische Opfer. Ethnologisches Wissen und das gesellschaftliche Imaginäre in der Poetologie Fontanes«. In: Neumann/Stüssel (Hg.): *Magie der Geschichten*, 363–388.

– *Die Geburt des Realismus aus dem Dunst des Familienblattes. Fontane und die*

öffentlichkeitsgeschichtlichen Rahmenbedingungen des poetischen Realismus.
München: Fink, 1998.

Henel, Heinrich: »Erlebnisdichtung und Symbolismus«. In: *Deutsche Viertel-jahrsschrift für Literatur und Geistesgeschichte* 32 (1958), 71–98.

Henkel, Arthur: »Gottfried Kellers Tanzlegendchen« [1954]. In: Hartmut Steinecke (Hg.): *Zu Gottfried Keller*. Stuttgart: Klett, 1984, 108–121.

Herschberg-Pierrot, Anne: *Stylistique de la prose*. Paris: Belin, 2003.

Heß, Günter: »Die Bilder des grünen Heinrich. Gottfried Kellers poetische Male-rei«. In: Boehm/Pfotenhauer (Hg.): *Beschreibungskunst – Kunstbeschreibung*, 373–396.

– »Die Vergangenheit als Traum. Historismus und inszenierte Erinnerung in Gottfried Kellers *Grünem Heinrich*«. In: Schneider/Hunfeld (Hg.): *Die Dinge und die Zeichen*, 255–285.

Hetzner, Michael: *Gestörtes Glück im Innenraum. Über Ehe und Familie bei Wilhelm Busch*. Bielefeld: Aisthesis, 1991.

Höcker, Arne: »Fallgeschichte«. In: Frauke Berndt/Eckart Goebel (Hg.): *Handbuch Literatur & Psychoanalyse*. Berlin/Boston: de Gruyter, 2017, 462–477.

Hoffmann, E. T. A.: *Der goldene Topf*. In: ders.: *Sämtliche Werke in sechs Bänden*. Bd. 2.1: *Fantasiestücke in Callot's Manier. Werke 1814*. Hg. von Hartmut Steinecke unter Mitarbeit von Gerhard Allroggen und Wulf Segebrecht. Frankfurt a. M.: Deutscher Klassiker Verlag, 1993, 229–321.

Hofmannsthal, Hugo von: »Unterhaltung über die Schriften von Gottfried Keller« [1906]. In: ders.: *Sämtliche Werke. Kritische Ausgabe*. Bd. 31: *Erfundene Gespräche und Briefe*. Hg. von Ellen Ritter. Frankfurt a.M.: Fischer, 1991, 99–106.

Hohendahl, Peter Uwe/Vedder, Ulrike (Hg.): *Herausforderungen des Realismus. Theodor Fontanes Gesellschaftsromane*. Freiburg i. Br.: Rombach, 2018.

Honold, Alexander: »Der Sinus des Erzählens. Subalpine Strömungsfiguren bei Alessandro Manzoni und Gottfried Keller«. In: *Comparatio* 10 (2018), 57–86.

– »Freies Spiel und Lebenskunst. Andersens *Improvisator*«. In: Annegret Heit-mann/Hanne Roswall Laursen (Hg.): *Romantik im Norden*. Würzburg: Königshausen & Neumann, 2010, 105–119.

– »Schreibstunde an der Telegraphenlinie. Zur Grenze von Schriftlichkeit und Mündlichkeit bei Claude Lévi-Strauss und Jacques Derrida«. In: Hans-Joachim Lengen/Georg Christoph Tholen (Hg.): *Mnema. Derrida zum Andenken*. Bielefeld: transcript, 2007, 65–78.

Horaz: *Ars Poetica/Die Dichtkunst*. Lat./Dt. Übers. und mit einem Nachwort hg. von Eckart Schäfer. Stuttgart: Reclam, 1972.

– *Sämtliche Werke*. Lateinisch und deutsch. Hg. und übers. von Hans Färber u.a. 11. Aufl. München: Artemis & Winkler, 1993.

Horch, Otto: »Arabesken zur Prosa. Über zwei politische Gedichte Theodor Fontanes«. In: *Der Deutschunterricht* 50.4 (1998), 16–24.

Hottner, Wolfgang: »Ungereimtheit – Poesie und Prosa um 1755«. In: Reto Rössler/Tim Sparenberg/Philipp Weber (Hg.): *Kosmos und Kontingenz*. Paderborn: Fink, 2016, 127–139.

Howe, Jan Niklas: *Monstrosität. Abweichungen in Literatur und Wissenschaften des 19. Jahrhunderts*. Berlin/Boston: de Gruyter, 2016.

Hufnagel, Henning/Krämer, Olav (Hg.): *Das Wissen der Poesie. Lyrik, Versepik und die Wissenschaften im 19. Jahrhundert*. Berlin: de Gruyter, 2015.

Hytier, Jean: »Autour d'une analogie valéryenne«. In: *Cahiers de l'Association internationale des études françaises* 17 (1965), 171–189.

Jackson, David A.: *Theodor Storm, Dichter und demokratischer Humanist. Eine Biographie*. Berlin: Erich Schmidt, 2001.

Jäger, Georg: *Empfindsamkeit und Roman. Wortgeschichte, Theorie und Kritik im 18. und frühen 19. Jahrhundert*. Stuttgart u.a.: Kohlhammer, 1969.

Jäger, Hans-Wolf: »Lehrdichtung«. In: Rolf Grimminger (Hg.): *Hansers Sozialgeschichte der deutschen Literatur*. Bd. 3: *Deutsche Aufklärung bis zur Französischen Revolution. 1680–1789*. 2., durchges. Aufl. München: dtv, 1984, 500–544.

Jakobson, Roman: »Über den Realismus in der Kunst« [1921]. In: ders.: *Poetik. Ausgewählte Aufsätze 1921–1971*. Hg. von Elmar Holenstein und Tarcisius Schelbert. Frankfurt a.M.: Suhrkamp, 1979, 129–139.

Janßen, Sandra: »Gottfried Kellers Ökonomie des Traums«. In: Marie Guthmüller/Hans-Walter Schmidt-Hannisa (Hg.): *Das nächtliche Selbst. Traumwissen und Traumkunst im Jahrhundert der Psychologie*. Bd. 1: *1850–1900*. Göttingen: Wallstein, 2016, 173–193.

Jauß, Hans Robert: »Der literarische Prozeß des Modernismus von Rousseau bis Adorno«. In: ders.: *Studien zum Epochenwandel der ästhetischen Moderne*. Frankfurt a.M.: Suhrkamp, 1989, 67–103.

Jennings, Lee B.: »Gottfried Keller and the Grotesque«. In: *Monatshefte* 50 (1958), 9–20.

Jolles, André: *Einfache Formen. Legende, Sage, Mythe, Rätsel, Spruch, Kasus, Memorabile, Märchen, Witz* [1930]. Tübingen: Niemeyer, ⁵1974.

Jooss, Birgit: *Lebende Bilder. Körperliche Nachahmung von Kunstwerken in der Goethezeit*. Berlin: Reimer, 1999.

Kaenel, Philippe: *Le métier d'illustrateur 1830–1880. Rodolphe Töpffer, J.J. Grandville, Gustave Doré*. Erw. Neuausgabe. Genf: Droz, 2005.

Kafitz, Dieter: »Die Kritik am Bildungsbürgertum in Fontanes Roman *Frau Jenny Treibel*«. In: *Zeitschrift für deutsche Philologie* 92 (1973), Sonderheft Theodor Fontane, 74–101.

Kaiser, Gerhard: *Gottfried Keller. Das gedichtete Leben*. Frankfurt a.M.: Insel, 1981.

– *Geschichte der deutschen Lyrik von Heine bis zur Gegenwart. Ein Grundriss in Interpretationen*. 3 Bde. Frankfurt a.M.: Suhrkamp, 1991.

Kamann, Matthias: *Epigonalität als ästhetisches Vermögen. Untersuchungen zu Texten Grabbes und Immermanns, Platens und Raabes, zur Literaturkritik des 19. Jahrhunderts und zum Werk Adalbert Stifters*. Stuttgart: M&P, 1994.

Kant, Immanuel: *Kritik der Urteilskraft*. Mit einer Einleitung und Bibliographie hg. von Heiner F. Klemme. Sachanmerkungen von Piero Giordanetti. Hamburg: Meiner, 2003.

– *Von einem neuerdings erhobenen vornehmen Ton in der Philosophie* [1796]. In: ders.: *Gesammelte Schriften*. Bd. 8. Hg. von der Königlich Preußischen Akademie der Wissenschaften. Berlin/Leipzig: de Gruyter, 1923, 387–407.

Kanz, Roland: *Die Kunst des Capriccio. Kreativer Eigensinn in Renaissance und Barock*. München: Deutscher Kunstverlag, 2002.

Kauffmann, Kai: »Phantastische Austauschprozesse. Zu Goethes *Märchen* und den Heimatsträumen in Kellers *Grünem Heinrich*«. In: Georg Mein/Franziska Schößler (Hg.): *Tauschprozesse. Kulturwissenschaftliche Verhandlungen des Ökonomischen*. Bielefeld: transcript, 2005, 203–226.

Kaufmann, Stefan: *Kommunikationstechnik und Kriegführung 1815–1945*. München: Fink, 1996.

Kayser, Wolfgang: *Das Groteske in Malerei und Dichtung*. Reinbek bei Hamburg: Rowohlt, 1960.

Keck, Annette: »Groteskes Begehren und exzentrische Deklamationen. Zur Eskamotage des Pathos in der Literatur des bürgerlichen Realismus«. In: Cornelia Zumbusch (Hg.): *Pathos. Zur Geschichte einer problematischen Kategorie*. Berlin: Akademie Verlag, 2010, 117–138.

Keller, Claudia: »Im Strudel der Einsamkeit. Zeitsemantik der generischen Formen in Kellers *Der grüne Heinrich*«. In: Frauke Berndt/Philipp Theisohn (Hg.): *Gottfried Kellers Moderne*. Bd. 2: *Wissen – Überlieferung, Organisation, Transfer*. Berlin u. a.: de Gruyter, 2022 (im Druck), 141–155.

Keller, Gottfried: *Gesammelte Briefe*. 4 Bde. Hg. von Carl Helbling. Bern: Benteli, 1950–1954.

– *Sämtliche Werke. Historisch-Kritische Ausgabe*. 32 Bde. Hg. unter der Leitung von Walter Morgenthaler im Auftrag der Stiftung Historisch-Kritische Gottfried Keller-Ausgabe. Basel/Frankfurt a. M.: Stroemfeld; Zürich: Verlag Neue Zürcher Zeitung, 1996–2013.

– *Sämtliche Werke in sieben Bänden*. Hg. von Thomas Böning u. a. Frankfurt a. M.: Deutscher Klassiker Verlag, 1985–1996.

– / Hettner, Hermann: *Der Briefwechsel zwischen Gottfried Keller und Hermann Hettner*. Hg. von Jürgen Jahn. Berlin/Weimar: Aufbau, 1964.

Kelly, Peter: »Voices within Ovid's House of *Fama*«. In: *Mnemosyne* 67 (2014), 65–92.

Kemper, Hans-Georg: *Deutsche Lyrik der frühen Neuzeit*. Bd. 5.2: *Frühaufklärung*. Tübingen: Niemeyer, 1991.

Kippenberg, Hans G.: *Die Entdeckung der Religionsgeschichte. Religionswissenschaft und Moderne*. München: Beck, 1997.

Kittler, Friedrich: *Der Traum und die Rede. Eine Analyse der Kommunikationssituation Conrad Ferdinand Meyers*. Bern: Francke, 1977.

– »Die Stadt ist ein Medium« [1988]. In: ders.: *Die Wahrheit der technischen Welt*, 181–197.

– *Die Wahrheit der technischen Welt. Essays zur Genealogie der Gegenwart*. Hg. von und mit einem Nachwort von Hans Ulrich Gumbrecht. Berlin: Suhrkamp, 2013.

– »Im Telegrammstil«. In: Hans Ulrich Gumbrecht/K. Ludwig Pfeiffer (Hg.): *Stil. Geschichten und Funktionen eines kulturwissenschaftlichen Diskurselements*. Frankfurt a. M.: Suhrkamp, 1986, 358–370.

– »Lakanal und Soemmerring. Von der optischen zur elektrischen Telegraphie«. In: Brigitte Felderer (Hg.): *Wunschmaschine Welterfindung*. Wien: Springer, 1996, 286–295.

– »Lullaby of Birdland« [1991]. In: ders.: *Die Wahrheit der technischen Welt*, 41–59.

– »Vom Take Off der Operatoren« [1990]. In: ders.: *Draculas Vermächtnis. Technische Schriften*. Leipzig: Reclam, 1993, 149–160.

Klopstock, Friedrich Gottlieb: »Von der Sprache der Poesie« [1758]. In: ders.: *Ausgewählte Werke*. Hg. von Karl August Schleiden. Bd. 2. München: Hanser, ⁴1981, 1016–1026.

Klotz, Aiga: *Kinder- und Jugendliteratur in Deutschland 1840–1950. Gesamtverzeichnis der Veröffentlichungen in deutscher Sprache*. Bd. 2: G–K. Stuttgart: Metzler, 1992.

Korten, Lars: *Poietischer Realismus. Zur Novelle der Jahre 1848–1888: Stifter, Keller, Meyer, Storm*. Tübingen: Niemeyer, 2009.

Koschorke, Albrecht: *Die Geschichte des Horizonts. Grenze und Grenzüberschreitung in literarischen Landschaftsbildern*. Frankfurt a.M.: Suhrkamp, 1990.

Košenina, Alexander: »›Kontinuierliche Bildergeschichten‹. Mit *Max und Moritz* überwindet Wilhelm Busch die Grenzen von Malerei und Poesie«. In: *Zeitschrift für Germanistik*. Neue Folge 26.2 (2016), 386–402.

Kotzinger, Susi: »Arabeske – Groteske. Versuch einer Differenzierung«. In: dies./Gabriele Rippl (Hg.): *Zeichen zwischen Klartext und Arabeske*. Amsterdam: Rodopi, 1994, 219–228.

Krämer, Olav: *Poesie der Aufklärung. Studien zum europäischen Lehrgedicht des 18. Jahrhunderts*. Berlin: de Gruyter, 2019.

Kranz, Isabel: *Sprechende Blumen. Ein ABC der Pflanzensprache*. Berlin: Matthes & Seitz, 2014.

Kraß, Andreas: »Hymne«. In: Fricke u.a. (Hg.): *Reallexikon der deutschen Literaturwissenschaft*. Bd. 2, 105–107.

Kraus, Franz Xaver: »Frau von Staël und ihre neueste Biographie«. In: *Deutsche Rundschau* 58 (1889), 462–475.

Krauss, Rolf H.: *Photographie und Literatur. Zur photographischen Wahrnehmung in der deutschsprachigen Literatur des neunzehnten Jahrhunderts*. Ostfildern: Hatje Cantz, 2000.

Kuchenbuch, Thomas: *Perspektive und Symbol im Erzählwerk Theodor Storms. Zur Problematik und Technik der dichterischen Wirklichkeitsspiegelung im poetischen Realismus*. Marburg, Univ., Diss., 1969.

Kugler, Stefani: »Meine Mutter hat's gewollt‹. Weiblichkeit und Männlichkeit in Theodor Storms *Immensee*.« In: dies./Ulrich Kittstein (Hg.): *Poetische Ordnungen. Zur Erzählprosa des deutschen Realismus*. Würzburg: Königshausen & Neumann, 2007, 201–231.

Kuhlmann, Hauke: »Tod und Treue. Conrad Ferdinand Meyers *Die Versuchung des Pescara* im Kontext des Renaissancismus«. In: Althaus/Fauser (Hg.): *Der Renaissancismus-Diskurs um 1900*, 117–140.

Kunz, Edith Anna/Müller, Dominik/Winkler, Markus (Hg.): *Figurationen des Grotesken in Goethes Werken*. Bielefeld: Aisthesis, 2012.

Kunze, Konrad: »Legende«. In: Fricke u.a. (Hg.): *Reallexikon der deutschen Literaturwissenschaft*. Bd. 2, 389–393.

Kurzke, Hermann (Hg.): *Hymnen und Lieder der Deutschen*. Mainz: Dieterich, 1990.

Labarthe, Patrick: *Baudelaire et la tradition de l'allégorie*. Genf: Droz, 1999.

Lady Blannerhassett, Charlotte: »Frau von Stael in Italien«. In: *Deutsche Rundschau* 56 (1888), 267–286.

Langen, August: »Verbale Dynamik in der dichterischen Landschaftsdarstellung des 18. Jahrhunderts« [1948/49]. In: Alexander Ritter (Hg.): *Landschaft und Raum in der Erzählkunst*. Darmstadt: Wissenschaftliche Buchgesellschaft, 1975, 112–191.

Lauer, Gerhard: »Lyrik im Verein. Zur Mediengeschichte der Lyrik des 19. Jahrhunderts als Massenkunst«. In: Martus/Scherer/Stockinger (Hg.): *Lyrik im 19. Jahrhundert*, 183–203.

Laumont, Christof: *Jeder Gedanke als sichtbare Gestalt. Formen und Funktionen der Allegorie in der Erzähldichtung Conrad Ferdinand Meyers*. Göttingen: Wallstein, 1997.

– »Todesbilder und Heilsgeschehen. Zu Theodor Storms Transformationen des Idyllischen«. In: Verena Ehrich-Haefeli/Hans-Jürgen Schrader/Martin Stern (Hg.): *Antiquitates Renatae. Deutsche und französische Beiträge zur Wirkung der Antike in der europäischen Literatur*. Würzburg: Königshausen & Neumann, 1998, 251–262.

Lee, No-Eun: *Erinnerung und Erzählprozess in Theodor Storms frühen Novellen (1848–1859)*. Berlin: Erich Schmidt, 2005.

Leine, Torsten W.: »›Unsere Jenny hat doch Recht‹. Zur Poetologie des Spätrealismus in Fontanes *Frau Jenny Treibel*«. In: Baßler (Hg.): *Entsagung und Routines*, 48–69.

Lenger, Friedrich: *Metropolen der Moderne. Eine europäische Stadtgeschichte seit 1850*. München: Beck, 2013.

Lepper, Marcel: »›Alles Antiquaria‹. Bibliothekarische Gedächtnistopographie bei Theodor Storm«. In: *Archiv für das Studium der neueren Sprachen und Literaturen* 240 (2003), 112–122.

Leroy, Christian: *La poésie en prose française du XVIIe siècle à nos jours. Histoire d'un genre*. Paris: Champion, 2001.

Leroy, Claude: *Le mythe de la passante. De Baudelaire à Mandiargues*. Paris: PUF, 1999.

Lessing, Gotthold Ephraim: *Werke und Briefe in zwölf Bänden*. Hg. von Wilfried Barner u.a. Frankfurt a.M.: Deutscher Klassiker Verlag, 1985–2003.

Lessing, Julius: »Electrische Beleuchtungskörper«. In: *Westermanns illustrierte deutsche Monatshefte* 77 (1894/95), 96–108.

Lichtenstern, Christa: *Die Wirkungsgeschichte der Metamorphosenlehre Goethes. Von Philipp Otto Runge bis Joseph Beuys*. Weinheim: VCH, 1990.

Liebrand, Claudia: *Das Ich und die andern. Fontanes Figuren und ihre Selbstbilder*. Freiburg i. Br.: Rombach, 1990.

Link, Jürgen: »Literaturanalyse als Interdiskursanalyse. Am Beispiel des Ursprungs literarischer Symbolik in der Kollektivsymbolik«. In: Jürgen Fohrmann/Harro Müller (Hg.): *Diskurstheorien und Literaturwissenschaft*. Frankfurt a.M.: Suhrkamp, 1988, 284–307.

Link-Heer, Ursula: »Manier/manieristisch/Manierismus«. In: Karlheinz Barck u.a. (Hg.): *Ästhetische Grundbegriffe*. Bd. 3. Stuttgart/Weimar: Metzler, 2001, 790–846.

– »Maniera. Überlegungen zur Konkurrenz von Manier und Stil (Vasari, Diderot, Goethe)«. In: Hans Ulrich Gumbrecht/K. Ludwig Pfeiffer (Hg.): *Stil. Geschichten und Funktionen eines kulturwissenschaftlichen Diskurselements.* Frankfurt a.M.: Suhrkamp, 1986, 93–114.

Lohmeier, Anke-Marie: »›… es ist ein wirkliches Lied.‹ Theodor Fontanes Roman *Frau Jenny Treibel* als Selbstreflexion von Kunst und Kunstrezeption in der Gesellschaft der Gründerjahre«. In: *Deutsche Vierteljahrsschrift für Literatur- und Geistesgeschichte* 68 (1994), 238–250.

Loosli, Theo: *Fabulierlust und Defiguration.* ›Phantastische‹ Spiele der Einbildungskraft im Prosawerk Gottfried Kellers. Bern u.a.: Peter Lang, 1991.

Louâpre, Muriel/Marchal, Hugues/Pierssens, Michel (Hg.): *La poésie scientifique, de la gloire au déclin.* In: *Épistémocritique. Revue de littérature et savoirs.* https://epistemocritique.org/category/ouvrages-en-ligne/actes-de-colloques/la-poesie-scientifique-de-la-gloire-au-declin/ (zuletzt gesehen: 26.7.2022).

Lüdemann, Susanne: »Ungebundene Rede. Prosa und die Frage der Form«. In: Mülder-Bach/Kersten/Zimmermann (Hg.): *Prosa schreiben,* 309–324.

Ludwig, Horst: *Eugen Napoleon Neureuther und die Illustrations-Grotteske. Ein Beitrag zum ›genus humile‹ im Biedermeier.* Söcking/Starnberg: Dissertationsdruck Novotny jr., 1971.

Ludwig, Otto: *Shakespeare-Studien. Aus dem Nachlasse des Dichters* hg. von Moritz Heydrich. Leipzig: Knobloch, 1872.

Lukács, Georg: »Der alte Fontane« [1950]. In: ders.: *Werke.* Bd. 7: *Deutsche Literatur in zwei Jahrhunderten.* Neuwied: Luchterhand, 1964, 452–498.

– *Die Theorie des Romans. Ein geschichtsphilosophischer Versuch über die Formen der großen Epik.* Mit dem Vorwort von 1962. München: DTV, [2]2000.

Lukas, Wolfgang: »Die ›fremde Frau‹. Berthold Auerbachs Dorfgeschichte und Künstlernovelle *Die Frau Professorin* und ihre Rezeption bei Theodor Storm in *Immensee*«. In: Jesko Reiling (Hg.): *Bertold Auerbach. Werk und Wirkung.* Heidelberg: Winter, 2012, 151–172.

– »›Entsagung‹ – Konstanz und Wandel eines Motivs in der Erzählliteratur von der späten Goethezeit zum frühen Realismus«. In: Titzmann (Hg.): *Zwischen Goethezeit und Realismus,* 113–149.

– »Kontingenz vs. ›Natürlichkeit‹. Zu C.F. Meyers *Die Hochzeit des Mönchs*«. In: Zeller (Hg.): *Conrad Ferdinand Meyer im Kontext,* 41–75.

Maillard, Pascal: »L'Allégorie Baudelaire. Poétique d'une métafigure du discours«. In: *Romantisme* 107 (2000), 37–48.

Mainberger, Sabine: *Experiment Linie. Künste und ihre Wissenschaften um 1900.* Berlin: Kadmos, 2010.

Mandelkow, Karl Robert: *Goethe in Deutschland. Rezeptionsgeschichte eines Klassikers.* Bd. 1: *1773–1918.* München: Beck, 1980.

Mann, Heinrich: *Die Göttinnen oder Die drei Romane der Herzogin von Assy.* Mit einem Nachwort von Birgit Vanderbeke. Frankfurt a.M.: S. Fischer, 2002.

Mann, Thomas: »Der alte Fontane« [1910]. In: ders.: *Essays.* Bd. 1: *Frühlingssturm 1893–1918.* Hg. von Hermann Kurzke und Stephan Stachorski. Frankfurt a.M.: S. Fischer, 1993, 124–149.

Marchal, Hugues (Hg.): *La poésie.* Paris: GF Flammarion, 2007.

Marcks, Erich: »Bismarck und die Bismarck-Literatur des letzten Jahres. Eine kritische Betrachtung«. In: *Deutsche Rundschau* 99 (1899), 37–65 und 242–279.

Martini, Fritz: *Deutsche Literatur im bürgerlichen Realismus: 1848–1898*. 3., mit einem ergänzenden Nachwort versehene Aufl. Stuttgart: Metzler, 1974.

– »Ein Gedicht Theodor Storms: ›Geh nicht hinein‹. Existenz, Geschichte und Stilkritik«. In: *Schriften der Theodor-Storm-Gesellschaft* 6 (1957), 9–37.

Martus, Steffen/Scherer, Stefan/Stockinger, Claudia: »Einleitung. Lyrik im 19. Jahrhundert – Perspektiven der Forschung«. In: dies. (Hg.): *Lyrik im 19. Jahrhundert*, 9–30.

– / Scherer, Stefan/Stockinger, Claudia (Hg.): *Lyrik im 19. Jahrhundert. Gattungspoetik als Reflexionsmedium der Kultur*. Berlin u.a.: Peter Lang, 2005.

Marxer, Peter: *Wilhelm Busch als Dichter*. Zürich: Juris, 1967.

Masson, Jean-Yves: »Sur la ›spiritualité‹ baudelairienne«. In: Société des Études Romantiques (Hg.): *Baudelaire, »Les Fleurs du Mal«. L'intériorité de la forme*. Paris: SEDES, 1989, 77–84.

McInnes, Edward/Plumpe, Gerhard (Hg.): *Hansers Sozialgeschichte der deutschen Literatur*. Bd. 6: *Bürgerlicher Realismus und Gründerzeit 1848–1890*. München: Hanser, 1996.

Mecklenburg, Norbert: »Einsichten und Blindheiten. Fragmente einer nichtkanonischen Fontane-Lektüre«. In: Arnold (Hg.): *Theodor Fontane*, 148–162.

– »Figurensprache und Bewußtseinskritik in Fontanes Romanen«. In: *Deutsche Vierteljahrsschrift für Literatur- und Geistesgeschichte* 65 (1991), 674–694.

– *Theodor Fontane. Romankunst der Vielstimmigkeit*. Frankfurt a.M.: Suhrkamp, 1998.

Meier, Albert: »*Immensee*. Die höchsten Forderungen der Kunst«. In: Deupmann (Hg.): *Theodor Storm. Novellen*, 17–32.

Menke, Bettine: »Nachträglichkeiten und Beglaubigungen«. In: dies./Vinken (Hg.): *Stigmata*, 25–43.

– / Vinken, Barbara (Hg.): *Stigmata. Poetiken der Körperinschrift*. München: Fink, 2004.

Menke, Richard: *Telegraphic Realism. Victorian Fiction and Other Information Systems*. Stanford: Stanford UP, 2008.

Menninghaus, Winfried: *Artistische Schrift. Studien zur Kompositionskunst Gottfried Kellers*. Frankfurt a.M.: Suhrkamp, 1982.

– »Dichtung als Tanz. Zu Klopstocks Poetik der Wortbewegung«. In: *Comparatio* 2–3 (1991), 129–150.

– *Lob des Unsinns. Über Kant, Tieck und Blaubart*. Frankfurt a.M.: Suhrkamp, 1995.

– *Unendliche Verdopplung. Die frühromantische Grundlegung der Kunsttheorie im Begriff absoluter Selbstreflexion*. Frankfurt a.M.: Suhrkamp, 1987.

Meyer, Betsy: *Conrad Ferdinand Meyer. In der Erinnerung seiner Schwester*. Berlin: Gebrüder Paetel, 1903.

Meyer, Conrad Ferdinand: *Sämtliche Werke. Historisch-kritische Ausgabe in 15 Bänden*. Hg. von Hans Zeller und Alfred Zäch, Bd. 15 besorgt von Rätus Luck. Bern: Benteli, 1958–1996.

– / Vischer, Friedrich Theodor: *Briefwechsel*. Hg. von Robert Vischer. In: *Süddeutsche Monatshefte* 3 (1906), 173–179.

– / von Wyß, Friedrich und von Wyß, Georg: *Briefe 1855 bis 1897*. Hg. von

Hans Zeller und Wolfgang Lukas unter Mitarbeit von Stephan Landshuter und Thomas Lau. Bern: Benteli, 2004 (= C.F. Meyers Briefwechsel. Historisch-kritische Ausgabe, Bd. 3).

Meyer, Herman: »Das Zitat als Gesprächselement in Theodor Fontanes Romanen«. In: *Wirkendes Wort* 10 (1960), 221–238.

Meyer-Sickendiek, Burkhard: »Der Enthusiasmus in der Hymne. Eine Übersicht«. In: Wolfgang J. Bandion/Christa Tuczay (Hg.): *Starke Gefühle. Kulturwissenschaftliche Emotionalitätsdiskurse im 19. und 20. Jahrhundert*. Wien: Neue Welt Verlag, 2015, 183–227.

– *Die Ästhetik der Epigonalität. Theorie und Praxis wiederholenden Schreibens im 19. Jahrhundert: Immermann – Keller – Stifter – Nietzsche*. Tübingen: Francke, 2001.

Michaud, Philippe-Alain: *Aby Warburg et l'image en mouvement*. Paris: Macula, 1998.

Michler, Werner: »Möglichkeiten literarischer Gattungspoetik nach Bourdieu. Mit einer Skizze zur ›modernen Versepik‹«. In: Markus Joch/Norbert Christian Wolf (Hg.): *Text und Feld. Bourdieu in der literaturwissenschaftlichen Praxis*. Tübingen: Niemeyer, 2005, 189–206.

Micale, Mark S.: *Hysterical Men. The Hidden History of Male Nervous Illness*. Cambridge, Ma./London: Harvard UP, 2008.

Mittenzwei, Ingrid: *Die Sprache als Thema. Untersuchungen zu Fontanes Gesellschaftsromanen*. Bad Homburg: Gehlen, 1970.

Moffitt, John F.: »Leonardo's *Sala delle Asse* and the Primordial Origins of Architecture«. In: *Arte Lombarda* 92/93 (1990), 76–90.

Mohajeri, Shahrooz: *100 Jahre Berliner Abwasserversorgung und Abwasserentsorgung 1840–1940*. Stuttgart: Franz Steiner, 2005.

Molière: *Der Bürger als Edelmann/Le Bourgeois gentilhomme*. Frz./Dt. Übers. und hg. von Hanspeter Plocher. Stuttgart: Reclam, 1993.

– *Le Bourgeois gentilhomme*. In: ders.: *Œuvres complètes*. Bd. 2. Hg. von Georges Couton. Paris: Gallimard, 1971 (= Bibliothèque de la Pléiade 9), 693–787.

Morel, Philippe: *Les grotesques. Les figures de l'imaginaire dans la peinture italienne de la fin de la Renaissance*. Paris: Flammarion, 1997.

Moretti, Franco: *Der Bourgeois. Eine Schlüsselfigur der Moderne*. Übers. von Frank Jakubzik. Berlin: Suhrkamp, 2014. Engl. Orig.: *The Bourgeois. Between History and Literature*. London: Verso, 2013.

Morgenthaler, Walter (Hg.): *Gottfried Keller, Romane und Erzählungen*. Stuttgart: Reclam, 2007.

– »*Sieben Legenden*. Der Zyklus als Werk«. In: ders. (Hg.): *Keller, Romane und Erzählungen*, 119–133.

Moritz, Karl Philipp: *Werke*. Bd. 2: *Popularphilosophie, Reisen, ästhetische Theorie*. Hg. von Heide Hollmer und Albert Meier. Frankfurt a.M.: Deutscher Klassiker Verlag, 1997.

Mülder-Bach, Inka: »Das Grau(en) der Prosa oder: Hoffmans Aufklärungen. Zur Chromatik des *Sandmann*«. In: Gerhard Neumann (Hg.): ›*Hoffmanneske Geschichte*‹. *Zu einer Literaturwissenschaft als Kulturwissenschaft*. Würzburg: Königshausen & Neumann, 2005, 199–221.

– »Einleitung«. In: dies./Kersten/Zimmermann (Hg.): *Prosa schreiben*, 1–11.

– *Im Zeichen Pygmalions. Das Modell der Statue und die Entdeckung der ›Darstellung‹ im 18. Jahrhundert*. München: Fink, 1998.

– »Poesie als Prosa oder: ›auswendig‹ und ›intus‹. Verseinlagen in Fontanes Romanen«. In: Begemann/Bunke (Hg.): *Lyrik des Realismus*, 351–371.

– »›Verjährung ist […] etwas Prosaisches‹. *Effi Briest* und das Gespenst der Geschichte«. In: *Deutsche Vierteljahrsschrift für Literatur- und Geistesgeschichte* 83.4 (2009), 619–642.

– / Kersten, Jens/Zimmermann, Martin (Hg.): *Prosa schreiben. Literatur – Geschichte – Recht*. Paderborn: Fink, 2019.

Müller, Dominik: »Bildende Kunst«. In: Amrein (Hg.): *Gottfried Keller-Handbuch*, 313–323.

– »*Der Grüne Heinrich* (1879/80). Der späte Abschluß eines Frühwerks«. In: Morgenthaler (Hg.): *Keller, Romane und Erzählungen*, 36–56.

– *Vom Malen erzählen. Von Wilhelm Heinses »Ardinghello« bis Carl Hauptmanns »Einhart der Lächler«*. Göttingen: Wallstein, 2009.

– *Wiederlesen und Weiterschreiben. Gottfried Kellers Neugestaltung des »Grünen Heinrich«*. Bern u.a.: Peter Lang, 1988.

Müller, Johannes: *Über die phantastischen Gesichtserscheinungen. Eine physiologische Untersuchung mit einer physiologischen Urkunde des Aristoteles über den Traum*. Koblenz: Jacob Hölscher, 1826.

Müller-Seidel, Walter: *Theodor Fontane. Soziale Romankunst in Deutschland*. Stuttgart: Metzler, 1975.

Müller-Tamm, Jutta: »Das goldene Grün. Gottfried Kellers Poetik der Farbe«. In: Jakob Steinbrenner/Christoph Wagner/Oliver Jehle (Hg.): *Farben in Kunst- und Geisteswissenschaften*. Regensburg: Schnell & Steiner, 2011, 173–182.

– »Prosa, Lyrik, Lebensbild. Literarische Wissenschaft um 1850«. In: Michael Bies/Michael Gamper/Ingrid Kleeberg (Hg.): *Gattungs-Wissen. Wissenspoetologie und literarische Form*. Göttingen: Wallstein, 2013, 190–202.

– »›Verstandenes Lebensbild‹. Zur Einführung«. In: dies. u.a. (Hg.): *Verstandenes Lebensbild. Ästhetische Wissenschaft von Humboldt bis Vischer. Eine Anthologie*. Berlin: LIT, 2010, 7–28.

Müller-Wille, Klaus: »Ossians maschinelle Visionen. Peter Weiss und Oyvind Fählström im Dialog«. In: *Peter Weiss Jahrbuch* 27 (2018), 37–67.

Mundt, Theodor: *Die Kunst der deutschen Prosa: ästhetisch, literargeschichtlich, gesellschaftlich*. Faksimile-Druck nach der 1. Auflage von 1837. Mit einem Nachwort von Hans Düvel. Göttingen: Vandenhoeck & Ruprecht, 1969.

Muschg, Adolf: *Gottfried Keller* [1977]. Zürich: Buchclub Ex Libris, 1979.

Muthesius, Stefan: *The Poetic Home. Designing the 19th-Century Domestic Interior*. London: Thames & Hudson, 2009.

Nakam, Gérald: »Montaigne maniériste«. In: *Revue d'histoire littéraire de la France* 95 (1995), 933–957.

Nanz, Tobias: *Grenzverkehr. Eine Mediengeschichte der Diplomatie*. Berlin/Zürich: diaphanes, 2010.

Naumann, Barbara: *Bilderdämmerung. Bildkritik im Roman*. Basel: Schwabe, 2012.

– »Inversionen. Zur Legende des Geschlechts in Kleists Erzählung *Die heilige Cäcilie oder Die Gewalt der Musik*«. In: Corina Caduff/Sigrid Weigel (Hg.): *Das Geschlecht der Künste*. Köln u.a.: Böhlau, 1996, 105–135.

– »Klecks, Punkt, Schluss. Wilhelm Buschs Raben-Philologie«. In: Felix Christen/ Thomas Forrer/Martin Stingelin/Hubert Thüring (Hg.): *Der Witz der Philologie*. *Festschrift für Wolfram Groddeck zum 65. Geburtstag*. Frankfurt a.M.: Stroemfeld, 2014, 246–256.

– »Körperbild, Seelenschrift und Skulptur. Gottfried Kellers *Grüner Heinrich*«. In: dies.: *Bilderdämmerung*, 75–119.

– »Magie der Stillstellung. Tableaux vivants in Goethes Roman *Die Wahlverwandtschaften*«. In: dies.: *Bilderdämmerung*, 11–41.

– »Schwatzhaftigkeit. Formen der Rede in späten Romanen Fontanes«. In: Hanna Delf von Wolzogen/Helmuth Nürnberger (Hg.): *Theodor Fontane. Internationales Symposium des Theodor-Fontane-Archivs zum 100. Todestag Theodor Fontanes*. Bd. 2: *Sprache, Ich, Roman, Frau*. Würzburg: Königshausen & Neumann, 2000, 15–26.

– »Übergängig, umschweifend, beiläufig. Theodor Fontanes Gesprächskunst«. In: Delf von Wolzogen/Faber (Hg.): *Theodor Fontane: Dichter und Romancier*, 67–83.

Nebrig, Alexander: »Interlinguialität«. In: ders./Evi Zemanek (Hg.): *Komparatistik*. Berlin: Akademie Verlag, 2012, 131–143.

Née, Patrick: »Baudelaire et l'hystérie en son temps (1800–1860)«. In: *Revue d'Histoire littéraire de la France* 116 (2016), 841–856.

Neumann, Gerhard: »Die Meldung der Muse. Ein Beitrag zu Conrad Ferdinand Meyers Poetologie«. In: Begemann/Bunke (Hg.): *Lyrik des Realismus*, 151–175.

– »Ehrenhandel und Abendmahl. Bismarck und das politische Duell« [1996]. In: ders.: *Theodor Fontane. Romankunst als Gespräch*. Freiburg i. Br.: Rombach, 2011, 67–78.

– »»Eine Maske, ... eine durchdachte Maske«. Ekphrasis als Medium realistischer Schreibart in Conrad Ferdinand Meyers Novelle *Die Versuchung des Pescara*«. In: Boehm/Pfotenhauer (Hg.): *Beschreibungskunst – Kunstbeschreibung*, 445–491.

Neumann, Michael: »Wandern und Sammeln. Zur realistischen Verortung von Zeichenpraktiken«. In: ders./Stüssel (Hg.): *Magie der Geschichten*, 131–154.

– / Stüssel, Kerstin (Hg.): *Magie der Geschichten. Weltverkehr, Literatur und Anthropologie in der zweiten Hälfte des 19. Jahrhunderts*. Konstanz: Konstanz University Press, 2011.

Nietzsche, Friedrich: *Kritische Studienausgabe*. 15 Bde. Hg. von Giorgio Colli und Mazzino Montinari. 2., durchges. Aufl. München: Deutscher Taschenbuch Verlag, 1988.

Nöldeke, Hermann: »Aus Gesprächen mit Wilhelm Busch«. In: Hermann, Adolf und Otto Nöldeke: *Wilhelm Busch*. München: Lothar Joachim, 1909, 172–185.

Nöldeke, Otto: »Lebensgang. Letzter Theil«. In: Hermann, Adolf und Otto Nöldeke: *Wilhelm Busch*. München: Lothar Joachim, 1909, 187–205.

Norden, Eduard: *Die antike Kunstprosa vom VI. Jahrhundert v. Chr. bis in die Zeit der Renaissance*. 2 Bde. Leipzig: Teubner, 1898.

Novalis: *Werke, Tagebücher und Briefe Friedrich von Hardenbergs*. 3 Bde. Hg. von Hans-Joachim Mähl und Richard Samuel. Darmstadt: Lizenzausgabe Wissenschaftliche Buchgesellschaft, 1999.

Oberrauch, Lukas:»Es geht auch ohne Shakespeare – C. F. Meyers *Der Schuß von der Kanzel* als Schauplatz eines Dichterwettstreits«. In: *Deutsche Vierteljahrsschrift für Literatur- und Geistesgeschichte* 85 (2011), 551–562.

Oesterle, Günter:»Arabeske, Schrift und Poesie in E. T. A. Hoffmanns Kunstmärchen *Der goldne Topf*«. In: *Athenäum* 1 (1991), 69–107.

– »Arabeske und Roman. Eine poetikgeschichtliche Rekonstruktion von Friedrich Schlegels ›Brief über den Roman‹«. In: Dirk Grathoff (Hg.): *Studien zur Ästhetik und Literaturgeschichte der Kunstperiode*. Frankfurt a. M.: Peter Lang, 1985, 233–291.

– »›Die Idee der Poesie ist die Prosa‹. Walter Benjamin entdeckt ›einen völlig neuen Grund‹ romantischer ›Kunstphilosophie‹«. In: Heinz Brüggemann/ders. (Hg.): *Walter Benjamin und die romantische Moderne*. Würzburg: Königshausen & Neumann, 2009, 161–173.

– »Eingedenken und Erinnern des Überholten und Vergessenen. Kuriositäten und Raritäten in Werken Goethes, Brentanos, Mörikes und Raabes«. In: Gerhard Schulz/Tim Mehigan in Verbindung mit Marion Adams (Hg.): *Literatur und Geschichte 1788–1988*. Bern u. a.: Peter Lang, 1990, 81–111.

– »Groteske«. In: Brittnacher/May (Hg.): *Phantastik*, 293–299.

– »Von der Peripherie ins Zentrum. Der Aufstieg der Arabeske zur prosaischen, poetischen und intermedialen Reflexionsfigur um 1800«. In: Werner Busch/ Petra Maisak (Hg.): *Verwandlung der Welt – die romantische Arabeske*. Petersberg: Imhof, 2013, 29–36.

Ohly, Friedrich:»Die Geburt der Perle aus dem Blitz« [1974]. In: ders.: *Schriften zur mittelalterlichen Bedeutungsforschung*, 274–292.

– *Schriften zur mittelalterlichen Bedeutungsforschung*. Darmstadt: Wissenschaftliche Buchgesellschaft, 1983.

– »Tau und Perle. Ein Vortrag« [1974]. In: ders.: *Schriften zur mittelalterlichen Bedeutungsforschung*, 293–311.

Osterwalder, Sonja:»Auf die Fußspitzen gestellt. C. F. Meyers größere Helden«. In: Gamper/Kleeberg (Hg.): *Größe*, 335–343.

Ovid: *Metamorphosen*. Lat./Dt. Übers. und hg. von Michael von Albrecht. Stuttgart: Reclam, 1994.

Palazzo, Michela:»Il *Monocromo* di Leonardo da Vinci nella sala delle Asse. Vicende conservative e interpretazione. Leonardo da Vinci's *Monochrome* in the Sala delle Asse. Conservation, History and Interpretation.« In: dies./Tasso (Hg.): *La diagnostica e il restauro del ›Monocromo‹*, 76–109.

– dies./Tasso, Francesca (Hg.): *La diagnostica e il restauro del ›Monocromo‹. Diagnostic Testing and Restoration of the ›Monochrome‹*. Mailand: Silvana Editoriale, 2017 (= La Sala delle Asse del Castello Sforzesco. Leonardo da Vinci 1).

Pape, Walter: *Wilhelm Busch*. Stuttgart: Metzler, 1977.

Pastor, Eckart: *Die Sprache der Erinnerung. Zu den Novellen Theodor Storms*. Berlin: Athenäum, 1988.

Pelletier: *Amusemens et récréations de société. Recueil de recettes utiles et d'expériences curieuses*. Paris: Corbet, 1835.

Pera, Marcello: *The Ambiguous Frog. The Galvani-Volta Controversy on Animal Electricity*. Übers. von Jonathan Mandelbaum. Princeton: Princeton UP, 1992. Ital. Orig.: *La rana ambigua*. Turin: Einaudi, 1986.

Pestalozzi, Karl: »Blüh' auf, gefrorner Christ [...]«. Zum Kapitel IV/13 in Gottfried Kellers Roman *Der grüne Heinrich* (1854/1855)«. In: Gabriella Gelardini (Hg.): *Kontexte der Schrift*. Ekkehard W. Stegemann zum 60. Geburtstag. Bd. 1. Stuttgart: Kohlhammer, 2005, 74–86.

Petersen, Anne: »Storms novellistische Erzählkunst als Reflexionsmedium der lyrischen Sprachkrise in der zweiten Hälfte des 19. Jahrhunderts«. In: *Schriften der Theodor-Storm-Gesellschaft* 62 (2013), 36–52.

– »Zum lyrischen Grundverständnis Storms«. In: Demandt/Theisohn (Hg.): *Storm-Handbuch*, 54–58.

Pethes, Nicolas: *Zöglinge der Natur. Der literarische Menschenversuch des 18. Jahrhunderts*. Göttingen: Wallstein, 2007.

Pierer's Universal-Lexikon. 19 Bde. 4., überarb. Aufl. Altenburg: Pierer, 1857–1865.

Plater, Edward M. V.: »The Banquet of Life. Conrad Ferdinand Meyer's *Die Versuchung des Pescara*«. In: *Seminar* 8.2 (1972), 88–98.

Platon: *Gorgias*. Übers. und erl. von Otto Apelt. 2., durchges. Aufl. Leipzig: Meiner, 1922.

Platthaus, Andreas: *Im Comic vereint. Eine Geschichte der Bildgeschichte*. Frankfurt a. M.: Insel, 2000.

Plumpe, Gerhard: »Das Reale und die Kunst. Ästhetische Theorie im 19. Jahrhundert«. In: McInnes/ders. (Hg.): *Bürgerlicher Realismus und Gründerzeit*, 242–307, Anm. 773–775.

– *Der tote Blick. Zum Diskurs der Photographie in der Zeit des Realismus*. München: Fink, 1990.

– »Einleitung«. In: ders. (Hg.): *Theorie des bürgerlichen Realismus*, 9–40.

– »Gedächtnis und Erzählung. Zur Ästhetisierung des Erinnerns im Zeitalter der Information«. In: Gerd Eversberg/Harro Segeberg (Hg.): *Theodor Storm und die Medien. Zur Mediengeschichte eines poetischen Realisten*. Berlin: Erich Schmidt, 1999, 67–79.

– »Roman«. In: McInnes/ders. (Hg.): *Bürgerlicher Realismus und Gründerzeit*, 529–689, Anm. 794–800.

– (Hg.): *Theorie des bürgerlichen Realismus*. Stuttgart: Reclam, 1985.

Podewski, Madleen: »Aber dies Stück Romantik wird uns erspart bleiben ...‹ Zur Relevanz der Romantik für Fontanes Realismus«. In: Delf von Wolzogen/Faber (Hg.): *Theodor Fontane: Dichter und Romancier*, 51–65.

Polheim, Karl: »Die zyklische Komposition der Sieben Legenden Gottfried Kellers«. In: *Euphorion* 15 (1908), 753–765.

Polheim, Karl Konrad (Hg.): *Theorie und Kritik der deutschen Novelle von Wieland bis Musil*. Tübingen: Niemeyer, 1970.

Poltermann, Andreas: »*Frau Jenny Treibel* oder Die Profanierung der hohen Poesie«. In: Arnold (Hg.): *Theodor Fontane*, 131–147.

Poncin, Daniel: *Germanité de Wilhelm Busch. Expression de son époque et réception (1859–1959)*. Thèse de doctorat en Études germaniques, soutenue en 1988 à Paris 7.

Porter, Roy: *Wahnsinn. Eine kleine Kulturgeschichte*. Übers. von Christian Detoux. Frankfurt a. M.: Fischer, 2007. Engl. Orig.: *Madness. A Brief History*. Oxford: Oxford UP, 2002.

Postrath c. Landrath in Berlin: »Die Rohrpost-Anlage in Berlin und Charlottenburg«. In: *Archiv für Post und Telegraphie. Beihefte zum Amtsblatt des Reichs-Postamts* 16 (1888), 354–369, 387–395, 421–439, 451–474, 493–499, 518–528, 554–559 und 599–604.

Potthast, Barbara: *Die Ganzheit der Geschichte. Historische Romane im 19. Jahrhundert.* Göttingen: Wallstein, 2007.

Preisendanz, Wolfgang: »Der grüne Heinrich« [1963]. In: ders.: *Wege des Realismus*, 127–180.

– »Die Äquivalenz von Rhetorik und poetischem Sprechen in Albrecht von Hallers *Die Alpen*«. In: *Der Deutschunterricht* 43 (1991), 21–29.

– »Gedichtete Perspektiven in Storms Erzählkunst« [1968]. In: ders.: *Wege des Realismus*, 204–216.

– »Gottfried Keller« [1969]. In: ders.: *Wege des Realismus*, 104–126.

– *Humor als dichterische Einbildungskraft. Studien zur Erzählkunst des poetischen Realismus.* 3., durchges. Aufl. München: Fink, 1985.

– *Poetischer Realismus als Spielraum des Grotesken in »Der Schmied seines Glückes«.* Konstanz: Universitätsverlag Konstanz, 1989.

– »Voraussetzungen des poetischen Realismus in der deutschen Erzählkunst des 19. Jahrhunderts« [1963]. In: ders.: *Wege des Realismus*, 68–91.

– *Wege des Realismus. Zur Poetik und Erzählkunst im 19. Jahrhundert.* München: Fink, 1977.

Prutz, Robert: »Über die Unterhaltungsliteratur, insbesondere der Deutschen« [1847]. In: ders.: *Schriften zur Literatur und Politik.* Hg. von Bernd Hüppauf. Tübingen: Niemeyer, 1973, 10–33.

Rabinbach, Anson: *Motor Mensch. Kraft, Ermüdung und die Ursprünge der Moderne.* Übers. von Erik Michael Vogt. Wien: Turia + Kant, 2001. Amerik. Orig.: *The Human Motor. Energy, Fatigue, and the Origins of Modernity.* New York: Basic Books, 1990.

– »Von mimetischen Maschinen zu digitalen Organismen. Die Transformation des menschlichen Motors«. Übers. von Sarina Tschachtli. In: *figurationen* 14.1 (2013): *Müdigkeit/Fatigue*, 93–113.

Rakow, Christian: *Die Ökonomien des Realismus. Kulturpoetische Untersuchungen zur Literatur und Volkswirtschaftslehre 1850–1900.* Berlin/Boston: de Gruyter, 2013.

Rancière, Jacques: *Politique de la littérature.* Paris: Galilée, 2007.

Reimann, Elisabeth: »Max und Moritz ausgespien. Von Kleiekotzern in alten Mühlen«. In: *Monumente. Magazin für Denkmalkultur in Deutschland* o.D., http://www.monumente-online.de/de/ausgaben/2008/1/max-und-moritz-ausgespien.php#.WSKxDlLpMoo (zuletzt gesehen: 26.7.2022).

Reinisch, Jutta: *Poesie der Poesie. Die Randzeichnung des 19. Jahrhunderts seit Runge und Neureuther zwischen Arabeske und Groteske.* München: Scaneg, 2013.

Renz, Christine: *Geglückte Rede. Zu Erzählstrukturen in Theodor Fontanes »Effi Briest«, »Frau Jenny Treibel« und »Der Stechlin«.* München: Fink, 1999.

– *Gottfried Kellers »Sieben Legenden«. Versuch einer Darstellung seines Erzählens.* Tübingen: Niemeyer, 1993.

Richer, Paul: *Études cliniques sur l'hystéro-épilepsie ou grande hystérie.* Mit einem Vorwort von Jean-Martin Charcot. Paris: Delahaye, 1881.

Richter, Karl: »Altersbewußtsein und Alterslyrik in Fontanes Gedicht *Ja, das möcht ich noch erleben*«. In: Helmut Scheuer (Hg.): *Interpretationen. Gedichte von Theodor Fontane*. Stuttgart: Reclam, 2001, 219–229.

– »Das spätere Gedichtwerk«. In: Christian Grawe/Helmuth Nürnberger (Hg.): *Fontane-Handbuch*. Stuttgart: Kröner, 2000, 726–747.

– *Literatur und Naturwissenschaft. Eine Studie zur Lyrik der Aufklärung*. München: Fink, 1972.

– »Nachwort«. In: Theodor Fontane: *Gedichte*. Stuttgart: Reclam, 1998, 179–203.

Rimbaud, Arthur: *Une Saison en Enfer/Eine Zeit in der Hölle*. Frz./Dt. Übertragen und hg. von Werner Dürrson. Stuttgart: Reclam, 1970.

Riskin, Jessica: »The Defecating Duck, or, the Ambiguous Origins of Artificial Life«. In: *Critical Inquiry* 29 (2003), 599–603.

Robertson Smith, William: »Sacrifice«. In: *Encyclopædia Britannica*. 9. Aufl. Bd. 21. New York: Charles Scribner's Sons, 1886, 132–138.

Rohe, Wolfgang: *Roman aus Diskursen. Gottfried Keller: »Der grüne Heinrich«*. München: Fink, 1993.

Röhrich, Lutz: *Das große Lexikon der sprichwörtlichen Redensarten*. 3 Bde. Völlig überarb. und erw. Neuausg. Freiburg i. Br.: Herder, 1991–1992.

Rosati, Gianpiero: »Narrative Techniques and Narrative Structures in the *Metamorphoses*«. In: Barbara Weiden Boyd (Hg.): *Brill's Companion to Ovid*. Leiden: Brill, 2002, 271–304.

Rosman, Corrie: *Statik und Dynamik in Conrad Ferdinand Meyers Gedichten*. Den Haag: N. V. de Zuid-Hollandische Boek- en Handelsdruckerij, 1949.

Rothenbühler, Daniel: *Der grüne Heinrich 1854/55. Gottfried Kellers Romankunst des ›Unbekannt-bekannten‹*. Bern u. a.: Peter Lang, 2002.

Rothschuh, Karl Eduard: »Von der Idee bis zum Nachweis der tierischen Elektrizität«. In: *Sudhoffs Archiv für Geschichte der Medizin und der Naturwissenschaften* 44.1 (1960), 25–44.

Ruckhäberle, Hans-Joachim/Widhammer, Helmuth (Hg.): *Roman und Romantheorie des deutschen Realismus*. Kronberg: Athenäum, 1977.

Sackmann, Eckart: »Der deutschsprachige Comic vor *Max und Moritz*«. In: *Deutsche Comicforschung* 11 (2015), 7–29.

Salsi, Claudio/Alessia Alberti (Hg.): *All'ombra del Moro*. Mailand: Silvana Editoriale, 2019 (= La Sala delle Asse del Castello Sforzesco. Leonardo da Vinci 2).

Sammern-Frankenegg, Fritz-Rüdiger: *Perspektivische Strukturen einer Erinnerungsdichtung. Studien zur Deutung von Storms »Immensee«*. Stuttgart: Hans Dieter Heinz, 1976.

Sandras, Michel: »La prose du poème«. In: *Cahiers Textuel* 25 (2002), 57–68.

Sarasin, Philipp: *Reizbare Maschinen. Eine Geschichte des Körpers 1765–1914*. Frankfurt a.M.: Suhrkamp, 2001.

– / Tanner, Jakob: »Physiologie und industrielle Gesellschaft. Bemerkungen zum Konzept und zu den Beiträgen dieses Sammelbandes«. In: dies. (Hg.): *Physiologie und industrielle Gesellschaft. Studien zur Verwissenschaftlichung des Körpers im 19. und 20. Jahrhundert*. Frankfurt a.M.: Suhrkamp, 1998, 12–43.

Scepi, Henri: *Théorie et poétique de la prose. D'Aloysius Bertrand à Léon-Paul Fargue*. Paris: Honoré Champion, 2012.

Schabacher, Gabriele: »Rohrposten. Zur medialen Organisation begrenzter Räume«. In: Christoph Neubert/dies. (Hg.): *Verkehrsgeschichte und Kulturwissenschaft. Analysen an der Schnittstelle von Technik, Kultur und Medien.* Bielefeld: transcript, 2013, 189–222.

Scheidweiler, Alexander: *Maler, Monstren, Muschelwerk. Wandlungen in Literatur und Kunsttheorie des 18. und 19. Jahrhunderts.* Würzburg: Königshausen & Neumann, 2009.

Scherer, Stefan: »Anti-Romantik (Tieck, Storm, Liliencron)«. In: Martus/ders./ Stockinger (Hg.): *Lyrik im 19. Jahrhundert,* 205–236.

Scherer, Valentin: *Die Ornamentik bei Albrecht Dürer.* Straßburg: J.H. Ed. Heitz (Heitz & Mündel), 1902.

Schiller, Friedrich: *Werke und Briefe in zwölf Bänden.* Hg. von Klaus Harro Hilzinger u.a. Frankfurt a.M.: Deutscher Klassiker Verlag, 1988–2002.

Schings, Hans-Jürgen: »Wilhelm Meisters Geselle Laertes – Goethes römischer Freund Karl Philipp Moritz« [1983]. In: ders.: *Zustimmung zur Welt. Goethe-Studien.* Würzburg: Königshausen & Neumann, 2011, 209–229.

Schivelbusch, Wolfgang: *Geschichte der Eisenbahnreise. Zur Industrialisierung von Raum und Zeit im 19. Jahrhundert* [1977]. Frankfurt a.M. u.a.: Ullstein, 1979.

– *Lichtblicke. Zur Geschichte der künstlichen Helligkeit im 19. Jahrhundert* [1983]. Frankfurt a.M.: Fischer, 2004.

Schlegel, Friedrich: *Kritische Ausgabe seiner Werke.* Hg. von Ernst Behler u.a. Paderborn: Schöningh, 1958–.

Schliemann, Heinrich: *Mykenae. Bericht über meine Forschungen und Entdeckungen in Mykenae und Tiryns.* Mit einer Vorrede von W.E. Gladstone. Leipzig: Brockhaus, 1878.

Schmarsow, August: »Der Eintritt der Grottesken in die Dekoration der italienischen Renaissance«. In: *Jahrbuch der königlich preußischen Kunstsammlungen* 2 (1881), 131–144.

Schmid, Wilhelm: *Der Atticismus in seinen Hauptvertretern von Dionysius von Halikarnass bis auf den zweiten Philostratus.* Bd. 1. Stuttgart: Kohlhammer, 1887.

Schmidt, Julian: »Englische Novellisten. I. Charles Dickens«. In: *Die Grenzboten* 10.1 (1851), 161–170. https://brema.suub.uni-bremen.de/periodical/titleinfo/106954 (zuletzt gesehen: 26.7.2022).

– »Georg Büchner. Nachgelassene Schriften von G. Büchner. Frankfurt a.M., Sauerländer«. In: *Die Grenzboten* 10.1 (1851), 121–128. https://brema.suub.uni-bremen.de/periodical/titleinfo/106936 (zuletzt gesehen: 26.7.2022).

Schneider, Manfred: »Nachwort«. In: Charcot/Richer: *Die Besessenen in der Kunst,* 138–158 und 163–165.

Schneider, Sabine: »Die Vision des Benvenuto Cellini. Künstlerische Inspiration als Schwellenphänomen bei J.W. v. Goethe, E.T.A. Hoffmann und Hugo von Hofmannsthal«. In: Roger Paulin/Helmut Pfotenhauer (Hg.): *Die Halbschlafbilder in der Literatur, den Künsten und den Wissenschaften.* Würzburg: Königshausen & Neumann, 2011, 91–108.

– »Einleitung«. In: dies./Hunfeld (Hg.): *Die Dinge und die Zeichen,* 11–24.

– »Formprobleme in der Prosa der Verhältnisse – Gattungswissen im realis-

tischen Roman (Gottfried Keller, *Der grüne Heinrich. Erste Fassung*)«. In: Mülder-Bach/Kersten/Zimmermann (Hg.): *Prosa schreiben*, 289–307.
- »Poesie der Unreife«. Autobiographisches Schreiben im Roman«. In: Groddeck (Hg.): *Der grüne Heinrich*, 55–77.
- »Sehen in subjektiver Hinsicht? Goethes aporetisches Projekt einer ›Kritik der Sinne‹ und seine Interferenzen zur Romantik«. In: Helmut Pfotenhauer/dies.: *Nicht völlig Wachen und nicht ganz ein Traum. Die Halbschlafbilder in der Literatur*. Würzburg: Königshausen & Neumann, 2006, 37–52.
- »Zwischen Klassizismus und Autonomieästhetik der Moderne. Die Ornamentdebatte um 1800 und die Autonomisierung des Ornaments«. In: *Zeitschrift für Kunstgeschichte* 63 (2000), 339–357.
- / Drath, Marie (Hg.): *Prekäre Idyllen in der Erzählliteratur des deutschsprachigen Realismus*. Stuttgart: Metzler, 2017.
- / Hunfeld, Barbara (Hg.): *Die Dinge und die Zeichen. Dimensionen des Realistischen in der Erzählliteratur des 19. Jahrhunderts. Für Helmut Pfotenhauer*. Würzburg: Königshausen & Neumann, 2008.
Schnell, Ralf: *Die verkehrte Welt. Literarische Ironie im 19. Jahrhundert*. Stuttgart: Metzler, 1989.
Schödlbauer, Ulrich: »Odenform und freier Vers. Antike Formmotive in moderner Dichtung«. In: *Literaturwissenschaftliches Jahrbuch* N.F. 23 (1982), 191–206.
Schrader, Hans-Jürgen: »Im Schraubstock modernder Marktmechanismen. Vom Druck Kellers und Meyers in Rodenbergs *Deutscher Rundschau*«. In: *Jahresbericht der Gottfried Keller-Gesellschaft* 62 (1993), 3–38.
- »Lyrik«. In: Göttsche/Krobb/Parr (Hg.): *Raabe-Handbuch*, 259–261.
- »Naive und sentimentalische Kunsterzeugung. Grillparzers *Armer Spielmann* und einige seiner Brüder als verhinderte Virtuosen«. In: Hans-Georg von Arburg in Zusammenarbeit mit Dominik Müller, dems. und Ulrich Stadler (Hg.): *Virtuosität. Kult und Krise der Artistik in Literatur und Kunst der Moderne*. Göttingen: Wallstein, 2006, 147–171.
Schrimpf, Hans Joachim: »Vers ist tanzhafte Rede. Ein Beitrag zur deutschen Prosodie aus dem achtzehnten Jahrhundert«. In: William Foerste/Karl Heinz Borck (Hg.): *Festschrift für Jost Trier zum 70. Geburtstag*. Köln/Graz: Böhlau, 1964, 386–410.
Schuller, Marianne: »*Sieben Legenden* (1872)«. In: Amrein (Hg.): *Gottfried Keller-Handbuch*, 86–104.
Schwind, Peter: »Schwulst«. In: Werner Kohlschmidt/Wolfgang Mohr (Hg.): *Reallexikon der deutschen Literaturgeschichte*. Bd. 3. Berlin: de Gruyter, 1977, 785–795.
Selbmann, Rolf: »Alles ›reine Menufragen‹? Über das Essen und Trinken in Theodor Fontanes Roman *Frau Jenny Treibel*«. In: *Fontane-Blätter* 60 (1995), 103–116.
- »›Das Poetische hat immer recht‹. Zur Bedeutung der Poesie in Fontanes Roman *Frau Jenny Treibel*«. In: *Fontane-Blätter* 54 (1992), 101–109.
- *Dichterberuf im bürgerlichen Zeitalter. Joseph Viktor von Scheffel und seine Literatur*. Heidelberg: Winter, 1982.
- »Die Décadence unterwandert die Gründerzeit. Epochengeschichtliche Überlegungen zu einigen Figuren aus Theodor Fontanes Romanen«. In: Gabriele

Radecke (Hg.): »*Die Decadence ist da*«. *Theodor Fontane und die Literatur der Jahrhundertwende.* Würzburg: Königshausen & Neumann, 2003, 33–45.
- »Die Lyrik des Realismus«. In: Begemann (Hg.): *Realismus. Epoche – Autoren – Werke*, 189–206.
- *Die simulierte Wirklichkeit. Zur Lyrik des Realismus.* Bielefeld: Aisthesis, 1999.
- »Trauerarbeit. Zum literaturgeschichtlichen Standort von Fontanes Lyrik«. In: *Fontane-Blätter* 69 (2000), 67–80.
- »Verunsicherte Wahrnehmung. Drei realistische Gedichte und ihre Epoche (Mörike, Keller, Fontane)«. In: Begemann/Bunke (Hg.): *Lyrik des Realismus*, 253–265.
Semper, Gottfried: *Wissenschaft, Industrie und Kunst. Vorschläge zur Anregung nationalen Kunstgefühles, bei dem Schlusse der Londoner Industrie-Ausstellung.* Braunschweig: Vieweg, 1852.
Sengle, Friedrich: *Biedermeierzeit. Deutsche Literatur im Spannungsfeld von Restauration und Revolution 1815–1848.* 3 Bde. Stuttgart: Metzler, 1971–1980.
Seth, Catriona: »Deuil du vers«. In: Bender/Felten/Marchal (Hg.): *Grenzgänge zwischen Vers und Prosa*, im Ersch.
Shakespeare, William: *Macbeth.* Übers. von Dorothea Tieck. In: ders.: *Dramen.* Nach der Schlegel-Tieck-Ausgabe letzter Hand hg. von Dietrich Klose. Nachwort von Peter von Matt. Stuttgart: Reclam, 2014, 935–1031.
Showalter, Elaine: *Hystorien. Hysterische Epidemien im Zeitalter der Medien.* Übers. von Anke Caroline Burger. Berlin: Berlin-Verlag, 1997. Amerik. Orig.: *Hystories. Hysterical Epidemics and Modern Media.* New York: Columbia UP, 1997.
Shteir, Ann B.: »Albrecht von Hallers' Botany and *Die Alpen*«. In: *Eighteenth-Century Studies* 10.2 (1976/1977), 169–184.
Siegert, Bernhard: »Die Geburt der Literatur aus dem Rauschen der Kanäle. Zur Poetik der phatischen Funktion«. In: Michael Franz/Wolfgang Schäffner/ders./Robert Stockhammer (Hg.): *Electric Laokoon. Zeichen und Medien, von der Lochkarte zur Grammatologie.* Berlin: Akademie, 2007, 5–41.
- *Relais. Geschicke der Literatur als Epoche der Post 1751–1913.* Berlin: Brinkmann & Bose, 1993.
Simon, Ralf: »Begriff und Idee der Prosa. Arno Schmidt und die ästhetiktheoretischen Überlegungen des 18. Jahrhunderts«. In: Hans-Edwin Friedrich (Hg.): *Arno Schmidt und das 18. Jahrhundert.* Göttingen: Wallstein, 2017, 421–440.
- »Dekonstruktiver Formalismus des Heiligen. Zu C.F. Meyers Novellen *Der Heilige* und *Die Versuchung des Pescara*«. In: *Zeitschrift für deutsche Philologie* 116 (1997), 224–253.
- *Die Idee der Prosa. Zur Ästhetikgeschichte von Baumgarten bis Hegel mit einem Schwerpunkt bei Jean Paul.* München: Fink, 2013.
- »Durcheinanderprosa (Jean Paul, Wilhelm Raabe, Arno Schmidt)«. In: *Jahrbuch der Jean-Paul-Gesellschaft* 48/49 (2013/14), 19–37.
- »Gespenster des Realismus. Moderne-Konstellationen in den Spätwerken von Raabe, Stifter und Meyer«. In: Gerhart von Graevenitz (Hg.): *Konzepte der Moderne.* Stuttgart/Weimar: Metzler, 1999, 202–233.
- »Hymne und Erhabenheit im 19. Jahrhundert, ausgehend von Stefan Georges

Hymnen«. In: Martus/Scherer/Stockinger (Hg.): *Lyrik im 19. Jahrhundert*, 357–385.

– »Lichtenbergs Engführung von Prosa und Vers«. In: Bender/Felten/Marchal (Hg.): *Grenzgänge zwischen Vers und Prosa*, im Ersch.

– (Hg.): *Theorie der Komödie – Poetik der Komödie*. Bielefeld: Aisthesis, 2001.

– »Theorie der Prosa«. In: ders. (Hg.): *Grundthemen der Literaturwissenschaft: Poetik und Poetizität*. Berlin/Boston: de Gruyter, 2018, 415–429.

– »Übergänge. Literarischer Realismus und ästhetische Moderne«. In: Begemann (Hg.): *Realismus. Epoche – Autoren – Werke*, 207–223.

– »Vorüberlegungen zu einer Theorie der Prosa«. In: Armen Avanessian/Jan Niklas Howe (Hg.): *Poetik. Historische Narrative und aktuelle Positionen*. Berlin: Kadmos, 2014, 124–144.

Sina, Kai: »*Die Akten des Vogelsangs*«. In: Göttsche/Krobb/Parr (Hg.): *Raabe-Handbuch*, 244–251.

Soler, Patrice: *Genres, formes, tons*. Paris: PUF, 2001.

Sprengel, Peter: »Der andere Tizian. Kunst und Wirklichkeit, Lyrik und Novellistik bei C.F. Meyer (Zu *Angela Borgia* und *Die Versuchung des Pescara*)«. In: *Colloquia Germanica* 29 (1996), 141–155.

– *Geschichte der deutschsprachigen Literatur 1870–1900. Von der Reichsgründung bis zur Jahrhundertwende*. München: Beck, 1998 (= Geschichte der deutschen Literatur von den Anfängen bis zur Gegenwart IX.1).

– »Schlachtfeld Alpen, Schweizer Identität? Kulturkampf als Strukturmodell in C.F. Meyers Berglyrik«. In: *Germanisch-romanische Monatsschrift* 46.4 (1996), 450–462.

– »›Wuchs Gras darüber‹. Nachwachsendes Grün im Schnittfeld von Politik- und Erinnerungsdiskursen 1848 und heute«. In: *Weimarer Beiträge* 64.1 (2018), 126–133.

Springer, Carl P.E.: »Te Deum«. In: *Theologische Realenzyklopädie*. Bd. 33. Hg. von Gerhard Müller. Berlin/New York, 2002, 23–28.

Staël, Madame de: *Corinna oder Italien*. Übers. von Dorothea Schlegel; überarb., mit Anmerkungen, einer Zeittafel und einem Nachwort hg. von Arno Kappler. München: Winkler, 1979.

– *Corinne ou l'Italie*. In: dies.: *Œuvres*. Hg. von Catriona Seth. Paris: Gallimard, 2017 (= Bibliothèque de la Pléiade 621), 1003–1460.

Staiger, Emil: *Die Zeit als Einbildungskraft des Dichters. Untersuchungen zu Gedichten von Brentano, Goethe, Keller* [1953]. München: dtv, 1976.

Stamer, Peter: »Tanz/Legende. Zur Diskursivierung von Tanzmotiven im ›Tanzlegendchen‹. https://www.gottfriedkeller.ch/allgemein/textkonstitution/tanzlegende.php (zuletzt gesehen: 26.7.2022).

Starobinski, Jean: »Le regard des statues« [1994]. In: ders.: *L'encre de la mélancolie*. Paris: Seuil, 2012, 471–488.

Stauffacher, Walter: »Der ermordete vater. Zu einem motiv in C.F. Meyers *Versuchung des Pescara*«. In: *Wirkendes Wort* 28 (1978), 191–197.

Stein, Daniel/Thon, Jan-Noël: »Introduction. From Comic Strips to Graphic Novels«. In: dies. (Hg.): *From Comic Strips to Graphic Novels. Contributions to the History and Theory of Graphic Narrative*. Berlin/Boston: de Gruyter, 2013, 1–23.

Steiner, Uwe C.: »Soundscapes und Spiegelfluchten. Eichendorffs Dinge und Nichtdinge«. In: Daniel Müller-Nielaba (Hg.): »*du kritische Seele*«. *Eichendorffs Epistemologien des Dichtens*. Würzburg: Königshausen & Neumann, 2009, 109–125.

Stierle, Karlheinz: *Der Mythos von Paris – Zeichen und Bewußtsein der Stadt*. München: Hanser, 1993.

Stocker, Peter: *Theorie der intertextuellen Lektüre. Modelle und Fallstudien*. Paderborn/Zürich: Schöningh, 1998.

Stockinger, Claudia: *Das 19. Jahrhundert. Zeitalter des Realismus*. Berlin: Akademie Verlag, 2010.

– »Lyrik im Gebrauch. Zum Stellenwert und zur Funktion von Gedichten in massenadressierten Periodika am Beispiel der *Gartenlaube*«. In: Begemann/Bunke (Hg.): *Lyrik des Realismus*, 61–86.

– »Paradigma Goethe? Die Lyrik des 19. Jahrhunderts und Goethe«. In: Martus/Scherer/dies. (Hg.): *Lyrik im 19. Jahrhundert*, 93–125.

– »Storms *Immensee* und die Liebe der Leser. Medienhistorische Überlegungen zur literarischen Kommunikation im 19. Jahrhundert«. In: *Jahrbuch der Deutschen Schillergesellschaft* 50 (2006), 286–315.

Storm, Theodor: *Gedichte. Auswahl*. Hg. von Gunter Grimm. Bibliographisch erg. Ausgabe. Stuttgart: Reclam, 1997.

– *Immensee. Texte (1. und 2. Fassung), Entstehungsgeschichte, Aufnahme und Kritik, Schauplätze und Illustrationen*. Hg. von Gerd Eversberg. Heide: Boyens & Co., 1998.

– *Sämtliche Werke in vier Bänden*. Hg. von Karl Ernst Laage und Dieter Lohmeier. Frankfurt a. M.: Deutscher Klassiker Verlag, 1987–1988.

– / Brinkmann, Hartmuth und Laura: *Briefwechsel. Kritische Ausgabe*. In Verbindung mit der Theodor-Storm-Gesellschaft hg. von August Stahl. Berlin: Erich Schmidt, 1986.

– / Heyse, Paul: *Briefwechsel. Kritische Ausgabe*. 3 Bde. In Verbindung mit der Theodor-Storm-Gesellschaft hg. von Clifford Albrecht Bernd. Berlin: Erich Schmidt, 1969–1974.

– / Schmidt, Erich: *Briefwechsel. Kritische Ausgabe*. 2 Bde. In Verbindung mit der Theodor-Storm-Gesellschaft hg. von Karl Ernst Laage. Berlin: Erich Schmidt, 1972–1976.

Strowick, Elisabeth: »›Eine andere Zeit‹. Storms Rahmentechnik des Zeitsprungs«. In: dies./Vedder (Hg.): *Wirklichkeit und Wahrnehmung*, 55–72.

– / Vedder, Ulrike (Hg.): *Wirklichkeit und Wahrnehmung: Neue Perspektiven auf Theodor Storm*. Bern u. a.: Peter Lang, 2013.

Summers, David: »Contrapposto: Style and Meaning in Renaissance Art«. In: *The Art Bulletin* 59 (1977), 336–361.

Swain, Virginia E.: *Grotesque Figures. Baudelaire, Rousseau, and the Aesthetics of Modernity*. Baltimore: Johns Hopkins UP, 2004.

Tebben, Karin: *Tannhäuser. Biographie einer Legende*. Göttingen: Vandenhoeck & Ruprecht, 2010.

Teja Bach, Friedrich: »Albrecht Dürer – Figuren des Marginalen«. In: Isabelle Frank/Freia Hartung (Hg.): *Die Rhetorik des Ornaments*. München: Fink, 2001, 121–145.

Tetzlaff, Stefan: »Entsagung im Poetischen Realismus. Motiv, Verfahren, Variation«. In: Baßler (Hg.): *Entsagung und Routines*, 70–114.

Theisohn, Philipp: »Erdbeeren. Ökonomie und Mediologie der Idylle in Voß' *Luise* (1795) und Storms *Immensee* (1849)«. In: Schneider/Drath (Hg.): *Prekäre Idyllen*, 167–181.

– »Geschichten aus der Tonne (1845)«. In: Demandt/ders. (Hg.): *Storm-Handbuch*, 270f.

Thomé, Horst: *Autonomes Ich und ›Inneres Ausland‹. Studien über Realismus, Tiefenpsychologie und Psychiatrie in deutschen Erzähltexten (1848–1914)*. Tübingen: Niemeyer, 1993.

Thorel-Cailleteau, Sylvie: »La muse des derniers jours«. In: Steve Murphy (Hg.): *Lectures de Baudelaire: »Les fleurs du Mal«*. Rennes: Presses universitaires de Rennes, 2002, 89–102.

Thüring, Hubert: *Das neue Leben. Studien zu Literatur und Biopolitik 1750–1938*. München: Fink, 2012.

Titzmann, Michael: »An den Grenzen des späten Realismus. C.F. Meyers *Die Versuchung des Pescara*; mit einem Exkurs zum Begriff des ›Realismus‹«. In: Zeller (Hg.): *Conrad Ferdinand Meyer im Kontext*, 97–138.

– »Die Konzeption der ›Germanen‹ in der deutschen Literatur des 19. Jahrhunderts«. In: Jürgen Link/Wulf Wülfing (Hg.): *Nationale Mythen und Symbole in der zweiten Hälfte des 19. Jahrhunderts. Strukturen und Funktionen nationaler Identität*. Stuttgart: Klett-Cotta, 1991, 120–145.

– »›Grenzziehung‹ vs. ›Grenztilgung‹. Zu einer fundamentalen Differenz der Literatursysteme ›Realismus‹ und ›Frühe Moderne‹«. In: Hans Krah/Claus-Michael Ort (Hg.): *Weltentwürfe in Literatur und Medien*. Kiel: Ludwig, 2002, 181–209.

– (Hg.): *Modelle des literarischen Strukturwandels*. Tübingen: Niemeyer, 1991.

– »Zur Einleitung: ›Biedermeier‹ – ein literarhistorischer Problemfall«. In: ders. (Hg.): *Zwischen Goethezeit und Realismus*, 1–7.

– (Hg.): *Zwischen Goethezeit und Realismus: Wandel und Spezifik in der Phase des Biedermeier*. Tübingen: Niemeyer, 2002.

Todorov, Tzvetan: *Théories du symbole* [1977]. Paris: Seuil, 1985 (= coll. »Essais«).

Torra-Mattenklott, Caroline: *Poetik der Figur. Zwischen Geometrie und Rhetorik: Modelle der Textkomposition von Lessing bis Valéry*. Paderborn: Fink, 2016.

Turner, David: »Kaffee oder Milch? Das ist die Frage. Zu einer Szene aus Fontanes *Frau Jenny Treibel*«. In: *Fontane-Blätter* 3 (1974), 153–159.

Ueding, Gert: *Wilhelm Busch. Das 19. Jahrhundert en miniature*. Erw. und rev. Neuausg. Frankfurt a.M.: Insel, 2007.

van der Steeg, Christian: *Wissenskunst. Adalbert Stifter und Naturforscher auf Weltreise*. Zürich: Chronos, 2011.

Vasari, Giorgio: *Leben der ausgezeichnetsten Maler, Bildhauer und Baumeister von Cimabue bis zum Jahre 1567*. 6 Bde. Aus dem Italienischen. Hg. von Ludwig Schorn und, ab Bd. 3.1, Ernst Förster. Stuttgart/Tübingen: Cotta, 1832–1849.

Vedder, Ulrike: »›in den Ton ausgesprochenster Wirklichkeit verfallend‹. Poesie und Prosa in Fontanes *Frau Jenny Treibel*«. In: Hohendahl/dies. (Hg.): *Herausforderungen des Realismus*, 187–203.

Vergil: *Äneis. 1. und 2. Buch.* Lat./Dt. Übers. und hg. von Edith und Gerhard Binder. Stuttgart: Reclam, 1994.

- *Bucolica/Hirtengedichte.* Lat./Dt. Übers. und hg. von Michael von Albrecht. Stuttgart: Reclam, 2015.

- *Georgica/Vom Landbau.* Lat./Dt. Übers. und hg. von Otto Schönberger. Bibliogr. erg. Ausg. Stuttgart: Reclam, 2010.

- *Landbau. III–IV Gesang.* Übers. und erklärt von Johann Heinrich Voß. Altona: Johann Friedrich Hammerich, 1800.

Villwock, Peter: »Betty und Gottfried. Eine Geschichte in Bildern«. In: *Der Rabe* 16 (2000), 150–162. In überarbeiteter Form einsehbar unter: https://www.gottfriedkeller.ch/allgemein/textkonstitution/betty.php (zuletzt gesehen: 26.7.2022).

- »Gottfried Kellers Berliner Gedichte. Lyrischer Realismus am Ort der Moderne«. In: Ursula Amrein/Wolfram Groddeck/Karl Wagner (Hg.): *Tradition als Provokation. Gottfried Keller und Robert Walser.* Zürich: Chronos, 2012, 109–129.

- »Verstreute Prosa«. In: Amrein (Hg.): *Gottfried Keller-Handbuch,* 144–155.

Vincent-Munnia, Nathalie: *Les premiers poèmes en prose. Généalogie d'un genre dans la première moitié du dix-neuvième siècle français.* Paris: Honoré Champion, 1996.

- / Bernard-Griffiths, Simone/Pickering, Robert (Hg.): *Aux origines du poème en prose français (1750–1850).* Paris: Honoré Champion, 2003.

Vinken, Barbara: »Via crucis, via amoris«. In: Menke/dies. (Hg.): *Stigmata,* 11–23.

Vischer, Friedrich Theodor: *Ästhetik oder Wissenschaft des Schönen.* Reutlingen/Leipzig (Bd. 1–3.1)/Stuttgart (Bd. 3.2.1–3.2.5): Mäcken, 1846–1857.

- »Gottfried Keller. Eine Studie« [1874/1880]. In: ders.: *Altes und Neues. Zweites Heft.* Stuttgart: Adolf Bonz, 1881, 135–216.

- »Satirische Zeichnung. Gavarni und Töpffer. Mit einem Zusatz über neuere deutsche Karikatur« [1846/1880]. In: ders.: *Altes und Neues. Erstes Heft.* Stuttgart: Adolf Bonz, 1881, 61–151.

- *Über das Erhabene und Komische. Ein Beitrag zur Philosophie des Schönen* [1837]. In: ders.: *»Über das Erhabene und Komische« und andere Texte zur Ästhetik.* Einleitung von Willi Oelmüller. Frankfurt a.M.: Suhrkamp, 1967, 37–215.

Vogel, Juliane: *Die Furie und das Gesetz. Zur Dramaturgie der ›großen Szene‹ in der Tragödie des 19. Jahrhunderts.* Freiburg i. Br.: Rombach, 2002.

- »Zeremoniell und Effizienz. Stilreformen in Preußen und Österreich«. In: Mülder-Bach/Kersten/Zimmermann (Hg.): *Prosa schreiben,* 39–53.

Vogl, Joseph: »Telephon nach Java: Fontane«. In: Stephan Braese/Kathrin Reulecke (Hg.): *Realien des Realismus. Wissenschaft – Technik – Medien in Theodor Fontanes Erzählprosa.* Berlin: Vorwerk 8, 2010, 117–128.

von François, Louise/Meyer, Conrad Ferdinand: *Ein Briefwechsel.* Hg. von Anton Bettelheim. Berlin: Georg Reimer, 1905.

von Graevenitz, Gerhart: »*Contextio* und *conjointure,* Gewebe und Arabeske. Über Zusammenhänge mittelalterlicher und romantischer Literaturtheorie«. In: Walter Haug/Burghart Wachinger (Hg.): *Literatur, Artes und Philosophie.* Tübingen: Niemeyer, 1992, 229–257.

- *Theodor Fontane: Ängstliche Moderne. Über das Imaginäre.* Konstanz: Konstanz University Press, 2014.
- »Memoria und Realismus. Erzählende Literatur in der deutschen ›Bildungspresse‹ des 19. Jahrhunderts«. In: Anselm Haverkamp/Renate Lachmann (Hg.): *Memoria – Vergessen und Erinnern.* München: Fink, 1993, 283–304.

von Haller, Albrecht: *Gedichte.* Hg. und eingeleitet von Ludwig Hirzel. Frauenfeld: Huber, 1882.
- *Tagebuch seiner Beobachtungen über Schriftsteller und sich selbst.* 2 Bde. Bern: Haller, 1787.

von Helmholtz, Hermann: *Ueber die Wechselwirkung der Naturkräfte und die darauf bezüglichen neuesten Entwicklungen der Physik. Ein populärwissenschaftlicher Vortrag gehalten am 7. Februar 1854.* Königsberg: Gräfe & Unzer, 1854.

von Koppenfels, Martin: »Baudelaires Batterien. Das elektrische Erhabene der *Fleurs du Mal*«. In: Inka Mülder-Bach/Gerhard Neumann (Hg.): *Räume der Romantik.* Würzburg: Königshausen & Neumann, 2007, 307–319.
- *Immune Erzähler. Flaubert und die Affektpolitik des modernen Romans.* München: Fink, 2007.

von Matt, Peter: »Das letzte Lachen. Zur finalen Szene in der Komödie«. In: Simon (Hg.): *Theorie der Komödie – Poetik der Komödie,* 127–140.
- »›Die Richterin‹. Conrad Ferdinand Meyers Kunst im Widerstreit zur privaten Phantasie«. In: ders.: *Das Schicksal der Phantasie. Studien zur deutschen Literatur.* München: Hanser, 1994, 224–241.
- »Die Opus-Phantasie. Das phantasierte Werk als Metaphantasie im kreativen Prozeß«. In: *Psyche* 33.3 (1979), 193–212.
- »Wetterleuchten der Moderne. Krisenzeichen des bürgerlichen Erzählens bei Keller und Fontane«. In: Ursula Amrein/Regina Dieterle (Hg.): *Gottfried Keller und Theodor Fontane. Vom Realismus zur Moderne.* Berlin/New York: de Gruyter, 2008, 19–30.

von Stackelberg, Jürgen: »Das Bienengleichnis. Ein Beitrag zur Geschichte der literarischen *Imitatio*«. In: *Romanische Forschungen* 68 (1956), 271–293.

von Stein, Juana Christina: *Melancholie als poetologische Allegorie. Zu Baudelaire und Flaubert.* Berlin/Boston: de Gruyter, 2018.

Wagenitz, Gerhard: »Sprengels *Entdecktes Geheimniss der Natur im Bau und in der Befruchtung der Blumen* aus dem Jahre 1793 und seine Wirkung«. In: *Nachrichten der Akademie der Wissenschaften in Göttingen. II. Mathematischphysikalische Klasse* 1 (1993), 1–11.
- *Wörterbuch der Botanik. Die Termini in ihrem historischen Zusammenhang.* 2., erw. Aufl. Heidelberg/Berlin: Spektrum, 2003.

Wagenknecht, Christian: *Deutsche Metrik. Eine historische Einführung.* 5., erw. Aufl. München: Beck, 2007.
- »Zum Begriff der Tonbeugung«. In: Christoph Küper (Hg.): *Metre, Rhythm and Performance – Metrum, Rhythmus, Performanz.* Frankfurt a.M.: Peter Lang, 2002, 59–74.

Wagner-Egelhaaf, Martina: *Die Melancholie der Literatur. Diskursgeschichte und Textfiguration.* Stuttgart/Weimar: Metzler, 1997.

Warburg, Aby: »A Lecture in Serpent Ritual«. In: ders.: *Gesammelte Schriften. Studienausgabe.* Hg. von Ulrich Pfisterer u. a., in Verbindung mit dem Warburg Institute, London, und dem Kunstgeschichtlichen Seminar der Universität Hamburg. Dritte Abteilung. Bd. III.2: *Bilder aus dem Gebiet der Pueblo-Indianer in Nord-Amerika. Vorträge und Fotografien.* Hg. von Uwe Fleckner. Berlin/Boston: de Gruyter, 2018, 129–150.

– *Werke in einem Band.* Auf der Grundlage der Manuskripte und Handexemplare hg. und kommentiert von Martin Treml, Sigrid Weigl und Perdita Ludwig. Berlin: Suhrkamp, 2010.

Warning, Rainer: »Elemente einer Pragmasemiotik der Komödie«. In: Wolfgang Preisendanz/ders. (Hg.): *Das Komische.* München: Fink, 1976, 279–333.

– »Imitatio und Intertextualität. Zur Geschichte lyrischer Dekonstruktion der Amortheologie: Dante, Petrarca, Baudelaire«. In: Klaus W. Hempfer/Gerhard Regn (Hg.): *Interpretation. Festschrift für Alfred Noyer-Weidner.* Wiesbaden: Franz Steiner Verlag, 1983, 288–317.

– »Theorie der Komödie. Eine Skizze«. In: Simon (Hg.): *Theorie der Komödie – Poetik der Komödie,* 31–46.

Weber, Bruno: *Gottfried Keller Landschaftsmaler.* Zürich: Verlag Neue Zürcher Zeitung, 1990.

Weber, Lilo: *›Fliegen und Zittern‹. Hysterie in Texten von Theodor Fontane, Hedwig Dohm, Gabriele Reuter und Minna Kautsky.* Bielefeld: Aisthesis, 1996.

Weimar, Klaus: »Text, Interpretation, Methode. Hermeneutische Klärungen«. In: Lutz Danneberg/Friedrich Vollhardt (Hg.), in Zusammenarbeit mit Hartmut Böhme und Jörg Schönert: *Wie international ist die Literaturwissenschaft? Methoden- und Theoriediskussion in den Literaturwissenschaften: kulturelle Besonderheiten und interkultureller Austausch am Beispiel des Interpretationsproblems (1950–1990).* Stuttgart/Weimar: Metzler, 1996, 110–122.

Werle, Dirk: *Ruhm und Moderne. Eine Ideengeschichte (1750–1930).* Frankfurt a. M.: Vittorio Klostermann, 2014.

Werner, Renate: »Ästhetische Kunstauffassung am Beispiel des ›Münchner Dichterkreises‹«. In: McInnes/Plumpe (Hg.): *Bürgerlicher Realismus und Gründerzeit,* 308–342.

Westerwelle, Karin: *Ästhetisches Interesse und nervöse Krankheit. Balzac, Baudelaire, Flaubert.* Stuttgart/Weimar: Metzler, 1993.

– »Die Transgression von Gegenwart im allegorischen Verfahren. Baudelaires ›À une passante‹«. In: *Romanische Forschungen* 107 (1995), 53–87.

White, Hayden: *Metahistory. Die historische Einbildungskraft im 19. Jahrhundert in Europa* [1973]. Übers. von Peter Kohlhaas. Frankfurt a. M.: Fischer, 1991.

Wierlacher, Alois: »Situationen. Zu Storms früher Prosa«. In: *Schriften der Theodor-Storm-Gesellschaft* 21 (1972), 38–44.

Wiesmann, Louis: *Conrad Ferdinand Meyer. Der Dichter des Todes und der Maske.* Bern: Francke, 1958.

Willems, Gottfried: *Abschied vom Wahren–Schönen–Guten. Wilhelm Busch und die Anfänge der ästhetischen Moderne.* Heidelberg: Winter, 1998.

Wirth, Uwe: *Die Geburt des Autors aus dem Geist der Herausgeberfiktion. Editoriale Rahmung im Roman um 1800: Wieland, Goethe, Brentano, Jean Paul, E. T. A. Hoffmann.* München: Fink, 2008.

Wruck, Peter: »*Frau Jenny Treibel.* ›Drum prüfe, wer sich ewig bindet‹«. In: Christian Grawe (Hg.): *Interpretationen. Fontanes Novellen und Romane.* Stuttgart: Reclam, 1991, 185–216.

Wünsch, Marianne: »Grenzerfahrung und Epochengrenze. Sterben in C.F. Meyers *Die Versuchung des Pescara* und Arthur Schnitzlers *Sterben*«. In: Gustav Frank/Wolfgang Lukas (Hg.): *Norm – Grenze – Abweichung. Kultursemiotische Studien zu Literatur, Medien und Wirtschaft. Michael Titzmann zum 60. Geburtstag.* Passau: Stutz, 2004, 127–146.

– »Leben im Zeichen des Todes. Zu Theodor Storms Lyrik«. In: Gerd Eversberg/ David Jackson/Eckart Pastor (Hg.): *Stormlektüren. Festschrift für Karl Ernst Laage.* Würzburg: Königshausen & Neumann, 2000, 255–270.

– »Vom späten ›Realismus‹ zur ›Frühen Moderne‹. Versuch eines Modells des literarischen Strukturwandels«. In: Titzmann (Hg.): *Modelle des literarischen Strukturwandels,* 187–203.

Wyder, Margrit: »Der groteske Körper – eine Herausforderung für Goethes Morphologie«. In: Kunz/Müller/Winkler (Hg.): *Figurationen des Grotesken in Goethes Werken,* 101–128.

Wysling, Hans: »Schwarzschattende Kastanie. Ein Gedicht von C.F. Meyer«. In: *Jahresbericht der Gottfried Keller-Gesellschaft* 52 (1984), 3–23.

– / Lott-Büttiker, Elisabeth (Hg.): *Conrad Ferdinand Meyer. 1825–1898.* Zürich: Verlag Neue Zürcher Zeitung, 1998.

Zäch, Alfred: *Conrad Ferdinand Meyer. Dichtkunst als Befreiung aus Lebenshemmnissen.* Frauenfeld u.a.: Huber, 1973.

Zamperini, Alessandra: *Les grotesques.* Übers. von Odile Menegaux. Paris: Citadelles & Mazenod, 2007. Ital. Orig.: *Le Grottesche. Il sogno della pittura nella decorazione parietale.* Venedig: Arsenale, 2007.

Zeller, Hans/Zeller, Rosmarie: »Conrad Ferdinand Meyer«. In: Karl K. Polheim (Hg.): *Handbuch der deutschen Erzählung.* Düsseldorf: Bagel, 1981, 288–302.

Zeller, Rosmarie (Hg.): *Conrad Ferdinand Meyer im Kontext.* Heidelberg: Winkler, 2000.

– »Realismusprobleme in semiotischer Hinsicht«. In: Richard Brinkmann (Hg.): *Begriffsbestimmungen des literarischen Realismus.* 3., erw. Ausg. Darmstadt: Wissenschaftliche Buchgesellschaft, 1987, 561–587.

– »Schweizer Autoren und die Reichsgründung. Gottfried Keller und C.F. Meyer«. In: Klaus Amann/Karl Wagner (Hg.): *Literatur und Nation. Die Gründung des Deutschen Reiches 1871 in der deutschsprachigen Literatur.* Wien u.a.: Böhlau, 1996, 461–477.

Zetzsche, Karl Eduard (Hg.): *Handbuch der elektrischen Telegraphie.* Bd. 1: *Geschichte der elektrischen Telegraphie,* Berlin: Julius Springer, 1877.

Ziemann, Andreas: *Das Bordell. Historische und soziologische Beobachtungen.* Weilerswist: Velbrück, 2017.

Zintzen, Christiane: *Von Pompeji nach Troja. Archäologie, Literatur und Öffentlichkeit im 19. Jahrhundert.* Wien: WUV-Universitätsverlag, 1998.

Zumbusch, Cornelia: »›es rollt fort‹. Energie und Kraft der Dichtung bei Herder«. In: *Poetica* 49 (2017/2018), 337–358.

– »Grauer Grund. Keller, Goethe und der Glanz der Prosa«. In: Eßlinger/Volkening/dies. (Hg.): *Die Farben der Prosa,* 79–98.

Zymner, Rüdiger (Hg.): *Handbuch Gattungstheorie*. Stuttgart: Metzler, 2010.

– *Manierismus. Zur poetischen Artistik bei Johann Fischart, Jean Paul und Arno Schmidt*. Paderborn u. a.: Schöningh, 1995.

– »Schwulst«. In: Gert Ueding (Hg.): *Historisches Wörterbuch der Rhetorik*. Bd. 8. Tübingen: Niemeyer, 2007, Sp. 706–718.